U0853864

中国国情与发展

胡鞍钢　鄢一龙◎著

中国人民大学出版社
·北京·

▲ 本书作者胡鞍钢和鄢一龙的合影

目　录

第一篇　自然国情与发展

第二篇 人力资源与发展

第三篇　经济国情与发展

第四篇 公平与发展

第五篇 中国与世界

第六篇　总结

第1章　导论：中国国情与发展之路

中国是一部天书，也是一部巨著。一百多年来，一个具有悠久历史的人口众多的东方大国，遭到列强纷纷入侵，逐步成为半殖民地半封建社会，急剧衰落，落后必然挨打，挨打必然奋起；1949年新中国成立，实现了民族独立、人民解放、国家统一，创造性地建立了新民主主义社会，并向社会主义社会转变，在极低收入条件下和极低发展起点下发动工业化和现代化，开始进入现代经济增长时代，建立了独立的比较完整的工业体系和国民经济体系；1978年开创了改革开放时代，进入经济起飞阶段，开启了国家富强、人民富裕、经济繁荣、社会进步的伟大复兴光明道路。现代中国的巨变为我们提供了这部巨著的伟大的题材、历史的画面、丰富的内容。

本书是作者20多年从事国情研究即当代中国研究的集大成之作，也是一部集各种国情知识、发展理论，深入浅出、雅俗共赏的中国读本。本书的宗旨是："全面了解中国；真正认识中国；深刻分析中国；深入理解中国。"

全面了解中国。读中国这部巨著，不能像盲人摸象似的解读，而要从不同的角度全面了解中国的基本国情和全貌。这包括中国的自然国情、人力资源国情、经济国情、社会国情、政治国情、文化国情等，还要了解中国社会内部的城乡关系、区域关系，也要了解中国与外部世界的关系。从而，使我们不仅要看见树木（局部），更要看见森林（全局），以便对中国有全景式动态式的了解。

真正认识中国，就是要真正认识一个更加真实的中国，一个十分复杂的中国，一个动态变化的中国，一个多面性、差异性的中国。就是要知道中国发展之路是从哪里而来？走到哪里？又是怎么走过来的？今后可能走向哪里？

深刻分析中国，就是要深刻分析中国社会内部重大矛盾、重要关系的性质及动态变化，解析中国发展之路的历史变迁和历史动因。本书以国情为基础，以发展为主题，在各章中着眼于分析不同方面的国情与发展之间的关系，综合不同学科和学派的理论，构建作者的分析框架，对某一个专题或方面进行历史的梳理、现状的分析、国际的比较，阐述中国发展之路的轨迹。

深入理解中国，就是从历史分析和现状分析、从国内比较和国际比较、从直接知识与间接知识，来理解中国发展之路的历史条件、发展阶段、发展特征，以及发展经验和发展教训。

本书所提供的最重要研究成果表明，中国开创了独特的发展道路，即中国特色社会主义现代化道路。它是国家强大、人民富裕、社会进步、民族团结、伟大复兴的创新之路，是推动经济繁荣、社会转型、中国巨变、迅速崛起的“人间正道”。① 本书简称其为“中国之路”，它成为全面了解、真正认识、深刻分析、深入理解中国的主线。

1.1 为什么要研究中国国情

中国是一个十分特殊的经济社会，她在现代化进程中遇到的困难之大、矛盾之多、问题之复杂，不是轻易能够正确认识的，也不是朝夕之间就轻易能够解决的。② 我们始终存在着空前的历史发展机遇，也始终面对着难以回避的各种挑战。

为什么我们要研究中国国情呢？这是制定正确发展战略的客观依据，也是确定适宜发展目标、拟定有效发展政策的根本依据。这也始终是中国领导人和中国学者所要研究的重大课题。③ 正如 1987 年党的十三大报告所指出的：“在中国这样落后的东方大国中建设社会主义，是马克思主义发展史上的新课题。我们面对的情况，既不是马克思主义创始人设想的在资本主义高度发展的基础上建设社会主义，也不完全相同于其他社会主义国家。照搬书本不行，照搬外国也不行，必须从国情出发，把马克思主义基本原理同中国实际结合起来，在实践中开辟有中国特色的社会主义道路。在这个问题上，我们党作过有益探索，取得过重要成就，也经历过多次曲折，付出了巨大代价。”

那么，中国最大的基本国情是什么呢？党的十三大报告有了明确的回答：“我国正处在社会主义的初级阶段。这个论断，包括两层含义。第一，我国社

① 怎样理解“人间正道是沧桑”？此句出自毛泽东写于 1949 年的诗《七律·人民解放军占领南京》。人间正道，社会发展的正常规律。沧桑，沧海（大海）变为桑田，多指巨大的变化，这里比喻的是革命的道路艰难曲折。作者认为，“中国之路”就是“人间正道”，它符合中国的基本国情和文化背景，也符合世界的发展潮流和基本趋势，从而才引起中国的巨大变化，使沧海变为桑田，尽管经历了无数的灾难和曲折，最终走上了光明的社会主义现代化大道。

② 参见胡鞍钢：《中国走向 21 世纪》，1 页，北京，中国环境科学出版社，1991。

③ 参见胡鞍钢：《中国政治经济史论（1949—1976）》，11 页，北京，清华大学出版社，2007。

会已经是社会主义社会。我们必须坚持而不能离开社会主义。第二，我们的社会主义社会还处在初级阶段。我们必须从这个实际出发，而不能超越这个阶段。”也诚如党的十八大报告所言：“在任何情况下都要牢牢把握社会主义初级阶段这个最大国情，推进任何方面的改革发展都要牢牢立足社会主义初级阶段这个最大实际。”

认识中国国情也是中国领导人系统回答下述问题的基础和客观依据：在中国这样一个十几亿人口的发展中大国建设什么样的社会主义、怎样建设社会主义，建设什么样的党、怎样建设党，实现什么样的发展、怎样发展等。正如胡锦涛同志所指出的，在历史上的一些时期，我们曾经犯过错误甚至遇到严重挫折，根本原因就在于当时的指导思想脱离了中国实际。我们党能够依靠自己和人民的力量纠正错误，在挫折中奋起，继续胜利前进，根本原因就在于重新恢复和坚持贯彻了实事求是。这方面的经验教训，我们党在《关于若干历史问题的决议》和《关于建国以来党的若干历史问题的决议》中进行了系统总结。他还特别指出，我们必须牢牢记住。

国情研究具有最为广泛的社会实践基础：在近千万平方公里的国土上的十几亿人民，从事长达几十年的工业化实践，这是人类活动史中最伟大的社会实验。国情研究就是以这个伟大实践作为认识基础，同时又是对这个实践做出理论认识和经验总结。[①]

那么，中国国情与发展有哪些特殊性呢？这表现为：

第一，中华文明源远流长，五千多年来一脉相承，始终没有中断。这在世界历史上是很罕见的。[②] 即使到了近现代，中华文明受到最强大的西方现代文明强烈的冲击，也没有发生中断，反而借助现代化出现了前所未有的伟大复兴。白寿彝等人的研究表明，在世界各文明古国中，中华文明发展的连续性是十分突出的。这主要表现在两个方面：其一，中国作为一个政治实体在其发展过程中未曾为外来因素所中断。其二，中华文明在文化发展史上也未曾有断裂现象。一个文明在文化史上的连续性必须有以下两个方面的体现：一方面是语言文字发展的连续性，这是一种文化赖以流传的工具或形式的连续性；另一方面是学术传统（其中尤其是直接反映历史连续性的史学传统）的连续性，这是一种文化的精神内容的连续性。如果我们以这两个标准来衡量世界上的各文明古国，其中大多数在文化发展史上不是已经中断了连续性，

---

① 参见胡鞍钢：《胡鞍钢集：中国走向二十一世纪的十大关系》，8 页，哈尔滨，黑龙江教育出版社，1995。

② 参见江泽民：《高度重视学习中华民族发展史》，见中国社会科学院历史研究所编：《简明中国历史读本》，北京，中国社会科学出版社，2012。

就是只有不完全意义上的连续性。中华文明之所以没有中断，与国家统一的发展和巩固是有密切关系的。[①] 这一历史背景就决定了中国现代化的道路一定是极其独特的，必然打上中国文化、中华文明的历史烙印。对中国历史文化的遗产，毛泽东有高度的自觉性。他说："我们这个民族有数千年的历史，有它的特点，有它的许多珍贵品。……今天的中国是历史的中国的一个发展；我们是马克思主义的历史主义者，我们不应当割断历史。从孔夫子到孙中山，我们应当给以总结，承继这一份珍贵的遗产。"[②] 这几乎是已经实现现代化的国家所未有的，一旦中国走上现代化道路，就会伴随着中华文化的伟大复兴[③]，也决定了中国现代化不是对西方现代化的简单模仿和全盘复制，而是在学习、借鉴、"洋为中用"中加速追赶，更具有自主性、自觉性，更显示"中国文化特色"，并超越西方现代化，开创了"六位一体"（政治、经济、文化、社会、生态和国防）现代化总体布局，开辟出"和平发展"道路，在推动走向"世界大同"方面做出卓越的贡献。

第二，中国是一个大国，不但是幅员辽阔、地区发展不平衡的大国，也已经成为世界经济、科技、军事大国。大国的发展问题不同于小国，大有大的好处，有巨大的国内市场，有"东方不亮西方亮，黑了南方有北方"的大国回旋优势[④]，有"一方有难，八方支援"的大国不同地区互补优势[⑤]，作为社会主义的大国还有集中力量办大事的政治优势[⑥]；但是大国也有许多劣势，"大有大的难处"[⑦]，在客观上，大国在发展中所遇到的问题比一般国家要复杂困难得多[⑧]。

---

① 参见白寿彝总主编：《中国通史》，第1卷，349～365页，上海，上海人民出版社，1989。

② 《毛泽东选集》，2版，第2卷，533～534页，北京，人民出版社，1991。

③ 白寿彝等人认为，15世纪从意大利开始的西欧"文艺复兴"，在形式上似乎是古代希腊、罗马文化艺术的再生。"文艺复兴"（Renaissance）的词义本来也就是"再生"。但是，正如恩格斯所指出的，"从十五世纪中叶起的整个文艺复兴时代，在本质上是城市的从而是市民阶级的产物"。文艺复兴所开创的是西欧资本主义文明，它从社会性质上与希腊、罗马的古典文明有着本质的不同。参见白寿彝总主编：《中国通史》，第1卷，354～355页，上海，上海人民出版社，1989。

④ 这是毛泽东的观点："中国是一个大国——'东方不亮西方亮，黑了南方有北方'，不愁没有回旋的余地。""一切战争指导规律，依照历史的发展而发展，依照战争的发展而发展；一成不变的东西是没有的。"参见《毛泽东选集》，2版，第1卷，173～174、189页，北京，人民出版社，1991。

⑤ 这是胡锦涛的观点。2008年5月31日，胡锦涛在四川汶川大地震中受灾严重的陕西省汉中市宁强县，写下"一方有难，八方支援；自力更生，艰苦奋斗"。见新华网，2008-06-02。

⑥ 这是邓小平的观点："发挥社会主义制度能够集中力量办大事的优势"。参见《邓小平文选》，1版，第3卷，377页，北京，人民出版社，1993。

⑦ 1957年3月1日，毛泽东在最高国务会议上讲：《红楼梦》里头的著名人物王熙凤有言"大有大的难处"，她这么一说，刘姥姥就冷了半截。的确"大有大的难处"，美国的事情并不好办，据我看，它的经济危机要来，这个东西恐怕是不可避免的。参见龚育之等：《毛泽东的读书生活》，北京，三联书店，1986。

⑧ 张培刚等总结为：历史遗产和文化传统；沉重的人口压力、严峻的就业问题和低下的经济效率；区域经济的不平衡；农业落后与工农业协调发展的矛盾等。参见张培刚主编：《新发展经济学》，增订版，39、44～49页，郑州，河南人民出版社，2001。

中国是世界上一个政治经济社会发展极不平衡的发展中大国[①]，是世界上主要发展指标地区差距最大的国家，无论是协调各方面的利益，还是相对均衡各地区之间的发展都难度极大、困难极多。美国哈佛大学中国问题专家费正清教授认为，全欧洲和南北美住着 10 多亿人。这 10 多亿人生活在大约 50 个主权独立国家，而 10 多亿中国人则生活在单单一个国家里。管理和解决十几亿人口的生存和发展问题在世界上几乎是特例，古今中外的政治家都没有接触过，更没有处理过。[②] 中国是超级人口规模国家，形成了超级现代执政党和现代国家机构。作为执政党，中国共产党既要协调各方面利益，有效治理国家——中国政府体系是五级政府[③]，比美国多出两级，不同层次政府协调难度大，治理难度更大[④]，需要不断地推进国家制度现代化——又要不断改革体制，消除弊端，实现国家良治，以确保实现国家根本利益和目标：国家安全与领土完整；经济发展与经济稳定；社会公正与人类安全；政治清明与社会稳定；生态平衡与环境保护。[⑤]

第三，中国是一个快速多重转型的国家。这包括：一是从以农业为主向以工业、服务业为主的产业转型，突出表现为工业化、信息化、服务业化在加速；二是以农村人口为主的传统社会向以城市人口为主的现代社会转型，突出表现为城镇化、城市化、城市群化在加速；三是从中央集权的计划经济体制向社会主义市场经济体制转型，突出表现为市场化在加速，各类竞争日益激烈；四是从封闭、半封闭社会向开放、全面开放社会转型，突出表现为贸易自由化、投资自由化在加速，“走出去”在加快；五是从封闭、落后的文化向开放、先进的中华文化转型，突出表现为社会主义文化大发展、大繁荣、大进步。

从人口规模来看，超过任何一个大国转型的规模；从转型速度来看，又超过任何一个大国社会变迁的速度；从转型类型来看，也超过任何一个大国的转型特征和过程。这是世界上前所未有的、超大规模的多重转型，因而也必然伴随着各种重大矛盾、社会冲突、国际竞争等方面的转型挑战。诚如美国耶鲁大学历史学教授保罗·肯尼迪所言，要统治这样一个人口众多的国家（指中国），

① 毛泽东早在 1936 年就指出：中国是一个政治经济发展不平衡的半殖民地的大国。微弱的资本主义经济和严重的半封建经济同时存在，近代式的若干工商业都市和停滞着的广大农村同时存在，几百万产业工人和几万万旧制度统治下的农民和手工业工人同时存在，管理中央政府的大军阀和管理各省的小军阀同时存在，反动军队中有隶属蒋介石的所谓中央军和隶属各省军阀的所谓杂牌军这样两部分军队同时存在，若干的铁路航路汽车路和普遍的独轮车路、只能用脚走的路和用脚还不好走的路同时存在。参见《毛泽东选集》，2 版，第 1 卷，188 页，北京，人民出版社，1991。

② 参见［美］费正清：《伟大的中国革命（1800—1985）》，北京，国际文化出版社，1989。

③ 《中华人民共和国宪法》规定的是四级政府。

④ 参见胡鞍钢：《中国集体领导体制》，149～150 页，北京，中国人民大学出版社，2013。

⑤ 参见胡鞍钢、王绍光、周建明主编：《第二次转型：国家制度建设》，北京，清华大学出版社，2003。

协调各种集团（政党、军队、官僚、农民）的关系，取得进步而不产生社会的和思想的动乱，困难很大，对于哪怕最灵活、最明智的领导人都是一个考验。[①]这就要正确认识和处理若干重大关系，如毛泽东的《论十大关系》（1956年）、江泽民的《正确处理社会主义现代化建设中的若干重大关系》（1995年）、胡锦涛的“十个统筹兼顾”（2007年），调动一切积极因素，化消极因素为积极因素，最大限度地增加和谐因素，最大限度地减少不和谐因素，构建社会主义和谐社会。

第四，中国既是现代化的落伍者，又是现代化的追赶者。中国直到1950年之后才真正进入现代经济增长时期，正式发动工业化、现代化的时间比发达的工业化国家至少晚了100～200年，还明显低于这些国家工业化初期的发展起点水平，即存在因初期的“扩大缺口”的后发劣势。[②] 同时中国也存在“条件趋同”的后发优势，即利用与先行发达国家之间的差距，更快地“追赶式增长”；还存在对外开放积极引进国际知识和技术的后发优势，通过模仿创新、集成创新、自主创新，成为新技术的积极采用者和再创新者，利用最新技术（如信息通信技术、生物技术等）采用“蛙跳式”或“跨越式增长”的后发优势，从而迅速缩小与先行发达国家之间的相对差距。

本书中作者采用了“追赶系数”来反映中国主要发展指标相对美国的水平，以此作为发展是否成功的客观标准，追赶系数上升就视为成功，追赶系数下降就视为失败，追赶系数变化不大就视为不太成功。在大多数情况下是成功的，但也有失败之时，如“大跃进”失败、“文化大革命”失败，不过放在新中国的60多年历史之中，还是相对短的时间，并没有中断中国的现代化历程。

第五，中国独立自主地开辟了一条非传统、非西方的现代化发展道路，即中国特色社会主义现代化道路。中国的发展很难从现成的标准的教科书中找到答案，很难照搬照抄外国发展模式，只能探索自己的独特的发展道路。一是独立自主决策、独立自主选择、独立自主探索的发展道路，绝不依赖于任何外部势力，绝不依附于世界大国，绝不屈服于世界霸权。[③] 这是其他发展中国家很

---

① 参见［美］保罗·肯尼迪：《大国的兴衰》，北京，中国经济出版社，1989。

② 这是指富国与穷国初期人均收入水平差距大，即使穷国人均收入增长率高于富国人均收入增长率，它们的人均收入的相对差距是下降的，但是它们之间的绝对差距是不断扩大的，直到相当长的时间之后，这一“扩大缺口”才开始缩小，从而构成了对穷国为实现经济追赶所做的努力的严峻挑战。可参见［美］查尔斯·金德伯格、布鲁斯·赫里克：《经济发展》，上海，上海译文出版社，1986。

③ 邓小平指出：中国的事情要按照中国的情况来办，要依靠中国人自己的力量来办。独立自主，自力更生，无论过去、现在和将来，都是我们的立足点。中国人民珍惜同其他国家和人民的友谊和合作，更加珍惜自己经过长期奋斗而得来的独立自主权利。任何外国不要指望中国做他们的附庸，不要指望中国会吞下损害我国利益的苦果。参见《邓小平文选》，1版，第3卷，3页，北京，人民出版社，1993。

难做到的。即使是在 1949 年新中国成立之前的中国，总是希望学习西方、依赖西方，走西方的道路，但是独立自主的资本主义现代化是没有的，几乎都是属于外国帝国主义依赖型，中国人的各种现代化的努力，包括照搬国会制、多党制、总统制都失败了。诚如毛泽东所言："帝国主义的侵略打破了中国人学西方的迷梦。很奇怪，为什么先生老是侵略学生呢？中国人向西方学得很不少，但是行不通，理想总是不能实现。多次奋斗，包括辛亥革命那样全国规模的运动，都失败了。国家的情况一天一天坏，环境迫使人们活不下去。""一切别的东西都试过了，都失败了。"①

二是中国需要学习现代化，但是不能照抄照搬其他国家的发展模式，无论是苏联的社会主义模式，或是西方发达国家的资本主义模式，也诚如邓小平所言，"照抄照搬别国经验、别国模式，从来不能得到成功"，中国必须也只能"走自己的道路"②。这就是适合中国国情的社会主义现代化发展之路。

三是坚持社会主义制度特别是政治制度，创新社会主义市场经济③，充分发挥社会主义制度的五大优越性：有利于保持党和国家活力，调动广大人民群众和社会各方面的积极性、主动性、创造性；有利于解放和发展社会生产力，推动经济社会全面发展；有利于维护和促进社会公平正义，实现全体人民共同富裕；有利于集中力量办大事，有效应对前进道路上的各种风险挑战；有利于维护民族团结、社会稳定、国家统一。④ 这是不同于发达资本主义国家的制度，也不同于苏联和东欧国家放弃社会主义制度，并转向资本主义制度。这是中国追赶并超越美国等最发达资本主义国家的最大制度优势。

四是对内坚持共同发展、共同富裕、共同分享的社会主义原则⑤，坚持科学发展，以人为本，全面协调可持续发展，统筹兼顾，保障和改善民生，促进社会公平正义，促进社会和谐稳定。

五是对外走和平发展道路，坚决反对对外霸权、对外扩张、对外侵略，一贯坚持和平共处五项原则、和平发展、互利共赢。完全不同于殖民主义、资本主义、帝国主义国家和苏联对外霸权、对外扩张、对外侵略的历史。

---

① 《毛泽东选集》，2 版，第 4 卷，1470、1471 页，北京，人民出版社，1991。

② 《邓小平文选》，1 版，第 3 卷，2、3 页，北京，人民出版社，1993。

③ 张培刚先生认为，社会主义市场经济"既是市场经济，而又不同于一般市场经济，它是具有中国特色的社会主义市场经济。一般的市场经济，特别是以私有制为基础的资本主义市场经济，必然造成贫富悬殊、两极分化。为了避免或减轻这一重大的消极作用，所以我国决定实行社会主义市场经济。因为按照邓小平理论，'社会主义的本质，是解放生产力，发展生产力，消灭剥削，消除两极分化，最终达到共同富裕'"。参见张培刚主编：《新发展经济学》，增订版，2 页，郑州，河南人民出版社，2001。

④ 参见《胡锦涛：在庆祝中国共产党成立 90 周年大会上的讲话》，见新华网，2011 - 07 - 01。

⑤ 参见胡鞍钢、王绍光、康晓光：《中国地区差距报告》，沈阳，辽宁人民出版社，1995。

新中国社会主义建设的历史表明，重大战略决策的成功是最大的成功，重大战略决策的失败是最大的失败①；我们对中国国情了解得愈多，我们的决策失误就愈少；我们对中国经济发展规律认识得愈深，我们的挫折失败就愈少。②

1.2 国情与发展经济学

所谓“国情”，指的是一国相对稳定的总体的客观实际情况，或那些对经济发展起决定性作用的最基本的、最主要的发动因素和限制因素，它（们）常常决定着一国长远发展的基本特点和大致轮廓。③

在不同的国家发动和实现工业化的条件和因素各不相同。张培刚先生在1949年出版的《农业与工业化：农业国工业化问题初探》一书中对此问题做出了开创性、奠基性的理论探讨，可以作为认识中国国情的分析框架。首先，我们要了解的是，什么是一国发展的发动因素和限制因素？它们的定义是什么？张培刚认为，所谓工业化的发动因素是指在工业化进程中能够启动国民经济中“一系列基要生产函数组合方式发生连续变化”的基要因素，或战略性因素。④换言之，它是能够直接推动经济长期持续增长、促进社会生产力发生变革、促进社会经济结构发生转变的根本性的决定力量。所谓工业化的限制因素是指那些从根本上阻碍或制约工业化过程的发动和演进的因素。

后来，张培刚先生把推动一国工业化的发动因素主要归纳为三个方面：企业家创新精神、技术进步和制度革新。这相当于通常所讲的经济长期增长的发动机。把一国工业化的限制因素归纳为两个方面：自然方面的限制，包括资源和地理环境；社会方面的限制，包括人口、制度以及文化。⑤

一个国家或地区的发动因素和限制因素不是一成不变的，总是或多或少发生变化，甚至在一定条件下还会相互转化。发展的过程本身就是动态变化的过程，即发动因素与限制因素此消彼长又相互转化，从而形成社会合力，既可能相互抵消或对冲，也可能相互增加或减少。

---

① 参见胡鞍钢：《中国政治经济史论（1949—1976）》，北京，清华大学出版社，2007。

② 参见胡鞍钢：《中国走向21世纪》，238页，北京，中国环境科学出版社，1991。

③ 参见中国科学院国情分析研究小组编：《生存与发展》，1页，北京，科学出版社，1989。

④ 参见张培刚：《农业与工业化：农业国工业化问题初探》，武汉，华中工学院出版社，1984。十分可惜的是张培刚先生这本书当时没有翻译成中文，更未能成为当时中国领导人认识中国国情与经济发展的理论基础。

⑤ 参见张培刚主编：《新发展经济学》，增订版，127、151页，郑州，河南人民出版社，2001。

1921年初毛泽东就提出“改造中国与世界”的主张。他和蔡和森等新民学会会员在长沙集会，将“改造中国与世界”作为新民学会的宗旨。[①] 1937年毛泽东指出，马克思主义的哲学认为十分重要的问题，不在于懂得了客观世界的规律性，因而能够解释世界，而在于拿了这种对于客观规律性的认识去能动地改造世界。[②] 1963年毛泽东再次重申了这个观点，他指出，无产阶级认识世界的目的，只是为了改造世界，此外再无别的目的。[③]

为此，国情研究的基本任务有两个：一是认识中国国情；二是建设中国特色社会主义现代化社会。所谓认识中国国情，就是要深入认识和了解发动工业化与经济发展的发动因素与限制因素；所谓建设中国，就是促进发动因素或有利因素的成长，减少和改变限制因素或不利因素的影响。在本书中，我们会把这两类因素放在新中国60多年的历史过程中加以考察，动态地了解它们各自的变化以及如何影响中国发展的。

发展经济学是一门研究发展中国家经济发展规律的综合性经济学分支学科，主要研究贫困落后的农业国家或发展中国家如何实现工业化、城市化和现代化，消除贫困、摆脱落后、走向富裕的经济学。

什么是发展？它与经济发展、经济增长的区别是什么？经济增长（economic growth）是指一个国家总体或人均产品的增长。[④] 经济发展（economic development）则是含义更广泛的概念，不但包括经济增长，也包括经济结构变迁、经济质量提高等。发展（development）就是一个更为综合，更符合人类社会根本目标的概念。达德利·西尔斯认为：“关于一国发展，要问的一个问题是：贫困正在发生什么变化？失业正在发生什么变化？不平等又正在发生什么变化？如果一国能将这三个问题都从高水平上降下来，那么毫无疑问，它就一定处于一个各国都希望的发展时期。但如果其中一两个问题变得越来越严重，尤其如果三者都变得严重，那么即便是人均收入翻倍了，将这种结果称为‘发展’依然会令人不可思议。”[⑤] 这一见解是基于对20世纪下半叶发展中国家的发展情况的总结，并已将发展从收入增长扩充到社会平等维度，但是仍然没有包括发展的广泛含义。我们认为发展的过程就是从不发达国家（less developed countries）向发达国家（more developed countries）转变的过程，这是一个全面转型的过程，不但包括收入水平的提高，也包括人力资源本身的发展、社会

---

① 参见王桧林：《中国现代史：事与势》，3页，兰州，兰州大学出版社，2003。

② 参见《毛泽东选集》，2版，第1卷，292页，北京，人民出版社，1991。

③ 参见《毛泽东文集》，第8卷，321页，北京，人民出版社，1999。

④ 参见［美］帕金斯等：《发展经济学（第五版）》，7页，北京，中国人民大学出版社，2005。

⑤ 转引自［美］迈克尔·P·托达罗、斯蒂芬·C·史密斯：《发展经济学（第9版）》，11页，北京，机械工业出版社，2012。

公平程度的提高，以及生态环境的改善。当然，世界各国的发展历程表明，发展不是一条笔直的大道，而是一个曲折的、从不平衡到平衡的过程。

从发展经济学的角度看，发展中国家有什么共同特征呢？迈克尔·P·托达罗指出，发展中国家具有以下七个共同特征：低下的生活水平，表现为低收入、严重的不平等、保健水平低下，以及受教育程度低；劳动生产率低；高人口增长率和赡养负担沉重；不断增长的失业和不充分就业水平；对农产品和初级产品出口的严重依赖；普遍存在的不完全市场和信息约束；在国际关系中所处的劣势地位、依附性和脆弱性。[①] A. P. 瑟尔沃指出，不发达包括四个共同特征：农业与小服务业的支配地位，其劳动生产率低下；低水平的资本积累（底子薄），既包括物质资本积累，也包括人力资本积累；迅速的人口增长；初级产品为主的出口。[②] 以上都可以视为发展中国家的欠发达特征，尽管不同的经济学家有不同的划分和概括。这为我们理解中国的不发达特征提供了参照物。

发达国家又有什么共同特征呢？与发展中国家正好相反，发达国家的共同特征为：服务业占支配地位，知识经济发展迅速；物质资本存量高（底子厚），知识资本投资高；老龄化社会，少儿人口比重低；高技术产品和服务贸易出口竞争能力强。这为我们理解中国不断扩大发达因素，加速走向发达社会提供了参照物。

发展经济学是研究发展中国家为什么发展、发展什么、怎样发展的一门学问，是研究一个国家如何由一个传统的农业国转变为一个工业化和现代化国家的经济学。与其他经济学理论相比，发展经济学更适用于回答发展中国家“普遍性”发展难题和“普遍性”发展规律。但是面对“中国发展问题”及其成因的理论解释还是显得不足，既没有充分吸收并反映中国发展实践的重大理论成果，也没有能够提供前瞻性地指导中国未来发展实践的理论灯塔。尽管以中国等发展中人口大国为代表的南方国家（即发展中国家）经济增长速度大大超过北方国家（即发达国家），已经改变了世界经济格局、贸易格局，使经济、贸易格局发生了前所未有的大逆转[③]，但是发展经济学却处于经济学的边缘地带，只是西方经济学的衍生物和附属物而已，在某种意义上属于非主流学派。

发展经济学奠基人之一张培刚先生曾提出发展经济学必须进行一场变革：

---

① Michael P. Todaro，Stephen C. Smith，*Economic Development*，10th edition，England，Person Education Ltd，2008.

② A. P. Thirlwall，*Growth and Development*，8th edition，UK，Palgrave Macmillan，2006.

③ 参见清华大学国情研究中心，胡鞍钢、鄢一龙、魏星执笔：《2030 中国：迈向共同富裕》，北京，中国人民大学出版社，2011；联合国开发计划署（UNDP）：《2013 年人类发展报告——南方的崛起：多元化世界中的人类进步》，UNDP，2013。

"应该对发展经济学的研究范围和内容连同研究方法，加以彻底改造和革新，并在此基础上建立一种'新型发展经济学'"①。在我国，如何研究发展经济学，创建有中国特色的新兴发展经济学呢？张培刚先生认为：要创建新发展经济学，必须以马克思认识论和方法论即唯物辩证法为指导，从包括我国在内的发展中国家具体情况出发，以邓小平的"三个有利于"作为取舍标准，来进行理论概括和创新。②

现代中国发展是一个特殊历史大舞台，她所留下来的历史记录、历史经验、历史经历、历史实践，既同于又不同于西方国家工业化的过程，也既同于又不同于大多数发展中国家的工业化过程。一方面，我们既需要不断学习和借鉴西方经济学和西方主导的发展经济学，了解一般的发展规律和南方国家的发展规律；另一方面，我们更需要的是在此基础上创新中国发展经济学，逐步创建中国话语体系、学术体系、理论体系。正如毛泽东 1942 年所言，"你们看，中国的经济、政治、军事、文化，我们究竟有多少人创造了可以称为理论的理论，算得科学形态的、周密的而不是粗枝大叶的理论呢？特别是在经济理论方面，中国资本主义的发展，从鸦片战争到现在，已经一百年了，但是还没有产生一本合乎中国经济发展的实际的、真正科学的理论书。像在中国经济问题方面，能不能说理论水平已经高了呢？能不能说我党已经有了像样的经济理论家呢？实在不能说"。我们所要的是这样的理论家，"他们能够依据马克思列宁主义的立场、观点和方法，正确地解释历史中和革命中所发生的实际问题，能够在中国的经济、政治、军事、文化种种问题上给予科学的解释，给予理论的说明"。"……深刻地、科学地分析中国的实际问题，找出它的发展规律。"③ 距离毛泽东讲这个话已经 70 多年了，但是这个问题始终没有解决。这里，固然有许多复杂的历史原因，但是就我们中国经济学者而言，关键是缺乏学术自觉、学术自信、学术自主创新，自觉不自觉成为"翻译家"、"传声筒"，言必称希腊，忘记了自己的祖宗④，成为西方教科书的"俘虏"或"洋教条主义者"。因此总结出真正合乎中国实际，真正科学的理论，既是当代中国学者的学术自觉

---

① 1992 年张培刚就提出要对发展经济学进行改造和革新：其一是扩大范围，其二是要改进研究方法。要进一步包括以下四点内容：第一要以发展中大国作为重点研究对象；第二必须从社会经济发展的历史角度探根溯源；第三必须从发展中国家的本国国情出发，制定发展战略；第四不是纯粹市场经济的国家在新型发展经济中要占有很重要的地位。参见张培刚主编：《新发展经济学》，增订版，4～5 页，郑州，河南人民出版社，2001。

② 参见张培刚主编：《新发展经济学》，增订版，4～5 页，郑州，河南人民出版社，2001。

③ 《毛泽东选集》，2 版，第 3 卷，813～814 页，北京，人民出版社，1991。

④ 毛泽东指出，不论是近百年的和古代的中国史，在许多党员的心目中还是漆黑一团。许多马克思列宁主义的学者也是言必称希腊，对于自己的祖宗，则对不住，忘记了。参见《毛泽东选集》，2 版，第 3 卷，797 页，北京，人民出版社，1991。

和历史责任，也是本书创新的目的和任务。

对于创新中国发展经济学来说，可以说我们置身于一个伟大的国家，也正处于一个伟大的时代。

首先，中国是世界上最大的发展中国家。世界上有 200 多个国家和地区，而总人口数超过 1 亿的国家只有 11 个；农村人口数超过 1 亿的只有 3 个国家：印度（7 亿）、中国（6.7 亿）[①]，印度尼西亚（1 亿）；世界上就业人口数超过 1 亿的国家只有 4 个：中国（7.8 亿）、印度（4.8 亿）、美国（1.5 亿）和印度尼西亚（1 亿）。[②] 任何创新的发展知识、发展政策都会产生巨大的规模效应。

其次，中国面临着世界上几乎所有发展中国家的发展难题，诸如吃饭、就业、教育、卫生、居住等所面临的发展挑战。解决任何一个发展难题，不仅对中国而且对世界都会做出巨大的知识贡献。

再有，中国也是世界上发展最成功的国家。过去 30 多年中国是世界上经济增长最快的经济体，进出口货物和服务贸易增长最快的贸易体，还是本国居民发明专利申请量和授权量增长最快的国家。总结任何一项伟大成就的经验并上升为发展理论，都会为世界各国特别是南方国家所分享。

最后，中国是最大的学术源泉和平台。在有 960 万平方公里国土面积的中国，十几亿人民的伟大实践是人类社会最伟大的社会实践，为我们提供最丰富最重要的认识来源，是检验发展经济学理论最大的、最生动的社会实验，也是检验发展战略是否正确、发展政策是否优良的最好检验标准。正如毛泽东所言："我们研究中国就要拿中国做中心，要坐在中国的身上研究世界的东西"[③]。研究中国发展经济学更是如此，要开放包容，以我为主，大胆创新。

我们需要了解中国奇迹背后的特殊经济社会背景和独创性的中国发展道路。这包括：它是怎样创造奇迹的？奇迹的根本动因是什么？为什么中国会不断地创造奇迹？如果能够回答这些问题，我们就可以称开辟了"中国特色"的"中国之路"，自主创新了中国发展经验，自主创新了发展经济学。

一个发展经济体如同一个人体一样。经济学家诊断一个经济体就像医生诊断一个人体。约瑟夫·E·斯蒂格利茨认为，医生通常可以通过研究病理学，即身体出毛病时发生了什么情况，而获得许多关于人体的认识。经济学也是如此。[④]

---

① 为 2010 年数据。参见国家统计局编：《中国统计摘要 2011》，40 页，北京，中国统计出版社，2011。

② 参见国家统计局编：《2010 国际统计年鉴》，104～106、112、118 页，北京，中国统计出版社，2010。

③ 《毛泽东文集》，第 2 卷，407 页，北京，人民出版社，1993。

④ 参见［美］约瑟夫·E·斯蒂格利茨等：《经济学（第三版）》，中译本序，北京，中国人民大学出版社，2005。

杰弗里·萨克斯教授把经济学家像临床医生一样对经济发展进行诊断称为“临床经济学”[①]。丹尼·罗德里克教授也认为虽然经济学原理相同，但是政策处方不同（one economics，many recipes），因此需要对经济增长进行诊断，通过决策树探寻制约经济活动的最关键因素，以形成决定政策优先顺序的增长战略。[②]对经济进行诊断，我们不但要汲取西医科学的方法，也要吸收中医的观点。中医认为人体是一个整体系统，阴阳的动态平衡是保持人体健康的前提，人体子系统之间存在相生、相克的关系，人体健康需养和治结合，要“治未病”。医学本身不但是一门科学，也是一门艺术，西医更多的是一门科学，而中医更多强调经验基础上的艺术。发展诊断学是要把发展经济学这门科学和经济发展实践的经验有机地结合起来，在介乎理论世界与真实世界之间建立沟通的桥梁，对中国这样一个巨大的复杂经济体进行发展诊断，既需要科学的发展理论，更需要艺术的实际经验，也包括各种教训，因为失败是成功之母，错误是正确之先驱。

因此，我们提出了发展诊断学，包括以下几个要点：

（1）发展经济体，就如同一个成长的生命体，是一个包括许多子系统的复杂系统，子系统之间的动态平衡以及系统与外部环境之间的动态平衡是发展经济体保持健康的前提。

（2）发展经济体处于积极的良性循环过程中，经济体就会繁荣；而处于恶性循环中，经济体就会陷入衰败。

（3）健康的发展经济体具有自我调适和自我修复能力，需要具有适应性的发展战略加以引导。

（4）对发展经济体进行诊断，既需要分析共同的关键变量，更需要分析独特的发展变量；既需要客观的量化分析，更需要定性的经验分析。

具体而言，我们把发展中的中国视为一个复杂的动态的开放系统，一方面，它要与更大的国际或世界的系统相互关联、相互影响；另一方面，它要内部的各子系统相互联系、相互作用，共包括经济系统、自然系统、人力资源系统、社会系统四个子系统。各子系统之间形成正负反馈机制。自然系统为人类的生存以及经济社会活动提供了自然基础，自然条件的恶化会危害人类的身体

---

① 杰弗里·萨克斯提出了临床经济学包括以下几个要点：（1）经济体就像个人一样，也是一个复杂的系统，为了使整个经济正常运行，这些系统必须正常地发挥作用。（2）经济学家要像临床医生一样，需要学习区别诊断的艺术。（3）临床经济学要像临床医学一样，应该理解它与更大系统的关系，如全球伙伴关系。（4）好的发展实践要求监督和评估。参见［美］杰弗里·萨克斯：《贫穷的终结——我们时代的经济可能》，70～72页，上海，上海人民出版社，2007。

② 参见［美］丹尼·罗德里克：《相同的经济学，不同的政策处方》，53～82页，北京：中信出版社，2009。

健康，制约经济的发展，加剧社会的不公平。人力资源是经济发展的第一资源，也是社会实质性公平得以实现的条件，人口过载对自然系统造成巨大压力，人口老龄化、少子化、低健康水平和低教育水平则制约经济发展和社会公平的实现。经济系统的发展使得物质资本代替生态资本，对人力资本进行长期投资和进行有效的不同社会群体间的转移支付；不同的经济发展方式也会造成对自然系统的掠夺，加剧社会不公，并造成就业不安全、健康不安全等问题。地区、城乡、不同人群的社会公平实现，可以抑制过度开发，促进社会和谐、经济繁荣；相反，不平等程度的加剧，加大了经济运行的风险并造成效率损失，抑制人类发展并加剧对脆弱生态环境的破坏。此外，发展经济体和国际环境也存在着正负反馈机制。正反馈机制就是它们之间相互强化、相互支撑，正面扩大或放大作用，表现为发展经济体积极参与全球化，既从中获益，包括技术、人才、思想观念的迁移，国际贸易的活跃，生态资本的替代等，同样也造福于世界其他国家；负反馈机制就是它们之间相互弱化、相互抵消，负面缩小或恶化作用，表现为发达国家对发展经济体的支配和掠夺，或者表现为发展经济体的孤立与边缘化（见图 1—1）。当正反馈机制占据主导时，整个系统处于良性循环状态；当负反馈机制占据主导时，整个系统处于恶性循环状态。

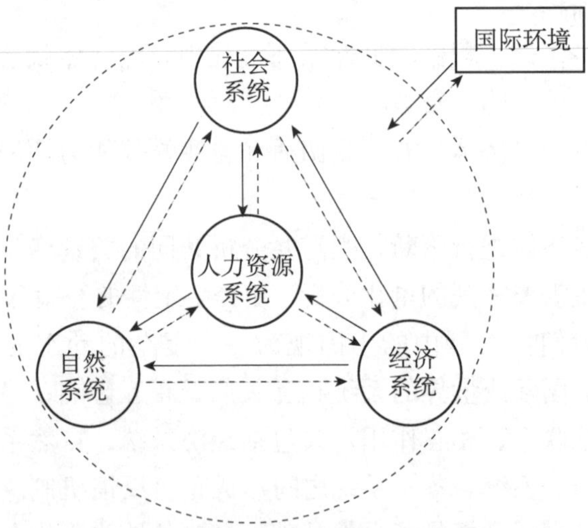

图 1—1　发展经济体各子系统的相互作用

注：实线为正反馈（positive feedback）；虚线为负反馈（negative feedback）。

如何理解发展经济体的特征？可以从不同的角度来表征，例如西方发展经济学认为，任何发展中国家都可以从 8 个重要方面来理解经济结构的差异：国家的大小；历史及殖民背景；自然禀赋和人力资源状况；宗教状况和民族构成；国有经济和私有经济的比重；公民社会；产业结构；在经济、政治和文化上的对外依赖程度。[①] 我们认为需要从系统论、整体论的角度把握关键变量；从多维度、动态的角度来对发展进行诊断。我们把中国国情分为五个维度：第一是自然国情，包括地理国情、资源环境、自然灾害以及气候变化；第二是人力资源国情，包括人口、就业、教育与健康；第三是经济国情，包括经济增长、农业现代化、工业化与信息化；第四是社会国情，主要讨论地区差距与城乡差距；第五是国情与世情，重点讨论中国与世界的互动关系。这里需要的是系统知识集成，即需要整合地理学、生态学、人口学、经济学、社会学、公共管理等知识，进行综合研究、集成创新，需要借助那些可量化或不可量化的诊断变量对中国的发展进行动态的多角度的综合诊断，这也是本书的基本框架和基本方法（见表1—1）。

表1—1　中国国情与发展诊断变量

Ⅰ自然与地理	Ⅲ人口与健康
地貌类型及占国土面积比重	人口自然增长率
不同海拔高度及占国土面积比重	老龄人口比重
各温度带分布	人口抚养系数
干湿地区分布及占国土面积比重	妇女总和生育率
海岸线长度、陆地边界长度	平均预期寿命
人口密度	婴儿死亡率
经济密度	传染病发病率
主要运输线路长度	Ⅳ就业与教育
Ⅱ资源与环境	劳动参与率
主要资源总量	城镇新增就业人数
主要资源人均占有量	成人识字率
主要资源消耗强度	15岁以上人口平均受教育年限
主要资源产出率	各级教育毛入学率
主要污染物排放量	各类人才数量
单位国内生产总值（GDP）二氧化碳排放量	Ⅴ经济增长与工业化
自然资产损失比重	GDP及增长率
森林覆盖率	人均GDP及增长率
森林蓄积量	全要素生产率

① 参见［美］迈克尔·P·托达罗、斯蒂芬·C·史密斯：《发展经济学（第9版）》，28～29页，北京，机械工业出版社，2012。

续前表

产业结构	农村人口
电话及移动电话用户数	城市人口及占总人口比重
互联网用户数	转移农业劳动力和流动人口数量
Ⅵ农业与减贫	城乡居民人均收入与支出增长及相对差距
农业增加值及增长率	地区人类发展差距
粮食产量及增长率	地区收入发展差距
农产品土地生产率及增长率	基本公共服务均等程度
粮食单产	Ⅸ中国与世界
农业劳动生产率及增长率	GDP 占世界总量比重
农民农业人均收入及增长率	进出口贸易及占世界总量比重
各类贫困人口及发生率	高技术产品出口额及占世界总量比重
Ⅶ知识与创新	外国直接投资及占世界总量比重
从事研究与试验发展的科学家和工程师	对外直接投资及占世界总量比重
研究与试验发展的经费支出及占 GDP 比重	对外国际援助
专利申请受理量和授权量	外汇储备
科学论文发表量和引用量	主要资源对外依存度
高技术产业增加值占 GDP 比重	能源消费量及占世界总量比重
Ⅷ城乡与地区	温室气体排放量及占世界总量比重

总之，一切经济社会的发展，没有一成不变的规律，它是依照历史的发展而发展[①]，依照历史的变化而变化。就一个国家或地区而言，没有一个什么固定不变的模式，此时不同于彼时，依不同的时间、条件而不同；就不同的国家或地区而言，也没有一个统一最优的发展模式，此国不同于彼国，此地不同于彼地，依不同的国情、条件而不同。任何发展战略如同战争战略一样，它本身就是一门高超的艺术，指导发展的方针和任务随时间、环境和条件的变化而适应性地变化。

1.3 怎样认识和理解“中国之路”

本书的主题是国情与发展，主线是“中国之路”。在世界的东方，中国这

① 这里参考了毛泽东同志的提法：战争情况的不同，决定着不同的战争指导规律，有时间、地域和性质的差别。一切战争指导规律，依照历史的发展而发展，依照战争的发展而发展；一成不变的东西是没有的。参见《毛泽东选集》，2 版，第 1 卷，北京，人民出版社，1991。

个拥有十几亿人口的文明古国，正在加速工业化、信息化、城镇化和现代化进程，正在经历中华民族伟大复兴的历史进程。无论是中国自己，还是全世界都在问，现代中国到底选择一条什么样的发展道路？对中国本身意味着什么？对世界意味着什么？中国之路是一条什么道路呢？我们应当如何认识和理解这条发展道路呢？中国从哪里来？如何走过来？又到哪里去呢？

新中国成立60多年特别是改革开放30多年来，中国一直致力于探索符合本国国情和时代要求的社会主义现代化道路。虽然历经曲折，中国人民却孜孜以求、与时俱进，不断总结汲取本国及其他国家发展的经验教训，不断深化对人类社会发展规律的认识，不断推动社会主义制度自我完善和发展。通过艰苦努力，中国找到了一条符合自身国情的发展道路，这就是中国特色社会主义现代化道路。①

现代化有不同的含义。白寿彝主编的《中国通史》认为：从人类社会转型角度看，现代化是由传统的农业社会向工业社会转化的过程，以经济工业化和政治民主化为主要标志，核心是工业化。从历史进程看，从落后的封建社会进入到工业化是历史发展的必然。现代化贯通于资本主义产生、发展和社会主义确立、发展的全过程，是人类社会从传统的农业文明向现代工业文明转变的必然趋势。从内容上看，它是以科技为动力，以工业化为中心，以机器生产为标志，并引起经济结构、政治制度、生活方式、思想观念全方位变化的一场社会变革。②

这里我们是依据张培刚教授关于工业化的经典定义③，将现代化定义为："全社会范围，一系列现代要素以及组合方式连续发生的由低级到高级的突破性的变化或变革的过程。"这是一个十分丰富的概念：一是现代化一定是历史的概念，发展的概念，这就是说现代化不是一个固定的概念，也不是一个一成不变的概念，它是随着人们对现代化的实践和认识不断丰富、不断完善而动态发展的概念。这也意味着现代化并没有固定的模式或唯一的道路，不同的国家或地区有不同的现代化道路，即使是同一个国家或地区，在不同的时期、不同的发展阶段也有不同特征的道路。二是现代化是在全社会范围内的，包括经济现代化、社会现代化、政治现代化、文化现代化、人的现代化，以及生态文明建设，此外还有一个国防和军队现代化，这就超越了单一的经济现代化、物质

---

① 参见国务院新闻办公室：《中国的和平发展》白皮书，见人民网，http：//politics.people.com.cn/GB/1026/15598619.html，2011-09-06。

② 参见白寿彝总主编：《中国通史》，第1卷，上海，上海人民出版社，1989。

③ 早在1949年，张培刚把"工业化"定义为"一系列基要的生产函数连续发生变化的过程"。后来张培刚将工业化的定义增改为："国民经济中一系列基要的生产函数（或生产要素组合方式）连续发生由低级到高级的突破性变化或变革的过程。"参见张培刚主编：《新发展经济学》，增订版，107页，郑州，河南人民出版社，2001。

现代化，成为“多位一体”、更加全面、更加协调的现代化。三是现代化是现代要素以及组合方式连续发生变化，这就涉及土地、资源、能源、资本、劳动、教育、科学、技术、文化、信息和知识等现代要素。涉及要素组合方式，不同的要素有不同的组合方式或机制，有的要素组合方式是需要利用市场机制配置，有的要素组合方式是需要由政府有效提供，有的要素组合方式是两种机制共同来提供。一个好的制度体系就是有助于这些要素都能够迅速扩散、普遍应用，加速积累并有效配置，从而全面加速多位一体的现代化，即使是后发国家也会后来居上，还可能赶上或超过先行者。四是现代化是一个连续的积累的发展和建设过程，从欠发达到发展中，再到发达；从低级到中级，再到高级；从量变到部分质变，再量变到再部分质变，最后引起质变。例如中国过去的30多年先后经历了从绝对贫困到解决温饱，再到小康水平、小康社会。五是全方位的变革，观念变革、经济变革、社会变革、文化变革等等。生产力的发展引起生产关系的变动与调整，又引起上层建筑的变化和适应，全面建设经济制度、政治制度、文化制度、社会制度、生态制度，实现国家良治与长治久安和社会主义制度的自我完善，同时又全面改革经济体制、政治体制、文化体制、社会体制、生态体制，消除各种弊端，提高各种效率和效益，实现社会主义体制的自我改革。只要符合上述五个方面，中国的现代化就会发生，不断发展，逐步演进，质变跃迁，长期积累。①

所谓“中国之路”就是“中国特色社会主义现代化之路”。它包括了三个方面：第一，它是现代化之路，就像其他发展中国家那样，也要从低收入到中等收入进而到高收入，基本实现工业化、城市化和现代化的目标和任务。第二，它是社会主义之路，不仅要使人民富裕起来，还要逐步使十几亿全体人民共同富裕起来。第三，它是中华民族复兴之路，这是一个延续几千年具有独特的延续性、包容性、开放性的中华文明的伟大复兴，又是缔造了一个东方特色的“多元一体”统一的多民族现代国家的伟大复兴，充分学习借鉴了其他民族和国家的长处，为人类文明进步做出了重大贡献。

如果只是“现代化之路”，今日中国的发展水平和经济实力仅相当于今日的印度。正是有了“社会主义之路”，才有了真正意义上的“中国之路”，无论是发展水平还是经济实力都大大超过印度。②

---

① 参见胡鞍钢：《中国道路与中国梦想》，86～87页，杭州，浙江人民出版社，2013。

② 1950年中国和印度人均GDP（1990年国际美元价格）相对于北方国家的追赶系数分别为8.3%和11.3%，即当时中国的发展水平还低于印度，到2010年两国追赶系数分别上升至31.5%和13.3%；1950年中国和印度GDP（1990年国际美元价格）占世界总量比重分别为4.6%和4.2%，到2010年两国比重分别上升至20.7%和8.0%。参见清华大学国情研究中心，胡鞍钢、鄢一龙、魏星执笔：《2030中国：迈向共同富裕》，30、48页，北京，中国人民大学出版社，2011。

本书在以下各章中，围绕“中国之路”这一主题，从不同领域和方面分析各自的具体道路：从哪里起步？怎么走过来？走到了哪里？今后会走向何方？这样我们才能够比较深入地全面理解中国总道路。作者以大量的数据和历史事实展现和说明现代中国的历史变迁和巨大变化：从“一盘散沙”、“四分五裂”的社会到国家的高度统一、各民族空前团结、具有强大的社会凝聚力的世界政治大国；从世界的“饥荒之国”到世界第一农业生产大国；从世界工业落后国到世界第一工业生产大国；从基础设施落后国到世界现代化基础设施大国；从“一穷二白”国家到世界第二大经济强国；从“一贫如洗”之国到“全面小康社会”；从“东亚病夫”之国到“健康中国”；从“文盲充斥”、“人才匮乏”大国到世界人力资源大国；从科学技术空白之国到世界“创新国”；从世界最大传统农业社会到世界最大现代城市社会；从封闭社会到全面开放社会；从封闭落后的文化之国到开放先进的中华文化软实力大国；从“一大二弱”之国到世界第二综合国力国，成为强大的“东方巨人”。由此可知，中国的总道路是由不同的具体道路所构成，又为后者所体现，形象地讲，是“条条大路通北京”，即党中央所设定的中国特色社会主义现代化目标。

中国之路是一条不断应对挑战、战胜挑战之路。中国发展道路始终充满着各种挑战，这既包括外部挑战与内部挑战，又包括可预见挑战与不可预见挑战。因此这需要及时识别挑战，积极应对挑战，并将挑战转为机遇。正由于在不同时期中国采取了不同的态度和策略，因而也有了不同的历史轨迹。

中国之路是一条实践中学习的“试错”之路。中国领导人从不唯书、不唯洋（人）、不唯教条主义，不相信世界上存在什么“放诸四海而皆准”的“普世”模式，不盲目照搬照抄外国模式。当不同国家国情条件差异性越大，照搬照抄学习失败的概率也越大；反之亦然。从这个意义上看，中国领导人总会倾向于向那些与中国差异不大的国家学习，但是这种学习已经不是模仿式学习，而是借鉴式或参照式学习。坚持独立探索，立足自身国情，从实践和试验中进行学习和调整，学会具体问题具体分析，防止肯定一切或否定一切，在倒掉（错误的）洗脚水的同时，也留住了（正确的）婴儿。这也说明世界上没有最好的体制，也没有最完备的体制，只有最适合自己的体制、最适宜自己的体制，这个体制不是事先人们有意设计出来的，而是人们“摸着石头过河”，不断“试错”出来的。

总之，中国之路本身就是“万里长征”之路，是几代中国人民在中国共产党的正确领导下，历尽艰辛，自强不息，艰苦奋斗，勇于探索，不断创新的发展之路，是中国人民走向共同富裕之路，中国走向世界强国之路，中华民族走向伟大复兴之路。

1.4 认真阅读中国这部“天书”

中国是世界上最奇特的国家之一，也是最迷人的国家之一。了解中国如同在读一部“天书”。它既让你读得兴奋不已、回味无穷，也让你很难真正读全、读懂、读深。无论是已有的历史知识，还是各种发展理论知识，都无法准确地或者非常满意地反映和解释这个迅速变化的、十分不确定的中国，以及中国对世界的影响，其原因是各类因素的不确定性与风险性，信息的不完全性与不对称性，知识的不完全性与不完整性，认识的片面性与局限性，经验的有限性与狭隘性。正如诺思所言：我们有时可以做得对，但是我们的误解还是比理解要多。因为在不确定的环境中人们不了解将会发生什么情况。[①]

本书主要是要解决一个中国观的问题。中国观是指对中国发展的历史与前景的看法或根本观点。具体而言，这包括：如何观察中国，主要是中国人如何从内部观察中国；如何认识中国，包括感性认识与理性认识；如何分析中国，包括专业分析、系统分析与整体分析，历史分析与现实分析，国内分析与国际比较分析等。

本书的研究是“现代中国学”的重要部分。顾名思义，现代中国学是关于现代中国的学问，是关于现代中国的系统研究。作为素质教育和通识教育课程，就是开阔学生思路和眼界，扩大学生知识面和研究能力，提高学生思想政治素质，帮助他们全面了解中国，学会分析国内外复杂的形势，增进对中国特色的社会主义现代化道路的理解。通过对中国观的正确认识，指导学生树立健康的人生观和价值观，让他们认识到自己的社会责任和个人奉献精神，实现个人价值与社会价值的有机结合。

从长远看，不论学生们将来做什么，首先应当提高政治素质、思想素质、科学素质和专业能力，未来成为全面完整的人、优秀杰出的人才、未来中国社会主义现代化事业的接班人和领导者。从这个意义上看，现代中国学是大学生人生之途入门之课，也是人生道路之旅必修课，更是终身学习、终身实践、终身受益之学。

人的一生应该是有创造性的一生。人生是一个学习的过程，是一个不断拓展自己视野的过程。[②] 我所理解的人生的真正含义是：与中国发展同行，与中

---

①② 参见［美］道格拉斯·C·诺思：《理解经济变迁的过程》，载《经济社会体制比较》，2004（1）。

国开放相伴，与中国变革俱进，与中国兴盛共存。[①] 这一实践与体会也反映在本书中，与读者分享。

1.5　本书的主要内容

本书将中国作为一个有机的动态的巨系统进行研究，要回答以下几个问题：中国的基本国情是什么？现代中国发展的初始条件是什么？现代中国是如何发生变化的？它从哪里来？它经历了哪些阶段？它现在又走到了哪里？有哪些限制因素和有利因素？限制因素又如何转变为有利因素？如何认识中国发展之路？它背后的逻辑是什么？动因是什么？未来又会走向哪里？如何实现“富民强国”的宏大目标？

本书的主要内容是“国情与发展”，这是一个宏大的问题集，我们必须做出选择，不可能面面俱到，不可能详细讨论，只能选择那些基本的、重要的、必不可少的主要题目及问题。

本书除导论外共分为六篇。导论系本章，主要说明中国国情与发展之路的关系，介绍中国国情研究的主要目的、各篇章研究主题和研究内容。

第一篇为自然国情与发展，讨论地理、资源、环境、气候变化等自然条件与中国发展的关系。一方面讨论自然国情如何制约中国的发展，另一方面讨论中国如何转变经济发展方式，实现绿色发展，实现人与自然的长期和谐相处，保障整个中华民族可持续发展，并为保护地球做出绿色贡献。

第二篇为人力资源与发展，分为人口与发展、健康与发展、教育与发展、就业与发展四章。人力资源不但包括人口的数量，也包括人口的质量，即人的健康状况和受教育程度。本篇讨论了人力资源与中国发展的关系，即中国如何从一个人力资源小国变成人力资源大国，未来如何成为人力资源强国；如何通过开发人力资源，把人口包袱转变为人力资源财富。

第三篇为经济国情与发展，分为中国现代经济增长、农业与发展、工业与发展、知识与发展四章。现代中国创造了经济发展奇迹，实现了从一穷二白到世界经济强国的转变，从知识落伍国到知识大国的转变，也使13亿人口基本上脱离了贫困，从贫困大国走向小康社会。

第四篇为公平与发展，分为减贫与发展、城乡与发展、地区与发展三章。

---

① 参见胡鞍钢主编：《中国大战略》，杭州，浙江人民出版社，2003。

中国是世界上减贫成就最大的国家，极大程度减少了收入贫困、人类贫困、知识贫困，而生态贫困成为新的突出挑战。现代中国从城乡二元结构，先是转变为三元结构，即城镇、农村及工业化，后是转变为四元结构，即城镇户籍人口与流动人口、农村从事农业与非农业人口，今后将向着城乡一体化的一元结构转变。中国各地区差异甚大，是“一个中国，四个世界”的格局，不过这一地区发展总的趋势从“第三、第四世界”为主转向“第二、第三世界”为主，进而转向“第一、第二世界”为主，它们的发展差距经历了先趋异后趋同的一体化与多样化并存的过程。

第五篇为中国与世界，讨论中国发展系统与外部更大系统的联系。中国的发展离不开世界，世界的发展也离不开中国，中国从一个全球化的边缘国转变为全球化的积极参与者与领导者，中国与世界的关系已经发生深刻的变化，中国也将为世界做出更大的贡献。

第六篇为全书总结，对“中国之路”进行回顾与展望。说明“中国之路”的历史命题和历史主线，概括“中国之路”的历史发展轨迹，归纳“中国之路”的发展特征和机制，并对“中国之路”的未来进行展望。

我们参照了毛泽东《中国革命战争的战略问题》(1936 年 12 月）关于中国革命战争的规律与战略的框架，提出了中国发展规律与战略的框架：一是世界性经济社会发展一般规律。由现代经济学和现代经济发展历史我们可以了解到，经济学的基本规律是共同的。在任何一个地方都存在着稀缺性，必须做出选择。资源是有限的，把资源用于某一目的就意味着不能把这些资源用于其他目的。[①] 二是南方国家经济社会的发展，既有一般的发展规律，也有一些特殊的规律。我们可以由二战后发展中国家发展实践概括其不同于发达国家的特性，这就从一般性、普遍性研究转向不同类型、结构型研究。三是中国经济社会发展的规律，除了前两种规律之外，又有中国的一些特殊的规律，这是由中国的基本国情、发展阶段、社会制度、历史文化等所决定的。“尽管基本经济学规律是普遍的，但是每个社会都有自己的制度，并以自己的方式迎接反映着一国独特历史与文化的经济挑战。在过去的 20 年间，中国形成了自己独特的方式，即有中国特色的社会主义市场经济。”[②] 张培刚先生认为，中国不仅具有“二元经济”的内容，而且体现了“多元经济”的特色。[③] 我们的研究发现，中国已经从二元结构演变为三元结构，进而向四元结构转变。[④]

---

① 参见［美］约瑟夫·斯蒂格利茨：《经济学（第二版)》，14 页，北京，中国人民大学出版社，2000。

② 同上书，14～15 页。

③ 参见张培刚主编：《新发展经济学》，增订版，5 页，郑州，河南人民出版社，2001。

④ 参见胡鞍钢、马伟：《现代中国经济社会转型：从二元结构到四元结构（1949—2009)》，载《清华大学学报》(哲学与社会科学版)，2012 (1)。

由此看来，经济社会发展总是有规律的；世界各国的情况不同，决定着不同的发展道路，各有其不同的特点，也就有了各自的特殊的规律。我们的主要任务，就是研究中国特有的经济社会发展规律，并与世界一般发展规律、南方国家发展规律相比较。当然，中国特有的规律也不是一成不变的，它依照历史的发展而发展，依照自身的变化而变化，依照世界的变化而变化。

本书在各章中首先介绍一般规律和基本理论、南方国家的发展规律，之后介绍发展经济学的基本理论，在此基础上根据中国的实践提出中国的特殊规律，作为自己的分析框架，作为研究某一方面国情与发展的重要工具。正如凯恩斯所言："经济学理论并没有提供一个直接用于政策的无可争议的结论。它是一种方法而不是教条，它是一种思维工具，可以帮助掌握了这种工具的人得出正确的结论。"[①] 由此作者去发现中国发展的自身逻辑和独特路径，用数据说话，让事实证明，由实践检验。因此本书有大量的图表和计算数据供学生和读者参考，也可以为专业性人员提供重要信息和资料来源。

【思考与讨论】

1. 为什么要研究中国国情？
2. 中国国情的内涵是什么？如何概括？
3. 你是如何认识中国国情的？
4. 如何专业化地研究现代中国？有哪些主要方法？
5. 怎样从国情的视角认识和理解"中国之路"？
6. 怎样阅读中国这部"天书"，才能使你终身受益？

【扩展阅读】

毛泽东．中国革命战争的战略问题，1936 年 12 月．

毛泽东．中国革命和中国共产党，1939 年 12 月．

毛泽东．改造我们的学习，1941 年 5 月 19 日．

毛泽东．论十大关系，1956 年 4 月 25 日．

中共中央文献研究室．江泽民论有中国特色社会主义（专题摘编）．北京：中央文献出版社，2002.

清华大学国情研究中心，胡鞍钢，王亚华．国情与发展．北京：清华大学出版社，2005.

胡鞍钢．中国政治经济史论（1949—1976）．2 版．北京：清华大学出版

---

① 转引自梁小民：《经济学是什么》，1 页，北京，北京大学出版社，2001。

社，2008.

胡鞍钢．国情研究与教书育人．北京：清华大学出版社，2011.

【推荐著作】

Barry Naughton. The Chinese Economy—Transitions and Growth. London，England，Cambridge，Massachusetts：The MIT Press，2007.

谭崇台．发展经济学．上海：上海人民出版社，1989.

张培刚．新发展经济学．增订版．郑州：河南人民出版社，2001.

蔡昉，林毅夫．中国经济．北京：中国财政经济出版社，2003.

邹至庄．中国经济转型．北京：中国人民大学出版社，2005.

［美］帕金斯，等．发展经济学（第五版）．北京：中国人民大学出版社，2005.

蔡昉．中国经济转型30年．北京：社会科学文献出版社，2008.

［英］安格斯·麦迪森．中国经济的长期表现：公元960—2030年．上海：上海人民出版社，2008.

武力．中国发展道路．长沙：湖南人民出版社，2012.

［美］迈克尔·P·托达罗，斯蒂芬·C·史密斯．发展经济学（第9版）．北京：机械工业出版社，2012.

林毅夫．解读中国经济．北京：北京大学出版社，2012.

姚洋．发展经济学．北京：北京大学出版社，2013.

第一篇　自然国情与发展

地理与发展
资源与发展
环境与发展
自然灾害、气候变化与发展

人与自然关系的演变是一个极其漫长的历史过程，也是一个极其复杂的认识发展过程。这一过程有三个阶段[①]：第一个阶段人是自然界的奴隶，人是被动的，人的一切活动都受到自然界的控制。第二个阶段人试图成为自然界的主宰，自然界是被动的，人却是主动的，人类无度地向自然界索取；人认识自然是为了改造自然，抗拒自然的制约，同时也会破坏自然，破坏人类自身生存与发展的基础。这一阶段是人类发展的黄金时期，也是人与自然矛盾凸显期。第三个阶段人与自然界和谐共处，人不再是自然界的主宰，而是自然界的朋友；人不再是自然界的破坏者，而是自然界的保护者；人认识自然不仅仅是要改造自然，还要顺其自然、合理地利用自然、精心保护自然，使自然支持系统成为人类持续发展的基础。天人合一是中华文化处理人与自然关系的伟大思想，也是中国对人类思想史的伟大贡献。[②]

中国是人口众多但地理分布不同，地域辽阔但发展不平衡，资源丰富但人均资源少，生态环境多样化但相当部分十分脆弱，发展不平衡的大国。中国正处在工业化加速时期，人均收入水平不断提高，人均农产品和其他工业品不可抑制地增长，使得有限的自然资源和脆弱的生态环境承受了空前、持久、巨大的压力，这是中国从传统的农业社会向现代的工业社会转变过程中难以避免的重大挑战，这就使得认识人与自然的关系成为中国发展的一个核心问题。

本篇主要讨论中国自然国情与发展的关系，其中第 2 章是地理与发展，主题是讨论中国独特的自然地理条件如何影响发展，如何重塑中国经济地理。第 3 章是资源与发展，主题是讨论中国在能源、资源相对贫乏的条件下，如何建设资源节约型社会，支撑最大人口规模、最大经济规模、最大贸易规模的中国现代化。第 4 章是环境与发展，主题是讨论中国如何解决污染排放加剧和生态环境脆弱这一中国工业化基本矛盾，如何建设环境友好型社会，从生态赤字走向生态盈余。第 5 章是自然灾害、气候变化与发展，主题是讨论中国如何建设气候适应型社会，应对全球气候变化危机。

通过对自然国情的学习，我们“必须树立尊重自然、顺应自然、保护自然的生态文明理念，把生态文明建设放在突出地位，融入经济建设、政治建设、

---

① 作者曾在 10 多年前专门讨论过这个关系。1994 年，作者陪同中科院院士刘东生（2003 年度国家最高科学技术奖获得者，曾任中国科学院贵阳地球化学研究所所长）等到贵州考察。刘东生院士曾讲过这个“三阶段说”，作者受到启发进行了进一步的研究和讨论。参见胡鞍钢等：《中国自然灾害与经济发展》，武汉，湖北科学技术出版社，1998。

② 参见刘云德：《面向二十一世纪的中国文化》，载《光明日报》，2011－08－29。

文化建设、社会建设各方面和全过程，努力建设美丽中国，实现中华民族永续发展”①。

绿色发展正是在对这一自然国情深刻认识之上所提出的全新发展观。绿色发展体现了人类与大自然和谐共生，体现了党中央对于发展自然规律的把握。如何正确处理人与自然的关系，这是中国五大发展的基础性问题，也是中国经济社会可持续发展最重要的前提条件。首先，绿色发展要求在发展中尊重经济系统、社会系统和自然系统的统一性。这意味着绿色发展不仅是自然系统的发展，而且是经济—社会—自然三大系统的有机统一，要将绿色发展融入到经济建设、政治建设、文化建设、社会建设、生态文明建设及党的建设各方面和全过程。其次，绿色发展要求树立发展和保护相统一的理念，坚持科学发展是硬道理的战略思想，发展必须是低碳发展、循环发展、可持续发展，平衡好发展和保护的关系。最后，在自然系统的建设中，要树立一个生命共同体的理念，按照生态系统的整体性、系统性及其内在规律，统筹考虑自然生态各要素，进行整体保护、系统修复、综合治理，增强生态系统循环能力，维护生态平衡。

① 胡锦涛：《坚定不移沿着中国特色社会主义道路前进　为全面建成小康社会而奋斗——在中国共产党第十八次全国代表大会上的报告》，载《人民日报》，2012－11－18。

第2章 地理与发展

毛泽东同志1939年在《中国革命和中国共产党》一文中对中国地理环境作了十分精辟的概括，他指出，我们中国是世界上最大的国家之一，它的领土和整个欧洲的面积差不多相等。在这个广大的领土之上，有广大的肥田沃地，给我们以衣食之源；有纵横全国的大小山脉，给我们生长了广大的森林，贮藏了丰富的矿产；有很多的江河湖泽，给我们以舟楫和灌溉之利；有很长的海岸线，给我们以交通海外各民族的方便。从很早的古代起，我们中华民族的祖先就劳动、生息、繁殖在这块广大的土地之上。他还谈到了中国地理位置对中国革命事业的影响。

地理特征是影响一个国家和地区发展的重要因素之一，中国人很早就关注地理问题，《周易·系辞》就有“仰以观于天文，俯以察于地理”之语。美国哈佛大学经济学和历史学教授戴维·兰德斯（David S. Landes）在其名著《国富国穷》中提出了气候理论，认为：“像生活一样，大自然是不平等的，有自己的偏好；进一步说，大自然的不平等是难以消除的。从产值和人均收入来看，富国位于温带，特别是北半球的温带；穷国则位于热带和亚热带。”①

中国是世界上最大的国家之一，它是一个疆域辽阔的大陆型国家，地处中纬度和大陆东岸，起伏多山的地形、活跃的地质结构运动、复杂的水温条件、大陆暖风气候，这些特征不仅直接影响了中国数千年的人口发展、农业发展和文明发展，也影响了新中国社会主义建设及改革开放后的发展与变化。

本章将围绕以下问题展开讨论：如何认识地理与发展的关系？为什么说世界进入了“重塑经济地理”的时代？有哪些经济学理论作为基础？中国地理版图是怎样变迁的？中国自然地理环境有什么特点？这些自然地理条件对中国的发展产生了怎样的影响？中国经济地理历史变迁趋势是什么？今后中国如何根据不同区域的自然地理环境来建设美好的绿色家园？

---

① ［美］戴维·兰德斯：《国富国穷》，1页，北京，新华出版社，2007。

2.1　地理与发展的关系

2.1.1　地理对发展的影响

自然地理环境是指地表所有自然地理要素，包括由气候、地貌、水文、土壤、植被、动物等组成的自然综合体。地理学研究并不局限于自然地理环境，它包括自然地理、人文地理、经济地理。① 这里我们更关心地理因素在多大程度上影响一国或地区的经济发展。

不同的理论学派在地理对发展的影响这一问题上，始终没有定论或者共识。一种观点是“地理决定论”，它以德国地理学家拉采尔（F. Ratzel）为代表，拉采尔深受达尔文进化论影响，认为人是地理环境的产物，但同时认为由于有人类因素，环境控制是有限的，并把位置、空间和界限作为支配人类分布与迁移的三组地理因素。拉采尔认为“先进的文明只是在具有刺激性寒冷气候地区发展，住在热带的人们，由于单调酷热气候影响，将注定为贫困所笼罩”②。这种理论很长时间成为欧美国家地理学的基石，对近代中国影响也很大，如梁启超先生就有相似的观点。③ 这一观点把地理对经济发展的作用绝对化了，但是对它的批判却走向了另一个极端，成为“地理虚无主义论”，即完全否定自然地理对人类生产、生活的影响。

白寿彝主编的《中国通史》将马克思主义关于地理条件和社会发展的关系概括为五个方面：第一，地理条件是人类历史发生、发展的前提之一。第二，不同的地理条件影响着社会生产力的分布状况和发展水平。第三，地理条件还影响着一些国家的政权的形式和政权的职能及其历史特点。第四，地理条件对社会发展的影响随着社会生产力水平的提高而不断变化。第五，人类在利用地

---

① 英国地理学家哈盖特（P. Haggett）1977 年指出地理学主要研究三个方面问题：第一，地理学研究的不是抽象的空间，而是作为社会舞台的地球表面；地理学研究的是作为人的环境的地球。第二，地理学集中研究人的空间组织结构，及其与环境的生态关系。第三，地理学对地球上的富裕程度和多样化很感兴趣，往往把统一的空间分开来考察。参见杨吾杨：《地理学的性质和体系》，见《理论地理学与应用地理学》，北京，北京大学出版社，1987。

② 转引自［美］R. P. 拉金，G. L. 皮特斯：《人文地理学概念词典》，康涅狄格，格林伍德出版社，1983。

③ 例如 1902 年梁启超在《新民丛报》上撰《地理与文明之关系》一文，比较了高原、平原、海滨三种地理环境对文明的影响，认为土地高低与文明发达有比例关系，高原宜牧，人口流动，不能立国，无文明可言；平原河流发育，土地丰富，宜农立国，文明灿然；海滨“能发人进取之雄心，超然万里，行为、思想皆得无限自由”。参见梁启超：《饮冰室合集》，文集之十，影印本，北京，中华书局，1989。

理条件中也不断改变着地理条件，并获得对于地理条件的新的认识。总之，马克思主义认为，地理条件是经济关系的一部分，因而也是社会历史的决定性基础之一。马克思主义关于地理条件与社会发展关系的理论，是辩证唯物论和历史唯物论的重要组成部分，它不同于任何唯心主义历史观和自然主义历史观在这个问题上的看法，第一次科学地阐明了人类历史发展的地理基础这个古老的、同时又具有现实意义的重大课题。这对于我们认识地理条件与人类社会历史发展的关系有重要的指导意义。①

那么，地理因素到底对人类社会发展有多大影响？是决定性的还是极其有限的？用经济学或发展经济学的观点看，地理因素对发展的作用和影响不是一成不变的，在很大程度上取决于该国或地区所处的经济发展类型（农业经济、工业经济、服务业经济、知识经济）、发展阶段（低收入、中等收入、高收入阶段）以及基础设施（交通基础设施、电力基础设施、通信基础设施等）。人类对自然地理条件的调控要付出巨大的经济和社会成本，如交通、通信、能源、城市等基础设施建设成本、维护成本、沉没成本等。

自然地理对人类生活、生产活动的影响是十分复杂的，也是多方面的。既有正面的影响，也有负面的影响；既有短期影响，也有长期影响，如气候异常或变化。对人类的生产活动会有不同的影响，对农业生产和对非农业生产活动的影响也大为不同，前者更多地依赖于自然条件，后者更多地依赖于非自然的人工条件（见表 2—1）。

表 2—1　　自然地理对人类生活、生产活动的影响

	人类生活	农业生产	非农业生产
气温	人体最适宜温度大约为25℃；热带高温，会造成害虫密集，加速传染病传播	超过适宜温度范围，植物的育种与生产都会受到影响	空调、暖气等调节温度设备的使用，增加了生产需求
光照	提供自然照明，紫外线辐射影响人类健康	光照是光合作用的条件之一，直接影响农作物光合作用效率的提高	—
降雨	人体最适宜湿度为40%～60%	水是农作物的生产条件，洪涝灾与旱灾都不利于作物生长	淡水是工业生产的重要资源
海拔	高海拔导致缺氧	影响农作物生产	—

① 参见白寿彝总主编：《中国通史》，第1卷，117～132页，上海，上海人民出版社，1989。

续前表

	人类生活	农业生产	非农业生产
自然灾害	造成人身伤害，危及生命	造成农、牧业生产的巨大损失	破坏厂房、设备等
自然资源分布	—	耕地、淡水等资源直接影响农业生产	矿产资源富集地区形成资源产业带
生态环境	涵养水源、审美价值等生态服务功能	生态系统稳定有利于农业生产	—
区位与交通	交通可达性影响生活的便利程度	运输成本影响作物的生产	沿海、沿江、沿线成为经济集中区

反过来，人类活动对自然地理也有很大的影响。地球是我们的家园，自然地理条件是人类赖以生存的基础，对大自然的漠视，将导致大自然更为可怕的报复。人类不恰当的开发活动引起生态环境退化，影响生态系统稳定，并进而影响全球气候系统稳定，最终加剧气候异常变化，加快自然灾害发生的频率。

自然地理从多个方面塑造着人类的生活方式与生产（农业生产与非农业生产）方式，影响着人类的行为方式，导致人口与经济活动的不均匀分布，适宜人类集中居住和进行生产活动的地区成为中心区，而不适宜的地区则成为边缘区（见图 2—1）。

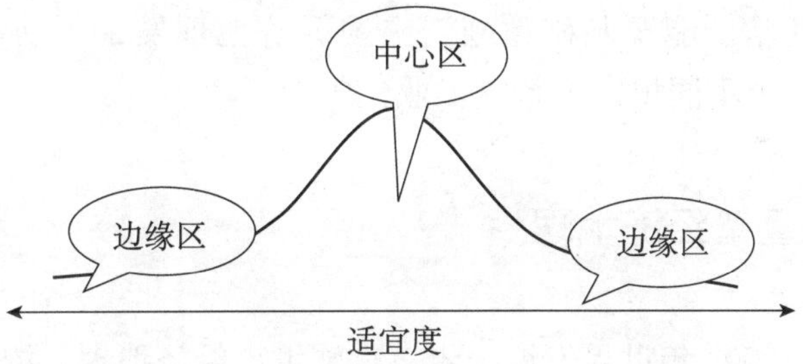

图 2—1 人类生活、生产活动地理空间分布

正是由于自然地理环境的差异性，一国的经济发展也并不是在所有地区同步，总会有少数地区率先发展，并成为增长极或发展中心。亚当·斯密在《国民财富的性质和原因的研究》（即《国富论》）中谈道："沿着海岸，沿着可通行的河流，各类工业自然而然地细化和改进自己，常常在很长的时间之后，这些改进才会向一国的内陆地区延伸。"根据世界银行估计，目前全世界 1%的陆地面积就集中了一半的国内生产总值（GDP）。[①]

那么有哪些因素使一个地区成为经济增长极或经济中心区呢？从人类历史

① 参见世界银行：《2009 年世界发展报告：重塑世界经济地理》，1 页，北京，清华大学出版社，2009。

长河看，有以下几个基本趋势和主要地理特征：第一是集中于沿海地带。海洋是一个国家通向世界的窗口，海滨往往毗邻国际市场，海洋交通既具备强大的长距离运输能力，也具有较低的运输成本。第二是集中于水系地带。水是人类的生命之源，是人类文明的发祥地，早期人类逐水而居，形成聚落，现在大多数城市都是由沿河的人口聚集地发展而来的。珠江三角洲和长江三角洲仅占中国国土总面积的 1.4%，却承载着中国 10%的总人口、38.6%的 GDP[①]、60%的出口额。第三是集中于气候宜人地带。温带和亚热带一般是经济人口密集地，气候温和，适宜人类居住。第四是集中于低海拔地区。绝大部分不超过海拔 1 000 米，海拔越高，相应的人口分布和经济集中程度就越低。第五是集中于工业化先行区。现代经济繁荣地带兴起于工业革命之后，一方面具有前四类集中区的部分特征，另一方面随着能源、矿产资源富集区的开发和利用形成现代工业生产集中区。

到了现代，人口越来越多地向大都会区、城市集聚。例如 2010 年美国大都会区（指人口在 5 万以上、城市为中心的地区）的人口占全国总人口的 83.7%，都会区的人口占 10%，其他地区的人口不足 10%。就城市而言，美国一半人口居住在人口超过 1 万人的城市中。表现为城市化与（城市）郊区化并存。[②]

直到 19 世纪下半叶，随着现代要素的引入，中国经济地理才开始发生变化。当英国发动工业革命 200 年之后，中国才大规模发动工业化、城镇化，兴建现代交通、通信、能源基础设施，中国经济地理发生了前所未有的历史变迁，形成了上百个不同规模的新式工业化集中区。

2.1.2 如何重塑经济地理

世界银行《2009 年世界发展报告：重塑世界经济地理》浓缩和总结了过去一代人的政策研究成果，提出了一个新的经济地理分析框架，作为了解并重塑经济地理的基本理论。它提出了经济地理的三个特征：密度、距离和分割。密度指每单位土地的经济总量；距离指商品、服务、劳务、资本、信息和观念穿越空间的难易程度；分割指国家之间、地区之间商品、资本、人员和知识流动的限制因素。原因层面分析了经济地理变迁的动力，聚集、迁移、专业化和贸易等市场力量；在前面分析的基础上形成关于城市化、一国国内落后地区以及

① 在实际核算中，国内生产总值（GDP）有三种计算方法，即生产法（总产出减中间投入）、收入法（由劳动者报酬、生产税净额、固定资产折旧、营业盈余组成）和支出法（由最终消费、资本形成总额、货物和服务净出口组成）。本书主要采用了生产法计算的 GDP，在涉及其他两种计算方法时，将做特别说明。

② 参见韩毅、张兵主编：《美国经济数字地图 2012—2013》，6～9 页，北京，科学出版社，2013。

区域一体化和全球化等三方面政策启示。①

新增长理论、新贸易理论和新经济地理学所构成的分析框架很好地揭示了世界经济地理发展的一般规律和主要特点，但是它们都是针对全世界 200 多个国家和地区，很少针对某一具体国家和地区，特别是三个新理论基本上还是从经济学的角度来考虑，很少考虑到一个国家和地区发展的“自然条件约束”。在实际的政策制定中，人们不仅要考虑到生产要素集中和公共服务均等化，还要求不同地区根据自然地理特点、资源承载力、生态环境容量重新来进行空间布局。我们称之为新自然经济学，需要考虑自然要素的经济地理分析框架等（见表 2—2、专栏 2—1）。因为环境因素变化可以带来区位优势的变化，如在海平面上升的大背景下沿海地区可能会受到严重的威胁，丧失它的区位优势。在重塑中国经济地理、建设可持续的美好的绿色家园时，我们不仅要发挥市场机制这一“看不见的手”在塑造经济地理中促进要素流动、优化资源配置的决定性作用，还要发挥政府干预这一“看得见的手”监管市场、保护环境的引导性作用，“两手都要硬，两手同时发挥作用”②。

表 2—2　　中国经济地理分析框架

	维度一	维度二	维度三	维度四
描述	密度	距离	分割	环境、资源承载力
驱动力	集聚	移民	专业化	外部性
主体	市场	市场	市场	政府
价值	效率	效率	效率	环境保护
政策响应	城市化	区域发展	一体化	限制开发

资料来源：作者根据世界银行《2009 年世界发展报告：重塑世界经济地理》（北京，清华大学出版社，2009）分析框架修改。

这一分析框架包括四个方面理论的创新和综合，即新经济地理学、新贸易理论、新增长理论、新自然经济学（见专栏 2—1）。

专栏 2—1　新经济地理学、新贸易理论、新增长理论、新自然经济学

新经济地理学：强调和关心“外部规模经济”，其基本观点包括：第一，规模经济、运输成本、要素流动性、产业关联度和经济一体化等多种“向心

① 参见世界银行：《2009 年世界发展报告：重塑世界经济地理》，49、74、97 页，北京，清华大学出版社，2009。

② 温家宝总理在英国剑桥大学演讲时提到在金融市场上市场配置与政府和社会监管“两手都要硬，两手同时发挥作用，才能实现按照市场规律配置资源，也才能使资源配置合理、协调、公平、可持续”。参见温家宝：《用发展的眼光看中国——在剑桥大学的演讲》，见新华网，2009-02-02。

力”和“离心力”因素的相互作用对聚集形成综合的影响。第二，聚集引发的正外部性是一种自我强化的累积过程。

新贸易理论：地理位置邻近的地区之间经济联系最密切。

贸易引力模型（trade gravity model）的基本思想来源于牛顿的万有引力定律。万有引力定律指出，两物体间的相互引力与两物体的质量成正比，与两物体间的距离成反比。贸易引力模型指出，两国或地区之间的双边贸易额与这两国或地区的经济总量成正比，与两者间的空间距离成反比。

因此，一个国家或地区最容易和邻近的国家或地区产生贸易和投资，并通过分工和协作，产生外部规模效益。

新增长理论（又称为内生增长理论）：传统经济增长理论不能解释作为外生变量的“技术进步”如何提高收入，新增长理论假设要素收益递增，提出技术进步的内生化，重视知识溢出、人力资本投资、研究和开发、边干边学等内生技术变化对经济增长的核心作用。

新自然经济学：传统发展经济学很少讨论自然要素（资源和环境）对经济增长的作用，自然损失在国民收入账户中没有得到反映，而新自然经济学则把自然要素作为一个地区可持续发展的国民财富，或者称之为生产性基础（productive base）。中国的国情条件决定了资源、环境因素对经济发展的突出重要性，一个地区的发展要充分考虑到该地区的生态脆弱性、环境容量、资源环境承载能力，主体功能区规划就是探索按照新自然经济学调整生产力布局的一个重大创新。

什么是经济一体化？为什么需要经济一体化？诺贝尔经济学奖得主丁伯根（Jan Tinbergen）于1950年首次提出经济一体化（economic integration）这一概念，他认为经济一体化就是将有关阻碍经济最有效运行的人为因素加以消除，通过相互协调和统一，创造最适宜的国际经济结构。经济一体化的作用就在于能够提高生产率，充分发挥比较优势（comparative advantage），充分利用经济规模。

经济一体化本身就是经济发展的过程，它并不是一夜之间就可以实现的，存在多种形式，也需要经历若干阶段：优惠贸易区、自由贸易区、货币同盟、消费同盟、共同市场、经济同盟与货币同盟、经济同盟与财政同盟等等，并没有什么统一的或唯一的标准，只是经济一体化的程度有所不同。根据不同的范围，经济一体化可以分为：一是一国内部各地区一体化，各类要素自由流动，不存在任何贸易壁垒。地区经济一体化是不同地区经济发展的融合剂和加速器。像中国这样一个地域十分辽阔、人口极其众多、各地差异性甚大的国家就如同一个“世界”，三十几个省级地区（包括香港、澳门特别行政区），消除它们之间的人为障碍因素，促进内部经济一体化，从而形成巨大的内需市场，也扩大了一个地区的发展空间。

二是一国与周边国家一体化，通过自由贸易区、关税同盟、共同市场和经济联盟等各种一体化形式，实现商品、服务、生产要素、人才与信息的跨地区流动的规模与形式的不断增加，通过地区之间的分工和协作，使利益攸关方之间经济相互依赖程度日益加深的动态过程。其中自由贸易区（free trade zone）就是最好的制度安排，它是指两个或两个以上的国家或地区往往为了维护共同的经济和政治利益，建立协调机制，通过制定规划或缔结条约实施共同政策，取消相互之间的关税和与关税具有同等效力的其他措施，实现互惠互利，从而达到共同利益最大化。

三是国际一体化，主要标志可以用定量指标来表示，包括国际贸易、外国直接投资、国际金融等占世界 GDP 的比重。

无论是国内地区一体化，还是区域一体化、国际一体化，都会对重塑中国经济地理产生重要影响，带来新的机遇。一体化既是经济发展大变迁，也是经济地理大变迁，我们称之为“中国大发现”，无论是人口规模，还是经济贸易规模，它远远超过历史上的“地理大发现”。

2.2　中国自然地理与发展

中国自然地理环境的特点是，疆域辽阔，地处中纬度和大陆东岸，地形起伏多山，地质结构运动活跃，大陆季风气候，以及人类活动对自然环境的影响巨大。[①] 反过来，中国这样的自然地理环境又直接影响了中国数千年的人口发展、经济发展和文明发展。我们惊异地发现，正是在这种特定的自然地理环境条件下，中国在几千年前不仅成为世界上最大的农业国家，也成为世界上最发达的农业国家。

从中国的位置来看，位于亚洲东部，太平洋西岸，东南面对海洋，西北深入欧亚大陆，是一个海陆兼备的国家。把中国和美国做一对比，两个国家的自然地理有许多相似之处，如两国纬度相等，同在北回归线；两国大部分地区处于温带、亚热带；两国经度跨度差不多，国土面积差不多（中国为 960 万平方

① 参见中国科学院《中国自然地理》编委会：《中国自然地理》，总论，北京，科学出版社，1985；牛文元、赵松乔：《中国自然地理概要》，见《中国经济年鉴（1981 年）》，北京，经济管理杂志出版社，1981。

公里，美国为 937 万平方公里），具有较小的差异性。

2.2.1 幅员辽阔的大陆型国家

中国自然地理的一个基本特点是地域广大、幅员辽阔、相对封闭。中国陆地面积 960 万平方公里，相当于世界总量比重的 7.1%。[①] 东起黑龙江与乌苏里江汇合处，西至帕米尔高原，东西距离大约为 5 200 公里（时差 4 小时）；北起漠河以北的黑龙江主航道中心线（北纬 53°31′），南至曾母暗沙（4°15′），南北距离大约 5 500 公里，太阳直射角相差 30 度以上。除了陆地之外，我国还有宽阔的海域、漫长的海岸线和众多的岛屿，和陆地面积加在一起，组成了我国辽阔疆域的全貌。

从历史上来看，中国的疆域不断发生变化。中国的版图由最早的两个核心区所组成：第一个是西部核心区，关中地区；第二个是东部地区，河洛地区。由此逐渐扩展到东中原地区和西中原地区，进而扩展到南方地区，东北地区，新疆、青藏、外长城等地区。

中国第一个统一的帝国是秦朝，其疆域只是现今中国的一小部分：北到长城，南到南海，西到陇西和西藏东部的边缘，大约 300 万平方公里，这曾是中国疆土的精华或“中国本部”，它承载着中国大部分的人口和资源。

西汉的疆域相对于秦代有所扩大，它首次将西域纳入中国版图，仅次于罗马帝国版图（约 518 万平方公里），但中国总人口接近 6 000 万，与罗马帝国总人口接近（6 000 万）。[②] 西汉之后历经大分裂时期，即使中国被隋统一，西域也未纳入版图。到了唐代，其疆域超过西汉，广大北部的戈壁、草原，包括漠北被纳入中国的版图。到了宋代，中国的疆土缩小，重新回到“中国本部”。北宋被辽灭亡之后疆域向南进一步缩小。元朝，是中国历史上疆土空前的帝国，也是人类有史以来疆土最广大的帝国，它的疆土横跨欧亚大陆，且第一次把西藏纳入中国的版图，广大的北部则包括西伯利亚。明朝，中国的版图再一次大幅度地缩小，失去西域的北部，疆域面积为 353 万平方公里。清朝的疆域版图再次扩大并达到历史上的顶峰，奠定了现代中国疆域的基础，形状像一片海棠叶，其面积多达 1 300 万平方公里。[③]

---

① 资料来源于世界银行数据库，转引自国家统计局编：《中国统计年鉴 2013》，95 页，北京，中国统计出版社，2013。

② 参见［美］艾米·蔡：《大国兴亡录》，北京，新世界出版社，2010。

③ 清政府没有公布过全国总土地面积，在光绪年间曾公布过除新疆和内外蒙古以外其他各省的面积，合计 672.1 万平方公里。如果计人新疆和内外蒙古面积的话，鸦片战争前至少有 1 250 万平方公里。参见罗尔纲：《太平天国革命前的人口压迫问题》，载《中国社会经济史集刊》，1949，8（1）；蒋建平：《简明中国近代经济史》，11 页，北京，北京大学出版社，1985。

从那时起，中国和美国的国土面积就出现了截然不同的趋势，美国在 1803 年时，国土面积为 230 多万平方公里，但是到 1867 年购买阿拉斯加之后，短短几十年间，美国领土由 230 多万平方公里迅速增加到 930 多万平方公里。而中国与此相反，国土面积不断缩小，从清中期之后，特别是 19 世纪五六十年代，沙皇俄国先后占领东北 100 万平方公里以上的中国领土，在中国西部割占 44 万平方公里。[①] 到近代，中国的版图不断缩小且不断变化，从一片海棠叶变成一只雄鸡，缩小为 960 万平方公里。目前，中国是世界第三大国，排在俄罗斯（1 709.8 万平方公里）、加拿大（998.5 万平方公里）之后。[②] 此外我国海域辽阔，跨越热带、亚热带和温带，大陆海岸线长达 1.8 万多公里。海洋资源种类繁多，海洋生物、石油天然气、固体矿产、可再生能源等资源丰富，开发潜力大，从而形成中国经济发展的“黄金海岸”，也是中国大力发展“海洋经济”的重要资源。

中国陆上疆界长 2 万多公里，与我国相邻的国家有 14 个：东邻朝鲜，北邻俄罗斯、蒙古国，西邻哈萨克斯坦、吉尔吉斯斯坦、塔吉克斯坦、阿富汗、巴基斯坦、印度、尼泊尔、不丹，南邻老挝、缅甸、越南；此外同我国隔海相望的邻国有 6 个：韩国、日本、菲律宾、马来西亚、文莱、印度尼西亚。

中国的东部和东南部是一望无际的太平洋，西北部是广大的沙漠和大荒漠，西南部是喜马拉雅山脉、青藏高原，北部是西伯利亚高原和蒙古高原，南部是云贵高原和更加不利于交通的山地丛林。大海、沙漠、高原、高山把中国相对封闭起来。中华文明在这样相对封闭的地理环境之中自发成长，形成独特文化范式，与外界文明特别是西方文明很少发生相互渗透。[③]

中国辽阔的国土和漫长的陆地边界，不但塑造了中华文明的基本特征，也成为决定新中国经济、政治的基本变量，它使得中国的经济发展具有更大的纵深空间，也更具多样性、复杂性。一方面，中国具有国土大国优势，因“地大”而“物博”，不仅资源种类多，比较齐全，而且物产丰盛。在开始进入工业化时代之前，毛泽东等领导人就看到这一国土的大国优势，确立了建立比较独立、比较完整的工业体系和国民经济体系的工业化初期目标，为后来的中国改革开放奠定了最重要的工业化基础。另一方面，中国的确存在着“大有大的难处”的大国劣势[④]，特别是中国内部的自然地理条件的差异性甚大，各地之

---

① 参见蒋建平：《简明中国近代经济史》，11 页，北京，北京大学出版社，1985。

② 数据来源于联合国粮农组织（FAO）数据库。

③ 费正清认为，作为东亚文明摇篮的中国北方地区几乎完全与世界隔绝。东亚文明和人类的其他几大文明相互隔绝而自成格局。高山大漠把东亚和其他地区隔离开来，因而东亚发展出一种大体上保留至今的独特的字母文字，唯有东亚的文字——汉字完全是另外一套体系。参见费正清：《中国：传统与发展》，4～5 页，北京，世界知识出版社，2002。

④ 毛泽东多次提到《红楼梦》中“大有大的难处”这句话，说明了大国的事情并不那么好办。参见董志新：《毛泽东读红楼梦》，379～381 页，沈阳，万卷出版社，2009。

间发展的不平衡性突出，也使得中国中央与地方关系、地区与地区之间关系远比小国复杂得多。

2.2.2 地形、地势复杂

中国地势西高东低，呈梯级分布，东西高差悬殊，为世界其他国家所罕见。中国地势自西而东层层下降，形成了地形上的三大台阶。第一大台阶是青藏高原，共257万平方公里，占全国国土比重为26.8%，素有“世界屋脊”之称，平均海拔在4 000米以上。第二大台阶是广大中部地区，北起大兴安岭，太行山，经巫山至雪峰山一线以西，大致为海拔1 000米到3 000米的高原和盆地，这包括三大高原（内蒙古高原、黄土高原、云贵高原）、两大盆地（四川盆地、塔里木盆地）。这是中国的生态脆弱带，具有非常大的坡度，与美国中部大面积的平原大不相同。从西北部和中北部看，主要是干旱地区和半干旱地区，适于放牧，而不是农业种植，只有在新疆的若干绿洲可以开展粮食种植。尽管新疆绿洲面积由1950年的4万平方公里扩大到2005年的7.07万平方公里[①]，但绿洲面积占整个新疆总面积（166万平方公里）的比例很小，只有4.2%。第二大台阶，与著名的胡焕庸线有接近之处，可以看出中国是一个多山、多河（川）的国家。上述线以东，是我国地势最低一级台阶，即第三大台阶，多数是海拔500米以下的平原与丘陵，这涵盖了东南主要人口地区，包括两大平原（东北平原、华北平原）、两大丘陵地带（江南丘陵、东南沿海丘陵）。这实际上也是中国国土的精华部分。三大台阶不但影响着我国水流走向、水汽输送，使我国成为水能丰富的国家，同样对我国经济社会发展也造成直接影响。

三大台阶影响着中国的人口分布。胡焕庸先生在上世纪30年代提出了中国的人口分布线，即著名的“胡焕庸线”。这条线是从黑龙江瑷珲向西南做一直线到云南腾冲，将全国分为东南部与西北部，东南部面积占全国总面积的36%，人口占96%；而西北部面积占全国的64%，人口占4%。[②] 后来，他根据1982年全国人口普查数据，将全国30个省（区、市），归并为八大区，其中蒙新区和青藏区的面积占全国一半左右，但它们的人口只占全国的3.7%。这两个大区以外的26个省区面积占全国的一半左右，人口却占了全国的96.3%。[③] 这表明经过几十年的变化，胡焕庸线的人口分布并没有明显改变。

---

① 参见《新疆绿洲面积50余年间扩大近一倍》，见新华网，2006-10-18。

② 参见胡焕庸：《中国人口之分布——附统计表与密度图》，载《地理学报》，1935，2（2）。

③ 参见胡焕庸：《论中国人口之分布》，185页，上海，华东师范大学出版社，1983。

胡焕庸首次根据中国地形图、雨量分布图与人口分布图做比较，发现三者之间具有十分密切的关系。[①] 根据胡焕庸先生的分析结论，中国人口分布具有六多六少的特点：东部多，西部少；平原盆地多，山地高原地区少；农业地区多，林木地区少；从气候的条件来看，温带、暖湿带或湿润地区多，干旱、寒冷地区少；开发历史悠久的地区多，开发较迟的地区少；沿江、沿海和铁路沿线多，交通不便的地区少。[②] 胡焕庸先生的总结对于我们认识中国人口与地理之间的关系非常有意义。

中国的地理特点从根本上影响着几千年来经济史的形成和人口居住方式。黄育川认为，以国际标准来看，虽然中国地域辽阔，但是中国 20％的国土面积上承载了全国 80％的人口。这 20％的国土包括富饶的平原地区、主要河流沿岸和沿海的城市区。西部地区包括 12 个省份，这里面积广大的山区和沙漠并不适宜商业活动，是少数民族的主要聚居区。中部地区包括 8 个省份，人口多集中在河流流域，是中国主要的农业产业区（包括东北省份）。[③]

三大台阶对我国的贫困人口分布也有着深刻的影响，将国家和省级贫困县的分布与胡焕庸线相对照，可以看到贫困县大部分分布在第一大台阶和第二大台阶的边缘地带和过渡地带。中国的贫困人口在第二个台阶的分布主要是两个地区，一个是安徽、河南，另一个是北京附近的河北省。第二个台阶大部分海拔是从 1 000 米到 3 000 米，坡度很陡，容易形成大规模的水土流失，生态十分脆弱。随着人口增长，耕地扩大，水土流失加剧，进一步加剧了贫困，这和自然地理有很密切的关系。

中国是一个多山的国家，高山面积比重超过任何一个人口众多的大国，山地面积占我国国土面积的 33.3％，高原占 26.0％，丘陵占 9.9％，三者合计占 69.2％；而盆地占 18.8％，平原占 12.0％，合计占 30.8％（见表 2—3）。这一地形地势特点在很大程度上限制了中国耕地面积的扩展，即使开垦耕地几千年，直到 2011 年耕地面积达到 1.217 亿公顷，占国土面积的比重只有 12.80％。[④] 美国国土面积与中国大致相当，但是耕地面积达到 2 亿公顷[⑤]，是世界耕地面积最大的国家，占国土面积的比重为 20.7％。印度的平原占国土面积的比重为 53.7％，尽管印度国土面积（为 297 万平方公里）不足中国的 1/3，但大部分都可以作为耕地。尽管中国可利用的国土面积有限，却没有完全限制

---

① 参见胡焕庸：《中国人口之分布——附统计表与密度图》，载《地理学报》，1935，2（2）。

② 参见胡焕庸：《论中国人口之分布》，上海，华东师范大学出版社，1983。

③ 参见黄育川：《用经济地理学重新诠释中国的成功》，卡内基国际和平基金会，亚洲项目，卡内基文件编号 115，2010。

④ 参见国家统计局编：《中国统计年鉴 2012》，407 页，北京，中国统计出版社，2012。

⑤ 参见韩毅、张兵主编：《美国经济数字地图 2012—2013》，71 页，北京，科学出版社，2013。

中华民族的生存与发展，2011 年美国粮食总产量为 3.8 亿吨，中国达到了 5.7 亿吨，相当于美国的 1.50 倍，而美国的耕地面积相当于中国的 1.64 倍。

表 2—3　　中国地貌类型及占国土面积比重

地貌类型	面积（万平方公里）	占国土面积比例（%）
山地	320	33.3
高原	250	26.0
丘陵	95	9.9
盆地	180	18.8
平原	115	12.0
总计	960	100

资料来源：国家统计局编：《中国统计年鉴 2009》，382 页，北京，中国统计出版社，2009。

从我国国土面积中海拔高度的分布角度来看（见表 2—4），500 米以下的国土面积占我国国土总面积的 1/4，这是中国主要的经济发展地带和人口密集地区。事实上，全世界的人口，绝大部分都生活在海拔 1 000 米以下的区域，占世界总人口比重的 91.8%，其中在海拔 200 米以下地区人口的比重为 56.2%，海拔 200～1 000 米地区人口的比重为 35.6%。而中国海拔高于 1 000 米以上的国土面积占了 57.9%，还居住着大量人口。正如美国哈佛大学教授费正清的感慨一样，在黄土高坡这样荒芜的地带，居然也有人类活动的踪迹，这在美国是难以想象的。[①] 这就是中国，中国人能够在最恶劣的条件下生活。需要特别指出的是，海拔高于 3 000 米的国土面积占我们国土总面积的 25.9%，所以说中国不仅是多山国家，而且还是高山国家。由于山地海拔高度大，成为扩展农业用地面积的巨大障碍。在中国修建交通运输的基础设施，其成本要远远高于其他国家，我们把它称为“发展成本”。

表 2—4　　我国不同高程所占面积及其占全国总面积比重

海拔（米）	面积（万平方公里）	占全国总面积（%）
<500	241.7	25.2
500～1 000	162.5	16.9
1 000～1 500	174.6	18.2
1 500～2 000	65.3	6.8
2 000～3 000	67.6	7.0
>3 000	248.3	25.9
总计	960	100

资料来源：中国科学院地理研究所经济地理研究室：《中国农业地理总论》，北京，科学出版社，1980。

除了“黄色国土”之外，我国还有 300 万平方公里的“蓝色国土”。海洋是

① 参见费正清：《伟大的中国革命（1800—1985）》，北京，世界知识出版社，2000。

潜力巨大的资源宝库，也是支撑未来发展的战略空间。为此国家决定实施大力发展海洋经济战略，发布了《全国海洋经济发展“十二五”规划》（2012 年 9 月）。2010 年，全国海洋生产总值近 4 万亿元，占国内生产总值和沿海地区生产总值比重分别为 9.9%和 16.1%，涉海就业人员 3 350 万人。海洋经济已经成为拉动国民经济发展的有力引擎。

2.2.3　气候条件多样

从气候上来说，温带最适合人类的生存居住和发展。中国的温带地区占了国土面积的 45.6%。另外，中国有独特的季风气候（亚热带季风气候的面积占 26.1%），温度水分条件适宜，出现世界上少见的一季多熟现象，使得其具备发展农业的优越条件。由于气候和土地的作用，中国出现了不同的气候带：热带、亚热带、暖温带、中温带、寒温带、青藏高寒区。从南而北，全国（青藏高原除外）分为 5 个温度带，具有各不相同的无霜期、积温等，也形成了各不相同的耕作制度（见表 2—5）。

表 2—5　　各温度带的分布与特点

温度带	分布范围	无霜期	积温概况	耕作制度
热带	台湾、广东、云南南部	全年	>8 000℃	一年两熟、三熟
亚热带	秦岭淮河以南、青藏高原以东绝大部分地区	8～12 个月	4 500℃～8 000℃	一年两熟、南部可三熟
暖温带	秦岭淮河以北至长城以南的大部分地区，新疆的塔里木盆地	5～8 个月	3 500℃～4 500℃	两年三熟
中温带	长城以北，新疆的准噶尔盆地	4～7 个月	1 600℃～3 400℃	一年一熟
寒温带	黑龙江和内蒙古北部	3 个月	<1 600℃	一年一熟
青藏高寒区	青藏高原	0～7 个月	<2 000℃（大部分地区）	地势较低的谷地、盆地可一年一熟

资料来源：中国科学院《中国自然地理》编委会：《中国自然地理》，总论，北京，科学出版社，1985。

我们的祖先是最早了解并利用中国的气候条件和气候资源的，他们创造的 24 节气的中国农历，又可分为四类：一是表示寒来暑往变化的：立春、春分、立夏、夏至、立秋、秋分、立冬、冬至；二是象征气候变化的：小暑、大暑、处暑、小寒、大寒；三是反映降水量的：雨水、谷雨、白露、霜降、小雪、大雪；四是反映物候现象或农事活动的：惊蛰、清明、小满、芒种。这反映了我国农事活动和物候现象基本符合，也反映了“尊重自然、顺其自然、利用自然”的精髓。

由于进行设施农业建设，推广设施农业技术，利用人工建造各种温室大棚，使得传统农业逐步摆脱自然气候的制约，走向农业工厂化，实现新的耕作技术，农产品反季节上市，开启新型农业革命。

我国受地形地貌和季风环流影响，既有热带、亚热带和温带季风气候，也有温带大陆性、高原山地和海洋性气候。由东南沿海向西北内陆，水热条件空间分异明显。青藏高原为高寒气候，热量不足；青藏高原以东地区为大陆性季风气候，雨热同期；青藏高原以北地区为干旱气候，降雨稀少。①

我国干湿状况为，离海洋越近，湿度越大。秦岭挡住南来的暖湿气流和北来的干冷气流，成为南北气候分界线。大兴安岭、太行山一线，大致与400mm等雨量线相吻合，成为干湿区域的界线。半干旱地区干燥度在1.5～4之间，占全国面积的21.7%；干旱地区干燥度在4以上，占全国面积的30.8%。这与中国的自然地理条件、气候条件紧密相关。中国降水量偏少，干旱、半干旱和半湿润地区占国土总面积的68%（见表2—6），这从“先天条件”上看，极大地限制和影响了中国的农业生产，也使得这些地区受全球气候变化的影响要远远超过其他地区。②

表2—6　　中国干湿地区分布及占国土面积比重

类型	占国土面积（%）	分布地区	干湿状况	植被	农牧业
湿润区	32	秦淮一线以南，东三省东部	年降水量>800mm 降水量>蒸发量	森林	水田为主
半湿润区	15	东北、华北平原，黄土、青藏高原东南部	年降水量>400mm 降水量>蒸发量	森林 草原	旱地为主
半干旱地区	22	内蒙古、黄土、青藏高原大部分	年降水量<400mm 降水量<蒸发量	草原	灌溉农业 牧业
干旱区	31	新疆、内蒙古高原西部，青藏高原西北部	年降水量<200mm 降水量<蒸发量	荒漠	绿洲农业 牧业

资料来源：国家统计局编：《中国统计年鉴2009》，381页，北京，中国统计出版社，2009。

① 参见《全国主体功能区规划——构建高效、协调、可持续的国土空间开发格局》，2010年12月21日。

② 1956—2000年间，华北、西北东部、东北南部等地区年降水量出现下降趋势，其中黄河、海河、辽河和淮河流域平均年降水量减少了50～120mm。参见丁一汇等：《气候变化国家评估报告（I）：中国气候变化的历史和未来趋势》，载《气候变化研究进展》，2006，2（1）。

2.2.4　生态环境的多样性和脆弱性

我国的生态环境具有多样性，生物物种众多，植被类型丰富，有森林、灌丛、草原、草甸、荒漠和草本沼泽等。森林覆盖率较低，主要分布在南方和东北地区，草原主要分布在北方和青藏高原地区。全国有 2 349 个自然保护区，保护区面积占国土面积的比重达到 15%。生态功能区类型多样，包括森林生态功能区、草原（湿地）生态功能区、荒漠生态功能区；这些生态功能区发挥着多样的生态功能，包括涵养水源、防风固沙、防治水土流失、保持生物多样性等。

我国生态脆弱区域面积广大，脆弱因素复杂。中度以上生态脆弱区域占全国陆地国土空间的 55%，其中极度脆弱区域占 9.7%，重度脆弱区域占 19.8%，中度脆弱区域占 25.5%。脆弱的生态环境，使大规模高强度的工业化城镇化开发只能在适宜开发的有限区域集中展开。生态损害严重，生态系统功能退化。全球气候变化以及一些地区不顾资源环境承载能力的肆意开发，导致部分地区森林破坏，湿地萎缩，河湖干涸，水土流失，沙漠化、石漠化和草原退化，近岸海域生态系统恶化，气象灾害、地质灾害和海洋灾害频发。①

我国的耕地减少过多，全国耕地面积从 1996 年的 19.51 亿亩减少到 2008 年的 18.26 亿亩，人均耕地由 1.59 亩减少到 1.37 亩②，为此中国政府明确保持 18 亿亩基本耕地的“红线”③。

2.2.5　地理资源分布不均衡

从不同地区的角度来看，直辖市大部分都在沿海地区，只有重庆处于内陆地区，其可耕地面积占全部土地面积的 36%，沿海地区的可耕地比例是 29%，东北地区是 21%，西北地区只有 8%，而新疆大体只有 2%。在分析地理因素对经济的影响时，距海岸距离是一个重要变量。一个地区的发展，很大程度上是与出口相关的，而出口与本地区到海岸线主要港口的线路相关。距海岸距离解释了为什么一个地区发展快，而其他地区发展慢。另外，还需考虑坡度面积

---

①② 参见《全国主体功能区规划——构建高效、协调、可持续的国土空间开发格局》，2010 年 12 月 21 日。

③ 《中华人民共和国国民经济和社会发展第十一个五年规划纲要》（2006 年 3 月）首次明确规定，到 2010 年全国耕地保有量保持 1.2 亿公顷（18 亿亩），并作为约束性指标。实际执行结果是 18.18 亿亩。

对经济的影响，大于 10 度以上的高坡地带主要分布在西南地区，这是西南地区水土流失严重的主要原因。

从国际比较看，世界大国的基本条件之一就是国土面积大、海岸线和陆地边界线长。世界各大国的基本指标明显优于其他国家（见表 2—7），它们也都是 20 国集团（G20）成员。中国是世界陆地边界最长的国家之一。中国的国土面积小于俄罗斯和加拿大，与美国大体相当。

表 2—7　　世界八大经济体基本指标比较（2007 年）

国家/地区	国土面积（万平方公里）	海岸线长度（万公里）	陆地边界长度（万公里）	全国各地到首都平均距离（公里）	运营机场数（个）
澳大利亚	774.12	2.58	0	1 946	311
巴西	851.49	0.75	1.69	1 378	714
加拿大	998.47	20.21	0.89	2 449	509
中国	960	1.80	2.21	1 668	158
印度	328.73	0.70	1.41	992	243
俄罗斯	1 709.82	3.77	2.01	4 322	616
美国	963.20	1.99	1.20	2 595	5 119
欧洲	432	6.6	1.244 1	—	1 995

注：欧洲不含俄罗斯、乌克兰、白俄罗斯，数据来源于 CIA 网站。

资料来源：世界银行：《2009 年世界发展报告：重塑世界经济地理》，北京，清华大学出版社，2009；国家统计局编：《中国统计摘要 2009》，北京，中国统计出版社，2009；根据美国 CIA 提供的数据，中国的岛屿海岸线长度为 1.45 万公里，(CIA) The World Factbook，2010。

中国高原、寒漠、戈壁、沙化面积占国土面积一半以上，都大于欧美大陆，其严寒、酷暑、雨涝、干旱也严酷于欧美大陆。中国仍保持了胡焕庸线所描述的东南半壁和西北半壁的基本格局，这两个半壁的自然地理条件相差甚大。[①] 海岸线长短一般被认为是发展国际贸易的重要地理因素，中国是一面靠海，拥有一条海岸线（1.80 万公里），在七大国中居第五位。美国是两面靠海，拥有东西两条黄金海岸线（1.99 万公里），人口分布、经济分布主要集中在东西两岸，中部相对较少，在发展航海运输业及国际贸易方面比中国一面靠海更具有优势。欧洲是三面靠海，具有三面黄金海岸线，达到了 6.6 万公里，在发展航海运输业及国际贸易方面优势最为明显。中国更具有内陆性大陆特征，尤其是中西部地区，距离沿海港口地区距离长，运输时间多，交通成本高，在发展外

① 参见胡焕庸：《中国人口之分布——附统计表与密度图》，载《地理学报》，1935，2 (2)。

向型经济融入世界经济时具有众多的不利条件。从人口密度来看，中国人口密度是美国的4.34倍，是欧洲的1.226倍。[①] 如果扣掉中国2/3的无法利用的沙漠、荒漠、高原等“胡焕庸线”西北半壁，仅从东南半壁人口密度来看，会大大高于欧洲。

2.3　重塑中国经济地理

白寿彝先生等认为，中国地域辽阔，经济文化发展很不平衡，造成这种情况的因素是多方面的，而地理条件的复杂性是主要原因之一。在久远的年代，黄河流域在很长的历史时期里，是我国经济、文化最发达的地区。在西汉和西汉以前，黄河和长江两大水系所流经的地区，在经济发展上很不平衡，即北方优于南方的趋势异常明显。后来长江流域的经济、文化的发展超过了黄河流域的经济、文化的发展。[②]

在中国古代经济地理变迁很缓慢，随着人口迁移和土地开垦，经济地理中心逐步转移，秦以前的经济中心集中在黄河流域，北方的地理条件以及水文情况有利于发展以小麦及谷子为主要作物的农作物。8—13世纪，中国经济地理经历了一次重大的转变，其重心转移到了南方，到13世纪末，3/4的人口定居在长江以南的地区，以耕种水稻为生。[③] 在唐明清时代珠江三角洲、东北地区、西北地区人口大量增加，清代基本形成现今的人口分布格局。

到了20世纪上半叶，中国又逐渐形成了三大经济地带，一是日本占领区的东北地区经济，现代交通基础设施比较发达，重工业比较发达；二是沿海地区及武汉、重庆等少数内地沿江地区，建立了现代交通和通信设施，轻工业比较发达，对外贸易比较集中；三是广大的内地，特别是边疆少数民族集聚地区，几乎没有近代工业和交通设施，十分闭塞。建国初期，从各地区人均GDP差异系数看，中国是世界上地区差距最大的国家。

建国之后，三大经济地带开始高度统一、高度整合、高度融合和一体化。1956年毛泽东在《论十大关系》一文中分析了两大经济地带的不平衡性：我国全部轻工业和重工业，都有约百分之七十在沿海，只有百分之三十在内地。这

---

① 美国每平方公里32.184人，欧洲每平方公里113.89人，中国每平方公里139.58人。

② 参见白寿彝总主编：《中国通史》，第1卷，137～141页，上海，上海人民出版社，1989。

③ 参见［英］安格斯·麦迪森：《中国经济的长期表现：公元960—2030年》，11页，上海，上海人民出版社，2008。

是历史上形成的一种不合理的状况。沿海的工业基地必须充分利用，但是，为了平衡工业发展的格局，内地工业必须大力发展。[①] 毛泽东时代确实是中国生产力在地理空间上进行前所未有的重新配置的时代。这一时期的投资政策明显倾向于边远和落后地区。比较发达地区的财政收入大量外流，而不发达地区获得了巨额资金投入基础设施建设和工业发展。60 年代和 70 年代大规模建设大三线。[②] 改革开放之前，中国基本上实行的是地区均衡发展战略，利用计划经济的手段来调整地区的不平衡，这是第一次重塑中国经济地理。但是从各地区人均 GDP 差异系数看，从 1952 年到 1978 年是持续上升的，也因为“大跃进”而“大落大起”，主要是因为城乡差距（包括人均收入、劳动生产率等）的扩大而扩大。

在改革开放之初邓小平就提出了地区不平衡发展的思想。他指出：“要允许一部分地区、一部分企业、一部分工人农民，由于辛勤努力成绩大而收入先多一些，生活先好起来。一部分人生活先好起来，就必然产生极大的示范力量，影响左邻右舍，带动其他地区、其他单位的人们向他们学习。这样，就会使整个国民经济不断地波浪式地向前发展”[③]。这一发展思路是对平衡地区发展战略的重大调整，使中国经济发展更适应于中国经济地理分布，因而发生了一场重塑经济地理的革命。世界银行称赞邓小平：这位中国复兴和经济发展公认的设计师，坚决主张中国对世界开放。他也主张以中国沿海地区的协调发展作为连接这些国际市场的初步基础。一切成功发展着的经验均对邓小平的远见予以证明和支持。[④] 这是第二次重塑中国经济地理的版图，同时也融入和连接了世界经济地理的版图，充分利用了市场机制和经济全球化机遇，使得沿海地区发展迅速，明显地超过内陆地区。从各地区人均 GDP 差异系数看，1978—1990 年呈现下降趋势，从 0.90 下降至 0.60，这是第一次经济趋同，之后开始上升并在 2004 年达到最高峰（0.71），这是经济趋异过程；之后第二次下降，出现了经济趋同趋势。

1995 年江泽民提出三大经济地带：东部、中部和西部。从经济社会发展水平看，东部经济发达，中部其次，西部较落后。从发展速度看，东部高于中部和西部。中国政府首次提出“坚持区域经济协调发展，逐步缩小地区差距”新方针。1999 年中国政府提出了西部大开发战略，2003 年又提出“振兴东北老

---

① 参见《毛泽东文集》，第 7 卷，25 页，北京，人民出版社，1999。

② 参见王绍光、胡鞍钢：《中国：不平衡的政治经济学》，2～3 页，北京，中国计划出版社，1999。

③ 《邓小平文选》，2 版，第 2 卷，152 页，北京，人民出版社，1994。

④ 参见世界银行：《2009 年世界发展报告：重塑世界经济地理》，73 页，北京，清华大学出版社，2009。

工业基地”战略，2005 年提出“中部崛起”战略，从而形成四大经济地带及战略：沿海、东北、中部、西部。这是第三次重塑中国经济地理格局，形成了新的“区域发展总体战略”。从各地区人均 GDP 差异系数看，从 2004 年以来不断下降，到 2010 年降至 0.56。[①]

2.3.1　集聚经济

改革开放三十多年，中国经济地理的变迁符合地理特点和经济优势。伴随着经济结构的变迁，中国的经济活动也向现代经济部门聚集的中心城市集中，向靠近发达经济体和世界市场的地带集中，呈现沿海化和城市化两大基本特征，根本改变了中国发展的形态和地理空间分布。

首先是人口与经济活动向沿海地区集中。东部 10 省市人口 1952 年占全国的比重为 34.3%，1978 年为 33.8%，2010 年达到了 38.0%。GDP 在 1952 年占全国总量的 37.8%，1978 年上升到 41.8%，2007 年进一步上升到 55.2%，2010 年下降至 53.1%。这就意味着东部地区人均 GDP 相对全国平均水平不断上升，由 1952 年的 1.10 倍上升为 1978 年的 1.24 倍，到 2007 年还上升为 1.54 倍，2010 年又下降至 1.40 倍。[②] 这就需要东部地区进一步集聚人口，吸引更多劳动力。

其次是人口与经济活动向城镇集中。全国城镇人口由 1949 年的 7 000 多万人增加至 1978 年的 1.7 亿人，到 2010 年又增加至 6.7 亿人，城镇人口比重由 1949 年的 10.6%提高至 1978 年的 17.9%，到 2010 年已达到 49.7%。

与这两个集聚倾向相关联的是出现大城市群化，即以特大城市为核心，依托发达的交通条件，云集不同类型、等级和人口规模的城市经济联合体或集群。大城市群已经成为中国经济的支撑力量，在沿海地区形成了世界级的三大城市群，即珠海三角洲城市群、长江三角洲城市群和京津冀城市群，它们的人口占全国的 15.3%，经济规模已经占全国的 38.6%，贸易规模占全国的 70%～80%（见专栏 2—2 和表 2—8），已经超过了世界五大城市群（以纽约为中心的城市群、以芝加哥为中心的城市群、以东京为中心的城市群、以伦敦为中心的城市群、以巴黎为中心的城市群），与此同时，在中、西部的几个城市群也正在崛起，如辽中南城市群、山东半岛城市群、中原城市群、长江中游城市群、川渝

---

① 参见清华大学国情研究中心，胡鞍钢、鄢一龙、魏星执笔：《中国 2030：迈向共同富裕》，138 页，北京，中国人民大学出版社，2011。

② 参见国家统计局编：《中国统计年鉴 2011》，18～19 页，北京，中国统计出版社，2011。

城市群、关中—天水城市群等。到2020年这些城市群的经济总量将占到全国GDP总量的70%左右。

专栏2—2　珠三角和长三角的案例

2002年珠江三角洲和长江三角洲土地面积占全国总面积的1.46%，常住人口占全国的9.7%，GDP占27.3%，工业总产出占37.0%，出口占62.6%，实际利用外资占55.9%。珠江三角洲和长江三角洲是全国单位土地利用效率最高的地区，单位土地各类产出都相当于全国平均水平的几十倍。

这两大地区是中国经济增长最快的地区和贸易增长贡献最大的地区。1980—2002年期间，珠江三角洲GDP年平均增长率为16.1%，长江三角洲为12.5%，同期全国为9.5%。在这一时期按GDP不变价格，珠江三角洲的经济总量增长了23.7倍，长江三角洲增长了13.3倍。另一方面，从出口占GDP比重看，长江三角洲达到59%，珠江三角洲为98.1%。珠江三角洲和长江三角洲是我国的人口密集区和人口承载区，也是流动人口增长最快的地区。人口密度相当于全国人口密度的6.7倍，深圳、东莞、中山、佛山四地区1980年人口为283万人，2000年达到1 710万人，年平均增长率为9.4%，可能是世界人口和劳动力增长最快的地区。这表明经济实力越强，单位面积承载人口的能力就越强。

表2—8　　三大城市群主要发展指标及占全国总量比重

	珠江三角洲		长江三角洲	
	指标值	比重（%）a	指标值	比重（%）a
土地面积（平方公里）	40 165	0.42	100 200	1.04
人口（2005年，百万）	45.47	3.48	82.3	6.44
GDP（2005年，亿元）	18 244.46	9.97	33 963.15	18.55
人均GDP（2005年，元）	40 124.7	(2.86)	41 267.50	(2.94)
人均GDP(2005年，PPP，美元)	1 932 320	[0.46]	19 873.81	[0.47]
GDP增长率（1980—2002年）	16.1	(1.69)	12.5	(1.32)
消费品零售总额（10亿美元）	42.05	8.51	75.45	15.27
工业总产值（10亿美元）	170.6	12.75	324.7	24.27
进口（10亿美元）	98.39	33.33	82.81	28.06
出口（10亿美元）	111.55	34.26	92.4	28.38
实际利用外资（10亿美元）	11.62	22.03	17.85	33.85

续前表

	京津冀地区		三地合计	
	指标值	比重（%）a	指标值	比重（%）a
土地面积（平方公里）	18 398	1.91	323 954	3.37
人口（2005 年，百万）	70.28	5.59	193.96	15.31
GDP（2005 年，亿元）	18 489.75	10.10	70 697.36	38.62
人均 GDP（2005 年，元）	26 308.69	(1.87)	36 449.45	(2.59)
人均 GDP(2005 年，PPP，美元)	12 669.87	[0.30]	17 553.51	[0.42]
GDP 增长率（1980—2002 年）				
消费品零售总额（10 亿美元）	62.39b	8.39b	117.5	23.78
工业总产值（10 亿美元）	205.7b	15.38b	495.3	37.02
进口（10 亿美元）	120.54c	18.27c	181.2	79.66
出口（10 亿美元）	58.25c	7.65c	203.95	70.29
实际利用外资（10 亿美元）	7.2b	13.63b	29.47	55.88

注：a（ ）内数据为全国平均水平的倍数，[ ] 内数据为美国的倍数；b 为 2004 年数据；c 为 2005 年北京和天津合计数，不包括河北省数据；京津冀都市圈包括京津两市和河北省石家庄、保定、沧州、廊坊、唐山、秦皇岛、张家口、承德 8 个市，总面积占全国的 1.9%，人口占 5.7%，GDP 约占 10%。

2.3.2　要素流动

每年春节期间中国都会发生一次蔚为壮观的人潮地理大流动，是世界最大规模的人口流动。[①] 2009 年春运运送旅客总量有 23.2 亿人次，2013 年达到了 34 亿人次，相当于总人口的 2.50 倍，相当于 2009 年的 1.47 倍，年平均增长率为 10.0%。这说明交通基础设施越发展，人口流动性就越大。

这是中国巨大的社会转型过程所出现的超大规模的人流、物流、资金流（如信用卡交易情况）、信息流的一个缩影（见表 2—9）。改革开放以来，中国出现了世界最大规模的人流，一是客运量大幅度增长，由 1978 年的 25.4 亿人次增加到 2012 年的 379 亿人次；二是国内旅游人次高增长；三是入境过夜旅游者人数持续增长，由 1980 年居世界 18 位上升为世界第 4 位；四是从乡村到城市、从落后到发达地区的人口迁移。与此同时，贸易流、物资流也迅速增加，货运量

① 法新社称之为“全球最大规模的年度人口迁移”，法新社上海 2011 年 1 月 19 日电。

由1978年的24.9亿吨增加到2012年的412亿吨。信息流更是爆炸式地增长，到2012年底中国互联网用户达到5.64亿，中国成为世界网民第一大国，.CN域名也成为全球第一大国家顶级域名。① 同时中国也成为世界上最大的投资吸引国之一，2012年外商直接投资额达到1 117亿美元，累计额超过1万亿美元，为12 761亿美元。

表2—9　　中国要素流动与移民（1978—2012年）

	1978年	1990年	2000年	2008年	2009年	2012年
农民工（万人）	7.6	2 648.2	9 864.6	22 542	23 200	26 261
国内旅游（亿人次）			7.44	17.12	19.02	29.6
客运量（亿人次）	25.4	77.3	147.9	286.8	297.7	379
货运量（亿吨）	24.9	97.1	135.9	258.6	278.1	412
邮电业务总量（亿元）	34.1	155.5	4 792.7	23 649.5	27 312.7	15 022
互联网上网人数（亿人）			0.225	2.98	3.84	5.64
移动电话用户（亿户）		0.036	0.845	6.412	7.472	11.12
外商直接投资（亿美元）	19.2	66.0	623.8	924.0	900.3	1 117
货物进出口总额（亿美元）	206.4	1 154.4	4 742.9	25 616	22 072.2	38 668

资料来源：国家统计局编：《中国统计摘要2012》，北京，中国统计出版社，2012；国家统计局：《2012年国民经济统计公报》，2013年2月。

对农民进城限制由"红灯"变为"黄灯"，到大开"绿灯"，户籍政策的逐步松动，促进了超大规模的移民潮。1978年全国农民工不足10万人，到1990年为2 650万人，2000年接近1亿人，2012年全国农民工总量为26 261万人，其中，外出农民工16 336万人，本地农民工9 925万人。这种生产要素和人口的大规模、快速地流动，提高了经济密度，也缩短了落后地区人口与经济机会的距离，有效发挥经济密集区的规模效应，非密集区的人口也获得参与现代经济增长的机会。

中国发生了世界上最大规模的交通基础设施革命。首先铁路里程高速增长。根据美国CIA数据（2010年），2005年美国铁路营运里程为22.66万公里，俄罗斯为8.72万公里（2006年）。② 中国居世界第三位，为8.55万公里（2009年）③；到2012年中国铁路营运里程达到9.76万公里，超过俄罗斯上升为世界第二位，居美国之后。其次是基本建成连接主要城市、覆盖3/4以上全

① 中国互联网络信息中心（CNNIC）：《第27次中国互联网络发展状况统计报告》，2011年1月19日。

② CIA，The World Factbook，2010。

③ 参见国家统计局编：《中国统计摘要2010》，153页，北京，中国统计出版社，2010。

国人口的现代化、信息化的世界最大规模的快速铁路网。中国已经成为世界快速铁路的引领者，2010 年，中国高速铁路营运里程为 6 920 公里，居世界第一①，到 2012 年高速铁路达到了 9 356 公里，到 2013 年 9 月，随着向莆铁路正式开通运营，中国高速铁路运营里程突破 1 万公里，约占世界高铁运营里程的 45%。② 第三，高速公路里程居第 1 位。2012 年美国高速公路（express ways）为 7.63 万公里。③ 2009 年中国为 6.51 万公里④，居世界第二位，到 2012 年达到 9.62 万公里，居世界第一位（见表 2—10）。同时，中国还是世界港口货物吞吐量和集装箱吞吐量第一大国。沿海规模以上港口货物吞吐量由 1990 年的 48 321 万吨，提高到 2009 年的 475 481 万吨，其中，上亿吨货物吞吐量沿海港口，2009 年有 15 个，而 2000 年只有 3 个。⑤

表 2—10　　中国铁路、公路里程（1978—2012 年）　　单位：万公里

年份	铁路营运里程	高速铁路营运里程	公路里程	高速公路里程
1978	5.17		89.02	
1990	5.79		103	0.05
2000	6.87		150	1.63
2005	7.54		334	4.10
2010	9.12	0.692	401	7.41
2012	9.76	0.935 6	423.75	9.62

资料来源：国家统计局编：《中国统计摘要 2013》，144 页，北京，中国统计出版社，2013。

2.3.3　消除分割

中国虽然是单一制国家，但是经济上采用了地方分权模式，经济发展的责、权、利主要在地方，这使得中国市场经济的发展长期面临着一个"块块专政"问题。层级过多的政府，进一步放大了区域分割问题。中国目前有省级行政区 31 个（未包括港澳台地区），地级区划 333 个，县级区划 2 859 个，乡镇级区划 4 万个，村、居委会近 70 万个。⑥ 这使得中国治理十分困难。各地方政府为了各自的利益，恶性竞争吸引外资，地区间产业结构趋同、基础设施重复建设、区域公共事务治理失灵。

① 参见《中国高速铁路营运里程居世界第一》，见人民网，2010-07-28。
② 参见陆娅楠等：《我国高速铁路突破一万公里》，载《人民日报》，2013-09-27。
③ CIA，The World Factbook，2012.
④ 参见国家统计局编：《中国统计摘要 2010》，153 页，北京，中国统计出版社，2010。
⑤ 参见上书，158 页，北京，中国统计出版社，2010。
⑥ 参见国家统计局编：《中国统计摘要 2008》，2～3 页，北京，中国统计出版社，2008。

减少分割就是要推进四个层面的一体化。首先是地区的一体化，打破行政疆界，推动形成若干有国际竞争力的城市群。其次是全国的一体化，形成一个无分割的市场体系，目前进行的取消二级公路收费站，推动省财政直管县，发展区域经济中心，都有助于减少分割。第三，积极推动、引导区域一体化，如东盟自由贸易区的一体化，与东亚地区形成区域生产和价值链网络。第四是积极参与全球一体化，消除全球贸易壁垒，进一步健全全球金融体系和公共治理体系。

区域经济一体化是指商品、服务、生产要素、人才与信息的跨地区流动的规模与形式不断增加，通过地区之间分工和协作，在全国乃至世界市场范围内提高资源配置的效率，从而使利益攸关方之间经济相互依赖程度日益加深的动态过程。在此过程中，两个或两个以上的国家或地区往往为了维护共同的经济和政治利益，建立协调机制，通过制定规划或缔结条约实施共同政策与措施互惠互利，从而达到共同利益最大化。

对于中国内部的省级行政区来说，区域经济一体化有两个维度：其一是内部一体化，如城乡经济一体化，公共服务一体化；其二是省级行政区之间的一体化，特别是与周边省市的一体化。

2.3.4 超载开发

中华民族世代生息的这片国土是美丽富饶的，同时也是生态极度脆弱、资源分布不均衡、人均资源相对不足的。国土空间呈现多样性、不均衡性、脆弱性。其中干旱、半干旱地区占国土面积的53%，荒漠化土地分布广泛，如沙化土地占18%，存在大量的水土流失等生态脆弱地区。中国有2/3以上的国土是无法利用的山地和沙漠，适合开发的国土大约只占20%，绝大部分国土不适合做经济开发，尤其是不适合大规模、高强度的工业化开发。

与此同时，中国正进行着人类历史上规模最大的城镇化与工业化过程，有限的自然资源和脆弱的生态环境承受了空前、持久、巨大的人口压力和发展压力，这是中国从传统的农业社会向现代的工业社会转变过程中难以避免的重大挑战。

生态环境局部改善，总体恶化，森林覆盖率有所提高，但出现了最大规模的草原退化、沙漠化、植被破坏、水土流失、盐碱化、土地污染和生物多样性的丧失，更大规模地加剧了人与自然之间的矛盾，进一步拉大了长期以来的生态赤字，生态破坏趋势不断恶化。

直到90年代中期领导人才将人口、资源、环境与发展关系视为中国社会主义现代化建设的重大关系，首次提出了“可持续发展”战略，“要为子孙后代着想，决不能吃祖宗饭、断子孙路，走浪费资源和先污染、后治理的路子”[①]，中国开始进入生态建设和自然恢复期。[②] 建设生态文明已经成为全面建设小康社会的五大任务之一[③]，这意味着中国开始从生态赤字进入生态盈余的时代。

2.4　构建高效协调可持续的家园[④]

目前我国空间结构不合理，空间利用效率低。绿色生态空间减少过多，工矿建设占用空间偏多，开发区占地面积较多且过于分散。城市建设空间和工矿建设空间单位面积的产出较低，城市和建制镇建成区空间利用效率不高。城乡和区域发展不协调，公共服务和生活条件差距大。人口分布与经济布局失衡，劳动人口与赡养人口异地居住，城乡之间和不同区域之间的公共服务及人民生活水平的差距过大。

根据上述问题，原有的国土开发的思路和规划已不能和我国人口、经济、环境相协调。因此，中国政府制定并公布了《全国主体功能区规划》。这是我国国土空间开发的战略性、基础性和约束性规划。

主体功能区是指基于不同区域的资源环境承载能力、现有开发强度和发展潜力等，将特定区域确定为特定主体功能定位类型的一定空间单位。这需要统筹谋划人口分布、经济布局、国土利用和城镇化格局，确定不同区域的主体功能，并据此明确开发方向，完善开发政策，控制开发强度，规范开发秩序，逐步形成人口、经济、资源、环境相协调的国土空间开发格局。

按照上述原则，将我国国土空间分为以下主体功能区：按开发方式，分为优化开发区域、重点开发区域、限制开发区域和禁止开发区域（见专栏 2—3）；

---

① 《江泽民文选》，第 1 卷，464 页，北京，人民出版社，2006。

② 1999—2008 年，我国累计投资 1 918 亿元，累计退耕还林 2 687 万公顷，占国土面积的 2.8%（国家林业局，2009 年 9 月 14 日）。

③ 中共十七大提出：“建设生态文明，基本形成节约能源资源和保护生态环境的产业结构、增长方式、消费模式。循环经济形成较大规模，可再生能源比重显著上升。主要污染物排放得到有效控制，生态环境质量明显改善。生态文明观念在全社会牢固树立。”参见胡锦涛：《高举中国特色社会主义伟大旗帜　为夺取全面建设小康社会新胜利而奋斗——在中国共产党第十七次全国代表大会上的报告》，载《人民日报》，2007-10-25。

④ 此节主要参阅《全国主体功能区规划——构建高效、协调、可持续的国土空间开发格局》（2010 年 12 月 21 日）。

按开发内容，分为城市化地区、农产品主产区和重点生态功能区；按层级，分为国家和省级两个层面。

各类主体功能区，在全国经济社会发展中具有同等重要的地位，只是主体功能不同，开发方式不同，保护内容不同，发展首要任务不同，国家支持重点不同。对城市化地区主要支持其集聚人口和经济，对农产品主产区主要支持其增强农业综合生产能力，对重点生态功能区主要支持其保护和修复生态环境。

专栏 2—3　中国四大主体功能区

根据资源环境承载能力、现有开发密度和发展潜力，统筹考虑未来我国人口分布、经济布局、国土利用和城镇化格局，将国土空间划分为优化开发、重点开发、限制开发和禁止开发四类主体功能区。

优化开发区域是指国土开发密度已经较高、资源环境承载能力开始减弱的区域。要成为带动全国经济社会发展的龙头和我国参与经济全球化的主体区域。

重点开发区域是指资源环境承载能力较强、经济和人口集聚条件较好的区域。要逐步成为支撑全国经济发展和人口集聚的重要载体。

限制开发区域是指资源环境承载能力较弱、大规模集聚经济和人口条件不够好并关系到全国或较大区域范围生态安全的区域。要逐步成为全国或区域性的重要生态功能区。

禁止开发区域是指依法设立的各类自然保护区域。要依据法律法规规定和相关规划实行强制性保护，控制人为因素对自然生态的干扰，严禁不符合主体功能定位的开发活动。

资料来源：《中华人民共和国国民经济和社会发展第十一个五年规划纲要》，第二十章。

到 2020 年，基本形成主体功能区，其宗旨就是建设未来最新、最美、最绿的家园。根据《全国主体功能区规划》，主要目标是：

“两横三纵”为主体的城市化战略格局基本形成，全国主要城市化地区集中全国大部分人口和经济总量；“七区二十三带”为主体的农业战略格局基本形成，农产品供给安全得到切实保障；“两屏三带”为主体的生态安全战略格局基本形成，生态安全得到有效保障；海洋主体功能区战略格局基本形成，海洋资源开发、海洋经济发展和海洋环境保护取得明显成效。

全国陆地国土空间的开发强度控制在 3.91%，城市空间控制在 10.65 万平方公里以内，农村居民点占地面积减少到 16 万平方公里以下，各类建设占用耕地新增面积控制在 3 万平方公里以内，工矿建设空间适度减少。耕地保有量不低于120.33万平方公里（18.05亿亩），其中基本农田不低于104万平方公里（15.6亿亩）。绿色生态空间扩大，林地保有量增加到312万平方公里，草原面积占陆地国土空间面积的比例保持在40%以上，河流、湖泊、湿地面积有所增加。

单位面积城市空间创造的生产总值大幅度提高，城市建成区人口密度明显提高。粮食和棉油糖单产水平稳步提高。单位面积绿色生态空间蓄积的林木数量、产草量和涵养的水量明显增加。

不同区域之间城镇居民人均可支配收入、农村居民人均纯收入和生活条件的差距缩小，扣除成本因素后的人均财政支出大体相当，基本公共服务均等化取得重大进展。

生态系统稳定性明显增强，生态退化面积减少，主要污染物排放总量减少，环境质量明显改善。生物多样性得到切实保护，森林覆盖率提高到23%，森林蓄积量达到150亿立方米以上。草原植被覆盖度明显提高，主要江河湖库水功能区水质达标率提高到80%左右，自然灾害防御水平提升，应对气候变化能力明显增强。

该规划的实质是要在960万平方公里陆地国土空间上基本形成现代化中国、美丽中国、绿色中国的总体战略布局。

2.5 小结：建设美丽中国、绿色中国

巍峨的群山，纵横的河流，广袤的草原，肥沃的农田，辽阔的海洋，是中华民族的美好家园。自古以来，中华民族在这里繁衍生息，创造了辉煌历史和灿烂文化。①

中国独特的自然地理因素塑造着中国的人口分布、民族特征，以及贫困人口分布，也塑造着独特的连续不断的、生生不息的中华文明和文化。

国土空间是宝贵资源，是人类赖以生存和发展的家园。我国辽阔的陆地国土和海洋国土，是中华民族繁衍生息和永续发展的家园。②

2012年党的十八大报告明确提出了“树立尊重自然、顺应自然、保护自然

---

① 参见《全国主体功能区规划——构建高效、协调、可持续的国土空间开发格局》（2010年12月21日）。

② 参见杨伟民：《大力推进生态文明建设》，见《十八大报告辅导读本》，320页，北京，人民出版社，2012。

的生态文明理念”，这是重塑中国经济地理的重要思想和价值取向。人类与自然是平等的，人类既不是自然的奴隶，也不是自然的主人，而是自然的朋友。我们必须科学地认识自然规律，全面地认识中国自然地理国情，无论是开发、利用和保护自然，都需要符合自然规律，以不破坏自然为底线。我们必须摈弃人定胜天的思维方式和做法，按照人与自然和谐发展的要求，在生产力布局、城镇化发展、重大项目建设中都要充分考虑自然条件和资源环境承载能力。① 不是盲目地而是自觉地，不是愚昧地而是科学地，不是局部地而是整体地，不是短期地而是长远地重塑中国经济地理。

党的十八报告还提出“努力建设美丽中国，实现中华民族永续发展”。这就确立了重塑中国经济地理的基本方向和重大目标。这就是在960万平方公里的陆地国土、300万平方公里的海洋国土上，按照科学发展观的指导思想，建设现代化中国、美丽中国和绿色中国。这就需要我们按照《全国主体功能区规划》，科学开发我们的家园，使国土空间开发格局更加合理，生产空间更加集约高效，生活空间更加舒适宜居，生态空间更加绿色美丽，各个区域优势互补更加协调，人口、经济和资源、环境和谐发展。

【思考与讨论】

1. 如何认识地理与发展的关系？
2. 自然地理条件对中国发展的限制因素是什么？
3. 哪些经济地理因素促进了中国经济的高速发展？
4. 改革开放以来，中国经济地理经历了哪些变迁？
5. 未来中国应当如何重塑经济地理？

【扩展阅读】

中国科学院《中国自然地理》编委会．中国自然地理．总论．北京：科学出版社，1985.

全国主体功能区规划．2010年12月．

世界银行．2009年世界发展报告：重塑世界经济地理．北京：清华大学出版社，2009.

胡鞍钢．重塑中国经济地理//世界银行．2009年世界发展报告：重塑世界经济地理．北京：清华大学出版社，2009.

---

① 参见杨伟民：《大力推进生态文明建设》，见《十八大报告辅导读本》，320页，北京，人民出版社，2012。

胡锦涛．大力推进生态文明建设//坚定不移沿着中国特色社会主义道路前进　为全面建成小康社会而奋斗——在中国共产党第十八次全国代表大会上的报告．人民日报，2012-11-18.

杨伟民．大力推进生态文明建设//十八大报告辅导读本．北京：人民出版社，2012.

第3章 资源与发展

资源是人类社会赖以生存与发展的重要物质基础，关系到一个国家的经济安全乃至国家安全。中国是一个地大物博、人口众多的国家。从总量上看，已探明煤炭储量、水能资源、石油以及天然气总储量均位居世界前列，中国农业资源也居世界前列。与此同时，由于人口巨国的分母效应，中国又是一个"资源小国"，使得中国各类资源的人均占有量远远低于世界人均水平，特别是森林、耕地、石油、天然气等对经济长期发展具有重要作用的人均资源占有量，都远远低于世界人均水平，分别为世界人均水平的20%、42%、11%、3%，而45种主要矿产资源人均占有量也不及世界平均水平的一半。①

中国正经历着人类历史上规模最大、前所未有的人口增长、工业化与城镇化。中国是世界上人口最多的国家，从1949年的5.4亿，增加到1981年的10亿，2010年达到13.4亿②；中国已经成为世界最大的工业生产国，主要工业产品（除发电量等少量工业产品外）产量已位于世界首位，工业增加值位居世界第一位。根据美国经济咨询机构环球透视（HIS Global Insight）报告，2010年美国工业增加值占世界总量的19.4%，中国为19.8%。③ 1978年以来，中国迁移进城市的农村人口将近4亿，从目前至2030年还将有2亿～3亿的农村人口转移到城市，届时城镇人口将达到10亿。这形成了巨大的资源消耗效应，中国已经成为世界上能源消耗、煤炭消费、钢材消耗、水泥消耗最大的国家，也是世界上石油消耗和进口第二大国。

如何从理论上认识自然资源的经济学属性？如何认识自然资源与人口、经济增长之间的关系？中国自然资源的基本国情、消耗特征、需求压力以及它对世界产生的影响是什么？如何对这些影响做一些评估或者分析？怎么认识和处理经济发展同资源供给之间的矛盾？如何应对资源约束带来的挑战？如果中国

---

① 参见马凯主编：《〈中华人民共和国国民经济和社会发展第十一个五年规划纲要〉辅导读本》，262页，北京，北京科学技术出版社，2006。

② 参见国家统计局编：《中国统计摘要2011》，北京，中国统计出版社，2011。

③ HIS Global Insight，*China has Become the World's Largest Manufacturer*，2011.

能够在 2020 年实现全面建成小康社会的话，发展战略是什么？资源目标又是什么？如何实现这些目标？

本章首先介绍了资源与发展的关系，说明了不同发展模式有不同的资源消耗的路线，分析了影响资源消耗的五个重要因素；总结了我国自然资源的若干主要特点，显示了它的双重特点：既有优势，也有劣势，既有潜力，又有制约；回顾了建国以来中国的资源发展之路，从现代资源小国到现代资源大国，从利用一种（国内）资源到利用两种（国内和国际）资源，从粗放型利用到集约型利用，从黑色发展到绿色发展，从传统工业化到新型工业化的中国资源开发与保护。中国正在建设资源节约型社会，从黑色发展转向绿色发展。

3.1 资源消耗与发展模式

3.1.1 自然资源的特性

自然资源是指能够进入人类劳动生产过程，并被加工成生产资料和生活资料的自然要素，包括土地（耕地、草地、牧地、林地等）、能源（煤炭、石油、天然气等）、矿藏（铁矿、铜矿、铝矿、锌矿、镍矿、锰矿、石灰石、磷矿、硫铁矿等）、水（地表水、地下水等）、大气、野生生物等。自然资源是人类生存之本，是人类经济活动的前提，被称作“工业的粮食”。根据其属性不同，自然资源又可以分为不同的类型（见专栏 3—1）。

专栏 3—1 资源的类型

从是否能够重复利用来看，自然资源可以划分为可再生资源与不可再生资源。

可再生资源，是可以重复、持续利用的自然资源，包括风能、水能等，同时，可再生的能源一般也是清洁能源，大幅度提高可再生资源利用的比率，有利于保护地球的生态环境。

不可再生资源，是指不可重复利用的资源，包括矿产、石油等，对这种资源的开发利用也是资源耗竭的过程，对于不可再生资源我们除了要加强保护之外，还要积极开发替代性资源。

从资源的空间移动特性来看，又可以分为可移动资源与不可移动资源。

可移动资源包括能源、矿产等，对于可移动资源，不同的国家、地区可以通过国际贸易途径来弥补本国、本地区的资源不足。以日本为例，它现在将本国的煤炭和石油全部封闭起来不开采，而通过进口来使用全世界的煤炭和石油。

不可移动资源是指在空间上不可移动，或者说移动成本很大的资源，例如国土、耕地等一般无法进口，只有通过提高资源利用效率来解决资源紧缺的问题。我国水资源分布不均，虽然可以通过南水北调等方式来解决，但是成本巨大。

自然资源具有若干鲜明的特性：地理分布的不均衡性，由于世界上一些最重要的自然资源供应量掌握在少数几个国家手里，所以这些国家能够拥有市场势力①；可耗竭性，如不可再生资源，即使是可再生资源（如鱼类、森林和淡水），如果管理不善也会耗尽，贸易可能会加速资源的消耗，成为资源耗竭的促进因素；外部性，自然资源的生产、贸易和消费会通过相关政策，对市场以外的其他消费者产生负面影响，贸易可以通过提高消费率或提升资源使用效率从而恶化或者改善这些外部性。②

3.1.2 自然资源财富

自然资源是一个国家或地区的国民财富的重要组成部分。当人们用价值量来表示时，自然资源就成为自然资本。

发展就是一个创造财富的过程。资源发展就是一个将自然资源创造成自然资本的过程。1995 年以来，世界银行组织有关专家开始重新定义和衡量世界及各国的财富，提出了绿色国民经济核算（green national accounts）来衡量国民财富。2006 年世界银行发布的报告《国家财富在哪里？衡量 21 世纪的资本》，将国家财富分为三个部分：自然资本（natural capital）；生产性资本（produced capital），包括机器、建筑物和设备；无形资本（intangible capital）。自然资本由地下资源（subsoil assets）、木材资源、非木材性森林资源、自然保护区、可耕地、牧场六个部分构成，而一国的自然资本的价值量就是以上六项自然资源的价值量总和，每项自然资本的价值为单位资源价格或租金乘以总资源储量。

---

① 市场势力（market power）是指卖方或买方不适当地影响商品价格的能力。对于卖方来说，市场势力也就是卖方的垄断倾向。市场势力是市场失灵的一种比较普遍的现象。

② 参见世界贸易组织：《世界贸易报告（2009 年）》。

这一方法首次将不同的资源按照市场价值合计出来，可以进行国际比较。

按照此种方法，世界银行计算了2000年世界自然资本财富，总计28.6万亿美元，还报告了120多个国家的自然资本，其中前六位资源大国（美国、中国、俄罗斯、印度、巴西、加拿大）的自然资源财富，合计占世界总量比重的47.6%。中国占世界总自然资源财富的比重为9.8%，居世界第二位，仅次于美国（为14.5%），但高于俄罗斯（为8.8%）（见表3—1）。

表3—1　世界前六位资源大国自然资本财富占世界的比重（2000年）（%）

排序	国家	地下资源*	木材资源	非木材性森林资源	自然保护区	可耕地	牧场	自然资本总和
1	美国	17.0	25.0	8.2	22.2	8.6	14.0	14.5
2	中国	5.5	8.8	4.5	1.6	19.6	5.5	9.8
3	俄罗斯	14.5	2.8	21.8	9.1	2.0	5.8	8.8
4	印度	1.7	4.0	1.8	5.9	15.1	5.8	6.8
5	巴西	2.5	6.8	15.0	3.3	3.8	6.7	4.0
6	加拿大	4.8	9.6	4.7	8.4	1.0	1.5	3.7
	合计	46.0	57.0	56.0	50.5	50.1	39.3	47.6

*地下资源是指在目前的价格水平和技术条件下，已被证实具有经济开采价值，存在地表或地下的矿藏。

资料来源：World Bank，*Where Is the Wealth of Nations? Measuring Capital for the 21st Century*，Washington，2006。

3.1.3 不同发展模式与资源消耗

经济发展必然要消耗资源，但不同发展模式对资源的消耗效率不同。关于消耗效率，可以采用资源生产率来表示，即一定时期单位资源消耗的经济产出（如GDP）；也可以用资源消耗强度来表示，即一定时期单位产出（如单位GDP）的资源消耗量。两者互为倒数关系。

自然资源的消耗与一个国家所处的发展阶段密切相关。进入工业化以后，人类资源消耗与发展的关系是一个巨大变化的过程。一个国家的工业化进程大体划分为五个阶段：未工业化阶段，也就是传统农业时代，这一阶段基本没有使用现代能源、矿产资源等，资源消耗强度水平低下；开始工业化阶段，这一阶段开始开发和使用现代能源、矿产资源等；新兴工业化阶段，也就是工业化加速发展、达到高峰的阶段，资源消耗量迅速扩大，资源消耗强度上升；成熟工业化阶段，工业化水平相对成熟，采用信息技术，资源消耗强度开始下降；后工业化阶段，又称非工业化阶段，是摆脱工业化进入服务业的阶段，资源消耗强度进一步下降。

从资源消耗阶段和发展阶段关系来看，我们假设，资源消耗强度表现为先上升，在加速之后达到高峰，然后下降的一个倒U字形曲线。国家的发展模式不同，资源消耗强度上升高峰和下降的趋势也不同（见图3—1）。

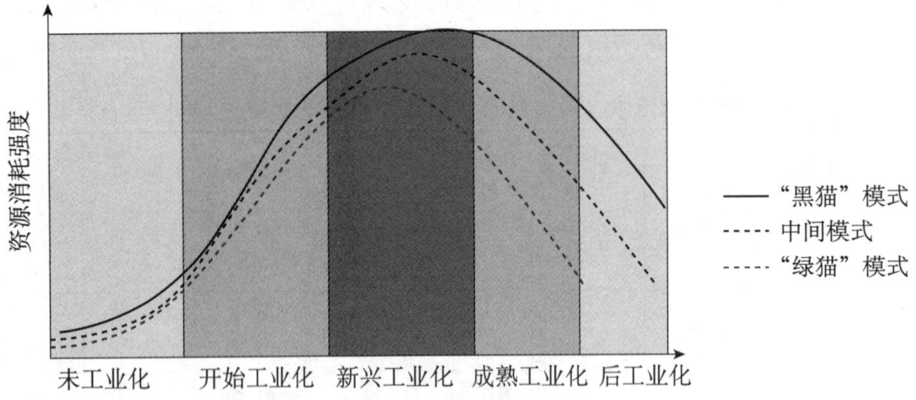

图3—1　工业化不同阶段的资源消耗强度

第一种模式称为“黑猫”模式，或者黑色发展模式，是传统的西方国家工业化模式。其资源消耗强度持续上升，峰值出现晚且数值很大，直到成熟期才开始下降，下降速度慢。黑色发展特征是“三高”：高生活消费水平、高资源消耗、高污染排放。① 以这“三高”为特征构成了传统的西方工业化的本质问题。

第二种模式称为“绿猫”模式，或者绿色发展模式，是新型工业化模式。其资源消耗强度上升达到的峰值小且出现时间早，下降快。绿色发展模式的特征是“两低一适度”②：低资源消耗，低污染排放，适度消费（又称合理消费、理性消费）水平。东亚新兴国家的工业化模式，总体上是先依靠发展劳动密集型产业，随后转型为主要依靠科技进步，整个发展过程对自然资源依赖程度比较低，所支付自然资源成本和环境、生态代价也远低于西方传统工业化的黑色发展模式。

第三种模式是处在“黑猫”和“绿猫”之间的中间模式。这种模式的资源消耗强度上升的峰值，以及资源消耗强度开始下降的速度都介于两者之间，资源消耗、污染排放都处于普通水平的中间模式。

人类发展并不是盲目的，其发展模式也是可以选择的。不同的发展模式会有不同的资源与环境强度变化曲线之间的关系，也会产生不同的发展结果，无

①② 参见胡鞍钢：《中国资源与经济发展》，见胡鞍钢：《胡鞍钢集：中国走向二十一世纪的十大关系》，329～346页，哈尔滨，黑龙江教育出版社，1995。

论是资源生产率还是资源消耗强度都会大为不同。完成工业革命后的英国，1820 年以后很多的欧洲国家，以及美国、加拿大等国家，大体上都是按“黑猫”模式发展。这些国家的人口占世界人口的比例很低，但它们通过国际市场进口，最高时约消耗了世界 4/5 的资源和能源，而后这个比例才开始下降。所以这种增长方式或者发展模式假定资源是“无限”的。这个“无限”并不是指本国资源是无限的，而是通过扩大殖民地、增加进口、垄断国际市场占有和消耗大量的资源和能源。资本主义国家相互争夺，先后引发多次国家间的战争，还爆发了两次世界大战。

由于资源与发展之间的矛盾，作为现代化后来者的中国，可供选择的余地和空间很小；我国人口总量超过了发达国家的人口总量，但我国不可能像发达国家那样占有和消耗 3/4 至 4/5 的世界资源；另外，现在人类利用资源的技术能力和效率要远高于 150 年前或 50 年前。所以，不论是从国际环境的大背景，还是从中国资源国情或者世界技术进步水平方面来看，中国都必须并且可以主动选择绿色发展模式，实现低消耗、低排放的新型工业化，开创新型工业化道路。

3.1.4 影响资源消耗的因素

如何衡量资源消耗与国家工业化进程之间的关系？影响资源消耗的因素是多方面的，也是十分复杂的。如何表征一个国家或地区的资源消耗，确定影响资源消耗的因素，定量分析不同因素对资源消耗的影响作用，这是资源经济学研究的主要内容之一。

从经济增长和资源消耗的关系来看，有五个因素影响本国资源消费总量，我称为资源消耗量的五大效应：第一是人口增长效应，人口规模扩张会引起资源消耗量增加；第二是经济增长效应，经济增长会引起资源消耗增加；第三是技术进步效应，这包括技术效率的提高会降低资源的消耗，以及制度的改进也会促进资源消耗模式转变，降低资源消耗总量；第四是结构效应，指资源密集产业比重增加会提高资源消耗总量；反之会降低资源消耗总量；第五是开放效应，指通过资源进口会弱化本国资源条件约束。

我们借鉴 Commoner 方程[①]，将资源消耗量作以下分解：

$$P_{OL} = P_{OP} \times \frac{Y}{P_{OP}} \times \frac{P_{OL}}{Y} \qquad (3—1)$$

---

① Barry, Commoner, “The Enviornmental Cost of Economic Growth,” *Chemistry in Britain*, 1972 (8).

式中，P_{OL} 为资源消耗量；P_{OP} 为总人口；Y 为产量或产值。式 3—1 反映了资源消耗与人口数量、人均产量以及生产技术水平之间的关系。

由此可得：

$$p = p_\alpha + p_\beta + p_\gamma \tag{3—2}$$

式中，p 为资源消耗量增长率；p_α 为人口增长率；p_β 为人均产量或人均产量增长率；p_γ 为技术系数，即每单位产量或产值资源消耗量年增长率，这一指标反映了生产技术类型及水平。我们称式 3—2 为资源消耗增量方程，它说明资源消耗量增长率是由人口增长率、人均产值增长率以及技术系数决定的，为了定量比较，我们进一步定义 E_α、E_β 和 E_γ 分别为人口因素、经济因素和技术因素对资源消耗量影响作用的贡献率。[①] 某一因素而言，当 $E_i>0$ 时，表明该因素增加资源消耗，对资源耗竭做出正贡献，E_i 越大，其作用愈大；当 $E_i<0$ 时，表明该因素减少资源消耗，对资源耗竭做出负贡献，即对减少资源消耗做出贡献；当 $E_i=0$ 时，表明该因素对资源消耗量不发生影响。

从技术因素贡献的角度看，可以把技术因素分为三种类型，第一，资源消耗增加型技术，这是指资源消耗量增长指数超过 GDP 增长指数的情形，即 $E_\gamma>0$；第二，资源消耗减少型技术，这是指资源消耗量增长指数低于 GDP 增长指数的情形，即 $E_\gamma<0$；第三，资源消耗中性型技术，是指资源消耗量的增长指数等于 GDP 增长指数的情形，即 $E_\gamma=0$。

在考虑技术变迁的效应时应注意几个方面：第一，要创新高效率利用资源的技术；第二，要充分体现技术的正外部性，尽量减少和避免技术的负外部性。例如，利用风能、水能这些可再生资源，不仅不造成污染，还可以持续地利用。相反，现行的火力发电就存在负外部性的问题。目前中国的火力发电中70%以上，甚至 80%依赖于煤炭，煤炭燃烧将产生大量的二氧化碳和二氧化硫等有害气体。因此，采用何种技术对一个国家的长远发展至关重要。

另外一个影响资源生产率（单位资源消耗量 GDP）的因素称为制度效应，制度的扭曲也会造成资源的过度消耗，而合理的制度安排，则会促进资源的集约利用。国际货币基金组织（IMF）曾做过一项研究：为什么美国的能源结构中汽油消费的比重较高，且远远高于其他欧洲国家？研究结果显示这是由美国的汽油价格便宜所造成的。欧洲国家征收专门的高汽油税，美国政府虽然也征收了这种税，但是税率很低。相对低廉的价格刺激了美国人对汽油的过度消费。因此，要达到节能，就需要改变资源价格扭曲等不利于高效利用资源的制度因素。

---

① 即 $E_\alpha = \frac{p_\alpha}{p} \times 100\%$，$E_\beta = \frac{p_\beta}{p} \times 100\%$，$E_\gamma = \frac{p_\gamma}{p} \times 100\%$。

资源消耗还具有结构效应，单位资源消耗GDP产出（即资源效率系数E）与产业结构相关，各产业的资源效率不同。以能源产出效率为例，服务业（E_3）和农业（E_1）较高，工业（E_2）低。三次产业比重（α、β、γ）的变动会影响单位资源消耗产出，提高第三产业比重（γ），降低第二产业比重（β）会提高资源总体效率。

$$E=\alpha E_1+\beta E_2+\gamma E_3 \tag{3—3}$$

除了提高服务业比重之外，工业内部的高耗能产业，同时也是高资源消耗产业（钢铁业、建材和非金属矿业、化工和石化业等），这些产业比重增大也会增加资源、能源消耗，它们的能源消费占工业总消费比重是其工业产出占工业总产出比重的1.5倍以上。例如，2005年中国钢铁业、建材和非金属矿业、化工和石化业三大行业工业增加值只占工业增加值的1/5，但是能源消费占工业能源总消费的2/3。①

最后，资源消耗还有开放效应，在此条件下，资源净进口增加，虽然不会影响资源消耗总量，但是会缓解本国资源消耗量的增长，我们称之为开放效应，它弱化了本国的资源约束；另一方面，如果从最终消费来看，中国生产的大量产品实际上输送到国外，相当于替国外消费者消耗资源，开放效应又强化了本国的资源约束。

3.2 中国自然资源的特点

第一，我国地域辽阔，资源丰富，是世界上少数几个资源大国之一。我国是世界上多种重要资源综合集中的少数资源大国之一，按自然资源总量的综合排序，我国居世界第四位。矿产资源探明储量潜在价值居世界第三位，其中钒、钛、稀土、硫铁矿等居世界首位；水能理论蕴藏量达到6.76亿千瓦，居世界第一位；太阳能和煤炭资源也分别居世界第二、三位，煤炭探明储量占世界总量的比重为13.9%，居世界第三位；耕地面积占世界的比重为10.1%，居世界第四位；森林面积占世界的比重为5.0%，居第六位。从七大资源总和占世界总量平均比重看，中国为6.5%，居俄罗斯（为14.5%）、美国（为10.2%）之后，为世界第三位（见表3—2）。从六大资源价值量总和占世界总量比重看，中国为9.8%，居美国（为14.5%）之后，为世界第二位（见表3—1）。

① International Energy Agency, *World Energy Outlook 2007: China and India Insights*, 2007.

表 3—2　　世界前六位资源大国主要资源占世界总量比重（%）

国家	水资源总量（2007年）	耕地（2005年）	林地（2005年）	草地（1992/1993年）	石油（2008年）	天然气（2008年）	煤炭（2008年）	资源总和*
中国	6.5	10.1	5.0	7.8	1.2	1.3	13.9	6.5
印度	2.9	11.2	1.7	1.2	0.5	0.6	7.1	3.6
俄罗斯	9.9	8.5	20.5	14.2	6.3	23.4	19.0	14.5
美国	6.4	12.2	7.7	10.2	2.4	3.6	28.9	10.2
加拿大	6.6	3.2	7.9	9.1	2.3	0.9	0.8	4.4
巴西	12.5	4.2	12.1	1.1	1.0	0.2	0.9	4.6

* 资源总和是指七大资源占世界总量比重的加权平均数。

资料来源：World Bank，World Development Indicators 2009；BP，Statistical Review of World Energy，2009。

资源总量大，是我国资源国情的优势。一国经济发展规模在很大程度上取决于该国的自然资源总量，除日本之外，世界上的主要经济大国都是自然资源大国。自然资源丰富是把“双刃剑”，一方面资源丰富是我国综合国力的重要方面之一，表明我国有较大的综合开发利用优势和潜力；另一方面又易于盲目开发，过度开发，不能合理利用、不能高效利用，从而造成大范围的资源破坏、大量的资源浪费。

第二，我国人口众多，人均自然资源占有量少，是世界上人均资源占有水平较低的资源小国之一。我国人口占世界总量的 1/5，但是主要资源占世界总量比重都不同程度地低于人口比重，故我国人均耕地面积只及世界人均水平的 1/2，人均水资源为 33%，人均森林与林地面积为 25%，人均森林蓄积量为 1/8，人均草场面积为 40%，人均石油资源为 6%，人均天然气资源为 6.5%，人均煤炭资源为 70%。按六大资源总和计算，则占世界人均水平的 1/3。根据世界银行按照自然资源价值量 2000 年美元值计算，2000 年中国人均自然资本为 2 223 美元，相当于世界人均水平（4 681 美元）的 47.5%，俄罗斯人均水平（17 217 美元）的 12.9%，美国人均水平（14 752 美元）的 15.1%（见表 3—3）。

表 3—3　　世界六国人均自然资本价值量国际比较（2000 年）

国家	地下资源	木材资源	非木材性森林资源	自然保护区	可耕地	牧场	自然资本总和
中国	511	106	29	27	1 404	146	2 223
巴西	1 708	609	724	402	1 998	1 311	6 752
印度	201	59	14	122	1 340	192	1 928
俄罗斯	11 777	292	1 228	1 317	1 262	1 342	17 217

续前表

国家	地下资源	木材资源	非木材性森林资源	自然保护区	可耕地	牧场	自然资本总和
英国	4 739	44	14	495	583	1 291	7 167
美国	7 106	1 341	238	1 651	2 752	1 665	14 752
世界	1 933	247	134	343	1 477	547	4 681
中国/世界	0.265	0.427	0.219	0.077	0.951	0.266	0.475

注：按2000年美元值计算。

资料来源：世界银行：《2010年世界发展报告：发展与气候变化》，358页，表A6，北京，清华大学出版社，2010。

人均自然资源占有量水平是表明一国人口与资源矛盾变化的重要指标。一个国家居民消费水平和生活方式在很大程度上取决于该国人均自然资源占有量或消费量（包括进口量），人均自然资源占有量的多寡在很大程度上影响着人均产量的高低和未来发展的潜力。中国人均自然资源占有量低是我国资源国情的劣势，这意味着在国际竞争中处于劣势，也意味着我国适宜的人均消费水平与发达国家人均水平有很大的差距，我国不能以赶超发达国家（特别是美国）高消耗资源为目标，不能模仿西方高消费生活方式，应当选择节约资源的生产体系和适度消费的生活体系。

第三，我国自然地理条件复杂，资源种类齐全，但资源质量不高，自然生产力低。在土地资源中，山地多，平地少，其中高于海拔500米的国土面积占全国国土面积的3/4。在矿产资源中，矿种齐全配套，我国目前已发现矿产162种，已探明有储量的矿产148种，这是建立比较独立、比较完整工业体系的资源基础，是中国开发和利用资源的“大国优势”。但是贫矿多，富矿少；综合矿多，单一矿少；中小型矿多，大型矿少。例如我国铁矿保有储量中贫矿占90%。大部分内陆国土，交通不便，自然条件差，我国资源开发难度大，生产成本不断增高。这是中国在许多重要的紧缺资源方面对外进口依赖度较高的主要原因，是中国开发和利用资源的“大国劣势”。

第四，我国资源分布不平衡，资源之间不匹配，资源分布与生产力布局不协调。从水土资源看，北方地多水少，南方水多地少，长江以北地区耕地占全国总数的63.9%，水资源占全国总数的17.2%；长江以南地区耕地占全国总数的36.1%，水资源占全国总数的82.8%。从东西部地区的差异性看，东部生产力发达，工业城市集中，能源严重不足；西部资源丰富，开发利用程度低。如煤炭集中于晋、陕、蒙三省区，占全国保有储量的68%；石油主要分布在渤海、松辽、塔里木、准噶尔四大盆地；水能资源主要集中在西南地区，约占全国可开发水能资源的67.8%；铁矿集中于辽、冀、晋、川四省，占全国保有储量的60%；磷矿集中于云、贵、川、鄂四省，占全国保有储量的70%。从我国四大区域主要指标比较看（见表3—4），东部原煤、原油、发电量占全国比重不同程度低于GDP比重，成为净输入地；而其他三大区域相反，中部、西部地区原煤产量占全国比重明显高于GDP比重，成为煤炭净输出地，东北、西部地区原油产量占全国比重也明显高于GDP比重，成为石油净输出地，此外中部和西部均为发电量的净输出地，中国还必须建设高压或特高压电网，长距离输电。

表3—4　　四大区域主要指标占全国总量比重比较（2009年）（%）

	东部地区	中部地区	西部地区	东北地区
人口	36.7	27.1	27.9	8.3
GDP	53.7	19.4	18.5	8.4
原煤产量	9.6	35.9	47.8	6.7
原油产量	38.4	2.9	28.9	29.8
发电量	41.1	23.2	29.1	6.5

资料来源：人口数据来自国家统计局编：《中国统计年鉴2009》，18～19页，北京，中国统计出版社，2009；其他数据来自国家统计局编：《中国统计摘要2010》，16～17页，北京，中国统计出版社，2010。

我国资源配置状况不良，不得不北煤南运，南水北调，西电东送，这是我国社会物流总费用特别是运输费用高的主要原因。据统计，1989年资源性产品运货量占铁路货运量的85%，平均运距约700公里，其中运煤就占了41.5%，平均运距达519公里。到了2010年运煤占铁路货运量的50.6%，占货物周转量的39.1%，平均运距达642公里。[①] 从社会物流总额构成看，工业品占90%，从社会物流总费用构成看，运输费用占54%，2010年达到3.83万元，相当于GDP的9.6%，是2000年的3.8倍。[②]

总之，我国自然资源具有明显的二重性特点：既有优势，也有劣势；既有潜力，也有制约。关键的问题是如何扬长避短，挖掘潜力，合理开发，综合利用。

3.3　中国资源工业的发展

近代以来，西方列强入侵中国，一方面使中国引入了现代工业，产生农业社会"汪洋大海"中的若干现代工业"飞地经济"，这些地区也成为后来中国

---

① 参见国家统计局编：《中国第三产业统计年鉴2011》，202页，北京，中国统计出版社，2011。

② 参见上书，543、545、546页。

现代工业、现代城市的重要发源地；另一方面通过订立不平等条约、军事侵略等方式，对中国丰富的自然资源进行了疯狂掠夺，例如仅1930年一年日本就从中国输入煤炭0.21亿吨，占其全年进口量的71.6%，占中国当年全国产量的8.3%[①]，中国东北地区成为日本工业化和现代化的能源基地。

孙中山先生提出了建国方略的重大设想，力图使中国人自己开发资源，他认为："矿业产原料以供机器；犹农业产食物以供人类。故机器者，实为现代工业之树，而矿业者，实为现代工业之根。"[②] 他提出了在全国大力开采铁、煤、油、铜等矿产，制造矿业机器，兴办矿业厂的宏伟计划。1932年，民国政府成立了资源委员会，对中国的资源进行了调查、勘探、开发，于1936年制定重工业发展计划：在5年内投资2.7亿元，兴建钢铁、燃料等30余座大、中型厂矿。但是当时的民国政府并没有能力将这些计划付诸实施，资源开发利用水平低，且十分粗放。

1949年新中国成立，我国既是一个现代工业小国，也是一个现代资源能源开发小国。当时我国的煤炭产量为0.43亿吨，占世界比重只有3%，居第9位；粗钢产量只有68万吨，占0.36%，居第26位；原油产量为20万吨，占世界比重为0.04%；发电量占世界比重只有0.48%，居第25位。从总产量比较，中国与当时主要资本主义国家工业水平的差距至少在100年以上。当时的中国还不及印度，在13种主要工业品中，印度有8种均高于中国，钢与生铁产量也高出中国5～7倍。[③] 这正是新中国工业化和现代化以及现代资源开发的历史起点。

毛泽东等第一代领导人根据中国资源国情的特点，明确提出建立比较独立的、比较完整的工业体系和国民经济体系的工业化目标。1956年毛泽东在《论十大关系》中把中国的优点概括为：地大物博，人口众多。不过他指出，实际上是汉族"人口众多"，少数民族"地大物博"，至少地下资源很可能是少数民族"物博"。他讲到，天上的空气，地上的森林，地下的宝藏，都是建设社会主义所需要的重要因素，而一切物质因素只有通过人的因素，才能加以开发利用。1956年刘少奇在党的八大政治报告中指出："根据我国人口众多、资源丰富的条件，我们应当在三个五年计划的时期内，基本上建成一个完整的工业体系。"对此，周恩来还在党的八大上解释，像我们这样一个人口众多、资源较富、需要很大的国家，仍然有必要建立自己的完整的工业体系。那种以为不必建立自己的完整的工业体系而专门靠国际援助的依赖思想，是错误的。这是针

---

① 参见矢野恒太纪念会编：《日本的100年》，日文版，157、158页，东京，国势社，1991。

② 孙中山：《建国方略》，258页，沈阳，辽宁人民出版社，1994。

③ 参见中共中央党史研究室：《中国共产党历史》，第2卷，北京，中共党史出版社，2011。

对苏联方面“国际分工论”的错误建议而提出的。[①]

“一五”计划是十分成功的，使中国经济进入高速成长阶段，国内生产总值年平均增长率高达 9.2%[②]，工业总产出（指工业总产值）增长率高达 18.0%[③]；但也是一个典型的优先发展重工业的计划，选择了自然资源密集型的苏联式工业化道路，这与中国人均资源占有量十分低下的基本国情是不符的，但由于当时处于资源开发初期，这一矛盾还不十分突出。一旦做出了初始选择，就使得中国的工业化道路长期锁定在资源密集型的粗放经济增长路径上，突出体现在资源能源消耗增长率高于经济增长率，资源能源消耗强度即单位 GDP 资源能源消耗量上升。

“一五”时期是我国资源大开发、能源大发展的重要时期。在苏联的帮助下，建设了 156 个“大项目”，其中作为重工业化“血液”的能源工业成为建设的第一重点（占 33.3%），作为原材料的冶金工业居第四位（占 12.8%）。这些大项目也成为后来中国的能源、资源、原材料的重要基地。与此同时，能源消耗增长率大大超过经济增长率，单位 GDP 能耗不断上升，1953—1957 年上升了 32.4%（见图 3—2）。

“大跃进”时期的一个突出特点就是高指标，这也使得能源工业片面高速发展、粗放式发展，能源工业先高速增长，而后快速回落。1958 年钢产量增长 49.5%，生铁产量增长 130.5%，发电量增长 42.5%，煤炭产量增长 106.1%，水泥产量增长 35.6%。[④] 随后快速回落，1960 年工业总产值增长率下降 42%，1962 年又下降 16.6%。从国际比较角度看，1950 年，我国的钢铁产量世界占比很小，“大跃进”时期，迅速上升，达到 5%，而后下降，煤炭产量占世界比重由 1957 年占世界 5%，迅速上升到占世界 21.3%，随后又回落到占世界 10%。“大跃进”超高速增长的另一个后果是，各地大办小高炉、小土炼焦炉、小煤窑，经济发展方式异常粗放，1960 年的单位 GDP 能耗比 1957 年增加了 138%，达到了历史峰值。

---

① 苏联科学院经济研究所编《政治经济教科书》（第三十六章世界社会主义经济体系）中写道：中华人民共和国是一个大国，人口居世界第一，拥有丰富的种类繁多的自然资源，因此它自然给自己提出建立完整的工业体系的任务。同时，中华人民共和国也参加社会主义的国际分工的体系，并享有这个体系的一切好处。毛泽东对此评论道：这段写法可以。要知道这是经过我们同他们争论，才这样写下来的。过去，他们和东欧的一些国家都曾经要我们不搞完整的工业体系。像捷克、日本这些国家，铁矿等资源靠外国，还发展了钢铁工业，我们资源多，怎么能不搞呢？参见中华人民共和国国史学会编：《毛泽东读社会主义政治经济学批注和谈话》（简本）上册，载《国史研究学习资料》，2000（2）。

② 参见国家统计局国民经济综合统计司编：《新中国五十年统计资料汇编》，4 页，北京，中国统计出版社，1999。

③ 参见国家统计局编：《中国统计年鉴 1983》，216 页，北京，中国统计出版社，1984。

④ 参见国家统计局编：《中国统计年鉴 1991》，34、39 页，北京，中国统计出版社，1991。

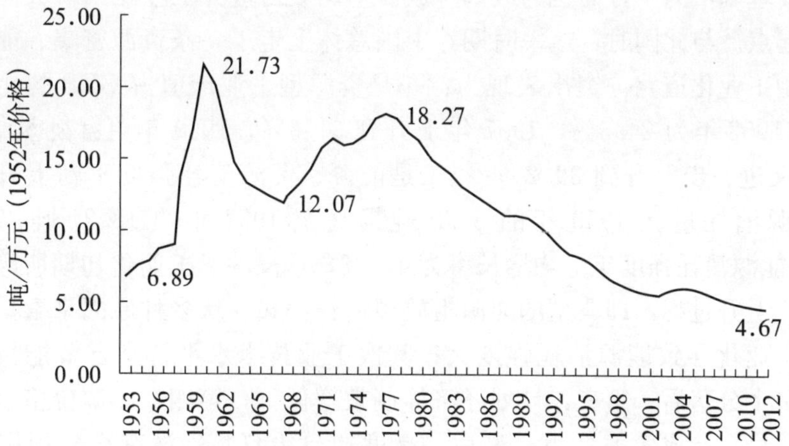

图3—2 单位国内生产总值能源消耗量（1953—2012年）

资料来源：国家统计局国民经济综合统计司编：《新中国五十五年统计资料汇编》，北京，中国统计出版社，2005；国家统计局编：《中国统计年鉴2011》，电子版，北京，中国统计出版社，2011。国家统计局：《国民经济和社会发展统计公报》（2011年、2012年）。

随后，中国对“大跃进”造成的工业建设混乱局面进行了调整，这一经济调整与控制实际上到1967年才结束，大幅度缩减了基建规模，1961—1967年基本建设投资年均为135亿元，相当于1959年、1960年的1/3左右，同时也开始重新强调中央计划的控制，上收了投资、生产、物资调配的权力，这些措施使得资源、能源浪费的现象得到了遏制，单位GDP能耗第一次出现了下降，与1960年的峰值相比，1967年的单位GDP能耗下降了44.5%。

1966—1976年的十年“文化大革命”期间，中国的能源、资源生产尽管受到来自政治运动、政治斗争的多次冲击，但是仍得到进一步的发展。按照“三线建设”的要求，工业布局有所调整，这一方面降低了资源、能源长距离调运的成本①，与此同时由于工业建设要求按照“靠山、分散、进洞”布局，大办五小工业，以及1977年出现了“洋跃进”，这造成了能源、资源生产效率相对低下，与1967年相比，单位GDP能耗又重新上升了51.4%。

总之，1949—1977年这一时期是中国资源能源工业快速发展的时期，从一穷二白到基本自给，从世界资源小国到世界重要的资源生产大国，中国主要资源型工业产品产量在世界的位次大幅度提高，其占世界总量比重不断上升（见表3—5）。一方面能源、资源工业的发展是中国建成独立的比较完整的工业体

① 毛泽东已经清楚地认识到工业布局要与资源分布相匹配，以减少运输成本，他说，运输的合理或不合理，对于劳动生产率的高低有很重要的影响。我们要争取用一段时间，在山东、徐州、长江以南有煤炭资源的地方，建设新煤井，逐步做到不再从北方向南方运煤。参见中华人民共和国国史学会编：《毛泽东读社会主义政治经济学批注和谈话》（简本）上册，载《国史研究学习资料》，2000（2）。

系的重要基础，另一方面也为改革开放后中国成为世界工业品第一大国奠定了历史的起点。与此同时，这一时期，中国总体上走了一条资源密集、能源密集的粗放型工业化道路。突出表现为：一是资源型工业产值占GDP的比重不断上升①，1952年为24.6%，1957年上升到31.5%，1960年更猛升至37.5%，1980年又进一步上升到39.2%②；二是能源、资源消耗强度不断上升，单位GDP能源消耗量从1953年的6.89吨提高至1977年的18.27吨，增长了165%，能源消耗强度年平均增长率为4.1%，这反映了工业化初期所经历的能源密集化上升过程，即典型的能源粗放型增长模式。从多种原因来看，首先是中国重工业化导致能源消耗强度大；其次工业技术水平特别是节能技术、装备、水平十分落后；第三，计划经济体制效率低下；第四，能源价格过低，扭曲价格信号，造成效率低下；最后，高度的自给自足，没有充分利用世界能源、开拓世界市场，从而加剧了我国资源、能源紧缺的矛盾。

表3—5　中国主要资源型工业品产量居世界的位次及占世界的比重（1949—2009年）（%）

年份	铁矿石	原油	发电量	煤炭	粗钢
1949/1950		0.04（27）	0.48（25）	3（9）	0.36（26）
1957		（23）	（13）	（5）	（9）
1960	11.8	0.17	2.6	21.3	3.17
1970	5.7	0.47	2.33	16.8	2.97
1980	10.1	3.54（8）	3.64（6）	21.8（3）	5.18（5）
1990	14.6	4.53（5）	5.27（4）	30.7（1）	8.5（4）
1999	22.3**	4.96（5）	2.13*（2）	33.8***（1）	15.7（1）
2009	14.7（4）	4.9（5）	18.5（2）	45.6（1）	46.4（1）

注：括号内数据系居世界的位次。*为1996年数据，**为1997年数据，***为1998年数据。

资料来源：矢野恒太纪念会编：《日本的100年》，日文版，157、158页，东京，国势社，1991；UN Industrial Commodity Statistics Database；国家统计局编：《中国统计年鉴1983》，568页，北京，中国统计出版社，1983；国家统计局编：《中国统计年鉴2009》，1068页，北京，中国统计出版社，2009；联合国贸易与发展会议铁矿石信托基金：《铁矿石市场2009—2011》。

3.4　资源集约高效利用

1978年之后，中国经历了从能源密集化上升转向能源密集化下降的过程。

---

① 纳入统计的资源型工业产值为冶金工业、电力工业、煤炭及炼焦工业、石油工业、化学工业、建筑材料工业、森林工业的产值之和。

② 数据来源于国家统计局工业交通统计司编：《中国工业交通能源50年统计资料汇编1949—1999》，56、57页，北京，中国统计出版社，2000。

一方面中国领导人特别是邓小平意识到中国有丰富的自然资源是实现现代化的重要优势[①]，另一方面也开始反思粗放型的、重工业主导型的工业化道路，提出经济建设要“真正从我国实际情况出发，走出一条速度比较实在、经济效益比较好、人民可以得到更多实惠的新路子”[②]。

这一时期，中国的资源能源开始逐步实现集约利用、高效利用。主要原因是开始调整资源能源价格，引入竞争机制和市场机制，国内价格不断与国际市场价格趋同，大大地提高了资源能源效率。

“六五”计划第一次提出了降低工业能耗的指标，要求单位工业产值能耗下降12.3%～16.3%，实际上单位GDP能耗下降了23.5%；“七五”计划提出要走“内涵型为主的扩大再生产的路子”，要求单位GDP能耗下降11.6%，实际下降了11.9%；“八五”计划提出坚持开发与节约并重的方针，把节约放在突出位置，要求五年内，全国共节约和少用能源1亿吨标准煤，单位GDP能耗下降8.6%，实际下降了25.5%。这一时期，中国重点调整了工业体系和国民经济体系，工业增加值占GDP比重有所下降，由1978年的44.4%下降至1989年的38.3%[③]；1978年之后，重工业占工业总产值比重不断下降，导致了能源消耗强度下降。1978年之后，国家先后调整了能源价格，这对抑制能源需求量起了很大的作用；积极引进节能技术，推广和扩散节能技术，也进一步促进了能源消耗强度下降。

进入90年代，主要资源能源价格基本放开，市场机制发挥基础性作用。国家领导人更进一步认识到：“我国是人口众多、资源相对不足的国家”，要实行“资源开发和节约并举，把节约放在首位，提高资源利用效率”[④]。1996年第八届全国人民代表大会四次会议通过的《国民经济和社会发展“九五”计划和2010年远景目标纲要》明确提出实现“经济增长方式从粗放型向集约型转变”为“九五”期间的一项基本任务，要求能源消耗强度下降的幅度达到22.7%。中国开始进行大规模产业结构调整，增长模式发生转变，从高资本投入、高增长转向资本投入相对下降、高增长，从高能耗、高污染排放、高增长逐渐转向

---

① 即便到了1978年，邓小平也是这么看的，他说：中国能够实现四个现代化，“我们要把世界一切先进技术、先进成果作为我们发展的起点。再加一条，那就是我们有丰富的自然资源”。参见《邓小平文选》，2版，第2卷，111页，北京，人民出版社，1994。

② 《1981年政府工作报告——当前的经济形势和今后经济建设的方针》，见中央政府门户网站，http://www.gov.cn/test/2006-02/16/content_200802.htm。

③ 参见国家统计局编：《中国统计摘要2005》，20页，北京，中国统计出版社，2005。

④ 江泽民：《高举邓小平理论伟大旗帜，把建设有中国特色社会主义事业全面推向二十一世纪》（1997年9月12日），见中共中央文献研究室编：《十五大以来重要文献选编》上册，28页，北京，人民出版社，2000。

低能耗、少污染、高增长，经济增长率为 8.63%，但能源消费增长率只有 1.10%，能源消费需求增长弹性系数为 0.127，能源消耗强度下降了 26.7%，由于煤炭消费量大幅度下降，二氧化碳排放量也随之下降，2000 年比其高峰年份（1996 年）约下降了 17.1%，仅相当于 1993 年的排放水平。首次实现了经济增长方式的重大转变。

从国际比较看，1965 年中国的单位 GDP 能耗（PPP，1990 年国际美元价格）为世界平均水平的 1.84 倍，到 1980 年降到 1.6 倍，随后快速下降，到 2000 年，我国的单位 GDP 能耗已经低于世界平均水平，但是还明显高于欧盟、日本等发达国家及地区的平均水平。

进入 21 世纪以来，随着消费结构升级，中国的经济增长进入新一轮的重工化、资源密集化的增长期，各类资源能源消费超高速增长，2001—2008 年各类资源能源消费增速都比“九五”时期大大加速，资源消费总量的增长率由“九五”时期的 1.40%提高到 11.5%，经济增长率由 8.6%提高至 10.6%，资源消费弹性系数从 0.16 提高至 1.08（见表 3—6），这也表明，只要经济增长率超过 10%，各类资源消费量就会大幅度增长，资源消耗高，污染排放高，生态代价高。

表 3—6　　我国主要资源消费量增长率（1978—2008 年）

	1978—1995 年	1996—2000 年	2001—2008 年
化石能源（%）	4.37	0.74	9.43
黑色金属（%）	4.83	−0.73	18.71
有色金属（%）	4.61	5.36	12.29
非有色金属（%）	10.00	3.62	11.90
生物质（%）	5.47	2.74	10.63
总资源消费量（%）	5.24	1.40	11.47
GDP（%）	9.95	8.63	10.64
资源消费弹性系数	0.53	0.16	1.08

资料来源：根据国家发改委 2010 年 11 月提供的数据计算。

遏制资源消费的快速增长，需要国家对经济增长模式进行主动性、约束性调整。例如“十五”计划是改革以来唯一没有制定单位 GDP 能耗下降指标的五年计划，单位 GDP 能耗在多年持续下降后出现了小幅反弹；“十一五”规划再次将“单位 GDP 能耗降低 20%左右”列为国家主要发展指标，首次界定为约束性指标，实际结果是降低了 19.1%。除了进一步降低能源消耗强度之外，提出了提高资源产出率的要求（见专栏 3—2）。根据国家发展与改革委员会提供的数据，2008 年比 1978 年资源产出率增加了 180.3%，但是在 2002—2004

年期间，出现了下降趋势，此后又开始上升。

专栏 3—2 资源产出率的定义

资源产出率是指主要资源单位消耗量所产出的经济总量（GDP），其内涵是经济活动使用自然资源的效率。

资源产出率的计算公式为：

$$资源产出率=\frac{国内生产总值（GDP，亿元不变价）}{主要资源总量（DMC，万吨）}$$

主要资源总量，其实质是物质资源实物量的表观消费量，国际上通常按以下公式计算：

主要资源总量＝各类资源的开采量（生产量）＋进口量－出口量

统计资源产出率涉及主要种类包括：能源资源（煤炭、石油、天然气）、矿产资源（铁矿、铜矿、铝土矿、铅矿、锌矿、镍矿、锰矿、石灰石、磷矿、硫铁矿）、木材和工业用粮。

资料来源：国家发展与改革委员会，2010 年 11 月。

从能源消耗强度变化的历史数据来看，中国也确实走了一条与世界其他国家不同的能源消耗的道路。世界的能源消耗强度变迁确实是呈现倒 U 字形，但是不同国家走了不同的模式，美国总体上是一个黑猫模式，美国在 1920 年左右单位 GDP 能源消耗达到峰值，当时美国已经进入成熟工业化阶段，人均 GDP（PPP）达到 5 500 美元①，非农产业比重达到了 78%②。改革开放之前，中国是典型的黑猫模式，单位 GDP 迅速上升，大大超过美国峰值的水平；而改革开放之后，又成为典型的绿猫模式，中国在 1977 年单位 GDP 能耗达到峰值，当时中国正处于新兴工业化阶段，人均 GDP（PPP）仅 894 美元③，非农产业比重为 70.5%，随后迅速下降，大体到 2025 年会与美国出现趋同，中国只用了 50 年时间就完成了从能源的粗放利用到集约利用的转变，而美国则用了 100 年时间。与美国不同，中国的这一转变过程也表明，国家之手，既有可能成为资源掠夺之手，也有可能成为资源保护之手，关键在于我们如何善用国家之手，如何补充市场之手，而不是替代它。

---

① Angus Maddision，*Historical Statistics of the World Economy*：*1—2008 AD*，OECD Publishing.

② 参见［英］B. R. 米切尔编：《帕尔格雷夫世界历史统计》，美洲卷，805 页，北京，经济科学出版社，2002。

③ Angus Maddision，*Historical Statistics of the World Economy*：*1—2008 AD*，OECD Publishing.

3.5 充分利用两种资源

中国国内资源相对紧缺，中国利用世界资源是必然趋势。根据中国基本资源国情，当中国进入21世纪时，人口增长与资源消耗、经济增长与资源供给的矛盾将愈加尖锐。这就决定了我们必须立足国内，面向世界，在更大范围内获取更多的国际资源。[①] 我们必须有效地开发和进口国际资源，特别是中国长期紧缺的农业、能源、矿产三大资源；我们必须有效地生产和出口丰裕资源密集型产品，"以资源换资源"；我们必须充分发挥劳动密集型产品的比较优势，"以劳动换资源，以出口促进口"；中国对外开放的基本方向是贸易自由化，大幅度降低名义关税税率，取消各种非关税贸易壁垒，主动参与世界经济一体化。

2000年，江泽民明确提出必须充分运用国内国际"两种资源、两个市场"，必须加大利用国外资源的工作力度。[②] 中国是世界资源大国之一，也曾属于资源净出口国，从1995年之后，中国从资源净出口国转变为净进口国，初级产品净进口占GDP的比重不断上升，到2008年达到6.57%，受金融危机影响，2009年降至4.89%，随后又重新提高，2012年为6.49%（见表3—7），未来中国资源净进口能力还将不断上升，到2015年净进口额占GDP比重有可能达到10%左右。中国通过购买全球资源，缓解了本国资源的瓶颈约束，支撑了中国经济保持接近10%的高增长；同时也拉动了资源输出国的经济增长。

表3—7　　初级产品净进口占GDP比重（1978—2012年）

年份	初级产品进口（亿美元）	初级产品出口（亿美元）	初级产品净进口（亿美元）	初级产品净进口占GDP比重（%）
1978			−17.00	−0.73
1979			−18.00	−0.77
1980	69.59	91.14	−21.55	−0.71
1985	52.89	138.28	−85.39	−2.80
1990	98.53	158.86	−60.33	−1.56
1991	108.34	161.45	−53.11	−1.31

① 参见胡鞍钢：《中国比较优势与贸易自由化战略》，载《战略管理》，1997（5）。

② 参见江泽民：《在中央人口资源工作座谈会上的讲话》（2000年3月12日），见国家环境保护总局、中共中央文献研究室编：《新时期环境保护重要文献选编》，639～631页，北京，中国环境科学出版社、中央文献出版社，2001。

续前表

年份	初级产品进口（亿美元）	初级产品出口（亿美元）	初级产品净进口（亿美元）	初级产品净进口占GDP比重（%）
1994	164.86	197.08	－32.22	－0.58
1995	244.17	214.85	29.32	0.40
1999	268.46	199.41	69.05	0.64
2000	467.39	254.60	212.79	1.78
2001	457.43	263.38	194.05	1.46
2002	492.71	285.40	207.31	1.43
2003	727.63	348.12	379.51	2.31
2004	1 172.67	405.49	767.18	3.97
2005	1 477.10	490.40	986.70	4.40
2006	1 871.40	529.30	1 342.10	5.11
2007	2 430.90	615.10	1 815.80	5.60
2008	3 623.95	779.57	2 844.38	6.57
2009	2 892.00	631.00	2 261.00	4.89
2010	4 338.50	816.86	3 521.64	5.94
2011	6 042.70	1 005.50	5 037.20	6.88
2012	6 346.00	1 005.80	5 340.20	6.49

资料来源：国家统计局编：《中国统计摘要2010》，北京，中国统计出版社，2010；国家统计局编：《中国统计摘要2012》，北京，中国统计出版社，2012。

过度依赖外部资源，也加大了中国经济发展更容易受到外部冲击的影响。中国1993年由石油净出口转变为净进口以来，对外依存度不断上升，2007年已经超过了50％，2011年中国国内生产原油2.04亿吨，进口原油2.54亿吨，进口成品油4 060万吨。今后这一比例还将上升，根据IEA（国际能源机构）预测，到2015年中国的能源对外依存程度将进一步提高，大约2/3的原油，1/5的天然气要依赖进口；到2030年有80％以上的原油、50％以上的天然气要依赖进口。由于国际初级产品供给不确定性增加，价格动荡幅度增大，如何保障能源、资源安全成为突出挑战，这也使得中国对重要的资源进行国家战略储备，以确保经济安全。

中国已经成为资源消耗“超级大国”，成为全球资源的超级买家，形成了规模巨大的资源消耗的外部效应。从中国主要指标占世界总量的比重看，中国已经是世界第一大钢消费国、煤炭消费国和能源生产国，第二大经济体，第二大能源消费国和发电量生产国。中国不仅成为世界上原煤生产最大国，也是世界上原煤消费最大国，2009年中国原煤生产、原煤消费已经分别占世界总量比重的45.6％和46.9％，到2012年原煤消费已经占世界一半以上，达到了50.2％（见表3—8）。中国资源消耗的过快增长，也引起了全球市场的恐慌，也为中国威胁论，创造了新的资源威胁论的借口。

表 3—8　中国能源生产、消费主要指标占世界总量的比重（1980—2012 年）（%）

	1980	2000	2005	2009	2012
原油消费	2.93	6.10	8.38	10.40	11.70
原油产量	3.22	4.17	4.37	4.90	5.00
天然气消费	0.92	1.10	1.79	3.00	4.30
天然气产量	0.92	1.10	1.79	2.80	3.20
原煤消费	17.40	28.30	37.60	46.90	50.20
原煤生产	17.30	29.20	39.40	45.60	47.50

资料来源：IEA，World Energy Outlook 2007；BP，Statistical Review of World Energy，2010；BP，Statistical Review of World Energy，2013。

3.6　建设资源节约型社会

中国是世界人口最多的国家，世界最大的发展中国家，世界工业化发展速度最快的国家，但是中国的基本国情是人口多，底子薄，人均资源紧缺；严峻的资源形势迫使中国不应遵循传统发展模式赶超发达国家，也不应沿着传统发展战略单纯追求国民生产总值增长，而应当根据中国国情，探索一条社会主义中国的独特的生产力发展方式。1991 年，我就认为："中国要逐步建立资源节约型国民经济体系，把经济发展逐步转到依靠科技进步，不断提高经济效益、节约资源、降低消耗的轨道上来。这既是当务之急的有力措施，又是一项长期的战略任务"。这包括建立以节地、节水为中心的资源节约型农业体系，建立以节材、节能为中心的资源节约型工业体系，建立以节约运输力为中心的节约型交通体系，建立以节约资本和节约资源为中心的科学技术体系，建立以适度消费勤俭节约为方式的生活体系。①

1999 年江泽民同志指出："要积极推进资源利用方式从粗放向集约转变，走出一条适合我国国情的资源节约型的经济发展新路子"②。2004 年胡锦涛同志更明确提出了建立资源节约型国民经济体系和资源节约型社会。"要在全社会树立节约资源的观念，培育人人节约资源的社会风尚。要在资源开采、加工、运输、消费等环节建立全过程和全面节约的管理制度，建立资源节约型国民经

① 参见胡鞍钢：《胡鞍钢集：中国走向二十一世纪的十大关系》，338～339 页，哈尔滨，黑龙江教育出版社，1995。

② 《1999 年 3 月 13 日中共中央召开人口资源环境工作座谈会》，见人民网，1999－03－13。

济体系和资源节约型社会，逐步形成有利于节约资源和保护环境的产业结构和消费方式，依靠科技进步推进资源利用方式的根本转变，不断提高资源利用的经济、社会和生态效益，坚决遏制浪费资源、破坏资源的现象，实现资源的永续利用。”[①]

2020年中国全面建设资源节约型社会，主要要实现以下几个关键的约束性指标：一是提高能源利用效率，单位GDP能耗在“十一五”下降19.06%的基础上继续下降30%，达到OECD国家平均水平；二是提高资源利用效率，资源产出率提高30%，工业固体废物综合利用率提高10个百分点，由现在的68.4%提高到78%；三是耕地红线不能突破，保有量仍要大于18亿亩；四是建设节水型社会，单位工业增加值用水量在“十一五”期间下降43%的基础上进一步下降50%，农业灌溉用水有效利用系数提高到0.56[②]。

全面建设资源节约型社会，包括以下几方面的具体内容：

一是优化产业结构。推动产业结构优化升级，不断提高服务业增加值占GDP比重，发展资源消耗低、环境污染少、经济效益好的绿色产业，培育新的经济增长点。严格限制几大高耗能产业发展，加快淘汰落后产能，避免中国工业继续锁定在资源密集、能源密集、碳排放密集的产业上。

二是优先节约强化管理。落实优先节约战略，全面实行资源利用总量控制、供需双向调节、差别化管理，大幅度提高能源资源利用效率，提升各类资源保障程度。[③] 以节水、节地、节能、节材为重点，形成资源节约型生产方式、交通方式和消费方式。

三是发展循环经济。按照“减量化、再利用、资源化”的原则，通过推进资源循环利用、综合利用和清洁生产，来达到节约资源、保护环境的目的。加强资源的综合利用，在资源开采、生产消耗、废物产生、消费等环节，逐步建立全社会的资源循环利用体系。

四是完善战略资源储备。加大石油等战略性资源的储备，建立重要矿产资源储备体系，减少国际市场冲击的影响。

建设资源节约型社会本质上是从传统工业化向新型工业化转变，从黑色发展模式向绿色发展模式转变，从高能耗、高增长转向相对低的能耗和高增长，从高污染排放、高增长转向相对低的污染排放、高增长，从密集型投入的高增长转向知识型投入的高增长。

---

① 胡锦涛：《在中央人口资源环境工作座谈会上的讲话》，载《人民日报》，2004-03-11。

② 农业灌溉用水有效利用系数：是指在一次灌水期间被农作物利用的净水量与水源渠首处总引进水量的比值，是衡量灌区从水源引水到田间作物吸收利用水的过程中灌溉水利用程度的重要指标。

③ 参见《中华人民共和国国民经济和社会发展第十二个五年规划纲要》，2011年3月。

3.7 小结：创新绿色现代化

中国既是资源总量大国，同时也是人均资源量小国。资源约束与经济增长之间的矛盾是中国发展面临的长期挑战，而且中国不具备西方国家通过大量消耗资源实现现代化的历史条件、自然条件和国情条件。

建国以来，中国实现了从现代资源小国到现代资源大国的转变，从资源工业品生产的落后国，成为世界第一资源生产和消费大国。改革以来，实现了从计划经济到市场经济、从粗放型利用到集约型利用的转变，能源消耗强度不断下降，资源产出率不断提高。开放以来，从利用一种资源到利用两种资源，从主要利用国内资源，到全球资源的最大买家之一；从主要依靠资源投入的工业化模式，转向主要依靠提高劳动力素质和技术进步的工业化模式；从加强资源节约和管理，转向全面建设资源节约型社会，着力推进绿色发展、循环发展、低碳发展，扩大可再生资源和能源规模。

从世界范围来看，西方的传统现代化模式可概括为"五高"：人均资源消耗高、人均污染高、人均排放高、人均消费高、生活质量高。这是不可持续的黑色发展之路。中国必须创新绿色现代化之路，要实现人均不可再生资源消耗低、人均污染排放量低、人均适度消费（理性消费、合理消费、健康消费、绿色消费）、生活质量高、人力资本水平高。到2030年之前实现经济增长与资源消耗、煤炭消耗、二氧化碳排放、水资源消耗的全面脱钩，步入生态资产不断增值、生态盈余不断扩大的人与自然和谐的绿色现代化道路。

【思考与讨论】

1. 影响资源消耗的因素有哪些？
2. 中国资源国情的优势与劣势是什么？
3. 中国资源发展之路有哪些独特性？
4. 如何建设资源节约型社会？
5. 中国如何创新绿色现代化？

【扩展阅读】

胡鞍钢．中国资源与经济发展//胡鞍钢．胡鞍钢集：中国走向二十一世纪的十大关系．哈尔滨：黑龙江教育出版社，1995.

中国科学院国情分析研究小组，石玉林．开源与节约——中国自然资源与人力资源的潜力与对策．北京：科学出版社，1992.

胡鞍钢．中国：创新绿色发展．北京：中国人民大学出版社，2012.

何希吾，姚建华，等．中国资源态势与开发方略．武汉：湖北科学技术出版社，1997.

［美］泰坦伯格．环境与自然经济学．北京：经济科学出版社，2003.

World Bank. Where Is the Wealth of Nations?．Washington：World Bank，2006.

第 4 章　环境与发展

生态环境是人类赖以生存与发展的基础，如何合理利用自然、保护环境是人类发展永恒的主题。中国古代就有“天人合一”的思想，古人也已经有朴素的可持续发展思想，孟子说过：“斧斤以时入山林，林木不可胜用也”（《孟子·梁惠王上》）。人类进入工业化时代以来，环境成为最大的公共物品也是最容易受到损害的物品。大规模的环境污染和生态破坏既是工业化的副产品，也是人类发展的瓶颈，生态环境问题已经成为人类发展的最大挑战。

作为世界上人口最多的国家、增长最快的经济体，中国正进行着人类历史上规模最大的城镇化与工业化过程，正以历史上最脆弱的生态环境承载着最大的环境压力。从 20 世纪 50 年代起，中国在急剧推进工业化过程中，不可避免地发生了大规模的工业污染。中国目前已经是世界上最大的二氧化碳排放国、有机废水排放国，同时还是世界上每年自然损失最大的国家。土地荒漠化、石漠化，水土流失严重，生态系统功能退化，中国目前有 74 种哺乳动物、85 种鸟类动物、70 种鱼类动物、446 种珍稀植物处于濒临灭绝状态，形成了严峻的生态挑战。生态破坏和环境污染成为中国长期发展的最大制约因素。

环境与发展是中国现代化发展模式及进程的核心问题之一。本章讨论：环境的经济学属性是什么？环境质量与经济增长的关系是什么？如何衡量经济增长的生态损失？中国生态环境发生了哪些历史演变？人口快速增长对环境造成哪些影响？快速的工业化如何扩大生态赤字？中国如何实现从生态赤字转向生态盈余？如何理解中国的环境发展道路？

4.1　环境与经济发展

生态环境是指与人类密切相关的、影响人类生活和生产活动的各种自然

(包括人工干预下形成的第二自然)力量(物质和能量)或作用的总和。它不仅包括自然资源要素的组合，还包括人类与自然要素间相互形成的各种生态关系的组合。构成生态环境的基本要素有：光、热、水、土、气、动植物，以及这些自然要素与人类长期共处所产生的各种依存关系。

生态环境的功能主要表现在两方面：一方面，它是人类生存与发展的主要物质来源；另一方面，它承受着人类活动产生的废弃物和各种作用结果。构成生态环境的各种要素是人类生活与生产的物质基础。一个良好的生态环境是人类发展最主要的前提，同时也是人类赖以生存、社会得以安定的基本条件。

生态环境不仅是一个自然科学概念，而且还是一个经济学概念。生态环境是一种为人类提供各种服务的“资产”(asset)。这是一种特殊的资产，因为它所提供的生命支持系统(life support system)维持了人类生存与发展。[①] 如果人类盲目破坏生态环境，例如砍伐森林，水土流失，草原退化，环境污染，这等于自然资产流失；相反，人类自觉保持生态平衡，保护环境，例如整治国土，种植树木，建设草场，治理污染，这等于自然资产增值。自然系统是经济系统的物质基础，为经济系统的厂商提供初级生产投入品(例如能源、矿产资源、原材料等)，为消费者提供生活消费品(例如水、粮食、畜产品、水产品等)。经济系统则向自然系统排放各种污染，产生的过度外部性超过了自然系统自身的自然消解能力，自然系统就会不断退化。经济系统与自然系统的关系如图 4—1 所示。

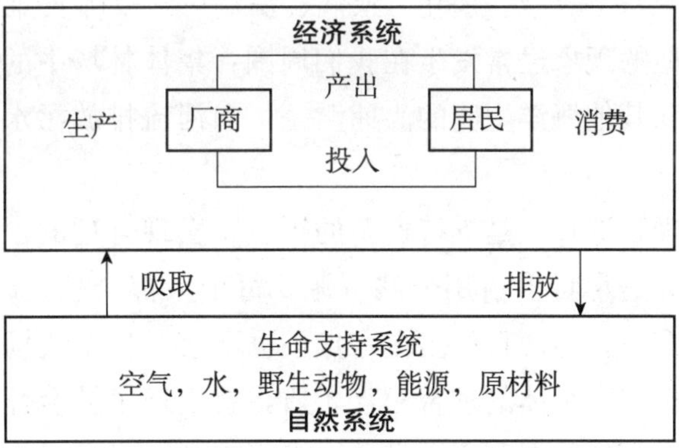

图 4—1　经济系统与自然系统

在经济系统与自然系统这对矛盾中，矛盾主要的方面在经济系统。一般情况下，都是先盲目、后自觉，先破坏、后保护，先污染、后治理，先退化、后

① 参见［美］泰坦伯格：《环境与自然资源经济学》，北京，经济科学出版社，2003。

恢复，先索取、后投入，先赤字、后盈余，先对立、后和谐。

4.1.1 环境的经济学特性

环境能够直接为消费者服务，是一种“公共物品”(public goods)。这是一种特殊的商品，因为它能够为每个人所消费，并极易接近和获得。例如清洁的空气、干净的水源，每个人都能轻易获得和享用。同时也会产生“免费搭车者”(free rider)，谁都不想治理环境，都想享用已提供的环境资源，从而产生社会悖论（social dilemma)。正如亚里士多德所言：“那些最多数人所有的公共事物常常最缺乏人的照顾，人们关心着自己所有的东西，对公共的事物抱以漠然的态度。”①

牧场悖论是生态环境作为公共物品产生的社会悖论，或者称为“公地悲剧”。1968年英国哈丁（Garrett Hardin）教授在《公地悲剧》(The Tragedy of the Commons）一文中首先提出“公地悲剧”理论模型。② 一个公共牧场，资源承载力（指草场）是一定的，有若干牧民在放牧。每个牧民都有两种选择：第一，与大家合作，有意识地控制各自的牲畜头数，使之与牧场的承载力相适应；第二，个人利益最大化，尽可能多地增加自己拥有牧畜的头数。显然，当每个牧民采取第二种策略时，若整个牧场上的牧畜没有超过一定头数时，自己每增加一头牧畜，将会给自己带来更多的收益。然而，若大家都这样做的话，整个牧场就会出现——过载、退化、疾病、瘟病——整体灾难将会降临到每个牧民的头上。类似的现象经常发生在我们周围：集体林场中的乱砍滥伐，对湖泊、海洋中鱼类和其他海洋生物的滥捕滥杀，向河流排放污水，对大气排放废气等。

作为群体的理智选择，是维持资源的再生，实现合理的永续利用；作为个体的理智选择，却是尽量多占用公共资源。每个人都会想，即使自己不多占，那么别人也可能多占；即使自己多占一点，也不会对整个牧场资源产生根本的影响。当群体的理智和个体的理智相互矛盾，就出现了社会悖论。社会悖论的结果是，当每个人都采取有利于自身的占优策略（dominating strategy）时，将会导致灾难性的社会后果，即生态破坏与环境污染。这就需要了解环境的经济学特性（见专栏4—1)。

---

① ［古希腊］亚里士多德：《政治学》，北京，中国人民大学出版社，2003。

② Garrett Hardin, “The Tragedy of the Commons,” *Science*, 1968 (162).

专栏 4—1 环境的经济学特性

1. 外部性

外部性是指生产者个人没有承担却由大众承担的成本，或者由生产者贡献于社会但不能获得回报的收益。由于自然资源以及环境消耗和退化引起的外部性比比皆是，比如说一个工厂的污染，几乎让这个企业周围所有的公众来承担，或者是社会来承担。

2. 开放性

很多资源诸如黄河、长江、草原，它们都是我们所说的开放的资源(open resources)，很难界定产权或产权缺失，产权交易也难以进行，会导致掠夺性的开发和利用。

3. 公共性

公共性的性质决定了自然环境的供给是严重不足的，这也就解释了人类生态环境不断恶化的原因。人类不断透支生态资本，生态赤字不断扩大，例如中国森林的面积在远古时代高达60%～64%，遭遇不断的砍伐之后，由一个森林大国变成一个森林小国。这个特征表现为“牧场悖论”，即在一个有限的牧场，所有人都追求自身利益最大化，会导致草场（公共产品）的退化；牧场本身就是公共物品，当资源的消耗速度快于人造资本能够补充或替代的程度，这样的发展就不可持续了。

生态环境比我们想象的要复杂得多，因为它不仅仅有自然属性、科学属性、技术属性，在很大程度上也具有我们所说的经济学属性。其经济学属性会引起两个“失效”，一个是“市场失灵”，另一个是“政府失灵或者是政策失效”。市场失效或者失灵，是指当市场价格偏离了稀缺性物资的价值时，私人机构会依此做出决策，使它们的利润最大化，从而给他人和整个社会造成无法得到赔偿的损失；污染是最典型的例子，或者是过度的放牧，或者是过度的索取也是如此。如果把环境算作一种公共资源的话，造成的许多外部成本和市场实行的私人活动就显得普遍了。负外部性的解决方案，第一是需要界定产权，将环境容量（即环境介质容纳污染物的能力）作为一种资源，将产权授予个人或企业，只要所有者是一个追求利润最大化者，并且在一个完全竞争的市场里出售产品，就可以获得社会最优产出，而无须政府的进一步干预；比如排污权交易，通过为环境容量建立市场，通过市场机制来反映它的价值，从而实现外部性内部化。第二是政府干预作为确定私有权的一种替代方法，政府自己可以作为公共资源的所有者，直接管理资源的使用；政府也可以用征税来抑制生产者使用公共财产或制造污染性产品的积极性，以获得最优的资源使用率，比如征收污染税等。2007年中国的水泥生产量达到了13.6亿吨，每1吨的全部生产过程中排放二氧化碳0.5吨，如果按照1995年的价格，排放1吨碳相当于经济损失20美元，13.6亿吨水泥生产量实际上相当于经济损失136亿美元！现在生产水泥的厂商并没有支付负外部性的成本。另外一个方法是可交易的许可证：在不存在产权的地方发放可交易的许可证，借以创造一种产权，赋予许可证持有者利用一定限额的某种公共资源的权利，或者给予生产者可以污染环境到一定程度的许可。比如排污权交易，到市场上购买所需要的交易额。

政府不是万能的，也一样会犯错误，称之为“政府失灵”或“政策失效”。一些政府干预措施对于纠正市场在自然资源方面的失灵是必需的，但是在世界范围内也存在一个事实，即政府的政策经常导致对资源的浪费性使用和自然环境的退化。政策不当干预还会带来市场机制扭曲，对资源过度消费与环境污染排放起反向激励作用。信息不对称不仅可能造成市场失灵，也可能造成政策失灵。

显然，环境质量是一个典型的公共产品，是政府必须提供的基本公共服务。诚如李克强所言：“人们生存和发展的基本载体是环境，环境状况与人的健康状况息息相关，优良的环境越来越成为城乡居民的普遍追求。……不损害群众健康的环境质量是一种公共产品，是一条底线，是政府应当提供的基本公共服务。”① 因此环境质量好坏就成为衡量一个国家治理或地区治理的好坏的重要标准。

4.1.2 增长与环境

环境与经济发展的矛盾本质上就是人与自然的矛盾，环境与经济发展的关系是相互依赖的，它们既相互促进，又相互制约。一方面，环境对于经济发展具有推动和约束作用，它为经济发展提供资源和废弃物承受与消化的场所，而环境对经济也有制约作用。另一方面，经济发展既可破坏环境又能保护和改造环境，这就要求经济发展顺应自然规律，合理利用自然资源，减少破坏程度，创造良性循环的人工环境；同时通过发展经济为治理环境提供必要的资金和技术条件。

经济增长是否必然导致环境质量下降？许多经验研究表明，污染排放与人

---

① 《李克强：不损害群众健康的环境质量是底线》，见中国新闻网，2012-01-05。

均收入呈现出一个倒 U 字形曲线（库兹涅茨曲线），即污染排放量随着人均收入增加而提高，并达到顶峰，随后开始下降。虽然许多国家走了这么一条“先污染、后治理”的发展路径，但是这对于发展中国家来说，也形成了认识误区，以为可以在人均收入水平提高后再进行环境治理，但是生态环境破坏往往是“一失足成千古恨”，是不可逆转、无法恢复的，即使可以治理也要付出大大超出经济收益的成本。

实际经济增长与环境质量的联系路径，并不是只存在唯一的路径，不同的国家可能会有不同的发展路径，一个国家的不同时期也会有不同的发展路径。世界银行将不同国家划分为四种类型：第一种类型为高增长、高污染，第二种类型为中等增长、高污染，第三种类型是低增长、高污染，第四种类型是在环境保护中增长（见表 4—1）。

表 4—1　　增长—环境联系的四种类型

类型 1	类型 2	类型 3	类型 4
高增长、高污染	中等增长、高污染	低增长、高污染	在环境保护中增长
通过投资工业和利用开放来加速经济增长，但是经济增长对环境质量造成破坏，走的还是“先增长、后治理”的老路	许多增长慢的国家，如加纳和尼泊尔，也经历了严重的环境破坏	一些中美、南美和非洲的国家经济不但没有增长，环境还遭受了破坏	有些国家走可持续发展道路，始终将环境政策整合进经济战略

资料来源：世界银行：《增长的质量》，北京，中国财政经济出版社，2000。

一个国家不同的发展路径，一方面是由于处于不同的发展阶段，另一方面也是不同发展战略的结果，世界银行的有关报告指出：“发展中国家如果能够实行环境友好型政策，就可能在收入水平相对较低的情况下，扭转环境污染恶化的趋势”。我们把高增长、高污染定义为传统的黑色模式（A 模式），即经济增长处于生态赤字期；把高增长、低污染定义为中间模式（B 模式），即经济增长处于生态平衡期；把高增长、高环境质量定义为绿色模式（C 模式），即经济增长处于生态盈余期。

人类的生产、生活活动会造成环境负荷，当这一负荷大于生态环境的自我更新能力的时候，就处于生态赤字期；当环境负荷小于环境的自净能力，并通过生态保护与生态修改，产生正的生态效益，我们称之为生态盈余期。何时进入生态盈余期，多大程度上实现绿色发展，最主要取决于政府的干预，取决于对环境容量的产权界定和交易机制的建立，取决于污染成本内部化程度，以及环境监管的有效性。一种可能是在进入后工业化时期，生态环境受到严重污染之后，才进入生态盈余期。另一种可能是在新兴工业化时期，生态环境质量还总体较好的情况下，通过绿色发展，提前进入生态盈余期。

我们可以将环境总负荷划分为三个部分，第一部分是过度垦殖，因人口众多或因贫困导致大规模耕地开垦、森林砍伐所引起的超载开发的问题，在前工业化时期和工业化的初期是主要的环境问题。随着经济发展带来的生活水平提高，这类问题的影响持续下降，并最终通过生态修复、生态建设实现正的生态效益。第二部分是工业污染问题，经济的工业化发展所引起的硫化物、氮氧化物等大气污染物浓度上升。在工业化时期，这是主要的环境问题，工业污染问题会随着经济增长和人均经济收入的迅速提高而逐渐恶化，但在人均经济收入增加到一定程度后逐渐缓解，整体变化趋势呈现出“倒 U 字形”特征，即所谓的“库兹涅茨环境曲线”，国际经验表明该拐点将在人均年收入为3 000～8 000美元时发生。[①] 第三部分是过度消费问题，随着生产消费时代的到来，因人民生活水平的提高所产生的二氧化碳增排、生活垃圾等问题而定义。这三类问题，中国是同时出现，相互叠加。由此，生态环境的发展可以划分为以下四个时期：第一个时期是生存性环境问题主导的生态赤字缓慢扩大期，这一时期涵盖了中国的五千多年的农业垦殖历史，并一直延伸到近代和建国初期；第二个时期是工业型污染主导的生态赤字迅速扩大期，这一时期大体是从 70 年代开始到 90 年代中期；第三个时期是由于控制污染排放，并加强生态建设，使得生态赤字开始持续缩小，中国于 90 年代中期进入这一过程；第四个时期是生态盈余期，环境污染水平进一步下降，生态环境持续改善，通过适度消费，避免消费型环境问题快速上升，人与自然和谐共生，中国于新世纪前十年开始初步转入生态盈余期，到 2020 年左右将全面进入生态盈余期（见图 4—2）。

4.1.3 名义储蓄率、真实储蓄率和绿色储蓄率

如何衡量一个国家的财富呢？以往是采用国民经济核算体系，计算国内储蓄率来代表。这是名义储蓄率，而不是真实储蓄率。

世界银行认为，财富应当包括生产性资本、人力资本和自然资本。三类资本对经济增长和人类福利非常重要。自然资本对人类发展和福利增进有着巨大的贡献。三类资本不能完全相互替代，这些资本不能是扭曲的，而是以相当平衡的速度增长，以实现可持续的经济增长。其中自然资本包括空气和水等提供的生态功能，以及森林、鱼和矿产等提供的工农业产品的原料等。高质量的自

① Gene M. Grossman, Alan B. Krueger, “Economic Growth and the Environment,” *The Quarterly Journal of Economics*, 1995, 110 (2).

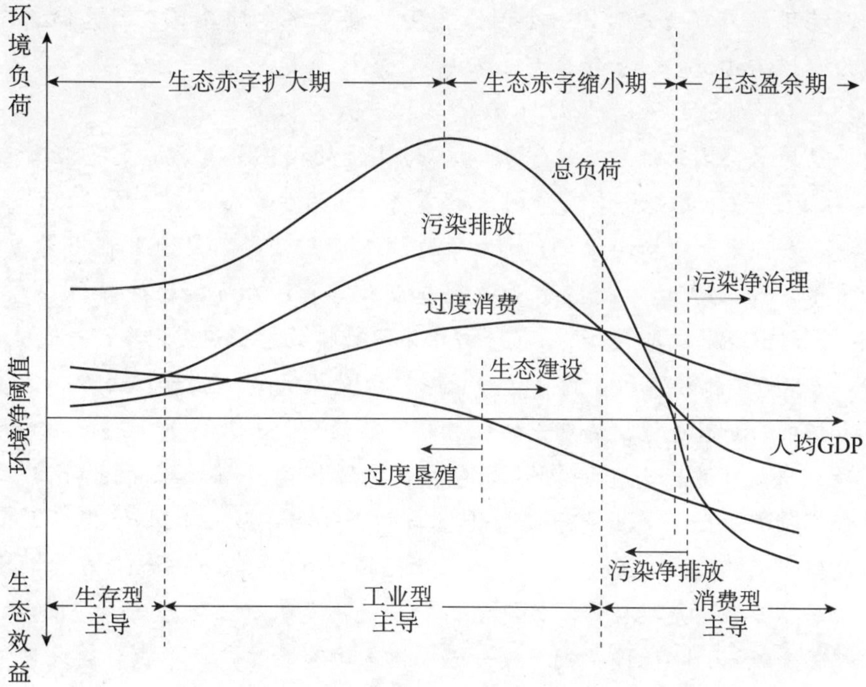

图4—2 环境质量与经济发展的关系

然资本直接和间接地增进人类福利，是商品和服务可持续供给的基础。

1997年世界银行首次提出了“真实储蓄率”的概念，它是指在扣除了自然资源（特别是不可再生资源）的枯竭以及环境污染损失之后的一个国家真实的储蓄率。他们还提出与自然资本相对照的自然资产损失的概念（见专栏4—2）。[①] 这为获得自然资本的退化情况提供了一个有用的概念。真实储蓄率等于国内总储蓄减去物质资本折旧，减去矿石和能源消耗，减去森林净消耗，减去污染损失，加上人力资本投资。[②] 真实储蓄率的测算见以下公式：

真实储蓄率＝名义储蓄率－物质资本折旧－自然资产损失
＋人力资本（教育投资）

专栏4—2 真实国内储蓄与自然资产损失

世界银行1997年首次提出了真实国内储蓄（genuine domestic savings）的概念与计算方法，它是指在扣除了自然资源（特别是不可再生资源）的枯

① World Bank，Expanding the Measure of Wealth：Indicators of Environmentally Sustainable Development，1997.

② 参见世界银行：《2009世界发展指标》，北京，中国财政经济出版社，2009。

竭以及环境污染损失之后的一个国家真实的储蓄率。计算真实国民储蓄率的公式为（Hamilton，Dixon & Clemens，1998）：

$$G = GNP - C - \delta K - n(R - g) - \sigma(e - d) + m$$

式中，G 为真实国民储蓄率；$GNP-C$ 为传统的国民储蓄率，它包括外国储蓄率；$GNP-C-\delta K$ 为传统净国民储蓄率，δ 为生产性固定资产折旧；$-n(R-g)$ 为自然资源枯竭损失，n 为净边际资产租金率，R 为可利用资源，g 为开采量，$-(R-g)$ 相当于资源存量变化率；σ 为污染的边际社会成本，当 $R<g$ 则出现资源尽耗竭；$\sigma(e-d)$ 为污染排放累积量变化率，e 为污染排放量，d 指污染排放累积量的自然净化量；m 为人力资本投资，由于人力资本不具有折旧，同时也被视为知识的资本，例如教育支出占 GDP 比重。

所谓自然资源耗竭（depletion）包括：能源耗竭（energy depletion），所占自然资产损失最大，是指能源储备价值与剩余使用年限（上限为 25 年）的比率，包括煤炭、原油和天然气；矿产资源耗竭（mineral depletion）在自然资产损失中居第三位，是指矿产储备价值与剩余使用年限（上限为 25 年）的比例，包括锡、金、铅、锌、铁、铜、镍、银、铝土矿和磷酸盐；净森林耗竭，等于单位资源租金和超过自然生长量的原木采集量的乘积；二氧化碳排放损害，估计为按照每吨碳 20 美元（以 1995 年美元计的单位损害值）乘以碳排放量的吨数；颗粒物排放损害，作为免于因颗粒物排放而导致疾病和死亡的支付意愿。需要说明的是这一计算尚未包括水污染的损失、二氧化硫的污染排放和其他有害、有毒物质的损失，如果加上这些污染损失的话，总的污染损失更大。

自然资源耗竭是按开采和获得自然资源的租金来度量的，该租金是以世界价格计算的生产价格同总生产成本之间的差值，该成本包括固定资产的折旧和资本的回报（return）。需要指出的是，合理地开发资源对于促进经济发展是必要的，但是如果资源租金过低会导致对资源的过度开采，如果资源租金不能用于再投资（如人力资本投资），而是用于消费也被视为是“不合理的”。污染损失主要是针对二氧化碳，并按每排放 1 吨二氧化碳造成的全球边际损失计算，Fankhauser 建议按 20 美元计算。这一计算并没有包括空气污染、水污染和其他方面污染的损失。不同国家自然资产损失对国民账户的影响不同，世界银行的研究表明，那些资源依赖性大的国家自然资产损失大，真实国内储蓄水平相当低下或者为负值。

资料来源：世界银行：《增长的质量》，北京，中国财政经济出版社，2000；世界银行：《2009 世界发展指标》，北京，中国财政经济出版社，2009。

从世界银行的定义看，真实储蓄率等于名义储蓄率减去物质资本折旧和自然资产损失，再加上一个人力资本投资即教育投资。一般来讲真实储蓄率低于名义储蓄率。

我们基于绿色发展理论，对世界银行定义的真实储蓄率做了重要补充，在充分考虑了自然灾害、人力资本、绿色投资以及在开放条件下净进口外部自然资本的情况下，提出绿色储蓄率概念和核算方法，以更全面地反映和衡量绿色国民财富，作为建立新的经济社会发展评价体系的基础和参照。

绿色储蓄率是指在扣除自然灾害、自然资产损失，加入人力资本、知识资本、绿色投资以及外部自然资本输入部分之后的一个国家或地区的储蓄率。这包括以下各项：第一项是自然资产损失。第二项是自然灾害损失，这对中国而言是极其重要的损失，也意味着“减灾就是增加绿色财富”[①]。第三项是绿色投资。这是指增加自然资本的投入，它包括了三个指标：一是对生态建设的投资，如对林业、治理水土流失、水利建设等方面的投资，这意味着增加了生态资本；二是对环境保护的投入，这意味着减少了污染物排放；三是对节能减排的投入，这意味着提高了能源效率，减少了温室气体排放。上述总物质资本投入，对自然资本具有替代性，因而就增加了全国自然资本流量和存量。第四项是外部自然资本输入。主要采用初级产品净进口额指标，意味着在对外开放条件下从外部获得的自然资本。第五项是人力资本投资，不仅包括教育投资，也包括健康投资，构成了中国总人力资本投资。第六项是知识资本投资，主要是指研究与试验发展（R&D）活动经费支出，通过技术创新、技术进步来增加绿色财富。

绿色储蓄率按以下公式计算：

绿色储蓄率＝名义储蓄率－自然资产损失－自然灾害损失＋绿色投资
＋外部自然资本输入（净初级产品进口）
＋人力资本投资（教育支出＋卫生支出）
＋知识资本（R&D支出）

从以上公式可知，绿色储蓄率就是一个国家或地区的绿色财富（green wealth）或绿色国民财富（green national wealth）。

4.2　中国古代环境状况变迁

中国是世界上最古老的农耕文明国家之一，同时也一直是世界上人口最多

① 它反映了《国家综合防灾减灾规划（2011—2015年）》中的核心指标，即每年平均因自然灾害直接经济损失占国内生产总值的比例控制在1.5%以内。因为“十一五”时期这一比例达到了1.6%。减少这一比例，在一定程度上反映了“减灾就是增加绿色财富”。

的国家。从中国人口增长的历史特点看，曾经历了人口倍增台阶。由于农业耕种单产的限制，在唐代到清代的1 000年间，粮食单产才提高了10%，而人口则增加了5～7倍，人口的增加往往伴随着土地的进一步开垦，这对中国的生态环境破坏产生了决定性的影响。因此，从森林覆盖率来看，它基本与人口数量呈负相关关系，可见在农业社会人口增加对于生态环境的破坏作用。

远古时代（约180万年前至公元前2070年）的中华大地处于未开发状态，人烟稀少，不足140万人，林木丰茂，生态环境优美，当时我国森林覆盖率曾高达60%～64%。黄河流域作为中华文明的起源地，气候温和，植被丰富，森林茂盛，土质疏松、肥沃，宜于耕种，是当时中国农业最发展的地区。①

上古时期，在漫长的2 000年间，随着黄河流域文明发育与成长，我国的人口开始缓慢增长，到公元前221年达到了2 000万人，森林覆盖率下降到46%，黄河下游地势平坦，间有丘陵，湖泊较多，气候湿润，植被良好，整个黄河决堤甚少。现在的科尔沁沙地，当时或是草原，或是许多水草丰美的绿洲，或有众多的湖泊水源，沙漠面积远没有今日这么大，而其他地区的森林也很少遭破坏。

随后出现了第一次生态环境恶化时期，秦汉时期，关中地区森林已不多见，水土流失严重，河水易于泛滥。这时中国出现了第一次人口倍增台阶，由先秦时期（包括春秋战国时代）的1 000万～2 000万人陡升到封建社会前期西汉平帝元始二年（公元2年）的6 000万人。统治者一般都实行"奖励耕战"和"移民戍边"的政策，开始大规模开垦荒地，兴修水利，农耕区向西北方面有了新的延伸，使内地广大农耕区与游牧区之间的过渡地带不断缩小。对黄河中游的大规模开垦，破坏了森林草原等自然植被，关中地区森林大量减少，水土流失趋于严重，黄河支流变浊，干流由浑变黄，下游河床淤积抬高，成为高出地面的悬河，河水频繁泛滥。这一时期，大量的开垦与砍伐使我国的森林覆盖率下降到41%。

东汉至隋，三百多年间，人口大为减少，生态环境相对恢复，许多耕地荒

---

① 根据白寿彝先生等提供的资料，从始见于文字记载的黄土高原的面貌来看，从西周到汉代，黄土高原上原隰相望，大体上到处呈现一片平整的面貌，由草原、森林和农作物组成的植被相当丰茂，说它是郁郁葱葱、到处显现出一派山清水秀的旖旎风光，是并不过分的。始见于文字记载的黄土高原，不仅有湖泊，有的湖泊还相当大，在全国的湖泊中也未见得有任何逊色。黄土高原虽然相当高亢，却也有较为低下的平原，黄河的一些支流支津的中下游还有相当开阔的河谷。那个时期的湖泊，许多就散布在这些平原上或开阔的河谷中，著名的湖泊有焦获、杨纡和昭余祁。就是高亢的山地上也并非没有湖泊，加弦蒲薮，就与杨纡、昭余祁齐名。历史地理学的研究表明，春秋以前，黄河泛滥、决口和改道的种种事故是很少见的。黄河流域中下游和河济之间，植被丰富，森林茂盛，气候温暖而湿润，土质疏松、肥沃，宜于耕种，是当时农业最发展的地区。参见白寿彝总主编：《中国通史》，第1卷，上海，上海人民出版社，1989。

芜，黄河中游农耕区缩小，草原相应扩大，森林虽有破坏，但并不严重，水土流失不甚显著，黄河下游处于较长时间的相对安流状态。

隋唐统一时期中国人口仍在 6 000 万左右，但农耕区继续扩展，农业中心区已从北方转移到南方。农耕区的扩展已经受到自然条件的限制。唐至元的 700 多年中，总人口从未低于 3 000 万，水土流失加重，沙漠化速度加快，湖泊缩小，黄河泛滥频繁。这是中国生态环境第二次恶化时期，到唐朝末年，我国的森林覆盖率已经只有 33%，不及远古时期的一半。

明代以后，中国生态环境进入急剧恶化期。黄河中游森林受到毁灭性的破坏，其含沙量达到 60%～70%。公元 1849 年后，人口达到 41 299 万，一场大规模的开垦开始进行。这一时期中国人口出现了第二次大的倍增台阶，由明末清初不足 1 亿，经"康乾"时期，骤增到 3 亿，1840 年突破 4 亿。由于人口增长，垦殖规模不断扩大，种植业的发展大大推向边疆地区。首先是向东北地区转移，其次是青藏高原的半农半牧区，再次是又农又牧的西北天山南北，并和内地农区连成一体。森林大面积破坏，黄土高原大多数山岭成了濯濯童山，水土流失日益加剧。黄河泥沙含量由明代的 60%，增至清代的 70%，黄河决溢频度也超过了历史上各个时期，旱涝灾害频频出现，自然生态受到前所未有的严重破坏。

中国五千年文明史的最大生态代价：从"多林大国"成为"少林之国"。从历史上看，我国是世界上的森林资源大国，现在成为世界上的少林国家。根据"中国可持续发展林业战略研究"项目提供的研究资料，经过四五千年来人类的不断砍伐和大规模破坏，到建国前我国已经成为世界上的少林国家，民国时期（1912—1949 年）降至中国历史上的最低点，仅为 12.5%～15%（见表 4—2）。

表 4—2　　中国历代的森林资源与人口情况

年代	森林覆盖率（%）	人口数量（万人）
远古时代（约 180 万年前—前 2070 年）	64→60	低于 140
上古时代（前 2069—前 221 年）	60→46	140→2 000
秦汉（前 221—220 年）	46→41	2 000→6 500
魏晋南北朝（220—589 年）	41→37	3 800→5 000
隋唐（589—907 年）	37→33	5 000→8 300
五代辽宋夏金（907—1279 年）	33→27	3 000→13 000
元（1279—1368 年）	27→26	6 000→10 400
明（1368—1644 年）	26→21	6 500→15 000
清前期（1644—1840 年）	21→17	8 164→41 281

续前表

年代	森林覆盖率（%）	人口数量（万人）
清后期（1840—1911年）	17→15	37 200→43 189
民国时期（1912—1949年）	15→12.5	37 408→54 167
中华人民共和国（1949—2010年）	8.6→20.36（含大量人工林）	54 167→134 100

资料来源：中华人民共和国森林覆盖率数据为历次林业普查数据，其他来源于中国可持续发展林业战略研究项目组编：《中国可持续发展林业战略研究总论》，36～37页，北京，中国林业出版社，2002。

从全国各地区来看，森林覆盖率也是不同程度的大幅度下降，史前我国华北地区森林覆盖率为60%～70%，到建国前下降为5%；东北地区由史前的90%下降为建国前的45%；华东地区由史前的30%～80%下降为建国前的26%～55%；中南地区由史前的63%～90%下降为建国前的17%；西南地区由史前的50%～80%下降为建国前的12%～25%；西北地区由史前的20%下降为建国前的1.7%～1.79%（包括宁夏和新疆）。

从中国的历代统治者所推行的政策看，都是重农政策和鼓励开荒政策，面对人口多、耕地少的国情，在解决这一矛盾时大多采取鼓励毁林开荒、毁草开荒、围湖造田①等破坏生态的办法，来扩大耕地面积，提高粮食产量。这是中国演变为少林国家的根本原因，也是生态破坏的根本原因。②

4.3 生存型环境压力

1949年，我国生态环境质量已经下降到历史上的最低点，如森林覆盖率由清初的21%下降到8.6%，东北嫩江平原在不到100年的近代开垦中，已有1/2的地区发生了水土流失，原有70%～80%黑土层被蚀去了一半以上。洞庭湖在19世纪的70多年中萎缩了600多平方公里，20世纪上半叶萎缩了1 000多平方里。生态环境脆弱，沙漠化敏感地区、石漠化敏感地区、水土

① 据史料记载，公元1153年，太湖围田圩岸长达145里，围田多达1 489所。参见长江流域规划办公室《长江水利史略》编写组编：《长江水利史略》，114页，北京，水利电力出版社，1979。

② 江泽民1997年反思我国生态环境历史变迁的时候曾说过："我国是一个有几千年历史的文明古国。包括甘肃、陕西在内的黄河流域，是我们中华民族的主要发祥地。陕西曾经是周、秦、汉、唐等十三个王朝的建都之地，在古代历史上相当长的时间内，陕西、甘肃等西北地区，曾经是植被良好的繁荣富庶之地，所谓'山林川谷美，天材之利多'就是古来描绘陕西一带的自然风物的。司马光的《资治通鉴》中描述盛唐时期陕、甘的发展情景是'闾阎相望，桑麻翳野，天下称富庶者无如陇右'。后来由于历经战乱的破坏，加上自然灾害和滥砍滥伐造成的损失，导致了陕、甘等西北地区的严重沙化、荒漠化，经济文化的发展也因此受到极大制约。"参见《江泽民文选》，第1卷，659页，北京，人民出版社，2006。

流失区分布广泛。

毛泽东等第一代中央领导集体对森林问题极为重视。1950 年，周恩来就认识到“中国森林的面积，远不够一个森林国家的标准”。他特别指出“不科学的采伐，没有护林和育林，森林地带也会变成象西北那样的荒山秃岭”①。1955 年，毛泽东向全国人民发出了“绿化祖国”、“实行大地园林化”的号召。这一时期，中国政府确定了“普遍护林、重点造林”的方针，有力地推动了森林资源发展。

中国进行了大规模的造林活动。1950—1957 年间共造林 23 596.4 万亩；1950—1952 年间完成封山育林 6 210 万亩；1956 年一年封山育林即达 5 835 多万亩。这对保护生态环境、防止水土流失发挥了重要作用。② 1958 年以后，中国进入“大跃进”时期，乱砍滥伐现象严重，森林资源遭到破坏，群众植树造林、护林积极性严重受挫。1963 年国家经济建设开始进入了“三年调整时期”，为了恢复林业生产，使森林资源能够永续利用，1964 年中央提出了“以营林为基础，采育结合、造管并举、综合利用、多种经营”的林业建设方针，通过贯彻中央方针政策，林业经营上采育失调的情况有了明显好转，但是此后的政治运动（“文化大革命”）使林业经营受到巨大冲击，林地大面积减少。

1966 年周恩来曾反思道：“工业犯了错误，一二年就可能转过来，林业和水利上犯了错误，多少年也翻不过身来。我最担心的，一个是治水治错了，一个是林子砍多了。治水治错了，树砍多了，下一代人也要说你。”“用剃光头的办法采伐森林，采光了就走，修一条林区铁路废一条，这怎么得了！……我们不能吃光了就算，当败家子。”他提出，“植树造林是百年大计，总得坚持到二十一世纪”③。

建国以来，我们在农田基建、兴修水利、改土治水、植树造林、建设草原等方面做了大量工作，经过建国以来多年的绿化，与建国之初相比，我国的森林面积有所扩大，1973—1976 年的第一次全国森林资源清查表明，森林面积由 0.83 亿公顷，上升到 1.22 亿公顷，森林覆盖率由 8.6%，提高到 12.7%。

与此同时，这一时期中国出现了新的人口倍增台阶，总人口数由 1949 年的 5.4 亿增长到 1980 年的 10.1 亿，形成了对生态环境的巨大冲击与破坏，在进行人工林绿化的同时，也大量地砍伐森林，对森林资源的破坏速度，超过了历代的王朝，林木蓄积量从建国初的 90.28 亿立方米，下降到 86.6 亿立方米，

---

① 《周恩来选集》下卷，25 页，北京，人民出版社，1984。

② 参见张连辉：《中国环境保护事业的早期探索——第一次全国环保会议前中国政府的环保努力》，载《当代中国史研究》，2010（4）。

③ 《周恩来选集》下卷，446、447 页，北京，人民出版社，1984。

是历史上生态资本、森林资本存量的最低点。

计划经济时期，我国总体上走了一条遍地开花的工业化模式，全国上上下下大搞黑色工业，形成了“村村冒烟”，“镇镇点火”，县县“工业强县”，市市“工业强市”，省省“工业强省”。[①]这既脱离中国国情，又违背世界发展潮流，人为地付出巨大的资源环境代价。

1972 年联合国在瑞典斯德哥尔摩召开第一次国际环保大会——人类环境会议。环境问题开始成为一项人类的公害，引起世界各国的高度重视。环境问题也引起我国领导人的重视，1970 年 12 月周恩来就说过，我们不要做超级大国，不能不顾一切，要为后代着想。对我们来说，工业公害是一个新的问题。工业化一搞起来，这个问题就大了。[②] 1973 年 8 月中国召开第一次环境保护会议，确立了环境保护方针“全面规划，合理布局，综合利用，化害为利，依靠群众，大家动手，保护环境，造福人民”。这一次会议以后，从中央到地方开始建立环境保护机构，加强了对环境的管理。

4.4 工业化生态赤字迅速扩大

改革开放以来，我国进入工业化加速、城镇化快速发展、基础设施大建设、经济起飞阶段，形成了前所未有的生态环境挑战，导致生态赤字迅速扩大。

中国的环境污染也经历了一个先污染后治理的过程（见表 4—3）。1985—2006 年期间，工业化学需氧量排放以每年 1.39%的速度负增长，弹性系数为 −0.14；工业二氧化硫排放增长率为 2.52%，弹性系数为 0.26，单位 GDP 有机污水排放量、单位 GDP 二氧化硫排放量均大大高于世界平均水平。改革开放之初，高速的经济增长，也带来了严重的环境污染，到“八五”期间达到了高峰。“九五”时期，加强污染治理、保护环境、转变经济增长方式成为中国政府关注的焦点，“九五”时期，出现了高增长、低排放的绿色发展模式，工业化学需氧量排放量、工业二氧化硫排放量、工业烟尘排放量，分别累计下降了 8.3%、14.8%、35.5%。“十五”以来，受新一轮高投资、重化工业带动的

① 1958 年“大跃进”，中国建成了简陋的炼铁、炼钢炉 60 多万个，小炉窑 59 000 多个，小电站 4 000 多个，小水泥厂 9 000 多个，农具修造厂 80 000 多个。工业企业由 1957 年的 17 万个猛增到 1959 年的 60 多万个。参见《中国环境保护行政二十年》编委会编：《中国环境保护行政二十年》，4 页，北京，中国环境科学出版社，1994。

② 参见李琦：《在周恩来身边的日子》，北京，中央文献出版社，1998。

高速经济增长影响，中国的经济增长方式发生逆转，重新走向高增长、高污染的发展模式。“十一五”以来，工业固体废物综合利用率从2005年的55.8%提高到2010年的68.4%，主要污染物排放大幅度减少，二氧化硫排放量累计下降12.5%，化学需氧量排放量累计下降14.3%，均超额完成规划目标。

表4—3　　主要工业污染物排放量增长率与弹性系数（1985—2012年）

时期	国内生产总值增长率（%）	工业化学需氧量排放量增长率（%）	工业二氧化硫排放量增长率（%）	工业化学需氧量排放量弹性系数	工业二氧化硫排放量弹性系数
七五	7.9	−0.53	2.44	−0.07	0.31
八五	12.3	1.65	4.81	0.13	0.39
九五	8.6	−1.71	−3.14	−0.20	−0.37
十五	9.6	−4.68	6.11	−0.49	0.64
十一五	11.2	−1.66	−2.60	−0.15	−0.24
2010—2012年	9.2	−2.5	−1.6	−0.27	−0.17

资料来源：据《中国统计摘要2013》和历年《中国统计年鉴》计算而得。

我国生态环境损失占总国民收入（GNI）的比重十分惊人，经历了一个先破坏、后保护的过程。由此我们可以对不同时期经济、环保政策及效果做一客观评价。中国生态环境损失占GNI比重，1970年为1.37%，到1978年达到了2.86%，随后大体保持在接近3%的水平，但是1985年以后又快速上升，到1993年达到峰值为4.7%，改革初期的经济发展是以自然资源和生态环境“透支”为代价的，随后持续下降，到2008年已经降低到2.1%。需要说明的是这一计算尚未包括水污染的损失、二氧化硫的污染排放和其他有害、有毒物质的损失，如果加上这些污染损失的话，估计总的污染损失应在3.5%左右。计入能源耗竭、矿产耗竭的自然损失更是惊人，1973年占3%，1981年达到了20.5%，随后开始趋于下降，到2003年下降到4.8%，随后又再次上升，到2011年达到了8.4%（见图4—3）。

从国际比较来看，中国1970年自然损失为25.8亿美元，占世界的比重为6.06%，随后持续上升，到2000年占世界的比重为7.70%，2003年以后快速上升，到2007年超过美国，成为世界上自然损失第一大国，2008年为4 581亿美元，占世界的比重为14.92%，是中国的GNI占世界的比重的两倍（见表4—4）。2008年日本的GNI占世界的比重为8.3%，但自然损失却只占世界比重的0.79%；德国的GNI占世界的比重为6.1%，但是自然损失占世界的比重只有0.54%。当然，由于中国的高名义储蓄率，即便扣除高自然损失之后，还是世界上净储蓄率最高的国家之一。

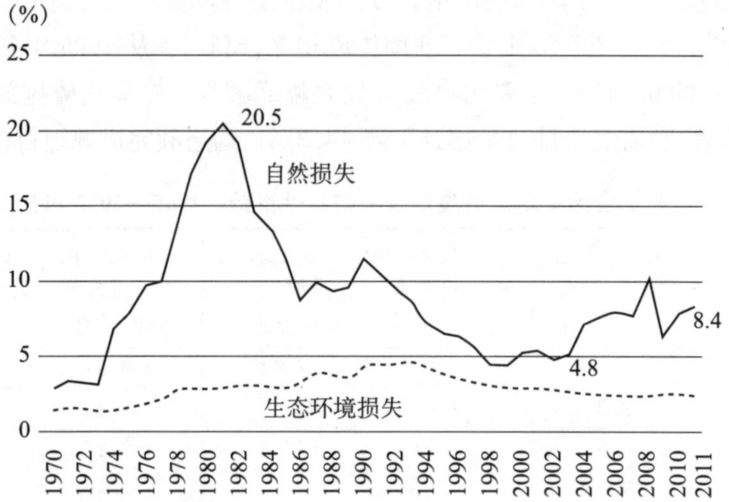

图 4—3 中国自然损失与生态环境损失占 GNI 比重（1970—2011 年）

注：自然损失包括二氧化碳排放损失、颗粒物损失、净森林减少、能源耗竭、矿产耗竭；生态环境损失包括二氧化碳排放损失、颗粒物损失、净森林减少。

资料来源：World Bank，World Development Indicators 2013。

表 4—4　　七大国自然损失占世界比重（1970—2011 年）（%）

国家	1970 年	1980 年	1990 年	2000 年	2008 年	2011 年	GNI(2011 年)
中国	6.06	5.79	6.81	7.70	14.92	19.81	11.49
俄罗斯	5.57	1.20	14.67	9.86	11.89	8.81	2.73
美国	35.72	24.06	16.47	15.58	11.63	7.39	22.25
印度	3.63	1.42	2.90	2.83	3.26	3.83	2.55
巴西	0.75	0.58	1.36	1.75	2.67	3.10	3.10
日本	3.37	0.64	3.96	3.43	0.79	0.93	8.61
德国	1.71	0.67	0.91	1.09	0.54	0.42	4.87

注：自然损失包括二氧化碳排放损失、颗粒物损失、净森林减少、能源耗竭、矿产耗竭。

资料来源：World Bank，World Development Indicators 2013。

1989 年我们对我国的生态环境状况总评价是：先天不足，并非优越；人为破坏，后天失调；退化污染，兼而有之；局部有改善，整体在恶化；治理能力远远赶不上破坏速度，环境质量每况愈下；形成了中国历史上规模最大、涉及面最广、后果最严重的生态破坏和环境污染。①

① 参见胡鞍钢、王毅、牛文元：《生态赤字：未来中华民族生存的最大危机——中国生态环境状况分析(1989)》，载《科技导报》，1990 (2)、(3)。

2011 年由中国工程院和国家环保部组织的中国环境宏观战略研究对当前中国环境的总的评价是：我国环境状况局部有所改善，但总体恶化的趋势尚未扭转，形势依然严峻，压力继续加大。特别是在我们这样一个有着十几亿人口的发展中大国推进现代化建设，人类历史上没有先例，我国面临的环境压力比世界上任何国家都大。[1]

4.5　生态赤字逐步缩小

改革开放以来，中国的环境保护先走了一条不可持续发展的弯路，不断扩大生态赤字，而后转上了一条新路，即可持续发展之路，使生态赤字逐步缩小。

1989 年我们认为，初期改革是成功的，又是便宜的。然而这种重视经济、忽视生态，重视改革、忽视治理，重视近利、忽视远谋，重视主观、忽视客观的小农式的经济政策却为中国生态环境带来长期性、积累性、严重性的恶果，它并不亚于五六十年代在人口政策上的重大失误，给整个民族造成无法挽回的灾难性后果。[2]

直到 90 年代领导人才真正意识到生态环境破坏的严重后果。1996 年江泽民对中国生态破坏进行反思，并痛切地指出：如果在发展中不注重环境保护，等到生态环境破坏了以后再来治理和恢复，那就要付出更沉重的代价，甚至造成不可弥补的损失。为此，江泽民提出要实施可持续发展战略，“决不能走浪费资源和先污染后治理的路子，不能吃祖宗饭，断子孙路”[3]。从 1996 年的“九五”计划开始正式施行可持续发展战略。

通过加强环境保护，实施退耕还林、退田还湖、退牧还草等生态保护政策，实施治理水土流失、加强自然保护区建设等生态修复工程，逐步缩小生态赤字，这从林业的发展中明显得以体现。新中国成立以来我国林业发展并非是一条笔直大道，甚至是不自觉地走了一条令人痛心的弯路，大致经历了忽视森林资源价值、视森林为农业发展障碍的阶段，追求森林资源的木材生产经济效益最大化阶段，追求林业生态、经济和社会效益综合发展阶段，即可持续发展林业阶段。

---

① 这一评价得到李克强的认同。参见《李克强副总理在中国环境宏观战略研究成果应用座谈会上的讲话》，见中国网，2011-02-12。

② 参见胡鞍钢、王毅、牛文元：《生态赤字：未来中华民族生存的最大危机——中国生态环境状况分析(1989)》，载《科技导报》，1990 (2)、(3)。

③ 《江泽民文选》，第 1 卷，532 页，北京，人民出版社，2006。

不同的林业发展战略导致我国最重要的生态资产——森林资源的起伏波动，整体而言，中国的森林资源呈 U 字形曲线变化，先下降后上升。进入 80 年代以后，森林赤字扩大的趋势有所遏制；从 90 年代之后，森林覆盖率、森林面积和森林蓄积量三个指标才出现增长趋势，改变了长期以来森林赤字的局面，开始出现森林资产盈余的情形。国务院新闻办公室发布的第 7 次全国森林资源清查数据显示，森林覆盖率达到 20.36%，比第 3 次森林资源清查时提高了 7.38 个百分点，森林面积达到了 1.95 亿公顷，增加了 7 000 万公顷，森林蓄积量达到 137.21 亿立方米，增加了 45.8 亿立方米（见表 4—5）。

表 4—5　　我国森林资源及碳汇能力变化（1949—2008 年）

年份	森林覆盖率（%）	全国森林面积（亿公顷）	森林蓄积量（亿立方米）	活立木总蓄积量（亿立方米）	累积吸收二氧化碳总量（亿吨）
1949 年	8.6	0.83	90.28		165.21
第 1 次全国森林资源清查（1973—1976 年）	12.7	1.22	86.60		158.48
第 2 次全国森林资源清查（1977—1981 年）	12.0	1.15	90.30		165.25
第 3 次全国森林资源清查（1984—1988 年）	12.98	1.25	91.41	105.72	167.28
第 4 次全国森林资源清查（1989—1993 年）	13.92	1.33	106.70	119.50	195.26
第 5 次全国森林资源清查（1994—1998 年）	16.55	1.59	112.70	124.90	206.24
第 6 次全国森林资源清查（1999—2003 年）	18.21	1.75	124.56	136.18	227.94
第 7 次全国森林资源清查（2004—2008 年）	20.36	1.95	137.21	149.13	251.09

注：第 6 次森林资源清查中森林面积含清查间隔期内新增的国家特别规定的灌木林；森林累积吸收二氧化碳总量的计算方法为当年森林蓄积量乘以 1.83 吨/立方米（2000 年 IPCC 特别报告：即树木每生长 1 立方米可以吸收 1.83 吨二氧化碳）。

资料来源：国家林业局发展计划与资金管理司、国家林业局经济发展研究中心编：《数字解读“十五”中国林业发展》；国务院新闻办公室发布的第 7 次全国森林资源清查数据。

从世界范围看，目前世界森林覆盖率约为 31%，我国约为世界平均水平的 0.66；世界森林面积为 40 亿公顷，相当于人均 0.6 公顷，我国森林面积约占世界的 1/20，森林面积排名世界第 5，人均森林面积约为世界平均水平的 0.26。历年森林面积中国占世界比例总体呈 U 字形趋势，1990—2010 年，世界森林面积的增长率为－3.24%，中国为 31.84%，如果不包括中国，世界的森林增长率会下降得更多，为－4.61%，中国对世界森林增长速度的贡献率为 1.36%；世界森林蓄积量为 5 270 亿立方米，每公顷蓄积约为 131 立方米，我国森林蓄积约为世界的 2.6%，每公顷蓄积约为世界平均水平的 53%；就森林资源变化而言，1990—2010 年世界年均森林面积减少 675 万公顷，年均增长率为－0.2%，而中国森林面积则持续增加，1990—2000 年增长率为 1.2%（同期低收入和中等收入国家为－0.3%，高收入国家为 0.1%），2000—2005 年增长率为 1.7%（同期低收入和中等收入国家为－0.3%，高收入国家为 0.1%）①，2005—2010 年增长率为 1.39%（世界同期为－0.14%），世界主要 9 大国的森林面积、蓄积变化，中国在 1990—2000 年和 2000—2010 年两个时期都是稳居第一（见表 4—6）。②

表 4—6　　中国占世界森林资源面积变化（1949—2010 年）

年份	中国（亿公顷）	世界（亿公顷）	中国占世界（%）	中国排序
1949	1.20	26.12	4.6	
1963	0.96	37.79	2.6	
1980	1.15	45.00	2.6	
1990	1.57	41.68	3.8	6
2000	1.77	40.85	4.3	5
2005	1.93	40.61	4.8	5
2010	2.07	40.33	5.1	5

资料来源：根据 2005 年、2010 年《全球森林资源评估》数据整理计算而得，中国 1949 年数据采用国内统计数据，1963 年采用《全球森林资源评估》数据（国内统计数据为 113 350 千公顷），1980 年采用中国森林清查数据，1990、2000、2005、2010 年均采用《全球森林资源评估》数据。

1978 年中国只有自然保护区 34 个，保护区面积为 12 万公顷，占国土面积的 0.1%；到 1992 年的时候，达到了 708 个，占国土面积比例提高到 5.5%（见表 4—7）。截至 2012 年，全国（不含港澳台地区）共建立自然保护区 2 669 个，总面积为 149.65 万平方公里。其中，国家级自然保护区 363 个，面积为 94.15 万平方公里。③

① 数据来自世界银行：《2009 世界发展指标》，北京，中国财政经济出版社，2009。

② 世界主要 9 大国为联合国 5 个常任理事国，日本及金砖四国中其他 3 国。

③ 参见《全国已建自然保护区 2 669 个　总面积约 150 万平方公里》，载《人民日报》，2013－04－14。

表 4—7　　　　中国自然保护区发展情况（1978—2012 年）

	1978 年	1992 年	2000 年	2002 年	2005 年	2010 年	2012 年
保护区数（个）	34	708	1 227	1 757	2 349	2 588	2 669
国家级保护区（个）	—	77	155	171	243	319	363
保护区面积（万公顷）	12	5 606	9 821	13 295	14 495	14 944	14 965
占国土面积（%）	0.1	5.5	9.9	13.2	15.0	15.57	15.6

资料来源：中华人民共和国 2010 年国民经济和社会发展统计公报；中华人民共和国 2012 年国民经济和社会发展统计公报；中国环境与发展回顾与展望高层课题组编著：《中国环境与发展回顾与展望》，39 页，北京，中国环境科学出版社，2007。

到 2009 年底，林业系统自然保护区数量达到 2 012 处，面积为 12 288.2 万公顷，约占国土面积的 12.8%。已建成各类海洋保护区 170 多处，海洋特别保护区 30 多处。已建立水生生物自然保护区 200 多处，总面积达 10 万多平方公里，保护区保护的国家重点保护水生野生动物数量占应保护物种的 40%。已建设国家级农业野生植物资源原生境保护区 118 个，有效保护了濒危、珍稀农业生物物种资源，为推动农业生物技术发展提供战略储备。①

我国初步形成了布局较为合理、类型较为齐全、功能比较健全的自然保护区网络，保护了 90%的陆地自然生态系统类型、85%的野生动物种群、60%的高等植物群落和重要的自然历史遗迹。②

“九五”时期，中国政府提出可持续发展战略，开始强化环境保护与生态建设投资，这一时期总投资达到了 2 170 亿元，占同期 GDP 比例为 0.51%。“十五”时期，这一总投资规模达到了 3 800 亿元，占同期 GDP 比例为 0.53%（见表 4—8）。

表 4—8　　　　全社会环境保护与生态建设投资（1996—2015 年）

时期	总投资（亿元）	平均每年投资（亿元）	占 GDP 比例（%）
九五	2 170	434	0.51
十五	3 800	760	0.53
十一五	21 623	4 325	1.41
十二五	34 000	6 800	1.40

资料来源：国家统计局编：《中国第三产业统计年鉴 2011》，327 页，北京，中国统计出版社，2011；《国家环境保护“十二五”规划》（2011 年 12 月）。

① 参见国家环保总局：《2009 年中国环境状况公报》，2010 年 6 月 5 日。

② 参见《全国已建自然保护区 2 669 个　总面积约 150 万平方公里》，载《人民日报》，2013-04-14。

4.6　转向生态盈余

“十一五”时期，我国进入大规模生态环境投资建设阶段，也进入生态环境盈余期。这一时期，总投资达到了 2.16 万亿元，占同期 GDP 比例为 1.41%。“十二五”时期，生态环境建设总投资提高至 3.4 万亿元，占同期 GDP 比例为 1.40%（见表 4—8）。“十一五”时期的主要资源、环境指标开始好于“十五”时期，耕地减少的势头得到有效遏制，单位工业增加值用水量继续下降。

环境保护综合效益显现，大气环境质量和水环境质量初步改善（见表 4—9）。七大水系国控断面好于Ⅲ类比例由 2004 年的 1%提高到 2010 年的 55%；空气质量标准达到二级以上城市比例由 2005 年的 59.3%提高到 2010 年的 72%。生态环境保护进展顺利，生态环境总体恶化趋势得到初步遏制。森林覆盖率由 2000 年的 18.21%提高到 2010 年的 20.36%，自然生态保护区保护有效，自然湿地保护率由 2005 年的 45%提高到 2010 年的 49.6%，生态退化现象逐步得到治理和恢复，水土流失面积、草地“三化”（退化、沙化、盐渍化）面积扩大的趋势得到遏制，荒漠化土地面积开始减少。

表 4—9　　　　主要生态环境指标变化情况（2000—2015 年）

指标	2000 年	2005 年	2010 年	2015 年
农业灌溉用水有效利用系数		0.45	0.50	0.53
灌溉用水总量（亿立方米）	3 784	3 580	3 689	
耕地保有量（亿公顷）		1.220 8	1.212	1.212
森林覆盖率（%）	18.21	20.36	20.36	21.66
森林蓄积量（立方米）				
二氧化硫排放量（万吨）	1 995	2 549	2 267	2 084
化学需氧量排放量（万吨）	1 333*	1 414	1 238	
固体废物综合处理率（%）		56.1	68.4	
城镇污水处理率（%）		52	82.3	
城市生活垃圾无害化处理率（%）	50.8*	51.7	77.9	80
七大水系国控断面好于Ⅲ类比例（%）		41	55	≥60
空气质量标准达到二级以上城市比例（%）		59.3	72	≥80

续前表

指标	2000年	2005年	2010年	2015年
自然湿地保护率（%）		45	49.6	
水土流失面积（万平方公里）		356	356.92	
火电脱硫比例（%）		14	86	72

*为2003年数据。

资料来源：《中国统计年鉴2011》；《中华人民共和国国民经济和社会发展第十二个五年规划纲要》（2011年3月）；《国家环境保护"十二五"规划》（2011年12月）。

"绿色储蓄率"，即一个国家广义的储蓄率，当这一储蓄率为负值时，国家的财富一定是负增长。绿色储蓄率可以反映一个国家持续增长和发展的潜力以及国民福利的整体改善状况。

根据我们对名义储蓄率、真实储蓄率和绿色储蓄率的初步计算（见图4—4），可以对1978—2010年期间做一简要结论：总体来说，在过去三十多年中，中国绿色储蓄率呈现早期下降，其后持续上升的总体趋势，反映了中国正在逐步走上由黑色发展向绿色发展转型的道路。

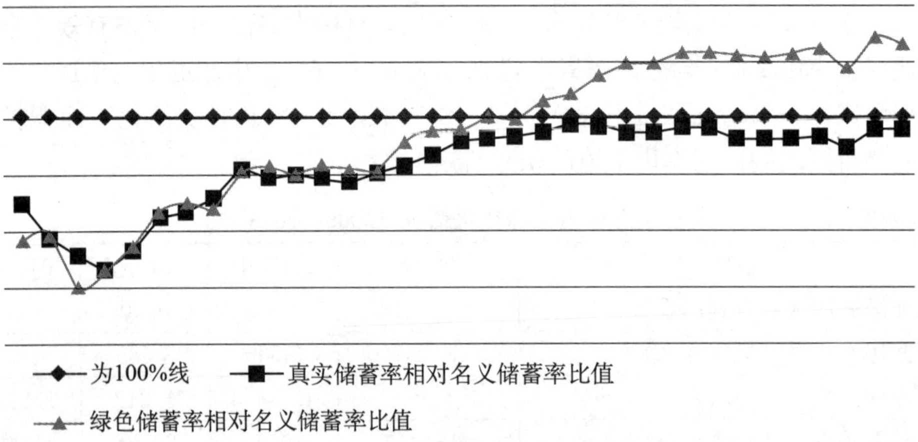

图4—4　中国绿色储蓄率与名义储蓄率之比

从各项具体指标看，第一，我国自然资产损失和因灾损失占GDP比重明显下降。我们根据世界银行数据库的数据计算，自然资产损失高峰期是80年代，而后迅速下降，特别是1998年达到最低点，而后又有所上升，2006年之后重新下降。第二，我国对世界市场的自然资本从"净出口"变为"净进口"。90年代初期之前，中国基本属于初级产品净出口国家，即向世界净输出本国自然资本，90年代初期之后变成初级产品净进口国家，特别是过去几年这个比例占GDP的比例是迅速上升的，即从世界净输入自然资本。第三，我国绿色投资比重明显上升。90年代之前，受到片面理解"以经济建设为中心"的影响，绿色投资比重逐年下降，1998 年洪灾之后，国家重新高度重视绿色投资，2010 年绿色投资比重达到历史最高点。第四，我国人力资本和知识资本投资比重呈现上升趋势。人力资本和知识资本在 80 年代末期和 90 年代中期一度出现小幅下降，而后持续上升。1995 年达到历史最低点，其后持续上升，呈现一条 U 字形路线。

近十年来，我国开展了世界上最大规模的绿色投资，从 2001 年的 1 859 亿元（相当于 GDP 的 1.7%）上升至 2010 年的 15 800 亿元（相当于 GDP 的 3.9%）。

4.7　建设环境友好型社会

1999 年我就意识到：进入 21 世纪，我国在人口、资源、环境等方面仍面临极为严峻的挑战，基数庞大的人口总量还将持续增长；资源消耗总量大，重要资源人均占有量不断下降，且达到历史最低点；生态基础薄弱，环境污染十分严重，自然灾害影响愈来愈大；全球环境问题日益突出，已经成为继美国之后的第二个“污染超级大国”[①]，十几亿人民成为最大的受害者，同时也波及周边国家，危及世界环境。因此实施可持续发展战略仍然是我国“十五”计划和 2015 年远景规划的重大战略之一，其宗旨是以人为本，以人为中心，即明显改善人民生活质量，而改善环境质量是生活质量的重要组成部分；改变“高资本投入、高资源消耗、高污染”发展模式，利用市场机制和技术进步建立适合中国国情的“资源节约型”和“环境友好型”国民经济体系；同时也应充分利用“两种资源”、“两个市场”，坚持贸易自由化和投资自由化方向，在更大范围内实施这一战略。为此，我还提出我国可持续发展十大目标。[②]

环境友好型社会是一种人与自然和谐共生的社会形态，其核心内涵是人类的生产和消费活动与自然生态系统协调可持续发展。认真解决影响经济社会发展特别是严重危害人民健康的突出的环境问题，在全社会形成资源节约的增长

---

① 根据世界银行统计，1995 年美国 CO_2 排放量占世界总量的 24.09%，中国为 14.06%，欧盟为 13.00%，俄罗斯为 8.01%，日本为 4.96%，印度为 4.00%，合计占世界总量的 68.12%。1980—1995 年中国和美国 CO_2 排放量年增长率分别为 5.27%和 1.29%。参见 World Bank，World Development Indicators (1998)。上述国家和地区被美国世界观察研究所称为“污染超级大国”，他们认为中国是在迅速赶超美国的“污染超级大国”。

② 参见胡鞍钢：《我国可持续发展十大目标：关于“十五”计划制定的建议》，载《国情报告》，1999 (61)。

方式和健康文明的消费模式。

十七大报告首次提出“生态文明”的概念，2020 年最重要的目标之一，就是“建设生态文明，基本形成节约能源资源和保护生态环境的产业结构、增长方式、消费模式。循环经济形成较大规模，可再生能源比重显著上升。主要污染物排放得到有效控制，生态环境质量明显改善。生态文明观念在全社会牢固树立”。坚持环境保护与经济发展相协调，将经济社会发展的环境代价降到最小程度，统筹安排生活、生态、生产，寻求最佳的生态效益、社会效益、经济效益，实现环境保护与经济社会发展相融合的永续发展。党的十八大报告将生态文明建设作为社会主义现代化建设的重要组成，标志着中国在全世界率先进入生态文明时代，“前人种树，后人乘凉”，“功在当代，利在千秋”，“造福人类，惠及全球”。

建设环境友好型社会，促进生态盈余进一步实现。根据《中华人民共和国国民经济和社会发展第十二个五年规划纲要》等，主要包括以下几个目标：一是主要污染物排放总量显著减少，到 2015 年，化学需氧量、二氧化硫排放量分别减少 8%，氨氮、氮氧化物排放量分别减少 10%；二是进一步加强森林建设，到 2015 年森林覆盖率提高到 21.66%，森林蓄积量增加 6 亿立方米；三是加大生态修复与保护，进一步提高湿地保护率，提高自然保护区的质量，加大水土流失治理，实现水土流失面积下降，草地退化面积、土地退化面积进一步缩小。包括以下几个主要措施：

一是继续将污染物减排作为环境保护的抓手。将主要污染物减排作为约束性指标层层分解，是“十一五”规划环境保护工作取得重大进展的重要经验，“十二五”期间将污染物减排作为环境保护的抓手，并将主要污染物由 2 项（二氧化硫、化学需氧量），扩大为 4 项（二氧化硫、氮氧化物、氨氮、化学需氧量）。[①] 水污染治理，要着重加强对面源污染的治理与控制，使水环境质量得到进一步改善。大气污染治理，要进一步加大重点城市大气污染防治力度，加快推进钢铁、有色、化工、建材等行业二氧化硫综合治理。加强对直径小于 2.5 微米的可吸入颗粒物（PM2.5）的监测与控制。固体废物治理，要加快危险废物处理设施建设，妥善处置危险废物和医疗废物，进一步提高固体废物综合利用率。

二是实施生态安全战略。对限制开发区、禁止开发区实施严格的生态保护，保障生态安全，明确国家生态屏障布局，实施专项生态修复工程，呵护 960 万平方公里国土的生态环境，为中华民族子孙后代留下美好的绿色家园。

三是强化绿色发展的激励机制。按照谁开发谁保护、谁受益谁补偿的原

① 参见周生贤：《探索代价小可持续的环保新路》，见新华网，2010－09－16。

则，建立生态补偿机制。设立国家生态安全保障基金，解决大范围跨区域不同利益主体间的生态补偿，购买全国性生态公共产品。深化资源型产品价格和环保收费改革，完善资源性产品价格形成机制和资源环境税费制度，健全环境保护的法律法规，强化环境保护目标责任考核，把环境保护贯穿于生产、消费的各环节，提升可持续发展能力、绿色发展能力。

4.8　小结：从生态赤字扩大到生态赤字缩小

环境是最大的公共物品，也是最容易受损害的公共物品，在市场失灵和政府失灵的条件下，很容易形成“公地悲剧”。环境与经济发展的关系是相互依赖的，它们既相互促进，又相互制约。环境对于经济发展具有推动和约束作用，经济发展既可破坏环境又能保护和改造环境，经济发展是主导因素。

中国是世界上最古老的文明国家之一，中国农业文明的发展和人口的繁殖也导致了巨大的环境压力和严峻的生态破坏。中国在上世纪 50 年代以后，经济进入起飞期，生态环境发展也走了一条“先破坏、后保护，先污染、后治理，先耗竭、后节约，先砍林、后种树”的弯路。

中国目前正以历史上最脆弱的生态环境承载着人类历史上最大规模的城镇化和工业化，还处于经济发展和生态矛盾凸显的时期。摆脱经济与发展的悖论，根本出路在转变发展模式，建设环境友好型社会，绿色发展道路是中国的可选之路，也是必选之路。

【思考与讨论】

1. 如何认识环境与发展的关系？环境的经济学特性是什么？
2. 中国环境发展之路有哪些独特性？
3. 中国如何实现从生态赤字到生态盈余？
4. 如何建设环境友好型社会？
5. 如何认识生态文明建设？

【扩展阅读】

胡鞍钢，王毅，牛文元．生态赤字：未来中华民族生存的最大危机——中国生态环境状况分析（1989）．科技导报，1990（2），（3）．

胡鞍钢．环境与发展//胡鞍钢集：中国走向二十一世纪的十大关系．哈尔滨：黑龙江教育出版社，1995.

胡鞍钢．我国可持续发展十大目标：关于“十五”计划制定的建议．国情报告，1999（61）.

中国可持续发展林业战略研究项目组．中国可持续发展林业战略研究总论. 北京：中国林业出版社，2002.

［美］泰坦伯格．环境与自然经济学．北京：经济科学出版社，2003.

世界银行．增长的质量．北京：中国财政经济出版社，2000.

清华大学国情研究中心，胡鞍钢，王亚华．国情与发展．北京：清华大学出版社，2005.

胡鞍钢．中国：创新绿色发展．北京：中国人民大学出版社，2012.

《中华人民共和国国民经济和社会发展第十二个五年规划纲要》，2011 年 3 月．

《国家环境保护“十二五”规划》，2011 年 12 月 15 日．

第5章　自然灾害、气候变化与发展

自然灾害是人类社会面临的共同挑战。我国是世界上自然灾害最为严重的国家之一，灾害种类多，分布地域广，发生频率高，造成损失重。地震、洪涝、台风、干旱、风雹、雷电、高温热浪、沙尘暴、地质灾害、风暴潮、赤潮、森林草原火灾、植物森林病虫害等灾害在我国都有发生。我国70%以上的城市、50%以上的人口分布在气象、地震、地质、海洋等自然灾害严重的地区。[①] 1990—2008年间，我国因灾直接经济损失占国内生产总值的2.5%，占世界因灾直接经济损失的22%，我国因灾死亡人口占世界因灾死亡人口的9.9%，受灾人数占世界受灾人数的57%。[②]

全球气候变暖引起的极端异常气候频发，已经成为全人类面临的前所未有的挑战。正如政府间气候变化专门委员会（IPCC）[③] 报告指出的："气候变化将影响到全球人类的基本生活元素——水的获得，粮食生产，健康和环境。"[④] 世界各国从来没有像今日这样对气候变化问题感受如此之大，受害如此之深，气候变化问题成为人类共同发展的挑战。

中国已经超过美国成为最大的温室气体排放国，成为全球气候赤字的最大输出者，与此同时，中国作为世界人口最多、地域辽阔、生态极度脆弱的国家又是全球气候变化的最大受害者。诚如国务院新闻办公室发表的《中国应对气候变化的政策与行动（2011）》白皮书所指出的：中国是最易受气候变化不利影响的国家之一，全球气候变化已对中国经济社会发展产生诸多不利影响，成为可持续发展的重大挑战。[⑤] 积极应对全球气候变化，是我们寻求可持续发展的一个前所未有的机遇，同时也是对全球做出的最为重要的绿色贡献。

---

① 参见《胡锦涛在中国"两院"院士大会上的讲话》，见新华网，2008-06-23。

② 作者根据 The OFDA/CRED International Disaster Database 的数据计算。纳入统计的自然灾害至少满足以下条件之一：造成至少10人死亡、至少100人受灾、已经宣布紧急状态或要求国际援助。

③ 政府间气候变化专门委员会是1988年由世界气象组织（WMO）和联合国环境规划署（UNEP）共同成立的政府间组织，其作用是在全面、客观、公开和透明度基础上，对全球气候变化进行评估。

④ IPCC：《全球气候变化第四次评估报告》，2007。

⑤ 参见国务院新闻办公室：《中国应对气候变化的政策与行动（2011）》白皮书，2011年11月22日。

那么自然灾害、气候变化与发展的关系是什么？中国如何应对自然灾害挑战？中国遇到的气候变化挑战是什么？中国的绿色发展之路是什么？中国如何为世界做出更大的绿色贡献？中国应对自然灾害和气候变化的挑战时，需要走出一条独特的道路：从灾害大国到防灾减灾能力大国；从温室气体排放大国到绿色革命领导国；从气候变化的最大受害国到最大贡献国。

5.1 自然灾害、气候变化与发展的关系

5.1.1 自然灾害、气候变化

人类赖以生存的环境包括生物圈、水圈、大气圈、岩石圈，这些圈层的异常变动会形成地震、洪涝、干旱等自然灾害（见专栏 5—1），对人类的生存和发展构成极大的冲击和威胁；另一方面人类的活动也会影响生物圈、水圈、大气圈运动的自我均衡，进一步加剧自然灾害的威胁，这被称为环境灾难。气候变化就是典型的、最大的环境灾难。

专栏 5—1 自然灾害的概念与分类

自然灾害，是指由于自然变异，造成的人员伤亡、财产损失、社会失稳、资源破坏等一系列现象或事件。自然灾害的形成必须具备两个条件：一是要有自然变异作为诱因；二是要有受到损失的人、财产、资源作为承受灾害的客体。

自然灾害综合研究组将中国自然灾害分为七大类：气象灾害、海洋灾害、洪涝灾害、地质灾害、地震灾害、农业生物灾害和森林灾害。在这七大类自然灾害中，经济损失最重的是洪涝灾害；影响面最广的是气象灾害；伤亡人口最多、造成社会恐灾心理最严重的是地震灾害；经济损失增长最快的是海洋灾害；人为致灾作用最强烈的是地质灾害；灾害种类最多、对农业发展影响日渐严重的是农业生物灾害；对生态环境破坏最严重的是森林灾害。

资料来源：中国可持续发展研究会编：《中国自然灾害与防灾减灾知识读本》，2～3 页，北京，人民邮电出版社，2012。

自然灾害频发，特别是巨灾发生频率的上升，已经对人类经济社会模式提出了挑战，巨灾不但直接造成巨大的人员伤亡和经济损失，同时形成的原发与

次生灾害链对人类经济社会模式提出了巨大的挑战。[①]

全球气候变化已经是全人类面临的最大挑战。所谓气候变化，是指除在类似时期内所观测到气候的自然变异之外，由于直接或间接的人类活动改变了地球大气的组成而造成的气候变动。

政府间气候变化专门委员会第三次评估报告指出，近50年的全球气候变暖主要是由人类活动大量排放的二氧化碳、甲烷、氧化亚氮等温室气体的增温效应造成的。根据IPCC全球气候变化第四次评估报告：全球大气中二氧化碳浓度已从工业化前的280ppm增加到了2005年的379ppm，如果不采取有效措施控制温室气体排放，大气中温室气体浓度将会继续上升，这将使全球平均温度到2100年上升1.4℃～5.8℃，给全球自然生态系统和人类生存与发展带来不可逆转的影响。[②] 这将造成各类灾难和巨大影响：首先是生态灾难。IPCC报告称，未来10年内，在拉丁美洲、亚洲和非洲最少有2.07亿人将缺少饮用水。到本世纪中期，在亚洲，还有另外1.3亿人会受到饥饿的威胁。到2100年，非洲的农作物收入将会降低90%。其次是经济灾难。由世界银行前首席经济学家尼古拉斯·斯特恩（Nicolas Stern）主持完成的报告认为，如果在未来几十年内不能及时采取行动，那么全球变暖带来的经济和社会危机，将堪比世界性大战以及20世纪前半叶曾经出现过的经济大萧条。届时，全球GDP的5%～20%都有可能灰飞烟灭。[③] 再次是社会灾难和分配不公。IPCC报告认为，气候变暖将使部分人面临死亡威胁，由于技术和财力方面的应对能力有限，那些最贫穷的国家受到的影响将最为严重。最后是对国家安全的挑战。气候变化不仅威胁经济发展，而且严重影响国家安全。[④] 气候变化既是环境问题，也是发展问题，但归根到底是发展问题。[⑤] IPCC特别报告指出，由极端气候事件导致的

---

① 例如，2011年3月11日日本发生9.0级大地震，随后引发了海啸、核电事故等严峻的次生灾害，这对于日本的经济模式（高度依赖电力）、能源利用模式（高度依赖核能）、政治治理模式（动员能力弱、领导层不稳定），以及国际关系模式（高度依赖美国）都构成了巨大的挑战。

② 2007年，政府间气候变化专门委员会正式发布了全球气候变化第四次评估报告：全球气候变化是一个不争的事实。未来100年，全球气候还会持续变暖，将对自然生态系统和人类生存产生巨大影响。导致全球气候变暖的因素包括自然和人为两大类，但主要是由于工业革命以来，人类大量使用化石能源、毁林开荒等行为，向大气中过量排放二氧化碳等温室气体，导致大气中二氧化碳等温室气体浓度不断增加、温室效应不断加剧的结果。参见IPCC：《全球气候变化第四次评估报告》，2007。

③ Stern Review on the Economics of Climate Change，http：//www. hm-treasury. gov. uk/independent _ reviews/stern _ review _ economics _ climate _ change/stern _ review _ report. cfm，2006－10－30.

④ 欧盟的一份报告指出，气候变化将恶化现有趋势，引发紧张态势以及不稳定性。具体来说，气候变化的威胁有以下七种：资源引发的冲突；沿海城市及基础设施面临威胁；领土损失和边界争端；环境引发的移民；社会逐渐衰落、激进行为日益盛行；能源供应紧张；国际监管压力加大。参见高级代表和欧盟委员会提交给欧洲理事会的报告，Climate Change and International Security，http：//www. consilium. europa. eu/ueDocs/cms _ Data/docs/pressData/en/reports/99387. pdf。

⑤ 参见《中国应对气候变化国家方案》，2007－06－03。

经济损失总体将呈逐渐增加趋势，发达国家因灾害造成的经济损失总量大，而发展中国家与灾害有关的经济损失占国内生产总值的比重高。极端事件影响的严重性不仅取决于极端事件本身，还取决于承载体的暴露度和脆弱性，两者是灾害风险的主要决定因素。因此，管理灾害风险和适应气候变化主要是减少暴露度和脆弱性，并提高对各种潜在极端气候不利影响的应变能力。[①]

5.1.2 自然灾害损失影响因素

最大程度减少自然灾害损失是防灾减灾的最根本目的，问题是这种损失具有很大程度的不可控性，既是无可奈何的“天灾”，又有未尽人事的“人祸”。那么我们如何分析灾害的影响因素，并进行确定减灾防灾的战略重点呢？联合国减灾战略秘书处发布的《与风险共存：聚焦减少灾害风险》、《2009年全球灾害风险评估报告》，以及世界银行的报告《自然灾害和非自然灾害：有效防灾的经济学》[②]，都强调只有在民众及其财产暴露在灾害之下且其自身比较脆弱的情况下，自然灾害才会造成严重的影响。预防灾害，是指采取措施降低民众暴露在自然灾害之下的概率和本身的脆弱性。

参考国际组织对于自然灾害的相关概念，根据我国自然灾害的实际情况，我们构建了自然灾害损失模型，并列出了影响损失的主要因素，该模型如下：

灾害损失＝强度×脆弱性×集中度÷响应能力

$$\left(D=\frac{H\times V\times C}{R}\right)$$

灾害损失（D），为自然灾害造成的人员伤亡损失与经济损失。

灾害强度（H），是指灾害对经济社会的冲击程度，如地震的烈度、台风的强度等，它是灾害的自然属性，总体上属于不可控因素。

灾害脆弱性（V），是指在灾害冲击面前人类社会的易受影响程度，包括经济脆弱性、政治脆弱性、基础设施脆弱性、社会脆弱性、生态环境脆弱性。这反映了人类社会对灾害的适应性能力，是人类社会能加以调节的关键性和长期性因素。

集中度（C），是指人口和财富的积累和集聚程度，人口与财富的增长，以及在空间上的集聚，增大了自然灾害损失的风险。集中度在一定程度上体现了民众暴露于灾害之下的情况。当灾害发生时，人口越集中的地区暴露于灾害之

① 参见IPCC：《管理极端事件和灾害风险推进气候变化适应特别报告》，2012-03-28。

② World Bank，Natural Hazards，UnNatural Disasters：The Economics of Effective Prevention，Washington，DC.

下的民众就越多。

响应能力（R），是指对自然灾害短期响应的能力，包括灾害的预警、处置、救助以及灾后重建的能力。这也是人类所能控制的因素，它可以在一定程度上降低灾害所造成的损失。

在这几个因素中，脆弱性是对灾害损失影响最大且人类能加以控制的因素。一些灾害频发的发达国家之所以能做到大灾无大害，根本原因在于其社会具有对灾害的长期适应能力，脆弱性远低于发展中国家。根据世界灾害数据库数据，1975—2008年共发生死亡1万人口以上的巨灾23次，死亡人数共178.6万，其中发展中国家发生了21次，死亡人口比重达到95.4%；中国发生了三次，分别是海城地震（1975年2月4日）、唐山地震（1976年7月28日）、汶川地震（2008年5月12日），死亡人数共计33.9万，占19.0%。因此，要从根本上减少灾害损失，就要实现从短期的以响应能力为主的减灾模式转向长期的以降低脆弱性（提高适应能力）为主的防灾模式，重在防范就是将降低脆弱性作为防灾减灾的优先方向。需要说明的是，防灾为主的战略是指长期的综合防范（prevention）战略，而不只是预测、预警等短期预防（preparations）战略。在中国，我们称之为“国家综合防灾减灾战略”，它是国家可持续发展战略、绿色发展战略的重要支柱之一，并将防灾减灾纳入国家国民经济和社会发展规划。

从区域战略重点来看，需要划分高风险区域和一般区域。所谓高风险区域，也就是防灾减灾的重点区域，主要有三类：一是“高强度+高集聚”的区域，如处于地震带、海洋灾害严重的大城市群；二是“高强度+高脆弱性”的区域，主要是灾害频发的欠发达地区；三是“高强度+中集聚+高脆弱性”的区域，主要是灾害风险高，人口稠密的农村地区，这三类地区要成为防灾减灾的重点区域。

由此，我们定义防灾减灾的能力指数为M：

$$M=\frac{R}{V\times C}$$

则 $D=\frac{H}{M}$

也就是说，灾害损失是灾害的大小与人类对灾害的防御能力的比值。随着经济社会发展，灾害损失大体要经历以下四个阶段：第一，当处于低收入阶段时，是高脆弱和高灾害损失时期，人类防御灾害能力十分弱小，灾害损失总体上是取决于灾害强度的大小。与发达国家相比，在相同的灾害强度下，发展中国家的主要损失体现在大量人员伤亡。第二，当处于中等收入阶段时，人类防御灾害能力增强，脆弱性有所减弱，这使因灾死亡人口下降，与此同时，由于经济规模增大，聚集度增加，会造成经济损失加大，世行的研究结果也表明，中等收入国家是自然灾害经济损失最大的国家。[①] 第三，当进入上中等和高收入阶段时，一方面防灾能力进一步增强，脆弱性进一步减弱，另一方面由于全球气候变暖等原因，加剧了气候性灾害发生的频率与可能，同样处于高灾害风险时期。第四，进入更高收入阶段时，成为一个极低灾害脆弱度国家，同时有效控制碳排放，气候变暖趋势得到遏制，进入低灾害损失的较为安全的时代。

这既是经济社会发展的自然过程，更是人类主动战略选择的结果。通过积极建设低灾害风险型社会与气候适应型社会，中国有可能充分利用“一方有难，八方支援”、“集中力量办大事”的社会主义优势，缩短各个阶段需要的时间，在相对低的收入条件下提前进入低灾害风险、低灾害损失的阶段。

5.2 自然灾害历史变迁

5.2.1 中国自古就是世界灾害大国

中国自古就是世界上遭受自然灾害最严重的大国之一，自然灾害种类多、分布广、频率高。中国自古就有“三岁一饥，六岁一衰，十二岁一荒”（《淮南子·天文训》）之说，中国的历史就是一部饱受自然灾害的历史。据中国经济史学家萧国亮统计，从周朝到清朝的近 3 000 年间，中国旱灾、水灾等总灾害数达到 5 168 次，其中旱灾 1 052 次，水灾 1 029 次，蝗灾 473 次。以水旱灾害为例，从公元前 206—1949 年的 2 155 年间，水旱灾害几乎每年发生，平均每年因旱灾、水灾分别死亡 14 210 人和 1 863 人。按平均每年受旱灾、水灾数统计，尽管具有波动性，但我国总体的受灾情况呈上升趋势（见表 5—1）。如果将灾害情况和人口数据对应来分析会发现：凡自然灾害高的时期人口都会有所下降。这是因为人口增长，会增加对耕地的开垦力度，进行围湖、围河甚至围海造田，破坏了大自然，大自然也就相应地会对人类进行报复。根据公元前 180—1949 年部分灾害造成的死亡人数统计，死亡人口共计 2 900 万人，其中旱灾最多，达 1 200 万人，占 41.4%，其次是饥荒，达 1 000 万人，占 34.4%，再次是洪涝，达 340 万人，占 11.7%。[②]

---

① 参见世界银行报告：《自然和非自然灾害：有效防灾的经济学》，2011。

② 纳入统计的包括飓风、洪涝、瘟疫、寒灾、旱灾、饥荒，资料来源于梁鸿烈：《减灾必读》，430 页，北京，地震出版社，1990。

表 5—1　　　　　　　　中国灾难史统计（周代—清代）

朝代	统计年数	旱灾	水灾	总灾害数	年平均旱灾数	年平均水灾数	年平均灾害数
周	867	30	16	89	0.035	0.018	0.103
秦汉	440	81	76	375	0.184	0.173	0.852
魏晋	200	60	56	304	0.300	0.280	1.520
南北朝	169	77	77	315	0.456	0.456	1.864
隋	29	9	5	22	0.310	0.172	0.759
唐	289	125	115	493	0.433	0.398	1.706
五代	54	26	11	51	0.481	0.204	0.944
两宋	319	183	193	874	0.574	0.605	2.740
元	97	86	92	513	0.887	0.948	5.289
明	267	174	196	1 011	0.652	0.734	3.787
清	268	201	192	1 121	0.750	0.716	4.183
总计	2 999	1 052	1 029	5 168	0.351	0.343	1.723

资料来源：根据萧国亮所著《皇权与中国社会经济》（北京，新华出版社，1991）的资料和数据整理计算。

中华民族几千年的文明史就是与干旱、洪涝、饥荒等灾害斗争的历史。在与灾害不断斗争的过程中，中国也发展出独特的举国救灾体制。春秋时期，管仲就提出："善为国者，必先除其五害①。"（《管子・度地篇》）到清代形成了正常年份注意河道等防灾设施的维修以及应急物资的储备，救灾过程分为报灾、勘灾、审户与发赈四个步骤，救灾措施包括免除劳役赋税、赈济灾祸、调集物资支援、借贷民间财务、去除次生灾害、安慰抚恤灾民等。②

5.2.2　新中国成立以来自然灾害损失

新中国成立以来，我国防灾减灾能力不断增强，突出表现为因灾死亡人口总体上不断下降。从1950年以来的平均每年因洪涝灾害死亡人口来看，1950—1978年间为6 034人，而1979—2000年间下降为4 000人，到2000—2009年间进一步下降至1 400人。以长江流域为例，几次特大洪灾死亡人数也明显大幅下降，1931年为14.52万人，1935年为14.2万人，1954年为3.3万人，1998年为1 320人。

① 五害指水、旱、风雾雹霜、瘟疫、虫灾。

② 参见金磊：《漫话古代防灾救灾》，载《中国减灾杂志》，2001（4）。

90 年代以来，我国不计入巨灾的因灾死亡人口总体下降，不计入巨灾的年均因灾死亡人数，“八五”时期为 6 658 人，“九五”时期为 4 395 人，“十五”时期为 2 381 人，“十一五”时期为 3 362 人，这也表明我国防灾减灾能力不断增强。

与此同时，由于经济规模增大，经济聚集程度提高，自然灾害造成的直接损失额越来越大。从 90 年代不足 1 000 亿元上升为 2012 年的 4 000 亿元以上；但是直接经济损失占 GDP 比重不断下降，从 90 年代的 3%～4%下降到近几年来的 1%左右。“八五”时期直接经济损失年均为 1 360.5 亿元，占 GDP 比重为 3.52%；“九五”时期为 2 374.4 亿元，占 GDP 比重为 2.80%；“十五”时期为 1 834.1 亿元，占 GDP 比重为 1.29%；“十一五”时期为 4 901.4 亿元，占 GDP 比重为 1.63%，在不计入汶川地震这样的巨灾之后，这一比重降至 1.06%。进入“十二五”以来，经济损失占 GDP 的比重进一步下降，2011 年为 0.65%，2012 年为 0.81%（见表 5—2）。

表 5—2　全国因灾害直接经济损失及占 GDP 比重（1990—2012 年）

年份	经济损失（亿元）	占当年 GDP 比重（%）	因灾死亡人口（人）	受灾人口（万人）	占当年总人口比重（%）
1990	616.5	3.30	7 338	29 348.0	25.7
1991	1 215.5	5.58	7 315	41 941.0	36.2
1992	853.9	3.17	5 741	37 174.0	31.7
1993	994.3	2.81	6 125	37 541.0	31.7
1994	1 876.0	3.89	8 549	43 799.0	36.5
1995	1 863.0	3.06	5 561	24 213.0	20.0
1996	2 882.0	4.05	7 273	32 304.9	26.4
1997	1 975.0	2.50	3 212	47 886.0	38.7
1998	3 007.4	3.56	5 511	35 215.5	28.2
1999	1 962.4	2.19	2 966	35 318.8	28.1
2000	2 045.3	2.06	3 014	45 652.3	36.0
2001	1 924.2	1.75	2 538	37 255.9	29.2
2002	1 717.4	1.43	2 384	37 841.8	29.5
2003	1 884.2	1.39	2 259	49 745.9	38.5
2004	1 602.3	1.00	2 250	33 920.6	26.1
2005	2 042.1	1.10	2 475	40 653.7	31.1
2006	2 528.1	1.17	3 186	43 453.3	33.1

续前表

年份	经济损失（亿元）	占当年GDP比重（%）	因灾死亡人口（人）	受灾人口（万人）	占当年总人口比重（%）
2007	2 363	0.89	2 325	39 777.9	30.1
2008	11 752.4	3.74	88 928	47 795	36
2009	2 523.7	0.75	1 528	47 933.5	35.9
2010	5 340	1.34	5 857	43 000	32.0
2011	3 096	0.65	1 126	43 000	32.0
2012	4 185.5	0.81	1 530	29 000	21.6
"八五"平均	1 360.5	3.52	6 658		
"九五"平均	2 374.4	2.80	4 395		
"十五"平均	1 834.1	1.29	2 381		
"十一五"平均	4 901.4	1.63	20 762		
"十一五"平均（不计汶川地震）	3 211.2	1.06	3 362		

注：本表按当年价格计算。

资料来源：根据国家统计局、民政部编《中国灾情报告》（北京，中国统计出版社，1995年）403～407页数据计算。国家统计局编：《中国统计摘要2009》，39、200页，北京，中国统计出版社，2009；国家统计局：《中华人民共和国2010年国民经济和社会发展统计公报》（2010年2月28日）。2011、2012年数据由国家减灾委提供。

近年来重大、特大自然灾害发生频率上升，对国民经济、社会发展和人民生命安全造成巨大威胁，例如，2008年四川汶川发生8.0级地震，造成直接经济损失多达8 451亿元，遇难人数达8.7万人。①

从国际比较来看，根据国际灾害数据库的数据计算（见表5—3），2000—2008年与1991—1999年相比，我国灾害损失占世界比重有所上升，我国因灾死亡人数占世界比重由6.6%上升至11.3%；经济损失占世界比重由18.4%上升至24.5%，这很大程度上是受汶川地震的影响，扣除后，2000—2008年间的死亡人数占世界比重为1.5%，经济损失占世界比重为14.0%，相对于1991—1999年均有不同程度的下降。

---

① 四川汶川特大地震是新中国成立以来破坏性最强、波及范围最广、救灾难度最大的一次地震，震级达里氏8级，最大烈度达11度，余震3万多次，涉及四川、甘肃、陕西、重庆等10个省（区、市）、417个县（市、区）、4 667个乡（镇）、48 810个村庄。灾区总面积约50万平方公里、受灾群众4 625万多人，其中极重灾区、重灾区面积13万平方公里，造成69 227名同胞遇难、17 923名同胞失踪，需要紧急转移安置受灾群众1 510万人，房屋大量倒塌损坏，基础设施大面积损毁，工农业生产遭受重大损失，生态环境遭到严重破坏，直接经济损失8 451亿多元，引发的崩塌、滑坡、泥石流、堰塞湖等次生灾害举世罕见。参见《胡锦涛在全国抗震救灾总结表彰大会上的讲话》，见人民网，2008-10-08。

表 5—3　　　中国自然灾害损失及占世界的比重（1991—2008 年）

	灾害数	死亡人数（万人）	受灾人数（亿人）	经济损失（亿美元）
中国				
1991—1999 年	175	3.4	12.63	1 178.86
2000—2008 年	252	9.86	10.48	2 436.49
世界				
1991—1999 年	2 746	46.30	19.19	6 415.64
2000—2008 年	4 112	87.0	21.34	9 953.90
中国占世界比重（%）				
1991—1999 年	6.4	6.6	65.8	18.4
2000—2008 年	6.1	11.3	49.1	24.5

注：纳入统计的自然灾害至少满足以下条件之一：造成至少 10 人死亡、至少 100 人受灾、已经宣布紧急状态或要求国际援助。

资料来源：作者根据 The OFDA/CRED International Disaster Database 的数据计算。

5.2.3　我国自然灾害的分布

我国地域广大，自然条件和社会条件差异甚大。因此，自然灾害也呈现了显著的差异性。一方面，自然灾害的成灾程度与人口数量有着直接关系。在人口密集、经济发达的地区和城市地区，受灾人口多，成灾人口也多，同等灾害所造成的危害性也越严重，因灾直接经济损失绝对额也巨大，但人员伤亡小；在人口密度低、经济欠发达的地区和农村地区，与此相反，因灾直接经济损失绝对额小，但是人员伤亡大。

随着经济发展水平的提高，经济财富和社会财富不断增多，因自然灾害的经济损失绝对额呈增长趋势，相对 GDP 比重呈波动性下降趋势，因灾死亡人数呈现明显减少趋势，这也反映了我国抵御灾害的能力、防灾的能力不断提高。即使是出现巨灾，灾害重建、恢复家园的能力也明显提高。

从区域自然灾害分布特征看，从事自然灾害研究的科学家提供的资料表明，东部地区的自然环境最复杂、地表物质最不稳定，这个地区的自然灾害以暴雨灾害、洪涝灾害、地震灾害、滑坡灾害和泥石流灾害为主，并且水土流失、风蚀沙化的问题比较严重；东南沿海地区受海洋与陆地双重环境的影响，多发生台风、风暴潮、暴雨、洪涝、海水入侵等自然灾害；而西北部地区则因降水量少多发生沙尘暴、干旱等自然灾害；此外，青藏高原地区由于其特殊的地理环境，自然灾害以暴风雪灾害、寒潮灾害、雪崩灾害、地震灾害等为主。[①]

由于我国是地域辽阔的大国，有“东方不亮西方亮，黑了南方有北方”的大国回旋优势，即使一个地区发生了致命性的巨灾，仍可以充分利用社会主义“集中力量办大事”的政治优势，做到“一方有难，八方支援”。

2008年5月12日，汶川地震的援救和灾后重建就是最典型的例子。举全国之力攻坚克难，以最快的救援速度、最广的动员范围、最大的投入力量开展抗震救灾，从汶川地震的废墟中救出83 988人，救治伤病员400多万人次，用10天时间完成1 500万人的应急安置，用3个月时间完成530万户、1 200多万因灾房屋损毁无家可归群众的过渡性安置。中央在震后37天即做出“一省帮一重灾县”的部署，18个对口援建省市积极开展了对18个重灾县重点重建项目的援建，创造出“对口支援”的大团结、大协作模式。有评论称，汶川特大地震的援救和灾后重建体现了我国制度的优势，即有效地集聚全国力量、整合各种资源，有效应对各类突发事件的挑战，最大限度降低灾害损失，最大程度保护人民生命财产安全，最大可能帮助群众重建家园。[②]

5.3　气候变化的最大受害国

近年来，随着全球气候变暖趋势加剧，气候变化引发的自然灾害也成为中国面临的突出挑战。作为世界上人口最多、地域辽阔和自然生态系统复杂的国家，中国将是全球气候变化的最大受害者之一（见专栏5—2）。根据《第二次气候变化国家评估报告》（2011年11月15日）[③] 提供的主要结论表明：1951—2009年，中国陆地表面平均温度上升1.38℃，变暖速率为每10年升温0.23℃。1880年以来，中国降水无明显变化趋势，但存在20～30年尺度的年代际振荡。中国地面太阳辐射量减少。20世纪60年代以来，东亚冬、夏季风均减弱。自20世纪90年代以来，超过82%的冰川处于退缩状态，90年代以来

---

① 参见中国可持续发展研究会编：《中国自然灾害与防灾减灾知识读本》，5页，北京，人民邮电出版社，2012。

② 参见《求是》评论员：《优势在中国制度　根本在中国力量——写在汶川特大地震五周年之际》，载《求是》，2013（11）。

③ 《第二次气候变化国家评估报告》编制工作于2008年12月启动。由科技部、中国气象局、中科院牵头，会同外交部、国家发改委、环保部、教育部、农业部、水利部、国家林业局、国家海洋局、国家自然科学基金委员会等组成了编写领导小组组织实施。

退缩加速。20世纪50年代以来，全国沿海海平面平均上升速率为每年2.5毫米。预估到本世纪末，中国年平均温度在“低排放”、“中排放”和“高排放”情景下，将比1980—1999年平均分别增加约2.5℃、3.8℃、4.6℃，比全球平均的温度增幅大。预计未来30年，中国沿海海平面将继续上升。全海域2030年比2009年上升80～130毫米，同时存在显著的区域差异。

专栏5—2 中国是全球气候变化的最大受害者

在全球变暖的大背景下，中国近百年的气候也发生了明显变化。有关中国气候变化的主要观测事实包括：一是近百年来，中国年平均气温升高了0.5℃～0.8℃，略高于同期全球增温平均值，近50年变暖尤其明显。从地域分布看，西北、华北和东北地区气候变暖明显，长江以南地区变暖趋势不显著；从季节分布看，冬季增温最明显。从1986年到2005年，中国连续出现了20个全国性暖冬。二是近百年来，中国年均降水量变化趋势不显著，但区域降水变化波动较大。中国年平均降水量在20世纪50年代以后开始逐渐减少，平均每10年减少2.9毫米，但1991年到2000年略有增加。从地域分布看，华北大部分地区、西北东部和东北地区降水量明显减少，平均每10年减少20～40毫米，其中华北地区最为明显；华南与西南地区降水明显增加，平均每10年增加20～60毫米。三是近50年来，中国主要极端天气与气候事件的频率和强度出现了明显变化。华北和东北地区干旱趋重，长江中下游地区和东南地区洪涝加重。1990年以来，多数年份全国年降水量高于常年，出现南涝北旱的雨型，干旱和洪水灾害频繁发生。四是近50年来，中国沿海海平面年平均上升速率为2.5毫米，略高于全球平均水平。五是中国山地冰川快速退缩，并有加速趋势。我国气象灾害频发，其灾域之广、灾种之多、灾情之重、受灾人口之众，在世界上都是少见的。

中国未来的气候变暖趋势将进一步加剧。中国科学家的预测结果表明：一是与2000年相比，2020年中国年平均气温将升高1.3℃～2.1℃，2050年将升高2.3℃～3.3℃。全国温度升高的幅度由南向北递增，西北和东北地区温度上升明显。预测到2030年，西北地区气温可能上升1.9℃～2.3℃，西南可能上升1.6℃～2.0℃，青藏高原可能上升2.2℃～2.6℃。二是未来50年中国年平均降水量将呈增加趋势，预计到2020年，全国年平均降水量将增加2%～3%，到2050年可能增加5%～7%。其中东南沿海增幅最大。三是未来100年中国境内的极端天气与气候事件发生的频率可能性增大，将对经济社会发展和人们的生活产生很大影响。四是中国干旱区范围可能扩大、荒漠化可能性加重。五是中国沿海海平面仍将继续上升。六是青藏高原和天山冰川将加速退缩，一些小型冰川将消失。

气候变化对我国的影响主要体现在农牧业、森林、水资源、海岸带和其他生态系统等领域。尽管气候变化对某些区域的农业生产也有积极的一面，如气候变暖有利于延长一些作物的生长期、缩短霜冻期，但是从总体上看，气候变化对我国农业生产弊大于利，对其他领域的影响则是显而易见的。《中国应对气候变化国家方案》提供的有关中国气候变化的主要观测事实表明，全球气候变化已经给中国造成了巨大影响并在未来有可能进一步加剧。

资料来源：国家发展和改革委员会编制：《中国应对气候变化国家方案》，2007。

中国北部、西部和东部地区都会受到气候变化的严重影响。联合国开发计划署（UNDP）的报告指出，中国北部地区已成为世界上缺水最严重的地区之一。在“3—H”（海河、淮河和黄河）流域的部分地区，当前水源开发为可再生供水的 140%——这一事实说明了主要水系会快速缩小、地下水位下降的原因。从中期来看，冰川融化模式改变将加剧缺水现象。中国 1.28 亿农村贫困人口约有一半生活在这一地区，这里包括了中国约 40%的农业土地，产值占国内生产总值的 1/3，冰川融化对中国的发展有着严重的影响。青藏高原的面积相当于整个西欧，并且拥有 4.5 万多座冰川。这些冰川以每年 131.4 平方公里的惊人速度消退。《中国应对气候变化国家方案》报告也指出，过去近 50 年西北冰川面积减少了 21%，西藏冻土最大减薄了 4～5 米。

根据国家海洋局发布的《2012 年中国海平面公报》（2013 年 2 月 26 日），2012 年，中国沿海海平面达到 1980 年以来最高值，从 1980 年至 2011 年，总体上升了约 85 毫米，上升速率为 2.9 毫米/年，高于全球平均水平。2012 年中国海平面较常年（1975—1993 年）高 122 毫米，较 2011 年高 53 毫米。其中，东海海平面上升最为明显，为 66 毫米，南海、黄海、渤海依次次之。全球海平面上升主要由全球气候变暖导致海水增温膨胀、陆源冰川和极地冰盖融化等因素造成。中国地处西太平洋区域，受季风、洋流、海温、气压、台风场等因素影响，海平面上升较快。预计，未来中国沿海海平面将继续上升，2050 年将比常年升高 145～200 毫米。按照此速度，届时有些海岛将在中国版图上消失。“气候服务台”在《自然—气候变化》月刊发布了到 2050 年世界 20 个因海平面上升影响最大的城市，有 5 个城市在中国沿海地区，其中广州排第 1 位，深圳排第 3 位，天津排第 7 位，湛江排第 15 位，厦门排第 19 位。[①]

① 参见《20 个因海平面上升影响最大的城市》，载《华盛顿邮报》，2013－08－20。

中国是世界气候变化受灾人口最大国，1990—2008年期间，全球受灾人数最多的十大灾害都是水灾与旱灾，而且都集中在世界人口最多的中国和印度两国，其中中国有6次。现在中国每年的受灾人数是1亿～2亿人。这些自然灾害大体都发生在20世纪80、90年代和21世纪初，这说明全球气候的异常变化。根据世界银行报告，1971—2008年期间，平均每年的干旱受灾人口为964万人，洪水和风暴受灾人口为5 346万，占总人口比重的5.2%，这相当于印度受灾人口的1.33倍，也相当于与中国国土面积相差不大的美国的受灾人口的93.9倍。[①] 根据国际乐施会（Oxfam）研究报告，1997—2008年期间全球气候变化受灾人口平均每年为2.78亿人，到2015年将上升45%，达到3.75亿人，这将对全球人道主义救灾体系提出严重挑战。[②] 根据全球灾害数据库的计算，1990—2007年中国年均气候变化受灾人口为1.2亿，占世界比重为52.4%，受灾人口及占世界比重虽然各年波动比较大，但总体上呈上升趋势，这表明中国将受到气候变化灾害越来越大的冲击，占世界的比重也可能还要进一步上升（见表5—4）。

表5—4　　中国与世界气候变化受灾人口（1990—2007年）

年份	中国（万人）	世界（万人）	中国占世界比重（%）
1990	4 769.1	8 192.8	58.2
1991	21 433.9	28 134.5	76.2
1992	2 838.5	6 676.0	42.5
1993	850.4	17 099.7	5.0
1994	22 003.5	26 632.4	82.6
1995	14 750.3	22 003.8	67.0
1996	16 530.3	21 356.1	77.4
1997	1 429.9	6 870.9	20.8
1998	22 524.1	33 915.4	66.4
1999	12 592.2	26 908.7	46.8
2000	2 317.3	17 054.9	13.6
2001	3 924.6	9 891.4	39.7
2002	28 518.1	65 920.2	43.3
2003	21 477.8	25 076.9	85.6
2004	5 193.3	15 851.8	32.8
2005	8 302.5	15 371.5	54.0

① 参见世界银行：《2010年世界发展报告：发展与气候变化》，352页，北京，清华大学出版社，2010。

② 参见 http：//www.oxfam.org/sites/www.oxfam.org/files/forecasting-disasters-2015.pdf。

续前表

年份	中国（万人）	世界（万人）	中国占世界比重（%）
2006	8 783.4	11 807.2	74.4
2007	12 004.2	20 995.8	57.2
年均	11 680.2	21 097.8	52.4

注：(1) 世界受灾人口系乐施会（Oxfam）据国际流行病与自然灾害研究中心（CRED）数据计算；(2) 中国受灾人口系作者参照乐施会的方法据国际流行病与自然灾害研究中心数据计算；(3) 气候变化灾害包括干旱、极端气温、自然火灾、洪水、风暴、潮湿引起的大规模移民；(4) 纳入统计的自然灾害至少满足以下条件之一：造成至少10人死亡、至少100人受灾、已经宣布紧急状态或要求国际援助。

我国大部分地区属于生态环境脆弱的干旱、半干旱地区（详见第2章），气候变化灾害也对农业生产造成越来越大的冲击。20世纪50年代我国因水灾导致的受灾面积平均每年达789.13万公顷，90年代是1 459.36万公顷，现阶段是1 064.60万公顷。根据成灾面积可计算出我国平均每年因自然灾害导致的粮食减产情况，在50年代，因自然灾害导致的粮食的减产数达到了379.49万吨，相当于粮食总产量的2.1%（标准差为0.8）（见表5—5）。而后因自然灾害造成的粮食减产量持续上升，2001—2009年期间因灾粮食损失量占总产量的比重已经达到了7.0%，这反映了由于粮食单产量的不断提高，同样的自然灾害会导致更高的经济损失。因此，面对自然灾害加快和土地生产率提高的状况，防灾减灾相当于增加粮食的总产量。中国目前是世界谷物、粮食生产最大国，但同时又是世界因自然灾害减产（损失）最大国，对于中国的农业和农民最大的威胁是自然灾害和全球气候变化导致的异常气象。因此对于防灾减灾的研究具有重大的意义。

表5—5　　全国平均每年因自然灾害粮食减产数（1952—2009年）

项目 / 年份	每年因灾害粮食减产数（万吨）	每年粮食总产量（万吨）	损失量占总产量比重（%）
1952—1959	379.49 (151.79)	18 025.125 (1 437.224)	2.11 (0.80)
1960—1966	612.26 (170.73)	17 386.143 (2 597.466)	3.52 (1.0)
1970—1979	662.72 (356.00)	27 612.400 (2 896.999)	2.40 (1.3)
1980—1989	1 595.12 (325.02)	27 699.00 (3 254.569)	5.76 (0.10)
1990—2000	3 290.89 (641.60)	47 036.03 (2 903.38)	7.00 (1.37)
2001—2009	3 378.8 (610.76)	48 367.29 (3 438.62)	6.99 (1.61)

注：(1) 括号内为标准差；(2) 粮食损失量按成灾面积正常年份产量的30%计算。

资料来源：根据历年《中国统计年鉴》数据整理计算。

5.4 温室气体排放超级大国

温室气体排放是工业革命的副产品，还是全球气候变暖的罪魁祸首。从全球温室气体排放历史记录来看，与三次工业革命极其相关。在第一次工业革命期间，英国是最大的排放国，1800年英国温室气体累计排放量占到世界的99.3%，到1850年下降为77.8%，法国居第二位（为7.2%），德国居第三位（为5.4%），美国居第四位（为4.0%），四国合计占世界总量的94.4%。在第二次工业革命期间，到1900年，英国仍居世界第一位，但已下降至世界总量的37.3%，美国上升为第二位，达到世界总量比重的23.8%，德国上升为第三位（为14.3%），法国居第四位（为8.3%），四国合计占世界总量的83.7%。第三次工业革命初期（指1950年），美国居世界第一位，占世界总量的46.2%，英国降至第二位，占世界总量比重的20.3%，法国为第三位（为6.1%），苏联为第四位（为5.6%），四国合计占世界总量比重的78.2%；到第三次工业革命后期（指2000年），美国仍居首位，占世界总量比重的35.3%，中国上升为世界第二位，达到8.6%，英国居第三位（为8.1%），日本居第四位（为4.5%），四国合计为56.5%（见表5—6）。

表5—6　八大国累计二氧化碳排放量占世界比重（1800—2009年）（%）

国家＼年份	1800	1850	1900	1950	1960	1970	1980	1990	2000	2009
中国	0	0	0	1.0	1.9	2.6	4.0	5.5	8.6	10.1
美国	0	4.0	23.8	46.2	43.5	39.9	36.0	32.5	35.3	33.1
英国	99.3	77.8	37.3	20.3	16.8	13.4	10.4	8.4	8.1	7.2
日本	0	0	0	0.1	0.6	1.6	2.8	3.4	4.5	4.6
印度	0	0	0.3	1.2	1.2	1.3	1.4	1.7	2.6	3.0
德国	0.6	5.4	14.3						4.3	4.1
法国	0	7.2	8.3	6.1	5.3	4.7	4.1	3.6	3.6	3.3
俄罗斯（苏联）				5.6	8.0	10.7	12.8	14.4	15.0	13.0

注：累计二氧化碳排放量系从1751年开始的累计二氧化碳排放量。最后一行1950—1990年为苏联，2000年与2009年只累加俄罗斯的数值。

资料来源：作者根据CDIAC（Carbon Dioxide Information Analysis Center，二氧化碳信息分析中心），2011年1月18日的数据计算。

从上世纪90年代以来，中国成为温室气体排放的新兴大国，二氧化碳排放量占世界比重迅速上升，1980年为8.08%，1990年为11.29%，2005年为19.16%，已接近美国，到2009提高到24.2%，超过美国居世界第一位，也高于人口占世界的比重（为19.3%），到2012年进一步提高到26.7%，接近欧盟和美国的总和（见表5—7）。中国已经是世界上最大的“黑猫”，给世界带来最大的负外部性。

表5—7　世界六大经济体二氧化碳排放量占世界比重（1960—2012年）（%）

国家及地区 \ 年份	1960	1970	1980	1990	2005	2012
中国	8.98	5.65	8.08	11.29	19.16	26.7
欧盟	15.87	15.09	13.59	10.96	14.82	11.5
美国	33.68	31.18	25.32	22.67	21.75	16.8
日本	2.47	4.96	4.71	4.76	4.55	4.1
俄罗斯				9.26*	5.74	4.9
印度	1.28	1.30	1.79	3.01	4.14	5.3
总计					70.16	69.4

*为1992年数据。

资料来源：1960—1990年数据来自World Bank，World Development Indicators 2006；欧盟为11个国家。2005—2012年数据来自IEA，World Energy Oultlook 2007。

温室气体排放大幅增长首先是由于经济超高增长。经济发展从来就不是“免费的午餐”，它也会有各种各样的代价，包括排放二氧化碳所付出的气候变化的代价。经济增长速度必须符合客观的经济规律和实际国情限制，否则代价就会更大。一个经济体有其“长期增长潜力”，在这一长期增长潜力速度下的经济增长才是合理的增长；一个经济体还有其资源承载、环境容量、气候变化的生态制约，在这些约束下的经济增长才是科学的增长。在违反经济规律和自然规律的情况下，通过过高的投入、过高的消耗来人为地推高经济增长速度，则会造成适得其反的后果。

1995年中共十四届五中全会首次提出转变中国经济增长方式，即“从粗放型向集约型转变，促进国民经济持续、快速、健康发展和社会全面进步”①。从实施的结果看，则经历了先成功、后逆转的曲折过程。“九五”时期，中国经济增长率为8.63%，但能源消费增长率只有1.10%，能源消费需求增长弹性系数为0.127。由于煤炭消费量大幅度下降，二氧化碳排放量也随之下降，2000

① 1995年9月28日中共十四届五中全会通过的《中共中央关于制定国民经济和社会发展“九五”计划和2010年远景目标的建议》中指出：“实现‘九五’和2010年的奋斗目标，关键是实行两个具有全局意义的根本性转变，一是经济体制从传统的计划经济体制向社会主义市场经济体制转变，二是经济增长方式从粗放型向集约型转变，促进国民经济持续、快速、健康发展和社会全面进步”。

年比其高峰年份（1996年）约下降了17.1%，仅相当于1993年的排放水平。但是2001—2008年期间，发展模式出现逆转：经济增长率为10.2%，只提高了1.6个百分点，但其能源消费、二氧化碳排放量大幅度增长，生态环境代价极大，能源消费增长率高达9.4%，二氧化碳排放量由负增长变为高增长，高达8.96%。2009—2012年间经济增长率下降1个百分点，能源消费、发电量、煤炭消费、二氧化碳排放量的增长率也相应地下降（见表5—8）。

表5—8　中国能源、电力和煤炭消费增长率及弹性系数（1996—2012年）

	1996—2000年	2001—2008年	2009—2012年
GDP增长率（%）	8.63	10.2	9.18
能源消费增长率（%）	1.10	9.4	5.55
弹性系数	0.127	0.922	0.605
发电量增长率（%）	6.11	12.5	9.3
弹性系数	0.708	1.225	1.014
煤炭消费增长率（%）	−0.81	10.80	4.35
弹性系数	−0.094	1.059	0.474
二氧化碳排放量增长率（%）	1.69	8.96	8.09
弹性系数	0.196	0.879	0.882

资料来源：《中国统计摘要2009》、《中国统计摘要2013》。二氧化碳排放数据来源于BP，Statistical Review of World Energy，2013。

二氧化碳排放量的高速增长的第二个原因是由于能源消费，特别是化石能源消费的快速增长，2009年全国能源消费总量达到了30.66亿吨标准煤，提前11年突破了《能源中长期发展规划纲要（2004—2020）》提出的2020年30亿吨标准煤的目标；2010年为32.5亿吨标准煤，也突破了《“十一五”能源发展规划》提出的2010年27亿吨标准煤的目标，高出5.5亿吨标准煤。2012年中国的能源消费达到了36.2亿吨标准煤，根据国家《“十二五”能源发展规划》所制定的目标来看，到2015年全国一次能源消费总量控制目标为40亿吨标准煤。

另一方面，这也反映了全球化向纵深发展，国际分工体系加大了我国的资源环境压力。在全球经济一体化与专业分工的新格局下，不仅产业和出口大转移，能耗和排放也大转移。中国货物出口带来的排放等于欧美日经济用于制造业的能源消耗和碳排放相当部分地转移到中国，这造成了能源消费和温室气体排放地区结构的转移，即欧美日的比重在下降，而中印等发展中大国比重在上升。根据英国廷德尔气候变化研究中心的研究表明，2004年，大约1.11Gt的二氧化碳排放是中国的净出口导致的，占中国当年二氧化碳排放总量的23%（当年的二氧化碳排放总量是4.73Gt），即中国净出口的碳排放接近当年总排放的1/4。这个数字相当于同年日本的二氧化碳总排放量，是德国、澳大利亚的排放总量之和，是英国排放总量的两倍多。①

从单位GDP二氧化碳排放量来看，中国也经历了一个先上升（1949—1976年）、达到高峰（1977年）、后下降（1978年至今）的历史演变过程，这与单位GDP能源消耗变化曲线基本一致。从今后来看，中国GDP能源消耗和单位GDP二氧化碳排放量还会持续下降。

中国作为工业化的后来者，它的碳排放轨迹与工业化的先行者（如美国）有相似之处，也有不同之处。首先中国和美国一样都经历了先上升、后下降的过程；其次，中国的碳排放强度高峰大大低于美国的高峰期（见图5—1），这就意味着中国在人均GDP较低的水平条件下进入碳排放强度下降期。美国的工业化是一个高度碳密集化过程，单位GDP二氧化碳排放量于1917年达到峰值，为30.65吨/万美元（购买力平价，1990年国际美元），当时美国的人均GDP已经达到5 248美元，随后缓慢持续下降，到2009年降至5.69吨/万美元，估计到2030年降至2.5吨/万美元左右，大体花了一百多年的时间，由高度碳密集增长模式回到前工业化的水平，初步实现碳排放脱钩。与美国相比，中国1960年达到峰值，当时人均GDP只有894美元，峰值为17.68吨/万美元，远低于美国的峰值水平，并迅速与美国实现趋同，到2009年为7.01吨/万美元，估计到2030年为2.06吨/万美元，低于美国的水平，中国大体只用了不到60年的时间就实现了高碳增长模式到碳排放脱钩的转变。

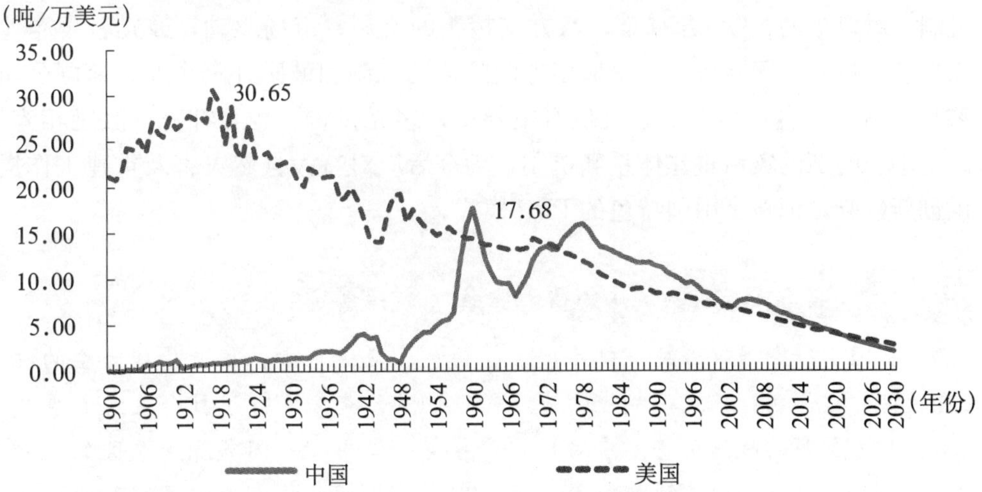

图5—1　中国与美国单位GDP二氧化碳排放量（1900—2030年）

资料来源：系作者计算所得。GDP数据为PPP不变价（1990 International Geary-Khamis dollars），数据来源于Angus Maddison，*Historical Statistics of the World Economy*：*1—2008 AD*，OECD Publishing；二氧化碳排放量数据来源于CDIAC；2010—2030年数据系作者估算。

① Tao Wang and Jim Watson，"Who Owns China's Carbon Emissions?"，*Tyndall Briefing Note*，No. 23，October 2007，http：//tyndall. webapp1. uea. ac. uk/publications/briefing _ notes/bn23. pdf.

5.5 提高防灾减灾能力

5.5.1 建设低灾害风险型社会

目前，我国已经建立了抗灾救灾管理体制和应急管理体制（见专栏 5—3)。初步建立了抗灾动员机制，形成了应急救援队伍体系。这包括以军队、武警、公安、消防为骨干的突击力量，以抗洪抢险、抗震救灾、森林消防、海上搜救、矿山救护、医疗救护等专业队伍为基本力量，以企事业单位专兼职队伍和应急志愿者队伍为辅助力量。建立了救灾应急社会动员机制，形成了应急救灾社会动员能力和社会资源整合能力。这包括抢险、搜救、救护、救助、捐赠，当重大自然灾害发生时，社会各界踊跃奉献爱心，积极投身志愿服务活动。[①] 这就是中国特色的公私合作伙伴关系（PPP）。我们以汶川地震的抗震救灾与灾后重建为基础构建了七大机制和七大主体的 PPP 模式，这就是：本地人民，自力更生机制；地方为主，地方负责实施机制；国家支持，国家负责制定灾后重建规划具体指导、财政支持等支持机制；社会参与，鼓励公民和其他社会组织广泛参与机制；对口援助，“一方有难，八方支援”的机制；市场驱动，鼓励各类企业积极参与机制；国际援助，争取多方国际援助机制和鼓励外资企业、跨国公司参与机制。上述七个主体形成政府主导下，多元投资、相互补充、激励相容、广泛参与的新的灾后重建体系和机制，为今后应对特大自然灾害及重建工作提供创新经验，创新了中国特色的 PPP 模式。[②]

专栏 5—3 我国抗灾救灾应急管理体系

我国实行党委政府统一领导，综合协调、分级负责、属地管理为主的抗灾救灾管理体制，确立了相应的应急管理体制，充分发挥了社会主义制度集中力量办大事的政治优势。应对巨灾、重灾，党中央、国务院把人民的生命财产安全放在第一位，科学决策、全面部署、指挥坚强有力。国家及时成立

---

① 仅四川汶川抗震救灾，就接收了捐赠款物 790 多亿元，众多社会组织和志愿者奔赴灾区服务，创造了新中国成立以来最大规模的捐赠活动和志愿服务行动。参见李立国：《我国应对重大自然灾害取得显著进步》，载《求是》，2013 (10)。

② 参见胡鞍钢：《中国特色的 PPP》，见胡鞍钢主编：《国情报告》，第 11 卷，上，173～176 页，北京，社会科学文献出版社、党建读物出版社，2013。

统一、高效的救灾领导机构或明确指挥机构，确保了抗灾救灾工作高效有序开展。设立国家减灾委员会，负责研究制定国家减灾救灾工作的方针、政策和规划，协调开展全国重大减灾活动和抗灾救灾工作。根据突发自然灾害事件的紧急程度、发展态势和可能造成的危害程度设定了四级响应机制。建立了灾害信息发布、救灾应急物资储备、灾情预警会商和信息共享、重大灾害抢险救灾联动协调、灾害应急社会动员等机制。每当发生重大自然灾害，国家减灾委、民政部及时协调有关部门和灾区政府，快速传递和共享灾害信息、组织开展紧急会商、分析研判灾害形势、联合向灾区派出工作组、研究落实各项支持措施，形成了分工负责、密切配合、高效协同的强大合力。面向主要灾种，国家设立防汛抗旱、抗震救灾、森林防火等抢险救灾指挥机构，发挥了加强预警、防范、应急抢险等降低灾害损失和安置受灾群众、支持恢复重建的关键作用。中央明确由省级政府统一领导、科学调度、统筹安排，国务院有关部门各负其责、加强指导、协同支持，形成了中央和地方政府紧密配合、有力有效的联动机制。

资料来源：李立国：《我国应对重大自然灾害取得显著进步》，载《求是》，2013（10）。

根据“防范胜于救灾”[①] 的防灾减灾指导思想，结合我国的防灾减灾实际情况，参考全球防灾减灾的长期趋势，中国国家防灾减灾战略先后经历了两个阶段：

第一阶段是以减灾为主战略，主要实现从灾害大国到减灾强国的转变，大体在2015年完成这一目标，突出体现为两个重要指标，即自然灾害的经济损失占GDP比重、自然灾害的死亡人口占总人口比重不断下降，体现在《国家综合防灾减灾规划（2011—2015年）》所提出的目标：“自然灾害造成的死亡人数在同等致灾强度下较‘十一五’时期明显下降，年均因灾直接经济损失占国内生产总值的比例控制在1.5%以内。”

第二个阶段是以防灾为主的战略，实现从减灾强国到防灾强国的转变，从灾害损失大国到灾害损失小国的转变，成为低灾害风险的国家[②]，自然灾害的经济损失占GDP比重和自然灾害的死亡人口占总人口比重接近发达国家的水平，自然灾害的经济损失占GDP比重低于1.0%，平均每年因灾死亡率降到0.3人/百万人口以下。

总结中国防灾减灾历史经验，防灾减灾要坚持以下四个原则：一是以人为

① 江泽民在1996年3月1日为上海市防火安全委员会的题词。

② 联合国的评估报告表明，从死亡人口的绝对数量来看，中国是极高风险国家，风险指数达到最高值10，从死亡人口占总人口比例来看，中国也是高自然风险的国家，风险指数达到7，与印度、巴勒斯坦处于同一等级，而俄罗斯和巴西只分别为4和3。

本，尊重科学，以人民的生命安全为防灾减灾的根本，尊重自然规律，提高防灾减灾的科技水平；二是政府主导，全社会共同参与，构建国家主导、地方负责、社会参与、市场驱动、国际合作的综合防灾减灾体系；三是综合统筹、协调推进，防灾减灾建设要与经济社会转型相结合，将防灾减灾战略纳入国民经济与社会发展规划、城乡建设规划；四是预防为主，综合减灾。加强自然灾害监测预警、风险调查、工程防御、宣传教育等预防工作，坚持防灾、抗灾和救灾相结合，综合推进灾害管理各个方面和各个环节的工作。降低经济社会应对自然灾害的脆弱性。①

防灾减灾战略目标为：加强综合防灾减灾能力建设，降低经济社会应对自然灾害的脆弱性，同等致灾强度下自然灾害造成的死亡人数明显下降，直接经济损失占 GDP 比例明显下降，受灾群众得到及时救助。自然灾害对经济社会和生态环境的影响进一步降低。

为实现防灾减灾战略目标，需要加强防灾减灾八大能力建设，这包括：（1）加强自然灾害监测预警预报能力建设；（2）加强自然灾害风险调查与信息管理能力建设；（3）加强自然灾害工程防御能力建设；（4）加强区域和城乡基层防灾减灾能力建设；（5）加强自然灾害应急处置与恢复重建能力建设；（6）加强防灾减灾科技支撑能力建设；（7）加强防灾减灾文化建设；（8）加强防灾减灾社会动员能力建设。②

5.5.2 建设气候适应型社会

中国政府一贯高度重视气候变化问题，把积极应对气候变化作为关系经济社会发展全局的重大议题，纳入经济社会发展中长期规划。2006 年，中国提出了 2010 年单位国内生产总值能耗比 2005 年下降 20%左右的约束性指标，2007 年在发展中国家中第一个制定并实施了应对气候变化国家方案，2009 年确定了到 2020 年单位国内生产总值温室气体排放比 2005 年下降 40%～45%的行动目标。

为完成上述目标任务，中国在“十一五”期间采取了一系列减缓和适应气候变化的重大政策措施，取得了显著成效。2011 年制定实施的《中华人民共和国国民经济和社会发展第十二个五年规划纲要》提出“十二五”时期中国应对

---

① 这包括降低基础设施的脆弱性，提高建筑物等基础设施的抗震能力，提高防洪、抗旱基础设施的标准等；降低经济发展的脆弱性，提高农业生产应对干旱、洪涝灾害的脆弱性；降低社会脆弱性，加强防灾减灾的宣传与教育，建设防灾型文化等；降低生态环境脆弱性，进行生态修复与保护，维护生态系统的平衡。

② 参见国家减灾委：《国家综合防灾减灾规划（2011—2015 年）》，2011。

气候变化约束性目标：到2015年，单位国内生产总值二氧化碳排放比2010年下降17%，单位国内生产总值能耗比2010年下降16%，非化石能源占一次能源消费比重达到11.4%，新增森林面积1 250万公顷，森林覆盖率提高到21.66%，森林蓄积量增加6亿立方米。确立了今后5年绿色、低碳发展的政策导向，明确了应对气候变化的目标任务。中国还发布了《中国应对气候变化的政策与行动（2011）》白皮书。

应对全球气候变化既是未来时期中国最大的挑战，又是中国发展的最大机遇。最大的机遇就是"绿色工业革命"，将挑战转化为机遇，就是要从"加快发展"转向"科学发展"，从"黑色发展"转向"绿色发展"，从"高碳发展"转向"低碳发展"。

绿色发展就是要从黑色工业化、城市化和现代化到绿色工业化、城市化和现代化；从黑色制造到绿色制造；从黑色能源到绿色能源；从黑色贸易到绿色贸易；从黑色城市到绿色城市；从黑色消费到绿色消费。[1] 绿色发展的本质就是经济增长与碳排放脱钩乃至下降。绿色发展战略也形成了六大支柱，包括：积极应对全球气候变化；加强资源节约和管理；大力发展循环经济；加大环境保护力量；促进生态保护和修复；加强水利和防灾减灾体系建设。

绿色发展、低碳发展的目标为：第一是降低二氧化碳排放强度，到2015年单位GDP二氧化碳排放减少17%，2025—2030年间二氧化碳排放量达到峰值并开始下降。第二是增加非化石能源消费比重，到2015年提高到11.4%，到2020年提高到近20%。第三是增加森林吸收碳汇的能力，森林覆盖率到2015年提高到21.7%，到2020年提高到23%；森林蓄积量到2015年增加到143亿立方米，到2020年增加到150亿立方米。

为了实现上述目标，就需要采取如下行动：

一是创新绿色体制，实行绿色改革。要求强化节能减排目标责任考核，合理控制能源消费总量，把绿色发展贯穿经济活动的各个环节。政府实行绿色采购，鼓励绿色投资[2]；银行发展绿色信贷，为节能减排融资或提供担保；对高碳能源和碳源开征碳税，如对煤炭开征碳税等。

二是支持绿色创新，发展绿色技术。绿色技术是一组创新链，政府或政策在不同的环节发挥不同的作用：在研究与开发环节，政府应当出资资助绿色科技的基础研究、应用研究和关键性技术开发；以气象知识和信息为例，发展气

---

① 参见胡鞍钢、鄢一龙：《中国：走向2015》，杭州，浙江人民出版社，2010。

② 全世界绿色刺激支出为6 360亿美元，其中中国最多，达到2 213亿美元，占世界总量比重的34.8%。今后中国仅用于低碳的高速铁路的投资就达3 000美元。参见［英］尼古拉斯·斯特恩：《哥本哈根之后：中国的选择》，中国发展高层论坛，2010。

象事业，服务社会经济，提供各类气象服务的公共知识①，有利于应对、适应和减缓气候变化的冲击和影响。

三是进一步促进全球绿色合作，做出绿色贡献。中国应当站在世界减排前列，为全人类做出绿色贡献，实现“同一个世界，同一个梦想，同一个行动”。所谓“同一个世界”是指，中国是世界的一部分，世界也从来没有像现在这样需要中国。所谓“同一个梦想”是指，中国有史以来首次与世界有了同一个梦想，这个梦想就是积极应对全球气候变化，稳定全球气候，使全球平均温度上升不超过工业化前的2℃。所谓“同一个行动”指的就是与世界同行，共同减排。

5.6 小结：积极应对自然灾害与全球气候变化

中国作为世界自然灾害大国，通过发挥“集中力量办大事”的社会主义优势，已经在相对较低收入水平下实现了灾害损失的“双下降”，即因灾死亡人口的迅速下降，灾害直接经济损失占GDP比重不断下降。未来中国需要进一步提高防灾能力，减少经济社会发展应对自然灾害的脆弱性，成为低灾害风险、低灾害损失的国家。

中国作为工业化的后发国家，与美国等老工业化国家相比，我们累积排放的二氧化碳量占世界比重要少得多，同时在碳排放利用效率上也要高得多，单位强度碳排放峰值更小、下降也更快。

中国是世界人口最多的国家，又是温室气体排放最多的国家，也是全球气候变化的最大受害国，不仅要成为全球绿色发展潮流的积极参加者，而且还要成为推动者、创新者和领导者。全球气候变化为中国发展转型提供了一个“倒逼”机制，当中国从黑色发展变为绿色发展之时，就会从世界最大的排放国成为世界的绿色能源生产国。尽管这是一个较长的转型之路，但是我们必须下定决心，排除万难，成功地完成这一转型。

在世界上，中国应当成为世界绿色工业革命的旗帜，为人类做出巨大的绿色贡献，诚如胡锦涛所说“环保上相互帮助、协力推进，共同呵护人类赖以生

---

① 在通常的情况下，一国的气象服务投入产出比在1∶5到1∶10之间，但是在中国，这一比例高达1∶69。参见世界银行：《2010年世界发展报告：发展与气候变化》，160～161页，北京，清华大学出版社，2010。国家气象局局长郑国光提供的资料是：气象投入产出比从20世纪90年代的1∶40提高到目前的1∶50。参见《服务经济社会 保障人民安全福祉——纪念2010年世界气象日》，载《人民日报》，2010-03-23。

存的地球家园”[①]。

【思考与讨论】

1. 如何理解气候变化、自然灾害与发展的关系？

2. 如何评价中国政府的防灾减灾战略和气候变化政策？

3. 如何理解中国绿色发展的全球背景和国情背景？

4. 结合你所学的专业，谈一谈中国如何实现绿色发展，并在世界绿色工业革命中成为创新者和引领者。

【扩展阅读】

胡鞍钢，等．中国自然灾害与经济发展．2版．武汉：湖北科学技术出版社，1998.

胡鞍钢，管清友．中国应对全球气候变化．北京：清华大学出版社，2009.

胡鞍钢．中国：创新绿色发展．北京：中国人民大学出版社，2012.

世界银行．2010年世界发展报告：发展与气候变化．北京：清华大学出版社，2010.

联合国减灾战略秘书处．与风险共存：聚焦减少灾害风险．

联合国减灾战略秘书处．2009年全球灾害风险评估报告．

World Bank. Natural Hazards，UnNatural Disasters：The Economics of Effective Prevention. Washington，DC.

王伟光，郑国光．气候变化绿皮书：应对气候变化报告（2011）．北京：社会科学文献出版社，2011.

《中华人民共和国国民经济和社会发展第十二个五年规划纲要》，2011年3月．

中国可持续发展研究会．中国自然灾害与防灾减灾知识读本．北京：人民邮电出版社，2012.

① 胡锦涛：《高举中国特色社会主义伟大旗帜　为夺取全面建设小康社会新胜利而奋斗——在中国共产党第十七次全国代表大会上的报告》，载《人民日报》，2007-10-25。

第二篇　人力资源与发展

人口与发展
健康与发展
教育与发展
就业与发展

中国是世界人口第一大国。人是发展的原动力，也是发展的最终目标；人既是世间最宝贵的财富，也可能是十分沉重的负担。只有通过人力资源开发才能使得人口包袱变为人口财富。

人力资源与经济发展的关系大体可以分为三个阶段：

第一阶段是人口总量包袱期。在经济发展初期，人口过多成为经济发展的沉重负担，使得大量贫困人口无法摆脱贫困陷阱，无法为经济起飞创造条件。

第二阶段是人口红利期。大量的劳动力人口形成了就业人口红利，支撑了经济的快速发展。同时较高健康水平和较高教育水平的人力资本进一步促进了经济发展。

第三阶段是老龄化挑战和人力资本红利期。人口红利效应逐步减少的同时，由于教育、人才培养水平的提高，将会带来新的附加值更高的红利形式，即人力资本红利。人力资本红利包括两方面的内容：其一是教育红利，即具有较高受教育水平的人口占总人口的比例；其二是就业红利，即就业人口占总人口的比例。人力资本蓄积量越高，社会劳动生产率和劳动产出附加值就越高，单位劳动力创造的经济产出也越高；就业人口比例越高，经济活力就越强。人力资本红利实质上是高质量的人口红利，人力资本红利的边际效率要显著高于人口红利。

共享发展的前提是共建，人力资源的开发将提高全体人民的共建能力，并将推动全体人民共享发展成果。发展的最根本目标是促进人的全面发展，即人口、健康、教育、就业的发展。

本篇共四章。第 6 章的内容是人口国情，中国从传统人口的统计模式迅速转变为现代人口的统计模式，为中国经济增长创造了人口红利，同时也面临着更为严峻的老龄化和少子化挑战，人口政策需要从控制一代转变为调整一代。第 7 章的内容是健康国情，中国从“东亚病夫”转变为“东方巨人”，首先是通过第一次卫生革命在收入水平较低的条件下，实现了人均预期寿命的较快增长；随后也出现了发展悖论，健康发展滞后于经济增长；2003 年以来，中国从增长优先转向健康优先，建设全民健康型社会。第 8 章的内容是教育国情，中国从文盲充斥大国迈向教育强国，经历了近代以来从传统人力资源领先国到现代人力资源落后国的衰弱期（1840—1949 年），又经历了建国以来从人口大国到人力资源大国的重新崛起期（1949—2000 年），正处于从人力资源大国迈向人力资源强国的强盛期（2000—2020 年）。第 9 章的内容是就业国情。中国从劳动力大国迈向就业强国，成功吸纳了人类历史上最大规模的农业劳动力转移问题，创造了人类历史上最大的就业奇迹。中国实现了从劳动力人口第一大国向就业人口第一大国的跨越，从农业就业第一大国向非农业就业第一大国的跨越。

第6章 人口与发展

在世界上200多个国家和地区中，拥有上亿人口的国家只有12个[①]，中国是一个人口巨国，相当于十几个上亿人口国家的人口总和。[②] 这是中国的基本人口国情，影响着中国以及世界的发展。

中国是一个人口众多的文明古国，自古就是世界上人口最多的国家。在西汉时期的公元元年，中国人口就占到世界总数比重的25.8%，到清朝后期中国人口占世界的比重达到顶峰，1820年为36.6%，1950年降至21.7%，1978年又上升至22.3%[③]，2013年占世界的比重已经下降到19.0%[④]。这一特点决定了我国在不同历史时期的人口基本国策，也塑造了中国经济、社会发展的基本特征。

新中国成立以来，我国经历了历史上最大规模的现代人口转变，花了50～60年的时间基本实现了传统人口再生产类型的“二高一低”（高出生率、高死亡率、低自然增长率），向现代人口再生产类型的“三低”（低出生率、低死亡率、低自然增长率）的转变，无论是妇女总和生育率，还是其他主要人口指标，都从一个典型的欠发达国家类型迅速转变为较发达或发达国家类型，同样也面临着类似于发达国家的人口问题，如迅速的少子化和日益严重的老龄化挑战。

人口发展与社会经济条件变化高度相关，人口国情决定着中国的基本国情条件，中国人口变迁的轨迹塑造了中国的基本发展轨迹。那么，现代人口转变的特点是什么？人口与经济发展的关系是什么？中国人口增长的历史轨迹是什么？中国是如何成为世界人口最多的国家？中国现代人口发展趋势是什么？人

---

① 为中国、印度、美国、印度尼西亚、巴西、巴基斯坦、尼日利亚、孟加拉国、俄罗斯、日本、墨西哥、菲律宾。

② CIA，*The World Factbook*，Skyhorse Publishing，2013.

③ Angus Maddison，Statistics on World Population，GDP and Per Capita GDP，1—2008AD，http：//www.ggdc.net/MADDISON/orindex.htm.

④ CIA，*The World Factbook*，Skyhorse Publishing，2013.

口结构转型的特征是什么？中国人口与经济增长的关系是什么？如何认识中国人口国情？新世纪中国人口发展面临哪些挑战？中国应采取什么样的人口战略？下文我们“用数据说话”、“让事实证明”，讨论人口与发展的关系，并对中国人口国情的历史变迁进行分析，使得我们对中国人口国情有一个比较全面的历史认识和国际的比较，并对未来人口发展与挑战进行前瞻性的展望和深入分析。

6.1 人口与经济发展

6.1.1 现代人口转变过程

人口发展过程与社会经济条件变化密切相关，伴随着现代经济增长，以及传统社会向现代社会的转型，必然引起社会、经济、政治、文化等一系列条件的变化，从而导致人口出生率、死亡率和人口自然增长率的变化，形成不同社会历史和不同发展阶段的人口再生产类型。

现代人口转变是指随着社会经济的现代化，各种人口现象处于同一相互联系的体系中，呈有规律地阶段性递进、转变的现象。人口转变理论始于1909年，法国学者兰德里（A. Landry）在他的著作里第一次阐述了生产力的变化将给人口动态带来影响，提出了人口转变的三阶段说。① 美国人口学家诺特斯坦（F. W. Notestein）提出了由传统农业社会向现代工业社会过渡的人口转变的四阶段说：第一阶段即工业化以前的阶段，表现为高出生率，高死亡率，低人口自然增长率；第二阶段即工业化初期阶段，仍保持高出生率，但是死亡率开始下降，人口自然增长率上升；第三阶段即进一步工业化阶段，出生率开始下

① 兰德里依据西欧特别是法国的人口统计资料，对比分析人口出生率和死亡率的变动，阐述了人口发展的阶段性。他认为经济因素特别是生产力是影响人口发展过程的主要因素。他把人口发展过程分为：原始阶段、中期阶段、现代阶段。在原始阶段，生产力发展水平很低，经济因素通过死亡率来影响人口发展，人口的变化直接与食物供应成比例，人口的增加或减少总是伴随着食物供应的增加或减少，人口死亡率决定人口出生率。中期阶段，经济因素通过影响婚姻关系来影响生育率，人们为了维持较高的生活水平往往晚婚甚至不结婚，从而降低生育率并影响人口增长，限制生育达到普及的程度。现代阶段，经济的加快发展，科学和文化教育事业蓬勃发展，人们的生活以及婚姻生育观发生了很大变化；个人和家庭自觉避孕节育成为社会风气，家庭人口规模缩小，出现了先是死亡率的大幅下降，促使人口剧增，后来又出现人口出生率的下降，人口增长速度放慢。欧洲产业革命以来的时期属于这个阶段。兰德里认为与这三个阶段相适应，出现了人口再生产的三种类型，人口再生产类型的每一次变化，就是一次人口革命，所以人口转变论又被称为人口革命论。

降，但人口死亡率继续下降，人口自然增长率相当高；第四阶段即完成工业化阶段，低出生率，低死亡率，导致低人口自然增长率，甚至人口零增长。

美国经济学家钱纳里和塞尔昆计算的世界发展模型发现，处在不同收入水平的国家，人口出生率和人口死亡率有所不同，因而人口自然增长率各不相同。从世界发展模型来看，随着人均收入水平提高，出生率与死亡率都有所下降，其中从低收入到中等收入阶段下降幅度最快，而从中等收入到高收入阶段下降速度相当缓慢。[①] 美国经济学家马尔科姆·吉利斯等人认为，这一世界发展模型是许许多多国家的平均结果，只不过是一个“平均模式”而已。[②] 也就是说，它还无法解释各国与该模型平均值的偏差，从而忽略了各国经济发展与人口转变的特殊性。

总之，工业化、现代化过程必然伴随着现代人口转变过程，即从“高出生率、高死亡率、低自然增长率”的传统类型向“低出生率、低死亡率、低自然增长率”的现代类型转变。反过来，人口转变又为经济发展创造必需的人口条件和良好的人力资源条件。事实上，由于各国国情条件不同、实施的人口与发展政策不同、所处的经济体制与社会体制不同，其人口转变过程的特点相应有所不同。

西欧发达国家完成现代人口转变花了一二百年的时间，而亚洲等发展中国家包括中国在内，在二战后的现代人口转变过程中有效地得益于工业化后来者的“后发优势”，如改善基本卫生条件、控制传染病和各类瘟疫、提高营养水平、大幅度降低死亡率，同时也得益于实行计划生育政策，因而用了相对短的时间基本完成了现代人口转变（见图 6—1）。

现代中国人口转变经历了一个既不同于发达国家也不同于发展中国家的转变过程，它在极低收入或低收入条件下迅速完成了现代人口转变，比发达国家所花费的时间大为缩短，也比同期发展中国家花费的时间要少得多，为中国经济起飞提供了巨大的人口红利，成为中国社会转型的重要组成部分。

6.1.2　生育率影响因素

人口发展是连续的历史过程。影响人口发展的基本因素是人口出生率和死亡率以及由这两者所决定的人口自然增长率。

① 参见［美］钱纳里、塞尔昆：《发展的格局：1950—1970》，北京，中国财政经济出版社，1989。

② 参见［美］马尔科姆·吉利斯等：《发展经济学》，北京，经济科学出版社，1989。

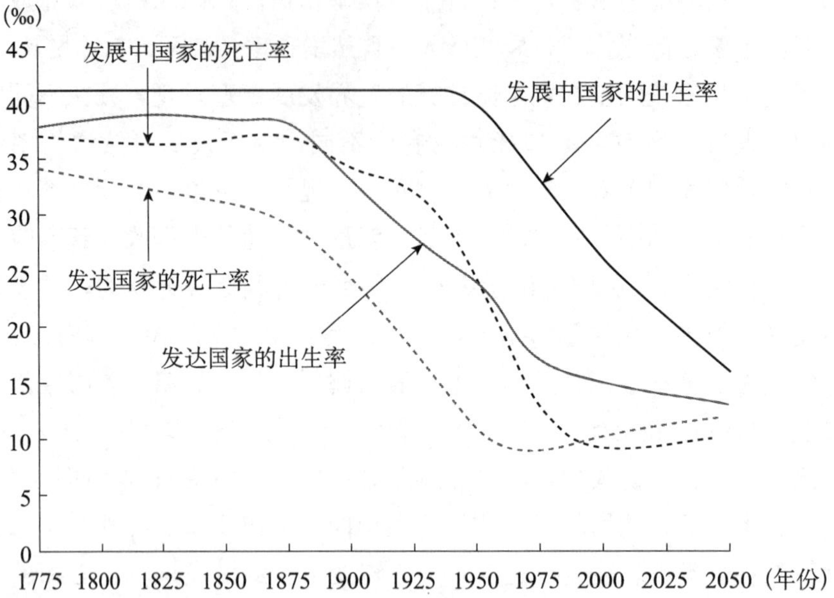

图 6—1　现代人口转变的过程（1775—2050 年）

资料来源：World Bank，World Development Report 1984，Washington D. C. 。

衡量人口生育率的一个重要指标是妇女总和生育率（TFR），而总和生育率的世代更替水平则是衡量人口发展可持续性的重要指标。

> 妇女总和生育率是指假设妇女按照某一年的年龄别生育率度过育龄期，平均每个妇女在育龄期（15～49 岁）生育的孩子数。
>
> 总和生育率的世代更替水平（replacement level）是指父母双方生育的子女数恰好能够替代自身，总和生育率为 2.1 即达到了生育更替水平，即人口的出生和死亡趋于均衡的水平。①

一旦达到生育更替水平，出生和死亡将逐渐趋于均衡，在没有国际迁入与迁出的情况下，人口将最终停止增长，保持稳定状态。人口发展的可持续性是指生育率保持在更替水平很窄的范围内（TFR 为 2.1 左右），过低（TFR 小于 1.8）或过高（TFR 大于 2.1）都是不可持续的。当 TFR 过大时会造成人口过快增长；而 TFR 小于 1.8 时，出现少子化；当 TFR 小于 1.5，出现严重少子化；当 TFR 小于 1.35，出现超少子化。

随着经济发展水平的提高，人口将由高出生率向低出生率转变，1992 年的

---

① 总和生育率的世代更替水平之所以为 2.1 而不是 2.0（一对父母生两个孩子），这是由于在出生时，男孩数要略多于女孩数，且一部分女孩将在育龄期前死亡。

诺贝尔经济学奖得主加里·S·贝克尔（Gary S. Becker）解释了随着经济发展水平提高生育率下降的微观机制，他用传统需求理论解释一个家庭决定生育的子女数。

家庭效用函数为：

$$u=u\ (n,\ Z) \tag{6—1}$$

预算约束为：

$$(P_a+P_b)\ n+qz=I \tag{6—2}$$

式中，n 为子女数；z 为消费品数量；P 为养育子女的成本；q 为每单位消费品的价格；I 为总收入。

因此在假定效用函数不变的情况下，家庭生育子女的数目，主要取决于其家庭预算约束。贝克尔将养育子女的成本划分为两部分，第一部分是抚育儿女的直接成本（P_a），随着收入水平上升，父母更加注重成活的孩子的质量，而不是数量，这包括教育水平及健康的特征等等，这使得直接成本上升；第二部分是机会成本（P_b），即父母的时间，由于收入水平上升，这一部分成本也上升。因此，他认为随着经济社会发展，出现收入效应，即由于家庭总收入上升，家庭预算线外移，使得一个家庭可以生育更多的孩子，但是同时抚育孩子的直接成本、机会成本更快地上涨，这造成了成本效应，使得预算约束线向内旋转，不但抵消了收入效应，同时还会造成生育率下降。贝克尔的理论很好地解释了西方国家生育率水平随着收入水平上升持续下降的长时期历史自发演变。

不过贝克尔的理论只考虑了影响生育率的经济因素，从中国70年代以来实际妇女总和生育率的快速下降历程来看，我们需要进一步考虑人口生育政策因素，家庭生育孩子的成本包括了政策成本（P_y），家庭面临的预算约束变为：

$$(P_a+P_b+P_y)\ n+qz=I \tag{6—3}$$

因此，从微观机制来看，限制性的生育政策也加大了生育孩子的成本，这造成收入预算约束线向内旋转，特别是在城镇实行严格的“一对夫妇只生一个孩子”政策条件下，对于大部分家庭来说，当 $n>1$ 时，面临着巨大的政策成本，即预算接近为 $n=1$ 的水平线，这有效地抑制了家庭的生育意愿，使得中国可以在极低收入或低收入条件下实现生育率的快速下降。相反，当中国人口老龄化、少子化问题日趋严重，就需要采用鼓励性的生育政策，减少家庭的生育成本，促进人口生育率稳定在可持续发展水平。

基于人口生育率变化的微观机制，从宏观变量来看，全社会的妇女总和生育率函数为：

$$O_f = F\ (E,\ P) \tag{6—4}$$

式中，O_f 为妇女总和生育率；E 为经济发展水平变量，如人均收入或人均GDP、妇女受教育年限、城市化率等；P 为生育政策影响变量，如不同时期的生育政策。从国际比较来看，一般情况下妇女总和生育率是经济发展变量的函数，它的下降与人均GDP水平提高有关；当一个国家实行了计划生育政策之后，妇女总和生育率不仅是经济发展变量的函数，而且还是生育政策的变量，它的下降就会偏离一般下降趋势（见图6—2），这也解释了为什么中国可以在极低收入条件下发生生育率迅速下降的情形，这是一个具有干预性的、快速的现代人口转变过程。

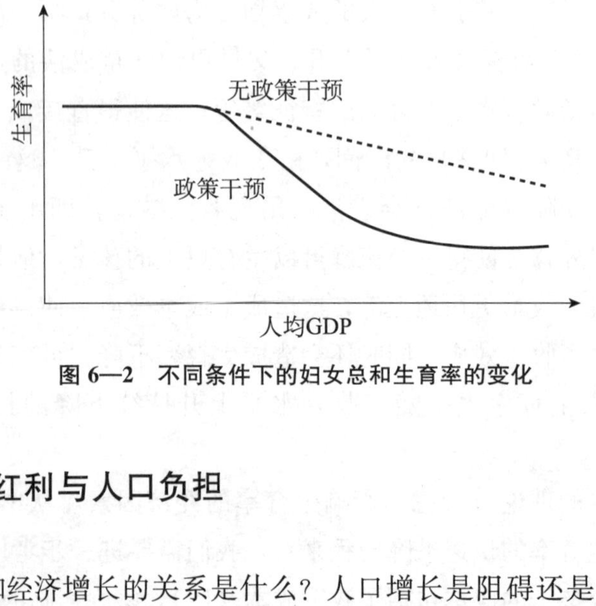

图6—2　不同条件下的妇女总和生育率的变化

6.1.3　人口红利与人口负担

人口增长和经济增长的关系是什么？人口增长是阻碍还是促进经济增长？这是国内外学术界不断争论的一个问题，但同时又是一个十分复杂的经济社会问题，不能简单地说“是”或“不是”。这是与人口增长以及人口结构变化构成的人口变迁或人口转变过程及特点相关的。其中一个重要的概念是人口红利期，人口红利为经济增长提供了劳动力供给的黄金窗口期。

人口红利期是指随着人口出生率的下降，劳动年龄人口（15～64岁）比例上升达到60%以后，就进入了人口红利期。人口红利窗口的打开能为经济增长输送丰富的劳动力，而随着人口红利窗口的关闭，劳动力优势丧失，进入人口负债期，即劳动年龄人口比例下降至60%以下。

劳动年龄人口比例曲线呈现倒U字形，可以划分为三个明显区别的阶段：第一阶段是少儿人口负担期；第二阶段是人口红利期；第三阶段是老年人口负担期。

少儿人口负担期是指在低收入阶段，由于死亡率特别是婴儿死亡率和儿童死亡率迅速下降，妇女保持了较高的生育率，少儿人口迅速增长，占总人口比重显著上升，少儿人口抚养比持续增高，这会对经济发展形成少儿人口负担。对于贫困人口来说，过多的孩子，使得他们没有条件对未来进行投资（包括孩子的未来），从而陷入“越穷越生、越生越穷”的贫困陷阱[①]，如非洲和南亚地区的国家。中国在 20 世纪 50—60 年代，也曾先后出现两次生育高峰，人口负担日益沉重。

人口红利期也经历了一个劳动人口比例的倒 U 字形变化过程，人口红利的窗口（demographic window）打开，劳动年龄人口占总人口的比重不断上升，这从经济上看提高了增长的潜力，抚养系数下降意味着相对比例较高的工作者与储蓄者，相对比例较少的非工作者和非储蓄者；人口红利高峰期，劳动年龄人口占总人口的比重达到顶峰；之后人口红利的窗口开始逐渐关闭，劳动年龄人口占总人口的比重不断下降，直到降至 60%以下，人口红利就基本消失，老年人口抚养比不断上升，进入老年人口负担期。

由于各个国家有不同的人口转变速度和过程，因而就会有不同的人口红利曲线，妇女生育率下降速度越快，劳动年龄人口比重上升就越快，进入人口红利期时间就越早，出现的人口红利高峰期幅度就越高，人口红利期的时间就越短，反之则相反（见图 6—3）。我们发现东亚地区和中国更接近于前者，南亚地区和印度更接近于后者。

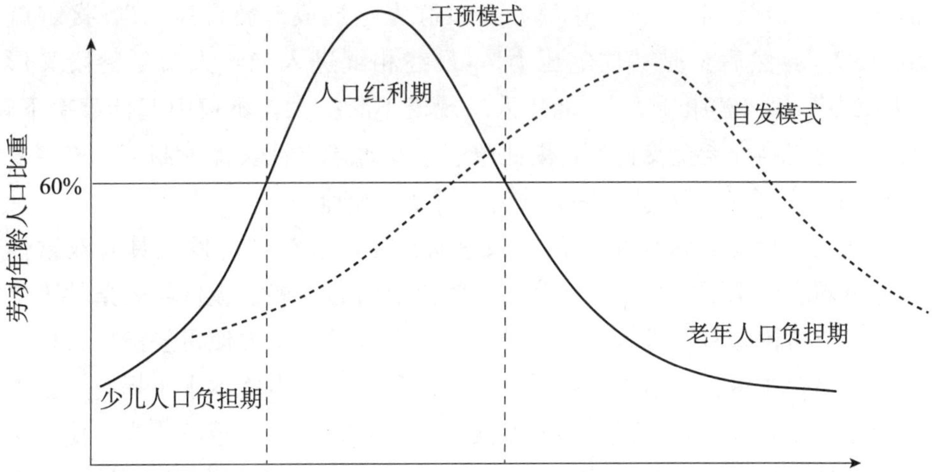

图 6—3　不同模式的人口红利期比较

① 参见［美］杰弗里·萨克斯：《贫穷的终结》，135 页，上海，上海人民出版社，2007。

许多学者的研究表明，更多的工作年龄人口有利于社会生产力的提高、刺激人均收入增长。而非工作年龄人口是消费者，这类人口比例越多就越会降低一个经济实体的人均生产能力。哈佛大学经济学教授杰弗里·萨克斯（Jeffrey Sachs，1998）认为，工作年龄人口比例上升的人口结构变化对经济增长产生正面推动作用，也是东亚经济飞速发展的重要原因。从东亚奇迹来看，人均GDP高增长，其中人口红利大体贡献了1/3，其他转型因素贡献了1/3，可持续增长率贡献了1/3。①

尽管人口红利期为促进经济繁荣提供了良好的机会，但它并不能自动保证这种机会的可能性变为现实。这取决于政府能否有效地动员和运用各类资源进行人力资本投资和人力资源开发。如果工作年龄人口比例高却不能为他们提供就业岗位（包括正规、非正规就业），就可能使大量劳动力变为失业大军成为社会不稳定因素的基础。因此应把"扩大就业机会、实现充分就业"作为政府最重要的发展战略目标和最优先的发展政策。同样，如果学龄人口不能获得受教育的机会或不能获得高质量的教育服务，或者只能获得中等教育机会而不能获得高等教育机会，就会影响未来劳动力大军的教育文化素质，进而影响该国家或地区的国际竞争力，因此应把"强化人力资本投资、促进各类教育普及"作为政府第二项发展战略目标和发展政策。

人口转变不仅会促进经济发展，人口转变贡献最终也会变成经济负担，进入老年人口负担期，主要表现为老年人口相对比例不断上升。与西欧国家长期自然演变的人口转变不同，中国妇女总和生育率由高转低的迅速过程，在人口年龄分布上形成凸起部分，这部分人口群先是形成"教育压力"，接着就是"就业压力"，然后又是"住宅压力"，最终相继进入老年人口年龄段又形成"养老压力"和"健康压力"。老年人口规模不断扩大，不仅引起储蓄率下降，也会大幅度提高养老金支付额，因此政府应及时建立社会保障制度，以多支柱（国家、个人、企业、社会）的方式筹集养老金资金。

中国人口转变的特征是干预性和超前转变，这对经济发展具有双重性影响：一方面它带来了巨大的经济收益，使得中国的发展在极低收入条件下提前摆脱人口的贫困陷阱，进入经济起飞期，低人口增长率也使得经济增长提前进入人均物质资本深化（指人均物质资本量）和人均人力资本水平提高（指人口平均受教育年限提高）过程。另一方面，它也有着巨大的经济成本，使得中国人口红利期提前关闭，提前进入人口负担期，使得中国"未富先老"，在下中

① Bloom，David E.，Williamson，Jeffrey G.，"Demographic Transitions and Economic Miracles in Emerging Asia，" *World Bank Economic Review*，1998，12（3）.

等收入阶段就步入了老龄化社会，在中等收入阶段进入较严重的老龄化社会。

6.2　中国人口历史变迁

中华民族生息繁衍在中国大地上，中国历来就以人口众多称雄世界。中华民族历来就有多子多福的传统，孔子将人口众多作为国家富强繁荣的根本[①]，历代统治者也大多采取鼓励生育的政策。中国人口历史变迁有两个显著特点：第一，中国历代王朝的人口总体上在波动中不断增长，国家统一、社会安定的时期也是人口增长较快的时期，中国历史上的“太平盛世”都是人口快速增长的时期，王朝更替而形成的长时间的战乱，以及严重的自然灾害，又常常造成人口的大幅度下降。第二，中国一直是世界人口大国，占世界总人口的1/5～1/3。

在公元前两千多年，我国人口只有1 000万人左右，到战国时期，我国的人口达到3 000万人左右。秦、汉时期，人口增长进入相对较快的时期，到公元1年（西汉），人口陡升至5 960万人，占世界总人口比重的25.8%，但低于印度的32.5%；公元157年（东汉）又进一步上升至7 200万人，形成了中国人口的第一个倍增台阶。但是随后的连年战乱，使得人口下降，到公元265年（三国末期）人口下降至2 750万人，比公元157年（东汉）的人口减少61.8%。

中国人口的第二个高峰期出现在公元755年的盛唐时期，人口达到9 050万，500多年间增加了两倍，随后由于安史之乱，以及五代十国的分裂与战乱，中国的人口又出现了大幅度的下降。

宋朝时期，中国人口突破1亿人，到公元1110年人口达到了1.21亿人，从国际比较来看，中国已经超过印度，成为世界人口第一大国。到明朝中叶（公元1566年）中国的人口进一步增加至1.66亿人。

到清代“康乾”年间的封建社会晚期，垦殖规模不断扩大，种植业的发展大大推向边疆地区，总人口由不足1亿人骤增突破3亿人，1820年占世界比重为36.6%，奠定了近代中国人口基数规模。而后中国人口占世界比重持续下降，1911年时为4.4亿人，占世界的比重达到了24.7%；到1950年为5.5亿人，占世界比重降至21.7%（见表6—1），反映了这一时期中国处于抗战、内

① 子适卫，冉有仆。子曰：“庶矣哉！”冉有曰：“既庶矣，又何加焉？”曰：“富之。”曰：“既富矣，又何加焉？”曰：“教之。”参见《论语・子路第十三》。

战之乱，贫穷饥荒之中。

表 6—1　　　　中国人口历史变迁（公元前 340—2050 年）

时期	年代	中国人口（百万）	增长率（‰）	中国人口占世界比重（%）	印度人口占世界比重（%）
战国中期	公元前 340	30.0			
西汉	1a	59.6	2.3	25.8	32.5
东汉（1）	157	72.0	0.7		
三国末期	265	27.5	−8.9		
西晋末年	300	34.8	6.7		
隋初	581	45.3	0.9		
盛唐（2）	755	90.5	4.0		
唐末期	860	67.0	−2.9		
宋	1000a	59.0		22.1	28.0
北宋	1110	120.7	2.4		
南宋末（3）	1207—1223	124.8	0.3		
元末期	1351	98.3	−1.8		
明	1500a	103.0		23.5	25.1
明中叶（4）	1566	166.3	2.4		
明	1600	160.0		28.8	24.3
清初期	1661	90.7	−6.4		
清	1700	165.0		22.9	27.3
清中期	1820a	381.0		36.6	20.1
清末期（5）	1911	442.9	6.4	24.7	17.0
新中国	1950b	551.96	5.7	21.7	14.2
新中国	1980b	987.1	19.6	22.1	15.5
新中国	2010b	1 340.9	10.3	19.4	17.4
新中国（6）	2030c	1 453.3	4.0	17.2	17.5
新中国	2050c	1 385.0	−2.4	14.5	17.0

注：中国人口历史统计范围是当代中国版图。（ ）为不同时期人口数量的峰值。

资料来源：建国以前的中国人口数据来源于路遇、滕泽之：《中国人口通史》，1216～1234 页，济南，山东人民出版社，2000；1950—2010 年新中国数据系为中国大陆数据，来源于国家统计局：《中国统计摘要 2010》和《第六次全国人口普查主要数据公报》（第 1 号），2011 年 4 月 28 日；a 数据来源于［英］安格斯·麦迪森：《世界经济千年统计》，262～265 页，北京，北京大学出版社，2009；b 数据来源于 Angus Maddison, Statistics on World Population, GDP and Per Capita GDP, 1—2008AD, http://www.ggdc.net/MADDISON/orindex.htm；2030、2050 年数据均为 UN 的估计数，来源于 World Population Prospects: The 2012 Revision, http://esa.un.org/unpd/wpp/index.htm。

庞大的人口规模和广大的地域版图都成为封建社会遗留下来的最重要的历

史遗产，毛泽东称为“两桩本钱”[①]。仅从人口规模看，它既成为 1949 年之后中国进入现代经济增长初期的巨大人口包袱，还成为 1978 年之后中国进入经济起飞阶段可开发利用的巨大的人力资源库，又成为进入 21 世纪中国成为世界市场的巨大消费人口，以及重新成为世界强国的人力资源基础。这都有赖于 1949 年之后所经历的迅速的现代人口转变与长期的持续的现代人力资本投资。

6.3　中国现代人口转变

1949 年新中国成立之际，中国现代人口转变之初，人口规模基数之高，人口压力负担之大，人口质量素质之低，都成为发动工业化的最大制约条件。1949 年时中国的总人口数达到 5.4 亿，大大高于发达国家发动工业化初期的人口规模，是 1820 年西欧 12 国总人口（1.14 亿人）的 4.7 倍，是 1820 年美国总人口（1 000 万人）的 54 倍，是 1870 年日本总人口（3 444 万人）的 15.7 倍。[②]中国是一个发动工业化时间晚、经济发展起点低的最不发达国家，同时也是开始现代人口转变时间晚、转变起点低的国家，当时的中国仍保留着传统的人口再生产类型：高出生、高死亡、低增长。当时的中国被联合国认为是世界上出生率、婴儿死亡率最高的国家之一。[③] 据陈达先生等人的调查，1949 年以前中国人口死亡率为 25‰～33‰，高时超过 40‰；婴儿死亡率为 200‰～250‰，占出生人数的 1/5～1/4；人口出生率高达 53.8‰。[④]

当时的毛泽东并没有了解到这些基本信息，更没有想到中国会出现历史上人口基数最大、增长速度最快的倍增台阶，总人口规模从 1949 年的 5.4 亿人起步，到 2030 年达到 15 亿人左右。毛泽东针对美国国务卿艾奇逊对新中国的预言——“中国共产党解决不了自己的经济问题，中国将永远是天下大乱，只有靠美国的面粉，即是说变为美国的殖民地，才有出路”[⑤]，提出“人多是好事”的观点，即“中国人口众多是一件极大的好事。再增加多少倍人口也完全有办法，这办法就是生产”[⑥]。

---

① 1954 年 8 月 24 日，毛泽东在同英国工党代表团谈话时说，我们没有别的本钱，只有一桩，就是老百姓。人多，地大，是我们的两桩本钱。参见《毛泽东文集》，第 6 卷，340 页，北京，人民出版社，1999。

② Angus Maddison，Statistics on World Population，GDP and Per Capita GDP，1—2008 AD，http：//www. ggdc. net/MADDISON/orindex. htm.

③ United Nations，*Demographic Yearbook*，1952.

④ 参见陈达：《人口问题》，北京，商务出版社，1934。

⑤⑥ 《毛泽东选集》，2 版，第 4 卷，1511 页，北京，人民出版社，1991。

随着中华人民共和国的成立，中国社会开始发生根本性的变化，从天下大乱达到天下大治，结束了长期内战与分裂的状态，开始长期和平建设时期。同时，发展经济，改善生活，使城乡居民的基本生存需求得到保证。医疗卫生条件大为改善，各种急性传染病得到有效控制。这些因素都使得中国人口的死亡率提前向现代人口类型转变，1949 年中国人口的死亡率为 20‰，属于典型的高死亡率，到 1957 年死亡率下降了一半（10.8‰），已经接近低死亡率，到 1970 年下降到 7.6‰，已经属于低死亡率类型。[①]

与此同时，人口出生率继续保持高出生率的传统人口类型，1949—1959 年中国出现了第一次生育高峰，妇女总和生育率在 5.5～6.1 之间[②]，平均出生率接近 30‰，累计出生人口达到 2.3 亿人；而死亡率大幅度下降，从 18‰下降至不足 10‰；人口自然增长率超过了 20‰，累计新增人口达到 1.23 亿人。

这一时期，人口多、增长快，与创造就业、粮食增产、耕地面积 1957 年达到高峰转向下降趋势，构成了生产力内部的主要矛盾，成为深刻影响中国工业化、城市化和现代化的巨大障碍。对此，毛泽东不可能回避和绕开这些矛盾，这使得他的“人口观”相应地发生了某些变化，常常是自相矛盾，又是反复变化的。[③] 不过在党内高层，邓小平、周恩来先后提倡节育，党外人士马寅初、邵力子、孙本文、费孝通等相继提出实行计划生育政策、控制人口数量增长[④]，但是都没有成为中国政府的重大决策。

在“大跃进”失败之后，人口出生率迅速下降为负增长，人口总规模缩小。这个时期，由于自然和经济客观条件的急剧恶化，遏制了人口的进一步增长。加之连续严重的自然灾害，造成我国人口出生率锐减，人口死亡率骤增，人口自然增长率出现负增长的不正常现象。1960 年全国人口死亡率高达 25.43‰，高于人口出生率（为 20.86‰），人口自然增长率出现负增长，为−4.57‰。[⑤]

经历三年自然灾害后，国民经济逐渐得到恢复。在 1962 年人口出现补偿性增长，进入第二次生育高峰，当年妇女总和生育率达到 6.02，1963 年又达到

---

① 一般认为，死亡率在 20‰以上为高死亡率，10‰～20‰为中死亡率，10‰以下为低死亡率。参见许涤新主编：《当代中国的人口》，北京，中国社会科学出版社，1988。

② 根据联合国人口数据库的数据，中国妇女总和生育率，1950—1955 年期间为 6.11，1955—1960 年期间为 5.48。Population Division of the Department of Economic and Social Affairs of the United Nations Secretariat，World Population Prospects：The 2012 Revision，http：//esa. un. org/unpd/wpp/index. htm.

③ 参见胡鞍钢：《毛泽东与中国人口增长》，载《明报月刊》，1992（1）。

④ 周恩来在中共八届二中全会上指出，要提倡节育。这个问题的发明权本来是邓小平同志的，后来邵力子先生在人民代表大会上讲了。我觉得甚至提倡晚婚也是有好处的。参见《周恩来选集》下卷，231 页，北京，人民出版社，1984。

⑤ 1960 年全国人口总数为 66 207 万，比 1959 年减少 1 000 万人，1961 年全国人口总数为 65 859 万，比 1959 年减少 1 348 万人。按保守估计，这期间，因饥饿、疾病等非正常死亡的人数在 1 500 万人以上。

7.50，创下建国以来最高纪录，60 年代在 5.9～6.1 之间，人口出生率也大幅度增长，成为近 40 年人口出生率的最高峰（见图 6—4）。从 1962 年到 1972 年的 10 年时间里，全国人口出生率均在 30‰以上，而死亡率却由于医疗技术的提高，从 1962 年的 10.02‰下降到 1972 年的 7.61‰，稳定在一个较低水平，这个时期年平均人口自然增长率保持在 26‰左右，平均每年出生人口均在 2 500 万以上，累计新生人口总数达到 29 329 万，远远超过美国从 1946—1964 年 18 年间的新生人口 7 800 万，累计全国人口总数净增 19 882 万。这就形成了建国后第二个人口生育高峰期，而且比第一个高峰期新生人口总数多出 0.6 亿，增加了 26.0%。这是建国以来持续时间最长、出生人数最多、影响后果最大的人口生育高峰，它也影响了后来的生育高峰。从国际比较看，也是世界现代经济史上最大规模的“婴儿潮”①。

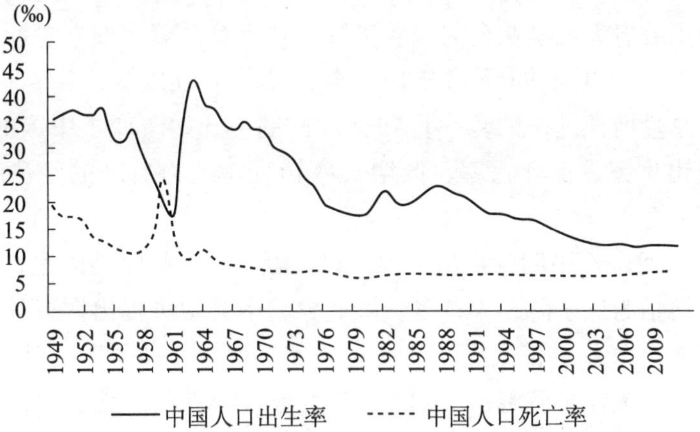

图 6—4 中国人口出生率与死亡率（1949—2009 年）

资料来源：国家统计局编：《中国统计摘要 2010》，41 页，北京，中国统计出版社，2010；国家统计局国民经济综合统计司编：《新中国五十年统计资料汇编》，北京，中国统计出版社，1999。

这一时期中国出现了有史以来最高的人口增长速度，人口增长率达到了 19.6‰，到 1970 年人口总数达到 8.18 亿，比建国初净增近 3 亿，占世界人口的比重由 21.7%提高到 22.2%。从中国历史看，此次人口增长，无论是总人口规模基数，还是人口增长速度，都超过历史上任何一个时期。

这一时期 0～14 岁的少儿人口比重进一步上升，到 1970 年占世界少儿人口的比重为 23.6%，高于同期人口占世界的比重 1.4 个百分点。少儿人口达到总人口比重的 40%，少儿人口抚养比达到了 0.71，说明中国处于少儿人口负担期。

① 婴儿潮（baby boom）这个词的首次出现，主要是指美国第二次世界大战后的“4664”现象——从 1946 年至 1964 年的 18 年间，婴儿潮人口高达 7 800 万人。

6.4 计划生育与人口红利

随着 70 年代人口计划生育政策的提出，中国开始向现代人口类型干预性变迁，高生育率迅速下降。1973 年 7 月毛泽东提议成立国务院计划生育领导小组，负责开展全国计划生育工作。1974 年 2 月毛泽东会见赞比亚总统卡翁达时首次承认中国人口太多了。同年 12 月 17 日，毛泽东听取邓小平汇报起草《政府工作报告》稿时，邓小平说，到 1985 年（全国总人口）恐怕就 10 亿人口了。[①] 毛泽东明确地做出指示：人口非控制不可。在此之前的 1957 年他多次谈到人类要控制自己，做到有计划地增长。

而后中国政府大规模在全国城乡实行计划生育政策，妇女总和生育率大幅度下降，从 1972 年的 4.98 下降至 1979 年的 2.75，在短短的 7 年时间内减少了 45%，人口总量增长过快的势头得到有效控制，开始改变了中国的人口国情，即迅速向低出生率、低死亡率、低增长率转变，这为后来的经济起飞提供了"人口红利"。

1979 年 3 月邓小平明确提出中国人口问题是一个战略性问题，他把中国国情基本特点概括为底子薄、人口多、耕地少。中共中央提出实行计划生育的基本国策，1980 年党中央正式提出"一对夫妇只生一个孩子"的计划生育政策，并对实现这一政策作了解释。[②] 党的十二大报告中首次明确提出"在我国经济和社会的发展中，人口问题始终是极为重要的问题。实行计划生育，是我国的一项基本国策。到本世纪末，必须力争把我国人口控制在十二亿以内"。同年，《中华人民共和国宪法》第二十五条规定"国家推行计划生育，使人口的增长同经济和社会发展计划相适应"。第四十九条规定"夫妻双方有实行计划生育

---

① 实际上中国总人口于 1980 年就突破了 10 亿人，1985 年为 10.59 亿人。参见国家统计局编：《中国统计摘要 2013》，39 页，北京，中国统计出版社，2013。

② 党中央的公开信指出，人口增长得这样快，使全国人民在吃饭、穿衣、住房、交通、教育、卫生、就业等方面，都遇到越来越大的困难，使整个国家很不容易在短时间内改变贫穷落后的面貌。尤其严重的是，我国人口在 1963 年到 1970 年这一段时间增加得最快，现在 30 岁以下的人，约占全国人口总数的 65%，今后每年平均将有 2 000 多万人进入结婚生育期。如果不从现在起用三四十年特别是最近二三十年的时间普遍提倡一对夫妇只生育一个孩子，控制人口的增长，按目前一对夫妇平均生 2.2 个孩子计算，我国人口总数在 20 年后将达到 13 亿，在 40 年后（指 2020 年）将超过 15 亿。这将会大大增加实现四个现代化的困难，造成人民的生活很难有多少改善的严重局面。参见《中共中央关于控制我国人口增长问题致全体共产党员共青团员的公开信》，1980 年 9 月 25 日，见中共中央文献研究室编：《三中全会以来重要文献选编》（上），538 页，北京，人民出版社，1982。

1.3亿户升到2010年的4.0亿户，增加了约2.7亿户；从一个少儿人口比例很高的社会转变为一个老龄人口社会，0～14岁人口比重由1953年的36.28%下降至2010年的16.60%，65岁及以上人口比重由1953年的4.41%增加至2010年的8.87%；从一个农村人口为主的社会转变为以城镇人口为主的社会，城镇化率由1953年的13.26%增加至2012年的51.3%；少数民族人口比重持续上升，由1953年的6.06%提高至2010年的8.49%。从人口统计学的指标看，中国从一个典型的最不发达国家类型转变为接近发达国家类型，尤其表现在少儿人口比重和老年人口比重上（见表6—2）。

表6—2　　六次全国人口普查（1953—2010年）

	1953年	1964年	1982年	1990年	2000年	2010年
总人口（万人）	58 260	69 458	100 818	114 333	126 743	134 091
出生率（‰）	37.00	39.14	22.28	21.06	14.03	11.90
死亡率（‰）	17.00	11.50	6.60	6.67	6.45	7.11
自然增长率（‰）	20.00	20.90	15.68	14.39	7.58	4.79
家庭户（万户）	13 455	15 679	22 203	27 738	34 837	40 152
平均家庭户人口（人/户）	4.33	4.43	4.51	3.97	3.44	3.10
0～14岁人口比重（%）	36.28	40.69	33.60	27.70	22.89	16.60
15～64岁人口比重（%）	59.31	55.75	61.50	66.70	70.15	74.53
65岁及以上人口比重（%）	4.41	4.56	4.90	5.60	6.96	8.87
总抚养比（%）	68.61	79.38	62.60	49.93	42.66	34.28
少儿抚养比（%）	61.20	72.99	54.63	41.53	32.67	22.30
老年抚养比（%）	7.40	6.39	7.97	8.40	9.99	11.98
城镇化率（%）	13.26	18.30	20.91	26.44	36.22	49.68
少数民族人口比重（%）	6.06	5.76	6.68	8.04	8.41	8.49

资料来源：国家统计局编：《中国人口统计年鉴2012》，105页，北京，中国统计出版社，2012。

无论是与发达国家相比，还是与发展中国家相比，中国的现代人口转型具有极其重要的特点：一是在极低收入（1949—1990年）、低收入（1990—2000年）、中低收入水平（2000—2010年）条件下实现了从传统人口再生产类型到现代人口再生产类型的重大转变。二是现代人口转型速度快、时间比较短，从“高出生率、高死亡率、低增长率”转向“低出生率、低死亡率、低增长率”的人口模式，发达国家人口转变过程用了100～200年的时间，而中国只用了50～60年的时间。与二战之后同期发展中国家相比，中国现代人口转型不仅规模大，而且速度快，甚至提前转型，提前完成转型，提前进入经济起飞，享有人口红利。三是中国现代人口转型不是伴随着一个经济发展的自然过程，而是强制性的社会变迁，以政府计划生育政策为主导强有力地推动整个社会（也包括少数民族地区）人口转型，与经济发展促进人口转型的趋势不仅是一致的，而且也形成了良性互动关系，有助于突破低收入阶段的“贫困陷阱”。

迅速的现代人口转变特点决定了中国“人口红利期”来得相当早，持续时间相对短，以及人口负担期来得也就比较早。1980年前后，中国进入人口红利期（1980年劳动年龄人口占总人口的比重为59.8%），比同等发展水平的印度可能提早了20年左右。当时的劳动年龄人口达到5.83亿，相当于世界总数（26.15亿）比重的22.3%，劳动力资源极其丰富，但也形成巨大的就业压力。而后劳动年龄人口比重不断上升，中国经济进入起飞期，创造了大量的就业，也吸收了大量的新生劳动力，又进一步促进和维持了中国经济的高增长。

2000年之后中国进入人口红利高峰期，劳动年龄人口占总人口的比重超过70%。到2010年，中国劳动年龄人口达到高峰，为9.99亿人，占总人口比重的74.5%，占世界总人口（45.2亿人）比重的22.1%，仍然是世界劳动力资源最丰富的国家。2011年，我国15～64岁劳动年龄人口进入负增长的历史拐点，而后开始进入人口红利下降期，到2030年劳动年龄人口占总人口的比重为68.0%，到2050年为61.3%。①

从中国与印度的比较来看（见图6—6），中国的人口红利期是从1980年开始，到2050年基本结束，约70年左右的时间。其中前30年为上升期，后40年为下降期；印度的人口红利期是从2000年开始，到2040年左右为上升期，劳动年龄人口占总人口比重由2000年的61.1%提高至2040年的68.4%。估计印度的人口红利下降期会在2060年左右，到2100年降至为60.2%。② 中印人

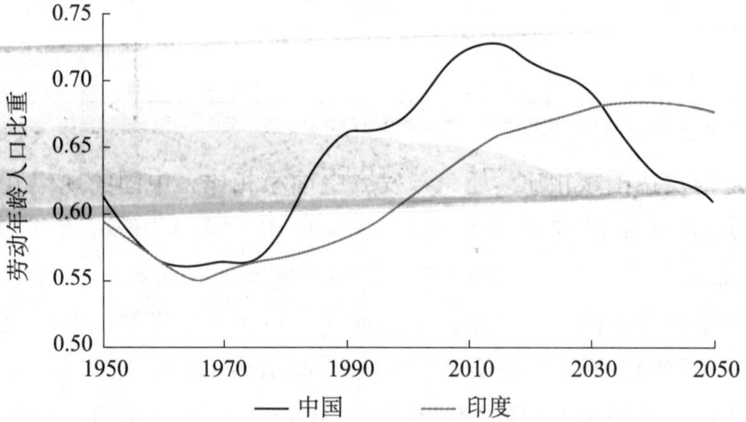

图6—6 中、印劳动年龄人口比重（1950—2050年）

资料来源：Population Division of the Department of Economic and Social Affairs of the United Nations Secretariat，World Population Prospects：The 2012 Revision，http：//esa. un. org/unpd/wpp/index. htm。

①② Population Division of the Department of Economic and Social Affairs of the United Nations Secretariat，World Population Prospects：The 2012 Revision，http：//esa. un. org/unpd/wpp/index. htm.

口红利期的模式的确不同，也反映了不同的人口转变模式，也验证了图 6—3 中的两类不同人口红利模型。

6.5　老龄化、少子化的双重挑战

2000 年之后，中国率先在发展中国家进入老龄化社会。老龄化社会是指 65 岁及以上人口占总人口的比例大于 7%；当这个比例大于 14%，叫作严重的老龄化；如果大于 20%或者是 25%，叫作超老龄化。2000 年全国 65 岁及以上人口比重为 7.0%，2010 年上升为 8.87%，2000 年为 8 872 万人，2010 年增加至 11 883 万人，年均增长率为 3.0%，大大高于同期全国总人口年均增长率（0.57%）。[①] 城镇退休人员从 2000 年的 3 170 万人增加到 2011 年的 6 826 万人，年平均增长率为 7.2%[②]，这标志着中国进入老年人口第一个高峰期，主要是受第一次生育高峰期（1949—1959 年）的影响，这将持续到 2020 年左右。

到 2020 年之后，中国将进入老年人口第二个高峰期，这是受第二次生育高峰期的影响。根据联合国人口数据库（2012）的预测，到 2020 年中国 60 岁以上的老年人口达到 2.42 亿人，占总人口比重达 16.9%，到 2030 年分别增加至 3.46 亿人和 23.8%；2020 年 65 岁以上老龄人口达到 1.67 亿人，占总人口的 11.7%，到 2030 年分别增加至 2.35 亿人和 16.2%；2020 年 80 岁以上老龄人口达到 2 622 万人，到 2030 年增加至 3 700 万人。到 2050 年中国将形成老龄人口高峰，60 岁以上的老年人口达 4.54 亿人，比重达 32.8%；65 岁以上老龄人口将增加到 3.31 亿人，占总人口比重的 23.9%；80 岁以上老龄人口将增加到 9 043 万人，占总人口的 6.5%。[③]

从国际比较来看，中国不仅是世界上老龄人口最多的国家，而且在 2010 年之前 60 岁及以上人口就超过了欧洲，在 2010 年之后 65 岁及以上人口超过欧洲，到 2030 年中国 60 岁及以上人口相当于欧洲的 1.6 倍，65 岁及以上人口相当于欧洲的 1.4 倍，分别占世界总数的 25.1%和 26.0%（见表 6—3）。

---

① 参见《第六次全国人口普查主要数据公报》（第 1 号），2011 年 4 月 28 日。

② 参见国家统计局编：《中国统计摘要 2007》，43 页，北京，中国统计出版社，2007。

③ Population Division of the Department of Economic and Social Affairs of the United Nations Secretariat，World Population Prospects：The 2012 Revision，http：//esa. un. org/unpd/wpp/index. htm.

表 6—3　　中国和欧洲老年人口比较（2000 年、2010 年、2030 年）

	60 岁以上人口			65 岁以上人口		
	2000 年	2010 年	2030 年	2000 年	2010 年	2030 年
老年人口数（亿人）						
中国	1.308	1.776	3.46	0.887	1.188	2.35
欧洲	1.473	1.612	2.13	1.073	1.194	1.65
世界	6.093	7.598	13.75	4.217	5.244	9.73
占世界总数比重（%）						
中国	21.4	23.4	25.1	21.0	22.7	26.0
欧洲	24.2	21.2	15.5	25.4	22.8	17.0

资料来源：中国数据来自第五次和第六次全国人口普查数据；Population Division of the Department of Economic and Social Affairs of the United Nations Secretariat，World Population Prospects：The 2012 Revision，http：//esa. un. org/unpd/wpp/index. htm。

未来中国人口最大的挑战就是老年人口负担。人口老龄化的迅速来临使得老年抚养系数迅速提高。2000 年，中国平均 9.1 个劳动力供养一个老人，2020 年平均 5.9 个劳动年龄人口供养一个老人，到 2050 年平均 2.7 个劳动年龄人口就要供养一个老人。

20 世纪 80 年代以来少儿人口数就开始大幅度减少。由 1982 年的 34 156 万减少至 2005 年的 26 543 万，减少了 7 613 万，下降幅度为 22.3%。[①] 这意味着从 1997—2020 年期间 15～30 岁人口减少了 7 600 万。少儿人口比重于 1965 年达到 40%的峰值，随后不断下降，到 2010 年已经下降到 16.60%[②]，已经低于日本 1990 年的水平（为 18.3%）[③]。

20 世纪 90 年代以来中国妇女总和生育率持续下降，明显低于妇女生育更替水平（TFR 为 2.1），进入“少子化”阶段。根据联合国人口数据库的数据，1995—2000 年期间中国妇女总和生育率为 1.56，2000—2005 年期间为 1.55，2005—2010 年期间为 1.63，大大低于妇女生育更替水平。[④] 城镇妇女总和生育率已经进入“超少子化”（低于 1.3）阶段，农村也进入“少子化”（低于 1.8）阶段。1980 年之后出生人口中的独生子女已进入婚育阶段，根据全国 1%人口抽样调查资料计算，0～30 岁独生子女为 15 589 万，占同龄人口比重的 29.30%。[⑤]

2011 年 4 月底公布的第六次全国人口普查数据显示，中国大陆人口老龄化和少子化的现象比原先估计的更为严重。与第五次全国人口普查总人口数相

---

① 参见国家统计局编：《中国统计摘要 2007》，38 页，北京，中国统计出版社，2007。

② 参见《第六次全国人口普查主要数据公报》（第 1 号），2011 年 4 月 28 日。

③④ Population Division of the Department of Economic and Social Affairs of the United Nations Secretariat，World Population Prospects：The 2012 Revision，http：//esa. un. org/unpd/wpp/index. htm.

⑤ 参见国家统计局编：《中国人口统计年鉴 2006》，北京，中国统计出版社，2006。

比，10 年共增加 7 390 万，年均增长率 0.57%，增速相当于 1990—2000 年期间的年平均增长率（为 1.04%）的一半。这反映了中国进入了比较严重的少子化，估计妇女总和生育率已经低至 1.6 左右，大大低于生育更替水平（为 2.1）。随着生育率惯性下降，2010—2020 年人口增长率还会进一步下降，不仅明显低于《中华人民共和国国民经济和社会发展第十二个五年规划纲要》所提出的（2011—2015 年）0.72%，而且总人口规模还明显低于该规划所提出的 139 000 万人的约束性目标，估计可能为 136 500 万～137 000 万人，少了 2 100 万～2 500 万人。

老龄化和少子化已经成为最重要的中国人口基本国情，使我国劳动力年龄结构、人口抚养比例、代际关系发生重大变化，将对中国经济、政治、社会发展带来深刻影响。

少子化的一个后果就是人口总数将出现下降，由于长期人口生育率低于 2.0，根据联合国预测（2013），到 2030 年中国人口总数达到 14.53 亿，达到峰值，占世界总人口比重的 17.5%，已经低于印度总人口（为 14.76 亿人）；随后中国总人口数开始下降，到 2050 年中国人口下降至 13.85 亿人，占世界 14.5%，低于印度的 17.0%。① 从少儿人口规模来看，1990 年印度已经超过中国成为世界上少儿人口第一大国，虽然人口总数还低于中国，但两者的差距持续拉大，到 2050 年印度的少儿人口将接近中国的 2 倍（见表 6—4）。这也表明，中国需要遏制过快的少子化，以保持人口适度规模，加强对人力资源的开发，从人口数量的竞争，转向人口质量的竞争。

表 6—4　　中印 0～14 岁人口数及其占总人口比重（1950—2050 年）

年份	中国		印度		印度/中国
	人口数（百万）	占总人口比重（%）	人口数（百万）	占总人口比重（%）	人口数倍数
1950	188.37	34.2	139.39	37.5	0.74
1980	349.07	35.5	277.11	39.6	0.79
1990	317.00	27.7	332.00	38.0	1.05
2000	290.00	22.9	366.00	34.7	1.26
2020	232.43	15.6	376.39	24.7	1.62
2030	203.55	13.6	363.15	21.9	1.78
2040	185.26	12.5	343.71	19.4	1.86
2050	174.39	12.0	321.28	17.5	1.84

资料来源：UN，World Population Prospects，Population Database，2013。

① Population Division of the Department of Economic and Social Affairs of the United Nations Secretariat，World Population Prospects：The 2012 Revision，http：//esa. un. org/unpd/wpp/index. htm.

我们特别需要吸取日本的教训。日本从1973年之后妇女总和生育率低于更替水平（指低于2.1），到2004年降至1.29。与此同时，65岁以上老年人口占总人口比重从7.6%上升至20.0%，2004年日本总人口绝对数开始下降，预计到2050年总人口降至1亿人，65岁以上老年人口占总人口比重提高到35.7%。[①] 少子化和老龄化已经成为日本发展最大的挑战和最大负担之一，也是日本经济增长乏力和内需不足的主要原因之一。

中国已经患上了"日本病"或"东亚新兴经济病"[②]，即迅速的少子化与老龄化，只是比日本滞后了20～25年的时间，15～40岁青壮年劳动年龄人口数下降时间滞后30年左右。但是中国与日本少子化、老龄化的最大不同之处是：日本是"先富后少、先富后老"，中国则是"先少未老、先老未富"。这可能根本改变未来中国的经济轨迹，从较高增长转向较低增长，这也是我们最为关心的中国长期性发展问题。从2000年到2050年的50年间，中国应对好少子化和老龄化的两大挑战，是建成真正繁荣的、和谐的现代化国家的关键所在。

6.6 从控制一代到调整一代[③]

由于人口发展不仅呈现动态变化，也有自身的惯性增长或减少趋势，这使得我们在思考设计中国人口战略、制定人口政策时不仅要基于中国人口国情的动态变化和自身特点，还要基于长期的前瞻性的战略考虑，避免为后代留下新的负担或更大困境。对任何人口发展面临的挑战都需要适应性地识别，主动地应对，智慧地化解。

现在回过头来看，如果从20世纪80年代初开始算起，解决中国人口问题至少需要花两代人的时间（至少50年）才能调整过来。从人口自身发展的特点和政策调整作用所形成的逻辑可能要分两步走：第一步是1980—2010年实行严格的计划生育政策，主要在城市地区、发达地区提倡"一对夫妇只生一个孩子"，严格控制人口数量，适当调整人口结构；第二步是2010—2030年，调整现行的计划生育政策，逐步实现"一对夫妇生两个孩子"，主动调整人口年龄结构和人口城乡结构，适当控制人口数量。实际上，1980年党中央的决定指

---

① 参见矢野恒太纪念会编：《日本的100年》，日文版，43页，东京，国势社，1991；《日本国情2006/07》，日文版，50页。

② 2005年日本妇女总和生育率为1.26，香港特区为0.97，台湾地区为1.12，新加坡为1.24，韩国为1.08，泰国为1.80。参见日本厚生劳动省统计情报部编：《日本人口动态（2007）》，日文版，12页。

③ 此节参考胡鞍钢：《稳健调整计划生育政策，稳定未来中国人口规模》，载《国情报告》，2009（35）。

出，到30年以后（指2010年），目前特别紧张的人口增长问题就可以缓和，也就可以采取不同的人口政策了。[①]

可以认为，现在与30年前实行严格的计划生育政策特别是提倡“一对夫妇只生一个孩子”做法的人口国情和经济国情大为不同，如果继续坚持这一做法，势必就会犯教条主义的错误，加剧未来时期中国的人口负债。我们面临新的政策调整机会窗口，当然也面临原有政策本身的路径依赖和自我锁定。

从人口发展目标来看，我们要利用中国的体制优势来进行主动性、前瞻性的人口发展的国家目标设计，包括以下三个目标：一是保持适度的人口规模，人口数量在14亿～15亿之间，不低于世界人口比重的17%[②]，防止未来时期人口总数绝对下降。这是中国保持经济社会繁荣和在世界中大国地位的重要前提，这就要求妇女总和生育率从现在的低水平逐渐恢复到世代更替水平。二是保持合理的人口结构，保障劳动力人口比重长期不低于60%，仍处在人口红利期。三是保证高质量、更高生产率的人口，这就包括提高人口的健康水平、教育水平与就业劳动年限。

作为生育政策调整，我主张应当有计划地逐步适度普遍放开二孩生育。[③]北京大学中国经济研究中心曾毅教授提出，在人口生育政策方面，应逐步实施“二孩晚育软着陆”[④]。我是非常赞同的。实施“二孩晚育软着陆”，将有助于调整我国未来的人口结构和男女比例，降低未来老少抚养系数快速上升的趋势，缓解老龄化带来的养老金短缺和劳动力优势丧失的问题。未来根据实际情况，还要制定更加灵活的鼓励生育的政策。

中国最大的资源、最具优势的资源是劳动力资源（15～64岁人口），中国最重要的基本国策就是最大限度地开发并充分利用这一资源。它的含义就是在劳动年龄人口比重不断下降的过程中，保持高水平的总人口就业率。1990年以来，全国就业人口占总人口比重一直在56%以上，其中妇女就业率达到较高水平。因此除了适当调整生育政策之外，还需要调整其他与人口相关的公共政策，一方面鼓励创业和就业，积极扩大劳动力供给，特别是较高人力资本的人

---

① 参见《中共中央关于控制我国人口增长问题致全体共产党员共青团员的公开信》，见中共中央文献研究室编：《三中全会以来重要文献选编》上册，538页，北京，人民出版社，1982。

② 确定人口规模的目标不能陷入“马尔萨斯决定论”，机械从资源总量占世界的比重出发，通过利用国际国内两种资源，以及通过技术进步来开发利用新的能源与资源，鼓励适度消费，资源并不能对人口的数量形成硬约束。

③ 可以将只要夫妻双方有一人是独生子女的均可以生育两个孩子；凡是再婚夫妻双方都是独生子女或一方是独生子女的均可以生育两个孩子作为暂时措施，但要尽快过渡到全面放开二孩生育，而不应将利用双独和单独生二孩作为主张生育政策基本不变的挡箭牌。对此北京大学曾毅教授有过详细论证。

④ 参见曾毅：《论二孩晚育政策软着陆的必要性与可行性》，载《中国社会科学》，2006（2）。

才供给，以应对劳动年龄人口增长下降趋势；另一方面减少提前退休人数，减缓社会保障经费支出压力。

第一，提高男女职工退休年龄政策。50年代以来我国退休政策规定的法定退休年龄，男性职工为60岁，女性职工为55周岁。[①] 随着人口出生时平均预期寿命不断提高，需要修改这一早已过时的退休政策，以应对迅速的老龄化。提高男女职工退休年龄需要分三步走：第一步将公务员、专业人员、企业经理和管理人员，男女退休年龄一律提高到62岁，其他女性职工（主要是从事服务行业）提高到60岁。第二步将所有职工男女退休年龄一律提高到65岁。对私人企业或单位所有者等创业人员实行弹性退休政策，可以不限定退休年龄，鼓励继续创业。第三步对部分服务业实行更加灵活的弹性退休政策，鼓励继续就业、灵活就业。

第二，适当提高领取退休费的最低工龄年限。与延长退休年龄相配套，可以适当提高领取退休费的最低工龄年限，以减缓老年人口负债形成的养老保障压力。

第三，实行更加灵活的就业制度，包括自主就业、灵活就业、阶段就业、非正规就业、合同制就业、家庭就业等，可以不限定退休年龄，进一步释放人口的潜在的就业红利。

第四，强化人力资本投资，扩大职业培训规模并提高培训质量；普遍推行劳动合同制度；扩大城镇基本养老保险参保面，并扩大到农民工，在农村实现社会养老保险。从长远来看，应对老龄化挑战的根本途径是继续强化人力资本投资，提高未来老年人口的人力资本水平。

由此可知，当人口政策面临的环境和条件已经发生了很大变化之时，我们在思考和设计中国人口战略、制定人口政策时，不仅要基于中国人口国情的动态变化和自身特点，还要基于长期的前瞻性的战略考虑，避免为后代留下新的负担或更大困境。

2013年11月召开的党的十八届三中全会决定：坚持计划生育的基本国策，启动实施一方是独生子女的夫妇可生育两个孩子的政策，逐步调整完善生育政策，促进人口长期均衡发展。同时还决定：研究制定渐进式延迟退休年龄政策。这些政策都是应对老龄化和少子化的重要举措，对促进人口长期均衡发展将起到积极的作用。

---

① 《国务院关于工人退休、退职的暂行办法》（1978年5月24日第五届全国人民代表大会常务委员会第二次会议原则批准）规定：全民所有制企业、事业单位和党政机关、群众团体的工人，符合下列条件之一的，应该退休。（一）男年满六十周岁，女年满五十周岁，连续工龄满十年的。（二）从事井下、高空、高温、特别繁重体力劳动或者其他有害身体健康的工作，男年满五十五周岁、女年满四十五周岁，连续工龄满十年的。

6.7　小结：从人口包袱到人力资源财富

在世界历史上，中国始终是人口最多的国家，人口众多既是中国社会的基本国情，也是中国现代化的基本要素。中国花了 60 多年的时间在极低收入和低收入条件下，迅速实现了现代人口转变，从“高出生率、高死亡率、低自然增长率”转变为“低出生率、低死亡率、低自然增长率”。这种人口转变是一种强制性变迁（如实行计划生育政策和政治社会动员）与经济发展和社会进步结合的结果，大大压缩了人口转变的过程，为中国实现长时期的经济起飞创造了“人口红利”。1980—2050 年的 70 年时间中，1980—2010 年为人口红利上升期，2011—2050 年为人口红利下降期。从中国人口国情的历史轨迹看，先后经历了从人口（指少儿人口）负担期到人口（指劳动力人口）红利期，再到新的人口（指老年人口）负担期。展望未来，中国将同时面临人口老龄化与少子化的双重挑战。

1949 年 9 月，毛泽东指出：“世间一切事物中，人是第一个可宝贵的。在共产党领导下，只要有了人，什么人间奇迹也可以造出来。”[①] 1959 年周恩来指出：我国有极为广大的人力，而作为劳动者和生产工具的创造者、使用者的人是社会生产力的决定性的要素，是最宝贵的“资本”。[②] 但是人既可能是十分沉重的发展负担，也可能是最宝贵的人力资源财富。只有高人力资本的人才是第一宝贵的资本，只有极大地调动他们的积极性，才能创造人间奇迹。

新中国成立之后，中国人口发展的历史过程，就是将庞大的人口包袱不断转变为巨大的人力资源财富的过程。这包括：从低的总人口就业率（1952 年就业人数占总人口比重为 36.1%），到较低的总人口就业率（1978 年为 41.7%），再到极高的总人口就业率（2012 年为 56.6%）；从低人力资本水平（1949 年国民平均受教育年限为 1.0 年）到中人力资本水平（1978 年国民平均受教育年限为 4.0 年），再到较高人力资本水平（2010 年国民平均受教育年限为 9.0 年）；从农业劳动力为主（1952 年为 83.5%）到非农业劳动力为主（2012 年为 66.4%）；从农村人口为主（1949 年为 89.4%）到城镇人口为主（2012 年为 52.6%）；从极低居民消费水平（1952 年人均水平为 80 元）到较高居民消费水

① 《毛泽东选集》，2 版，第 4 卷，第 1512 页，北京，人民出版社，1991。

② 参见中共中央文献研究室编：《建国以来重要文献选编》，第 12 册，609 页，北京，中央文献出版社，1996。

平（2012 年为 13 946 元）。[①] 中国从“文盲充斥”之国变为人力资源大国，从传统农业之国变为工业化大国，从“一贫如洗”之国变为消费大国。

由此可知，从人口包袱到人力（或人才）资源财富转变的本质，就是把工业化的限制因素转化为工业化的发动因素的过程，是创造条件，将坏事变好事的过程，是投资人民、解放生产力、发展生产力的过程。因为人是最积极、最活跃、最关键的生产力，从而发展了中国，改变了中国，成就了中国。应当说，60 多年新中国的实践，虽有过决策失误的教训，但总体上看还是一个相当成功的案例。同样今后 40 年的人口转变及人口红利下降期，将会迎来人力资源红利上升期，从而抵消并超过人口红利下降所带来的负面影响，中国仍然能够成功地应对世所罕见的人口少子化和老龄化双重挑战。

【思考与讨论】

1. 如何认识人口与发展的关系？
2. 在什么条件下，人口多是坏事？在什么条件下，才能将坏事变好事？
3. 如何认识和评价中国人口政策的变化及影响？
4. 中国如何应对老龄化和少子化挑战？
5. 如何确定未来时期的中国人口政策？

【扩展阅读】

中共中央关于控制我国人口增长问题致全体共产党员共青团员的公开信. 1980 年 9 月 25 日.

亚洲开发银行．崛起的亚洲．北京：中国金融出版社，亚洲开发银行，1998.

胡鞍钢．人口与发展——中国人口经济问题的系统研究．杭州：浙江人民出版社，1989.

胡鞍钢，邹平．社会与发展：中国社会发展地区差距报告．杭州：浙江人民出版社，2000.

胡鞍钢．稳健调整计划生育政策，稳定未来中国人口规模．经济参考报，2009－11－26.

曾毅．论二孩晚育政策软着陆的必要性与可行性．中国社会科学，2006 (2).

---

① 参见国家统计局国民经济综合统计司编：《新中国六十年统计资料汇编》，7、14 页，北京，中国统计出版社，2010；国家统计局编：《中国统计摘要 2013》，37 页，北京，中国统计出版社，2013。

第 7 章　健康与发展*

健康是人类永恒的追求，正如阿马蒂亚·森所说：“健康（与教育一样）是使人类生活体现价值的基本潜能之一”[①]。工业革命以来，人类在健康领域取得了史无前例的成就，与历史上任何一个时期相比，人类生存的卫生环境明显改善，人类医学及医疗技术更加先进，人类的健康水平不断提高，人们比以往任何时候更加长寿。

1820—1900 年期间，世界人口出生时预期寿命从 26 岁提高至 31 岁，平均每年提高 0.06 岁；1900—1950 年期间这一指标又提高至 49 岁，平均每年提高 0.36 岁；1950—2000 年期间，又提高至 66 岁，平均每年提高 0.34 岁。[②]

但是中国直到 20 世纪中叶还是一个“东亚病夫”之国。在 1949 年之前人口出生时预期寿命为 35 岁左右。诚如 1956 年毛泽东在党的八大预备会议第一次会议上所介绍的，过去说中国是“老大帝国”，“东亚病夫”，经济落后，文化也落后，又不讲卫生，打球也不行，游水也不行，女人是小脚，男人留辫子，还有太监……总而言之，坏事不少。但是，经过这六年的改革，我们把中国的面貌改变了。[③]

六十多年后，中国人口健康指标明显改善，已经超过世界主要健康指标平均水平，处于发展中国家前列，成为名副其实的“东方巨人”。诺贝尔经济学奖获得者罗伯特·福格尔对此做出了高度评价，欧洲和美国花了 150 年时间才从高死亡率的阴霾里走出来，达到今天平均寿命超过 70 岁的高水平，而中国则在很短的时间内便完成了这种变化。在中华人民共和国成立之初的 1950—

---

* 本章得到胡琳琳博士、郝晓林博士的协助。

① ［印］阿马蒂亚·森：《作为能力剥夺的贫困》，见《视界》，第 4 辑，石家庄，河北教育出版社，2001。

② 参见［英］安格斯·麦迪森：《世界经济千年史》，19 页，北京大学出版社，2003。

③ 参见《毛泽东文集》，第 7 卷，北京，人民出版社，1999。

1955年期间，中国人口平均预期寿命只有44.5岁。[①] 而今天，中国人口平均预期寿命是74.8岁，像北京、上海、天津这样一些大城市，平均预期寿命分别达到了80.8岁、82.1岁和80.3岁[②]，已经超过了美国78.6岁的水平。

那么，什么是公共健康？什么是健康的经济学属性？如何理解健康与发展的关系？如何看待中国的健康发展的历史轨迹？健康发展的战略是什么？

本章首先从理论上讨论健康与发展的关系，健康与经济增长的关系，回答什么是健康不安全，什么是公共健康。其次，对中国健康卫生发展进行历史回顾，进一步了解中国是如何从“东亚病夫”转变为“东方巨人”的，以及从国际视角看，中国卫生事业取得了哪些主要成就。第三，识别中国面临哪些重大的健康挑战。第四，讨论健康领域中政府与市场的不同作用和互补作用，以及如何投资于人民，如何投资于健康。第五，在此基础上，提出中国健康国情及其与中国发展关系的基本认识。最后，提出健康中国、健康社会的发展目标与战略。

7.1 健康与发展的关系

7.1.1 公共健康定义与衡量

健康是幸福的起点，一人之健康是立身之本，人民健康是立国之基。[③] 从这个意义上看，健康是一个人真正的幸福，无健康无幸福；全民健康是一个国家真正的财富，无健康无财富。

健康实际上是一种能力，它既是发展的目标，又是发展的手段，而得到基本的卫生保健是保证获得这种能力的“权利”。从政府和社会来看，发展就是要为人们提供这种“权利”，并使得更多的人得到这种“能力”。根据世界卫生组织（WHO）的定义：

> 健康不仅仅是不生病，而是在躯体、心理和社会方面的完满状态。

---

① Population Division of the Department of Economic and Social Affairs of the United Nations Secretariat，World Population Prospects：The 2012 Revision，http：//esa. un. org/unpd/wpp/index. htm. 根据国家统计局估计（1999），在1949年之前中国人均预期寿命为35岁左右。

② 根据第六次全国人口普查数据计算，参见国家统计局编：《中国统计年鉴2012》，106页，北京，中国统计出版社，2012。

③ 参见李斌：《以全民健康促进全面小康》，载《光明日报》，2013-09-28。

在经济学上，健康既可以理解为一种消费品，因为它本身能够给人带来幸福，增加人们的效用水平，又可以理解为一种投资品，因为它能够用于工作，从而生产产出，创造收入。①

对于国家而言，更加关注的是全体国民的公共健康问题。哈佛大学公共卫生学院丹尼尔·维克勒教授把“公共健康”定义为：

> 健康的人口，即大多数人口处在健康状况。公共健康有两个重要的特点：一是更好的健康状况；二是更公正的健康分配。②

我们认为，公共健康包括健康状况、健康公平、健康安全三个方面的内容。公共健康不仅仅是一个关于卫生的问题，还涉及社会公正和机会平等的问题。它不是一部分人健康，另一部分人不健康；它不是一部分人能够得到公共卫生服务，另一部分人不能得到公共卫生服务。公共健康还面临着健康安全的问题，经济发展和全球化一方面促进了健康发展，另一方面也加大了健康面临的风险。所谓健康不安全，就是指健康处于危险状态，健康相关危险因素得不到有效控制，或者健康权利受到剥夺的情况，人群不能同时满足心理、社会与躯体的全部健康状态。对健康安全的挑战主要来自社会变革与经济转型期生理、心理、环境与社会保障之间各种矛盾的冲突。进入21世纪，健康不安全正在成为人类不安全重大的挑战，也是社会发展最突出的挑战之一。健康不安全表现为重叠的、多维的不安全现象。不同的人群有不同健康不安全的特征表现。他们可能生活在不具备卫生条件的环境中，或他们可能不能享受到基本医疗服务。对于中国这个正在经历健康转型的发展中国家，可以从上述三个方面，采用15个指标来衡量健康发展情况（见表7—1）。

表7—1　　健康发展的含义与衡量

类型	一级指标	二级指标	经济学属性
健康公平	基本卫生条件	1. 饮用水不安全人口	公共物品
		2. 一岁以下儿童获得完全免疫比例	公共物品
	医疗资源可及性	3. 公共卫生支出占GDP比重	公共物品
		4. 每十万人医生拥有量	公共物品
	医疗保障覆盖率	5. 城镇医疗保险覆盖率	公共物品
		6. 农村医疗保险覆盖率	公共物品

① Grossman, M., “On the Concept of Health Capital and the Demand for Health,” *The Journal of Political Economy*, 1972, 80 (2).

② 参见《从“非典”看公共健康的意义——访丹尼尔·维克勒教授》，载《哲学动态》，2003 (7)。

续前表

类型	一级指标	二级指标	经济学属性
健康安全	外部风险	7. 患慢性病人数	混合产品
		8. 食品安全性	公共物品
	行为与认知	9. 吸烟人口	混合产品
		10. 不经常参加体育锻炼人口	混合产品
健康状况	生命存续	11. 出生时的预期寿命	混合产品
		12. 婴儿死亡率	公共物品
	疾病控制	13. 感染艾滋病人数比例	混合产品
		14. 传染病发病率	公共物品
	综合产出	15. 健康预期寿命	混合产品

公共健康发展的最终目标是提高全民的健康状况，不但是延长全民的平均预期寿命（这是健康数量），更要延长健康预期寿命（这是健康质量）。需要说明的是，“平均预期寿命”和“健康预期寿命”是衡量健康发展的最重要指标，其中人口平均预期寿命已经作为《中华人民共和国国民经济和社会发展第十二个五年规划纲要》经济社会发展主要指标之一。

人口平均预期寿命（life expectancy）是指假若当前的分年龄死亡率保持不变，同一时期出生的人预期能继续生存的平均年数。平均预期寿命的局限性在于该指标只反映生存时间，而不反映生存质量。事实上，现在许多慢性病患者存活时间很长，但患病期间其身体机能和生活质量会下降，在这种情况下，寿命指标就不能反映真实的健康状况。世界卫生组织（WHO）创建了“健康预期寿命”指标，在寿命表中减去由于疾病、损伤造成的失能时间，就可以得到这一指标。

健康预期寿命（healthy life expectancy），是以生活自理能力丧失为健康判定终点，依寿命表原理计算能够维持良好的日常生活活动功能的年限。[①] 美国华盛顿大学健康测量与评价研究所（IHME），于 2012 年 12 月 13 日发表了《2010 年全球疾病负担研究》，对 187 个国家和 21 个地区人群的疾病负担进行了定量评估。[②] 这是全球对人群健康状况测量的最新的最权威研究（见专栏 7—1）。

① WHO，World Health Statistics，2005.

② 该报告评估了 1990 年、2005 年和 2010 年三个时段，20 个不同年龄人群的男性和女性，遭受 291 种疾病和伤害、1 160 种后遗症（疾病和伤害的直接后果）和 67 种危险因素引起的早死和残疾。2010 年，对 187 个国家和 21 个地区人群的疾病负担进行了评估。IHME，“The Global Burden of Disease Study 2010,” *The Lancet*，2012，380（9859）.

专栏7—1 全球疾病负担的计算方法和指标

美国华盛顿大学健康测量与评价研究所（IHME）提出的计算全球疾病负担（GBD）概念及主要指标：

死亡人数和死亡率；

损失生命年（YLL）：各年龄组死亡人数乘以该年龄参考期望寿命，参考寿命表中出生时的期望寿命为86.0岁；

伤残生命年（YLD）：按并发症或后遗症发病率乘以该后遗症的伤残权重计算，伤残权重根据一般人群调查得出；

伤残调整生命年（DALY）：为YLL和YLD之和，一个伤残调整健康寿命年意味着损失了一个健康寿命年；

健康期望寿命（HALE）：概括人群的整体健康状况，说明不同年龄人群的寿命和不健康水平。

公共健康不只是居民个人的行为和市场提供的私人产品。它还是一种公共产品，当政府能够及时、公平、有效提供时，所有人都可以从中获益——健康；当政府延迟提供、不公平提供、低效提供时，所有人的健康都会受到传染病威胁。良好的公民健康状况和社会公共卫生服务是发展的目的，也是提高劳动生产率、加速经济增长、促进社会发展、保证社会公平的必要条件。成功地实施投资于人民健康的卫生改革和发展战略可以使我们以世界上比例极小的公共卫生支出，让十几亿中国人民享有更健康的身体，更具生产率的生产力，更长的生活寿命，更幸福的生命力。

7.1.2 健康的经济学属性

按照是否具有竞争性与排他性可以将健康产品划分为四种不同的物品。第一种是纯公共物品，基本公共卫生服务就属于这种类型，如流行病控制、健康教育、营养干预以及旨在应用公共卫生的研发（R&D）等，其作用在于降低公共健康风险，市场在提供这种物品方面是失灵的，必须由政府来提供，并覆盖全体人民；第二种是纯私人物品，比如私人保健，它应该由市场提供，主要由个人来支付，只覆盖少数人；第三种是俱乐部型物品，如预防免疫排他性小，但会出现“拥挤现象”，需遵循使用者付费的原则，预防免疫服务还有一个特性就是外部性，由此政府应该对此类服务的提供进行补贴，以覆盖大部分人群；第四种情况是共有物品，如防疫、防灾，市场也存在失灵问题，需要政府来提供（见图 7—1）。

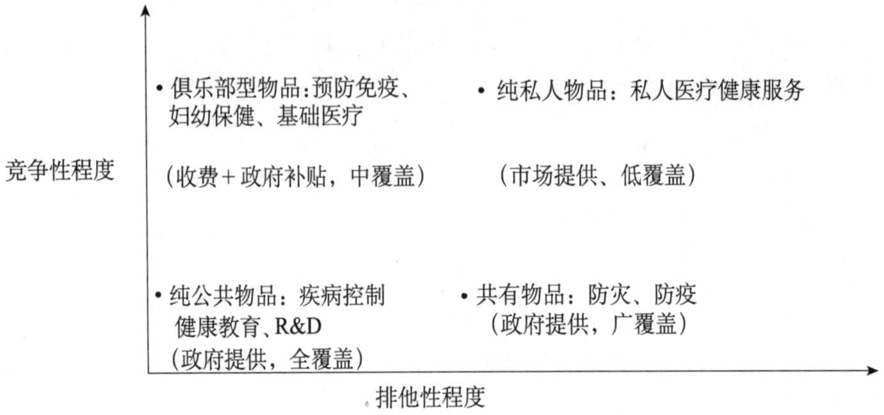

图 7—1　健康的公共物品与私人物品

由于私人医疗健康服务的特殊性质，市场在提供医疗服务等纯私人物品过程中，仍然存在“市场失灵”的问题。一个经典的解释是阿罗（Arrow）在 1963 年做出的，他认为医疗领域中的不确定性和供需双方的信息不对称性使市场失灵。对于消费者来说，疾病的发生具有不确定性；对于生产者（医疗机构）来说，病人的康复和康复程度也是不确定的。医生对治疗的知识远远超过患者对疾病的了解，因此可以引导病人对医疗和药品的过量消费，即“诱导性需求”的出现。其结果不仅仅是浪费医药资源，还可能危害患者的健康甚至生命。因此政府需要对其进行干预，对市场失灵的情况进行纠正。①

对于中国这样的发展中大国，政府应在多个方面发挥重要作用，提供健康产品，促进公共健康。包括：第一，公共卫生计划，防疫特别是灾后的防疫。第二，重大疾病的控制。第三，母婴保健。第四，计划生育服务。第五，基本临床服务。第六，医学上的研究与开发（R&D）的投入。第七，公共卫生健康保健营养知识与信息的传播。第八，大力开发卫生领域的人力资源。第九，为全体人口提供安全用水设施和基本卫生设施。第十，为居民健康改善创造一些必要的外部环境和条件。

7.1.3　健康与经济发展的关系

健康与经济增长之间既有良性循环，也存在发展悖论。健康可以促进经济

① Arrow K. J., “Uncertainty and the Welfare Economics of Medical Care,” *American Economic Review*, 1963 (53).

发展。阿马蒂亚·森强调指出，某些实质性的自由（政治参与的自由和接受基本教育或卫生保健的机会）是“发展的合法组成部分”（本质上是最终目标），同时也有助于经济发展。[①] 按照“以健康为基础的生产力模式”（health-based productivity）理论，健康可以提高劳动力工作年限；提高获取与应用知识的能力，深化人力资本（human capital deepening），从而提高劳动生产率。健康还可以通过影响劳动供给、教育、资本积累、人口结构、收入分配来影响经济增长。世界卫生组织研究指出，一个国家预期寿命增加 10%，将使其 GDP 年增长率增加 0.4 个百分点[②]；世界银行测算，1960—2000 年世界经济增长的8%～10%归因于健康[③]；哈佛大学研究指出，30%～40%的亚洲经济奇迹源于健康的改善[④]。因此，健康实际上是一种发展能力，它既是发展的目标（即人们是否能够拥有健康是用来衡量发展的标准），又是发展的手段（通过健康人们能够获得一些好的发展机会），而得到基本的卫生保健是保证获得这种能力的“权利”。而从政府和社会来看，发展就是要为人们提供这种“权利”，并使得更多的人得到这种“能力”。对于与发展相联系的贫困和不平等问题，健康是一个重要的衡量标准。

经济发展一方面有利于提高健康水平，这是人类经济发展、社会发展的直接结果，特别是与卫生健康有关的知识技术的重大进步起到了极其重要的作用。根据联合国开发计划署（UNDP）2001 年的估计，在 1960—1990 年期间，影响各类死亡率和预期寿命的因素有三个：人均收入增长；女性教育水平提高；技术进步。其中技术进步的贡献作用最大，其次是女性教育水平的贡献，人均收入增长居第三位（见表 7—2）。

表 7—2　　　　死亡率下降的原因（1960—1990 年）（%）

取得的进步	人均收入增长做出的贡献	女性教育水平提高做出的贡献	技术进步做出的贡献
5 岁以下死亡率	17	38	45
成年女性死亡率	20	41	39

① 参见［印］阿马蒂亚·森：《以自由看待发展》，31～33 页，北京，中国人民大学出版社，2002。

② 参见世界卫生组织宏观经济与卫生委员会 2001 年的研究报告。宏观经济与卫生委员会是在 2000 年 1 月设立的，以评估卫生在全球经济发展中的地位。它包括 18 名世界知名的经济学家、公共卫生专家、发展专业人员和决策人员，主席为哈佛大学杰弗里·萨克斯（Jeffrey Sachs）教授。

③ 世界银行在 1993 年的《世界发展报告》中明确提出，良好的健康状况可以提高个人的经济生产率，提高各国的经济增长率。

④ David E. Bloom，Jeffery G. Williamson，“Demographic Transitions and Economic Miracles in Emerging Asia，” *The World Bank Economic Review*，1998，12（3）. 大卫·E·布罗姆和杰弗里·G·威廉姆森任职于哈佛大学公共卫生学院和经济学系。

续前表

取得的进步	人均收入增长做出的贡献	女性教育水平提高做出的贡献	技术进步做出的贡献
成年男性死亡率	25	27	49
女性寿命	19	32	49

资料来源：联合国开发计划署：《2001年人类发展报告：让新技术为人类发展服务》，北京，中国财政经济出版社，2001。转引自 Wang，Jia，Dean T. Jamison，Eduard Bos，Alexander Preker，John Peabody，"Measuring Country Performance on Health：Selected Indicators for 115 Countries，" *Health*，*Nutrition*，*and Population Series*，Washington，DC：World Bank，1999.

另一方面，经济发展是否能够促进健康，却形成了一个发展悖论。对中国而言，经济发展所带动的六大类趋势，形成一系列新的严峻挑战（见表7—3）。① 市场化使贫困人口健康问题更加凸显；工业化导致环境污染、职业病和工伤事故；城镇化带来的人口流动增加了疾病传播的机会；全球化加速各种要素全球性流动，导致公共卫生危机的传播；老龄化导致慢性病比重高；消费革命引发的烟草消费、家居污染、汽车尾气等损害健康的消费行为增多。从国际视角看，没有哪一个国家像中国这样具有如此之多的发展动力，也没有哪一个国家像中国这样具有如此错综复杂的健康问题。

表7—3　　经济社会转型带来的健康成本

发展进程	健康成本	对经济影响	政府及卫生系统的缺陷
市场化	贫富差距，贫困人口健康问题	人力资源，社会稳定	社会保护体系和基本公共服务匮乏
工业化	环境污染，职业病和工伤事故	人力资源	对环境污染的监测和约束不够，针对职业卫生的立法和监督不够
城镇化	人口流动增加疾病传播机会	人力资源，经济运行	针对流动人口的基础设施、预防免疫、疾病监测、医疗保障不完善
全球化	各种要素的流动导致公共卫生危机的传播	经济运行，负外部性	应对全球化风险的机制不完善，国际合作不够
老龄化	慢性病比重高	疾病负担，资源消耗	应对老龄化的社区卫生机构和志愿者服务发展不足
消费革命	烟草消费、家居污染、汽车尾气损害健康	疾病负担	通过经济手段对消费行为的调节不够

人类的健康发展随着经济社会的发展和疾病模式的转变经历了四个发展

① 工业化、城镇化、人口老龄化、疾病谱变化和生态环境变化等，都给医药卫生工作带来一系列新的严峻挑战。参见《中共中央国务院关于深化医药卫生体制改革的意见》，2009年3月17日。

阶段：

第一阶段属于典型传统社会，表现为“三高一低”：高婴儿死亡率，高老年人死亡率，高人口死亡率，很低的人均预期寿命。根据安格斯・麦迪森估计①，1870 年时全世界人均预期寿命只有 24 岁，1950 年时达到 49 岁；根据国家统计局估计（1999），在 1949 年之前中国人均预期寿命为 35 岁左右。

第二阶段进入健康的快速发展阶段，人类卫生条件改善，围产期疾病、营养不良、传染病等传统疾病得到有效控制，婴儿死亡率明显下降，老年死亡率在下降，人口死亡率不断下降，人均预期寿命明显提高。

第三阶段进入缓慢进展期，随着经济的发展，老年死亡率在下降，人口死亡率不断下降，人均预期寿命进一步提高，但是滞后于经济发展的速度，而且健康风险加大，健康预期寿命和人均预期寿命趋异，健康不安全成为突出挑战。

第四阶段进入现代发展社会和老龄化社会，人类医疗水平提高，老年人的寿命延长，老年死亡率大幅度下降，成为提高人类预期寿命的主要贡献因素。在这个阶段，由于生命周期的增长，慢性非传染性疾病和老年健康成为主要关注的健康问题。随着健康发展水平的提高，健康预期寿命和人均预期寿命趋同。

7.2 健康发展的黄金期

建国前中国不仅是世界上经济发展最贫穷、最落后的国家，也是世界上卫生健康发展最落后的国家，被视为“东亚病夫”、“鸦片之国”②。1949 年之前中国人口平均预期寿命为 35 岁左右③，低于世界平均期望寿命（1950 年为 49 岁），还低于 1820 年法国的平均预期寿命（37 岁）④，1950 年中国婴儿死亡率

---

① 参见［英］安格斯・麦迪森：《世界经济千年史》，18 页，北京，北京大学出版社，2003。

② 鸦片是舶来品，早在唐朝时期罂粟就随着与中亚地区的交往进入中国。但长期以来，中国人始终把罂粟当成药用植物和观赏植物。直到 19 世纪，以英国人为首的西方人为了赚钱，将罂粟的副产品鸦片作为流毒中国的“杀人”利器。20 世纪初期，估计中国有 2 500 万人吸食鸦片，相当于当时全国总人口（43 714 万人）的 5.7%，是世界“鸦片之国”。解放初期，贩卖、制造毒品的活动也相当猖獗，几乎遍及全国。据初步估计，吸食鸦片等的烟民，全国约有 2 000 万人，占当时总人口的 4.4%。参见庞松：《毛泽东时代的中国（1949—1976）》，第 1 卷，147～153 页，北京，中共党史出版社，2003。

③ 参见国家统计局编：《新中国五十年：1949—1999》，86 页，北京，中国统计出版社，1999。如 1935 年南京市男性人口平均预期寿命为 29.8 岁，女性人口平均预期寿命为 38.2 岁。参见国家统计局社会统计司编：《中国社会统计资料 1990》，33 页，北京，中国统计出版社，1990。

④ Angus Maddision, *The World Economy: A Millennial Perspective*, Table 1-5a, Paris: OECD Publishing, 2001.

为 200‰[①]，这也高于欠发达国家的平均水平（175‰），还明显高于印度的水平（164‰）[②]，也高于法国 1850 年的水平（146‰），在一些偏僻的农村和少数民族地区，婴儿死亡率大多高于 200‰。50 年代中国传染病报告发病率为十万分之 3 000，中国孕产妇死亡率在 1950 年为十万分之 1 500。[③]

当时我国卫生状况极端恶劣，传染病流行猖獗，寄生虫病传播广泛。地方病流行地区发病率极高，严重威胁人民的生命和健康，是我国人群的第一死因。据部分市、县居民死亡原因统计，建国前我国城市肺结核死亡率为十万分之 250。[④] 建国初期主要传染病发病人群达几千万人。1951 年全国天花病有 6 万例；1952 年麻疹发病人数 104 万，疟疾发病人数 293 万，麻风病人 50 多万，血吸虫病人 1 200 万，受到感染威胁人口在 1 亿人以上。50 年代和 60 年代全国传染病发病率在十万分之 3 000。[⑤] 我们据此估计这一时期，全国各种传染病发病人数为 1 600 万～2 200 万人。[⑥] 仅血吸虫病患病人数就有 1 000 多万人，受到感染威胁的人口则在 1 亿以上。[⑦] 而后，全国传染病发病率持续下降（见图 7—2）。

图 7—2　中国法定传染病（甲乙类）发病率（1950—2008 年）

资料来源：中华人民共和国卫生部编：《中国卫生统计年鉴 2009》，北京，中国协和医科大学出版社，2009。

新中国成立以后，中国在加速工业化和现代化进程中，也迅速完成了第一次卫生革命，基本上控制并消除了严重的传染病和寄生虫病，成为新中国健康

① 参见国家统计局编：《新中国五十年：1949—1999》，85～86 页，北京，中国统计出版社，1999。

② 数据来源于联合国教科文组织数据库

③ 参见国家统计局编：《新中国五十年：1949—1999》，86 页，北京，中国统计出版社，1999。

④⑤ 参见上书，85 页。

⑥ 解放前医疗状况也非常不好，整个中国的现代医生非常少，在 1935 年，全中国平均每 8 万人才有 1 名西医，而全国约半数的西医在两个沿海省份的大城市里行医，即广东、江苏。参见王绍光：《人人享有基本医疗卫生服务是个纲，纲举目张》，载《联合早报》，2009-04-14。

⑦ 参见中共中央文献研究室编：《建国以来重要文献选编》，第 10 册，185 页，北京，中央文献出版社，1994。

发展史上的一个重要的里程碑。政府将重点置于预防、控制并消除传染病等基本公共卫生服务上，确保了基本药物和基本医疗服务广泛的可及性，使公共卫生条件得到明显改善。1956 年 12 月，《一九五六——一九六七年科学技术发展远景规划纲要（修正草案）》将“危害我国人民健康最大的几种主要疾病的防治和消灭”列入规划两个重点之一。当时有人认为不宜列入。陈毅、李富春、聂荣臻认为，我国有几种疾病（如血吸虫病）严重地危害几千万人民的生命，不是一件小事。[①] 1957 年 10 月《一九五六年到一九六七年全国农业发展纲要（修正草案）》第二十八条明确提出“努力消灭危害人民最严重的疾病”目标（见专栏 7—2），集中力量消灭或基本消灭了几种在旧中国流行猖獗、严重危害人民的急性传染病，如天花、霍乱、鼠疫等；一些通过人工免疫可以预防的传染病，如脊髓灰白质炎、麻疹、白喉等的发病率已有了大幅度的下降；对结核病、性病、麻风等慢性传染病病人进行了有效的治疗；对疟疾、血吸虫病、丝虫病等寄生虫病开展了群防群治，迅速控制了疾病的暴发流行。通过改善饮水、营养条件，一些曾经严重损害劳动能力的地方病，如碘缺乏病、大骨节病、克山病等得到了控制。在这方面，确实出现了一些举世瞩目的历史性创举，例如中国于 20 世纪 60 年代初期就消灭了自远古以来就出现的天花病例，这一时间比其他亚非流行国家提前 16 年。1957 年 4 月国务院做出在七年内完成基本消灭血吸虫病的伟大历史任务。[②] 五六十年代基本控制了困扰中国人 2 000 多年之久的血吸虫病，为此毛泽东同志还曾特做两首著名的七律《送瘟神》表达对这一成就的感慨。

专栏 7—2　努力消灭危害人民最严重的疾病（1957 年）

从一九五六年起，在十二年内，在一切可能的地方，基本上消灭危害人民最严重的疾病，例如：血吸虫病、天花、鼠疫、疟疾、黑热病、钩虫病、血丝虫病、新生儿破伤风和性病。其他疾病，例如：麻疹、赤痢、伤寒、流行性乙型脑炎、脊髓灰白质炎、白喉、肺结核、麻风、沙眼、甲状腺肿、大骨节病、克山病等，也应当积极防治。

资料来源：中共中央文献研究室编：《建国以来重要文献选编》，第 10 册，575 页，北京，中央文献出版社，1994。

妇女儿童是一个国家卫生保健的重点，其健康水平代表着人口的总体健康

---

① 参见中共中央文献研究室编：《建国以来重要文献选编》，第 9 册，368 页，北京，中央文献出版社，1994。

② 参见中共中央文献研究室编：《建国以来重要文献选编》，第 10 册，188 页，北京，中央文献出版社，1994。

状况。1949 年之前，妇幼保健形同虚设。建国初期，通过推广新法接生[①]，加强围产期保健，进行孕产妇系统管理，减少了有害因素对母婴的伤害，降低了孕产妇及胎婴儿的患病率和死亡率。以北京市为例，1949—1954 年短短几年时间里，北京市市区的孕产妇死亡率就从 7‰下降到 0.7‰，并基本上消灭了新生儿破伤风和产褥热。到 1982 年，全国新法接生达到了接产总数的 92.7%。[②] 这期间孕产妇死亡率和婴儿死亡率有了大幅度的下降。孕产妇死亡率从解放前的 1 500/10 万下降到 1980 年的 100/10 万[③]；婴儿死亡率则从解放初的 200‰下降到 1980 年的 52‰[④]。事实上，在 1965 年以后，中国的婴儿死亡率就降到了世界平均水平以下。

中国能出现第一次卫生发展的黄金期，主要的原因在于，新中国成立之初就明确了国家发展医疗卫生事业的职能和任务。1949 年《共同纲领》第四十八条规定："推广卫生医药事业，并注意保护母亲、婴儿和儿童的健康。"1954 年制定的《中华人民共和国宪法》第九十三条规定："国家举办社会保险、社会救济和群众卫生事业，并且逐步扩大这些设施，以保证劳动者享受这些权利。"在全国城乡地区开始建立一个面向广大工农民众的医疗体系，把医疗服务作为一个普遍可得的公共产品向人民群众，尤其是贫困人口提供。1950 年 8 月，全国第一次卫生大会确定了四个医疗方针：第一个是为工农兵服务；第二个是预防为主；第三个是中西医相结合；第四个是医疗卫生与群众运动相结合。

作为世界上人口最多的国家，中国很快就建立了一支世界上最庞大的卫生事业队伍。1949 年全国卫生人员只有 54 万人，到 1955 年就达到了 105 万人，到 1978 年时已经达到 788 万人[⑤]，是 1949 年的 14.6 倍。每千人口卫生技术人员数量增长迅速，1949 年为 0.93 人，到 1955 年为 1.42 人，到 1960 年为 2.37 人，1970 年为 1.76 人，1975 年为 2.24 人，1980 年为 2.85 人；每千人卫生机构床位数从 1949 年的 0.16 个，逐步增加到 1960 年的 1.48 个，1970 年的 1.52 个，到 1980 年达到 2.21 个。后来"预防为主"的方针拓展为"预防为主、防治结合"的方针，不断加大传染病防治力度，通过开展预防接种和爱国卫生运动等防控措施，降低传染病发病率，有效地控制了传染病的流行和蔓延。[⑥]

为地广面大、极其分散的农村人口提供基本医疗卫生服务是世界性难题。

---

① "新法接生"是针对解放前普遍采用旧法接生，必须改革而采用的一个专有名词，旧法接生导致的产褥热、新生儿破伤风的发病率极高。1950 年，在第一次全国妇幼卫生工作座谈会上，确定将对妇女儿童生命威胁最大的接生问题，列为妇幼保健的首要任务，并提出了改造旧式接产，推行新法接生的工作方针。

② 参见陈海峰编著：《中国卫生保健史》，136～137 页，上海，上海科学技术出版社，1993。

③ Koblinsky，Marjorie，A.，*Reducing Maternal Mortality*：*Learning from Bolivia*，*China*，*Egypt*，*Honduras*，*Indonesia*，*Jamaica*，*and Zimbabwe*，Washington，DC：World Bank，2003.

④ 参见联合国经济社会司人口处：《世界人口展望：2004 年修订》，http：//esa.un.org/unpp。

⑤ 参见国家统计局编：《中国第三产业统计年鉴 2011》，418 页，北京，中国统计出版社，2012。

⑥ 参见国家卫生和计划生育委员会：《中国的医疗卫生事业》白皮书，2012 年 12 月 27 日。

从建国到50年代末，各地创建了农村合作医疗制度，不过一直处于各地自发举建阶段。1959年11月，卫生部召开全国农村卫生工作会议，正式肯定了农村合作医疗制度。农村合作医疗制度的创新和普及，以及公共性成为新中国卫生政策的基本取向，是与毛泽东的看法和创新分不开的。他在1965年6月就批评卫生部工作只给全国人口的百分之十五服务，而且这百分之十五中主要还是老爷。而百分之八十五的人口在农村，广大农民得不到医疗，一无医，二无药。卫生部不是人民的卫生部，改成城市卫生部或老爷卫生部、或城市老爷卫生部好了。并号召把医疗卫生的重点放到农村去。[①] 根据毛泽东的指示，同年9月，中共中央批转卫生部党委《关于把卫生工作重点放到农村的报告》，强调加强农村基层卫生保健工作，极大地推动了农村合作医疗保障事业的发展。到1965年底，全国已有山西、湖北、江西、江苏、福建、广东、新疆等10多个省、自治区、直辖市的一部分市县实行了合作医疗制度，并进一步走向普及化。1968年，毛泽东批示推广湖北省长阳县乐园公社的合作医疗经验。这一时期，农村合作医疗整体上发展迅速，到1975年全国农村医生和卫生员总数达到484万，占全国卫生人员总数（744万）的65.1%。[②] 卫生服务覆盖全国农村，是基于国家制度安排，集体经济实行集资兴办合作医疗，到1976年，全国已有90%的农民参加了合作医疗，基本解决了90%以上农村人口看病难的问题。这对提高人口平均预期寿命的作用最为明显。根据联合国人口数据库提供的数据，在1965—1970年期间，中国人口平均预期寿命提高至59.4岁，1970—1975年期间又提高至64.6岁，已经明显高于同期世界平均水平（分别为56.5岁和58.8岁）。[③]

与印度相比，1950—1980年是中国健康发展最快的时期，印度的进展却慢了许多。1950—1980年间，印度人均预期寿命提高了20.1岁，中国提高了32.8岁；同期，印度婴儿死亡率由164‰下降到126‰，中国由200‰下降到52‰；1950年中国的人均收入与健康发展指标都低于印度，到1980年中国的人均收入只略高于印度，健康指标却大大高于印度（见表7—4）。阿马蒂亚·森评价这一时期时说："毫无疑问，仅就发病率、死亡率与寿命而言，中国确实大大领先于印度"[④]。

---

① 参见中共中央文献研究室编：《毛泽东年谱》（一九四九—一九七六），第五卷，北京，中央文献出版社，2013。

② 参见国家统计局编：《中国第三产业统计年鉴2011》，418页，北京，中国统计出版社，2011。

③ Population Division of the Department of Economic and Social Affairs of the United Nations Secretariat，World Population Prospects：The 2012 Revision，http：//esa.un.org/unpd/wpp/index.htm.

④ [印] 让·德雷兹、阿马蒂亚·森：《饥饿与公共行为》，213页，北京，社会科学文献出版社，2006。

表 7—4　　　　中印健康发展指标比较（1950—2010 年）

		1950 年	1960 年	1980 年	1990 年	2010 年	1950—1980 年年均变化（%）	1980—2010 年年均变化（%）
人均 GDP（PPP，1990 年国际美元）	印度	619	753	938	1 309	2 796	1.4	4.1
	中国	448	662	1 062	1 871	8 389	2.9	7.1
孕产妇死亡率（每 10 万人）	印度	—	—	—	570	230		−4.4（1990—2010年）
	中国	1 500	—	—	80（1991）	30		−6.0（1991—2010年）
婴儿死亡率（‰）	印度	164	146	126	76	44	−0.9	−3.4
	中国	200	190	52	50.2（1991）	13.1		−7.6（1991—2010年）
人口平均预期寿命（年）	印度	36.2	43.2	56.3	59.3	66.3	1.5	0.55
	中国	35	44.0	67.77	68.9	74.83	2.2	0.33

资料来源：Angus Maddision，*Historical Statistics for the World Economy*：*1—2008AD*，OECD Publishing；World Bank，*World Development Index*，World Bank Publications，2011；Government of India，Economic Survey，1999—2000；国家统计局编：《新中国五十年：1949—1999》，北京，中国统计出版社，1999；国家统计局编：《中国统计摘要 2010》，39 页，北京，中国统计出版社，2010；Population Division of the Department of Economic and Social Affairs of the United Nations Secretariat，World Population Prospects：The 2012 Revision，http：//esa. un. org/unpd/wpp/index. htm；国家统计局编：《中国统计年鉴 2012》，105 页，北京，中国统计出版社，2012。

中国这一时期的健康发展也遇到了极大挫折，由于"大跃进"和自然灾害造成的饥荒，导致死亡率急剧上升，预期寿命急剧下降，婴儿死亡率由 1958 年的 145‰上升到 1960 年的 190‰，根据 J. 班尼斯特（J. Banister）的估计，预期寿命由 1957 年的 50 岁，锐减至 1960 年的 25 岁，直到 1962 年才恢复到 1957 年的水平。① 根据联合国人口数据库提供的数据，在 1950—1955 年期间，中国人口平均预期寿命已经达到了 44.6 岁，在 1955—1960 年期间为 45.0 岁，1960—1965 年又降至 44.0 岁，1965—1970 年期间才迅速恢复并提高至 59.4 岁。②

世界银行在 20 世纪 80 年代初的中国考察报告中指出，其他国家中极端贫困人民所遭受的苦难，如饥饿、疾病、高出生率和高婴儿死亡率、文盲，以及时刻担心沦为赤贫和成为饿殍等，在中国已差不多都消除了。最能说明实际贫困严重程度的一个指标是人均预期寿命，因为其长短取决于很多经济和社会变量，而中

① 参见［美］J. 班尼斯特：《关于中国人口近期数据的一个分析》，载《人口与发展考察》，1984（10）。

② Population Division of the Department of Economic and Social Affairs of the United Nations Secretariat，World Population Prospects：The 2012 Revision，http：//esa. un. org/unpd/wpp/index. htm.

国作为一个低收入国家，平均预期寿命却突出地高（1980年为67岁）。[①] 即使在最贫困的省份，其人口寿命也不比中等收入国家低多少。[②] 日本著名经济学家小林实也注意到这个现象。他认为虽然中国人均收入并不高，但是中国人民实际享受较高的生活水平。[③]

事实上1978年前居民健康水平的提高，相当于为其后的经济起飞准备了充分的人力资本基础。阿马蒂亚·森在解释中国和印度的发展绩效差异时也指出了这一点。他认为，中国改革前健康条件的改善“创造了这个国家转向市场化之后可以投入动态运用的社会机会”[④]，这是印度所不及的。瑞恩·曼努埃尔(Ryan Manuel）评价道：中国在集体医疗时期（1957—1979年）取得了很大的成就，就“花小钱办大事”的水平来说，当时中国的公共医疗体系是世界领先的。[⑤]

这一时期，中国健康发展取得的成就表明，从传统的高儿童死亡率、高成人死亡率类型向低儿童死亡率、低成人死亡率的现代健康类型转变，主要不是人均收入水平提高所致，而是国家能够为全体人民特别是农村人口创造公共卫生服务的制度安排，有效地提供了广泛可及的最基本公共健康服务，覆盖人口之广、受益人口之多是中国近现代历史上前所未有的，人口健康水平大大高于人口收入水平。

7.3 健康发展的缓慢进展期

改革以来，中国健康发展进入了一个进展相对缓慢的发展时期。1978—2000年中国经济高速增长，但是健康发展相对滞后。中国人口平均预期寿命从1982年的67.77岁，提高到2000年的71.40岁，仅提高了3.63岁，平均每年提高0.202岁，这是提高幅度最低的时期。1980—2000年期间中国的人均收入增长率相对高，但是健康发展指标增长率相对低。在这一期间，按不变价格计算，人均GDP年平均增长率为8.3%，是1950—1980年期间的两倍，全国居民消费水

① 世界银行的估计是根据1982年人口普查以及其他人口资料计算的，见《中国：卫生部门》（世界银行，1984）1号补充文件。

② 参见世界银行1984年经济考察团：《中国：长期发展的问题和方案（主报告）》，42页，北京，中国财政经济出版社，1985。

③ 参见［日］小林实：《论中国经济发展之关键》，北京，中国对外经济贸易出版社，1987。

④ ［印］阿马蒂亚·森：《以自由看待发展》，34页，北京，中国人民大学出版社，2002。

⑤ 参见郜若素等主编：《中国：未来二十年的改革与发展》，14～15页，北京，社会科学文献出版社，2011。

平年平均增长率为7.1%，是1950—1980年期间的2.3倍；人均预期寿命年平均增长率为0.3%，明显低于1950—1980年期间的水平，婴儿死亡率年平均减少率为1.6%，大大低于1950—1980年期间的水平，人类发展指数年平均增长率为1.4%，也明显低于1950—1980年期间的水平。从健康对经济发展的作用来看，由于毛泽东时代奠定了良好的基础，居民健康水平一直维持在一个较高的水平上，保证了经济发展有健康的劳动力，为经济的持续增长做出了贡献。

那么，如何解释改革开放后中国经济增长率高、而健康改善速度趋缓的现象？阿马蒂亚·森认为，经济增长并不一定带来健康改善（以死亡率的下降和寿命的延长为代表），如何分配经济资源是更重要的。他认为毛泽东时代中国在食物和医疗资源（包括农村的医疗服务）的公平分配，是其能够在人口健康方面取得显著改善的主要原因。瑞恩·曼努埃尔认为，在后集体化时期（1980—2003年），中国的医疗卫生体系变得不公平、花费巨大并且低效率。[①]农村改革以后，农村人民公社解体的同时，作为提供基本医疗服务的合作医疗制度基本解体，8亿农民几乎没有什么医疗保障。乡村医生和卫生员人数从1980年的382万迅速缩小至1985年的129万。[②] 据1985年全国10省45个县的调查，农村居民中仍参加合作医疗的仅占9.6%，而自费医疗则占到81%，1986年坚持合作医疗的村继续下降到5%左右。据世界银行估计，农村社会医疗保险覆盖率从1980年的大约90%下降至1989年的10%。[③] 直接结果是全国人口平均预期寿命增长最慢，从1982年的67.77岁提高至1990年68.90岁，平均每年提高0.14岁。[④] 直到1993年中国政府才开始重建农村合作医疗体制。

经济增长对健康来说是一把双刃剑，在促进健康发展的同时，也会造成巨大的健康成本。主要原因是：（1）经济转型中政府在卫生领域严重“缺位”。中国自改革以来，由于片面追求经济增长而忽视对健康的维护，其经济发展在一定程度上是以牺牲健康为代价取得的，因此虽然经济有了较快增长，健康的改善却进展缓慢。但是，健康对经济增长这种贡献就像是一种储蓄账户，改革前健康水平的大幅度改善相当于向账户中进行储蓄，改革后则相当于一直在支出，而没有进行相应的“投资”以弥补支出。如果一直维持这种状况，这个账户迟早会出现“赤字”，也即“健康赤字”。尤其是在未来健康风险越来越高的情况下，要将健康水平一直维持在较高水平上是不容易的。健康改善速度趋

① 参见郜若素等主编：《中国：未来二十年的改革与发展》，14～15页，北京，社会科学文献出版社，2011。

② 参见国家统计局编：《中国第三产业统计年鉴2011》，418页，北京，中国统计出版社，2011。

③ The World Bank, *Country Study*, *China*: *Long Term Issues and Options in Health Transition 1992*, Washingtong, DC., 1993.

④ 参见国家统计局编：《中国统计年鉴2012》，105页，北京，中国统计出版社，2012。

缓，滞后于经济增长速度。(2) 社会保障体系不完善。1993 年没有医疗保障的人口为 8 亿人，到 2003 年以后达到了 10 亿人。(3) 经济转型和发展带来的健康成本。经济的发展既能为健康的改善创造更好的物质条件，也可能对健康构成威胁或损害，例如环境污染、人口流动、不合理的消费方式等，都会对健康产生负面影响。这一现象并非中国独有，美国和西欧的发展历史为中国提供了参照。经济与健康之间的关系，关键是看实施怎样的经济发展战略，是否能够推行有利于健康的社会经济政策。(4) 改革开放后健康改善趋缓的重要原因之一就是不断积累的社会经济不平等。

中国的健康发展伴随着三大健康转变，即人口统计学、流行病学与伤残模式转型过程（见专栏 7—3），呈现了极其复杂的情形。一方面人均预期寿命不断延长，另一方面又面临诸多的健康危险因素。中国疾病预防控制中心对各个危险因素或危险因素群的贡献进行排序评估，结果为：(1) 未经改善的饮用水和卫生设施（2 个因素）；(2) 空气污染（2 个因素）；(3) 其他环境危险因素（2 个因素）；(4) 儿童和母婴营养不良（5 个因素）；(5) 烟草使用、二手烟烟草烟雾（2 个因素）；(6) 酒精使用和药物滥用（2 个因素）；(7) 生物危险因素（4 个因素）；(8) 不健康饮食及缺乏体力活动（15 个因素）；(9) 职业危险因素（6 个因素）；(10) 性虐待及暴力（2 个因素）。[①] 死因伤害也发生了较大变化（见表 7—5）。

专栏 7—3　中国人口统计学、流行病学与伤残模式转变

人口统计学模式转变——中国于 2000 年之后进入老龄社会，60 岁以上人口达到 1.8 亿人；预计到 2020 年中国 60 岁以上的老年人口达到 2.42 亿人，到 2030 年增加至 3.46 亿人。人口老龄化增加了伤残失能患病的负担，尤其包括需要更多的重症监护。

流行病学模式转变——中国的疾病负担已转向慢性非传染性疾病（简称慢性病）。每年，中国有 830 万人死亡，其中 700 万是死于慢性病，占死亡总人数比重的 84.3%。伤害，尤其是交通事故，在死因中已经排到了第四位。其他主要的危险因素包括不健康的膳食习惯、高血压、吸烟和空气污染。

伤残模式转变——中国人的伤残负担越来越明显。伤残已由传统上的先

① 参见中国疾病预防控制中心（CDC）：《中国人群健康模式快速转型〈2010 年全球疾病负担研究〉启示》，2013 年 4 月 16 日。

天障碍或身体伤害转变为精神障碍、抑郁症和行为障碍的伤残、肌肉骨骼损伤，及由糖尿病和其他慢性疾病引起的功能受损。

资料来源：中国疾病预防控制中心（CDC）：《中国人群健康模式快速转型〈2010 年全球疾病负担研究〉启示》，2013 年 4 月 16 日。

表 7—5　　中国前 12 位过早死亡原因的排名（1990 年和 2010 年）

1990 年排名	2010 年排名
1. 下呼吸道感染	1. 中风
2. 中风	2. 缺血性心脏病
3. 慢性阻塞性肺病	3. 慢性阻塞性肺病
4. 先天性异常	4. 道路伤害
5. 淹溺	5. 肺癌
6. 新生儿脑病	6. 肝癌
7. 缺血性心脏病	7. 胃癌
8. 自残	8. 自残
9. 早产并发症	9. 下呼吸道感染
10. 道路伤害	10. 食道癌
11. 胃癌	11. 淹溺
12. 肝癌	12. 先天性异常

资料来源：中国疾病预防控制中心（CDC）：《中国人群健康模式快速转型〈2010 年全球疾病负担研究〉启示》，2013 年 4 月 16 日。

中国不仅是世界人口最多的国家，也是疾病人口最多的国家，人类健康不安全已经构成最大的威胁。健康不安全人群规模愈来愈大，直接或间接涉及 4 亿家庭和 13 亿人口，超过其他因素不安全对人们的影响（见表 7—6）。

表 7—6　　全国城乡各类健康不安全的人群规模（1993—2012 年）

	1993 年	1998 年	2003 年	2008 年	2012 年
患慢性病（亿人）	1.5 (13.0)	1.59 (12.8)	1.67 (12.9)	2.1 (15.8)	
未获社会医疗保险（亿人）a	8.1 (68.2)	9.5 (76.4)	10.4 (80.5)	3.2 (24.1)	0.14 (1.0)
未在医院分娩的农村孕产妇（万人）		(46.7)	286	274	(1.9)
吸烟（亿人）			3.2	3.4	3
经常饮酒（万人）			8 200	9 260	
对艾滋病传播途径不能正确认知（亿人）			3.3 (25.5)	2.6 (19.6)	

续前表

	1993 年	1998 年	2003 年	2008 年	2012 年
不经常参加体育锻炼（亿人）			8.9 (68.8)	8.4 (63.3)	

注：括号内为占总人口比重或覆盖率，单位为%。

资料来源：1993 年、1998 年、2003 年、2008 年数据，分别来源于卫生部统计信息中心第一次、第二次、第三次、第四次国家卫生服务调查主要结果；a 数据来自人力资源与社会保障部：《2009 年底我国基本医疗保险制度覆盖面超过 12 亿人》，http://www.chinapop.gov.cn/xwzx/rkxw/201001/t20100125_18787.html，2010-05-11。

我国慢性病人群规模大，2003 年约有 1.67 亿人，占总人口的 13%，2008 年进一步增加到 2.1 亿人，占总人口的 16%。这一统计数据，只包括了有明确医生诊断的慢性病患病人群。① 根据世界银行评估，慢性病已经成为中国的头号健康威胁，在疾病负担中占 82%，远远超过传染病所造成的疾病负担。②

中国是世界上吸烟人数最多的国家，既是烟草消费最大国，又是烟草危害最大国，烟草成为威胁人类健康的最大“杀手”之一。1993 年中国男性烟民为 2.7 亿人，到 2003 年为 2.5 亿人，约占世界总量的 22.7%。2003 年全国吸烟人口总数为 3.2 亿，到 2008 年进一步增加为 3.4 亿人，7.4 亿的非吸烟者受二手烟暴露，归因于烟草的死亡人数为 120 万人。③

全国还有几亿人缺少健康知识。2004 年，能够主动获取保健知识的人口比例全国为 47.2%，城市为 67.5%，农村为 39.5%，相当于全国有 6.5 亿人不能够主动获取保健知识；全国不经常参加体育锻炼人口规模巨大，达到 8.4 亿人，占总人口的 65%。

7.4　构建世界最大的全民医保网

2007 年 10 月，党的十七大报告明确指出，健康是人全面发展的基础，关系千家万户幸福。报告明确提出建立基本医药卫生制度，包括覆盖城乡居民的公共卫生服务体系、医疗保障体系、药品供应保障体系，建立国家基本药物制

① 该调查对慢性病患者的定义是：通过询问被调查者在调查前半年内有经过医务人员明确诊断的各类慢性疾病，包括慢性感染性疾病（如结核等）和慢性非感染性疾病（如冠心病、高血压等），或半年以前经医生诊断有慢性病并在调查前半年内时有发作同时采取了治疗措施如服药、理疗等，即认为患“慢性病”。

② 世界银行人类发展部东亚及太平洋地区局：《创建健康和谐生活——遏制中国慢性病流行》，1 页，2011。

③ 参见杨功焕、胡鞍钢主编：《控烟与中国未来：中外专家中国烟草使用与烟草控制联合评估报告》，北京，经济日报出版社，2011。

度等。建立中国特色医药卫生体制，逐步实现人人享有基本医疗卫生服务的目标，提高全民健康水平。党的十七大以来开始全面进行世界最大规模的医疗卫生体制改革，使全体人民直接受益。2009 年 3 月中共中央、国务院做出了《关于深化医药卫生体制改革的意见》，提出了医疗卫生体制改革的目标（见专栏 7—4）。

专栏 7—4　医疗卫生体制改革目标（2009 年）

深化医药卫生体制改革的总体目标。建立健全覆盖城乡居民的基本医疗卫生制度，为群众提供安全、有效、方便、价廉的医疗卫生服务。

到 2011 年，基本医疗保障制度全面覆盖城乡居民，基本药物制度初步建立，城乡基层医疗卫生服务体系进一步健全，基本公共卫生服务得到普及，公立医院改革试点取得突破，明显提高基本医疗卫生服务可及性，有效减轻居民就医费用负担，切实缓解“看病难、看病贵”问题。

到 2020 年，覆盖城乡居民的基本医疗卫生制度基本建立。普遍建立比较完善的公共卫生服务体系和医疗服务体系，比较健全的医疗保障体系，比较规范的药品供应保障体系，比较科学的医疗卫生机构管理体制和运行机制，形成多元办医格局，人人享有基本医疗卫生服务，基本适应人民群众多层次的医疗卫生需求，人民群众健康水平进一步提高。

资料来源：《中共中央、国务院关于深化医药卫生体制改革的意见》，2009 年 3 月 17 日。

中国用最短的时间编织了世界上最大的全民医保网。2002 年 10 月，中共中央、国务院做出了《关于进一步加强农村卫生工作的决定》，明确提出到 2010 年，新型农村合作医疗制度（简称“新农合”）要基本覆盖农村居民。2006 年 3 月，国家“十一五”规划纲要明确提出，到 2010 年新型农村合作医疗覆盖率达到 80%的约束性指标。2003 年，全国人口中，只有不到 15%的城乡居民即不到 2 亿人口享受某种医疗保障。到 2005 年参加新农合人数达到 1.79 亿，到 2010 年达到 8.36 亿，参合率由 75.66%提高至 2010 年的 96.00%（见表 7—7），大大超过了“十一五”规划制定的 80%的目标；2012 年参合率又进一步提高至 98.3%。截至 2012 年，全国参加基本医保的人数超过 13.4 亿，基本医保覆盖率超过 98%。2003 年中国未获得医疗保险人口为 10 亿人，到 2012 年下降至不足 1 400 万人。2012 年新型农村合作医疗受益者高达 17.45 亿人次，而 2005 年只有 1.22 亿人次（见表 7—7）。卫生部统计数据表明，我国个人卫生支出占卫生总费用的比重，已由 2001 年的 60%下降到 2011 年的

35%。政府对农民医保补助标准从最初的人均20元提高至2013年的人均120元；各级财政对基本公共卫生服务补助由2007年的每人15元提高到2012年的30元，累计投入743.9亿元。[①] 这说明，政府医疗卫生支出大幅增加，群众看病负担相对减轻，医疗卫生服务的公平性显著改善。

表7—7　　新型农村合作医疗情况（2005—2011年）

年份	开展新农合县（市、区）（个）	参加新农合人数（亿人）	参合率（%）	人均筹资（元）	当年基金支出（亿元）	补偿受益人次（亿人次）
2005	678	1.79	75.66	42.1	61.8	1.22
2006	1 451	4.10	80.66	52.1	155.8	2.72
2007	2 451	7.26	86.20	58.9	346.6	4.53
2008	2 729	8.15	91.53	96.3	662.3	5.85
2009	2 716	8.33	94.19	113.4	922.9	7.59
2010	2 678	8.36	96.00	156.6	1 187.8	10.87
2011	2 637	8.32	97.50	246.2	1 710.2	13.15

资料来源：国家统计局编：《中国统计年鉴2013》，767页，北京，中国统计出版社，2013。

过去十几年中国进入健康发展的黄金时期，主要健康指标尽管已达到较高水平，但却又有较大幅度的提高。2000—2010年全国人口平均期望寿命明显提高，从71.40岁提高到74.83岁，提高了3.43岁，平均每年提高0.343岁，相当于1982—2000年期间平均数（0.165岁）的2倍，这是提高幅度较高的时期。同期孕产妇死亡率由53.0/10万下降到30.0/10万，婴儿死亡率由32.2‰下降到13.1‰，5岁以下儿童死亡率由61.0‰下降到16.4‰，主要健康指标总体位居发展中国家前列。[②]

我们用人口出生时预期寿命来衡量人群总体健康水平，对建国以来中国人口健康发展变化情况进行评价。根据麦迪森的数据，中国居民的出生时预期寿命从1950年的35岁提高到1980年的67岁，提高了32岁。不过，它并不是一帆风顺的，也经历上升和下降，其中1949—1959年是大幅度上升的，因“大跃进”失败又大幅度下降，1963年之后又重新上升，1970年达到61.7岁，超过世界平均水平（58.6岁）。从国际比较来看，西欧人口出生时预期寿命由36岁提高到67岁花了130年（从1820年到1950年），美国、日本也花了一百多年时间，中国人口出生时预期寿命由35岁提高到67岁花了30年（从1950年到1980年）。在1950—1980年期间，中国人口出生时预期寿命增长幅度大大高于

① 参见李斌：《以全民健康促进全面小康》，载《光明日报》，2013-09-28。

② 参见《卫生事业发展“十二五”规划》，2012年10月8日。

世界平均增长幅度，也高于发达国家增长幅度，这表明中国在人口健康发展指标方面也具有“趋同”趋势，即出现了明显的追赶。这也是不断追赶美国的过程，1950年中美人口出生时预期寿命差距为33岁，到1980年缩小为7岁；1980年至2012年，中国人口出生时预期寿命进一步提高，与美国的差距进一步缩小为3.3岁，但是，这一时期进展明显低于前一个时期，中国用了30年时间将人口出生时预期寿命从67岁提高到75岁，这一速度与美国大体相当，美国用了30年时间由68岁提高到73.66岁（从1950年到1980年）（见表7—8）。实际上，上海、北京、杭州等发达城市人口出生时预期寿命已经超过80岁，也略高于高收入国家的平均水平。[①]

表7—8　　人口出生时预期寿命国际比较（1820—2012年）　　单位：岁

	1820年	1900年	1950年	1960年	1970年	1980年	1999年	2010年	2012年
中国	—	24	35.00	36.32	61.74	66.84	71.4	74.83	75.20
美国	39	47	68.00	69.77	70.81	73.66	77.0	78.11	78.49
英国	40	50	—	70.76	71.67	73.78	77.0	79.01	80.17
法国	37	47	65.00	70.24	72.01	74.18	78.0	80.98	81.46
德国	41	47	67.00	69.54	70.46	72.63	77.0	79.26	80.19
日本	34	44	61.00	67.67	71.95	76.09	81.0	82.12	83.91
印度	21	24	32.00	44.33	49.37	54.18	61.2	66.30	
中收入国家			—	45.72	61.20	65.64			
高收入国家			—	68.92	70.86	73.76		80.00	
世界平均	26	31	49.00	50.24	58.63	62.57	66.0	66.26	67.59

资料来源：1820—1999年数据来源于Angus Maddision，*The World Economy：A Millennial Perspective*，Table 1-5a，OECD Publishing，2001；2010、2012年数据来源于CIA，*The World Factbook*，2013；1980年、1999年、2010年中国数据引自全国人口普查数据。

如果将中国与印度相比，2010年人口出生时预期寿命中国要高出8.5岁，婴儿死亡率印度则高出31个千分点。这也反映了两国之间社会发展水平的差距，更反映了两国之间制度优势的差距，印度这个所谓世界最大的（资本主义）民主社会是无法与中国这个世界最大的（社会主义）人民民主社会竞争的。

从国际比较看，目前我国主要人口健康发展指标高于世界平均水平，也高于世界上中等收入国家水平，已处于发展中国家前列。从卫生健康风险指标看，中国也优于大多数发展中国家。中国还是世界上联合国千年发展健康目标实施进展最好的国家之一，主要指标已经提前实现联合国千年发展目标（MDG）。[②] 例如MDG的第4目标是在1990—2015年期间5岁以下儿童死亡率

---

① 参见世界银行：《2012年世界发展报告》，393页，北京，清华大学出版社，2012。

② 参见国家卫生和计划生育委员会：《中国的医疗卫生事业》白皮书，2012年12月27日。

要减少2/3，中国在1991—2012年期间这一指标从61.0‰减少至13.2‰，减少了78%，而发展中国家平均减少65%；MDG的第5个目标是在1990—2015年期间孕产妇死亡率减少3/4，中国在1991—2012年期间这一指标由80/10万减少至24.5/10万，减少了69%，而发展中国家平均减少41%。[①]

7.5 建设全民健康型社会

2007年党的十七大报告明确提出到2020年实现“人人享有基本医疗卫生服务”的目标。这包括全面推进城镇职工基本医疗保险、城镇居民基本医疗保险、新型农村合作医疗制度建设，建设覆盖城乡的公共卫生服务体系、医疗服务体系、医疗保障体系、药品供应保障体系，要建设人人享有基本医疗卫生服务的框架体系。2012年党的十八大报告提出到2020年全面建成小康社会的核心目标。为此报告还提出了“提高人民健康水平”的明确要求（见专栏7—5）。习近平同志指出：“人民健康是全面建成小康社会的重要内涵，是每一个人成长和实现幸福生活的重要基础。”[②]

专栏7—5　胡锦涛：提高人民健康水平（2012年）

健康是促进人的全面发展的必然要求。要坚持为人民健康服务的方向，坚持预防为主、以农村为重点、中西医并重，按照保基本、强基层、建机制要求，重点推进医疗保障、医疗服务、公共卫生、药品供应、监管体制综合改革，完善国民健康政策，为群众提供安全有效方便价廉的公共卫生和基本医疗服务。健全全民医保体系，建立重特大疾病保障和救助机制，完善突发公共卫生事件应急和重大疾病防控机制。巩固基本药物制度。健全农村三级医疗卫生服务网络和城市社区卫生服务体系，深化公立医院改革，鼓励社会办医。扶持中医药和民族医药事业发展。提高医疗卫生队伍服务能力，加强医德医风建设。改革和完善食品药品安全监管体制机制。开展爱国卫生运动，促进人民身心健康。坚持计划生育的基本国策，提高出生人口素质，逐步完善政策，促进人口长期均衡发展。

资料来源：胡锦涛：《坚定不移沿着中国特色社会主义道路前进　为全面建成小康社会而奋斗——在中国共产党第十八次全国代表大会上的报告》，载《人民日报》，2012-11-18。

---

① UN，The Millennium Development Goals Report 2012.

② 转引自李斌：《以全民健康促进全面小康》，载《光明日报》，2013-09-28。

到2020年全面建成“健康中国”的目标是：建立覆盖城乡居民的基本医疗卫生制度，使全体居民人人享有基本医疗保障、人人享有基本公共卫生服务，医疗卫生服务可及性、服务质量、服务效率和群众满意度显著提高，个人就医费用负担明显减轻，地区间卫生资源配置和人群间健康状况差异不断缩小，基本实现全体人民病有所医。人口平均预期寿命在2010年基础上提高2岁，达到77岁，婴儿死亡率降至7‰以下，5岁以下儿童死亡率降至8‰，孕产妇死亡率降低至15/10万，控制艾滋病发病率和其他传染病，主要健康指标从发展中国家前列达到接近发达国家水平（见表7—9）。

表7—9　　中国主要健康发展指标（2010—2020年）

	2010年	2015年	2020年	高收入国家（2007年）
人口平均预期寿命（岁）	74.83	76	77	80
婴儿死亡率（‰）	13.1	9	7	6
5岁以下儿童死亡率（‰）	16.4	12	8	
孕产妇死亡率（每10万人）	30.0	21	15	9
儿童免疫普及率（%）	90	90	95	93

资料来源：《卫生事业发展“十二五”规划》，2012年10月8日；“健康中国2020”战略研究报告编委会：《“健康中国2020”战略研究报告》，北京，人民卫生出版社，2012；作者又根据2012年数据作了调整。高收入国家数据来源于世界银行：《2010年世界发展指标》。

提供人人享有的基本医疗卫生服务。实施国家基本公共卫生服务项目，是指国家根据经济社会发展状况、主要公共卫生问题和干预措施效果，确定的基本公共卫生服务项目。国家基本公共卫生服务项目通过城乡基层医疗卫生机构免费向城乡居民统一提供。[①] 国家开展重大公共卫生服务专项，是指国家和各地区针对主要传染病、慢性病、地方病、职业病等重大疾病和严重威胁妇女、儿童等重点人群的健康问题以及突发性公共卫生事件的预防和处置需要，制定和实施的公共卫生服务项目。这些项目主要通过专业公共卫生机构组织实施。全面推进城镇职工基本医疗保险、城镇居民基本医疗保险、新型农村合作医疗制度建设，建设覆盖城乡的公共卫生服务体系、医疗服务体系、医疗保障体系、药品供应保障体系，建设人人享有基本医疗卫生服务的框架体系。2011年儿童计划免疫接种率达到98%，农村自来水普及率提高到95%以上，基本解决3亿多农村人口（中西部地区占80%）饮水未达到安全标准的问题。农村卫生厕所普及率提高到80%以上。

构建广泛可及的健康保障体系。建设覆盖城乡居民的基本卫生保健制度，

---

① 现阶段，国家基本公共卫生服务项目主要包括：建立居民健康档案，健康教育，预防接种，传染病防治，高血压、糖尿病等慢性病和精神疾病管理，儿童保健，孕产妇保健，老年人保健等，随着经济社会发展、公共卫生服务需要和财政承受能力适时调整。

加强公共卫生体系建设，开展爱国卫生运动，健全突发公共卫生事件应急机制和医疗救治体系，建设疾病预防控制体系，建设公共卫生和个人健康信息系统；健全医疗卫生服务体系，重点建设农村三级卫生服务网络，建立城市新型社区卫生服务体系；发展多元化的医疗服务市场，满足不同人群的卫生健康需求。农村人口获得初级卫生保健社会保障体系，医疗保障全面覆盖城镇人口和农村人口，政府对公共卫生、基本医疗的投入占 GDP 比重进一步提高。①

建设全民健身和医疗卫生体系。② 为提高全体人民的健康水平，国家实施国民健康行动计划（见专栏 7—6），重点做好食品安全（包括餐饮、饮用水卫生）、职业卫生、精神卫生、血液安全、慢性病防控、卫生应急等工作。建立国家基本药物制度，对基本药物的遴选、生产、流通、使用、定价、报销、监测评价等环节实施有效管理，保证群众基本用药的可及性、安全性和有效性，减轻群众基本用药费用负担。

专栏 7—6　国民健康行动计划

防控重大疾病：重点传染病（艾滋病、结核病、乙型肝炎、血吸虫病等）防控，扩大国家免疫规划，人畜共患病防治，重点地方病防控，重大慢性病防控，精神疾病防治。

保障重点人群健康：母婴平安保障（农村孕产妇住院分娩补助、降低孕产妇死亡率和消除新生儿破伤风项目、出生缺陷综合防控），农村妇女宫颈癌和乳腺癌检查，农村地区儿童健康改善，农民工健康关爱，职业健康关注，白内障患者复明，健康学校建设。

控制健康危险因素：突发事件卫生应急，饮用水安全与环境卫生（农村改水改厕、饮用水卫生监测），医疗质量和安全，食品安全保障（标准制定与跟踪评价，风险监测和评估、事故调查处置能力建设），全民健康生活方式及健康素养促进，血液供应和安全。

建设全民健身型社会。旨在全面提高国民体质和健康水平，倡导“人人体育锻炼，日日体育锻炼”。建立全民健身服务体系，形成政府指导、社会承办、

① 2000 年世界中等发展水平国家这一比重平均数为 6.9%。联合国开发计划署：《2003 年人类发展报告——千年发展目标：消除人类贫困的全球公约》，103 页，北京，中国财政经济出版社，2003。2011 年中国卫生总经费达到 24 345.91 亿元，占 GDP 的 5.1%。

② 江泽民提出，到 2020 年形成比较完善的全民健身和医疗卫生体系。参见中共中央文献研究室编：《十六大以来重要文献选编》上册，15 页，北京，中央文献出版社，2005。

市民广泛参与的群众体育网络，培养社会体育指导员，发展全民健身辅导站，开展群众体育健身活动，提高体育人口比例，使群众体育健身活动更加科学化、普及化、生活化，经常参加体育锻炼人口比重进一步上升。

建设老年健康友好型社会。构建老年健身服务体系、卫生服务体系、医疗保障体系、文化娱乐体系，改善老年人的身体健康、精神健康状态，使得老年人不但享有更长的预期寿命，同时享有更健康的、高质量的老年生活。

此外，还应当加快建立覆盖城乡的中医医疗服务体系，加快中医药现代化，形成世界最大规模的、中国特色的、成本低、疗效好、广受人民群众喜爱并具有国际竞争力和影响力的中医药服务体系和产业链体系。

7.6 小结：从“东亚病夫”到“东方巨人”

健康是民生之需，也是人类全面发展的基础，还是全体人民最大的财富。一个国家人口和健康水平及进展既反映了该国社会发展水平，也反映了该国社会公平程度。

建国初，中国不仅是世界上经济发展最贫穷、最落后的国家，也是世界上卫生健康发展最落后的国家，被视为“东亚病夫”、“鸦片之国”。当时中国人均预期寿命为35岁左右，婴儿死亡率高达200‰，卫生状况极端恶劣，传染病流行猖獗，寄生虫病传播广泛，地方病流行地区发病率极高，严重威胁人民的生命和健康。

新中国成立以来，在加速国家工业化和现代化进程中，中国也迅速完成了第一次卫生革命，将重点置于预防、控制并消除传染病等基本公共卫生服务上，建立了一个面向广大工农民众的医疗体系，把医疗服务作为一个普遍可得的公共产品，向人民群众，尤其是贫困人口提供，确保了基本药物和基本医疗服务广泛的可及性，使公共卫生条件得到明显改善，从而控制并消除了严重的传染病和寄生虫病等，成为新中国卫生保健史上的第一个黄金时期。事实上，1978年之前全国城乡居民健康水平大幅提高，人口出生时预期寿命高出印度10多岁，为其后的经济起飞准备了充分的人力资本基础。

1978年至2000年间，中国经济高速增长，但是健康发展相对滞后。自改革开放以来，由于片面追求经济增长而忽视对健康的维护，经济发展在一定程度上是以牺牲健康为代价取得的，因此虽然经济有了较快增长，健康的改善却进展缓慢。这时中国不仅是世界人口最多的国家，也是各种疾病社会人口最多的国家之一，人类健康不安全已经构成最大的威胁。经济发展与健康发展之间出现了所谓发展悖论。

以2003年“非典”（SARS）公共卫生危机爆发为标志，中国的发展由增长优先转入健康优先。投资于人民、投资于健康，建设全民健康型社会，提供人人享有的基本医疗卫生服务，构建覆盖全民的基本医疗保障体系，实施全民健康计划，形成并坚持“以农村为重点，预防为主，中西医并重，依靠科技与教育，动员全社会参与，为人民健康服务，为社会主义现代化建设服务”的卫生工作方针，使中国在中等收入水平上，全体居民健康水平已处于发展中国家前列。[①] 2010年中国人均预期寿命达到74.8岁，比印度（66.3岁）高出8.5岁，婴儿死亡率降至13.1‰，印度为44‰，这也显示出中印健康指标之间的差距不只是发展之间的差距，也是两种不同制度之间的差距。

到2020年，中国将全面建成全民健康型社会，实现“健康中国”目标，主要健康指标接近于世界发达国家水平，中国将真正成为屹立在世界东方的“东方巨人”。

【思考与讨论】

1. 为什么说健康是真正的幸福？
2. 如何认识和处理健康与发展之间的关系？
3. 毛泽东时代，中国为什么能够在极低收入水平下大幅度提高健康指标？
4. 为什么在我国会出现经济增长和健康发展不相匹配的情况？又是如何进行调整的？
5. 哪些基本医疗卫生制度和公共卫生服务可以保证不断提高健康水平？
6. 为什么中国需要建设全民健康型社会、老年健康友好型社会和全民健身型社会？
7. 中国如何实现从“东亚病夫”到“东方巨人”的转变？社会主义制度发挥了哪些作用？

【扩展阅读】

胡鞍钢．健康与发展．北京：清华大学出版社，2003.

胡鞍钢．中国：新发展观．杭州：浙江人民出版社，2004.

国家卫生和计划生育委员会．中国的医疗卫生事业，白皮书，2012年12月27日．

① 国家卫生和计划生育委员会：《中国的医疗卫生事业》白皮书，2012年12月27日。

［美］罗伯特·威廉·福格尔．第四次大觉醒及平等主义的未来．北京：首都经济贸易大学出版社，2003.

世界银行．1993年世界发展报告：投资于健康．北京：中国财政经济出版社，1994.

世界银行．中国：卫生模式转变中的长远问题与对策．第1版．北京：中国财政经济出版社，1994.

Banister，J.，Zhang，Xiaobo. China，Economic Development and Mortality Decline，World Development，2005（33）.

［印］阿马蒂亚·森．以自由看待发展．北京：中国人民大学出版社，2002.

WHO. World Health Report 2002：Reducing Risks Promoting Healthy Life，2002.

第8章　教育与发展

我们的祖先很早就认识到发展教育、投资于人是回报最高的事业。管子认为："一年之计，莫如树谷；十年之计，莫如树木；终身之计，莫如树人。一树一获者，谷也；一树十获者，木也；一树百获者，人也。"（《管子·权修》）中国最丰富的资源就是人力资源，中国最优先的发展战略就是大力开发和充分利用人力资源，不断强化教育投资，提高每个人的人力资本水平，再乘上十几亿人口，就会形成巨大的总人力资本的优势，成为中国最具竞争的优势。

教育兴，国家兴。孔子认为国家兴盛的标志除了人口众多、人民富裕之外，就是国民要受到良好的教育。教育是经济发展、国家繁荣的最好途径，尤其是对世界人口大国而言，它还是成为世界强国的基本条件。温家宝同志指出："世界都在谈'中国崛起'，人们议论最多的是GDP，但我以为'中国崛起'的标志是在人才、是在教育。"[①] 21世纪是中华民族伟大复兴的世纪，同时也是中国现代教育发展、人力资源开发的黄金时期，中国正在加快从世界教育大国向教育强国、从世界人力资源大国向人力资源强国、从世界人才大国向人才强国迈进。

那么，教育与发展的关系是什么？如何加速积累人力资本？如何理解教育的经济学属性？中国人力资本积累的特征是什么？中国如何不断开发人力资源？又如何不断将沉重的人口包袱转化为巨大的人力资源优势？

本章首先讨论教育与发展的关系；然后回顾中国六十多年的教育发展之路，中国经历了从文盲充斥的大国到教育大国，从人口大国到人力资源大国，从人才匮乏之国到人才大国的历史性转变，未来还要进一步成长为世界教育强国、人力资源强国和人才强国。

---

① 《"中国崛起"的标志是人才和教育》，见人民网，2011-02-27。

8.1 教育与人力资本积累

8.1.1 教育的经济学属性

教育从广义上可以定义为人类各种形式的学习活动；从狭义上可以定义为学校的特殊机构中所发生的过程。经济社会发展的根本目标和出发点是人的全面发展，教育不但具有重要的个人功能，也具有重要的社会功能。

教育作为一项服务，具有比较复杂的经济属性。根据终身教育体系中各级各类教育服务在消费中的非竞争性程度以及排他性程度，可以将各种教育服务分为六种情形：纯公共产品、准公共产品（quasi-public goods）、共有财产、专利产品、俱乐部产品和私人产品（见表 8—1）。

表 8—1 教育服务的经济属性

	完全非竞争性	不完全非竞争性	竞争性
非排他性	纯公共产品 (pure public goods) ■ 义务教育 ■ 空中课堂 ◆ 广播、电视、网络教育 ● 社会教育 ● 信息基础设施	准公共产品 (quasi-public goods) ◆ 拥挤的成人扫盲、再就业培训 ● 拥挤的公共文化教育设施（少年宫、文化馆、博物馆、图书馆）	共有财产 (commons) ◆ 拥挤的成人补偿教育、再就业培训 ● 拥挤的公共文化教育设施
排他性	专利产品 (patent goods) ◆ 收费的网络广播电视教育	俱乐部产品 (club goods) ■ 机构办学 ◆ 社区教育、企业培训 ● 机构或社区内部的文化教育设施（文化馆、博物馆、图书馆）	私人产品 (private goods) ■ 私立基础教育、高等教育 ◆ 家庭教育、课外辅导班、才艺培训班、高级职业培训 ● 营利性的文化教育设施和服务

注：■ 表示正规教育；◆ 表示非正规教育；● 表示非正式教育。

资料来源：该表由熊义志博士提供。

纯公共产品、准公共产品、共有财产三类教育服务不具有排他性，会造成市场失灵，且由于受教育和使用人数众多，边际成本低，具有较强的公共产品属性，应当由政府支付费用，承担其相应的成本。非排他性程度较高、使用边际成本低的产品，主要由公共部门提供资金，但也不一定由政府自己生产或供给，也可以通过公共部门购买服务的方式获得。对义务教育而言，根据《中华人民共和国义务教育法》(2006年修订)，义务教育具有三个基本性质：一是公益性，就是明确规定“不收学费、杂费”。二是统一性，就是在全国范围实行统一的义务教育。三是义务性，就是让适龄儿童、少年和青年接受义务教育是学校、家长和社会的义务。

政府在构建终身教育体系、建立学习型社会、率先实行教育现代化的过程中应该扮演极其重要的角色，如建立学习型社会的构想者和引导者，为人民提供各种公共服务的服务者，发展和完善教育市场的规则制定者和监督者，应对各种挑战和风险的领导者；但另一方面，在非义务教育阶段和非正规、非正式教育、各种培训等领域要充分发挥市场的作用，而不是排斥、抑制市场的作用。随着人力资本投资私人回报率越来越明显，市场的作用就会越来越大。应该根据不同教育产品的经济学属性，创新中国特色的公私合作伙伴关系（public-private partnerships，PPP）以及教育融资和教育产品供给机制。

8.1.2 人力资本积累

早在200多年前，亚当·斯密就意识到在工业革命时代，人力资本是现代经济发展的关键因素之一，他在《国民财富的性质和原因的研究》（即《国富论》）中写道：“为了适应某种需要智慧的技能的工作，一个人必须花费大量的心血和时间接受教育。这种人能抵得上昂贵的机器。”[①]

20世纪60年代诺贝尔经济学奖获得者西奥多·W·舒尔茨明确提出人力资本的概念。他指出，与开发自然资源一样，改善人力素质，必须先有投资，然后才有收益。对人力资本的投资，即直接用于教育、保健以及为了取得良好的就业机会而用于国内居民的费用，日益成为促进一个国家经济增长的有利杠杆。[②]

世界银行关于国家财富的最新研究表明，无形资本几乎是所有国家财富的

① ［英］亚当·斯密：《国民财富的性质和原因的研究》上卷，22页，北京，商务印书馆，1972。

② Schults，T. W.，“Investment in Human Capital，” *American Economic Review*，1961 (3).

最大组成部分，而人力资本占无形资本的大多数。人力资本是经济增长和创新的重要来源，是可持续发展的重要因素，也是减少贫困和不平等的手段。[①]

什么是人力资本呢？按照新增长理论的观点：

> 人力资本是指凝聚在劳动者身上的知识、技能及其所表现出来的能力。这种能力是经济增长和生产发展的主要因素，是一种收益率很高的资本。

人力资本是通过人力投资形成的。人力投资包括用于教育和训练的费用、用于医疗卫生保健的费用、用于劳动力国内流动的费用、用于国外移民入境的费用和提高企业能力的费用。其主要特点是：所有权不能转让和继承，具有间接性、高效性、迟效性等。[②]

如何计算一国或一地区的人力资本呢？依据人力资本定义我们可以计算：

> （一）平均受教育年限：使用每种教育水平所规定的期限将受教育程度换算为不同岁（如 15 岁或者 25 岁）及以上年龄人口获得的平均受教育年限。[③]
>
> （二）预期受教育年限：如果目前与年龄相关的入学率的主要模式保持不变，一名学龄儿童预计将接受教育的年限。
>
> （三）总人力资本：是指以平均受教育年限和劳动力总量的乘积来度量人力资本存量（计算方法见专栏 8—1）。

专栏 8—1 人力资本的度量

人力资本的度量可以根据以下公式进行：

$$H_t = P_{PRIt} \times Y_{PRI} + P_{SECt} \times (Y_{SEC} + Y_{PRI}) + P_{HIGHt} \times (Y_{HIGH} + Y_{SEC} + Y_{PRI})$$

$$h_t = H_t / P_t$$

式中：H_t 为第 t 年的全社会劳动年龄人口受教育年限总和，我们用它来表征全社会劳动年龄人口人力资本存量；Y_{PRI}、Y_{SEC}、Y_{HIGH} 分别为初等、中等和高等教育的平均年数；P_t 为劳动年龄人口数；h_t 为劳动年龄人口平均受教育年限。

---

① 参见世界银行：《变化中的国家财富：对可持续发展能力的测量》，115 页，北京，新华出版社，2013。

② 参见王焕勋主编：《实用教育大词典》，368 页，北京，北京师范大学出版社，1995。

③ 联合国开发计划署是采用 25 岁及以上年龄人口获得的平均受教育年限，参见联合国开发计划署：《2013 年人类发展报告——南方的崛起：多元化世界中的人类进步》，147 页，2013；中国是采用 15 岁及以上年龄人口。

(1) 预期受教育年限：

预期受教育年限＝学前在校学生数/学前学龄人口×1 年
＋小学在校学生数/小学学龄人口×6 年
＋中学在校学生数/中学学龄人口×6 年
＋大学在校学生数/大学学龄人口×4 年[①]

(2) 人力资本存量：

人力资本存量＝小学文化程度人口×6 年＋初中文化程度人口×9 年
＋高中文化程度人口×12 年＋大学文化程度人口×16 年

注：大专文化程度人口为 15 年，大学本科文化程度人口为 16 年，研究生文化程度人口为 18～19 年。

此外，各类教育毛入学率也是主要的教育指标。这包括：学前教育毛入学率，是指学前教育在园幼儿数占适龄人口的比例；九年义务教育巩固率，是指初中毕业班学生占该年级入小学一年级时学生数的百分比；高中阶段教育毛入学率，是指普通高中、中等职业教育在校生数占适龄人口的比例；高等教育入学率，是指在学人数占适龄人口的比例；继续教育参与率，是指从业人员参与继续教育人数占从业人员总数的比例。

人力资本是一个不断积累的发展过程，是一个从低级到中级，又从中级到高级水平的变迁过程。人力资本积累同教育发展密切相关。各国在教育发展当中，一般都经历了受教育人数由少到多，教育发展层次由低到高的过程。因此，教育发展一般要经历精英教育阶段、普及初等教育阶段、普及中等教育阶段、普及高等教育阶段和高等教育普及后阶段。相应地，根据驱动人力资本的教育层次的不同，人力资本积累也可以分为五个阶段：精英教育驱动阶段；初等教育驱动阶段；中等教育驱动阶段；高等教育驱动阶段和终身教育驱动阶段（见图 8—1）。[②]

这五个阶段表现出不同的特征：Ⅰ阶段：三级教育入学率都很低（在更早的时期，还不能划分为三级教育），处于精英教育阶段。这一阶段教育发展水平比较低，正处于经济发展的极低收入阶段，工业化刚开始发动，还以农业产业为主，教育的需求水平和支付水平都比较低。Ⅱ阶段：初等教育入学率迅速上升，中等教育有一定进展，高等教育仍处于精英教育阶段。这一阶段人民生活水平处于低收入阶段，工业化开始加速，工业比重提高，教育发展水平进一

---

① 2010 年 7 月正式公布的《国家中长期教育改革和发展规划纲要（2010—2020 年）》将学前教育作为我国国民教育体系的重要组成部分，要求“积极发展学前教育”，到 2015 年学前一年毛入学率达到 85%。故在计算预期受教育年限时，也包括学前教育毛入学率。

② 参见熊义志：《知识与发展：知识促进发展的模型、经验与战略》，北京，清华大学博士论文，2004。

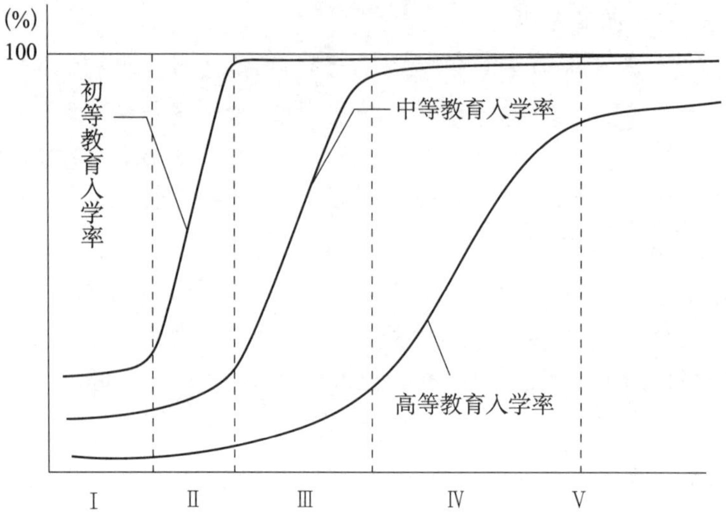

图 8—1　各级教育发展变迁曲线

步提高。Ⅲ阶段：初等教育基本普及，中等教育迅速发展，高等教育有一定进展，但普及率不高，还未进入从精英教育到大众教育转变的时期。这一阶段仍处于工业化加速期，人民生活水平开始进入下中等收入阶段，对教育的私人支付能力开始显著增强。Ⅳ阶段：已经普及初等教育和初级中等教育，社会已经能够保证所有人都能受到基本的教育，高级中等教育也处于基本普及阶段，此阶段最显著的特征是高等教育入学率的迅速上升，高等教育逐步大众化，由“奢侈品”成为“耐用消费品”。这一阶段经济发展进入成熟工业化时期，服务业比重开始提高，人民生活进入上中等收入水平，对教育的需求水平和私人支付能力都明显提高。Ⅴ阶段：普及了初等教育和中等教育，高等教育也处于稳定的较高水平，所有社会公民都受到良好的教育。进入了后工业化时期，服务业成为经济的主导产业，同时教育也成为重要服务业之一。这五个阶段实际是三级教育入学率不断提高的过程。就高等教育而言，毛入学率低于 15%处于精英教育阶段，超过 15%则进入大众化阶段，到 50%则为基本普及，超过 70%则为高度普及。[①]

此外，继续教育成为面向学校之后的成人教育活动，成为一国教育现代化和建设终身学习型社会的重要部分。这包括成人学历教育，对专业技术人员进行知识更新、补充、拓展和能力提高的追加教育，在中国还有特定的全国干部教育培

① 根据联合国开发计划署（UNDP）提供的信息：从高等教育毛入学率看，2002—2011 年期间，低人类发展水平组为 6.8%，中等人类发展水平组为 22.1%，高人类发展水平组为 48.7%，极高人类发展水平组为 75.8%。参见联合国开发计划署：《2013 年人类发展报告——南方的崛起：多元化世界中的人类进步》，173 页，2013。

训，包括对党政干部、企业经营管理人员、中青年干部、基层干部的教育培训。[①]

人力资本的积累是社会发展阶段转型和经济结构变迁的重要推动力，而社会发展阶段的推进和经济结构的变迁，又为教育和人力资本的进一步提高创造了条件。这样，在教育发展、人力资本积累、经济结构变迁和社会发展阶段的推进之间，就形成一种互动关系。一般而言，在进入工业化初期，人力资本曲线的上升是靠初等教育普及率的提高；进入到另外一个阶段的时候，人力资本曲线的上升主要是靠中等教育普及率的提高；到了工业化后期或后工业化时代，人力资本曲线上升主要是靠高等教育普及率的提高。

人力资源中的高端资源是人才资源。什么是人才？《国家中长期人才发展规划纲要（2010—2020 年）》明确指出，人才是指具有一定的专业知识或者专门技能，进行创造性劳动并对社会做出贡献的人，是人力资源中能力素质较高的劳动者。

从经济学视角看，所谓人才，通常是指在某一领域受过专业学习、工作训练、从事专门活动的并具有特定身份的人（包括科学家、工程师、技术人员、企业家、政治家、社会活动家等）。从经济学角度看，我把“人才”定义为那些具有正外部性、能够创造各种新增社会价值的人，其中包含三层意义：第一，人才的产品属性决定了其能够产生正外部性，具有较强的外溢性，在中国还会产生巨国规模效应；第二，人才能够创造社会价值，包括经济价值、科学价值、技术价值、文化价值、生态价值等等，这类价值具有社会意义，并不局限于某一个人或者家庭；第三，人才所创造的社会价值属于新增加的价值，即属于流量概念，而不是指不变的原有的价值存量部分。由此定义进行引申，所谓优秀人才，即那些能够创造重要的、更多新增的社会价值，并且产生更大的正外部性与规模效应的人。[②]

8.1.3　人力资本与经济发展

1960 年，舒尔茨创立了人力资本理论，他指出，人的知识、能力、健康等人力资本的提高对经济增长的贡献，比物质资本、劳动力数量的增加重要得多。他还特别呼吁社会重视教育，主张“把教育当作对人的投资，把教育所带来的成果当作一种资本”，因为“受过教育的劳动力比没有受过教育的劳动力

① 详细信息参见《2013—2017 年全国干部教育培训规划》，见新华网，2013-09-28。

② 参见胡鞍钢：《中国人才发展之路（1949—2020）》，国家人力资源与社会保障部举办“中国人才发展论坛”上的发言，2010。

更容易获得恰当的经济信息"[①]。美国经济学家、诺贝尔经济学奖获得者加利·贝克尔进一步构建了人力资本理论的微观经济基础，把人力资本视为决定劳动收入的关键因素。[②] 20世纪80年代以来，卢卡斯和罗默将人力资本的理论引入新增长理论之中，认为知识和人力资本如同物质资源一样是生产要素，由于知识产品和人力资本具有溢出效应，因而具有递增的边际生产率，对知识和人力资本的持续投入可以持续提高一国的长期增长率。

人力资本开发是对人口资源潜能的开发，它既需要较大的人口规模为基础，更需要对人力资本进行投资，健康、教育等人力资本的前期投资提高了专业人员占总人口的比重，研发投入等人力资本再投资活动提高了专业人员的生产率，随着专业人员数量的增加和效率的提高，一国专业人员产出将会呈指数级增长，其中教育是人力资本投资的关键环节。[③]

教育对发展具有巨大的收益。各国之所以在采用技术的程度和经济发展的速度上存在差距，主要原因是教育水平有差别。"一国人口中适龄人口受教育越多，掌握新技术知识就越容易"[④]。开发人力资源是各国经济发展的最重要的经验。长期重视对其人民提供教育的国家，今天都成为经济发展水平最高的国家。日本就是最好的例子。日本在明治时代初期，全国的识字率仅为15%，但到了1872年，一个普及义务小学教育的体系就建立起来了，中等教育的基础也已奠定。小学入学率从1873年的不足30%提高到了1907年的80%。1885—1915年期间，中学数量增加了10倍。[⑤] 于是，日本成了世界上教育最发达和最重视教育的国家之一。

中国在1949年到1978年主要是靠初等教育驱动人力资本水平不断上升，15岁以上人口平均受教育年限由1.0年上升为4.0年。1978年之后主要是依靠中等教育驱动不断提高人力资本水平，1998年之后高等教育扩招又进一步成为新的驱动力，使得2010年的人均受教育年限已经超过了9.9年。2007年高等教育在校生数，包括几百万的成人高等学校在校生数，总

---

① ［美］西奥多·W·舒尔茨：《人力资本：教育和研究的作用》，北京，商务印书馆，1990。

② 参见［美］加利·贝克尔：《人力资本：特别是关于教育的理论和经验分析》，北京，北京大学出版社，1987。

③ 参见胡鞍钢：《中国人才发展之路（1949—2020）》，国家人力资源与社会保障部举办"中国人才发展论坛"上的发言，2010。

④ Easterlin, Kichard, "Why isn't the Whole World Developed?," *Journal of Economic History*, 1981, 41 (1).

⑤ Broadbridge, Seymour A., "Aspect of Economic and Social Policy in Japan, 1968—1945," In Peter Mathias and Sidney Pollaed, eds., *The Cambridge Economic History of Europe*, Vol. 8, Cambridge University Press, 1988.

数已经突破了 2 700 万，大大超过了排第二的美国（约 1 700 万）。[①] 中国高等教育的发展，在量的方面可以说是遥遥领先，可以说在 10 年前，中国高等教育规模还远不如印度[②]，但 10 年后，中国超过了日本，甚至超过了美国，居世界首位。

由此可见，教育兴、人力资本兴，而后才有经济兴、国力兴。后发国家一般都通过教育发展和人力资本先导的模式，优先在教育发展和人力资本积累上缩小同先行国家的差距，进而再缩小在经济上同先行国家的差距，最终实现对先行国家的经济追赶。实际上，中国作为追赶发达国家的后发国家，也呈现了上述特点，这在一定意义上解释了中国成功实现经济追赶的原因，其中教育追赶发挥了重要的先导作用。

教育发展创造了中国历史上最长的人力资源红利期，人力资源红利对人口红利起到了替代的作用，成为经济持续增长的来源（见图 8—2）。人口红利，随着时间的推移逐渐发生转变，2012 年劳动年龄人口的比重开始下降，而老龄人口比重持续上升，人口红利不断下降。同时，由于教育大发展，中国正在获得大规模的人力资源红利，这在未来不仅可以有效地抵消人口红利不断减少的负面影响，而且还可以保持人力资本总量的持续增加，从而支撑整个中国经济的长期持续高增长。

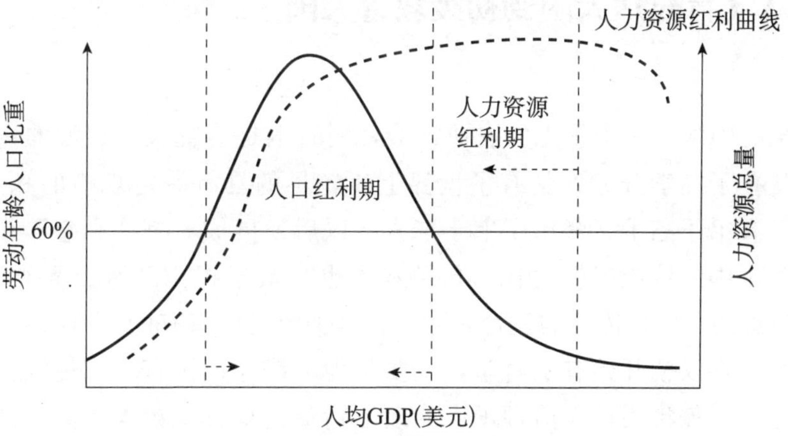

图 8—2　人口红利与人力资源红利

中国的人力资源红利包括以下几个方面：首先是人力资本红利，主要是指

① 纪宝成认为，2002 年中国高等教育在校生人数已达 1 462 万人，已超过美国，居世界第一位。其中，在美国还有 40%的二年制社区大学，学生数占美国大学生总数的 44%。参见纪宝成：《中国高等教育结构的战略转变》，中国论文下载中心，2008-06-03。

② 1995—1996 学年，印度高等学校在校人数达到 640 万人，而中国只有 300 万人。

由教育发展产生的直接收益，即国民受教育年限不断提高，进而提升一国的总人力资本。其次是就业总量红利。教育水平提高有利于提高劳动参与率，特别是可以提高女性的就业参与度，从而扩大了全国就业总量，表现为就业人口与非就业人口之比上升。第三是就业结构红利。教育水平特别是高等教育水平提高，对于促进一个国家服务业发展具有重要作用，会加速劳动力“三个转移”，即从农业部门向非农产业部门转移，从制造业向服务业转移，从低劳动生产率部门向高劳动生产率部门转移。此外，人力资源红利还包括促进社会公平，缩小城乡差距、地区差距、贫富差距等社会效应。

总而言之，人力资源红利实质上是高质量的，人力资源红利的边际效率要显著高于人口红利。当人口红利下降时，如果充分开发和利用人力资源，不仅能够抵消人口红利下降的不利影响，还会进一步支撑整个中国的经济持续增长。人力资源红利期要比人口红利期长得多，在人口红利减少的时候，人力资源红利仍然处于不断上升期，当进入人口的老年负债期，人力资源仍然处于红利期，直到教育红利、就业红利和人口转移的红利耗尽，人力资源红利期才开始关闭。

8.2 从文盲充斥大国到初级教育大国

传统的中国是一个领先的农业社会，同时也是传统人力资源的世界第一大国。从孔子办学开始，就有了世界上比较早的具有一定规模的私人教育，相传孔子有弟子三千，贤弟子七十二人。以后发展成典型“私塾”教育，且贯穿了整个中国传统王朝时代。孔子本人也是最早提出“有教无类”[①] 的教育平等思想的，但是传统的教育实际上只是少数人所享有的精英教育。“学而优则仕”[②]，在汉朝开始有了官学，主要是为了培养选拔官吏，传统教育的主要目标是为官僚集团输送治理国家的政治精英。只有少数人才能受到良好的教育，进入知识精英阶层。清朝后期，每年只有 2.5 万人能够参加院试，其中通过考试成为生员（秀才）的比例只有 1%～2%；1850 年前，中国知识精英阶层士绅总人数为 110 万，其中 4 000 人是文武进士。[③] 士绅阶层占总人口

① 《论语·卫灵公》，见《四书集注》，191 页，长沙，岳麓书社，2004。

② 优指有余力，《论语·子张》，见《四书集注》，217 页，长沙，岳麓书社，2004。

③ 参见徐中约：《中国近代史：1600—2000 中国的奋斗》，第 6 版，6～63 页，北京，世界图书出版社，2008。

的比重不到 0.3%，进士占总人口的比重只有十万分之一。主流的儒家集团的精英教育之外，中国传统的人力资本积累方式，主要依靠经验传授和生产能力的积累，中国人在农业生产、医疗、科技等方面的知识都达到了很高的水平。

1820 年以来，随着西方发展现代教育，向现代文明的转变，中国迅速由传统人力资源领先国衰落为现代人力资源落伍国。1700—1820 年间，中国的人均人力资本增长处于停滞时期，人力资本与西方国家的差距迅速扩大。1820 年英国和美国 15～64 岁人口平均受教育年限为 2.00 年和 1.75 年，到 1870 年分别上升为 4.44 年和 3.92 年，到 1913 年又分别达到了 8.82 年和 7.80 年。1820 年至 1900 年的 80 年间，中国现代教育几乎还是“一片空白”。直到 19 世纪末，何子渊、丘逢甲等开办了（宇）雨南洞小学（1885 年）、同仁学校（1888 年）、北洋西学学堂（今天津大学，1895 年）、同文学堂（1901 年）、兴民中学（1903 年）等西方新学制学校。1905 年末清政府颁布新学制，废除科举制，新学制将学校分为“小学堂”、“中学堂”、“高等学堂”和“大学学堂”几个等级，后两者属于高等教育。中国从西方引进了现代教育，建立了国民教育制度。

据安格斯·麦迪森估计，1937 年中国高等教育在校生有 3.1 万人，到 1949 年达到了 11.7 万人，1939、1940 年中等教育在校生有 63.2 万人，到 1949 年达到 126.8 万人，无论是高等教育还是中等教育，基本属于精英教育阶段。

由于这时期西方国家人力资本迅速积累，中国与西方国家的人力资本差距进一步被大大拉开。到 1950 年，英国和美国 15～64 岁人口平均受教育年限已达 10.60 年和 11.27 年，中国只有 1.60 年，英国和美国分别相当于中国的 6.6 倍和 7.0 倍。

1949 年的中国不仅是世界上人口最多的国家，更是世界上文盲、半文盲人口最多的国家。当时的文盲、半文盲人口占总人口比重的 80%。在农村传统的私塾占相当大的比重，中等学校绝大多数设在县以上城镇，很多地方县无中学、乡无小学。1946 年新疆只有 8 所中学，宁夏只有 5 所中学，青海只有 3 所中学，西藏连一所现代的小学、中学都没有，绝大多数地区的现代教育几乎是一张“白纸”。最重要的现代人力资本极端贫乏，大学毕业生累计数只有 18.5 万，这是从 20 世纪初以来发展现代高等教育的全部人力资本，只占全国总人口的 0.36‰。高等学校的 40%以上主要设在上海、北京、天津、南京、武汉、广州六个城市，国立大学的 40%、私立大学的 46%设在沿海地区。中学生毕业生为 400 万人，占总人口的 0.74%。根据我们测算，1949 年中国 15 岁以上人口的平均受教育年限是 1.0 年。[①] 当时的中国不仅人均收入大大低于发达国家，人均受教育年限反映的人力资本水平也远远低于发达国家（6.22 年），且明显低于世界平均水平（3.17 年），低于发展中国家（2.05 年）。1950 年中国总人口占世界总数的比重为 21.6%，但是总人力资本（指 15～64 岁人口与平均受教育年限乘积）为 3.38 亿人年，仅占世界总数比重的 5.5%。诚如毛泽东 1956 年所言的"一穷二白"。"白"就是一张白纸，文化水平、科学水平都不高。[②] 这就是新中国现代教育与人力资本水平的历史起点。

新中国成立以后，按照《共同纲领》的要求，建立民族的、科学的、大众的文化教育，"有步骤地谨慎地进行旧有学校教育事业和旧有社会文化事业的改革工作，争取一切爱国的知识分子为人民服务"[③]。中共中央发出指示，要求学习苏联教育的先进经验，对高等学校进行院系调整，有组织地翻译苏联的各科教学计划、教学大纲、教材和各种教育文献资料。这在很大程度上照搬了苏联教育模式。

1957 年毛泽东正式提出中国的教育方针，"应该使受教育者在德育、智育、体育几方面都得到发展，成为有社会主义觉悟的有文化的劳动者"[④]。

1958 年 9 月，中共中央、国务院发布《关于教育工作的指示》提出："为了多快好省地发展教育事业，必须动员一切积极因素，既要有中央的积极性，又要有地方的积极性和厂矿、企业、农业合作社、学校和广大群众的积极性，必须采取统一性与多样性相结合，普及与提高相结合，全面规划与地方分权相结合的原则。在全国统一的教育目的下，办学形式应该是多样性的，即国家办学与厂矿、企业、农村合作社办学并举，普通教育与职业（技术）教育并举，成人教育与儿童教育并举，全日制学校与半工半读、业余学校并举，学校教育与自学（包括函授学校、广播学校）并举，免费教育与不免费教育并举。"把发展人民教育作为人民政府的一项重要工作。各级各类学校发展迅速，在校学生人数增长很快，初等教育和中等教育入学率迅速提高。

1978 年，取得了在中国教育发展史上具有重要意义的成绩：一是基本建立了门类齐全的教育体系。二是基本普及小学教育，从 1952 年到 1978 年，中国的学龄儿童入学率由 49.20%上升为 95.90%。1978 年中国各级学校在校学生

---

① 根据麦迪森的方法，小学教育的权重为 1，中学教育的权重为 1.4，高等教育的权重为 2。根据他的计算，1950 年中国 15～64 岁人口的平均受教育年限是 1.60 年。而美国 1950 年的人均受教育年限是 11.27 年，法国是 9.58 年，德国是 10.40 年，日本也达到 9.11 年。Angus Maddison，*Chinese Economic Performance in the Long Run，960—2030 AD*，Second Edition，Paris，OECD，2007.

② 参见《毛泽东文集》，第 7 卷，44 页，北京，人民出版社，1999。

③ 《毛泽东文集》，第 6 卷，71 页，北京，人民出版社，1999。

④ 《毛泽东文集》，第 7 卷，226 页，北京，人民出版社，1999。

人数占总人口的比重在中国历史上出现第一次波峰，出现这一次波峰的主要贡献来源于小学教育的全面普及，属于初等教育（主要是小学教育）驱动阶段。从60年代之后初中入学率迅速提高，由于小学和初中学生规模大，加速了人力资本水平的提高。三是扫除大部分文盲、半文盲人口，迅速降低了文盲率，文盲人口由4.32亿人减少至1964年的2.33亿人，到1982年变化不大，为2.30亿人；成人文盲率由1949年的80%迅速下降为1964年的33.5%，到1982年又进一步降为22.81%，是世界上文盲率减少最快的国家之一。四是15岁以上人口平均受教育年限明显提高，我们估计1960年达到2.0年，1970年达到3.2年，到1980年已经超过了5.3年，相当于1949年的5倍之多，也明显地高出印度（约2.6年）；总人力资本由1950年的3.38亿人年上升至1980年的33.32亿人年，增长了9倍，其中人口平均受教育年限的贡献最大。中国成为世界上总人力资本最大的国家，也为中国改革开放奠定了重要的人力资本基础。

需要指出的是，毛泽东时代，初等教育以及扫盲运动是极为成功的，且越来越公平，但是高等教育发展并不是一帆风顺的，先后经历了比较曲折的几个阶段：1949—1959年高速发展，大学在校生数从11.7万上升至近100万，这是中国高等教育发展的第一个黄金时期；1960—1963年因“大跃进”失败，国民经济大调整，大学生在校生数大幅度下降，但是随着国民经济好转，又出现了一个较短的好时期（1964—1966年上半年）；第二次波折出现在“文化大革命”时期，特别是1966年6月，根据毛泽东指示，发布了《中共中央、国务院关于高等学校招生工作推迟半年进行的通知》，决定1966年高等学校招收新生的工作推迟半年进行，一推迟可不是半年，1966年到1969年，高等学校停止招生，大学在校生数出现了锐减，1970年只有4.8万人左右，还不如1949年的大学在校生数。当时（1971年）中国高等教育毛入学率为0.06%，可能是世界上最低的国家之一。

1970年之后毛泽东提出“工农兵学员上大学”，部分高校才以“群众推荐、领导批准和学校复审”的方式，从有实践经验的工农兵及下乡知青中招生。这看起来比较公平，但事实上大学毛入学率十分低下，到1975年也只有0.51%，形成更大的社会不公平、高等教育不公平。大学在校生数虽有所上升，但直到毛泽东逝世时（1976年），大学在校生数也没有超过1959年的学生数（见图8—3）。中等专业技术学校也是类似的历程。我估计，仅“文化大革命”十年，就少培养100万大学生，少培养200万中专生，使中国的人力资本积累受到严重挫折和重大损失。[①]

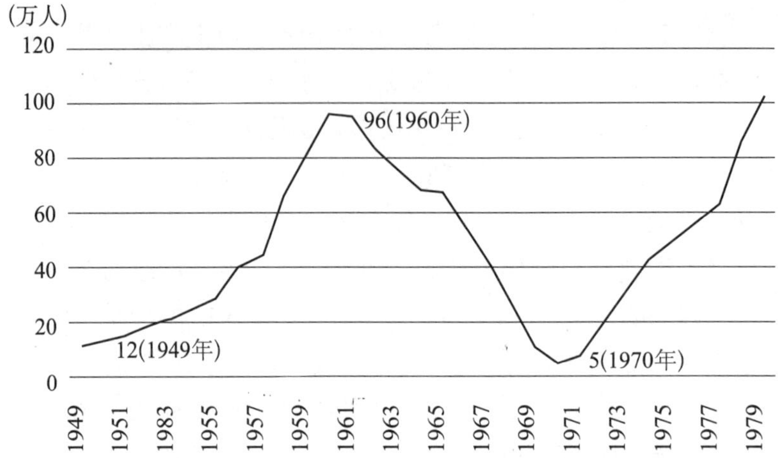

图 8—3　中国大学在校学生人数（1949—1979 年）

8.3　从人口大国到人力资源大国

1977 年邓小平重新恢复了党和国家领导职务，他强烈地意识到中国要搞现代化就必须先抓教育和科技。他自告奋勇要求出任国务院副总理，分管教育和科技，先后提出“尊重知识，尊重人才”（1977 年 5 月 24 日），“我们国家要赶上世界先进水平，要从科学和教育入手”（1977 年 8 月 8 日），“教育战线要拨乱反正”（1977 年 9 月 19 日），“培养科学技术人才是教育战线的重要任务”（1978 年 3 月 18 日），“大学生人数要大量增加”（1978 年 4 月 13 日），“增大派遣留学生的数量”（1978 年 6 月 23 日），“要建立学位制度和学术、技术职称制度”（1979 年 11 月 2 日）。[②] 他又决定恢复高等教育入学考试，1978 年全国招收了 40 万人；恢复招收研究生制度，1978 年就招收了 1 万人；建立学士、硕士、博士学位制度，制定了学士、硕士、博士三级学位的学术标准（见专栏 8—2）[③]；公开选派出国留学生和进修生，1978 年就选派了 860 人，从而加快了

① 详细分析参见胡鞍钢：《中国政治经济史论（1949—1976）》，第六章“对毛泽东时代的历史评价”，北京，清华大学出版社，2007。

② 参见中共中央文献研究室编：《邓小平论教育》，第 3 版，北京，人民教育出版社，2004。

③ 1980 年 2 月 12 日，第五届全国人大常委会第十三次会议审议通过了《中华人民共和国学位条例》，并于 1981 年 1 月 1 日实行。

高等教育的发展，为中国长远的人力资本积累奠定了重要的制度基础。

专栏8—2 中国学士、硕士、博士学位的学术标准

高等学校本科毕业生，成绩优良，达到下述学术水平者，授予学士学位：

（一）较好地掌握本门学科的基础理论、专门知识和基本技能；

（二）具有从事科学研究工作或担负专门技术工作的能力。

高等学校和科学研究机构的研究生，或具有研究生毕业同等学力的人员，通过硕士学位的课程考试和论文答辩，达到下述学术水平者，授予硕士学位：

（一）在本门学科上掌握坚实的基础理论和系统的专门知识；

（二）具有独立从事科学研究工作或独立担负专业技术的能力。

高等学校和科学研究机构的研究生，或具有研究生毕业同等学力的人员，通过博士学位的课程考试和论文答辩，成绩合格，达到下述学术水平者，授予博士学位：

（一）在本门学科上掌握坚实宽广的基础理论和系统深入的专门知识；

（二）具有独立从事科学研究工作的能力；

（三）在科学或专门技术上做出创造性成果。

在20世纪80年代，中国政府提出和迅速推进“普及九年义务教育”。1986年4月12日，第六届全国人民代表大会第四次会议通过《中华人民共和国义务教育法》，为普及义务教育提供了具体的法律依据。

这一时期初中毛入学率迅速提高，属于初中教育驱动，同时巩固小学入学率、学前毛入学率。1978年，小学学龄儿童净入学率达到95.5%，到2000年达到99.1%；初中毛入学率1990年为66.7%，到2000年突破了88.6%。这表明，到2000年，我国如期实现了基本普及九年义务教育和基本扫除青壮年文盲的目标，“普九”人口覆盖率达到85%，青壮年文盲率下降到5%以下，青壮年文盲人口比1990年减少了4 100万人。[①]

高中教育和大学教育也在加快发展，对提高人力资本水平发挥了重要作用。1990年高中毛入学率只有21.9%，到2000年突破了42.8%。[②] 1990年中

---

① 参见陈至立：《切实落实教育优先发展战略地位》，见《十六大报告辅导读本》，321～322页，北京，人民出版社，2002。

② 参见国家统计局编：《中国统计摘要2009》，185、190页，北京，中国统计出版社，2009。

国受高中教育程度人口为 9 147 万人，在世界排在美国之后，居第二位，到 2000 年，中国已居世界第一位，达到 1.407 亿人，相当于 1990 年的 1.54 倍，也相当于美国（9 675 万人）的 1.45 倍。

从高等教育发展看，中国也是世界上高等教育发展最快的国家。1978 年普通高校在校生为 85.6 万人，到了 2000 年已经上升到 556 万人，相当于 1978 年的 6.5 倍，年平均增长率为 8.9%，高等教育毛入学率从不足 1% 提高到 12.5%（见图 8—4）。[①] 1990 年美国高等教育人口相当于中国的 5.28 倍，到 2000 年已缩小为 2.23 倍。

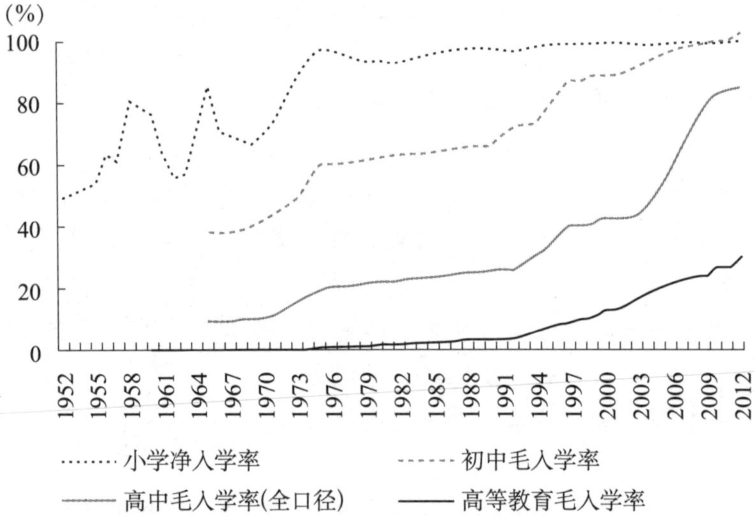

图 8—4　中国各级教育入学率曲线（1952—2012 年）

资料来源：系作者绘制，数据来源于《新中国五十五年统计资料汇编》和《中国统计摘要 2010》。1965—1978 年小学净入学率，以及 2010 年以后的三级入学率为作者估算。

各级入学率的快速提高使得中国人口平均受教育年限与发达国家的差距迅速缩小。从 1980 年之后，中国 15 岁以上人口平均受教育年限就超过了世界平均水平，也高于发展中国家平均水平，1990 年中国达到了 6.43 年，2000 年提高到 7.85 年，与发达国家平均水平的相对差距在明显减少。从 1980—2000 年期间，中国总人力资本从 33.32 亿人年增长至 67.26 亿人年，增长了一倍，年平均增长率为 3.48%，明显高于世界平均增长率（0.94%），也高于美国平均增长率（1.33%）。

这一时期，中国的非正规教育也快速发展，逐步形成了正规教育和非正规教育两条腿走路的新的教育发展模式。建立了涵盖不同层次、各种类别、多种

---

① 参见国家统计局编：《中国统计摘要 2009》，190 页，北京，中国统计出版社，2009。

形式、差别布局的全民教育体系，以学校教育系统、社会教育系统和行业企业教育培训系统为主体，以网络、数据库等知识基础设施建设为依托，初步形成了与经济社会发展相适应的教育和培训系统。

改革开放以前，各级教育主要以学校正规教育为主，正规教育人口的比重一直在 90%以上。1952 年，全国正规教育在校生占全部学生的 97.1%，非正规教育在校生仅占 2.9%；1978 年，非正规教育在校生比重一下子增加到 23.8%，其后又迅速减少。从 1985 年开始，非正规教育的比重又开始逐年增加，1985—1999 年间，这一比重从 7.1%增加到 25%。但 2000 年以来又不断缩小，到 2006 年为 20.8%（见图 8—5）。

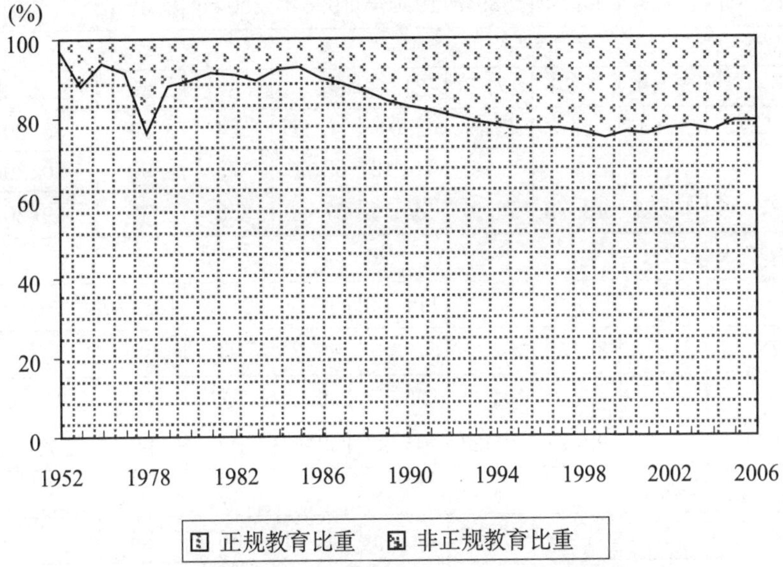

图 8—5　中国正规教育与非正规教育比重变化（1952—2006 年）

注：正规教育在校生数是指普通高校、中等学校（普通初中、普通高中、中等专业学校、职业中学、技工学校）、小学、幼儿园以及特殊教育在校生数的总和。

资料来源：1949—1981 年各年《中国教育年鉴》、1984—2006 年各年《中国教育统计年鉴》。

8.4　迈向人力资源强国

从国际比较来看，中国的学前毛入学率近几年迅速提高，2011 年达到 62.3%，已经接近美国的水平（2010 年为 69%），预计很快就会超过美国；初等教育毛入学率已经达到发达国家的同等水平；中等教育毛入学率，处于发展中国家前列，大大高于印度的水平，同时已经接近俄罗斯的水平，2010 年中国为81%，印度为63%，俄罗斯为89%，预计在不太远的将来就可以达到发达国家水平；从高等教育毛入学率来看，中国2000年仅为12.5%，甚至低于印度（为10%），到2012年已经达到30.1%，大大高于印度的水平（2010年为18%），这也表明中国政府于1998年及时做出了重大决策，加速发展高等教育。与此同时，中国仍然大大低于美国（2010年为95%）、俄罗斯（2009年为76%）（见表8—2）。这也要求人力资本积累从初中等人力资本快速积累转向高等教育人力资本快速积累，中国要不断提高高等教育毛入学率，不断接近美国，这已经成为未来20年中国国民受教育年限能否超过美国的关键所在。

表8—2　　四大国四级毛入学率国际比较（1971—2012年）（%）

	1971年	1975年	1980年	1985年	1990年	1995年	2000年	2008年	2012年
学前毛入学率									
中国		2.49	9.36	17.38	21.4	26.14	37	44	62.3a(2011年)
印度	1.13	1.54		2.49	3.01	4.42	24	54	55(2010年)
俄罗斯					75.42	62.71	73	90	90(2009年)
美国	37.39	47.77	48.76	56.97	59.75	67.93	58	58	69(2010年)
初等教育毛入学率									
中国			113.71		111.00	106.60	104.60	105.70	104.20
印度	78.77	83.54	83.59	88.38	93	96.7	94	117	
俄罗斯				104.16	106.77	106.64	106	97	99(2009年)
美国	87.91	89.06	99.72	99.24	104.97	102.61	100	99	102(2010年)
中等教育毛入学率									
中国			51.49	38.15	38.46	51.62	66	86	94
印度	26.79	28.88	32.94			45.86	46	60	63(2010年)
俄罗斯				97.18	94.77			85	89(2010年)
美国	83.94	84.65	92.66	96.25	92.19	95.82	93	94	96
高等教育毛入学率									
中国	0.06	0.51	1.12	2.36	3.4a	7.2a	12.5a	23.3	30.09
印度	4.92		4.96	5.9	6.01	5.59	10	15	18(2010年)
俄罗斯	46.01	43.03	45.25	52.93	53.55	43.24	55	77	76(2009年)
美国	47.13	51.17	53.37	58.96	71.71	77.35	68	83	95(2010年)

资料来源：a中国数据来源于《中国统计摘要2013》，165页，北京，中国统计出版社，2013；其他数据来源于UNESCO Institute for Statistics，Global Education Database，2013年4月检索。

进入21世纪，党中央提出了2020年中国教育改革和发展目标，从而加速了中国从人力资源大国向人力资源强国的转变过程。2002年党的十六大报告提出2020年的发展目标："形成比较完善的现代国民教育体系"，"人民享有接受良好教育的机会，基本普及高中阶段教育，消除文盲。形成全民学习、终身学习的学习型社会，促进人的全面发展"。明确了"教育是发展科学技术和培养人才的基础，在现代化建设中具有先导性全局性作用，必须摆在优先发展的战略地位"[①]。

中国加速发展高中阶段教育。国家"十五"计划提出到2005年高中阶段教育毛入学率要达到60%的目标，2005年只达到了52.5%。[②] 在"十一五"时期，高中教育进入了加速普及阶段（见图8—4），到2010年高中毛入学率为82.5%[③]，2010年，全国高中阶段教育在校生达4 671万人，其中中等职业教育在校生达2 232万人，占47.8%[④]，到2012年进一步提高到85%。这一时期，学前教育也得到了快速的发展，到2011年学前毛入学率已经达到了62.3%。

中国加速发展高等教育。国家"十五"计划提出到2005年高等教育毛入学率要达到15%的目标，实际上2002年就突破了15%。这标志着中国高等教育从"精英教育"阶段进入"大众化教育"阶段。"十一五"时期高等教育进一步发展，2009年，高等教育毛入学率达到24.2%，2010年为26.5%，2012年进一步提高到30.1%。[⑤] 中国高等教育在校生数已经超过美国1 800万的规模[⑥]，成为世界高等教育在校生最多的国家，保守估计，可能占世界总数（1亿左右）的1/4以上。中国研究生在校生数2000年达到30万，到2012年达到172万[⑦]，根据联合国教科文卫组织最新的数据，中国高等教育研究生在校生数已经为美国的两倍。[⑧]

具有大学（大专以上）文化程度人口，从2000年的4 563万人提高至2010年的11 964万人；具有高中（含中专）文化程度人口，由2000年的14 068万人提高至2010年的18 799万人，年平均增长率达到2.94%；两者合计人数从2000年的18 631万人提高至2010年30 763万人，已与世界第三大人口国家美国的总人口（为31 323万人）相当接近（见表8—3）。

---

① 《江泽民文选》，第3卷，543、560页，北京，人民出版社，2006。

② 我们在2005年首次对"十五"计划做第三方独立评估时指出，没有实现这一关键性指标。

③ 参见国家统计局编：《中国统计摘要2011》，171页，北京，中国统计出版社，2011。

④ 参见上书，169页。

⑤ 参见国家统计局编：《中国统计摘要2012》，北京，中国统计出版社，2012。

⑥ VOA（美国之音），*Education Report—Foreign Student Series*：*Financial Aid*，2009-02-04

⑦ 参见国家统计局编：《中国统计摘要2013》，163页，北京，中国统计出版社，2013。

⑧ UNESCO Institute for Statistics.

表 8—3　　　　　　中国和美国高中以上人口比较（1990—2010 年）

	1990 年	2000 年	2010 年	1990—2010 年年均增长率（%）
高中（含中专）教育程度人口（百万人）				
中国	91.47	140.68	187.99	3.67
美国	101.25	96.75	91.62	−0.5
美国/中国	1.11	0.69	0.49	—
大专及以上教育程度人口（百万人）				
中国	16.00	45.63	119.64	10.58
美国	84.42	101.57	126.63	2.05
美国/中国	5.28	2.23	1.06	—
研究生教育程度人口（百万人）				
中国	0.174 8	0.757	5.38	18.69
美国	11.439	15.17	21.25	3.15
美国/中国	65.44	20.04	3.95	—

资料来源：中国数据来源于国务院第六次全国人口普查办公室、国家统计局人口和就业统计司编：《2010 年第六次全国人口普查主要数据》，北京，中国统计出版社，2011；美国数据来源于 U. S. Department of Commerce，United States Census Bureau Database.

中国高等教育开始实施“走出去”战略。截至 2010 年 10 月，中国已建立 322 所孔子学院和 369 个孔子课堂，共计 691 所，分布在 96 个国家（地区）。[①] 开放式地发展教育特别是发展高等教育，是中国走向世界的重要桥梁，也是中国影响世界的重要软实力。

根据教育部统计，1950 年我国接受了第一批来自东欧国家的 33 名留学生，改革开放以后，来华留学工作进入了一个新的发展时期。2010 年，全年在华学习的外国留学人员总数首次突破 26 万人（见表 8—4）。其中来自亚洲的留学生占来华留学生总数的 66.32%，排名第一。欧洲、美洲、非洲、大洋洲分列二至五位。来华留学生人数名列前十的国家是韩国、美国、日本、泰国、越南、俄罗斯、印度尼西亚、印度、哈萨克斯坦和巴基斯坦。美国“门户开放报告”（Open Doors Report）提供的数据显示，2008 年在美的外国留学生数量为 67.2 万人[②]，占美国高等教育在校生规模的 3.7%，占世界约 300 万留学生的 22%。在这些外国留学生中，有 62%的人属于全自费，只有 25.9%的人获得了大学提供的各种奖学金。中国已经成为亚洲地区最大的海外留学生吸收国之一。

---

① 参见 http：//www. hanban. edu. cn/confuciousinstitutes/node _ 10961. htm。

② Open Doors 2009 Report on International Educational Exchange，Institute of International Education，http：//opendoors. iienetwork. org/.

当中国高等教育在校生数大大超过了美国等发达国家之后，在吸引外国留学生方面中国还有巨大的发展潜力和空间，很快会进入世界前列。教育部提出到2020年使我国成为亚洲最大的留学目的地国家，留学人员达到50万人。[①] 未来，中国应该增强教育的国际化程度，通过建设高质量的高等教育体系、扩大奖学金支持力度、制定有吸引力的政策，努力营造吸引外国留学生的大环境，鼓励其他国家的学生来中国留学，使中国成为世界最大的留学生吸纳国之一。在具体步骤上，要分层次开放教育市场：京津沪是第一层次，各省省会、超大规模城市是第二层次，其他中小城市是第三层次。

表8—4　中国出国留学、学成归国、外国来华留学情况（1978—2012年）

年份	出国留学人员数（人）	学成归国人员数（人）	归国率（%）	外国来华留学生数（人）
1978	860	248	28.8	1 236
1980	2 124	162	7.6	
1985	4 888	1 424	29.1	
1986	4 676	1 388	29.7	
1987	4 703	1 605	34.1	
1988	3 786	3 000	79.2	
1989	3 329	1 753	52.7	
1990	2 950	1 593	54.0	
1991	2 900	2 069	71.3	
1992	6 540	3 611	55.2	
1993	10 742	5 128	47.7	
1994	19 071	4 230	22.2	
1995	20 381	5 750	28.2	
1996	20 905	6 570	31.4	41 211
1997	22 410	7 130	31.8	43 712
1998	17 622	7 379	41.9	43 084
1999	23 749	7 748	32.6	44 711
2000	38 989	9 121	23.4	52 150
2001	83 973	12 243	14.6	61 869
2002	125 179	17 945	14.3	85 829
2003	117 307	20 152	17.2	77 715
2004	114 682	24 726	21.6	110 844

① 参见《教育部官员解读〈留学中国计划〉》，载《中国教育报》，2010-09-30。

续前表

年份	出国留学人员数（人）	学成归国人员数（人）	归国率（%）	外国来华留学生数（人）
2005	118 515	34 987	29.5	141 087
2006	134 000	42 000	31.3	162 695
2007	144 000	44 000	30.6	195 503
2008	179 800	69 300	38.5	223 499
2009	229 300	108 300	47.2	238 184
2010	284 700	134 800	47.3	265 090
2011	339 700	186 200	54.8	292 611
2012	399 600	272 900	68.3	
累计数	2 481 381	1 037 462	41.8	

资料来源：国家统计局编：《中国统计年鉴 2013》，163 页，北京，中国统计出版社，2013；教育部发展规划司编：《中国教育统计年鉴 2009》，北京，人民教育出版社，2010。

人才资源成为 21 世纪的第一资源。当前的人才队伍建设分为五个领域两个层次。五个领域包括：党政、企业经营管理领域、专业技术领域、农村和社会组织。特别需要提出的是，社会组织（也称为民间组织或非营利组织）人才不仅是指那些具有政府背景的社会组织的领导管理人才，更要包括草根性的民间组织的领导和管理人才。在未来的人才发展战略中，要高度重视社会组织在社会建设和发展中的重要作用，把社会组织领导和管理人才纳入国家的人才战略体系。两个层次指拔尖创新人才和专业实用人才，二者具有不同的含义和性质，对社会进步和发展发挥互补性的作用。

中国已经是世界科技人力资源第一大国。根据科技部提供的数据，2009 年中国科技人力资源总量为 5 799 万人，已经连续多年居世界第一。1991—2012 年期间，全国研究与实验发展活动人员全时当量由 67.1 万人·年增长至 327.3 万人·年，年平均增长率为 7.8%，大大超过同期全国就业人员增长率的水平（为 1.3%），其总数已经于 2009 年超过美国，居世界第一。这与 1998 年高等学校扩大本专科生、研究生规模极其相关。1990—2012 年期间，普通高等学校本专科在校生年平均增长率为 11.8%，研究生在校生年平均增长率为 14.2%。

中国政府已经确立了人才强国战略，制定了“三步走”的人才发展规划：第一步完成“十二五”规划目标。第二步实现《国家中长期人才发展规划纲要（2010—2020）》提出的 2020 年目标。第三步到 2030 年，人才资源总量达到 2.7 亿人，占总人口的比例为 18%，占就业人口的 35%，即高技能人才占技能劳动者比例达到 35%；每万劳动力中研发人员达到 55 人年，比 2008 年翻一番；主要劳动年龄人口受过高等教育的比重达到 30%；人力资本投资占 GDP 比重达到 18%；人才贡献率达到 40%（见表 8—5）。

表 8—5 国家人才发展主要指标（2008—2030 年）

	2008年	2015年	2020年	2030年
人才资源总量（万人）	11 385	15 625	18 025	27 000
每万劳动力中研发（R&D）人员（人年/万人）	24.8	33	43	55
高技能人才占技能劳动者比重（%）	24.4	27	28	35
主要劳动年龄人口受过高等教育的比重（%）	9.2	15	20	30
人力资本投资占 GDP 比重（%）	10.75	13	15	18
人才贡献率（%）	18.9	32	35	40

资料来源：2008—2020 年数据引自《国家中长期人才发展规划纲要（2010—2020）》（2010 年 6 月）。

中国用了 60 多年时间，完成了从人口大国向人力资源大国的根本转变，完成了从一个传统人力资源大国向现代人力资源大国的历史性转变。而世界其他主要国家，这一转变过程大体花了 100～150 年。中国作为工业化的后来者、现代教育的后来者，显示了后来者的后发优势。只要政府加强人力资本投资，可以看到在各国比较中，中国的人均受教育年限增长是最快的，就可以加速教育追赶。

根据安格斯·麦迪森提供的数据，英国人均受教育年限从 2 年到 11.66 年花了 153 年（1820—1973 年），美国从 1.75 年到 11.27 年花了 130 年（1820—1950 年），日本从 1.5 年到 12 年花了 103 年（1870—1973 年），而中国从 1.6 年到 10.2 年只花了 53 年（1950—2003）。①

教育的迅速发展对促进中国经济增长做出重要贡献，成为高增长的来源之一，王小鲁基于安格斯·麦迪森的数据（2007）进行国际比较，他发现，在 1979—2003 年期间，中国教育对 GDP 年平均增长率贡献 2.92 个百分点，高于同期美国（为 2.01%）和日本（为 1.66%），但是低于韩国（为 4.18%）；其中教育的直接贡献为 0.85%，教育的溢出效应为 2.07%。②

中国 60 多年社会主义现代化最大的变化就是人的现代化，即占世界总人口 1/5 的全体中国人民自身不断现代化，具体表现为他们的各种人力资本（受教育年限、技能经验、专业化程度和健康）水平不断提高，与美国的人力资本相对差距迅速缩小，并成为世界最大规模的人力资源国家。

1949 年，中国不仅是世界上最贫穷的国家之一，还是世界上人力资本水平

① 参见［英］安格斯·麦迪森：《世界经济二百年回顾》，15 页，北京，改革出版社，1997；安格斯·麦迪森：《中国经济的长期表现：公元 960—2030 年》，68 页，上海，上海人民出版社，2008。

② 王小鲁 2009 年 7 月向作者提供。

最低的国家之一。根据安格斯·麦迪森采用购买力平价方法（1990 年国际美元价格）计算，1950 年中国人均 GDP 为 448 美元，仅相当于美国的 4.7%；我们估计，1950 年中国 15 岁以上人口平均受教育年限为 1.0 年，相当于美国的 11.9%。而后中国开始了对美国的“经济追赶”和“教育追赶”，到 1980 年，中国人均 GDP 达到了 1 061 美元，相对美国为 5.7%，仅提高了 1.0 百分点，中国 15 岁以上人口平均受教育年限提高至 5.33 年，相对美国为 44.3%，提高了 32.4 个百分点，可以认为，中国的教育追赶远比经济追赶更显著，这也为而后的经济起飞创造了“教育红利”。1980 年之后，中国进入经济起飞阶段，加速了经济追赶，到 2010 年，中国人均 GDP 达到了 7 822 美元，相对美国为 25.6%，比 1980 年提高了 19.9 个百分点，平均每年提高 0.66 个百分点。与此同时，中国也进入了教育发展黄金时期，再次加速了教育追赶，到 2010 年，15 岁以上人口平均受教育年限提高至 9.9 年，相对美国为 81.1%，比 1980 年提高了 37.0 个百分点，平均每年提高 1.23 个百分点。1950—2010 年的 60 年间，中国和美国的人均 GDP 年平均增长率分别为 4.88%和 1.96%，中国相当于美国的 2.5 倍；中国和美国的 15 岁以上人口平均受教育年限年平均增长率分别为 3.89%和 0.63%，中国相当于美国的 6.2 倍（见表 8—6）。这反映了过去 60 年，中国对美国实现了经济追赶和教育追赶，其中教育追赶要明显快于经济追赶。

表 8—6　　中国和美国人均 GDP 和平均受教育年限（1950—2010 年）

年份	人均 GDP（1990 年国际美元价）			平均受教育年限		
	中国	美国	中国/美国（%）	中国	美国	中国/美国(%)
1950	448	9 561	4.7	1.0	8.38	11.9
1960	662	11 328	5.8	2.0	9.15	21.9
1970	778	15 030	5.2	3.2	10.77	29.7
1980	1 061	18 577	5.7	5.33	12.03	44.3
1990	1 871	23 201	8.1	6.43	12.14	53.0
2000	3 421	28 467	12.0	7.85	12.71	61.8
2010	7 822	30 589	25.6	9.9	12.2	81.1
1950—2010 年平均增长率（%）	4.88	1.96		3.89	0.63	

注：系 15 岁以上人口平均受教育年限。

资料来源：1950—2010 年美国数据引自 Robert J. Barro，Jong-Wha Lee，A New Data Set of Educational Attainment in the World，1950—2010，NBER Working Paper No. 15902，2010；中国数据系作者计算；人均 GDP 数据 1950—2000 年数据引自 Angus Maddison，*Historical Statistics of the World Economy：1—2008 AD*，OECD Publishing；2010—2030 年美国和中国数据系作者估计。

这里，我们有两个新的发现：一是中国作为现代化的后来者，在追赶美国的过程中，教育追赶速度快于经济追赶速度，充分体现了教育追赶优先于经济追赶；二是教育追赶系数始终高于经济追赶系数，充分体现了教育追赶明显促进了经济追赶。这两个发现表明，中国属于教育优先型现代化特征，这也充分体现了中国社会主义制度的优越性，一是因为教育追赶更多的是基于政府的作用，而经济追赶主要是基于市场的作用；二是因为教育追赶更有利于促进社会公平，而经济追赶可能会加大经济不公平，进而也会不利于社会公平。

中国对美国的教育追赶将是人类历史上更大规模、更具重要意义的现代化追赶。1950 年，中国 15～64 岁人口数是美国的 3.3 倍，总人力资本只有美国的 39.5%；到 1970 年，中国总人力资本超过了美国；到 2010 年，中国总人力资本相当于 1950 年的 28.4 倍。中国和美国的 15～64 岁劳动年龄人口年平均增长率分别为 1.77%和 1.17%，中国相当于美国的 1.5 倍；中国和美国的总人力资本年平均增长率分别为 5.74%和 1.68%，中国相当于美国的 3.4 倍（见表 8—7）。这反映了过去 60 年，中国总人力资本快速增长，大大高于美国总人力资本增长的速度，并将成为中国全面追赶和超越美国最重要的资本。

表 8—7　　中国、美国劳动年龄人口和总人力资本（1950—2010 年）

年份	15～64 岁人口（100 万人）			总人力资本（10 亿人年）		
	中国	美国	中国/美国（%）	中国	美国	中国/美国(%)
1950	337.78	102.18	330.6	0.338	0.856	39.5
1960	363	111.76	324.8	0.726	1.023	71.0
1970	459.51	129.49	354.9	1.470	1.395	105.4
1980	583.43	151.97	383.9	3.332	1.828	182.3
1990	762.60	166.71	457.4	4.904	2.024	242.3
2000	856.79	187.14	457.8	6.726	2.379	282.7
2010	970.53	207.53	467.7	9.608	2.532	379.5
1950—2010 年平均增长率（%）	1.77	1.17		5.74	1.68	

注：总人力资本＝（15～64 岁人口数）×平均受教育年限。

资料来源：Population Division of the Department of Economic and Social Affairs of the United Nations Secretariat，World Population Prospects：The 2010 Revision，http：//esa. un. org/unpp；部分中国数据来源于《新中国六十年统计资料汇编》和《中国统计年鉴 2012》。

与我们用实物量计算总人力资本的方法不同，李海峥等人用价值量计算总人力资本。他们根据乔根森-弗劳梅尼终生收入法计算的中国人力资本存量表明，从 1985—2007 年，中国总体人力资本快速增长，从 11.71 万亿美元（按 2005 年美元价格）增加到 21.96 万亿美元，增长了 87.5%，年平均增长率为

2.9%。中国人力资本的增长要大大快于其他国家。推动人力资本增长的主要因素是教育程度提高和市场经济提供的教育回报率增加，总人口的增长也是部分因素。他认为，按这一方法，与其他国家相比，中国的总人力资本相当巨大，超过了除美国之外的其他任何国家。[①] 这是因为该方法估算时采用了劳动生产率、工资率、终生收入等价值量指标。

8.5 小结：从文盲充斥大国到人力资源强国

中国的人力资源变迁，经历了近代以来从传统人力资源领先国到现代人力资源落后国的衰弱期（1840—1949 年），又经历了建国以来从人口大国到人力资源大国的重新崛起期（1949—2000 年），正处于从人力资源大国迈向人力资源强国的强盛期（2000—2020 年）。

分析中国的经济发展和人力资本的积累的历史过程，可以得出以下的几个明显的特征：第一，传统社会向现代社会转型的过程中，中国由一个全面的领先者沦为全面的落伍者。传统的人力资源积累模式是解释这一现象的重要原因，而现代人力资源积累模式是解决这一问题的基本出路。第二，中国现代人力资本发展初始条件与现代经济发展初始条件的格局具有一致性。但是，中国在现代人力资本的追赶进程领先于经济追赶。中国人力资本水平率先超过世界平均水平，而经济发展还没有达到这一阶段。第三，中国经济和人力资本 60 年来发展的成就表明，中国的教育发展和人力资本积累已经表现出领先于中国经济水平而向发达国家趋同的态势。中国已经形成了后发国家追赶先行国家的成功的人力资本积累模式。

经过 60 多年的教育发展，我国已经完成了从人口大国向人力资源大国的历史性转变。全面普及义务教育，2012 年小学净入学率达到 99.9%，初中毛入学率达到 102.1%，高中毛入学率达到了 85.0%，高等教育毛入学率达到 30.1%[②]，高等学校在校生数居世界第一。实现了从文盲充斥、愚昧落后的人口大国向名副其实的世界人力资源和人才资源大国的跨越式转变。

中国成功地走出了穷国办大教育的道路，初步实现了从人口大国到人力资源大国的转变，中国人力资源迈上了新台阶。分析中国的经济发展轨迹和人力

① 参见世界银行：《变化中的国家财富：对可持续发展能力的测量》，17、117～119、123 页，北京，新华出版社，2013。

② 参见国家统计局编：《中国统计摘要 2013》，165 页，北京，中国统计出版社，2013。

资本积累轨迹，我们可以清楚地发现，国运兴衰系于人力资本强弱，人力资本兴废取决于国力强弱。教育兴、人力资本兴，而后才有经济兴、国力兴。中国最具竞争力的优势就是人力资本优势，中国最重要的基本国策是强化人力资本投资。人力资源是国民经济长期持续增长的第一资源；开发人力资源是全面建成小康社会的第一目标。中国未来的经济持续稳定发展和人民生活质量的改善，极大程度上依赖于人力资本的积累和使用。教育公平是最大的公平，教育责任也是政府的第一责任。中国要建成全世界最大的学习型社会，这不仅是中国顺利崛起的条件，也是中国长远竞争力的来源。

到 2020 年，我国要率先基本实现中国特色社会主义教育现代化，成为全面现代化的先导与引领力量，全面建成世界人力资源强国、人才强国。

【思考与讨论】

1. 人力资源开发与国家长远发展的关系是什么？为什么说人力资源是中国的第一资源？

2. 新中国成立之后，中国为何能够在较低收入水平下实现了较快的初级教育发展？

3. 改革开放之后，中国如何成为人力资源大国？

4. 中国教育改革与发展面临的挑战是什么？

5. 中国怎样才能成为世界人力资源强国？

【扩展阅读】

胡鞍钢．投资于人民//胡鞍钢．胡鞍钢集：中国走向二十一世纪的十大关系．黑龙江：黑龙江教育出版社，1995.

胡鞍钢．中国如何创造和增加国民财富//胡鞍钢．中国战略构想．杭州：浙江人民出版社，2002.

中国教育与人力资源问题报告课题组．从人口大国迈向人力资源强国．北京：高等教育出版社，2003.

国家中长期教育改革和发展规划纲要（2010—2020 年）．2010 年 7 月．

世界银行．变化中的国家财富：对可持续发展能力的测量．北京：新华出版社，2013.

温家宝谈教育．北京：人民出版社，人民教育出版社，2013.

第 9 章　就业与发展

中国是世界上的人口第一大国，也是劳动力资源第一大国。中国庞大的劳动力资源是现代中国经济起飞成功的重要人力资源基础，同时也成为影响中国长期发展的基本国情条件。中国劳动力资源占世界的 1/4，大体相当于印度、欧盟、美国的总和，1990 年占世界的比重为 27.4%，随后有所下降，但是到 2010 年仍然占世界的 24.8%（表 9—1）。据美国中央情报局（CIA）的数据，2012 年中国的劳动力人口为 7.95 亿，居世界第一，接近随后的印度（4.98 亿）、欧盟（2.3 亿）、美国（1.55 亿）三大经济体的总和（为 8.83 亿）。[①] 相对任何一种资源（自然资源、资本资源和技术资源），中国最丰富的资源是劳动力资源。与此同时，丰富的劳动力资源也对中国构成持久的就业压力，即中国使用世界上很少比例的自然资源、资本资源来为世界上 1/4 的劳动力资源创造就业机会，这对任何一届政府都构成最严峻的挑战。

表 9—1　中国、印度、欧盟、美国劳动力人口占世界比重（1990—2010 年）（%）

	1990 年	1995 年	2000 年	2005 年	2010 年
中国	27.4	27.0	26.2	25.4	24.8
印度	14.1	14.5	14.8	15.4	14.7
欧盟	9.3	8.6	8.2	7.8	7.6
美国	5.5	5.4	5.3	5.1	4.9

资料来源：World Bank，World Development Index（2013），http：//databank. worldbank. org。

就业是民生之本。就业问题可以说是一个世界性难题。中国作为发展中的大国，面临着空前繁重的发展任务，前所未有的巨大规模的社会转型，我国的就业问题比任何一个国家都复杂，扩大就业的任务比任何一个国家都繁重。[②] 1953 年全国 15～64 岁人口为 3.46 亿人，到 2010 年达到 9.98 亿人[③]，相当于

① CIA，The World Factbook，2013.

② 参见《江泽民文选》，第 3 卷，北京，人民出版社，2006。

③ 根据 1953 年第一次全国人口普查和 2010 年第六次全国人口普查数据计算。

1953 年的 2.85 倍。相应的就业人数从 1953 年的 2.14 亿人，增长到 2010 年的 7.64 亿人[①]，相当于 1953 年的 3.57 倍。到 2015 年左右劳动年龄人口将达到最高峰，约 10.15 亿人，会迎来新的就业人口的高峰期。同时存在就业结构的矛盾，劳动力素质不适应劳动力市场的变化，农村剩余劳动力不断向非农业部门和城镇转移，新成长劳动力特别是大学生就业困难，失业人口规模大、再就业难度大等问题仍然突出。

那么，就业与发展的关系是什么？中国劳动力资源的特征是什么？中国就业状况如何？发展趋势如何？城镇新增就业的主要渠道有哪些？如何认识中国就业国情？中国就业的长远目标是什么？面对日益严峻的就业挑战应该采取什么样的就业战略？

改革开放以来，我国不但成功解决了失业问题，更为重要的是成功解决了创造就业的问题；不但成功应对了改革过程中出现的下岗洪水问题，更为重要的是成功吸纳了人类历史上最大规模的农业劳动力转移问题，创造了人类历史上最大的就业奇迹。中国实现了从劳动力人口第一大国向就业人口第一大国的跨越，从农业就业第一大国向非农业就业第一大国的跨越，创造了人类历史上最大规模的、不断提高质量的就业岗位，走出了一条中国独特的创造就业道路，也使得中国在发展中国家中既成功地跨越了贫困陷阱，也将成功地跨越中等收入陷阱。

9.1　就业与发展的关系

9.1.1　就业供给

劳动力资源或者人力资源是指包含在人体内的一种生产能力，它是表现在劳动者身上的，以劳动者的数量和质量表示的资源，并对经济发展起着生产性的作用，这种作用的结果是增加国民收入和提高劳动生产率。劳动力资源总量是一个国家或者地区具有劳动能力的人口的总和，或指在总人口中，在经济上可提供利用的最高人口数量。因此，劳动力资源人口属于经济生产年龄人口，在总人口中占多数。这一部分人真正体现了生产者和消费者的统一，他们不仅生产满足自身消费的财富，最重要的是，他们还必须生产出额外的剩余的财

① 参见国家统计局国民经济综合统计司编：《新中国六十年统计资料汇编》，7 页，北京，中国统计出版社，2010；国家统计局编：《中国统计摘要 2013》，43 页，北京，中国统计出版社，2013。

富，去满足老年人口和未成年人口的需求。由此，劳动力资源构成了一个国家财富创造的主体。

中国最丰富的资源是劳动力资源，与此同时劳动年龄人口增长形成持续的就业压力。通过合理的人力资源开发、有效的人力资本投资，劳动力资源会成为中国在国际竞争中最大的比较优势和竞争优势。体现劳动力资源和就业关系的有以下几个相互关联的指标：

经济活动人口数是指所有年龄在 16 周岁及以上，有劳动能力，参加或要求参加经济社会活动的人口，包括就业人员和失业人员。

劳动年龄人口数指年龄在 15～64 岁之间的人口数。

劳动参与率，是经济活动人口数（包括就业者和失业者）占劳动年龄人口的比率，是用来衡量人们参与经济活动状况的指标。

就业人口是指 16 周岁及以上，从事一定的社会劳动或经营活动并取得劳动报酬或经营收入的人口。这一指标反映了一定时期内全部劳动力资源的实际利用情况。①

城镇登记失业人员是指非农业户口，在一定的劳动年龄内（16 周岁至退休年龄），有劳动能力，无业而要求就业，并在当地劳动保障部门进行失业登记的人员。

城镇登记失业率是指城镇登记失业人员与城镇单位就业人员（扣除使用的农村劳动力、聘用的离退休人员、港澳台及外方人员）、城镇单位中的不在岗职工、城镇私营业主、个体户主、城镇私营企业和个体就业人员、城镇登记失业人员之和的比。②

影响劳动力资源的因素见专栏 9—1。

专栏 9—1　影响劳动力资源的因素

影响劳动力资源的因素主要有劳动力的数量、就业参与程度以及劳动力的质量，用公式表示为：

$$L = f(A, M, Q)$$

第一个因素是人口年龄结构（A）。劳动力资源与劳动年龄人口（国际上规定，15～64 岁人口都计入劳动年龄人口）成正比。

第二个因素是劳动力市场的性质（M）。劳动力资源与劳动力市场的流动性、收益率、公平程度、就业参与率成正比。

第三个因素是劳动质量（Q）。劳动质量指劳动力的健康状况和受教育水

①② 参见国家统计局编：《中国统计年鉴 2012》，152 页，北京，中国统计出版社，2012。

平。该素质越高，劳动力资源或劳动力被利用的程度越大。

具体来说，一国的劳动力资源状况可由下列两公式反映。

$$L=\sum_{i=15}^{64}a_iN_i \qquad (0\leqslant a<1)$$

$$L'=\sum_{i=15}^{64}Lq_i$$

公式中 L 为不考虑劳动者健康状况和受教育水平的劳动力资源；L' 为考虑了劳动者健康状况和受教育水平的劳动力资源；N 为劳动年龄人口；a 为劳动者利用系数，即就业参与率；q 为劳动者质量系数，反映了单个劳动力的人力资本。

劳动参与率与年龄的关系是倒 U 字形曲线，从男女人口分年龄劳动参与率的曲线，可以看出我国劳动参与率的模式为：

（1）人口劳动参与率按年龄分布呈现倒 U 字形曲线（见图 9—1），以 15 岁开始先迅速提高，到 25 岁达到较高比例，30 岁以后进入高峰平台期，45 岁以后开始迅速下降；

（2）女性劳动参与率低于男性，并提前下降，这与女性退休年龄低于男性有关；

（3）劳动力资源尤其是女性劳动力资源存在闲置情况。

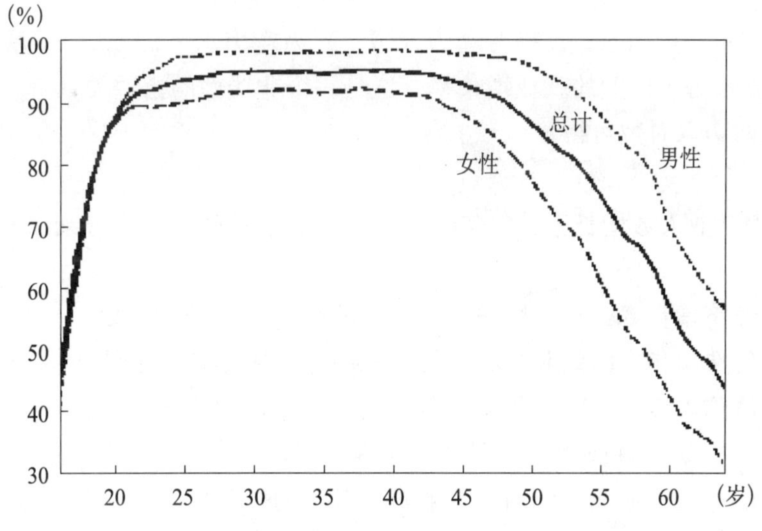

图 9—1　我国人口劳动参与率年龄分布图（1996 年）

从国际比较看，日本 15～20 岁人口的劳动参与率比我国低，但总人口的劳动参与率比我国高；美国 45～64 岁人口劳动参与率高于我国水平，65 岁以上人口劳动参与率又明显高于我国水平，美国已经考虑随着人口平均预期寿命的不断延长而提高退休年龄，到 2020 年退休年龄由目前的 65 岁提高到 67 岁。为了更好地开发和利用中国劳动力资源，我国一方面应普及高中阶段教育、提高高等教育毛入学率，从而降低青少年的就业参与率；另一方面，相应地逐步提高退休年龄，若将退休年龄延长至 65 岁，劳动力参与率曲线就后移至更高年龄才开始下降，如果使女性和男性同等地延长退休时间，劳动力参与率曲线拐点将进一步后移。这也为中国积极应对老龄化挑战、延长就业红利创造了有利的条件。

9.1.2 就业创造

宏观经济学中的就业问题主要是对于就业市场和失业问题的讨论。对于中国这样一个发展中大国而言，随着经济结构和经济体制的大规模转型，面临着给大量的新增劳动力和转移劳动力提供就业岗位的问题，就业创造才是就业问题的核心。

主要有四个因素影响就业创造：经济增长率、产业结构、经济增长的就业吸纳能力，以及政策因素。用公式表述之：

$$L = k\sum_{i=1}^{3} L_i = k\sum_{i=1}^{3} f(Y_i) = k\sum_{i=1}^{3} aY_i^{\beta}$$

式中，k 表示政策因素；L 指劳动力人数；Y 为产出水平即 GDP 总量；a 为某一常数；β 是每一产业的就业增长率。这是一个非线性的指数关系。

公式两边取对数可得：

$$l=\beta\times y$$

式中，l 为就业人数增长率，它实际上等于就业增长弹性系数 β 乘以 GDP 增长率 y。

一是经济增长率：经济增长率 y 反映的是经济增长的规模，只有经济发展了，才会创造出相应的就业岗位。若经济保持高速增长，则就业也会保持高增长；若经济陷入萧条，则失业率也会盘桓在高位，就业增长乏力。中国持续的经济增长，拉动了就业规模的扩大，但是经济增长并不是影响就业的唯一因素，从经济增长与就业增长的关系来看，经济增长是就业增长的必要条件，但不是它的充分条件，这取决于选择何种经济增长模式。

二是经济增长的就业吸纳能力：增长弹性系数 β 的大小反映经济增长的模式不同，即是促进就业增长模式还是减少就业增长模式。假设就业增长的弹性系数是0.3，它的经济学意义是：如果经济增长1%，就业增长0.3%。随着资本深化过程，经济增长对就业的拉动作用会出现下降。[①] 总的来说，根据经济增长与就业增长速度的不同，可以有四种模式：（1）高经济增长率，高就业增长弹性；（2）高经济增长率，低就业增长弹性；（3）低经济增长率，高就业增长弹性；（4）低经济增长率，低就业增长弹性。

三是产业结构因素：三大产业对就业增长的影响效果大不同。第一产业的增长可能伴随着对劳动力的排斥，出现农业劳动生产率提高，劳动力人数下降的趋势。第二产业，如制造业的增长在一定程度上会促进就业的增长，但是当其发展到一定阶段时，出现人均资本迅速提高，反而排斥劳动力，即制造业的增长导致就业人数减少。只有第三产业的增长伴随着就业的持续增长，这是因为第三产业具有吸纳劳动力、创造就业岗位的功能。

从农业向非农业部门转移的过程，开始阶段主要是第二产业部门吸纳就业，随后是第三产业部门将吸纳更多的就业。从国际比较来看，OECD国家（高收入国家）第一产业就业比重低，第二产业比重开始下降，第三产业比重持续上升。中等收入国家，第一产业就业比重下降，第二产业比重先上升后下降，第三产业比重持续上升。中国第一产业的就业比重下降，第二产业比重上升，第三产业比重持续性上升。

四是政策因素：国家通过制定政策，可以影响就业。从历史经验上来看，国家制定出合理的政策，就可以有效地刺激和引导就业，通过就业提高人民的收入，从而提高人民的生活水平，实现以就业促发展。对于发展中国家而言，就业市场并不完善的情况下，采取积极的就业政策，对于减少失业、促进就业、实现农业劳动力转移尤其具有重要的意义。中国政府在破解就业难题上采取了一系列重大战略和措施，党的十六大报告提出了“就业是民生之本”、“国家实行促进就业的长期战略和政策”。党的十七大报告提出“社会就业更加充分”的目标，“实施扩大就业的发展战略，促进以创业带动就业”。党的十八大报告提出：“推动实现更高质量的就业”，“要贯彻劳动者自主就业、市场调节就业、政府促进就业和鼓励创业方针，实施就业优先战略和更加积极的就业政策”。这是充分发挥市场之手和政府之手的作用的中国就业促进方针，“两只手”形成创造就业合力，成为中国创造就业奇迹的重要制度特征。

对于发展中国家来说，进入现代经济增长期以后，就业发展大体需要经历

---

① 例如，美国60年代的GDP增长率保持在高位，就业增长率也较高。1964年美国GDP增长率为7.4%，而这一年的就业人口增长率为0.8%，弹性约为0.11。在进入21世纪以后，美国经济增长对就业的刺激作用明显下降。2001年美国GDP增长率为3.2%，同年美国就业人口增长率为0.03%，弹性约为0.01，远远低于60年代时的水平。

以下三个阶段：第一阶段是就业人口快速增长期，由于劳动力数量快速增长，劳动参与率快速提高，劳动力成为丰裕的生产要素，就业也保持较快增长，各产业就业增长率都保持增长，第一产业是主要就业部门，但是不断向非农业产业，主要是第二产业转移，创造就业以及创造非农业部门的就业成为持续的政策挑战；第二阶段是劳动力继续保持较快增长，同时由于资本深化，就业增长率趋缓，就业矛盾进一步凸显，第二产业是主要就业部门，农业向非农业就业转移加快；第三阶段是劳动力人口达到顶峰之后开始下降，与此同时，就业仍将保持正增长，就业压力趋于缓和，第三产业部门成为主要的就业吸纳部门。

这也表明不同的发展阶段，面临的就业问题是不同的。第一阶段主要解决大量的农业劳动力转移问题。第二阶段是就业矛盾凸显期，农业劳动力转移、结构性失业、新生劳动力就业问题并存，充分就业成为突出的挑战。第三阶段主要面临的问题是劳动力不足，如何进一步挖掘就业红利、解决长期失业问题成为突出挑战。可以说，旧的问题解决了，又会出现新的挑战，这就需要政策做出灵活的、适应性的和前瞻性的调整。

当然，随着经济社会发展与经济体制转型，不但会出现就业创造，也会出现就业摧毁。就业不只是一个简单的直线式的增长，而是两种不同力量相互竞赛和相互抵消的结果：一种是就业创造型，在中国尤其表现为对非国有单位、非公有制单位，以及非正规部门等进行就业创造；另一种是就业摧毁型，在中国主要表现为对国有单位、公有制单位以及正规单位等进行就业摧毁。就业创造与就业摧毁这两种力量相互作用，相互抵消，此消彼长，形成了两种不同就业发展趋势：一种为就业净增加型，即就业创造规模超过就业摧毁规模；另一种为就业净减少型，即就业摧毁规模超过就业创造规模。

9.1.3 就业转型

中国的就业发展是和人类历史上空前规模的经济转型和社会转型相互伴随，相互交织的。与此同时，中国的就业结构和就业模式也发生了巨大的调整和转型。中国就业发展与就业结构经历了几个不同的阶段，具有不同的特征。

1949—1978年，中国的就业转型可以分为两个阶段：第一阶段是激进国有化时期。公有经济迅速成为经济的主导部门，同样也成为城镇就业和非农业就业的主导部门，统一调配劳动力，限制农业劳动力的流动，使得非正规部门的就业比重下降，建国初期城镇失业严重的状况得到控制。

第二阶段是计划经济时期。这一时期，随着社会主义改造的基本完成，计划经济体制的基础地位初步确立，为了给国家工业化集中人力、物力，就业的统包统配制度成为城镇劳动力就业配置的主要制度，公有经济部门就业占据城镇就业的绝对优势地位，失业率很低，但是也以人为的城乡劳动就业分割，以及公有经济冗员过多为代价。

改革开放以来，经济体制向市场经济转型，就业体制也向着更加多元、灵活、自主的模式转型，可分为转型初期、转型中期、转型后期三个阶段：

第一阶段是转型初期（1978 年—1990 年代中期）。在转型初期，显示了从一元结构到二元结构的转变：一方面国有企业改革，通过放权让利，赋予企业自主经营权利，激发企业的积极性，这一时期无论是国有企业还是城镇集体企业都在不断创造就业；另一方面，先是允许个体户经营，后是允许发展私营经济，这就形成了多种形式的二元结构。

第二阶段是转型中期（1990 年代中期—21 世纪初）。在转型中期，随着转型程度的深化，我国的就业结构进入急剧调整时期。公有经济部门就业比重急剧下降，新兴正规部门（即三资企业、股份合作制单位等）就业比重显著上升，非正规部门快速上升（主要表现为私营经济的快速发展）。随着政策的影响，农村转移劳动力在城镇就业比重大规模上升，发展很快。我国经济结构呈现出迅速市场化、迅速非国有化和非集体化、迅速城市化以及迅速非正规化的若干趋势。

第三阶段是转型后期（21 世纪初以后）。我国经济转型进入后期，市场经济体制基本建立完善，就业模式进入稳定调整期。公有经济部门就业比重已经下降到较低水平；新兴正规部门发展进入成熟期，吸纳了大量劳动力；非正规部门也进入稳定发展阶段，成为城镇就业的主要渠道（见图 9—2）。

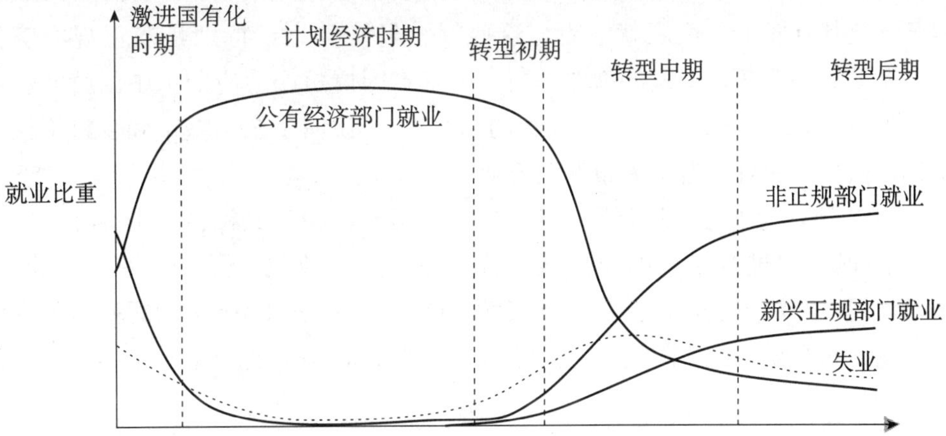

图 9—2　不同部门就业结构的转型

9.2 从劳动力大国到就业大国

我国自古就是劳动力大国，同时可耕作的土地资源相对紧缺，中国传统的农业生产是以密集的劳动力投入、精工细作来提高单位面积产量，形成了中国独特的农业生产模式，从而解决了庞大劳动力的就业问题和庞大人口的供养问题。

近代以来，由于连年战乱，长期经济萧条，大部分人流离失业，巨大的劳动力资源并没能转变为就业资源，1949 年新中国成立时社会劳动的就业人口仅为 1.8 亿人，而当时劳动年龄人口有 3.3 亿人。① 保守估计，中国有近一半的劳动力处于失业状态，而城镇就有 400 多万失业人员，城镇失业率达到 7% 以上。

建国初期，政府通过以工代赈的方式救济失业者；对旧军政人员实行“包下来”的政策，基本解决了建国初期 400 多万失业人员的工作问题，3 年间社会劳动者总数净增 2 647 万，其中城镇就业人数从 1949 年的 1 533 万增长至 1952 年的 2 486 万，净增加 953 万②，从而保持了新中国的社会稳定，巩固了新生的政权。

当时中国的主要就业人口是农村从事小农经济的人口，也包括手工业和副业劳动者。1952 年，中国农村劳动力达到 1.82 亿人，占全国就业比重的 88%，其中手工业和副业劳动者约占 4.5%，农业就业比重占 83.5%。在城市就业人数为 2 486 万，其中正规就业，即职工人数为 1 603 万，占城市就业人数的 64.5%，其余属于非正规就业者。这些混合经济类型，特别是非正规经济类型，有助于创造各种形式的就业，与中国基本国情是相适应的。中国就业总数从 1949 年的 1.81 亿上升至 1952 年的 2.07 亿，说明了全国城市和乡村不仅经济迅速恢复，而且创造了大量新增就业。

1953 年，为了急于从新民主主义社会过渡到社会主义社会，中国开始实行“一化三改”的过渡时期的总路线。首先是国家工业化，开展“一五”计划，进行大规模经济建设，这会带动城镇就业增长。1953—1957 年期间城镇就业增长率达到 5.2%，全国非农业就业增长率达到了 5.5%，充分显示了国家工业化

---

① Population Division of the Department of Economic and Social Affairs of the United Nations Secretariat, World Population Prospects: The 2012 Revision, http: //esa. un. org/unpd/wpp/index. htm.

② 参见国家统计局编：《中国统计年鉴 1984》，107 页，北京，中国统计出版社，1984。

创造就业增长的作用。1957 年 9 月，周恩来在中共八届三中全会上介绍，八年来，我们解决了 1 300 万人的就业问题，平均每年新增的就业人数达到 160 多万人。这是旧中国历史上所没有，而且绝不可能办到的事。1956 年末，全国省辖市以上城市登记的失业和求职人员共约 115 万人。

其次是通过公私合营，消灭城市的私营经济。1953 年公私合营人数为 28 万，到 1957 年上升至 346 万，私营经济人数由 367 万减少至 2 万；通过手工业改造，城镇个体劳动力削减至 106 万人[①]，这又大大限制了非正规就业的增长潜力。在农村，消灭农业与非农业的个体经济，建立合作经济、集体经济。这也是中国经济所有制结构发生变化的时期，基本消灭了私有制，形成了国营和集体企业为主的所有制结构，与此相适应的是基本形成了统包统配的计划经济劳动就业制度。不过当时已经形成了“三个人饭，五个人吃”的“大锅饭”特征。[②]

1958 年中国发动“大跃进”和“人民公社”运动，经济“大跃进”导致了城乡和三大产业就业结构的突变，随着“大跃进”的失败，又导致了就业结构的回归。而后一直保持了较高的农村就业比重和农业就业比重。绝大多数农民加入了人民公社，农业劳动力明显下降，由 1957 年的 1.93 亿人减少至 1958 年的 1.55 亿人，农业劳动力比重降至 58.2%。在城市精简下放用工审批权，允许招收农民工进城，1958 年城镇就业数净增 2 095 万，职工人数增长至 5 194 万，占全国就业人数比重的 19.5%，占城镇就业人数比重的 98%。由于就业过快增长，造成人浮于事，粮食供应紧张。随后不得不进行精简。

中国领导人一直在探索城镇新的就业制度，刘少奇看到国营企业等单位实行固定工制度的弊端，形成了“铁饭碗”、“大锅饭”，他多次提出改革劳动制度。1964 年开始试行固定工和临时工两种劳动制度，严格控制固定工的使用。[③]这是正规就业与非正规就业并存的制度。但是这一制度并没能得到坚持，因“文化大革命”爆发，临时工造反、上访、游行，强烈要求转正为固定工。为此这一制度被取消，重新回到了统包统配制度。

受第一次生育高峰（1949—1959 年）的影响，进入“文化大革命”时期，

① 参见国家统计局编：《中国统计年鉴 1984》，107、111 页，北京，中国统计出版社，1984。

② 为此，周恩来指出，中国城市实行合理的低工资制，尽量使大家都有饭吃，这也就是我们常说的“三个人饭，五个人吃”的意思。但是，绝不能将“三个人饭，五个人吃”误解为可以不根据实际需要，盲目增添人员，随意扩大编制，把三个人的工作分给五个人做；也不能误解为可以不根据按劳付酬的原则，不加区别地对于复杂劳动和简单劳动，实行一样的工资待遇。参见中央档案馆、中共中央文献研究室编：《中共中央文件选集（1949 年 10 月—1966 年 5 月）》，298～299 页，北京，人民出版社，2013。

③ 参见中共中央文献研究室编：《建国以来重要文献选编》，第 19 册，128 页，北京，中央文献出版社，1998。

领导人遇到了最大的经济与社会挑战——如何为城镇新生劳动力提供就业岗位。1965—1978年中国处于就业较快增长期，就业总人数、城镇就业、非农业就业增长率分别为2.6%，4.9%，6.4%。

到1978年，农业就业比重为70.5%，农村就业比重为76.3%，城市就业比重提高至23.7%，其中城市职工人数达到9 499万，占城市就业人数比重的99.8%，这也意味着消灭了个体经济和私营经济，基本100%的人都在公有制经济就业，这也极大地限制了城市创造就业的机会和能力，不得不在“文化大革命”期间将1 000多万城市知识青年“上山下乡”，其中最有创造就业岗位潜力的上海、北京、天津成为知识青年“上山下乡”最多的城市。

计划经济时期中国的就业发展取得了从劳动力大国到就业大国的历史性成就。1952—1978年中国处于就业人口、城镇就业人口、非农业就业人口的快速增长期，1952—1978年间中国就业人口净增近2亿人，城镇就业净增7 028万人，非农业就业净增8 422万人，增长率分别为2.6%，5.3%，4.9%，增长速度甚至均高于1978—2012年的平均水平（见表9—2）。到1980年中国就业人口占世界的比重为27.0%，高于劳动力人口占世界的比重（为26.4%），实现了由劳动力大国到就业大国的转变。

表9—2　　不同时期就业主要指标增长率（1952—2012年）（%）

时间段	GDP	就业总人数	城镇就业	农业就业	非农业就业
1952—1957年	9.2	2.8	5.2	2.2	5.5
1957—1965年	4.1	2.4	6.1	2.4	2.1
1965—1978年	6.3	2.6	4.9	1.5	6.4
1978—1990年	9.0	4.1	5.0	2.7	6.7
1990—2000年	10.1	1.1	3.1	−0.8	3.4
2000—2012年	10.1	0.5	4.01	−2.76	2.92
1952—1978年	6.1	2.6	5.3	1.9	4.9
1978—2012年	9.8	1.9	4.08	−0.28	4.39

资料来源：国家统计局国民经济综合统计司编：《新中国五十五年统计资料汇编》，北京，中国统计出版社，2005；国家统计局：《中国统计年鉴2013》，北京，中国统计出版社，2013。

这一时期，就业发展的另外一大成就是对占中国人口一半的妇女劳动力的解放。我国明确规定废除束缚妇女的封建制度，妇女享有包括就业权利在内的与男子平等的权利。① 妇女劳动力开始大规模参加农业劳动，1956—1957年农

① 《中国人民政治协商会议共同纲领》明确规定：“废除束缚妇女的封建制度。妇女在政治的、经济的、文化教育的、社会的生活各方面，均有与男子平等的权利。”

业合作社运动之后，妇女参加农业劳动人口数比1955年增加了6倍[①]，同时，妇女也获得了平等地参加城镇就业、非农业就业的权利，“一五”时期城镇女职工共有213.3万人，占职工总数的11.7%，到1978年，全国集体所有制企事业的女职工达到了3 128万人，占职工总数的32.7%。[②]

中国形成了十分独特的“高劳动参与率”模式，到1980年，中国的劳动参与率为84.6%，不但大大高于低收入国家的水平（为71.2%），也明显高于下中等收入国家的水平（为76.1%），同时也远高于世界上大多数国家的水平，这很大程度上是由于通过妇女解放形成的高女性劳动参与率。1980年中国劳动参与率比世界平均水平高12.2个百分点，女性比世界平均水平高出19.5个百分点，对高参与率的贡献率为80.9%；男性比世界平均水平高出4.6个百分点，对高参与率的贡献率为19.1%。这也为改革开放以后，中国经济的快速增长提供了重要的人力资源条件，成为后来长期享有的平等红利，使得中国一直成为世界上高劳动参与率的国家（见表9—3）。

表9—3　　中国劳动参与率国际比较（1980年、2005年、2010年）（%）

	全部			男性			女性		
	1980年	2005年	2010年	1980年	2005年	2010年	1980年	2005年	2010年
中国	84.6	82.0	80.4	91.3	87.8	85.3	77.3	75.8	75.2
印度	68.2	60.9	57.7	87.9	84.3	83.0	47.1	36.0	30.2
高收入国家	68.3	72.2	71.7	83.8	80.4	79.2	52.9	63.8	64.0
下中等收入国家	76.1	75.4	68.7	88.2	85.4	82.4	63.4	65.1	54.7
低收入国家	71.2	66.7	76.8	87.8	85.0	83.9	53.8	47.8	69.7
世界	72.4	71.0	69.2	86.7	83.8	81.8	57.8	57.9	56.2

资料来源：World Bank网站，http：//databank. worldbank. org。

计划经济时期，中国就业实施的主要是“统包统配”、“固定工”的计划体制，这一体制引导就业有序流动，有效动员就业资源，促进了中国从劳动力大国向就业大国的转变，保证国家大规模经济建设对劳动力的需求。

与此同时，这一刚性就业体制形成了“就业悖论”，一方面随着工业化进程的推进，需要大量的农业就业人口向非农业就业人口转移，大量的农村就业人口向城镇就业人口转移；另一方面，以重工业优先的发展模式降低了就业吸纳能力，计划配置的就业政策成为就业转移的制度障碍。这就使得就业政策的选择出现两难：就业政策的放开，会出现大量就业人口涌入正规就业部门，造成人浮于事、财政不堪重负、粮食统一供给不足等问题；就业政策的收紧，就

① 参见韩嘉玲：《国家在中国妇女发展中的作用》，载《妇女研究》，1998（6）。

② 参见佟新：《社会变迁与中国妇女就业的历史与趋势》，载《妇女研究论丛》，1999（1）。

面临着非农产业、城镇就业不足的问题。

这一刚性就业体制也限制了劳动力资源的自由流动和更高效率的配置，在城乡间采取的“一个国家，两种制度”的制度安排导致城乡劳动力不能自由流动，从而形成大量的农业剩余劳动力，造成了巨大的制度性机会成本，同时也使得正规就业陷入了膨胀、精简、再膨胀、再精简的怪圈。

这一时期迅速的工业化，并没有伴随着同等程度的就业非农业化、就业城镇化；1952—1978年非农业产业比重年均提高0.9个百分点，而城镇就业比重、非农就业比重、正规就业比重年均提高只有0.5个百分点左右，特别是“大跃进”之后，中国限制农民进城打工，“文化大革命”又取消了临时工制度，大大制约了就业结构的现代化进程，并进而使得中国的城镇化大大滞后于工业化，“大跃进”之后中国的城镇化率几乎没有提高（见表9—4）。

表9—4　　中国就业人员构成与其他结构（1952—1978年）（%）

年份		城镇就业比重	非农业就业比重	职工人口/就业人口	就业人口/劳动年龄人口	城镇人口比重	非农产业比重
1952		12.0	16.5	7.7	60.0	12.5	49.5
1957		13.5	18.8	13.0	65.6	15.4	59.7
1962		17.5	17.9	16.7	70.6	17.3	60.6
1965		17.9	18.4	17.3	72.0	18.0	62.1
1970		18.3	19.2	18.1	74.9	17.4	64.8
1976		22.4	24.2	22.3	75.2	17.4	67.2
1978		23.7	29.5	23.7	73.0	17.9	71.9
年均提高	1952—1962	0.6	0.1	0.9	1.1	0.5	1.1
	1962—1978	0.4	0.7	0.4	0.1	0.0	0.7
	1952—1978	0.5	0.5	0.6	0.5	0.2	0.9

资料来源：作者根据国家统计局数据计算。国家统计局国民经济综合统计司编：《新中国五十五年统计资料汇编》，北京，中国统计出版社，2005。劳动年龄人口数据来源于UN Population Database。

9.3　从就业大国到就业强国

到计划经济年代末期，传统的统包统配制度积累的就业矛盾达到了相当尖锐的程度，出现了新的失业高峰，1978年待业人数为530万，1979年待业人数为568万；加上“文革”期间上山下乡的知识青年陆续返城，就业问题凸显。1979年3月，邓小平就说：“我们人口这样多，怎样两方面兼顾？不统筹兼顾，我们就会长期面对着一个就业不充分的社会问题。”[①] 如何解决近10亿人口，以及1.4亿城镇人口的就业问题成为突出的挑战。

面对这一严峻的形势，中国开始采取更为灵活的就业政策，1980年8月，全国劳动就业工作会议上提出了在国家统筹规划和指导下，实行劳动部门介绍就业、自愿组织起来就业和自谋职业相结合的就业制度，“三结合”就业方针的提出，撕开了“一大二公”、“统包统配”就业制度的第一道口子。1983年2月，劳动人事部发出《关于积极试行劳动合同制的通知》，明确提出实行劳动合同制，这是用工制度破旧立新的又一项重大改革，打破了铁板一块的固定工制度，实行更为灵活的招工、用工制度。80年代改革的过程中，不断推进劳动合同制，进一步放开搞活固定工制度，并试行全员劳动合同制，进一步促进了就业制度的灵活化，为城镇就业开辟新的渠道。

这一时期，就业人员总量快速增加。1978年，中国的就业人员数只有4.02亿人，到1993年达到6.68亿人，净增加2.66亿人；非农业就业比重由1978年的29.5%提高到43.6%。1978年，城镇就业人员数只有0.95亿人，到1993年提高到1.83亿人。特别是“七五”时期，城镇就业迅速增加，净增4 233万人，大幅度超额完成了“七五”计划目标。

1993年11月中共召开十四届三中全会，明确提出社会主义市场经济体制的改革目标，就业体制也从计划配置开始向市场配置转变，要求建立现代企业制度，培养劳动力市场，全面实行全员劳动合同制。到1997年底全国企业中合同制工人占职工总数的97.5%，这也表明市场机制已经取代计划成为配置劳动力资源的基础手段。

更为广泛的就业渠道、更为灵活的就业机制，促进了中国的城镇新增就业人口规模不断增大，到2000年，就业总人口为7.2亿人，比1993年增加5 200万人；特别是城镇就业人口快速增加。“九五”时期净增就业人口4 100万人，超过计划要求的4 000万人，是“八五”时期的2倍，到2000年城镇就业总人口达到2.32亿人，比1993年增加了5 000万人。

与此同时，伴随着经济体制的市场化转型，也造成了大规模的就业摧毁。进入20世纪90年代以后，由于国企改制，形成了大规模的就业摧毁，特别是1996年、1997年形成了“下岗洪水”、“失业洪水”，传统正规部门摧毁了大量的就业岗位。1996年，国有企业下岗职工人数为573.7万，1997年达到929.3万，占到了当年城镇就业数的4.5%。这一下岗洪峰随着国有企业改制的逐步完成，才逐步下降，到2001年下降到515.4万，到2004年国有企业下岗职工

① 《邓小平文选》，2版，第2卷，164页，北京，人民出版社，1994。

人数降至153万，中国的“下岗洪水”已经基本结束（见图9—3）。中国通过“下岗分流”的方式，逐步吸收了正规部门就业摧毁形成的世界上最大规模的失业洪水，也促进了城镇就业从正规就业为主转向非正规就业为主。

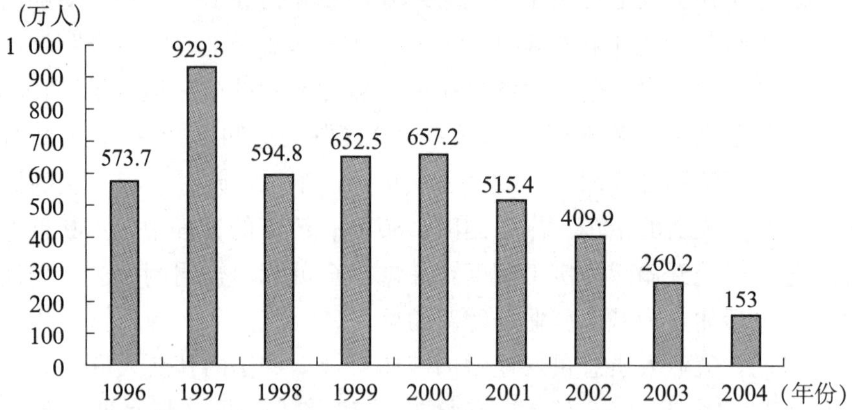

图9—3 历年国有企业下岗职工人数（1996—2004年）

下岗洪峰和劳动力人口高峰、大学生毕业人口高峰相互叠加，造成了中国空前的就业压力。面对严峻的就业形势，中国政府开始对简单的市场导向的就业政策做出调整，从经济增长优先转向就业优先，开始采取积极的就业政策。劳动部于1995年在试点基础上向国务院提交了《关于实施再就业工程的报告》，国务院随即转发了劳动部的报告，要求结合实际在全国范围内实施。“十五”计划、“十一五”规划明确提出要把创造就业放在经济发展的重要位置，并首次将城镇新增就业和转移农业劳动力作为国民经济和社会发展的主要量化指标，“十二五”规划进一步明确提出就业优先的战略。

“十五”时期城镇净增就业人口4 180万人，转移农业劳动力4 000万人，均顺利实现计划目标；“十一五”时期新增城镇就业5 771万人，大幅度超过规划要求的4 500万人，转移农业劳动力4 500万人，顺利完成规划目标（见表9—5）。到2012年，全国就业人员达到76 704万人，其中城镇就业人员37 102万人，中国城镇就业人口数已经超过美国的人口总数。

表9—5 就业目标实现情况评估（“六五”时期至“十一五”时期）

时期	就业目标	实现情况	完成评价
“六五”时期	城镇新安排2 900万人	净增2 283万人	未完成
“七五”时期	城镇新就业2 900万人	净增4 233万人	超额完成
“八五”时期	城镇安置3 200万人	净增1 999万人	未完成
	城镇待业率3.5%以内	2.9%	完成

续前表

时期	就业目标	实现情况	完成评价
"九五"时期	城镇新增就业 4 000 万人	净增 4 111 万人	完成
	转移农业劳动力 4 000 万人	无数据	
	城镇失业率 4%左右	3.1%	完成
"十五"时期	城镇新增就业 4 000 万人	净增 4 180 万人	完成
	转移农业劳动力 4 000 万人	4 000 万人	完成
	城镇登记失业率 5%左右	4.2%	完成
"十一五"时期	城镇新增就业 4 500 万人	5 771 万人	超额完成
	转移农业劳动力 4 500 万人	4 500 万人	完成
	城镇登记失业率 5%以内	4.1%	完成
	服务业就业比重提高 4 个百分点	3.5 个百分点	未完成

资料来源：目标数据来源于国家五年计划（"六五"时期至"十一五"时期），完成情况数据来源于国家统计局：《中国统计摘要》，历年。

进入新世纪以来，农业劳动力的转移进入了加速期，中国创造了人类历史上最大规模的农业人口转移的奇迹。1978 年改革开放以来，中国城乡社会限制人口流动的模式被逐渐打破，开始大规模的劳动力流动，农业劳动力向非农业转移，大量农民工向城市转移。1978 年外出农民工只有 200 万人，占城镇就业比重只有 2.1%，到 1990 年达到 1 000 万人，占城镇就业的 6.0%，进入 90 年代以后，农业劳动力转移加速，到 2000 年已经达到 6 130 万人，占城镇就业的比重为 26.5%，到 2012 年达到 1.63 亿人，占城镇就业比重的 44.0%（见表 9—6），农民工已经成为城镇就业的主力军。中国这一大规模的"农民工进城现象"，是世界上规模最大的一次人口转移过程，不仅是中国，也是人类历史上具有特殊意义的重大事件。

表 9—6　　外出农民工数量及占城镇就业比重（1978—2012 年）

年份	外出农民工（万人）	占城镇就业的比重（%）
1978	200	2.1
1985	400	3.1
1990	1 000	6.0
1997	3 980	19.7
1998	4 940	22.9
1999	5 200	23.2
2000	6 130	26.5
2001	8 040	33.6
2002	10 470	42.3
2003	11 390	44.4

续前表

年份	外出农民工（万人）	占城镇就业的比重（%）
2004	11 820	44.6
2005	13 210	48.3
2006	13 210	46.7
2007	13 700	46.7
2009	14 492	46.6
2010	15 335	44.2
2011	15 863	44.2
2012	16 336	44.0

资料来源：2010、2011、2012 年数据来源于国家统计局当年的国民经济和社会发展统计公报。其他为作者根据《中国统计摘要 2007》、历年《中国统计年鉴》数据估计或计算。

从全球视角来看，中国已经创造了人类历史上最大规模的就业奇迹，全世界新增的就业约 1/4 在中国，而且主要在中国的城镇。中国新增就业人口占世界新增就业人口的比例呈现先增加后降低的趋势，但从绝对比例来看，中国的新增就业人口仍然占有很大的比例。这表明，中国已经成为拉动世界就业增长的引擎。1991—2011 年间，中国是世界上创造就业最多的国家，新增就业人口占世界的比重达到 17.7%，比印度高出 1 个百分点，由于中国的非农业产业比重大大高于印度，因此创造的非农业产业的就业占世界的比重更高（见表 9—7）。特别是 2008 年金融危机之后，美国等西方国家受到重大的打击，美国新增就业比重出现了负增长，印度也受到了很大的影响，比重下降到 9.8%，中国的表现确实是一枝独秀，占世界的比重上升到 18%。

表 9—7　　中、印、美新增就业人口占世界的比重（1991—2011 年）（%）

国家	1991—1995	1995—2000	2000—2008	2008—2011	1991—2011
中国	21.28	17.45	16.35	17.92	17.71
印度	20.58	17.49	16.75	9.75	16.77
美国	5.93	6.00	1.98	−4.26	2.92

资料来源：系作者计算所得。数据来源于 World Bank，WDI（2010），www.worldbank.org，2013-04-17。

中国处于人类历史上最大规模的农业劳动力转移和经济体制转型的过程中，总体保持了就业形势稳定，长期以来城镇失业率一直处于相对较低的水平，低于 5%，大大低于美国、日本等发达国家，也低于巴西、印度等发展中国家。

那么，中国创造了人类历史上最大规模就业奇迹的原因是什么呢？哪些因素促进了中国就业的创造？

第一是经济高速增长，经济结构的转型是吸纳就业的前提。改革开放以来，中国大规模的就业创造是由高速经济增长所驱动的。总体上看，中国的经济增长走了一条就业增加型的路径，就业弹性系数为正数，1978—2012 年 GDP 增长率为 9.8%，带动了 1.9%的就业总人数增长率、4.08%的城镇就业增长率、4.39%的非农就业增长率。与此同时，就业弹性系数不断下降，1952—1978 年为 0.38，上世纪 80 年代下降为 0.32，90 年代下降到 0.067。这表明，中国正在走向一条资本密集、排斥劳动的工业化技术路线，经济高增长主要依赖资本高投入和劳动效率的提高，就业增长弹性愈来愈低，劳动投入的增长贡献率愈来愈小，逐步成为"高增长、低就业"模式。中国需要通过加快经济发展方式转变，提高经济增长吸纳就业人口的能力。

产业结构的调整促进了城镇就业和非农业就业的快速增长。从三次产业来看，90 年代以来，第一产业的就业数为负增长，在劳动要素投入减少的情况下，增加值的增长主要依靠劳动生产率提高来拉动；第二产业同样出现了资本深化的过程，就业弹性系数由 80 年代的 0.38，下降到 90 年代的 0.114，进入新世纪以来有所上升，达到了 0.27；第三产业仍属于高增长、高就业类型，明显高于第二产业的就业弹性系数，90 年代就业弹性系数为 0.335，进入新世纪以来为 0.27，仍是吸纳就业的主力军（见表 9—8）。

表 9—8　　中国就业总量及三次产业就业弹性系数（1952—2011 年）

时间段	就业总量	第一产业	第二产业	第三产业
1952—1978 年	0.38	0.093	0.54	0.68
1980—1989 年	0.32	0.092	0.380	0.357
1990—1999 年	0.067	—0.098	0.114	0.335
2000—2011 年	0.05	—0.64	0.27	0.27

资料来源：作者根据国家统计局数据计算。国家统计局国民经济综合统计司编：《新中国五十五年统计资料汇编》，北京，中国统计出版社，2005；国家统计局编：《中国统计年鉴 2012》，北京，中国统计出版社，2012。

第二是就业配置从集中、刚性、单一的计划配置逐步向分散、灵活、多元化的市场配置转变。经济体制从计划经济向社会主义市场经济转型，同时也是就业转型过程，就业所有制从单一的公有制（包括国有制和城镇集体所有制）结构向多种所有制结构并存转变。随着就业所有制的转变，就业模式也开始转型，就业模式转型是指从正规就业向非正规就业转型，从固定就业向灵活就业转型，从单一的就业形式向多种就业形式转型。

单一的统包统配的就业机制被打破，就企业就业来看，中国已经形成四种不同类型，又相互补充、多元灵活的劳动力市场：第一类是专业人才市场，进入这一市场的主要是人力资本较高的劳动力，包括大中专毕业生、专门人才；

第二类是国有企业职工市场，这一市场提供了相对固定和有保障的岗位；第三类是农民工市场，这一市场为农业劳动力转移提供了主要渠道；第四类是非正规就业市场，包括个体就业和家庭劳动等。从就业正规程度来看，前两种市场可以划分为正规就业市场，后两种可以划分为非正规就业市场（见表 9—9）。

表 9—9　　四类劳动力市场比较

市场指标	第一类劳动力市场（专业人才市场）	第二类劳动力市场（国企职工市场）	第三类劳动力市场（农民工市场）	第四类劳动力市场（非正规就业市场）
人员来源	大、中专	国有企业	农村、外地	个体、家庭劳动者
工资水平	高工资	高中等工资	低工资	高低工资均有
福利	低福利	高福利	无福利	无福利
流动性	较强	较小	较强	较强
失业状况	中失业率	高失业率	低失业率	低失业率
技能	高技能	中等技能	低技能	高低技能均有
劳动强度	脑力劳动为主	劳动强度小	劳动强度大	高低劳动强度均有
企业性质	外资、私营经济	国有与集体企业	国有与非国有企业	个体、私营
劳动保障	不完善	法律上有劳动保障	逐步完善	逐步完善
教育水平	高等教育	中等	中等以下	教育水平高低不等
就业竞争能力	高度竞争	一般	较差	较强
年龄结构	年轻人为主	各类年龄均有	青壮年为主	较年轻

第三是主动从增长优先向就业优先转型，实施积极的就业政策。经济发展战略有两种不同思路：一是增长优先论，即经济增长是最重要的目标，也是首要目标，这是以经济增长为中心的发展思路；二是就业优先论，即扩大就业岗位、降低失业率是最重要的目标，也是首要目标，这是以就业增长为中心的发展思路。改革开放以来，中国的发展战略逐步从增长优先模式向就业优先模式转变，将创造就业、降低失业、提供社会保障作为市场经济条件下政府最重要的经济职能。实施就业优先战略，坚持把促进就业放在经济社会发展的优先位置，健全劳动者自主择业、市场调节就业、政府促进就业相结合的机制，创造平等就业机会，提高就业质量，努力实现充分就业。为此，需要实施更加积极的就业政策，加强公共就业服务，构建和谐劳动关系。

这也表明中国的就业政策从计划之手，先是转向了市场之手，随后不断完善市场之手，市场之手促进了劳动力、人才的公平竞争，公平就业；同时强化政府之手，政府之手提供就业公共服务，保护了市场竞争条件下的弱势群体的就业权利，提高了他们的就业能力，为他们的就业提供了保障。市场、政府两只手共同作用，相互促进，使得全体人民共同就业，各得其所，从而使得就业这一最大的民生根本得到了保障。

第四是开辟了非正规就业的吸纳就业新渠道。计划经济时期，中国的就业格局基本上是城市正规就业和农村非正规就业二元结构，农业劳动力的转移主要依靠城市正规就业吸纳，1949—1978年间农业劳动力比重下降了16.9个百分点，城镇正规就业提高了19.2个百分点，而随着计划经济体制的建立，城镇非正规就业比重由1949年的4%不断下降，到接近为零；而农村非农业就业比重提高了也不过是2个百分点。到1978年城镇正规就业和农村农业就业的比重占到了93%。

改革开放以来，中国开始改革就业体制，采取更为灵活的就业机制。就业体制的改革促进了新兴正规就业、非正规就业迅速崛起，成为吸纳就业的主渠道，不同所有制就业增长差异甚大，新经济成分发展产生新的就业机会。按不同所有制就业人员增长率看，私营和个体经济就业增长率最快，集体经济单位就业增长率最慢，且出现负增长趋势。与此同时，新兴正规就业部门和非正规就业部门的就业人数明显上升。1978—1992年，伴随着农村改革而崛起的农村工业（乡镇企业），有力地打破了城乡二元结构的基本格局，农业剩余劳动力离土不离乡、就地转移至乡镇企业，这一时期，农村非农业部门迅速扩大成为吸纳农业劳动力转移的主渠道、主力军，从1977年的3.59%提高到1992年的15.3%，对于农业劳动力转移的贡献率达到了75.2%，从而形成了农村农业部门、农村乡镇企业和城镇正规部门的三元就业结构。①

1992年以来，伴随着户籍制度改革和社会主义市场经济的提出、建立和完善，私营、个体经济迅速兴起，大量农村劳动力大规模从乡村迁往城镇地区，甚至跨地区迁往其他地区主要从事非正规就业，导致城镇非正规经济和就业出现爆炸性增长，城镇非正规就业部门从1992年的5%左右，提高到2011年的28.55%，已经大大超过了城镇正规就业的比重（为18.44%），成为城镇就业的主渠道，也成为吸纳农业劳动力转移的主渠道。从而形成了正规就业和非正规就业并存的城镇二元结构，与农村二元结构一起构成了中国特有的四元就业结构，即农业部门、乡镇企业部门、城镇正规部门和城镇非正规部门（见图9—4）。城镇新兴正规就业部门和城镇非正规就业部门迅速兴起和扩大，并逐步取代传统单一的城镇正规就业部门成为创造城镇新增就业的主渠道，不但吸纳了新增加的就业人口，也消化了大量的传统正规就业部门的下岗分流人口，还转移了大规模的农业劳动力。

---

① 国内一些学者认为中国特殊的国情构成了由农业、乡镇企业、城市部门组成的三元经济结构理论。参见李克强：《论我国经济的三元结构》，载《中国社会科学》，1991（3）；陈吉元、胡必亮：《我国的三元经济结构与农业剩余劳动力流动》，载《经济研究》，1994（4）；赵勇：《城镇化：中国经济三元结构发展与转换的战略选择》，载《经济研究》，1996（3）。

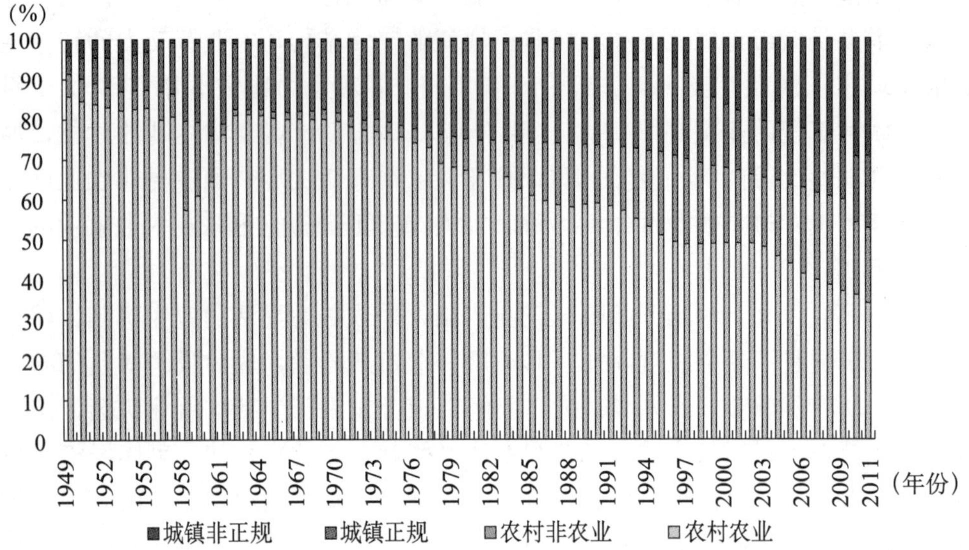

图 9—4　从二元就业结构到四元就业结构（1949—2011 年）

在中国城镇已经形成了更加多元的所有制经济，至少有十几种经济成分共同并存、共同竞争、共同发展、共同成长。根据不同所有制性质的投资主体共同出资、相互参股、联合生产组建的企业，城镇逐步形成了至少 11 种经济成分，这包括国有单位、城镇集体单位、股份合作单位、联营单位、有限责任公司、股份有限公司、私营企业、港澳台商投资单位、外商投资单位、个体工商户以及未被统计的非正规就业或自雇者，包括艺术家、演员、导游等。其中，私营企业就业人数最多，2012 年达到 7 557 万，其次是国有单位为 6 839 万，个体工商户居第三位为 5 643 万，有限责任公司为3 787 万，它们分别占城镇就业总人数的 20.4%、18.4%、15.2%、10.2%（见表 9—10）。与 1978 年相比，是完全不同的，当时国有单位和集体单位分别占城镇就业人数比重的 78.3%和 21.5%，而个体工商户仅占 0.16%。[①] 这表明城镇经济已经由两种经济成分转变为 11 种经济成分，如果考虑到大量无法登记注册的农民工，那么至少有 12 种经济成分。2012 年，我们估计未被统计农民工人数可能占城镇就业人数的 1/4。这也解释了为什么中国在全球金融危机时期能够创造巨大规模的就业岗位。

表 9—10　　　城镇不同经济成分就业人员比例（1978—2012 年）（%）

	1978 年	1985 年	1990 年	1995 年	1998 年	2000 年	2005 年	2012 年
国有单位	78.32	70.19	60.71	59.14	41.90	35.00	22.85	18.43

① 参见国家统计局编：《中国统计年鉴 2013》，122 页，北京，中国统计出版社，2013。

续前表

	1978年	1985年	1990年	1995年	1998年	2000年	2005年	2012年
城镇集体单位	21.53	25.95	20.83	16.53	9.08	6.47	2.85	1.59
股份合作单位	0	0	0	0	0.63	0.67	0.66	0.40
联营单位	0	0.30	0.56	0.28	0.22	0.18	0.16	0.11
有限责任公司	0	0	0	0	2.24	2.97	6.16	10.21
股份有限公司	0	0	0	1.66	1.90	1.97	2.46	3.35
私营企业	0	0	0.33	2.55	4.50	5.48	12.18	20.37
港澳台商投资单位	0	0	0.02	1.43	1.36	1.34	1.96	2.61
外商投资单位	0	0.05	0.36	1.27	1.36	1.43	2.42	3.36
个体工商户	0.16	3.51	3.60	8.19	10.45	9.23	9.79	15.21
未被统计	0	0	13.59	8.95	26.36	35.26	38.51	24.36

注：未被统计是指城镇从业人数总数减去不同经济成分从业人员的总数。

资料来源：国家统计局编：《中国统计年鉴2012》，126～127页；《中国统计年鉴2013》，121页。

9.4　实现高质量的更加充分就业的目标

展望未来，中国的就业形势将趋于缓和。2010年以后，中国的劳动力人口已经从占总人口74.5%的峰值开始下降；农业劳动力转移的压力也逐步趋于减小；第三次人口高峰（80年代）形成的新增青年就业潮已经趋于尾声。中国将有条件实现更加充分、更高质量的就业。

充分就业是我国全面建成小康社会的重要目标之一，十六大提出要实现有中国特色的充分就业目标，党的十七大报告、十八大报告都提出就业更加充分的目标。中国充分就业目标，包括以下四个方面的目标：第一是创造城镇就业，每年新增城镇就业900万人；第二是继续转移农业劳动力，每年大约900万人，加大农民的培训力度；第三是控制城镇失业，促进就业与再就业，城镇登记失业率低于5%，调查失业率低于7%；第四是实现更高质量、更加体面和更高报酬的就业。

坚持实施积极就业政策，坚持就业优先。党的十八大报告指出："就业是民生之本。要贯彻劳动者自主就业、市场调节就业、政府促进就业和鼓励创业的方针，实施就业优先战略和更加积极的就业政策。"加强政府引导，完善市场就业机制，扩大就业规模，改善就业结构，实现比较充分就业。有效地开发和利用人力资源，合理地配置人力资源。

以创业带动就业。鼓励支持自主创业、自谋职业，使更多的劳动者成为创业者，以创业带动就业。积极引导青年人自主创业，建设完善一批创业园和创业孵化基地，为青年人创业提供"一条龙"服务，实施行政事业性收费优惠、税收优惠、小额担保贷款及贴息等扶持政策。

鼓励劳动密集型产业发展。支持劳动密集型产业发展，根据其吸纳就业规模，进行相应的信贷优惠、税收减免与基本工资补助。积极做好农民工就业工作，完善和落实国家对农民工的政策。

完善市场机制，强化政府责任。建立统一、规范、灵活的人力资源市场，形成城乡劳动者平等就业的制度。加强政府在城镇新增就业、转移农业劳动力、降低城镇登记失业率方面的责任。

健全职业培训制度。健全面向全体劳动者的职业教育培训制度，加强农村富余劳动力转移就业培训，促进人力资源供给和需求的有效对接。

完善就业援助制度。完善面向所有困难群众的就业援助制度，及时帮助零就业家庭解决就业困难问题。健全残疾人就业服务和保障体系，大力开展残疾人就业服务和职业培训。

构建青年友好型就业体系，这包括给予青年友好程度高的行业政策优惠，鼓励其提供更多的就业岗位；提高大多数行业的创新能力，以及青年的创业能力；引导企业发挥社会责任，提供就业岗位，加强培训，合理利用青年劳动力资源。从初级教育到高等教育，都应该从教育观念和教育实践上进行素质教育，特别是以就业能力培养为导向的素质教育。

构建社区管理和服务平台，健全基层管理和服务体系，推动管理重心下移，延伸基本公共服务职能。规范发展社区服务站等专业服务机构，有效承接基层政府委托事项。以居民需求为导向，整合人口、就业、社保、民政、卫生、文化以及综治、维稳、信访等管理职能和服务资源，加快社区信息化建设，构建社区综合管理和服务平台。

渐进式延迟退休年龄。2011 年我国城镇人口平均预期寿命达到 75 岁以上，其中女性人口平均预期寿命比男性高出 5 岁，而退休年龄小于男性 5～10 岁，如我国现行职工退休年龄男性为 60 周岁、女干部为 55 周岁、女职工为 50 周岁，有必要逐步实现男女同年龄退休，充分地合理地利用女性人力资源。我国劳动者受教育年限不断延长，起始参加工作年龄不断提高，只有延迟退休年龄，才能延长实际工作年限。中国已进入人口老龄化阶段，延迟退休年龄也是世界进入老龄化时代的大势所趋。

9.5 小结：从劳动力大国到就业强国

劳动力资源是中国的第一资源，就业是民生之本。中国作为一个劳动力人口世界第一大国，十几亿就业人口既成为最宝贵的人力资源，又成为中国面临的长期突出挑战。

计划经济时期，中国解放了占中国一半就业人口的女性劳动力，为中国经济建设撑起了“半边天”。随着社会主义工业化建设的推进，中国实现了从劳动力大国到就业大国的转变，为中国经济起飞奠定了重要的人力资源基础，与此同时计划配置的刚性就业体制，也限制了农业就业人口向非农业就业转移、农村就业人口向城镇就业转移。

改革开放以来，中国走了一条发展中国家独特的就业发展道路，从城镇正规就业、农村农业就业的二元结构，转变为城镇正规就业、农村农业就业、农村非农业就业的三元结构，再转变为城镇正规就业、农村农业就业、农村非农业就业、城镇非正规就业的四元结构。

改革开放以来，中国的就业创造从计划之手，转向了市场之手，随后不断完善市场之手，市场之手促进了劳动力、人才的公平竞争、公平就业；同时强化政府之手，政府之手提供就业公共服务，保护了市场竞争条件下的弱势群体的就业权利，提高了他们的就业能力，提供了就业保障。市场、政府两只手共同作用，相互促进，使得全体人民共同就业、各得其所，从而使得就业这一最大的民生根本得到了保障。

中国创造了人类历史上最大规模的城镇新增就业奇迹，成为世界上新增城镇就业人口最多的国家，成功应对了就业摧毁危机，创造了比西方国家低得多的失业率。中国创造了人类历史上最大规模的农业劳动力转移的奇迹，中国用几十年的时间完成了农业就业人口大国向非农业就业人口大国的历史性转变，创造出比西方国家历史上规模更大、速度更快的农业就业人口转移的奇迹。

展望未来，中国需要长期坚持就业优先，实现经济发展从原先的增长优先型向就业优先型转变，促进实现充分就业目标，长期保持低失业率水平，创造出比西方发达国家更高、更充分的就业水平，也创造出更加共同富裕、更加和谐的社会。

【思考与讨论】

1. 影响就业创造的因素是什么？
2. 计划经济时期，中国就业资源计划配置的后果是什么？
3. 如何理解中国的高劳动参与率？
4. 改革开放以来，中国是如何创造就业岗位的？
5. 中国如何实现了人类最大规模的农业劳动力转移？
6. 如何推动更高质量的就业？

【扩展阅读】

江泽民．就业是民生之本．2002 年 9 月 12 日．

胡鞍钢．中国人力资源开发//胡鞍钢．中国走向 21 世纪．北京：中国环境科学出版社，1991.

胡鞍钢．就业与发展：中国失业问题与就业战略．沈阳：辽宁人民出版社，1998.

胡鞍钢，杨韵新．就业模式转变：从正规化到非正规化——我国城镇非正规就业状况分析．管理世界，2001（2）．

胡鞍钢，程永宏，杨韵新，等．扩大就业与挑战失业——中国就业政策评估（1949—2001 年）．北京：中国劳动社会保障出版社，2002.

胡鞍钢，赵黎．我国转型期非正规就业与非正规经济（1990—2004）．清华大学学报：哲学社会科学版，2006（3）.

胡鞍钢，马伟．现代中国经济社会转型：从二元结构到四元结构（1949—2009）．清华大学学报：哲学社会科学版，2012（1）.

蔡昉．中国人口与劳动问题报告．北京：社会科学文献出版社，2010.

世界银行．2013 年世界发展报告——就业．北京：清华大学出版社，2013.

International Labour Organization. The World of Work Report 2013：Reparing the Economic and Social Fabric，2013.

第三篇　经济国情与发展

中国现代经济增长
农业与发展
工业与发展
知识与发展

中国作为一个巨大规模的经济体，持续数十年的高速的经济增长已经创造了人类历史上经济发展的奇迹，属于经济增长历史上的极小概率事件。

中国经济发展的历史轨迹：传统的农业经济强国，遥遥领先于其他国家和地区，1820 年经济总量占到世界的近三分之一，这一时期的经济发展主要是依靠精耕细作的劳动密集型农业驱动的；近代以来在现代经济增长中成为边缘化的国家，迅速衰弱成为“一穷二弱”的国家，只有少数地区和部门开始初步工业化；新中国成立以来，中国的经济发展挫而复兴，进入现代经济发展的起飞期，进入投资驱动、国家主导的工业化时期，到 1978 年建成了独立完整的工业体系和国民经济体系；改革开放以来，中国兴而复强，经济体制逐步向社会主义市场经济转型，工业与服务业取代农业成为主导产业，成为世界第二大经济体，世界最大的农产品生产国、世界最大工业品的生产国、综合科技实力居世界第二的创新国。未来二十年，中国还将保持持续的高速增长，实现经济发展转型升级，进一步实施创新驱动发展战略，成为新型的绿色工业强国，成为世界上最大的经济体。

中国经济进入“新常态”以来，创新发展成为推动发展的第一动力。加快实现创新追赶型向创新引领型的转变，强化科技创新、企业创新、产业创新、制度创新等全方位创新，将对我国未来经济社会各领域、各环节的发展产生深远影响，引发广泛的深刻的变革。

本篇共分为四章。第 10 章中国现代经济增长，分析了中国经济发展的历史轨迹、增长来源与未来增长潜力。中国从一穷二弱的国家转变为世界第二大经济体，创造了人类历史上经济增长的奇迹，未来二十年中国仍将保持较高的经济增长。

第 11 章农业与发展，分析了中国从传统农业强国到现代农业落伍国，再到现代农业强国的历史过程。中国走出了一条中国特色的农业现代化道路，通过“先富论”到“共同富裕论”，再到全体人口富裕起来；比较好的具有激励效应的农业制度是通过“家庭联产承包制”到“统分结合的双层经营体制”，到“扩大家庭经营规模”，再到家庭农场与专业合作化、组织化、农业服务社会化；比较好的现代化农业道路是通过农业支持工业化，到工业化支持农业现代化，再到工业化、信息化、城镇化支持农业现代化，促进“四化同步”。

第 12 章工业与发展，分析了中国从世界第一次、第二次工业化边缘国到第三次工业化积极参与国，再到第四次工业化的发动国，从世界工业化的落伍国到世界工业化强国的历程。走出一条中国特色的新型工业化道路就是：一条自主选择、自主创新的工业化道路；一条与信息化相融合，能够实现跨越式发展的工业化道路（充分利用第三次工业革命的机遇）；一条坚持生态文明，能够促进集约型增长和可持续发展的工业化道路（积极开拓第四次工业革命的机遇）；一条以人为本，能够充分发挥我国人力资源优势的工业化道路（积极扩大就业规模）；一条统筹兼顾，能够加快二元经济结构转换的工业化道路（从二元结构到三元结构或四元结构）；一条坚持社会主义市场经济、发挥社会主义制度优越性，能够充分利用“两只手”（“无形（市场）之手”和“有形（规划）之手”）相得益彰的工业化道路；一条毫不动摇坚持公有经济和非公有经济相互合作的“两条腿走路”（指国家、私人混合工业化）的工业化道路；一条坚持扩大国内需求，对外走出去相结合的“两种资源、两个市场”的工业化道路。

第13章知识与发展，分析了中国从科技空白国到世界创新国的历史转变。中国走出了一条独特的知识发展之路。一是中国充分发挥了社会主义制度优势，制定实施国家中长期科技发展规划，集中各种资源和力量进行重点科技攻关，对基础科学、重点领域进行国家扶持。二是充分发挥了全体人民的创新积极性，通过体制改革，企业逐步成为技术创新的主体，而十多亿人共同参与的创新，必然发挥出巨大的规模效应与乘数效应。三是充分利用了后发国家的优势，通过对外开放，中国可以有效地利用发达国家的先进技术，通过技术模仿与转移来实现快速的知识追赶。四是中国比较自觉地开创自主创新道路。改革之前，中国面临着外部封锁，通过自力更生实现了重大的科技突破，改革之后，在开放条件下，中国同样强调通过引进吸收再创新、集成创新来保持科技创新的自主权与主导权。

第10章　中国现代经济增长

中国崛起已经成为全世界的热门话题。中国崛起的经济含义，一是指中国经济总量占世界比重持续上升；二是中国与美国经济实力（这包括GDP总量、进出口货物服务贸易总量和国内消费市场规模）的相对差距持续缩小。这都取决于中国经济增长是否持续高于世界经济增长，是否持续高于美国经济增长。这就需要从历史视角和国际视角来了解中国现代经济增长。

中国作为典型的工业化后来者，发动工业化时间晚，进入工业化时代大为滞后。如果从1750年算起的话，欧洲和北美陆续开始工业化，而中国发动工业化的时间滞后了150～200年，直到1950年中国才开始正式发动工业化。中国不仅发动工业化的时间晚，而且工业化水平起点极其低下，人均收入仅相当于发达国家工业化初期的几分之一。[①]

中国现代经济发展的基本目标和成长轨迹就是追赶最发达的资本主义国家，从"一穷二弱"的大国成长为世界经济强国。建国60多年来，中国经历了迅速发展，特别是从1978年以来进入经济起飞阶段，大大缩小了与美国GDP之间的相对差距。麦迪森按购买力平价方法（1990年国际美元价格）计算，美国与中国GDP的相对差距由1950年5.93倍，到1978年缩小为4.41倍，到2008年又进一步缩小为1.06倍；中国GDP相当于美国的赶超系数，从1950年的16.8%，到1978年上升至22.7%，到2012年又上升至129%（见图10—1）。[②] 按汇率法（现价美元）计算，中国GDP相当于美国的追赶系数，从1980年的6.8%，到2012年上升至52.7%，也显示了中国在快速追赶美国。

那么，中国经济增长的历史轨迹是什么？她是如何从一个工业化、现代化的落伍者转变为追赶者？又是如何成功地、快速地追赶世界最大的经济体美国？中国经济快速增长的来源是什么？中国经济未来可能的发展轨迹是怎样的？

---

① 详细分析参见胡鞍钢：《中国政治经济史论（1949—1976）》，第三章"中国现代经济发展的初始条件"，北京，清华大学出版社，2007。

② Angus Maddison，Statistics on World Population，GDP and Per Capita GDP，1—2008 AD，http：//www.ggdc.net/MADDISON/orindex.htm.

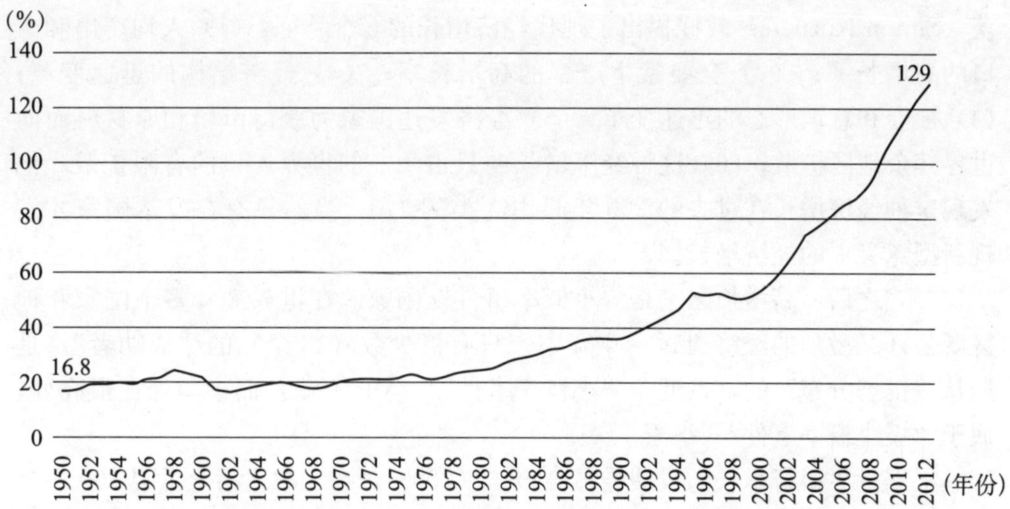

图 10—1 中美 GDP 赶超系数（1950—2012 年，美国＝100%）

资料来源：1950—2008 年数据引自 Angus Maddison，*Historical Statistics of the World Economy：1—2008 AD*，OECD Publishing；2008—2012 年数据系作者利用世界银行数据库中 GDP 增长率进行推算得到。

10.1 经济增长及来源

10.1.1 现代经济增长

传统农业社会的经济增长表现为一种平面扩张，在漫长的历史时期里，经济总量虽然扩大，但人均收入却提高得相当缓慢，年平均增长率几乎接近于零增长。经济增长主要是依赖劳动力的增加与土地等自然资源的开发，技术进步往往非常缓慢，经济增长表现为生活只能维持生存水平，人口增加速度快于食品供给的高水平均衡状态。

现代经济增长是指一个国家或地区生产的物质产品和服务的持续增加，它意味着经济规模和生产能力的扩大，反映一个国家或地区经济实力的增长。一个国家或地区进入现代经济增长阶段的标志是人均收入或人均 GDP 增长速度持续等于或超过 1%；当这一增长率等于或超过 3%就认为达到高增长。这表明现代经济增长十分漫长，人类社会的最近 250 年在西方国家出现，直到二战之后才在那些发展中国家出现。现代经济增长是在工业革命以后发生的，与传统的经济增长有根本性的不同。1971 年度的诺贝尔经济学奖获得者西蒙·库兹涅茨（Simon Kuznets）教授提出了现代经济增长的 6 个特征：（1）人均产出和人口的高增长率；（2）全要素生产率的高增长率；（3）经济结构的迅速变革；（4）社会和意识形态的迅速变革；（5）经济发达国家为获得市场和原材料而向世界其余地区扩散；（6）这种经济增长向只占 1/3 的世界人口的有限扩散。他发现这种经济增长在过去的 200 年只占人类的 1/3，当然只有在发达国家才发现新型意义上的经济增长。①

二战之后，高增长国家是“小概率事件”国家。在世界 200 多个国家和地区既公开又激烈的经济奥运会竞赛中，只有极少数（13 个）的“成功者”，是服从“正态分布”的，接近于“小概率事件”（小于 5%），而中国处在最高处，属于“极小概率事件”（小于 1%）。

根据世界银行增长与发展委员会报告（2008），在二战之后全世界 100 多个国家和地区的经济增长记录和总结中明确提出：所谓高增长经济体是指在持续 25 年或更长的时间里保持了 7%以上的 GDP 增长率的经济体。以 7%的速度增长，就意味着，按不变价格，一个经济体的 GDP 总量每 10 年翻一番，20 年时间里可以翻两番，30 年时间里能够提高 8 倍。该报告认为，这种高增长是比较罕见的。不过该报告没有区分大经济体和小经济体，因为前者比后者更难于实现高增长。根据报告提供的信息，只有 13 个经济体实现了高增长：博茨瓦纳、巴西、中国大陆、中国香港、中国台湾、印度尼西亚、韩国、马来西亚、马耳他、阿曼、新加坡、泰国和日本。② 报告主持人诺贝尔经济学奖获得者迈克尔·斯彭斯特别提到：在所有实现高增长的 13 个案例中，中国是增长幅度最大、增长速度最快的。这种速度和规模的增长史无前例。③

10.1.2 现代经济增长来源

经济增长的原因是明显的事实，又是难解的谜题，一直是经济学的中心议题之一。纵观过去 250 年的世界经济发展历史，为什么有的国家发展很快，变成了富国，而有的国家发展得慢，依然长期贫困？20 世纪后半期，只有少数国家出现了高增长，急起直追，迎头赶上，而许多发展中国家仍陷于穷者愈穷的

① 参见［美］西蒙·库兹涅茨：《现代经济增长：发现与思考》，1971 年 12 月在瑞典斯德哥尔摩领取诺贝尔经济学奖时发表的演说，并发表于《美国经济评论》第 63 期（1973 年 9 月）第 247～258 页。这一部分的许多资料和分析是以库兹涅茨的开创性著作为基础的。

② Growth Commemission, *The Growth Repoet*: *Strategies for Sustained Growth and Inclusive Development*, Washington D. C., 2008.

③ 参见［美］迈克尔·斯彭斯：《中国改革开放的成功经验与挑战》，见吴敬琏等主编：《中国经济 50 人看三十年——回顾与分析》，43～44 页，北京，中国经济出版社，2008。

困境。美国经济学家保罗·萨缪尔森认为，对这个问题尚未有新的解释。

古典经济学家对经济增长的研究主要侧重于分析经济增长的决定因素，他们认为，经济系统中只有部分活动能够产生可供投资的剩余，而经济增长取决于生产剩余中用于投资的份额。分工的重要性在于可以促进劳动生产力的提高，并认为分工起因于交换能力，分工的程度受交换能力（市场容量）的限制。古典经济学家认为生产率与劳动分工的关系是经济学的核心问题，经济增长最重要的理论基础应该是劳动分工的演进，他们认为开放的国际贸易、低廉的运输成本、良好的市场体系、市场定价、保护产权是实现持续快速增长的途径。

新古典增长理论的核心是生产函数（production function），在一个国家或整个经济上，称为总量生产函数（aggregate production function），指一个国家劳动力数量、资本存量和该国国民生产总值水平之间的关系。我们可以把总量生产函数表示为：

$$Y = f(K, L, H)$$

式中，Y 为总产出；K 为资本存量；L 为劳动力；H 为人力资本。

索洛模型用道格拉斯生产函数可以表示为：

$$Q = AL^{\alpha} H^{\beta} K^{\gamma}$$

式中，Q 为产出；K 为资本存量；L 为劳动力；H 为人力资本，指 15 岁以上人口的平均受教育年限；α、β 和 γ 分别是产出的劳动和资本弹性，它们是由现有技术所决定的常数；A 为全要素生产率 TFP，包含了资本 K 和劳动力 L 未能解释的经济增长部分。劳动生产率指单位劳动的产出（Q/L），资本生产率指单位资本存量的产出（Q/K）。

$$\text{GDP 增长率} = \alpha \times \text{劳动力增长率} + \beta \times \text{人力资本增长率} + \gamma \times \text{资本存量增长率} + \text{TFP 增长率}$$

式中，α 是劳动力的权重；β 是人力资本的权重；γ 是资本存量的权重。它们满足 $\alpha+\beta+\gamma=1$。

新古典经济增长理论以物质资本作为解释经济增长的原因，在经济增长的实证计算中发现物质资本仅仅能够解释经济增长中很小的一部分，绝大部分应该归因于其他因素，经济学家把除了物质资本解释的部分以外的经济增长部分叫作全要素生产率（total factor productivity，TFP）。全要素生产率又称索洛残差，在新古典经济增长理论中，必须借助外生的全要素生产率（一般认为其主要的部分是技术进步，即知识的作用）来解释经济现实，而长期物质资本的贡献将变为零，经济增长将完全由外生的因素来解释。TFP 是无形因素，它可以分为结构因素和知识因素两大类。所谓结构因素是指促进要素流动，提高资源配置效率的因素，例如农业劳动力向非农产业转移，劳动力从低效率的经济部门向高效率的经济部门转移，经济规模和市场规模扩大，专业化分工（国内分工与国际分工），国内外贸易扩大和贸易结构变动等。所谓知识因素是对经济增长起长期性决定性作用的知识与技术因素，包括大规模的技术引进（通常包含在资本设备中），不断提高劳动力素质，加大人力资本投资，大力发展信息与通信，大规模吸收外部知识，强化对R&D投入，提高本地创新能力等。

在新古典经济增长模型中，用物质资本来解释经济增长，而结果却是：在没有外生技术进步（知识的作用）情况下，经济体系无法实现持续的增长，只有当存在外生的技术进步或外生的人口增长时，经济体系才有可能实现持续的增长。

相对于有形的生产要素，80年代中期以来，新增长理论（又称内生增长理论）逐步兴起，从知识的外溢效应、人力资本、政府公共支出等角度对经济增长重新进行解释，形成了对新古典经济增长理论的挑战。阿罗最早用内生的技术进步解释经济增长。他将技术进步与投资的实际过程联系起来，认为技术进步是知识和经验积累的结果，而知识和经验是人们从经济活动的实践中学习来的，即投资可以产生溢出效应，他用“边干边学”（learning by doing）来描述这一过程。卢卡斯保持了宇泽模型的基本思想，提出了以人力资本为核心的另一种“新”经济增长模型。卢卡斯认为，人力资本具有两种效应，既有内部效应，又有外部效应。人力资本的内部效应是指人力资本可以提高人力资本拥有者的生产率，人力资本的外部效应是指人力资本可以提高所有生产要素的生产率，这是人力资本的正的外部性。

10.1.3 后发优势与经济追赶

相对那些先行的发达国家而言，那些后发的发展中国家，经济增长的来源更为复杂。诺贝尔经济学奖得主斯蒂格利茨认为，发达国家和发展中国家在不同增长源泉的相对重要性方面也会出现差异。对发达国家来说，增长一般主要源自新发明及其在经济中的利用。对发展中国家来说，增长通常与以下因素相关：（1）物质资本的投资；（2）缩小发展中国家和发达国家之间的知识差距；（3）引进或复制那些先前在发达国家中产生的经济活动和技术发明；（4）将资源从生产力较低的部门（典型的是农业部门，但也有城市的非正式部门）转移到较具生产力的部门。[①]

发展中国家的经济增长是具有后发优势的，即一个国家的经济发展水平越

① 参见［美］约瑟夫·斯蒂格利茨等：《稳定与增长——宏观经济学、自由化与发展》，59页，北京，中信出版社，2008。

低，其后来的经济增长潜力就越大。这主要是因为，经济发展水平低下意味着一国比先进国家的技术水平落后，因此从先进国家引进技术水平的可能性就越大。但是，后进国家利用的相对后进性是有条件的，这需要具备引进技术的社会能力和开放能力。[①]

不同国家的经济发展差距是缩小或是扩大，也与它们后来的经济增长率的差异性有关。即使它们的经济发展水平处于同一水平，罗伯特·巴洛（Robert Barro，1995）提出了经济增长速度缺口，即使增长率很小的差异也会给不同国家或地区生活水平带来惊人的影响。例如在50年内，GDP年平均增长率为1%，仅增长64%，而GDP年平均增长为2%，则增长169%。

那么，作为发展中国家怎样才能实现经济高增长呢？由诺贝尔经济学奖获得者迈克尔·斯彭斯主持的世界银行增长与发展委员会发布的报告《增长报告：可持续增长和包容性发展的战略》，在分析13个经济高增长经济体后，列出了“五个惊人相似之处”：对世界经济开放；保持宏观经济稳定；高国内储蓄率和高国内投资率；市场配置资源；领导体制和治理结构。[②]

联合国开发计划署（UNDP）总结了中国、印度、印度尼西亚、巴西、南非等12个国家的“南方国家崛起”，认为这些国家存在着三个重要的发展推动因素：一是积极主动的发展型政府；二是不断开发的全球市场；三是坚定不移的社会政策创新。[③]

发展中国家特别是人口大国成为世界经济强国，至少必须同时具备如下五个主要条件：首先是一个人口大国，在世界总量中占相对比重较大，提高人力资本投资，建立激励的竞争的劳动力市场，充分利用本国的劳动力资源。其次，它必须经历一个较长的高速的经济起飞阶段，经济增长率不仅高于她的最好的历史记录，而且还要高于发达国家历史记录，与此同时保持经济增长的稳定性和协调性。第三，它能够保持较长时期的政治稳定和社会稳定，为吸引国内投资和外国投资创造良好的投资环境，也为本国丰富的劳动力创造和谐的劳动环境。第四，它能够主动地对外开放，建立开放型经济和社会，积极融入全球经济之中，在更大的范围获取和利用全球的知识、技术、信息、资本、资源

---

① 格申克龙提出了经济落后国家的发展模型。他认为，一个国家如果在开始工业化时经济十分紧张落后，那么技术上的落后程度越高，工业化就越有希望；落后经济要同发达国家的经济竞争必须选择最具现代化的、效率最高的技术；工业化伴随着大规模的生产扩大和改革性的发展。参见［美］亚历山大·格申克龙：《经济落后的历史透视》，北京，商务印书馆，2009。

② 参见世界银行增长与发展委员会编：《增长报告：可持续增长和包容性发展的战略》，北京，中国金融出版社，2008。

③ 参见联合国开发计划署：《2013年人类发展报告——南方的崛起：多元化世界中的人类进步》，UNDP，2013。

和人才。第五，它有一个具备强烈现代化意识和目标的中央政府，能够有效动员社会各种力量和资源，不仅能够调动一切积极因素，而且还能够化消极因素为积极因素；不仅能够建立公平竞争的市场经济激励人们的创造性、生产性，而且还能够建立公平分配的社会制度协调各种社会矛盾。

10.1.4 经济发展的制度因素

从要素投入来看，往往不能很好地理解经济增长，这是由于所有的要素都不能自动地转化为经济增长，它们需要好的制度来激励要素投入，以及高效率的配置要素。因此诺思断言："制度在社会中具有更基础性的作用，它们是决定长期经济绩效的根本因素。"① 不同社会制度之间的优劣比较，也是国与国经济增长竞争的重要因素。

诺思进一步认为"有效率的经济组织是经济增长的关键；一个有效率的经济组织在西欧的发展正是西方兴起的原因所在"②。诺思只谈到了经济组织效率，忽略了更为重要的政治组织效率。

一个有效率的经济制度安排需要解决两个问题：第一是激励不相容问题，这既包括私人激励不相容问题，对于私人产品，私人回报要不低于其社会回报；同时也包括公共激励不相容问题，对于公共产品，社会收益要远大于直接参与要素投入的私人回报。第二是信息不对称问题，这既包括分散信息的不对称，由于在具体经济活动中信息是分散存在着，通过一个集中决策者来处理分散的信息，不但不经济，也不具可行性；也包括整体信息的不对称，社会经济运行中除了分散信息之外，还有为社会所共有的整体信息，这由许多分散的决策者来处理同样既不经济，也不可行。

我们可以区分两种基本的制度安排，一是经典的社会主义体制，即通过集中的集体行动者，通过计划经济与政治动员等方式来发展经济，这一体制有其长处，而且对许多私人回报率比较低、周期比较长的项目，它能够更快速地集中与配置资源来对经济发展起到"大推动"作用，特别是对人类和社会发展起到明显公平性的均衡作用和协调作用；同时，这一体制的缺陷在于在处理分散信息和提供私人产品上的无效率。

另一种是经典的资本主义体制，这一体制的优势在于能够为提供私人产品

---

① ［美］道格拉斯·C·诺思：《制度、制度变迁与经济绩效》，147页，上海，格致出版社、上海人民出版社，2008。

② ［美］道格拉斯·C·诺思、罗伯斯·托马斯：《西方世界的兴起》，5页，北京，华夏出版社，1999。

形成有效的激励，同时在利用分散知识方面更有效率。因此，哈耶克将知识的分散性作为他对于资本主义合理性论证的核心，他认为经济运行所需要的知识是分散地存在的，而资本主义体制是处理分散信息的有效制度安排。[①] 这一体制的缺陷在于提供整体信息的无效率，以及提供共有产品的无效率。这就是马克思所揭示的资本主义的经济危机，无产阶级与资产阶级的对立而引发的社会危机及政治危机，此外也包括他所揭示的自然生态危机。[②] 马克思指出：资本主义农业的任何进步，都不仅是掠夺劳动者的技巧的进步，而且是掠夺土地的技巧的进步，在一定时期内提高土地肥力的进步。……它同时破坏了一切财富的源泉——土地和工人。[③]

如果一种体制能够有效地结合这两种模式，既保留社会主义体制处理整体信息和提供公共产品的高效率，又吸收资本主义体制处理分散信息和提供私人产品的优势，就有可能使得社会经济活动成本最小化，并达到最高的增长效率。这个体制就是中国所创新的社会主义市场经济体制。

无论什么体制，都会有它的优势与劣势、长处与短处、强项和弱点。无论什么体制，都会在全球化条件下比较与鉴别、学习与借鉴、竞争与合作。因此，在全球化条件下，我们所讲的体制优劣，是一个相对的概念，相对最强的竞争对手，相对最发达的经济体。这里我们采用了追赶系数来比较和鉴别不同的体制优劣[④]，是以最发达、最先进的美国主要经济指标为100%，来计算不同国家在不同阶段相对美国的追赶系数。如果系数上升，就认为该国的体制比美国优越，反之就不及美国。当然，该系数不只是反映了体制的优劣，也反映了发展的优劣等多方面因素。不过，从国际比较的视角看，还是可以甄别在全球化条件下各国的体制优劣。对中国而言，1820—1949年期间，中国主要经济指标对美国的追赶系数是下降的，其体制远不及美国；1949—2013年期间，中国的追赶系数是不断上升的，其体制优越于美国。不过在“大跃进”和“文化大

---

① 参见［英］哈耶克：《知识在社会中的应用》，见哈耶克：《个人主义与经济秩序》，117页，北京，生活·读书·新知三联书店，2003。

② 马克思、恩格斯指出：只要指出在周期性的重复中越来越危及整个资产阶级社会生存的商业危机就够了。在商业危机期间，总是不仅有很大一部分制成的产品被毁灭掉，而且有很大一部分已经造成的生产力被毁灭掉。在危机期间，发生一种在过去一切时代看来都好像是荒唐现象的社会瘟疫，即生产过剩的瘟疫。社会突然发现自己回到了一时的野蛮状态；仿佛是一次饥荒、一场普遍的毁灭性战争，使社会失去了全部生活资料；仿佛是工业和商业全被毁灭了。参见《马克思恩格斯选集》，2版，第1卷，北京，人民出版社，1995。

③ 参见《马克思恩格斯文集》，第5卷，北京，人民出版社，2009。

④ 安格斯·麦迪森在研究落后与追赶时，以美国劳动生产率水平（每工作小时GDP）为中心，计算1870—1992年期间39个经济体的趋异率和趋同率。参见［英］安格斯·麦迪森：《世界经济二百年回顾》，24页，北京，改革出版社，1997。

革命”时期在追赶美国方面严重受挫，败不在“制”，而在“政”。

10.2 中国经济发展从领先到衰落

中国是世界文明古国之一，她人口众多，地域辽阔，历史悠久，文化辉煌。在过去 2 000 多年，从世界角度看，中国是一个特例。长期以来，中国一直就是世界上最大的人口国家，最大的政治实体①，还一直是世界最大的经济体（见表 10—1）。

在公元 10 世纪时，中国在人均收入上就已经是世界经济中的领先国家，而且这个地位一直延续至 15 世纪。在技术水平上，在对自然资源的开发利用，以及对辽阔疆域的管理能力上，中国都超过了欧洲。②

1500 年到 1820 年，中国仍然是世界上人口最多的和经济最强大的国家，处在农业文明的高峰或强盛期，但出现了长期停滞，此时中国人均 GDP 的增长相当缓慢，甚至还出现了下降趋势，显示经济的增长主要是通过对劳动力的更密集地投入，而非生产率提高所引致。

表 10—1　主要国家/地区占世界 GDP 总量比重比较（公元元年至 1820 年）（%）

	公元元年	1 000 年	1 500 年	1 600 年	1 700 年	1 820 年
西欧	10.8	8.7	17.9	19.9	22.5	23.6
英国	0.3	0.7	1.1	1.8	2.9	5.2
法国	2.2	2.3	4.4	4.7	5.7	5.5
德国	1.2	1.2	3.3	3.8	3.6	3.8
美国			0.3	0.2	0.1	1.8
苏联	1.5	2.3	3.4	3.5	4.4	5.4
日本	1.2	2.7	3.1	2.9	4.1	3.0
中国	26.2	22.7	25.0	29.2	22.3	32.9
印度	32.9	28.9	24.5	22.6	24.4	16.0
亚洲	75.1	67.6	62.1	62.9	57.6	56.2

注：本表按购买力平价法计算，系 1990 年国际美元价格。西欧含 30 个国家。

资料来源：Angus Maddison，Statistics on World Population，GDP and Per Capita GDP，1—2008 AD，http：//www. ggdc. net/MADDISON/orindex. htm。

但是，中国始终是以农业经济为主，是一个典型的传统农业社会。在过去

①② Angus Maddison，*Chinese Economic Performance in the Long Run*，*960—2030 AD*，Second Edition，Paris，OECD，2007.

的两千多年里，估计农业占国民生产总值的2/3以上，农业人口占总劳动力的4/5。[①] 1750年后西方开始了工业革命（蒸汽机革命），西欧凭借构成现代技术变革基础的科学进步逐渐成为世界经济新的发动机，并且逐渐进入了工业社会，以工业文明、工业经济为主导。而此时中国仍然是农业社会，以农业文明、农业经济为主导，显然后者无法与前者竞争。前者的创新能力大大高于后者，后者因而进入农业文明的衰落时期。

作者根据安格斯·麦迪森世界经济数据库计算[②]，1820—1900年期间，中国GDP（1990年国际美元价格）下降了4.6%，年平均增长率为－0.58%，中国GDP占世界总量比重由33.0%下降至11.1%（见表10—2）。这意味着1820—1900年期间是“负经济增长”、“大衰落”时期。

1900—1950年期间，中国GDP增长了12.3%，年平均增长率为0.23%，中国占世界总量比重下降至1950年的4.6%（见表10—2）。在整个20世纪上半叶，1936年中国GDP达到高峰，其中1929—1936年期间，GDP年平均增长率突破了1%，达到了1.46%，这是国民党政府的所谓“黄金时期”，但是同期人均GDP年平均增长率仅为0.87%，仍未达到1%的现代经济增长的“门槛”，而且持续时间过短；到1950年GDP总量比1936年减少了19.3%，仅比1913年高出1.4%。这意味着1913—1950年期间是“无现代经济增长”、“持续衰落”时期。

在1949年以前一个世纪内中国按人均产量并没有任何持续发展。根据艾克斯坦估计，1933—1953年中国人均GNP可能下降了7%，人均消费额下降了22%。[③] 从产业结构变动来看，近代以来的剧变并没有触动中国的根本生产方式，中国还是以农业为主的大国，1936年的农业比重为65.0%，只比1870年（为67.1%）有略微的下降。[④] 历史证明，国民党政府无法承担中国现代化的重任，发动工业化，进入现代经济增长阶段，即人均GDP或人均收入增长率持续超过1%。为此，历史选择了中国共产党，也选择了中国的现代化，结束了长达一个世纪的“负增长”、“无增长”以及“迅速衰落”的时代，开始了现代经济增长、经济崛起的新时代。

中国经济发展的历史轨迹与其他工业化国家不同，从中国GDP占世界总量比重的变化来看，呈现“U”字形曲线轨迹，先衰落，后崛起，印度的轨迹

---

① 参见［英］安格斯·麦迪森：《中国经济的长远发展》，38页，北京，新华出版社，1999。

② 计算数据来源于Angus Maddison，Statistics on World Population，GDP and Per Capita GDP，1—2008 AD，http：//www.ggdc.net/MADDISON/orindex.htm。

③ 参见［美］艾克斯坦：《中国的经济革命》，见王景伦：《毛泽东的理想主义和邓小平的现实主义：美国学者论中国》，北京，时事出版社，1996。

④ Philip Richardson，*Economic Change in China*，*1800—1950*，Cambridge University Press，1999.

也与此相同；反过来，西欧及美国和日本都呈现倒“U”字形曲线轨迹。1820年时，美国的GDP仅相当于中国的5%；到了1890年，美国的GDP就超过了中国；到1900年时，已经相当于中国的1.42倍；到1950年时，美国的GDP占世界总量达到高峰，为27.3%，相当于中国的5.93倍（见表10—2），这是中国与美国GDP总量和人均GDP水平相对差距最大的年份。这充分证明了中国的制度是极端落后的，根本就无法与美国竞争，除非中国建立新的制度，发展速度才能高于美国，才能够缩小与美国的相对差距，进而才能够在经济总量等指标上超过美国。这就是后来毛泽东所建立的社会主义制度，通过邓小平改革开放重建社会主义制度，江泽民创新社会主义市场经济体制，胡锦涛不断完善社会主义基本制度和社会主义市场经济体制，才实现了对美国的赶超。

表10—2　　主要国家/地区占世界GDP总量比重比较（1820—2011年）（%）

	1820年	1870年	1900年	1913年	1950年	1978年	2000年	2008年	2011年
西欧	23.6	33.6		33.5	26.3	24.3	17.8	17.1	
英国	5.2	9.1		8.3	6.5	3.8	3.3	2.8	2.9
法国	5.5	6.5		5.3	4.1	4.1	3.4	2.89	2.8
德国	3.8	6.5		8.8	5.0	5.5	4.2	3.4	4.0
美国	1.8	8.9	15.8	19.1	27.3	21.6	21.9	18.6	18.9
苏联	5.4	7.6		8.6	9.6	9.0	3.5	4.4	3.0
日本	3.0	2.3		2.6	3.0	7.6	7.2	5.7	5.6
中国	33.0	17.1	11.1	8.8	4.6	4.9	11.8	17.5	18.0*
印度	16.0	12.2	8.6	7.6	4.2	3.3	5.2	6.7	5.7
亚洲	56.2	36.0		21.9	15.5	25.7	37.3	43.7	
美国/中国（倍）	0.05	0.52	1.42	2.17	5.93	4.41	1.85	1.06	

注：系作者根据不同来源数据计算，亚洲数据不包括日本。1913年以前苏联数据系俄罗斯等国；2000、2008年苏联数据为原苏联国家总和。西欧含30个国家。

*为2010年数据。

本表按购买力平价法计算，系1990年国际美元价格。

资料来源：Angus Maddison，Statistics on World Population，GDP and Per Capita GDP，1—2008 AD，http://www.ggdc.net/MADDISON/orindex.htm。

10.3　从“一穷二弱”到世界经济大国

1949年的新中国可谓是满目疮痍、百业待兴，整个经济基本处于瘫痪状态。工业整体上处于手工作业的状况，根本谈不上工业体系，工业产品少得可怜；农业还停留在手工耕作、靠天吃饭的水平上；1950年，中国人均GDP相当于世界人均 GDP 水平的 1/5，不足西欧 12 国的 1/10。① 在中国发动工业化时，现代经济成分只占国民生产总值的 1/10～1/7 之间。② 无论用什么经济社会指标衡量，中国都是世界上最贫穷最落后的国家之一。③ 中国是一个典型的工业化后来者，发动工业化时间晚，进入工业化时代大为滞后。④ 中国正是在这样极端落后贫穷的基础上，强制性地发动工业化、城镇化和现代化。

1950 年之后，中国开始进入了现代经济增长期，比较成功地启动了工业化、城镇化、现代化，人均收入或人均 GDP 年增长率持续超过了 1.0%，进入现代经济增长时期。经过 1949—1952 年三年时间的恢复，新中国很快就在各项工农业生产指标上达到或超过建国前的最高年份。以实施五年计划为标志，中国开始了大规模的经济建设。“一五”时期中国经济增长率到底是多少有不同的估计，但都被称为中国经济快速增长时期。根据国家统计局统计约为 9.2%，麦迪森估计约为 5.9%。这是中国在现代历史上首次出现 GDP 占世界总量比重上升的时期，从 4.6%上升至 5.5%。人均 GDP 由 448 美元上升至 636 美元，与印度的人均 GDP 水平差距从 171 美元缩小为 44 美元。从经济增长来源来看，这一时期经济增长总体上表现出高要素投入，资本投入增长率为 12.4%，劳动力投入增长率为 2.8%；与此同时劳动生产率提高得也很快，全要素生产率也快速增长。

1958—1965 年时期是中华人民共和国历史上经济增长率最低的时期，也是经济波动系数最显著的时期，还是全要素生产率最低下的时期。“二五”时期，GDP 年平均增长率为－2.0%，明显低于“一五”期间 9.2%的水平（见表 10—3）。1958—1965 年期间，人均 GDP 增长率仅为 1.7%，也低于“一五”期间 4.5%的水平；资本高投入，资本存量增长率为 11.2%，显示了资本深化过程，劳动力人均资本存量高达 9.1%；生产率大幅度下降，劳动生产率由“一五”的 4.1%下降为 1.2%，是历史上最低时期，资本生产率为－7.9%，也是历史上最低的时期，全要素生产率在－4.26%～－2.44%之间，也是历史上最

---

① Angus Maddison，The World Economy：A Millennial Perspective，OECD，Table B-20，Table B-21.

② 根据毛泽东 1949 年估计，当时的中国现代工业占国民生产总值约 10%。参见《毛泽东选集》，2 版，第 4 卷，北京，人民出版社，1991。根据国家统计局的资料，1952 年时中国农业占 GDP 比重高达 50.5%，第二产业和第三产业分别占 20.9%和 28.6%。参见国家统计局编：《新中国五十年：1949—1999》，17 页，北京，中国统计出版社，1999。

③ 参见胡鞍钢：《中国政治经济史论（1949—1976）》，第三章“中国现代经济发展的初始条件”，北京，北京，清华大学出版社，2007。

④ 即便到了 20 世纪上半叶，中国都未能出现大规模的工业化，在 1950 年以前未能形成气候，工业化对总体经济的影响微乎其微。参见朱晓冬：《理解中国经济增长：过去、现在和未来》，载《比较》，2013（4）：4。

低的时期，显示出生产率处于停滞状态。[①]

中国的工业化战略基本上是照搬了苏联式的优先发展重工业的模式，中国的经济体制是学习和模仿苏联式的计划经济体制，毛泽东曾力图突破苏联式的“教条主义”，探索中国自己的发展模式，但是并没有成功，再加上不断的政治运动冲击，造成了经济增长的大起大落。“大跃进”形成了建国以来最大的一次经济波动，1958—1965 年期间 GDP 增长波动系数高达 285%，最高值为 1958 年的 21.3%，最低值为 1961 年的－27.3%，两者相差 48.6 个百分点。此次经济大波动不仅表现为国民经济总的波动，而且各产业增长波动也十分明显。其中农业增加值波动系数为 883%，工业增加值波动系数为 213%，建筑业增加值波动系数为 412%。

在“文化大革命”期间，中国保持了经济增长，但也受到来自政治运动的人为冲击，出现过几次经济负增长。“三五”计划时期经济增长率达到了 6.9%，经济波动系数仍然高达 157.5%（见表 10—3），1967 和 1968 年连续两年负增长；“四五”计划时期经济增长率达到了 5.9%，经济波动系数下降至 46.4%。1976 年因“批邓（小平）反击右倾翻案风”运动，中国再次出现经济负增长，涉及一、二、三产业均负增长。这显示了这一时期中国经济增长高波动的特性，反映了这一来自各种经济与政治外部冲击的强烈影响。

表 10—3　　中国 GDP 增长率和波动系数（1953—2012 年）（%）

时期	第一年	第二年	第三年	第四年	第五年	平均增长率	均值	标准差	波动系数
一五	15.6	4.2	6.8	15	5.1	9.2	9.3	5.5	59.1
二五	21.3	8.8	－0.3	－27.3	－5.6	－2.0	－0.6	18.1	－2 914.3
调整时期	10.2	18.3	17.0			15.1	15.2	4.4	28.7
三五	10.7	－5.7	－4.1	16.9	19.4	6.9	7.4	11.7	157.5
四五	7.0	3.8	7.9	2.3	8.7	5.9	5.9	2.8	46.4
五五	－1.6	7.6	11.7	7.6	7.8	6.5	6.6	4.9	74.3
六五	5.2	9.1	10.9	15.2	13.5	10.7	10.8	3.9	36.2
七五	8.8	11.6	11.3	4.1	3.8	7.9	7.9	3.8	47.8

① 国外中国问题专家也认为这一时期中国的全要素增长是非常令人失望的。虽然中国的统计资料还不足以对中国经济做出类似的估计，然而，可以肯定的是，从 50 年代中期到 70 年代中期，中国的生产率最好的情况是处于停滞状态。参见王景伦：《毛泽东的理论主义和邓小平的现实主义：美国学者论中国》，18 页，北京，时事出版社，1996。

续前表

时期	第一年	第二年	第三年	第四年	第五年	平均增长率	均值	标准差	波动系数
八五	9.2	14.2	14.0	13.1	10.9	12.3	12.3	2.2	17.6
九五	10.0	9.3	7.8	7.6	8.4	8.6	8.6	1.0	11.8
十五	8.3	9.1	10.0	10.1	11.3	9.6	9.8	1.0	10.4
十一五	12.7	14.2	9.6	9.2	10.3	11.2	11.2	2.2	19.3
十二五	9.6	7.8							
1953—1978 年						6.1	6.7	10.3	154.5
1979—2012 年						9.82	9.85	2.71	27.57

注：波动系数定义为标准差与均值之比（百分比）。

资料来源：国家统计局国民经济综合统计司编：《新中国六十年统计资料汇编》，11 页，北京，中国统计出版社，2010；国家统计局编：《中国统计摘要 2011》，北京，中国统计出版社，2011。

在“文化大革命”期间，1966—1976 年 GDP 年平均增长率为 5.2%，还是明显低于长期潜在增长率 9%的水平；人均 GDP 年平均增长率为 2.7%，略高于 1957—1965 年的 2.6%，在很大程度上受总人口增长率（2.3%）的影响；就业人数年平均增长率为 2.7%，劳动生产率平均增长率为 2.5%。这一时期受政治运动冲击，经济波动还很明显，先后出现了三次负增长，如 1967 年的－5.7%，1968 年的－4.1%，1976 年的－1.6%。

尽管先后出现了“大跃进”的失败和“文化大革命”的十年内乱，到 1978 年时，中国基本实现了 50 年代和 60 年代所制定的国家工业化的初期目标，迅速完成了国家工业化的原始积累，建立了比较完整的工业体系和国民经济体系，奠定了工业化发展的基础，实现了历史上最高的经济增长。根据国家统计局提供的数据，按不变价格计算，GDP 年平均增长率为 6.1%，1978 年的经济总量相当于 1952 年的 4.71 倍，即用 26 年经济总量翻了两番之多；根据麦迪森的估计，这一时期中国 GDP 平均增长率为 4.4%，1978 年的经济总量相当于 1952 年的 3.06 倍，人均 GDP 增长了 1～2 倍。根据国家统计局统计，人均 GDP 年平均增长率为 4.0%，1978 年的人均 GDP 相当于 1952 年的 2.8 倍；根据麦迪森估计，这一时期人均 GDP 年平均增长率为 2.3%，1978 年的人均 GDP 相当于 1952 年的 1.8 倍。

从中国经济发展历史上看，1952—1978 年时期的经济增长率大大超过 1949 年以前的任何一个高增长时期。根据帕金斯（Perkins，1975）按 1957 年不变价格估计，1914 年至 1933 年，中国 GDP 增长了 28%，年平均增长率为 1.2%～

1.7%，人均 GDP 增长了 9.6%，年平均增长率为 0.5%～0.6%。[①] 根据麦迪森的数据，1929—1936 年是建国前经济增长最快的时期，GDP 年平均增长率为 1.5%，人均 GDP 增长率为 0.9%。[②] 当时的现代经济增长仅出现在占全国人口比例极小的少数现代城市，如上海、广州、武汉、重庆，但在广大农村仍然是传统经济方式，到 1933 年现代产业（包括制造业、矿业、电力、运输、通信等部门）占国民生产总值的比重为 5.3%[③]。这几个百分点的现代产业的增长几乎是无法带动 90%以上的农村人口和 95%传统产业（包括农业、手工业等）的增长。

从中国周边主要国家或地区的国际比较看，无论是按中国官方数据还是麦迪森的数据，1952—1978 年中国大陆经济增长都明显低于中国台湾（GDP 增长率为 9.2%）、日本（为 7.8%）、韩国（为 8.6%）。后者在 50 年代和 60 年代相继进入"经济起飞"阶段，创造了所谓"东亚"经济增长奇迹。如果两种不同数据比较，可能会有不同结果。按国家统计局数据，中国大陆 GDP 和人均 GDP 增长率高于苏联、印度、印度尼西亚、巴基斯坦；按麦迪森数据，中国大陆 GDP 增长率高于印度，低于巴基斯坦，接近于苏联和印度尼西亚，中国大陆人均 GDP 增长率低于苏联，高于印度，与印度尼西亚和巴基斯坦差不多（见表 10—4）。1952—1978 年期间，中国大陆的经济增长记录与周边发展中大国差不多，但优于印度。从人口规模、农村人口比例和发展阶段来看，印度与中国更具可比性。根据麦迪森计算，1952 年中国大陆人均 GDP 为 537 美元（1990 年国际美元价格，下同），低于印度（为 609 美元）约 12%，但是到了 1978 年中国大陆人均 GDP 为 979 美元，已经略高于印度（为 972 美元）[④]。不过在中国改革开放之后，中印两国的 GDP 和人均 GDP 差距就迅速拉大了。

表 10—4　中国大陆与其他国家或地区经济增长率的比较（1952—1978 年）（%）

国家/地区	GDP 增长率	人均 GDP 增长率
中国大陆	4.4（6.1）	2.3（4.0）
中国台湾	9.2	6.6
印度	4.0	1.8
印度尼西亚	4.5	2.3
巴基斯坦	4.9	2.2

① Perkins，Dwight H.，"Growth and Changing Structure of China's Twentieth-Century Economy"，in Perkins ed，*China's Modern Economy in Historical Perspective*，Stanford University Press，1975，p.111，Table I.

② Maddison，*Monitoring the World Economy*：*1820—1992*，Paris，OECD，1995，pp.190，204.

③ 参见［英］安格斯·麦迪森：《中国经济的长远未来》，72 页，北京，新华出版社，1999。

④ 参见上书，57 页。

续前表

国家/地区	GDP增长率	人均GDP增长率
韩国	8.6	6.2
日本	7.8	6.7
苏联	4.5	3.1
美国	3.5	6.7
世界	4.5	3.1

注：括号内为中国国家统计局数据。

资料来源：安格斯·麦迪森：《中国经济的长远未来》，表2—1，北京，新华出版社，1999；Angus Maddison，*Monitoring the World Economy*：*1820—1992*，Paris，OECD，1995。

这一时期的“大跃进”和“文化大革命”对中国的经济增长造成了冲击。从经济增长的累积效果看，1978年实际GDP相当于1952年的4.7倍，而模拟结果的GDP则相当于1952年的7.2～9.5倍，我们估计，因为决策失误的经济损失占1978年模拟GDP总量的1/2～1/3。[①] 如果没有“大跃进”和“文化大革命”，中国的经济增长还会更高，至少应当达到长期增长潜力；从国际比较看，中国会大大高于周边处在同等发展水平的发展中国家，也会接近日本、韩国和中国台湾的经济增长率，从1978年以后的中国实际经济增长记录来看，中国确实有一个很高的增长潜力，达到9.3～9.5%。

总之，毛泽东时代最重要的标志是新中国开启了大规模的工业化、城市化和现代化，仅仅用了不到30年的时间，她的变化和经济发展成就远远超过1949年之前的任何历史时期，甚至超过1949年之前所有的现代化发展成果。可以认为，毛泽东时代是真正历史意义上的现代中国的巨变，也为随后的改革开放时代奠定了基础。但是基于计划经济体制的经济增长，效率不高，全要素生产率是负增长，居民消费水平低于人均GDP增长速度，还是一个典型的短缺经济。[②]

10.4 人类历史上最为壮观的经济增长奇迹

10.4.1 史无前例的高增长

1978年的中国既是一个世界经济大国，又是世界上最贫穷的国家之一，人

---

① 参见胡鞍钢：《中国政治经济史论（1949—1976）》，2版，537页，北京，清华大学出版社，2008。

② 1957—1978年期间，全国居民消费水平年平均增长率为2.4%，人均GDP年平均增长率为3.4%。国家统计局国民经济综合统计司编：《新中国六十年统计资料汇编》，12、14页，北京，中国统计出版社，2010。

均总国民收入（GNI）居世界后列[①]，贫困人口及低收入人口占总人口比重的大多数。按世界银行规定的国际贫困线，即每人每日支出不足 1 美元计算，1981 年中国贫困人口数为 4.9 亿，占世界总数比重的 35％左右[②]；改革初期，中国城市化率相当低下，1978 年只有 18％。中国的劳动生产率大大低于美国等发达国家，也意味着具有相当大的“后发优势”，呈现出较长时间的追赶效应，而改革开放则使这种增长潜力释放出来，变成现实追赶能力。中国基尼系数要比印度小得多；中国成人文盲率更是大大低于印度水平（为 52％）。这也预示着，中国一旦改革开放，其发展速度势必会超过印度，因为较为公平的社会和相对良好的人力资源条件有助于经济起飞。

1978 年之后，在邓小平领导的改革开放的带动下，中国开始进入经济起飞阶段，中国经济保持 30 余年强劲、快速增长，1978—2010 年的 GDP 平均增长率高达 9.89％。以汇率法计算，我国的 GDP 总量从 1978 年的 1 482 亿美元、居世界第十位，变化为 2010 年的 58 791 亿美元、居世界第二位。[③]

从国际比较看，1978—2011 年期间，中国在世界可计算的 166 个国家或地区中增长最快，增长率为 9.8％（见表 10—5），比排名第二的新加坡高 3 个百分点，比排名第五的韩国高 3.8 个百分点，比排名第七的印尼高 4.3 个百分点，这一轮的高速增长使得中国与西方发达国家的差距大大缩小，同时增速也大大超过了亚洲周边国家，与印度的差距近一步拉大。与此同时，中国还是世界上增长最为稳定的国家，GDP 的波动系数为 0.28，为世界增长最快的 20 个经济体中最小；中国也是人类发展指数提高最多的国家，联合国 2010 年人类发展报告指出，中国在过去 40 年（1970—2010 年）中人类发展指数（HDI）提高程度仅次于阿曼，居世界第二，同时也是唯一一个主要依靠经济高速增长实现人类发展指数快速提高的国家。[④]

表 10—5　　经济增长最快的 20 个经济体主要指标

排名	国家/地区	GDP 年增长率（1978—2011 年，％）	GDP 年增长率波动系数（1978—2008 年）	HDI 提高数（1980—2012 年）
1	中国内地	9.78	0.28	0.292
2	新加坡	6.86	0.55	0.139

① 根据世界银行按实际购买力平价计算，1978 年中国人均总国民收入（GNI）仅为 340 美元（现价），相当于低收入组平均数（660 美元）的 52％，相当于下中等收入组平均数（1 290 美元）的 26％，见 World Bank，World Development Indicators 2002。

② 参见世界银行：《中国国家经济备忘录——分享经济全球化的机遇》，2003。

③ 参见马建堂：《全面认识中国在世界经济中的地位》，载《人民日报》，2011-03-17。

④ 参见联合国开发计划署：《2010 年人类发展报告》，2010。

续前表

排名	国家/地区	GDP年增长率（1978—2011年,%）	GDP年增长率波动系数（1978—2008年）	HDI提高数（1980—2012年）
3	越南	6.73（1984—2011年）	0.28	0.178（1985—2012年）
4	马来西亚	6.02	0.59	0.206
5	韩国	5.99	0.59	0.269
6	印度	5.93	0.5	0.209
7	印度尼西亚	5.47	0.73	0.207
8	泰国	5.36	0.72	0.200
9	中国香港	5.25	0.71	0.194
10	斯里兰卡	5.04	0.37	0.158
11	巴基斯坦	5.00	0.42	0.178
12	约旦	5.00	1.07	0.155
13	埃及	4.96	0.4	0.255
14	智利	4.93	0.82	0.181
15	孟加拉国	4.72	0.31	0.203
16	苏丹	4.65	1.23	0.145
17	布基纳法索	4.59	0.71	0.042（2005—2012年）
18	爱尔兰	4.32	0.64	0.171
19	以色列	4.31	0.54	0.127
20	突尼斯	4.23	0.52	0.163

注：未计入人口数在300万以下的国家和地区。

资料来源：GDP增长率和波动系数计算数据来源于 World Bank. WDI 2010. HDI计算数据来源于 UNDP. HDI _ trends _ components _ 2009。

从人类经济发展史来看，中国改革以来的高增长也是史无前例的。将中国崛起与1870—1913年美国崛起和1950—1973年日本崛起、1990—2011年印度崛起作比较，既分析它们之间的相同点，也分析它们之间的不同点，可以看出，这是人类历史上最大人口规模、最大经济规模、最快经济增长速度的崛起。1978—2010年中国经济增长率达到了9.9%，是世界大国经济起飞期增长速度最快的，同时也是延续时间最长的。与美国一战前的经济起飞相比，1870—1913年的43年间，美国GDP增长率为3.9%，而中国1952—2012年的60年间，按国家统计局的数据GDP增长率为8.2%，即便按照麦迪森的数据也达到了6.4%，不论时间跨度上和速度上都超过了美国；与日本战后的起飞相比，中国1978—2012年的GDP增长速度也高于日本（1950—1973年）的9.3%，持续时间已经超过日本十年；与印度（1990—2011年）相比，印度经济起飞比中国晚，同时增长速度也明显低于中国（见表 10—6）。

高速的经济增长也推进了人类历史上空前速度、空前规模的工业化、城镇化、国际化的过程，中国非农产业产值比率年均提高 0.55 个百分点，大大高于美国的速度；中国城市化率年均提高近 1 个百分点，明显高于美国，是日本的 2 倍、印度的 3 倍；商品出口依存度年平均提高 0.63 个百分点，略高于印度，大幅度高于日本与美国。不仅如此，从世界现代经济增长历史看，对中国而言，她正处在战略机遇期，即迅速崛起期，中国的经济增长奇迹虽然已经创造了世界纪录，但是远未结束。

表 10—6　　四国经济起飞期主要指标比较

指标	美国（1870—1913 年）	日本（1950—1973 年）	中国（1978—2012 年）	印度（1990—2011 年）
总人口				
初期（万人）	4 024	8 381	96 259	84 592
终期（万人）	9 761	10 871	134 413	124 149
增长率（%）	2.1	1.1	1.01	1.17
GDP 总量				
初期（百万美元）	98 374	160 966	935 083	1 098 100
终期（百万美元）	517 383	1 242 932	12 654 774	4 354 770
年均增长率（%）	3.9	9.3	9.8	4.3
人均 GDP				
初期（美元）	2 445	1 921	978	1 309
终期（美元）	5 301	11 433	9 370	3 662
增长率（%）	1.8	8.1	6.9	3.17
GDP 占世界总量比重				
初期（%）	8.8	3.0	4.9	4.0
终期（%）	18.9	7.8	14.9	5.7
年均提高（%）	0.23	0.21	0.28	0.08
商品出口依存度				
初期（%）	2.5	2.3	3.99	7.2
终期（%）	3.7	7.9	24.9	16.0
年均提高（%）	0.03	0.24	0.63	0.42
非农产业产值比率				
初期（%）	79.5	77	71.8	71
终期（%）	83	94	90.0	83.7
年均提高（%）	0.08	0.74	0.55	0.60
城市化率				
初期（%）	19.8	43.1（1960）	17.92	25.1

续前表

指标	美国	日本	中国	印度
	(1870—1913 年)	(1950—1973 年)	(1978—2012 年)	(1990—2011 年)
终期（%）	45.6（1910 年）	55.4	52.6	31.3
年均提高（%）	0.65	0.49	1.02	0.30

注：GDP、人均 GDP 为 1990 年国际美元价格，系由安格斯·麦迪森估计。

资料来源：总人口、GDP、人均 GDP 数据来源于 Angus Maddison，*Historical Statistics for the World Economy：1—2008 AD*，OECD Publishing。非农产业比重数据来源于 B. R. 米切尔编：《帕尔格雷夫世界历史统计（1750—1993）》，4 版，北京，经济科学出版社，2001。中国和印度的出口占世界总量比重数据来源于 World Bank，World Development Indicators 2004，系 1995 年美元价格。城市化率数据来源于 World Bank，World Development Indicators 2010。中国 2010 年 GDP 数据是使用国家统计局公报的增长率数据推算；城镇化数据来自第六次人口普查数据公报；出口数据来自商务部综合司统计，http：//zhs. mofcom. gov. cn/tongji. shtml。

10.4.2　经济增长来源变迁

中国自 1978 年进入经济起飞阶段，从经济来源看，资本、劳动、人力资本三个要素投入增长率都有所下降；1978—2012 年资本存量仍然保持高增长，增长率为 11.8%，但是比改革前的 13.4%的高增长率略有下降；劳动力增长率为 1.56%，也低于计划经济时期的 2.6%；人力资本增长率为 2.35%，更是明显低于计划经济时期的 4.2%。

这一时期中国的经济增长速度之所以高于计划经济时期（1952—1978 年），关键在于 TFP 的大幅度提高，并且对经济增长贡献率不断增大。我们研究发现，在 1978—2012 年之间，资本投入增长率下降了 1.6 个百分点，对经济增长的贡献达到了 48%；人力资本增长率明显下降，对经济增长的贡献大约是 7%；劳动投入增长率略有下降，对经济增长的贡献比较少，大约是 5%。计划经济时期，除了“一五”时期中国的 TFP 处于一个快速增长期，增长率为 3.4%，贡献率为 37.0%；其他时期 TFP 对经济增长的贡献都很小，1957—1965 年时期，TFP 增长率为－3.4%，1965—1978 年为 0.9%；改革以后，TFP 由负增长变为正增长，达到 3.9%，对经济增长的贡献为 39.9%[①]（见表 10—7），成为中国改革开放以来经济增长的主要来源。这反映了中国经济体制改革极大地改善了资源配置效率，提高了整个经济效益，获得十分显著的改革红利，即使

① 保罗·克鲁格曼（Paul Krugman）认为，中国经济增长是“没有生产率提高的生产要素投入带动的”，是不可持续的。Paul Krugman，“The Myth of Asia's Miracle，” *Foreign Affairs*，1994，73（6）. 显然这一判断是错误的。朱晓云也认为，全要素生产率的增长，1978—2007 年期间达到了 3.16%，是 1928 年以来中国经济最重要的增长源，为此他还对农业部门、国有部门和非国有部门全要素生产率做了计算，在 1998—2007 年期间，分别达到了 4.13%、5.5%和 3.67%。参见朱晓云：《中国经济增长靠什么》，载《中国改革》，2013（9）。

是国有企业也从低效率（1988—1998 年全要素生产率年均增长为 0.27%）转向高效率（1998—2007 年全要素生产率年均增长为 5.5%）。

表 10—7　　中国经济增长来源的估计（1952—2012 年）（%）

时期	GDP 增长率	资本增长率	劳动力增长率	人力资本增长率	资本生产率	劳动生产率	TFP 增长率	TFP 贡献率
1952—1957 年	9.2	12.4	2.8	4.9	−3.2	6.4	3.4	37.0
1957—1965 年	4.1	13.3	2.4	4.8	−9.2	1.7	−3.4	−83.6
1965—1978 年	6.3	8.6	2.6	3.8	−2.3	3.6	0.9	14.4
1978—1995 年	10.0	9.2	3.2	2.8	0.7	6.8	4.5	45.0
1995—2008 年	9.5	13.4	1.0	1.6	−3.8	8.5	3.4	35.7
2008—2012 年	8.9	16.3	0.55	2.6	−7.4	8.35	1.4	16.1
1952—1978 年	6.1	13.4	2.6	4.2	−7.2	3.6	−1.2	−20.2
1978—2012 年	9.8	11.8	1.56	2.35	−3.0	8.24	3.9	39.9

注：计算 TFP 时，资本、劳动力、人力资本的权重分别为 0.4、0.3、0.3。

资料来源：GDP 和资本按 1987 年价格计算，引自胡鞍钢、刘涛雄：《从国防资本存量占全国总量比重看国防能力变化（1952—2001 年），见卢周来执行主编：《中国国防经济学：2004》，北京，经济科学出版社，2005；人力资本引自李春波：《中国各地区人力资本与经济发展差距研究》，清华大学管理学硕士学位论文（指导老师：胡鞍钢），2001；人口和就业人数引自张为民主编，国家统计局人口和社会科技统计司、劳动和社会保障部规划财务司编：《中国劳动统计年鉴 2000》，4、8 页，北京，中国统计出版社，2000；国家统计局编：《中国统计摘要 2004》，38、42 页，北京，中国统计出版社，2004。

改革开放以来中国经济增长之所以能够保持高速增长，先是追赶并超过日本，接着追赶美国，未来超过美国，是由于不同要素投入的全面超越，资本投入增长率大大高于美国和日本，劳动、人力资本增长也明显高于美国与日本，同时全要素增长率也高于美国和日本。根据麦迪森的计算，1978—2003 年期间，中国的全要素增长率为 2.95%，他认为，这些数据极为明显地说明了改革时期资源配置效率的改善。这一时期中国的高速增长，与 1952—1978 年期间的日本有相似之处，尽管 1978—2003 年中国的 TFP 增长率还低于 1952—1978 年日本的 TFP 增长率（3.32%），但是大大高于同期美国（为 0.68%）和日本（为 0.36%）。此外，1978—2003 年期间中国出口增长率（14.42%）不仅高于美国（5.91%）和日本（4.09%），而且也高于日本 1952—1978 年期间的出口增长率（13.17%）。这也表明中国的追赶是可持续的，随着资本投入的报酬递减，以及劳动力增长率、人力资本增长率的下降，未来中国追赶美国主要还是在全要素生产率增长上超过美国。

改革开放以来，中国发生了人类历史上规模最大、速度最快的“五化”（工业化、城镇化、信息化、国际化、基础设施现代化），这是中国经济保持高增长的“五大引擎”。新型工业化在加速，中国成为世界最大的工业产品生产国；新型城镇化在加速，中国成为世界最大的城市人口国家；信息化和知识化在加速，中国成为世界最大的信息社会和知识社会；基础设施现代化在加速，中国成为世界最大的现代化基础设施投资国和领先国，例如高速铁路网、高速公路网、大型航空枢纽、超级港口、超级智能电网等等；国际化在加速，中国成为世界最大的出口国，将来还会成为世界最大的进口国、世界最大的贸易服务国。这个“新五化”就是五台“发动机”，它们相互作用、相互支撑、相互需求、相互促进。

10.4.3 经济结构变迁

中国的产业结构变迁总体上和世界经济发展的历程相同，第一产业比重不断下降，随后先是第二产业比重上升，再是第三产业比重上升，不同之处是中国的工业化速度远高于其他国家。1952—1968 年中国第一产业由 1952 年的 56%下降至 40%，这一台阶中国花了 16 年，但丹麦却整整花了 50 年。1968—1995 年中国的第一产业比例从 40%下降到 20%，这一台阶中国仅花了 27 年，法国却整整花了 100 年，英国花了 70 年。1995—2007 年中国的第一产业比例从 20%下降到 10%，这一台阶中国花了 12 年，美国却花了 70 年，英国花了27 年。

其次是中国的服务业滞后于第二产业的发展，2009 年服务业增加值比重为 43.4%，明显低于低收入、中低收入国家水平，更是大幅度低于中高收入、高收入国家的水平。

经济增长过度工业化（重工业化），重工业产值占工业比重长期偏高，特别是 2003 年以来超过 10%的高速增长，主要是由第二产业高增长、重工业高增长驱动的，重工业产值占工业产值比重持续上升，由 2005 年的 69%，上升到 2010 年的 72.5%，达到历史最高点，大幅度超过“大跃进”时期的最高值（1960 年的 66.6%）①，与过度工业化和重工业化相伴随的是资本高投入，加速了资本深化，人为地排斥劳动就业。

高投资的增长模式没有根本转变，2003 年以来，资本形成率进一步上升，到 2009 年达到了 47.7%，已经明显高于大跃进时期的最高值（为 42.8%），与国际其他国家相比，1960 年以来，中国的投资率持续上升，1990—2008 年达到 40%左右，不但是美国、英国等西方国家的两倍之多，也明显高于日本、韩国等以高储蓄率为特征的东亚经济体。日本经济快速增长的 1960—1980 年投资率为 35%左右，随后持续下降，进入新世纪以来已经降到 23.8%，韩国 90

① 参见国家统计局编：《新中国五十年：1949—1999》，550 页，北京，中国统计出版社，1999。

年代投资率为35.4%，达到了峰值，进入新世纪以来也降到了30%左右。支撑中国高投资或资本密集型增长方式的是过度储蓄，中国储蓄率长期保持在40%以上，“十一五”期间更是持续上升，2005年为48.2%，2009年为51.4%，达到改革开放以来的最高值[①]，远高于其他国家。根据世界银行的数据，中国的投资率明显高于其他国家，不仅大大高于美国等发达国家，也明显高于印度等发展中国家（见表10—8）。

表10—8　　八国投资率比较（1960—2011年）（%）

国家	1960—1970年	1970—1980年	1980—1990年	1990—2000年	2000—2008年	2008—2011年
中国	20.9	30.5	36.0	39.1	41.1	47.2
印度	15.4	18.1	21.9	23.6	31.3	36.1
日本	35.2	35.1	30.1	29.2	23.8	20.6
韩国	18.9	28.3	30.4	35.4	29.9	29.1
墨西哥	18.9	22.6	22.3	23.0	23.9	25.0
俄罗斯			33.8	25.4	21.6	23.0
英国	19.6		18.5	17.4	17.3	15.3
美国	19.3	19.9	19.7	18.2	19.0	15.3

资料来源：作者根据世界银行数据计算，World Bank，WDI，2013。

10.5　小结：从“一穷二弱”之国到世界第二大经济体

1820—1949年的130多年，中国经济几乎无增长，GDP（1990年国际美元）年平均增长率为0.04%，其中1820—1900年年平均增长率为−0.58%，1900—1950年期间为0.23%。中国经历了由强变弱、急剧衰落的过程，其占世界经济总量比重从1/3下降至不足1/20，由世界最强大的农业国家变为世界上相当落后的欠发达国家。这是农业大国和农业社会走向顶峰、停滞之后必然经历的衰落的历史过程。“落后意味着挨打”，中国的近代史首先是一个经济衰落的历史，其次是一个挨打被欺负的历史，当然也是一个不断斗争的历史。

1949年之后中国进入现代经济增长时代。1952—2012年期间GDP（1952年人民币不变价格）年平均增长率为8.2%，2012年GDP相当于1952年GDP的114.3倍，其中1952—1978年GDP年平均增长率为6.1%；1978—2012年

① 参见国家统计局编：《中国统计摘要2010》，35页，北京，中国统计出版社，2010。

GDP 年平均增长率为 9.8%。从经济增长来源看，第一是资本投入的贡献，约占 48%；第二是全要素生产率的贡献，约占 40%（见表 10—7）。经济增长的动力来自工业化、城镇化、信息化、基础设施现代化和国际化这“五大引擎”，它们相互作用、相互支撑、相互需求、相互促进。

1950—2012 年，中国又经历了由弱变强的重新崛起过程，其占世界经济总量的比重不断提高，从世界第五位上升为世界第二位，中国成功地实现了经济追赶。如果以最强大又是最发达的美国为追赶对象的话，一是中国 GDP 追赶系数（即相当于美国总量的比例）在 1978 年之后迅速上升，不断缩小与美国 GDP 的相对差距，并于 2010 年超过美国（见图 10—1）；二是中国人均 GDP 追赶系数（即相当于美国人均 GDP 的比例）也是在 1978 年之后迅速上升（见图 10—2）；这既是中国经济追赶的学习曲线，也是中国 GDP 未来超过美国的趋势线（见图 10—1）。

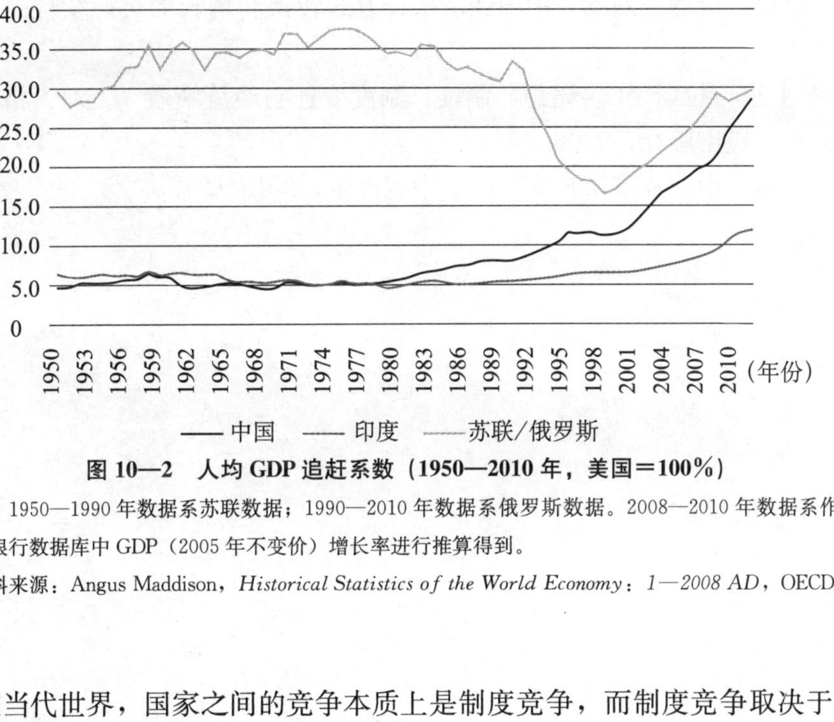

图 10—2　人均 GDP 追赶系数（1950—2010 年，美国＝100%）

注：1950—1990 年数据系苏联数据；1990—2010 年数据系俄罗斯数据。2008—2010 年数据系作者利用世界银行数据库中 GDP（2005 年不变价）增长率进行推算得到。

资料来源：Angus Maddison，*Historical Statistics of the World Economy*：*1—2008 AD*，OECD Publishing。

在当代世界，国家之间的竞争本质上是制度竞争，而制度竞争取决于是否比竞争国更有效率。从这个意义上说“一个有效率的经济组织在西欧的发展正是西方兴起的原因所在”，那么我们可以明确地说“一个比美国更有效率的社会主义市场经济体制在中国的创新，正是中国迅速兴起的原因所在”。

【思考与讨论】

1. 如何理解现代经济增长，又如何分析经济增长来源？

2. 为什么说高增长国家是“小概率事件”？
3. 分析中国近代经济落伍的原因。
4. 如何评价毛泽东时代的经济增长？
5. 如何理解中国现代经济增长奇迹？
6. 中国有哪些独特的经济制度优势？
7. 中国未来是否还能保持高增长？

【扩展阅读】

胡鞍钢．中国政治经济史论（1949—1976）．北京：清华大学出版社，2007.

［英］安格斯·麦迪森．中国经济的长期表现：公元960—2030年．上海：上海人民出版社，2008.

王小鲁，樊纲，刘鹏．中国经济增长方式转换和增长的可持续性．经济研究，2009 (1).

［美］道格拉斯·C·诺思．制度、制度变迁与经济绩效．上海：格致出版社，上海人民出版社，2008.

朱晓云．中国经济增长靠什么．中国改革，2013 (9).

第11章　农业与发展

中国人口众多，农业资源相对紧缺，粮食消费量大，农业供养人口能力不足。如何以占世界8%左右的耕地、6.5%的水资源，养活占世界20%左右的人口，长期以来都是现代中国面临的头号难题。

1949年7月底，美国国务卿艾奇逊就认为中国的人口是“不堪负担的压力”，中国无法解决“吃饭问题”，这被称为“艾奇逊预言”。对此毛泽东反驳道：“中国人口众多是一件极大的好事。再增加多少倍人口也完全有办法，这办法就是生产。”“我们相信革命能改变一切，一个人口众多、物产丰盛、生活优裕、文化昌盛的新中国，不要很久就可以到来，一切悲观论调是完全没有根据的。”①

1994年9月，美国世界观察研究所所长莱斯特·布朗博士，在美国《国际论坛先驱报》刊载了一篇题为《2030年：谁来养活中国?》的文章，预测中国粮食总产量将从1994年的3.4亿吨下降至2030年的2.74亿吨，国内粮食生产只能满足总需求（6.45亿吨）的42.5%，其余的57.5%要靠进口粮食来满足。同年10月，胡鞍钢在新加坡《海峡时报》（英文版）和《联合早报》（中文版）先后发表文章，特别谈到1949年美国国务卿艾奇逊“中国解决不了吃饭”的预言失败，还称“布朗预言”既不专业，也不科学，布朗所预测的2.74亿吨是没有科学依据的，仅相当于中国1973年的粮食产量。我们的结论是，中国完全有能力在21世纪养活自己。解决吃饭问题仍然是十分艰巨的任务，需要做出长期不懈的努力。②

事实表明，中国不仅能够养活十几亿人口，而且其人均农产品生产量和消费量已经达到世界中高水平。2003年以来，中国的粮食生产实现“十连增”，2013年粮食总量达到6亿吨，2000—2012年间全球谷物产量增加了4.3亿吨，中国增加了1.34亿吨，中国对世界粮食增产的贡献率高达31%。2009年，中

---

①《毛泽东选集》，2版，第4卷，1511、1512页，北京，人民出版社，1991。

②参见胡鞍钢：《中国能够实现粮食基本自给的长期目标》，载《联合早报》，1994-10-31，见《胡鞍钢集：中国走向二十一世纪的十大关系》，131～135页，哈尔滨，黑龙江教育出版社，1995。

国人均每天的热量和蛋白质供给量分别为 3 038 卡和 94 克，与 OECD 当年的平均水平较为接近（热量为 3 402 卡，蛋白质为 104 克）。自 1978 年以来，热量供给量与 OECD 平均水平的比值从 66%增加至 89%，蛋白质供给量与 OECD 平均值之比从 53%增加至 90%。[①] 可以说，中国的发展已经对如何养活中国做出了历史性回答，再次证明“布朗预言”的失败。中国不但成功解决了十几亿人民的吃饭问题，也为全球粮食安全做出了最大贡献。当然，布朗不是第一个，也不会是最后一位“中国失败”预言家。

那么，中国是如何成功实现粮食基本自给的？如何从传统农业转型为现代农业？如何将一个世界最大又最落后的农业国建设成一个世界最大又更为现代化的工业国？中国领导人如何认识和处理农业与工业的关系、农业与国民经济的关系等重大关系和矛盾？他们先后采取了什么样的农业发展战略来促进农业发展与农业转型？

新中国成立之后，中国的农业发展与转型本质上就是推动农业现代化的过程，中国的特殊国情决定了中国必须走出一条中国特色的农业现代化道路。这条道路，既是“中国总道路”的具体道路之一，又是中国“五位一体”社会主义现代化的基础。农业是国民经济的基础，这在我们这个有着十几亿人口的发展中大国，已是被历史反复证明了的客观规律。[②]

11.1 农业发展与转型

如何认识农业与发展的关系，这几乎是我们必须始终给予关注的重大理论问题和现实矛盾问题。

11.1.1 农业是国民经济基础性部门

农业被视为在经济发展中起着核心作用，因为贫困国家的大多数人都是靠土地谋生的。[③] 西奥多·舒尔茨还特别指出，世界上大多数穷人依靠农业生活，所以，

① 参见经济合作与发展组织、联合国粮食及农业组织：《经合组织-粮农组织 2013—2022 年农业展望》，54、57、58 页，北京，中国农业科学技术出版社，2013。

② 参见陈锡文：《走中国特色农业现代化道路》，载《十七大报告辅导读本》，139 页，北京，人民出版社，2007。

③ 参见［美］德怀特·H·波金斯等：《发展经济学》，5 版，470 页，北京，中国人民大学出版社，2005。

如果我们知道了农业经济学，我们就基本上知道了穷人经济学。[①] W·阿瑟西·刘易斯也认为，由于欠发达国家的劳动力队伍中绝大多数都是农民，他们的收入也是最低的，所以只有提高农民的收入，才能提高绝大多数人口的生活标准。[②]

农业作为经济发展的基础产业，对经济发展做出了重要贡献。通常有四类贡献：产品贡献、市场贡献、要素贡献、外汇贡献。[③] 2008年世界银行的报告认为，农业对发展做出了卓越的贡献：首先，农业是一项重要的经济活动。农业既是国民生产总值的第一产业部门，也是国民经济的增长源泉，据世界银行估计，全世界2/3的农业增加值是由发展中国家创造的。[④] 其次，农业是农村人口特别是贫困人口的一种谋生手段。发展中国家55亿人口中有30亿居住在农村[⑤]，估计有25亿人的家庭生计与农业密切相关，其中15亿人属于小农经营和小农经济[⑥]，农村是他们的立身之处，农业是他们的维生之本（中国长期以来也是以农为本），也是他们生生不息、繁衍子孙的基础。第三，农业也是环境功能的提供者。农业活动通过固碳（指捕获、分离、存贮或再利用二氧化碳）、流域治理和保持生物多样性，提供多样化的生态环境资源。[⑦]

无论是大国还是小国，农业都是国民经济的重要部门，但是人们并没有注意到大国的特殊性。对此张培刚先生有深刻认识，他认识到对人口大国来说，农业所占的地位尤其重要。在发展中大国，农业不仅创造很大比例的国民收入，提供了大多数人的就业和生活来源，而且为其他部门的发展提供了投入要素和产品市场。但是二战之后，许多发展中大国的农业却成了国民经济中的落后部分，成了发展链条上的薄弱环节。这表现在大国的农业中，不仅大量的剩余劳动力无法转移，人口和土地的矛盾十分尖锐，而且农业生产技术十分落后，生产工具非常原始，农业生产率极为低下，其结果是农业经济停滞和农民普遍贫困。这种状况反过来又阻碍了工业化的进行。[⑧] 这表明，人口众多的发

---

① Schultz, T. W., "The Economics of Being Poor," *Journal of Political Economy*, 1980 (8). 转引自［英］A. P. 瑟尔沃：《增长与发展》，6版，140页，北京，中国财政经济出版社，2001。

② W. Arthur Lewis, "Development Strategy in a Limping World Economy," The Elmhurst Lecture, The International Conference of Agricultural Economists, Baff, Canada, 1979, September, pp. 2－9. 转引自［美］杰拉尔德·M·梅尔、詹姆斯·E·劳赫主编：《经济发展前沿问题》，368页，上海，上海人民出版社，2004。

③ 详细分析见［英］A. P. 瑟尔沃：《增长与发展》，6版，138～140页，北京，中国财政经济出版社，2001。有关中国农业对工业化的四大贡献分析和计算见郭庆、胡鞍钢：《中国工业化问题初探》，85～92页，北京，中国科技出版社，1991。

④ 其中近1/6由中国创造。

⑤ 其中中国占近1/4。

⑥ 其中中国占了近一半。

⑦ 参见世界银行：《2008年世界发展报告：以农业促进发展》，北京，清华大学出版社，2008。

⑧ 参见张培刚主编：《新发展经济学》，增订版，47～48页，郑州，河南人民出版社，2001。

展中大国工业化过程中的基本矛盾之一就是农业与工业过程中的基本矛盾之一，即农业与工业或农业与非农业的关系。农业既是工业化的基础，又是工业化的制约，如何处理好这个矛盾，就成为发展中国家发展战略的核心问题。农业既可能成为工业化成功的原因，也可能成为工业化失效或遭受挫折的原因。发展中大国的农业发展道路会有不同的发展轨迹，作为世界人口最多国家的中国，如何走向农业现代化之路呢?

11.1.2 农业发展的影响因素

农业既是国民经济最基础的部门，又是国民经济最薄弱的部门[①]；既是就业人口最多的部门，又是劳动生产率最低的部门。中国如何实现从一个农业落后大国向农业生产大国的转变，中国如何养活十三亿人？从中国的农业发展经验来看，影响农业发展的因素有六个方面：科技因素、耕地因素、制度因素、劳动力因素、水利因素、自然灾害因素。

用公式表示为：

$$P^* = A^* \times R$$

式中，P^* 为某一时期最高农产品产量；R 为耕地面积；A^* 为单位面积产量，取决于农业技术水平。从长期看，农业产品产量取决于技术水平与开垦的耕地面积。

实际产量会低于 P^*，因为会受到制度因素、劳动力因素、水利因素、自然灾害因素等的影响。

用公式表示为：

$$P = A^* \times R \times l \times w \times d \times i$$

式中，l、w、d、i 分别为劳动力投入系数、农业水利系数、灾害损失系数、制度因素系数，它们均小于1。

这六个因素中，科技因素是长期影响因素。在我国古代，由于受科技水平的局限，单位面积产量提高十分缓慢，这种提高主要是通过劳动密集型的深耕细作和引入相对高产品种，农业发展主要是扩大耕地面积，总体上提高幅度非常有限，农业经济发展处于“高水平陷阱”。

---

① W·阿瑟西·刘易斯认为，农业一直是欠发达国家发展链上最为薄弱的环节。欠发达国家的工业每年一直按照大约7%的速度增长，国内储蓄率已经增加了三个百分点。到处一片光明景象，唯独农业没有光明，此处的最重要的事实是，总体而言，欠发达国家的粮食生产无法跟上粮食需求的步伐，因此，引发了一系列其他问题。W. Arthur Lewis, “Development Strategy in a Limping World Economy,” The Elmhurst Lecture, The International Conference of Agricultural Economists, Baff, Canada, 1979, September , pp. 2-9. 转引自［美］杰拉尔德·M·梅尔、詹姆斯·E·劳赫主编：《经济发展前沿问题》，366页，上海，上海人民出版社，2004。

耕地和劳动力是农业中的两个有形投入要素，它们的相对稀缺程度不同，这会导致农业发展路径不同。中国是一个人口多、耕地少的国家，以拥有极小耕地面积的小农户为主，农业发展路径是高度集约利用土地，复种指数高，但是农业劳动生产率相当低下，传统农业发展的过程，是农业劳动力不断扩大的过程，直到最近的 20 年时间农业劳动力开始向其他生产部门转移。美国国情与中国相反，是人口相对少、耕地多的国家，以具有较大耕地规模的家庭农场为主，农业就业比重极低，农业劳动生产率高，农产品商品率高，农产品出口比例高。

制度也是影响农业产量的重要因素。不同的农业制度对农民有不同的激励机制，进而影响他们的积极性，也就会形成不同的农业生产方式，表现为不同的农业生产水平和农业劳动生产率。国家作为农业制度的设计者，如何处理国家与农民的关系、政府与市场的关系，都会直接或间接影响农业产出、农民收入和农民利益。此外，国家或政府能否为农民提供可及性高、均等化的公共服务，对农业发展、农民增收产生重要影响。

水利灌溉也是影响农业发展的重要因素。我国是一个干旱、半干旱地区分布很广的国家，大中小型水利工程建设、小型农田水利建设、节水灌溉农业等都会促进粮食增产。大体统计，一亩水浇地的平均产量是旱地的 2～4 倍。粮食生产中的各种要素，水占到 40%。2012 年，我国以 49%的灌溉面积，却产出了 75%的粮食和 90%的经济作物。社会主义建设时期，我国通过大规模的水利建设，促进了我国农作物产量的提高。

自然灾害，特别是水旱灾害同样是影响农业产量的重要因素，在造成农业减产的同时，还使得农业产量产生波动性。近二十年来，我国因灾损失粮食占总产量 7%以上。

11.1.3 农业转型

西奥多·舒尔茨是最早提出转变传统农业这一命题的学者。他认为可以把落后的传统农业改造成为现代化的农业。[①] 托达罗从农民作为农业生产者的微观角度，把农业生产的演变过程分为三个主要阶段：维持生存的传统农业；多样化或混合的家庭农业；现代化农业，即根据商品市场需求而从事专业化生产的高效农业。[②]

① 详细分析见［美］西奥多·W·舒尔茨：《改造传统农业》，北京，商务印书馆，1987。

② 详细分析见［美］迈克尔·P·托达罗：《经济发展》，6 版，313～321 页，北京，中国经济出版社，1999。

一个国家或地区的工业化、现代化过程都是农业占国民经济和总就业比重不断下降的经济结构变化过程。钱纳里曾经把经济结构转变概括为三个阶段：初级产品生产阶段；工业化阶段；发达经济阶段。① 蔡昉、林毅夫认为，作为整个国民经济的一个组成部分，农业与其他产业一样，一方面受到国民经济发展水平的影响，另一方面也是制约国民经济的因素。从经济发展的规律来看，农业比重下降是农业与国民经济关系的主旋律。他们认为这主要是由三个原因导致的：一是由于农业生产率的提高，即农业劳动生产率和土地生产率提高，对劳动力、土地等要素资源的占用逐渐降低；二是由于农产品具有收入的需求弹性小的特点，人均收入水平提高所产生的需求刺激，在农业中比其他产业要小；三是由于农业比较优势的下降，经济发展水平提高后，农产品在出口产品中的比重降低，代之以附加价值较高的制造业产品，从而使得农业生产要素的组合发生变化，进而导致了农业比较优势的变化。但是农业比重的下降，是经济规律的结果，而不是政策扭曲所造成的，是以劳动生产率和土地生产率的提高为前提的，农业的增长幅度与人口的增长幅度是互相配合的，因此虽然农业产业比重不断下降，但这种下降却是以农业产业地位的提高为基础的。②

不同国家的农业对发展的促进作用不同，一个国家在不同发展阶段其农业的类型也不同。世界银行根据世界上 100 多个发展中国家的主要农业指标，将它们划分为三种类型：传统农业国；转型中国家；城市化国家（见表 11—1）。③ 这也显示了一个国家农业发展与转型的一般趋势，或三个阶段性特征。

表 11—1　　三种国家类型的特征（2005 年）

主要指标	传统农业国	转型中国家	城市化国家
农村人口（百万）	417	2 220	255
农村人口比重（%）	68	63	26
人均国内生产总值（美元，2000 年不变价）	379	1 068	3 489
农业增加值占国内生产总值比重（%）	29	13	6
农业增加值年平均增长率（%）	4.0	2.9	2.2
非农生产增加值年平均增率（%）	3.5	7.0	2.7

① 详细分析见［美］H. 钱纳里等：《工业化和经济增长的比较研究》，96～99 页，上海，上海三联书店、上海人民出版社，1995。

② 参见蔡昉、林毅夫：《中国经济》，132～141 页，北京，中国财政经济出版社，2003。

③ 参见世界银行：《2008 年世界发展报告：以农业促进发展》，北京，清华大学出版社，2008。

续前表

主要指标	传统农业国	转型中国家	城市化国家
农村贫困人口数（百万，2002年）	170	592	32
农村贫困发生率（%，2002年）	51	28	13
国家分布	撒哈拉沙漠以南非洲地区	南亚、东亚和太平洋地区，中东与北非地区	东欧和中亚、拉丁美洲和加勒比海地区

注：贫困发生率标准是每人每日支出1.08美元（1993年购买力平价）。

资料来源：Rarallion，Chen，Sangraula，"China's (Uneven) Progress Against Poverty，" *Journal of Development Economics*，2004，82（1）；世界银行：《2008年世界发展报告：以农业促进发展》，5页，北京，清华大学出版社，2008。

第一类是（基于）传统农业（经济）国家（agriculture-based economies country）。它的主要特征是：处于低收入阶段，农业是经济增长的主要来源，对于经济增长的贡献率平均达到32%；农村人口比重高，达到68%；贫困人口比重也很高，达到51%；人均GDP平均为379美元。这样的国家主要分布在撒哈拉沙漠以南非洲地区。

第二类是（正在）转型中（经济）国家（transforming economies country）。它的主要特征是：开始进入下中等收入阶段，农业不再成为经济增长的主要来源，对经济增长的贡献率仅为7%；农村人口比重仍然很高，占63%；贫困人口比例为28%；人均GDP达到1 000美元。世界银行认为，像南亚、东亚和太平洋地区，中东和北非地区都属于这种类型，中国、印度和印度尼西亚三个人口大国也属于典型的转型中国家。

第三类是（正在）城市化（经济）国家（urbanizing economies country）。它的主要特征是：处于中等或上中等收入阶段，农业对经济增长的直接贡献相当低，平均只有5%；全国的贫困发生率处于较低水平，仅13%，其中45%的贫困人口分布在农村，其余55%集中在城市（这是由于人口转移到城市，随之贫困人口主题也转移到城市）。这样的国家主要分布在东欧和中亚、拉丁美洲及加勒比海地区。

发展中国家大都按照这一演变路径，即由（基于）传统农业（经济）国家到（正在）转型中（经济）国家，再到城市化（经济）国家，之后走向发达国家或高收入国家。世界银行报告也同时指出：各个国家农村的内部普遍存在着异质性，大规模的商业工厂与小自耕农并存，而小自耕农中既有只能维持糊口农业的生存型农民，又有商业化程度较高的交换型农民。另外，在一个国家内部，也可能出现传统型农业与转型中农业和城市化农业共存的局面。①

在农业转型的不同阶段，农业对国民经济的贡献是有所不同的，也会经历三个不同阶段②：

（1）绝对贡献期。农业是国民经济的主导部门，是经济的重心，相对于各产业部门对国民经济的贡献，农业部门绝对地大于非农业部门。

（2）相对贡献期。随着经济发展，非农产业占国民收入的比重逐渐增大，与农业部门的比重大致平衡时，两者对经济发展的贡献均具有相对的重要性，彼此相互支持，相互促进，共同增长。

（3）贡献回转期。当非农产业占国民收入比重大大超过农业部门的比重，并成为经济的主导部门时，农业的发展就有赖于非农业部门的支持，非农产业理应对农业做出更多的贡献，即贡献回转于农业。

我们在分析了中国国情和发展阶段的基础上做出如下基本判断：目前我国农业理应进入贡献回转期，即不仅农业的积累应当转向于农业的自身发展，而且工业还应当对农业发展做出更多的支持，大幅度提高对农业的投入，包括资金、物质和技术等新的生产要素。

2004年，胡锦涛同志在党的十六届四中全会上提出了“两个趋向”：“纵观一些工业化国家发展的历程，在工业化初始阶段，农业支持工业、为工业提供积累是带有普遍性的趋向；但在工业化达到相当程度以后，工业反哺农业、城市支持农村，实现工业与农业、城市与农村协调发展，也是带有普遍性的趋向”。中央经济工作会议又进一步指出，“我国现在总体上已到了以工促农、以城带乡的发展阶段”。

2007年党的十七大报告提出：“走中国特色农业现代化道路，建立以工促农、以城带乡长效机制，形成城乡经济社会发展一体化新格局”。这表明，中国逐步探索出了一条中国特色农业现代化道路。本章以此为主题，从历史视角与国际视角来分析并总结这一道路。

11.2 传统农业大国

中国具有五千多年的农业文明历史，自古就有“禹治洪水既平，后稷乃始播百谷”（《诗经·鲁颂·閟宫》）的传说。何炳棣（Ho Ping-ti）利用考古学和

---

① 参见世界银行：《2008年世界发展报告：以农业促进发展》，北京，清华大学出版社，2008。

② 参见中国科学院国情分析研究小组，胡鞍钢、王毅执笔：《生存与发展》，72～73页，北京，科学出版社，1989。

古植物的证据来研究中国农业的起源[①]，为中华文明的起源提出全新的看法。他明确地认定中国的农业可以“长期自我维持”。中国人均实际消费水平在很长的时间内并没有下降，而是通过接受和适应技术变化得到维持。他同时指出，土地生产率上升的过程伴随着劳动生产率的逐步下降。

中国是一个以农为本的国家，早在战国时期，法家的商鞅学派就认为：一百个人农耕一人闲着，国家就可以称王；十个人农耕一人闲着，国家就可以强大；一半人农耕一半人闲着，国家就危险了，因此，“故治国者欲民者之农也”（《商君书·农战》）。历代统治者都以重农劝耕作为治国之本。

古代的中国农业是西奥多·舒尔茨所定义的典型的传统农业，即“完全以农民世代使用的各种生产要素为基础的农业”[②]。张培刚先生进一步将中国的传统农业概括为三个重要特征：其一，以人力和畜力为主要动力的耕作生产方式，具有千年不变的高度稳定性；其二，在以粗放耕作为特征的生产方式中，农业劳动人口的边际生产率很低；其三，保持着自给自足的传统自然经济状态，因而其农产品商品率也很低。[③]

与世界其他地区相比，中国土地生产率极高。[④] 这是由我国传统历史上人多地少的基本国情所决定的，由于土地的稀缺，农民为了提高土地单产水平，就会过度地在土地上投入劳动，从而使得土地生产率达到了极致。在早期，西北的黄土干旱农业地区曾经是中国农业的中心。政府和农民曾经想尽一切办法来增加耕地面积。为了维持生活水平，被迫不断寻求新的办法提高单产。特别是8—13世纪之间，中国的经济重心转移到南方，到13世纪，3/4的人口定居在长江以南，精耕细作的水稻农业取代粗放式旱地农业，并成为主要粮食来源，这进一步提高了土地生产率[⑤]，也使得中国传统农业达到了很高的成就，中国以相对稀缺的耕地资源，养活了远多于世界其他地区的人口。

安格斯·麦迪森对中国传统农业经济发展做了概括：在两千多年间农业占GDP和整个劳动力的比例极高；可耕地占土地总面积比例按照国际标准来说是

---

① Ho Ping-ti，*The Cradle of the East*：*An Inquiry into the Indigenous Origins of Techniques and Ideas of Neolithic and Early Historic China*，*5000—1000B. C.*，Chinese University Press，Hong Kong，1975.

② ［美］西奥多·W·舒尔茨：《改造传统农业》，4页，北京，商务印书馆，1987。

③ 参见张培刚主编：《新发展经济学》，增订版，282～283页，郑州，河南人民出版社，2001。

④ 波金斯认为，几个世纪前，在人口压力特别大的地方，粮食产量每公顷所达到的水平，甚至比今天世界上许多地区的产量还高。例如在中国，一年种两季稻或一季稻、一季麦，16世纪以前就已很普遍了。19世纪中期以前，在中国和日本，大面积的平均单产超过了每公顷2.5吨～3吨，而印度和泰国，直到20世纪60年代，每公顷平均稻谷产量还不到1.5吨。这表明，传统农业能在单位土地上达到高水平的劳动生产率。参见［美］德怀特·H·波金斯等：《发展经济学》，5版，483页，北京，中国人民大学出版社，2005。

⑤ 参见［英］安格斯·麦迪森：《中国经济的长期表现：公元960—2030年》，28页，上海，上海人民出版社，2008。

非常小的，中国人口面对土地资源稀缺的压力始终非常显著；汉族地区重种植业，轻畜牧业；正是土地的相对稀缺导致了集约使用农家粪肥；高度依赖水利灌溉，政府在大规模的灌溉工程中起了主要作用，在北方尤其如此，在1400—1820年期间灌溉面积约占耕地面积的1/3，在1820—1952年之间下降至1/5以下，但仍然远高于印度和欧洲的比例；农业处在政府经济政策的中心地位，政府鼓励新品种、多季作物、高产作物与最佳技术传播，与欧洲普遍休耕不同的是，中国的复种指数一直在不断提高，从公元1世纪汉朝的0.6，上升到8世纪唐朝的0.8，到宋朝时达到了1.0，19世纪已经达到了大约1.4。

根据麦迪森的研究，1400—1820年期间，中国粮食总产量增长了5.3倍，这与总人口增长倍数是一致的。与此同时，耕地面积增长了大约3倍，单产增长了大约3/4。帕金斯把明清时期看作一个（农业）技术停滞的时期，没有技术进步。[①] 麦迪森则不这么认为，他分析粮食单产增长的部分原因是：这都反映了农业进步，这种长期的技术吸收和消化过程完全应该被视为技术进步。[②]

从中国两千多年的农业发展指标看（见表11—2），其主要趋势包括：一是总人口波动性持续上升；二是总劳动力也波动性持续上升；三是耕地总面积持续扩大；四是以粮食单产为代表的土地生产率持续提高，反映了极其缓慢的农业生产技术的进步，但是到了近代（指1820—1949年）单产反而下降了，从1820年的245斤/亩下降至1949年的137斤/亩，下降了44%；五是传统农业生产率在一定水平上长期处于稳定状态，从唐代之后是持续下降的。与此同时，中国的传统农业技术进步变化是（十分）缓慢的，农业产量的提高为人口增长所抵消，中国的传统农业产量总体上依靠耕地、劳动力等要素投入来实现增长，是通过精耕细作实现农业的自给自足的。

根据吴慧先生的研究，劳动生产率在唐代中晚期达到最高峰，而后持续下降，清朝中期与战国末期相比，农业劳动生产率下降了37%。两千多年来土地生产率是缓慢地上升的，在清朝中期达到高峰，亩产量达到了367斤，与战国末期相比也只上升了70%。1776年，亚当·斯密评价道："中国贫穷劳动者生产维持费不足，是社会停滞不进的症候，而劳动者处于饥饿状态，乃是社会急速退步的症候"。[③] 到1949年，无论是人均粮食产量，还是农业劳动生产率都处于历史最低水平（见表11—2）。

---

① Perkins, D. H., *Agricultural Development in China*, *1368—1968*, Chicago: Aldine, 1969.

② 参见［英］安格斯·麦迪森：《中国经济的长期表现：公元960—2030年》，修订版，30、31页，上海，上海人民出版社，2011。

③ ［英］亚当·斯密：《国民财富的性质和原因的研究》，上卷，北京，商务印书馆，65、67页，1972。

表 11—2　　中国历代农业指标

时期	人口数（亿）	劳动力（百万）	粮食总产量（亿斤）	人均占有原粮（斤/人）	农业劳动生产率（斤/人）	粮食亩产（斤/亩）	人均粮田（亩/人）
战国末期	0.20	6.0	182.7	921	3 045	216	4.26
西汉	0.59	17.7	591.4	993	3 341	264	3.76
唐代中晚期	0.52	15.6	664.7	1 256	4 261	334	3.76
宋	1.04	31.2	1 205.0	1 159	3 862	309	3.75
明 1400	0.72		410.4			138	
明	1.30	39.0	1 453.0	1 118	3 726	346	3.23
清 1650	1.23		701.1			146	
清 1750	2.60		1 482.0			206	
清中叶	3.61	108.3	2 268.1	628	2 094	367	1.71
清 1820	3.81		2171.7			245	
1949	5.42	162	2 263.6	418	1 397	137	

资料来源：吴慧：《中国历代粮食亩产研究》，194～195 页，北京，农业出版社，1985；［英］安格斯·麦迪森：《中国经济的长期表现：公元 960—2030 年》，修订版，30 页，表 1.6 中国农业的重要指标（1400—1952），上海，上海人民出版社，2011；国家统计局编：《中国统计年鉴 1984》，81、141、153、167 页，北京，中国统计出版社，1984。

最后需要说明的是，“民以食为天”（《汉书·郦食其传》），是中国几千年来一直奉行的至理名言，解决吃饭问题是世世代代一直追逐的首要目标。“粮食定，天下定；粮食紧，市场紧”①。翻开中国的历史，中国还是一个十分典型的饥荒大国②，每当灾害纷至，粮食短缺，常常带来的是饥民造反，王朝更迭。“无粮则乱”，饥荒成为中国社会动荡的晴雨表。③

11.3　农业初步转型发展期

近代的中国是一个十分典型的传统农业社会，是一个十分典型的欠发达国家。中国是世界第一人口大国、第一农村人口大国，也是第一贫困人口大国。这是中国农业现代化与转型的历史起点。

中国是小农为主体的大国。农民是小私有者，由于农业生产自然性的特点

① 《陈云文选》，第 3 卷，125 页，北京，人民出版社，1995。

② 详细分析见邓拓：《中国救荒史》，北京，商务印书馆，1937，这是我国学术史上第一部较为完整、系统、科学地研究中国历代灾荒的专著；张水良：《中国灾荒史》，厦门，厦门大学出版社，1990。

③ 参见中国科学院国情分析研究小组，胡鞍钢、王毅执笔：《生存与发展》，北京，科学出版社，1989。

和生产力水平低下的约束，农民要求稳定的土地占有和基本生产资料私有。“耕者有其田”是千百年来农民最高的经济要求和梦想。[①] 解决中国的吃饭问题，首先是要解决农民的土地问题。而农民的土地问题实质是如何实现“耕者有其田”。对此，深知中国国情的孙中山非常清楚。1924 年 1 月国民党第一次全国代表大会确定了联俄、联共、扶助农工三大政策，会后他提出了“耕者有其田”的主张。但是直到 1949 年国民党政府也没有实现这一目标，国民党没有能够解决农民吃饭问题。1946 年和 1947 年南方大饥荒，两年间仅粤桂湘三省就饿死了 1 750 万人。[②]

因此，满足中国农民对土地的要求，是中国共产党的新民主主义经济纲领。国民党政府不能解决的问题，恰恰由中国共产党代表农民的心愿，提出并领导的土地改革，实现了这一目标。国民党政府的失败主要是经济治理失败，而经济治理失败又主要是农业治理失败。当然，国民党政府的失败之处恰恰是共产党政府的成功之处，国民党的丧失民心之处也正是共产党获得民心之处。[③]

1933 年 6 月，中华苏维埃共和国中央政府土地人民委员部发表布告，宣布土地归农民私有。1946 年 5 月，中共决定将减租减息政策改为实现“耕者有其田”政策，要求全党发动和领导群众来解决解放区的土地问题。东北解放区开展土地改革，当年东北 500 万无地或少地的农民获得 2 600 万亩土地。[④] 到 1947 年 2 月，全国解放区各区有约 2/3 的地区解决了土地问题，实现了“耕者有其田”。[⑤] 1947 年 9 月，中共中央制定了《中国土地法大纲》，废除封建半封建剥削的土地制度，实行耕者有其田，废除一切地主的土地所有权。规定土地改革以后，由政府发给土地所有证，并承认其自由经营、买卖及在特定条件下（如身老孤寡、家无劳力等）可以出租的权利，保护土地的私有权，以利于发展农业生产。[⑥]

1947 年 12 月，毛泽东就指出，全党必须明白，土地制度的彻底改革，是现阶段中国革命的一项基本任务。如果我们能够普遍地彻底地解决土地问题，我们就获得了足以战胜一切敌人的最基本的条件。[⑦] 到 1949 年上半年，拥有 2.7 亿人口、约 230 万平方公里面积的解放区（未包括内蒙古和华南）中，约

---

① 参见《中国农业全书》总编辑委员会，《中国农业全书·山东卷》编辑委员会编：《中国农业全书》（山东卷），北京，中国农业出版社，1994。

② 参见《文苑》编辑部：《1946 和 1947 南方大饥荒》，载《文苑》，2013（2）。

③ 参见胡鞍钢：《中国政治经济史论（1949—1976）》，2 版，129 页，北京，清华大学出版社，2008。

④ 参见沙健孙主编：《中国共产党与新中国的创建（1945—1949）》上册，355 页，北京，中央文献出版社，2009。

⑤ 参见上书，361 页。

⑥ 参见上书，367 页。

⑦ 参见《毛泽东选集》，2 版，第 4 卷，1252 页，北京，人民出版社，1991。

有1亿左右农民通过减租减息和土地改革，获得了3.75亿亩土地。[①] 正如毛泽东所言："有了土地改革这个胜利，才有了打倒蒋介石的胜利。"[②]

但是，1949年新中国成立时，中国仍然是一个落后的农业国家，农业生产水平大大低于1936年的水平，可能是近代历史上最低的水平。全国农业生产比1936年下降了25%，其中粮食产量下降了22.1%，棉花产量下降了48%。[③] 全国人均粮食只有418斤，处于中国历史最低的水平（见表11—2)。1949年建国前毛泽东同志对中国这一基本国情的认识相当深刻，提出"九一开"的判断。他指出：中国还有大约百分之九十左右的分散的个体的农业经济和手工业经济，这是落后的，这是和古代没有多大区别的，我们还有百分之九十左右的经济生活停留在古代。在今后一个相当长的时期内，我们的农业和手工业，就其基本形态说来，还是和还将是分散的和个体的，即是说，同古代近似的。[④]

1952年中国农村人口占总人口比重为87.5%，农业劳动力占全国劳动力比重为88.0%。当时农村人口几乎都是绝对贫困人口，我们估计当时中国农村居民家庭恩格尔系数在98%以上，属于典型的"生存型农民"。实际上，中国当时的农业劳动生产率不仅极其低下，而且还不及古代的农业劳动生产率（见表11—2)。经过三年国民经济恢复期，农业生产得到明显恢复，但是仍然处于较低的水平。根据安格斯·麦迪森的计算，如果按1987年不变价格计算的话，1952年中国农业增加值仅相当于1933年的92.3%，农业劳动生产率相当于1933年的94.8%。[⑤] 这表明，1952年中国农业的发展水平还远不及1933年的水平。[⑥]

从1949年以来，中国农业发展直接受到政府农业改革政策的影响，至少有过七次影响农业制度的重大变化。[⑦] 但并不是每次农业改革总是成功的，这反映了一个不断试错、不断纠错、不断调整、不断完善的过程，不同的政策会对广大农民有不同的激励机制，就会有不同的结果，对农民而言，有的受益大，有的受益小。这种中国特有的"政策试验"，本质上是在加速工业化的大背景下，调整国家与农民的关系和工业与农业的关系。实践是检验政策的唯一

---

① 参见沙健孙主编：《中国共产党与新中国的创建（1945—1949)》上册，382页，北京，中央文献出版社，2009。

② 《毛泽东文集》，第6卷，73页，北京，人民出版社，1999。

③ 参见孙健：《中国经济史——近代部分》，748～750页，北京，中国人民大学出版社，1989。

④ 参见《毛泽东选集》，2版，第4卷，北京，人民出版社，1991。

⑤ 参见［英］安格斯·麦迪森：《中国经济的长期表现：公元960—2030年》，118页，上海，上海人民出版社，2008。

⑥ 参见［英］安格斯·麦迪森：《中国经济的长期表现：公元960—2030年》，修订版，125页，上海，上海人民出版社，2011。

⑦ 安格斯·麦迪森认为，自从1949年以来，一共有过七次影响农业制度的重大政策变化。参见［英］安格斯·麦迪森：《中国经济的长期表现：公元960—2030年》，修订版，76页，上海，上海人民出版社，2011。

标准：凡是好政策，能同时达到“农业增产”、“农民增收”两个目标。反之则相反，或只达到其中一个目标。

第一次农业制度改革是指土地改革，也是最成功的“解放农民”的改革。新中国一成立，就将土地改革放在首位，实现“耕者有其田”目标。

1949 年 9 月 29 日的《中国人民政治协商会议共同纲领》第三条：“有步骤地将封建半封建的土地所有制改变为农民的土地所有制……”第二十七条：“必须保护农民已得土地的所有权……经过清除土匪恶霸、减租减息和分配土地等项步骤，实现耕者有其田。”中央人民政府成立了以刘少奇为主任的中央土地改革委员会，负责指导全国的土地改革工作。

1950 年 6 月 28 日，中央人民政府委员会第八次会议通过了《中华人民共和国土地改革法》，第一条总则说明了土地改革的基本目的：“废除地主阶级封建剥削的土地所有制，实行农民的土地所有制，借以解放农村生产力，发展农业生产，为新中国的工业化开辟道路”。到 1952 年底，全国 3 亿多无地少地农民获得 7 亿亩土地，免除了 700 亿斤粮食的地租，极大地解放了农民。与 1949 年水平相比，1952 年农业总产值增长 48.4%，粮食单产增长 28.4%，粮食总产量增长 44.8%，超过了解放前最高年产量的 18%。[①] 1953 年农民净货币收入比 1949 年增长 123.6%，每人平均净货币增长 111.5%。农民的消费购买力有了成倍的增长，1953 年比 1949 年增长 111%，平均每人消费品购买力增长 1 倍。1953 年同 1949 年相比，农民留用粮食增长 28.2%，其中生活用粮食增长 33.6%。安格斯·麦迪森评价到，这个变革为 1.06 亿农户建立了平等主义（egalitarian）的制度，使他们都转变成了自耕农，以向政府交税（通常是实物性的）的形式代替了以往的地租。[②] 这是一条符合中国国情的经济纲领、经济政策，也是中国历史上开天辟地的土地改革，诚如毛泽东所言：状元三年一考，土改千载难逢。从尧、舜、禹、汤、文武、周公、孔子直到孙中山都没有做过，我们才做。[③] 这是 20 世纪中国最大也是最成功的农村改革。

从 1946 年 5 月到建国初期的 1952 年底，只花了短短的六年时间，中国共产党就完成了这么大规模的土地改革。作为新中国的第一次农业制度革命，需要花相当长的时间来巩固和完善这一来之不易的改革成果，在土地改革过程中出现各种问题需要主动调整，还需要让广大农民和基层干部

① 参见国家统计局编：《中国统计年鉴 1984》，81、141、153、167 页，北京，中国统计出版社，1984。

② 参见［英］安格斯·麦迪森：《中国经济的长期表现：公元 960—2030 年》，修订版，75 页，上海，上海人民出版社，2011。

③ 参见中共中央文献研究室编：《毛泽东年谱（一九四九——一九七六）》，第 1 卷，北京，中央文献出版社，2013。

适应新的制度，处理以往没有遇到的新问题，特别是大规模的社会变革总是会引发社会的阵痛。但是因为惊人的成功、巨大的成功，不久毛泽东又发动了第二次农业制度革命。但这次革命脱离了中国国情，超越发展阶段，违背农民意愿，很快否定了之前的正确主张和《共同纲领》的基本方针，急于在极其贫穷、极其广大的农村地区实现向社会主义过渡。在农村实行社会主义改造，具体地讲就是改变土地改革的成果，实行互助组或初级合作社。毛泽东于 1953 年提出“一化三改”的社会主义过渡时期总路线①，他当时设想需要三个五年计划，即十五年时间实现上述目标，但是“计划赶不上变化”，实际上搞了“大冒进”，仅用了三年时间就在全国强制性实现了农业合作化。尽管农业生产仍然增长，农民收入仍在增加，但是农民的自主性、自主权受到了极大的限制，甚至还出现了土地及其他生产资料“被剥夺”的情形。这一冒进改革也直接影响农业总产出和农民消费增长，1953 年和 1954 年分别增长 1.9%和 1.7%，农村居民消费水平分别增长 2.8%和 1.2%。②

这意味着，中国农业发展道路从以土地私有、家庭个体经营模式转向走合作社化道路，就会出现路径依赖、路径锁定，而后越走越远，从初级合作社，到高级合作社，再到人民公社。

1956 年 1 月毛泽东又发动了第三次农业制度革命，集体改革不断升级，毛泽东亲自主持制定《1956 年到 1967 年全国农业发展纲要（草案）》，规划了农业初级合作化和农业高级合作化的目标。由初级合作社发展为高级合作社，只用了一年时间，绝大多数农民都被强制性地加入这种组织，到 1957 年初加入高级合作社的农户已经达到了总农户的 87.8%（见表 11—3），农民基本上失去了对自己土地的财产所有权，只保留了 5%的小块自留地种植蔬菜和饲养家畜。实际上，1956 年农业合作化运动完成后，粮食增长极少，牲畜大量减少，生产力受到了破坏。③ 更为激进的改革直接影响了农民的消费水平，1956 年和 1957 年农村居民消费水平分别增长 1.3%和 2.0%。④

---

① 毛泽东指出：“党在这个过渡时期的总路线和总任务，是要在一个相当长的时期内，逐步实现国家的社会主义工业化，并逐步实现国家对农业、对手工业和对资本主义工商业的社会主义改造”。参见《毛泽东文集》，第 6 卷，316 页，北京，人民出版社，1999。

② 参见国家统计局国民经济综合统计司编：《新中国六十年统计资料汇编》，11、14 页，北京，中国统计出版社，2010。

③ 参见温锐：《理想历史现实——毛泽东与中国农村经济之变革》，146 页，太原，山西高校联合出版社，1995。

④ 参见国家统计局国民经济综合统计司编：《新中国六十年统计资料汇编》，14 页，北京，中国统计出版社，2010。

表 11—3　农户参与各类社会主义农业组织的比重（1950—1958 年）（%）

年份	互助组	初级合作社	高级合作社	人民公社
1950	10.7	0.0		
1951	19.2	0.0		
1952	39.9	0.1		
1953	39.3	0.2		
1954	58.3	2.0		
1955 年秋	50.7	14.2		
1955 年 10 月		32.0		
1955 年 11 月		41.4		
1955 年 12 月		63.3		
1956 年 1 月		80.3		
1956 年 6 月		91.9		
1956 年 12 月		96.3		
1957 年初		8.5	87.8	
1958 年 8 月底				30.4
1958 年 9 月末期				98.0
1958 年 12 月底				99.1

资料来源：[英] 安格斯·麦迪森：《中国经济的长期表现：公元 960—2030 年》，73 页，上海，上海人民出版社，2008；董辅礽主编：《中华人民共和国经济史》，上卷，146～163 页，北京，经济科学出版社，1999。

1958 年毛泽东又发动了第四次农业制度革命。尽管初级合作社、高级合作社已经取得了“大跃进”式的生产关系调整，但是毛泽东还嫌不够，还嫌太慢，又连续发动了“一大二公”的人民公社化运动。7 月 16 日，毛泽东提出“我们的方向，应该逐步地有次序地把‘工（工业）、农（农业）、商（交换）、学（文化教育）、兵（民兵，即全民武装）’组成为一个大公社，从而构成为我国社会的基本单位”①。为此，8 月 29 日，中共中央做出了《关于在农村建立人民公社问题的决议》，正式确立了人民公社“一大（规模大）二公（公有化程度高）”的基本性质，实际上是“一平（平均主义）二调（无偿调拨）”的基本特征，这就导致国家与农民的激励不相容，出现大量的免费搭车者。

同年底，全国农村几乎全部建立了人民公社（见表 11—3）。将 75.3 万个高级合作社的 1.23 亿农户分配在 2.6 万个大型人民公社中，平均每个人民公社大约有 4 700 个农户和 6 700 名劳动力。这些人民公社中有 50 万个生产大队，300 多万个生产（小）队。② 最为激进的第四次改革更是直接影响了农民的消费水平，

① 《建国以来毛泽东文稿》，第 7 册，317 页，北京，中央文献出版社，1992。

② 参见 [英] 安格斯·麦迪森：《中国经济的长期表现：公元 960—2030 年》，72～73 页，上海，上海人民出版社，2008。

1958 年、1959 年、1960 年和 1961 年农村居民消费水平分别增长 2.5%、−9.2%、−4.5%和 1.3%。[①] 对农业总产出影响最大，1958 年、1959 年、1960 年和 1961 年农业增加值分别增长 0.4%、−15.9%、−16.4 和 1.4%，1961 年农业增加值比 1957 年减少了 25.4%。[②] 无论是当时的数据还是后来调整的数据，都表明这次改革是“大失败”。

早在 1957 年 1 月，毛泽东就指出：“全党一定要重视农业。农业关系国计民生极大。要注意，不抓粮食很危险。不抓粮食，总有一天要天下大乱。”[③] 1959 年 4 月，时任国务院副总理的陈云同志就提出“粮食定，天下定；粮食紧，市场紧”[④]。同年 7 月，毛泽东同志在庐山会议上提出“农业是国民经济的基础”。但是 1959—1961 年爆发了令人震惊的“大饥荒”。

党中央立即采取一系列措施，应对“大饥荒”。仅 1960 年下发的中央文件就有 16 份。1961 年 1 月，中共八届九中全会公报指出，鉴于农业生产连续两年遭到了严重的自然灾害，1961 年全国必须集中力量加强农业战线，贯彻执行国民经济以农业为基础，全党全民大办农业、大办粮食的方针。用了三年到四年的时间，中国农业生产开始恢复并增长，粮食产量超过了 1958 年的水平。与此同时，大幅度提高农产品收购价格，与 1957 年相比，1962 年农副产品价格平均提高了 32.2%。[⑤] 根据陈云的建议，中国决定从国际市场（主要是澳大利亚、加拿大）紧急进口粮食，仅 1961—1963 年期间，就累计进口了 1 668 万吨粮食，稳定了国内市场。[⑥]

有了这次深刻教训之后，中共中央更加明确了农业为基础的基本国策。中共八届十中全会公报指出，我国人民当前的迫切任务是：贯彻执行毛泽东同志提出的以农业为基础、以工业为主导的发展国民经济的总方针，把发展农业放在首要地位，正确地处理工业和农业的关系，坚决地把工业部门的工作转移到以农业为基础的轨道上来。[⑦]

---

① 参见国家统计局国民经济综合统计司编：《新中国六十年统计资料汇编》，14 页，北京，中国统计出版社，2010。

② 参见国家统计局国民经济综合统计司编：《新中国六十年统计资料汇编》，11～12 页，北京，中国统计出版社，2010。

③ 《毛泽东文集》，第 7 卷，199 页，北京，人民出版社，1999。

④ 《陈云文选》，第 3 卷，125 页，北京，人民出版社，1995。

⑤ 参见赵德馨主编：《中华人民共和国经济史（1949—1966）》，610 页，郑州，河南人民出版社，1988。

⑥ ［英］安格斯·麦迪森：《中国经济的长期表现：公元 960—2030 年》，修订版，78 页，上海，上海人民出版社，2011。

⑦ 参见中央文献研究室编：《建国以来重要文献选编》，第 15 册，554 页，北京，中央文献出版社，1997。

同时，中共中央也对人民公社体制做了重大调整。1962 年 2 月，中央发出了《关于改变农村人民公社基本核算单位问题的指示》，决定农村人民公社一般以生产队（即小队）为基本核算单位，实行以生产队为基础的三级所有制，至少 30 年（即到 1992 年）不变。这是在坚持人民公社体制的框架下，从“一大二公”方面“退了一大步”，而后基本上维持了“以生产队为基础的三级所有制”，恢复和扩大了自留地和家庭副业。20 多年之后人民公社就退出历史舞台了。

1952—1978 年期间农村和农业主要结构指标随着整个中国的发展发生了历史性的变化。农业占 GDP 比重下降了 22.8 个百分点，农业劳动力比重下降了 13 个百分点，“三农”指标开始下降，但是下降幅度大为不同。1978 年时，农村人口比重比 1952 年下降了 5.4 个百分点，农村劳动力比重下降了 11.7 个百分点（见表 11—4）。中国生产结构的变动要快于其就业结构的变动，反映了生产要素流动快于劳动要素流动；农业与非农业就业结构的变动又快于城乡人口结构的变动，反映了劳动力就业转移快于城乡人口流动，其中城乡人口的户籍管理制度限制了人口地区间、城乡间、城市间的流动。但是不同时期情形不同，1949—1957 年，农村人口比重平均每年下降 0.6 个百分点，这是一个自由迁徙的时期；1962—1978 年，农村人口比重平均每年下降 0.037 5 个百分点，这是强制性限制迁徙的时期。

表 11—4　农村和农业主要指标占全国的比重（1949—1978 年）（%）

年份	农村人口比重	农村劳动力比重	第一产业占GDP 比重	农业劳动力比重	农业各税占财政收入比重	支农支出占财政支出比重
1949	89.4				30.7*	2.9*
1952	87.5	88.0	51.0	83.5	15.7	1.6
1957	84.6	86.5	40.6	81.2	9.8	2.7
1962	82.7	82.5	39.7	82.1	7.3	6.5
1965	84.4	82.1	38.3	81.6	5.4	3.8
1970	82.6	81.7	35.4	83.4	4.8	7.6
1975	82.7	78.5	32.5	77.2	3.6	12.1
1978	82.1	76.3	28.2	70.5	2.5	13.4

*为 1950 年数据。

资料来源：国家统计局国民经济综合统计司编：《新中国六十年统计资料汇编》，6～7、10、18～20 页，北京，中国统计出版社，2010。

1952—1978 年期间，农业产出增长主要来自多种要素投入。首先是劳动投入。农业部门就业总人数增长了 68%，年平均增长率高达 2.01%，该部门吸收了大量新增农村劳动力。不过从农业劳动生产率的角度看，1952—1957 年是正增长，为 1.66%，而 1957—1978 年是负增长，为－0.19%，这也反映了人民公社化会挫伤农民的积极性，出工少出力。耕地总面积是减少的，但是灌溉面积是大幅度增加的，其中1952—1957年期间灌溉面积年平均增长率高达6.46%，是新中国历史上最高的纪录，也是世界最高纪录，在1957—1978年期间保持了2.41%的年平均增长率。此外还有农业物质投入，包括各种农业生产要素等。根据麦迪森的计算，1952—1957年，农业的全要素生产率（TFP）增长率为0.63%，1957—1978年为0.57%[①]；根据文贯中的计算，1952—1957年，农业的TFP增长率为0.08%，1957—1978年为−1.53%。[②]

根据国家统计局公布的有限数据看农村居民家庭恩格尔系数的变化，这一时期最低点是1957年，为65.7%，而后在上升，1964年达到67.1%，1965年为68.5%，1978年为67.7%，仍高于1957年。这就是说，根据恩格尔系数看，1949—1978年时期，中国农村人口属于“绝对贫困型”。

中国人口多，实质上是农村人口多，而农村人口多，实质上是农村绝对贫困人口多，这是最大的基本国情。这反映了中国在工业化初期面临着典型的“贫困循环”[③]，如何突破或跨越“贫困循环”是中国领导人的首要任务。但是当时的领导人并没有认识到中国这个最大国情与最大任务，仍然坚持列宁的说法：“小生产是经常地、每日每时地、自发地和大批地产生着资本主义和资产阶级的”。认为这个问题（指无产阶级专政的理论问题）不搞清楚，就会变修正主义。林彪一类如上台，搞资本主义制度很容易。[④] 这是对中国基本国情的误判，对农民天生追求私利正当性的误判。

这一时期不断积累了大量农业剩余劳动力。我们按照劳动—耕地比例法估计，1961年后农业剩余劳动力持续上升，在1970年突破1亿人，到1977年为1.1亿人左右。[⑤] 反映了这一时期人为地将城市与农村人口划分为“一国两制”，对应不同的身份户籍制度、不同的社会保障制度和不同的公共服务制度。人口不能自由迁徙，劳动力不能自由流动。而那些流动人口被视为“盲流”。大量农业剩余劳动力既是农业生产率下降（不及1957年水平）的主要原因，也形成极大的产出机会成本损失。这是人民公社和基于“一国两制”的户籍制度的巨大经济社会成本，也极大地阻碍了我国农业的转型和农村现代化。

---

① 参见［英］安格斯·麦迪森：《中国经济的长期表现：公元960—2030年》，修订版，81页，上海，上海人民出版社，2011。

② Wen，G. J.（文贯中），“Total Factor Productivity Change in China’s Farming Sector：1952—1989，” *Economic Development and Cultural Change*，1993，42（1）.

③ 纳克斯归纳了贫困循环：从供给角度看，是“低收入—低储蓄率水平—低资本形成—低生产率—低产出—低收入”的恶性循环；从需求角度看，是“低收入—投资引诱不足—低资本形成—低生产率—低收入”的恶性循环。

④ 参见《建国以来毛泽东文稿》，第13册，第413页，北京，中央文献出版社，1998。

⑤ 参见胡鞍钢、程永宏、杨韵新：《扩大就业与挑战失业——中国就业政策评估（1949—2001年）》，200～201页，北京，中国劳动社会保障出版社，2002。

总的来看，这一时期农业生产条件发生显著变化，生产水平有了很大提高。全国灌溉面积由 1952 年的 2 亿亩扩大到 1978 年的 4.5 亿亩，长江、黄河、淮河、海河、珠江、辽河、松花江等大江大河的一般洪水灾害得到初步控制。建国前我国农村几乎没有农业机械、化肥、电力等各类现代农业要素，这一时期各类现代农业要素的投入大大增加，全国粮食、棉花等主要农产品不同程度增长。尽管人口增长过快，已近 10 亿人，我们仍然依靠自己的力量基本上保证了人民吃饭穿衣的需求。

11.4 从传统农业向现代农业全面转型

世界银行发表的《1982 年世界发展报告：农业与经济发展》提出，当时世界农业正面临着一个重大挑战，即农业能否为持续增长的世界人口提供足够的粮食?[①] 当时的中国同样也面临这个重大挑战。

1979 年 4 月，国务院副总理李先念首次承认，1978 年按人口平均的粮食占有量，只略高于 1957 年。同年进口农产品占进口总额的 1/5。许多地方的农民口粮不足，有的地方口粮严重不足。[②] 解决 10 亿人口的吃饭问题、合理安置农村剩余劳动力资源、避免社会动荡已经成为当时所面临的重要问题。

与前几次集体化改革不同，此次中国领导人（特别是邓小平、陈云）以务实的态度，首先发动了农村自由化运动。正如党的十二大报告总结的：党的十一届三中全会首先抓住农业这一环，着重克服过去指导上长期存在的“左”倾错误，恢复和扩大农村社队的自主权，恢复自留地、家庭副业、集体副业和集市贸易，逐步实行各种形式联产计酬的生产责任制，同时提高了粮食和其他部分农产品的收购价格，随后又解决了多种经营的方针问题，从而使农业面貌很快发生了显著变化。后是首肯了农民包产到户的伟大创举，正式发动农村改革。自 1982 年开始，中央连续发布五个一号文件，明确建立起以家庭联产承包责任制为核心、以发展乡镇企业和建设小城镇为依托的农村改革。到 1980 年，有 14%的生产队实行了家庭联产承包制，1981 年这一比例提高到 45%，1982 年进一步提高到 80%，到 1984 年已达到了 90%。[③]

---

① World Bank, *World Development Report 1982: Agriculture and Economic Development*, Washington, DC: Oxford University Press, 1982.

② 参见《李先念文选》，北京，人民出版社，1989。

③ Lin, J. Y.（林毅夫），“Rural Reforms and Agricultural Growth in China,” *American Economic Review*, 1992, 82 (1).

中国的经济改革始于农村改革，农村改革又始于家庭联产承包责任制改革，家庭联产承包责任制又源于70年代的农业危机。1978—1985年时期中国的农村改革被视为广大穷人普遍受益的改革，因而也是最成功的改革。

从产业结构来看，农业占GDP比重明显下降，1978—1993年期间下降了8个百分点，而同期印度下降了11个百分点，但这一比重仍大大高于中国；农业劳动力占就业比重下降了17个百分点，而印度只下降了7个百分点。应当说这一时期中国农村工业化发展迅速，促进了农业就业比重的下降。

从农业投入产出来看，中国农业产出实现了高增长，年平均增长率达到5.2%，比印度同期高出2.5个百分点，这一时期显示了中国发生了一场“绿色农业革命”（the green revolution）。

从增长的来源看，现代农业生产要素大幅度增加，包括化肥、农用电力、农田基本建设等在内的资本投入，对农业产出的贡献在2～3个百分点，贡献率为48%；其次就是TFP增长率，明显高于印度。这反映出农业改革对刺激农民积极性、有效配置农业资源产生了重要影响。从劳动生产率看，实现了较高的增长速度，比同期印度要高出3个百分点（见表11—5）。

根据麦迪森的计算，1978—1987年，农业的全要素生产率（TFP）增长率上升为4.56%，这也反映了这一时期农业增长不仅靠劳动和农业资本投入，而且还靠TFP增长，也说明了农业的资源配置效率明显提高。麦迪森认为：与俄罗斯相比，这显示了中国农业政策的转变的确是明智的，其结果已经开始显现。①

表11—5　　中印农业增长及来源比较（1978—1993年）（%）

年平均增长率	中国	印度	中印差距
农业产出	5.2	2.7	2.5
就业	0.9	1.4	−0.5
劳动生产率	4.3	1.3	3.0
资本投入	2.5（48）	0.5（19）	2.0
土地投入	−0.2（−4）	−0.1（−4）	−0.1
人力资本投入	0.2（4）	0.2（8）	0.0
TFP	1.8（35）	1.0（37）	0.8

注：括号内为对产出贡献率。

资料来源：Barry Bosworth，Susan Collins，Accounting for Growth：Comparing China and India，NBER Working Paper No. 12943，2007。

① 参见［英］安格斯·麦迪森：《中国经济的长期表现：公元960—2030年》，76页，上海，上海人民出版社，2008。

1992年，江泽民同志首次提出中国的“三农”问题。他指出，农业是国民经济的基础，农村稳定是整个社会稳定的基础，农民问题始终是我国革命、建设、改革的根本问题。[①] 90年代解决“三农”问题的基本思路除进一步发展农业之外，主要是发展乡镇企业、发展小城镇，还没有根本触及和打破“一国两制”城乡壁垒和二元经济社会结构。

90年代下半期以来，农业占GDP比重持续下降，农业劳动生产率相对非农产业进一步拉大，城乡收入差距持续上升，“三农”问题日益凸显，充分反映了中国农业处在急剧的转型过程中，面临着诸多矛盾。

2004年以来，党中央又连续十年下发一号文件（见专栏11—1），对解决“三农”问题提出了新的思路，采取了更为综合性的措施。这包括：逐步改变城乡二元经济结构，实施工业反哺农村、城市支持农业的方针；建立农村公共财政体系，实现城乡居民公共服务均等化；健全农村市场和农业服务体系，加大农村基础设施建设；既积极发展乡镇企业，又努力开拓多种渠道转移农民城镇就业；既发展小城镇，又促进农村劳动力和人口由欠发达地区向发达地区转移，由内地向沿海地区转移，由农村向城市转移，由小城镇向大中城市转移；建立健全和落实保障农民工合法权益，使农民工成为真正的市民；进一步加快现代农业的发展，促进农业现代化。

专栏11—1 中央一号文件（2004—2013年）

2004年中央一号文件：《中共中央国务院关于促进农民增加收入若干政策的意见》；

2005年中央一号文件：《中共中央国务院关于进一步加强农村工作，提高农业综合生产能力若干政策的意见》；

2006年中央一号文件：《中共中央国务院关于推进社会主义新农村建设的若干意见》；

2007年中央一号文件：《中共中央国务院关于积极发展现代农业，扎实推进社会主义新农村建设的若干意见》；

2008年中央一号文件：《中共中央国务院关于切实加强农业基础设施建设，进一步促进农业发展农民增收的若干意见》；

2009年中央一号文件：《中共中央国务院关于2009年促进农业稳定发展

① 参见《江泽民文选》，第1卷，258页，北京，人民出版社，2006。

农民持续增收的若干意见》；

2010年中央一号文件：《中共中央国务院关于加大统筹城乡发展力度，进一步夯实农业农村发展基础的若干意见》；

2011年中央一号文件：《中共中央国务院关于加快水利改革发展的决定》；

2012年中央一号文件：《中共中央国务院关于加快推进农业科技创新持续增强农产品供给保障能力的若干意见》；

2013年中央一号文件：《中共中央国务院关于加快发展现代农业，进一步增强农村发展活力的若干意见》。

2005年，胡鞍钢提出，中国其实存在着“四农”问题，除人们常常提到的“三农”问题外，还有一个农民工问题。这一问题正越来越突出，将是解决“三农”问题的核心。过去10年，中国“四农”问题日渐突出：1994年全国大约有4 000万农民工外出打工，今天这一数字已经达到1.3亿，从而使“三农”问题演化为“四农”问题。它虽已是人类有史以来最大规模的人口迁移活动，但相对于中国8亿农村人口、5亿农村劳动力来说，这一迁移过程仅仅是个开始，还将延续到2030年甚至更长时间。①

“四农”问题的本质很明显是户籍制度的“一国两制”问题，即中国于上世纪50年代建立的城乡两种不同身份居民的制度安排，让农民工处在一个“既不着（农）村，也不着城（市）”的环境里，使农民工个人收入转移支付、个人及家庭的公共服务形成一个巨大缺口。

党的十七大报告正式提出走中国特色农业现代化道路的重大命题。中国农业转型进入新的历史阶段，开始了以“解放农民、转移农民、减少农民”为主题的农业制度变革。这是建国以来第七次农业制度改革，是在更大的范围内“解放农民”，使相当多数的人从农业和土地中解放出来，加速从“一国两制”转向“一国一制”。为此，党中央、国务院出台了一系列重大举措解决中国的“四农”（农业、农村、农民、农民工）问题（见专栏11—2），特别是免除了我国已经延续2 600多年的农业税（关于农业税最早的史料记载于春秋时期鲁国的“初税亩”）。2005年12月29日，第十届全国人大常委会第十九次会议通过《关于废止中华人民共和国农业税条例的决定》，新中国实施了近50年的农业税宣告终止，全国农民每年减轻负担1 335元。

① 参见孙自法：《胡鞍钢：中国存“四农”问题 农民工问题是核心》，载《发展》，2005（4）。

专栏 11—2　党中央、国务院采取的重大举措（2006—2012 年）

第一，2006 年全国取消农业税，延续了 2 600 多年的按地亩向农民征税的制度从此退出历史舞台，全国农民每年减轻负担 1 335 元；

第二，实行农业生产补贴，包括种粮农民直接补贴[①]、良种补贴、农机具购置补贴和农业生产资料补贴，实行粮油、生猪等生产大县财政奖励补贴；

第三，全面放开粮食购销，实行最低收购价政策；

第四，2008 年在全国推行集体林权政策，将林地承包经营权和林木所有权落实到农户；

第五，改革农村义务教育经费保障机制，实现免费义务教育；

第六，实行新型农村合作医疗制度，覆盖率达到 97%以上，建立新型农村社会养老保险制度；

第七，清理不合理政策和限制，公平对待农民工。

资料来源：温家宝：《中国农业和农村的发展道路》，载《求是》，2012（2）。

这些措施大大促进了农业从传统农业向现代农业转型，中国由农村为主的大国向正在城市化的国家转型，农村、农业经济持续向城市、非农业经济转型，并出现了不断扩大规模加快转型的趋势。1978—2012 年间，农村劳动力比重由 70.5%下降到 33.6%；农业占 GDP 比重由 28.2%下降到 10.1%；农村人口比重由 82.1%下降到 47.4%；同时，农业的生产率持续提高，1978—2012 年间，人均农业劳动力粮食产量由 1 076 公斤/人提高到 2 129 公斤/人；农民生活水平不断提高，1978—2012 年间，农村居民家庭恩格尔系数由 67.7%下降到 39.3%（见表 11—6）。

表 11—6　　中国主要农业指标变化（1933—2012 年）

主要指标	1933 年 a	1952 年	1957 年	1978 年	1990 年	2010 年	2012 年
农业劳动力比重（%）	85	83.5	81.2	70.5	60.1	36.7	33.6
农业占 GDP 比重（%）	63	50.5	40.6	28.2	27.1	10.2	10.1
农民人均纯收入（元）			73	134	686	5 919	7 919

① 我国从 2004 年开始实行种粮补贴，补贴规模从 145 亿元增加到 2012 年的 1 628 亿元。参见韩俊：《中国人的饭碗必须牢端在自己手中》，载《求是》，2013（8）。

续前表

主要指标	1933年a	1952年	1957年	1978年	1990年	2010年	2012年
农民消费水平指数（1952=100）		100	116.8	157.6	339.4	1 087.9	1 318.5
农村人口比重（%）	85	87.5	84.6	82.1	73.6	50.3	47.4
每个农业劳动者养活人口数（人）b		3.3	3.5	3.4	2.9	3.8	4.9
人均农业劳动力粮食产量（公斤/人）		947	1 010	1 076	1 357	1 839	2 129
农业劳动生产率（元，1987年人民币）a	789	748	812	781	1 366	4 103	4 523
粮食单产（公斤/公顷）		1 320	1 463	2 528	4 206c（1991）	5 524c	
农村居民家庭恩格尔系数（%）			65.7	67.7	58.8	41.1	39.3

注：a引自［英］安格斯·麦迪森：《中国经济的长期表现：公元960—2030年》，修订版，78页，上海，上海人民出版社，2011。

b包括农业劳动者自身。

c系谷物单产。

其余数据引自：国家统计局国民经济综合统计司编：《新中国六十年统计资料汇编》，北京，中国统计出版社，2010；国家统计局编：《中国统计摘要——2013》，北京，中国统计出版社，2013。

由传统农业向现代农业转型的一个标志就是农业单产的快速提高。历史上近两千年中，我国的粮食单产提高了70%；而在1949—1978年间单位播种面积产量提高了145%，平均增长率为3.1%；在1978—2012年间单位播种面积产量提高了107.4%，平均增长率为2.2%。中国的土地生产率已经达到了高收入国家平均水平，远高于上中等收入国家平均水平，中国的粮食单产不但远远高于俄罗斯、巴西、印度等大国，与美国的水平不断趋同，2011年美国粮食单产只是中国的1.19倍（见表11—7）。这使得中国利用有限的耕地资源解决了十几亿中国人的吃饭问题。

表11—7　　五大国粮食单产（1970—2011年）　　单位：公斤/公顷

	1970年	1980年	1990年	2000年	2011年
美国	3 153.9	3 770.6	4 754.9	5 853.7	6 818
中国	2 143.1	2 948.7	4 322.7	4 756.3	5 706
俄罗斯				1 563.3	2 262
巴西	1 408.7	1 575.7	1 755	2 660.6	4 038

续前表

	1970 年	1980 年	1990 年	2000 年	2011 年
印度	1 134.8	1 350	1 891.2	2 293.5	2 883
美国/中国（倍）	1.47	1.28	1.10	1.23	1.19

资料来源：FAO，FAO Stastical Yearbook 2013，http：//faostat.fao.org/。

中国农业转型也表现为农业劳动力比重持续下降。1952 年中国的农业劳动力比重为 83.5%，比英国、美国 1820 年的水平还要高，而且也高于 1870 年时日本的水平；到 1973 年，中国的农业劳动力比重下降到 78.7%，仍然高于日本 1870 年的水平；到 1978 年，中国的农业劳动力比重下降到 70.5%，而后迅速下降，到 2012 年下降到 33.6%（见表 11—8），花了 34 年的时间。美国从 1820 年的 70.0%下降至 1890 年的 38.3%，则花了 70 年的时间；日本从 1870 年的 70.1%下降至 1950 年的 48.3%，则花了 80 年的时间。从这个意义上看，中国农业劳动力比重的下降速度还是较快的。

这也反映出中国的农业转型既是后来者，也是工业化的"长征者"，需要花上百年的时间才有可能完成从农业大国到现代化强国的转变（见表 11—8）。

表 11—8　　四国农业劳动力比重比较（1820—2012 年）

年份	英国	美国	日本	中国
1820	37.6	70.0		
1870	22.7	50.0	70.1	
1890	16.1	38.3	69.0	
1913	11.7	27.5	60.1	
1929	7.7	21.1	50.3	
1938	5.9	17.9	45.2	
1950	5.1	12.9	48.3	83.5（1952 年）
1973	2.9	4.1	13.4	78.7
1992	2.2	2.8	6.4	58.5
2004	1.3a	1.6a	4.7a	46.9
2010	1.0b	2.0b	4.0b	36.7
2012				33.6

资料来源：［英］安格斯·麦迪森：《世界经济二百年回顾》，172～173 页，北京，改革出版社，1997。a 数据来源于日本总务省统计局：《日本统计年鉴（2007）》，86 页。b 数据来源于世界银行数据库网站。中国数据来源于国家统计局国民经济综合统计司编：《新中国六十年统计资料汇编》，北京，中国统计出版社，2010；国家统计局编，《中国统计摘要 2013》，北京，中国统计出版社，2013。

农业转型过程就是农业与非农业相对劳动生产率不断扩大的过程，这是农村与城市居民收入差距不断扩大的根本原因，直到农业与非农业相对劳动生产率出现缩小的趋势时，农村与城市居民收入差距才有可能缩小。

中国是一个农业劳动力充裕、耕地资源稀缺的国家。因此，和世界上的其他大国相比，中国农业劳动生产率水平极其低下，一直低于世界平均劳动生产率水平，1970年只相当于世界平均水平的1/4，但是增长率相当快，大大高于世界平均增长率，到2011年已经相当于世界平均水平的3/4。中国的农业劳动生产率（按农业增加值计算，2000年美元价格）远远低于美国（见表11—9)。与这些国家的农业劳动生产率差距要比非农业劳动生产率差距大得多。这一方面有资源条件的原因，另一方面也说明中国还具有很大的农业劳动力转移潜力，以实现资金、技术等现代要素对于劳动力的替代。

表11—9　　　　五大国农业劳动生产率（1970—2011年）

	1970年	1980年	1990年	2000年	2011年	1970—2011年增长率（%）
世界（2000年美元/人）	641.75	736.1	793.65	918	765	0.4
美国（2000年美元/人）	12 786.2	12 524	19 122.9	35 564.7	51 370	3.5
中国（2000年美元/人）	166.49	183.06	262.8	364.4	571	3.1
俄罗斯（2000年美元/人）				1 954.18	3 281	
巴西（2000年美元/人）	697.42	1 090.93	1 625.38	2 351.4	4 461	4.6
印度（2000年美元/人）	263.06	304.44	362.13	414.59	523	1.7
中国/世界(倍)	0.26	0.25	0.33	0.40	0.75	
中国/美国(倍)	0.013 0	0.014 6	0.013 7	0.010 2	0.011 1	

资料来源：FAO，FAO Stastical Yearbook 2013，http：//faostat. fao. org/。

中国向现代农业转型的模式和途径不同于其他国家（包括西方国家和韩国[①]），它是先搞工业革命后搞农业革命，先搞城市工业化后搞农村工业化。[②]

---

① 例如韩国是在20世纪前半期发生工业化之前，就开始对农业基础设施（主要是公路）、水利灌溉、肥料和高产种子品种进行大量投资，为之后韩国的工业腾飞创造了重要的初始条件。Kang Kenneth，Vijaya Ramachandran，"Economic Transformation in Korea Rapid Growth without an Agricultural Revolution?，" *Economic Development and Cultural Change*，1999，47（4）.

② 阿瑟·刘易斯指出，在一个封闭经济中，工业部门的大小是农业生产率的函数，农业必须有能力生产为工业部门所消费的粮食和原料。而且，只有农民富裕了，他们才能为工业品提供市场。因此，如果工业品要在国内市场销售，工业革命就要以农业革命为前提，这种农业革命如果不是在工业革命之前发生，至少也要与工业革命同时发生。参见［英］阿瑟·刘易斯：《增长与波动》，227页，北京，华夏出版社，1987。

用工业革命带动农业革命，诸如以增产、节地为目标的绿色农业革命[1]，以节地、节时、节水为目标的白色（塑料）革命，以节工、高效为目标的（人工养殖）水产品革命。用城市现代化带动农村现代化，诸如农村基础设施现代化，农村信息通信技术现代化，农村居民居住及生活方式现代化，农村教育、文化、卫生现代化。这是迄今为止人类历史上农村人口最大规模的农业革命和农村工业化、现代化。

农业现代要素的投入促进了农业单产提高，种子革命大大提高了农业单产，例如水稻试验田亩产量最高纪录已经达到 872 公斤，这为提高实际单产创造了较大空间；水利设施建设也提高了灌溉面积比重，1952 年我国灌溉面积比重只有 18.5％，到 1978 年达到 45.2％，2011 年达到 6 168 万公顷、灌溉面积比重达到 50.7％、农业灌溉水有效利用系数达到 0.51（2005 年为 0.45）。

化肥施用也提高了农产品的产量，每公顷化肥施用量，1978 年为 58.9 千克，到 2008 年达到 335.3 千克，但化肥过度施用也造成了土地肥力退化等问题。从 2006 年开始试验土地有机质提升项目，通过秸秆还田、种植绿肥、增施有机肥等措施，提高土壤有机质含量，减少化肥施用量。

农业现代化的本质就是不断强化现代农业要素的投入，使得基要生产函数组合方式不断发生变化，并占据支配地位，普及应用至整个农业生产部门。在不增加农业资源，特别是耕地资源的情况下，提高单产，进而提高农业总产出。这是现代生产要素或资本替代自然要素的过程。可以说，这是一个由量变到部分质变，再由量变到质变的农业现代化过程。

90 年代以来，现代农业要素大规模应用和扩散，突出表现为：发生了以节地、节时、节水为目标的白色（塑料）革命，到 2008 年农用塑料使用量达到 200.7 万吨，2011 年达到 229.5 万吨；农业机械化革命，在过去的 30 年中，农业机械化程度提高了 7 倍之多。2012 年大中型农用拖拉机、水稻收割机和玉米联合收割机数量分别为 490 万台、510 万台和 230 万台。小麦、水稻和玉米机械化播种与收割率提高了 55％。[2] 机耕、机播、机收比重不断提高，到 2009 年

---

① 例如中国和澳大利亚、美国等大范围推广基因改良型棉花，为提高棉花在生产率和全球产量做出了巨大贡献。Poulton Colin，2007，"Bulk Export Commodities：Trends and Challenges，" Background Paper for the World Development Report 2008。由于绿色革命，仅改良种植品种就使发展中国家在 20 世纪 90 年代节约了 8 000 万公顷土地。Nelson M. Chad，Mywish K. Maredia，"International Agricultural Research as a Source of Environmental Impacts：Challenges and Possibilities"，*Journal of Environmental Assessment Policy and Management*，2007，9 (1).

② 参见经济合作与发展组织、联合国粮食及农业组织：《经合组织-粮农组织 2013—2022 年农业展望》，54 页，北京，中国农业科学技术出版社，2013。

机耕面积占播种面积比重达到 66.0%，农作物耕种综合机械化水平，2000 年为 32.2%，2010 年提高到 52%；主要农作物良种覆盖率从 2000 年的 85%提高到 2010 年的 95%（见表 11—10）。

技术进步已经成为农业产出增加的主要因素，2011 年农业科技贡献率达到 53.5%。2012 年，农业科技进步贡献率达到了 54.5%，与农业改革初期的 27%相比提高了一倍。①

表 11—10　　中国农业现代要素投入增长（1952—2012 年）

年份	灌溉面积（万公顷）	灌溉面积占耕地面积比重（%）	化肥施用量（万吨）	每公顷化肥施用量（千克）	农用塑料使用量（万吨）	农村用电量（亿千瓦小时）	农业机械总动力（万千瓦）	机耕面积（万公顷）	机耕面积占播种面积比重（%）
1952	1 996	18.5	8	0.5		0.5	18.4	14	0.1
1957	2 734	24.4	37	2.3		1.4	121.4	264	2.4
1965	3 306	31.5	194	12.4		37.1	1 098.8	1 558	15
1978	4 497	45.2	884	58.9		253.1	11 749.6	4 067	40.9
1990	4 740	49.5	2 590	174.6	64.2（1991 年）	844.5	28 708		
2000	5 382	42.0	4 146	265.3	133.5	2 421.3	52 574	6 209	47.8
2008	5 847	48.0	5 239	335.3	200.7	5 713.2	82 190	95 719（2009 年）	66.0（2009 年）
2010	6 034	49.6	5 562	457.2		6 632	97 851		
2011	6 168	50.7	5 704	468.9	229.5	7 139.6	97 735		
2012	6 304	51.7	5 839	480		7 508.5	102 559		

资料来源：中华人民共和国农业部编：《新中国农业 60 年统计资料》，北京，中国农业出版社，2009；中华人民共和国农业部编：《中国农业统计资料（2000 年）》，北京，中国农业出版社，2001；国家统计局编：《中国统计年鉴 2013》，437 页，北京，中国统计出版社，2013。

另一方面，化肥、农药、地膜等现代要素的过度投入也带来了农业可持续发展的问题。我国的化肥施用量已经达到国际公认的化肥施用安全上限（为 225 千克/每公顷）的 2.13 倍，同时，我国每年约有 50 万吨农膜残留在土壤中，残留率达到了 40%，另外，还有 60%～70%的农药残留在土壤中。②

① 参见经济合作与发展组织、联合国粮食及农业组织：《经合组织-粮农组织 2013—2022 年农业展望》，56 页，北京，中国农业科学技术出版社，2013。

② 参见蒋高明：《悬崖边缘的生态和食品安全》，载《社会科学报》，2011-08-11。

11.5 从农业大国到世界现代农业大国

中国从传统农业向现代农业的全面转型推动中国农业进入一个大发展的黄金时期，中国的农业发展已经成为发展中国家农业的一个成功典范。

中国在世界农业中处于极其重要的地位，既是世界农产品最大生产国，也是世界农产品最大消费国，还是农产品进出口的重要国家之一。通过经济一体化、农业现代化，中国不仅具有供养本国人口的能力，还具有供养世界人口的能力，这正是中国农业不断转型、成功转型的重大标志，也为世界其他发展中国家，特别是上亿人口的大国提供了重要的经验。

中国农业的发展取得了举世瞩目的成就。可以分为两个阶段：1952—1978年期间，按不变价格计算的农业增加值增长了70%，年平均增长率为2.1%，同期总人口增长了67%，人均农业增加值几乎无增长。1978—2012年期间，按不变价格计算的农业增加值增长了3.56倍，年平均增长率为4.6%，同期总人口仅仅增加了40.7%，人均农业增加值增长了2.24倍。需要指出的是，同期城市总人口增加了4.13倍。①

从国际比较看，根据联合国粮食与农业组织（FAO）提供的数据，近十年中，中国人均农业产出增速有所下滑，但仍达到了4.5%的年增长率，比全球1.7%的增长率高出2.6倍。

中国占世界农业增加值的比重迅速上升，中国成为世界农业第一生产大国。按2000年美元价格计算，1970年中国农业增加值占世界总量比重为10.58%，已经居世界第一位；1990年中国这一比重达到9.14%，但是低于美国（为9.48%），居世界第二位；到2000年中国这一比重上升至16.50%，相当于美国的1.89倍；到2011年中国农业增加值占世界的比重达到25.29%，比印度、日本、美国的总和还要多（见表11—11）。

中国不仅是世界农业增加值最大的国家，也是对世界农业增长贡献率最大的国家。在1980—2005年期间，中国对世界农业增加值增长的贡献率为26.6%，美国为10.7%，印度为10.5%，三国合计对世界农业增长的贡献率为47.8%。

---

① 参见国家统计局编：《中国统计摘要2013》，23页，北京，中国统计出版社，2013。

表 11—11　　四大国占世界农业增加值总量比重（1970—2011 年）（%）

国家	1970 年	1980 年	1990 年	2000 年	2005 年	2007 年	2011 年
中国	10.58	11.3	9.14	16.50	18.30	19.43	25.29
印度	8.01	7.74	7.67	9.21	9.75	10.54	10.42
日本	3.53	4.05	5.60	6.47	3.67	2.58	2.30
美国	9.62	8.23	9.48	8.75	8.48	7.60	5.65
中国/美国（倍）	1.10	1.37	0.96	1.89	2.16	2.56	4.48

资料来源：http：//kushnirs. org/macroeconomics/agriculture/agriculture _ world. html。

中国是名副其实的世界最大农产品生产国。在 19 种主要农产品中，中国居世界第一位的达 12 种，第二位的有 2 种，第三位的有 4 种。根据 FAO 统计，中国的谷物产量占世界总量比重一直处于世界第一位，2004 年为 18.20%，美国为 17.14%，2011 年中国的比重又上升至 20.10%（见表 11—12）；中国劳动密集型的高附加值农产品如肉类、蔬菜和水果这两个指标，已经居世界第一位，2004 年分别占 28.57%、36.62%，而美国分别占 14.95%和 5.01%，相当于美国的 1.91 倍和 7.31 倍。根据世界银行的报告（2008），中国生产了世界 67%的水产品，其中人工养殖水产品（包括海产品和淡水产品）占了 66.5%。

中国也是世界农产品产量增长最快的国家。在 1990—2006 年期间，谷物产量年平均增长率为 0.75%，而油料为 4.1%，水果为 14.9%，蔬菜为 3.8%（2001—2006 年数据），肉类为 5.8%（1996—2006 年数据），奶类为 16.2%（1996—2006 年数据），棉花为 2.7%（1996—2006 年数据），蜂蜜为 6.2%（2001—2006 年数据），水产品为 9.5%。① 1979—1981 年肉类产品占世界的比重仅为 10.66%，到 2011 年提高到 27.20%；1979—1981 年蔬菜和水果占世界的比重为 10.72%，到 2011 年提高到 51.70%（见表 11—12）。

中国已经是世界上高附加值农产品②产量最大、增长最快的国家。据世界银行估计（2008 年），在 1980—2004 年期间，中国对世界园艺农业增长贡献率最大，为 58%，其他 100 多个发展中国家的贡献率为 38%，而工业化国家（包括美国、日本、欧盟）的贡献率仅为 4%。

① 参见国家统计局编：《中国统计摘要 2007》，135～136 页，北京，中国统计出版社，2007。

② 高附加值农产品主要是指园艺、畜产品和水产品，包括新鲜或加工的水果和蔬菜、栽培花卉、鱼及鱼制品、肉类、坚果、调味品等。这类高附加值农产品在发展中国家是增长最快的农产品，平均每年增长速度达到 6%～7%，占发展中国家全部出口农产品的 43%。参见世界银行：《2008 年世界发展报告：以农业促进发展》，12 页，北京，清华大学出版社，2008。

表 11—12　中国主要农产品产量占世界总量比重（1979—2011 年）（%）

品种	1979—1981 年	1989—1991 年	1999—2001 年	2004 年	2007 年	2011 年
谷物	18.21	20.49	20.16	18.20	12.40	20.10
肉类	10.66	17.06	26.77	28.57	31.30	27.20
蔬菜和水果	10.72	18.48	32.12	36.62	45.00	51.70

资料来源：FAO，FAO Stastical Yearbook 2013，http：//faostat. fao. org/。

中国是世界农产品出口大国之一，并且仍然具有很大的增长潜力。2003—2005 年期间，农产品出口额最高的是美国（619.74 亿美元），依次是荷兰（433.39 亿美元）、法国（353.95 亿美元）、德国（346.13 亿美元）、巴西（266.56 亿美元）、比利时（245.56 亿美元）、西班牙（240.80 亿美元），中国为 229.68 亿美元。2010 年中国是世界上的第六大农产品出口国。中国农业属于高度自给型，进口依存度仅为 9.3%，农产品出口占世界出口总额比重为 4%。从积极的角度看，中国可以在沿海、沿边地区大力发展外向型农业，充分利用多样化农业资源与丰富农业劳动力资源的两大比较优势。1994—2004 年十年间，中国高附加值农产品出口额从 42 亿美元增至 80 亿美元，几乎翻了一番，而其粮食加工产品出口额从 26 亿美元增至 80 亿美元，增加了两倍还多。[①] 这也反映了中国有潜力也有能力成为世界最大农产品出口国之一。中国农业所取得的巨大成绩在于农产品特别是粮食的增长率超过了总人口的增长率，不仅养活了自己，还出口大量的各种农产品满足世界其他国家和地区的需求，通过农产品进出口贸易实现互利共赢（见表 11—13）。

表 11—13　前 10 个国家占世界农业出口比重（1979—2010 年）（%）

国家	1979—1981 年	1989—1991 年	1994—1996 年	1999—2001 年	2007 年	2010 年
美国	18.48	13.99	13.94	13.35	10.57（1）	12.66（1）
荷兰	6.87	9.23	8.42	7.25	7.72（2）	7.12（2）
法国	7.70	9.88	8.95	8.17	6.71（3）	6.48（5）
德国	4.70	6.29	5.75	5.75	6.56（4）	6.52（4）
巴西	3.87	2.74	3.10	3.43	4.89（5）	6.64（3）
比利时				4.15	3.97（6）	
中国	2.25	4.55	4.69	4.02	3.67（7）	4.06（6）
意大利	2.58	3.38	3.45	3.80	3.60（8）	3.66（8）
西班牙	1.56	2.43	3.02	3.42	3.54（9）	3.87（7）
加拿大	3.44	3.89	2.99	3.68	3.37（10）	3.47（9）

注：括号内为其世界排序。

资料来源：FAO，FAO Stastical Yearbook 2013，http：//faostat. fao. org/。

---

① 参见世界银行：《2008 年世界发展报告：以农业促进发展》，281 页，北京，清华大学出版社，2008。

11.6　迈向现代农业强国

解决好十几亿人口的吃饭问题，始终是中国领导人治国理政的头等大事。胡锦涛同志在党的十七大报告指出，我国农业基础薄弱、农村发展滞后的局面尚未改变。习近平同志指出，自己的饭碗主要要装自己生产的粮食。① 他还特别提到十几亿中国人不能靠买饭吃、找饭吃过日子，不能把粮食安全的保障寄托在国际市场上。否则，一有风吹草动，有钱也买不来粮，就要陷入被动。在粮食问题上不能忘记历史、盲目乐观，不能今天温饱无虞，就忘了昨天饿肚子的滋味；不能粮食连年增产，就看不到今后保障粮食安全的难度和压力。什么时候都不能轻言粮食过关了。② 在21世纪头几十年，中国农业发展既面临前所未有的机遇，也面临前所未有的挑战。

首先，耕地是不可再生资源，我国人多地少是基本国情，按照人均农业资源占有量看，中国不仅低于澳大利亚、俄罗斯和美国人均水平，还低于印度人均水平。③ 因此必须坚守耕地红线，不仅要在数量上保证，还要在质量上、结构上保证，如基本农田、高标准田、城郊菜地等。其次，中国农业劳动生产率在世界仍居于较低水平④，青壮年劳动力在减少，劳动成本在上涨。因此需要大力发展农业生产过程的机械化和信息化，以农业资本替代农业劳动，大大提高农业劳动生产率。第三，农业水资源总量匮乏、时空分布不均衡，水资源利用效率较低。⑤ 中国农业生产条件脆弱，自然灾害频发、水利设施落后。⑥ 这就需要大力投资农田水利设施建设，发展节水型农业生产体系。第四，中国农业

---

① 《习近平：饭碗主要要装自己生产的粮食》，见新华网，2013-07-21。

② 参见韩长赋：《稳固农业基础确保粮食安全——深入学习贯彻习近平同志关于农业问题的重要论述》，载《人民日报》，2013-12-29。

③ 根据世界银行报告（2008）提供的数据，2003—2005年期间，美国可耕地及永久性作物用地为17 785.1万公顷，印度为16 958.3万公顷，俄罗斯为12 397.0万公顷，中国为15 632.2万公顷，中国分别相当于美国的88%，印度的92%，俄罗斯的126%。参见世界银行：《2008年世界发展报告：以农业促进发展》，北京，清华大学出版社，2008。

④ 中国农业劳动生产率水平仅相当于低收入国家平均水平，与下中等收入国家、上中等收入国家、高收入国家差距很大。这也解释了为什么农业劳动生产率水平低下是中国农业的最大问题，而农业劳动生产率水平低下是因为“农民太多”，即农业劳动力规模太大、数量过多。

⑤ 目前我国人均淡水总资源约为2 150立方米，是世界人均水平的1/4左右，且水资源的时空分布极不均衡，北方地区总体上严重缺水。农业用水占全国用水总量的60%以上，2012年为61%。

⑥ 2012年我国耕地的有效灌溉面积为6 304万公顷，仅占耕地总面积的51.7%，近一半的耕地仍然是靠天吃饭，每年仅因自然灾害损失的粮食就超过700亿斤；中国是世界水稻产量最高的国家，这一格局在短期内依然无法得到根本性转变，因此农业温室气体的排放也对气候、自然环境的进一步恶化增加了挑战。

发展也付出了巨大的生态环境成本，诸如：土地退化（由于大量开垦耕地或不正当地使用土地）、土壤污染（由于大量施用化肥、农药等原因）、水资源短缺（超采地下水、低效率使用水资源）、生物多样性受到损害、排放温室气体等。这就需要发展可持续的生态农业体系。

党的十八大报告指出："加快发展现代农业，增强农业综合生产能力，确保国家粮食安全和重要农产品有效供给。"中国将从世界农业大国迈向世界农业强国，农业转型的基本方向是向现代农业转变，其实质就是使农业更加具有现代性。

一是农业生产组织的不断变革：我国农户生产经营规模小，家庭户平均经营规模仅为0.47公顷耕地，这就极大地限制了农业生产发展潜力，因此需要不断创新多元化的新型农业生产经营组织，"坚持家庭经营在农业中的基础性地位，推进家庭经营、集体经营、合作经营、企业经营等共同发展的农业经营方式创新"①。目前全国有1.9亿农户从事农业生产，占农村家庭承包耕地面积的92.5%，有农业专业合作社68.9万个，入社成员5 300多万户，各类农业产业化经营组30万余个，需要提高农业生产经营组织化程度。此外，建立健全农业社会化服务体系，使之适应地区市场、国内市场和国际市场的变化，并对此做出积极的响应，不断提高其市场竞争能力和国际竞争能力。

二是现代农业要素的不断投入和强化：国家应当强化对农业基础性、公益性、前沿性科学研究的投入，力争在关键领域和核心技术上有重大突破。加强农田水利设施建设，大力发展节水农业，严格控制开采地下水，严格实行农业用水总量控制，实现粮食增产、农业丰收与农业用水量"绝对脱钩"。② 积极发展绿色农业、绿色食品加工业，建立符合国际标准的有机农产品认证体系和食品追溯体系。加快发展设施农业，推进园艺作物标准化生产。进一步提高耕种收综合机械化水平。③ 发展农业信息技术，提高农业生产、经营、销售信息化水平。

三是农业结构的转变：要实现从低附加值农产品到高附加值农产品的转变；实现农村家庭收入的增长；实现从自给自足的农业模式向高效开放的现代农业模式转变，这就要求中国必须参与全球市场，不仅提高中国农产品在世界市场的竞争力，也要不断提高中国农产品的市场份额，在更大范围、更高层次上参与全球农产品贸易市场一体化。

---

① 《中共中央关于全面深化改革若干重大问题的决定》，2013年11月12日中国共产党第十八届中央委员会第三次全体会议通过。

② 2001年农业用水量为3 825.7亿吨，占全国用水总量的68.7%，2005年农业用水量下降至3 531.2亿吨，占全国用水总量的比重降至63.4%，到2012年农业用水量增加到3 725亿吨，占全国用水总量的61.0%。只出现了"相对脱钩"，即农业用水比重下降，还没有出现"绝对脱钩"，即农业用水量绝对下降。

③ 国家"十二五"规划纲要明确提出，到2015年要实现耕种收综合机械化水平达到60%左右的目标。参见《中华人民共和国国民经济和社会发展第十二个五年规划纲要》，2011年3月。

四是农业发展模式的转变：从高度自给自足转向利用两种资源（国内资源为主、国际资源为辅）、开拓两种市场（国内市场为主、国际市场为辅）。要在更大范围、更高层次上参与全球农产品贸易市场和农业贸易一体化，既提高进口潜力，特别是进口土地密集型、水资源消耗型农产品，又进一步发展和促进劳动密集型农产品出口。既要积极引进外资、农业新技术，又要积极“走出去”，投资各类农业，扩大全球农产品供给量，特别是向发展中农业大国转让适宜的农业生产技术、机械技术和良种。

中国农业的现代化过程，就是农业制度变迁、技术变迁、结构变迁和发展模式的变迁，这是一个相互影响、相互促进的过程。改革开放以来的 30 多年里，这四方面都成功地实现加速发展与转型，进而促成了世界上最大农业国的创新。

11.7　小结：中国特色农业现代化道路

中国的农业转型是史无前例的。中国曾是世界上农村人口最多的国家，尽管现在还是世界上农村劳动力最多的国家、农业劳动力最多的国家，但是已经成为世界城市人口最多的国家、城市劳动力最多的国家、非农业劳动力最多的国家。在人类历史上还没有这样大人口规模的国家经历如此快速转型的先例，既没有现成的经验，也没有成熟的理论，需要靠我们自己来不断认识、不断总结、不断创新。

建国 60 多年来的历史经验告诉我们，中国农业转型之路在很大程度上取决于政府的农业制度安排和农业发展政策，它们从根本上决定了中国农业发展与农业变革的兴衰。[①] 当中国领导人正确地、全面地认识中国基本国情，特别是农业国情，准确地、客观地分析不同发展阶段的特征和矛盾，针对大国各地差异的特点，反映和满足广大农民的利益诉求，尊重和支持农民的首创精神，采取务实主义和渐进主义路线，稳健稳步地推动农业制度变革，农业转型就比较顺利；反之则相反，“欲速则不达”。

中国如何成功地解决十几亿人口的吃饭问题、农业问题？关键是如何探索和

---

① 安格斯·麦迪森认为：在毛泽东时代，农业的落后主要是由于政府通过财政、物价和收购政策限制了农民收入，（户口制度）限制了农村人口向城市的迁移，以及制度变动的负面影响（集体主义的制度安排降低了效率与工作积极性）。相比之下，改革时期农产品收购价格的提高，放松劳动力向非农业的迁移，以及恢复以农户为基础的农业制度，都对（全要素）生产率的表现产生了极为有利的影响，但是这种影响在某种程度上只具有一次性效果。参见［英］安格斯·麦迪森：《中国经济的长期表现：公元 960—2030 年》，68 页，上海，上海人民出版社，2008。

创新一条符合中国基本国情、适应经济发展阶段的中国特色农业现代化道路。

本质上，中国特色农业现代化道路必须是农业现代化的道路，这与其他发达国家和发展中国家农业现代化的基本趋势大致是一致的，诚如世界银行所总结的“从传统农业国到转型中国家，再到城市化国家，并最终转变为高收入国家”。农业现代化是指一系列农业基要函数连续发生变化的过程，即现代农业要素不断增加、不断扩散、不断广泛应用的连续的长期的过程。具体地讲，农业占国民经济的比重和农业占全社会就业比重持续下降，农村居民恩格尔系数持续下降，在农业部门中现代农业要素不断投入和强化，农业科技进步作用不断提高，从事农业生产的劳动力人力资本水平不断提高，农业劳动生产率、土地生产率和农产品商品率都不断提高等。此外，农业实行家庭经营①、现代农业服务体系、国家支持农业科技创新等，都呈现了世界性的农业现代化的共同特征，同时也反映了这一现代化的长期性与阶段性，是一个从不断量变到部分质变，再到量变再到质变的过程。

但是，世界性的农业现代化，没有可以遵循的统一模式。② 这取决于不同国家的不同国情，也取决于不同国家选择的农业发展战略和发展模式。

新中国成立以来，我们用了 60 多年的时间，逐步走出了一条中国特色农业现代化道路。③ 这包括：

第一，把解决好农业、农村、农民问题作为全党工作的重中之重，作为全面建设小康社会的重大任务。这都体现在党的十六大、十七大、十八大报告之中。农业的现代化离不开国家的现代化，农村的现代化离不开全国的现代化，农民的现代化离不开全国人民的现代化。因此农业、农村、农民问题实质上就是它们的现代化，以及作为中国整个现代化的“难中之难”、“重中之重”。中国特色农业现代化道路就是走统筹城乡经济社会发展的道路，“形成以工促农、以城带乡、工农互惠、城乡一体的新型工农、城乡关系”④。

第二，实施工业反哺农业、城市支持农村的方针。正确处理工业与农业的关系，坚持农业为国民经济基础地位、工业和服务业为国民经济主导部门，实施工业反哺农业、服务业服务农业、国家支持农业，促进农业现代化。这就体

---

① 陈锡文介绍，家庭经营是最适合农业特点的生产经营形式。纵观世界各国，凡农业已经现代化的国家，无不实行家庭经营。参见陈锡文：《走中国特色农业现代化道路》，见《十七大报告辅导读本》，147 页，北京，人民出版社，2007。

② 参见世界银行：《2008 年世界发展报告：以农业促进发展》，30 页，北京，清华大学出版社，2008。

③ 这里参阅了陈锡文：《走中国特色农业现代化道路》，见《十七大报告辅导读本》，142～148 页，北京，人民出版社，2007；国家“十一五”规划纲要（2006 年 3 月）；国家“十二五”规划纲要（2011 年 3 月）。

④ 胡锦涛：《坚定不移沿着中国特色社会主义道路前进　为全面建成小康社会而奋斗——在中国共产党第十八次全国代表大会上的报告》，载《人民日报》，2012 - 11 - 18。

现在国家全面取消农业税收、对农民实行各项直接生产性补贴、国家增加对农业及基础设施（如水利设施、农村道路设施等）的投入上。

第三，实施以我为主、立足国内、确保产能、适度进口、科技支撑的国家粮食安全战略。把提高农业综合生产能力特别是粮食综合生产能力、保障国家粮食安全作为首要目标，坚持谷物基本自给、口粮绝对安全、非口粮适度进口的方针。这就体现在国家“十一五”、“十二五”规划纲要明确提出的，确保全国粮食综合生产能力分别达到5.0亿吨左右、5.4亿吨以上的目标上。坚持最严格的耕地保护制度，确保基本农田总量不减少；稳定粮食播种面积，推广优良品种、高产栽培技术，不断提高粮食单产水平；加强粮食主产区生产能力建设，健全粮食主产区利益补偿机制。

第四，以推进农业结构性战略调整为基本途径。优化农业产业结构，建立现代农业产业体系。优化产品结构，发展高产、优质、安全农产品，大力发展无公害农产品、绿色食品和有机农产品。

第五，加快农业科技创新，加强农村基础设施建设，健全农村市场和农业服务体系。

第六，坚持农村基本经营制度，即实行家庭承包经营为基础、统分结合的双层经营体制，支持和扩大家庭经营规模。

第七，探索绿色生态农业道路，将“尊重自然、顺应自然、保护自然”的生态文明理念贯穿于农业生产、农业资源、农业环境、农业科技、农业服务的全过程中，实现粮食增产、农业丰收的同时，确保耕地红线、用水资源红线、其他生态红线，优化农业区域布局，按照国家主体功能区规划纲要的要求，形成“七区二十三带”农业战略格局①。

中国特色农业现代化道路的最终目标就是“共同富裕和共同繁荣”，这是一条农业发展的“万里长征”，经历不同的阶段才能到达“彼岸”。尽管有不同的路径，可以采用不同的农业制度，现在看来，比较好的符合经济发展规律的路径还是要经历三个阶段：第一个阶段就是“先富论”；第二个阶段就是“共同富裕论”；第三个阶段就是全体人口共同富裕起来。比较好的具有激励机制

---

① 2010年底国务院印发的《全国主体功能区规划》要求，我国将构建“七区二十三带”为主体的农业战略格局。构建以东北平原、黄淮海平原、长江流域、汾渭平原、河套灌区、华南和甘肃新疆等农产品主产区为主体，以基本农田为基础，以其他农业地区为重要组成的农业战略格局。东北平原农产品主产区，要建设优质水稻、专用玉米、大豆和畜产品产业带；黄淮海平原农产品主产区，要建设优质专用小麦、优质棉花、专用玉米、大豆和畜产品产业带；长江流域农产品主产区，要建设优质水稻、优质专用小麦、优质棉花、油菜、畜产品和水产品产业带；汾渭平原农产品主产区，要建设优质专用小麦和专用玉米产业带；河套灌区农产品主产区，要建设优质专用小麦产业带；华南农产品主产区，要建设优质水稻、甘蔗和水产品产业带；甘肃新疆农产品主产区，要建设优质专用小麦和优质棉花产业带。

的农业制度是通过"家庭联产承包制"到"统分结合的双层经营体制"，到"扩大家庭经营规模"，再到家庭农场与专业合作化、组织化、农业服务社会化；比较好的现代化农业道路是坚持"农业是国民经济基础"方针，通过"农业支持工业化"，到工业化支持农业现代化，再到工业化、信息化、城镇化共同支持农业现代化，促进"四化协调"、"四化同步"。

总之，在世界上，用8%的耕地、6.5%的水资源，供养并满足世界1/5总人口的农产品需求，仍然是21世纪中国社会主义现代化的重大课题，中国特色农业现代化道路仍然是路漫漫而修远，需要继续上下求索。

【思考与讨论】

1. 如何认识中国农业的基本国情?

2. 中国农业是如何转型的? 这一转型的特点是什么? 现代农业要素是怎么增长的?

3. 中国为什么能够成功解决十几亿人民的吃饭问题?

4. 如何总结中国特色的农业发展道路?

5. 中国是如何成为世界现代农业强国的?

【扩展阅读】

[英] 安格斯·麦迪森．中国经济的长期表现：公元960—2030年．上海：上海人民出版社，2008.

世界银行．2008年世界发展报告：以农业促进发展．北京：清华大学出版社，2008.

[美] 西奥多·W·舒尔茨．改造传统农业．北京：商务印书馆，1987.

中国科学院国情分析研究小组，胡鞍钢、王毅．生存与发展．北京：科学出版社，1989.

林毅夫．制度、技术与中国农业发展．上海：上海三联书店，上海人民出版社，1992.

张培刚．新发展经济学．增订版．第17章"传统农业的改造"．郑州：河南人民出版社，2001.

陈锡文．走中国特色农业现代化道路//十七大报告辅导读本．北京：人民出版社，2007.

中华人民共和国国民经济和社会发展第十二个五年规划纲要．第二篇"强农惠农　加快社会主义新农村建设"．2011年3月．

第 12 章 工业与发展*

工业在国民经济中占有主导地位，是实体经济的主体部分，也是一个国家经济实力的物质基础。习近平同志在调研过程中强调：工业化对于国家强大至关重要，国家强大要靠实体经济，不能泡沫化。[①] 从世界 250 多年的工业化发展历史看，工业兴，国家兴；工业强，国家强。反之亦然。无论是英国、美国、法国、德国、日本，还是苏联或俄罗斯，都是如此。中国的工业发展道路也再次证明这一大国兴衰的历史规律。

中国一直是基于农业社会手工业制造的生产大国。根据贝罗奇（Bairoch，1982）估计，1830 年时，中国制造业产出占世界比重达到近 30%，居世界第一位，相当于英国的 3.1 倍、美国的 12.4 倍，不过此时中国是以无数个基于家庭的手工业为主的传统制造业，之后她的这一地位很快就被基于现代企业的大工业的英国、美国所打破；到 1900 年中国制造业产出占世界比重已经降至 6.2%，其中现代制造业占 GDP 比重只有 0.3%，手工业占 GDP 比重为 7.7%[②]，美国成为世界第一工业大国，占世界比重达到 23.6%，相当于中国的 3.8 倍；20 世纪上半叶中国工业的发展，并没有阻止中国持续衰落的步伐，到 1953 年中国制造业产出占世界比重达到历史最低点，降至 2.3%，而美国的比重达到 44.7%，相当于中国的 19.4 倍。

新中国成立之时，现代经济包括现代制造业在内仅占 GDP 的 10.4%，其中现代制造业占 GDP 比重为 4.3%，传统手工业占 GDP 比重为 7.4%，高于前者。[③] 中国是一个十分典型的“一穷二白”的传统农业、传统手工业、传统运输业和商业的国家。中国作为世界性现代工业化的落伍者和后发国家开始大规

---

* 此章由高宇宁博士协助整理。

① 参见《习近平：国家要强大不能泡沫化》，载《人民日报》，2013-07-22。

② 根据麦迪森提供的 1890 年和 1913 年数据估算。参见［英］安格斯·麦迪森：《中国经济的长期表现：公元 960—2030 年》，修订版，52 页，上海，上海人民出版社，2011。

③ 参见［英］安格斯·麦迪森：《中国经济的长期表现：公元 960—2030 年》，修订版，50、52 页，上海，上海人民出版社，2011。

模发动国家工业化，以建设社会主义工业国为目标，追赶先行的工业化国家。毛泽东时代，在所有发展中国家中中国建立了唯一的比较独立、完整的工业体系和国民经济体系。根据联合国工业发展组织（UNIDO）估计，1980 年中国制造业占世界的比重提高到 3.5%，已经进入世界工业大国行列。改革开放之后，中国融入世界经济，积极吸引外资，发展外向型经济，到 2000 年中国制造业占世界比重进一步提高到 5.8%，中国成为世界第四工业生产大国（排在美国、德国、日本之后）；进入 21 世纪以来，中国的制造业加速赶超，迅速超过美国成为世界第一大制造业大国，成为最大的"世界工厂"，2000 年中国制造业的产出占世界的比重为 5.8%，仅为美国的 1/5，到 2009 年中国的制造业总产出已经占到世界的 25.9%，而美国则下降为世界比重的 16.4%，中国相当于美国和日本的总和。这就改写了一个世纪多以来，美国制造业独霸世界的历史（见表 12—1）。

表 12—1　　世界七大国制造业产出占世界比重（1830—2009 年）（%）

	1830 年	1900 年	1953 年	1973 年	1980 年	1990 年	2000 年	2005 年	2009 年
英国	9.5	18.5	8.4	4.9	6.1	5.0	4.3	3.5	2.5
德国	3.5	13.2	5.9	5.9	9.6	9.5	7.5	8.1	7.1
美国	2.4	23.6	44.7	33.0	28.4	24.9	27.0	21.2	16.4
俄罗斯	5.6	8.8	10.7	14.4		3.4*	0.6	1.7	2.0
中国	29.8	6.2	2.3	3.9	3.5	3.0	5.8	12.6	25.9
日本	2.8	2.4	2.9	8.8	14.6	19.5	17.9	12.0	9.7
印度	17.6	1.7	1.7	2.1	1.1	1.2	1.3	1.9	2.3**

＊为 1991 年数据；＊＊为 2008 年数据。

资料来源：1830—1973 年数据来自 Bairoch，P，"International Industrialization Levels from 1750 to 1980，" *Journal of European Economic History*，1982（11）；1980—2009 年数据为现价制造业总产出占世界比重，来自 UNIDO，Industrial Statistics Databases，2012。

从历史视角和国际视角看，中国工业发展之路的确是极其独特的，完全不同于欧美日国家的倒 U 字形曲线，而是一个典型的 U 字形曲线，其制造业产出占世界比重先迅速下降，达到历史最低点，而后开始逐步上升，迅速崛起，再次成为世界第一大现代化工业国。正因为如此，中国在世界经济格局中，因传统手工业衰落而衰落，也因现代工业兴盛而兴盛。如果从洋务运动算起的话，中国用了比西欧国家短得多的时间初步完成了工业革命。①

如何认识工业与发展的关系？如何认识中国工业发展道路？中国作为后发

① 《剑桥欧洲经济史》认为，欧洲主要是西欧国家产业革命（或称"工业革命"）时期，以英国 1750—1770 年开始的工业革命作为欧洲工业化的历史起点；这一过程在整个西欧的全面完成大约延续到 1950—1970 年。参见［英］M. M. 波斯坦总主编：《剑桥欧洲经济史》，第 6、7、8 卷，北京，经济科学出版社，2002、2004。转引自裘元伦：《欧洲的经济改革》，235 页，北京，中国社会科学出版社，2013。

的工业化国家如何追赶发达国家？这就需要从历史视角和国际视角来观察和分析，既要把现实的中国工业发展放到纵向的中国近现代历史之中，也要放到横向的世界工业化进程之中，来观察和总结中国工业化道路及其发展阶段。中国工业发展从哪里来？走到了哪里？在世界上处于什么位置？中国的工业发展要到哪里去？

本章旨在介绍和分析中国工业发展道路这一主题，说明和解释从新中国成立并开始第一个五年计划算起，怎样从"一穷二白"、"一穷二弱"的农业大国建设成为拥有独立的、比较完整的现代工业体系，进而超越日本、德国和美国，成为世界第一工业大国。这包括两个相互联系相互补充的视角：一是从历史视角进行历史回溯、历史分析、历史总结，来看中国工业发展道路的历史轨迹、历史逻辑、历史动因；二是从世界视角进行国际比较、国际分析、国际鉴别，来看中国工业化发展道路的"中国特色"、"中国轨迹"、"中国创新"。可以认为，中国工业发展的具体道路集中体现和反映了"中国道路"，反过来"中国道路"又决定并深刻影响着中国工业发展道路。

12.1　工业化

12.1.1　工业化的不同定义

什么是工业化？工业化一般是指传统农业社会向现代化工业社会转变的过程。工业化是现代化的基础和前提，高度发达的工业社会是现代化的重要标志。[①] 诺贝尔经济学奖获得者西蒙·库兹涅茨在其著作中指出，工业化是一个"现代经济增长"过程，包括生产与人口的急剧增长、生产率本身的急剧增长、经济结构的变化、相应的社会变革、具有革命性意义的通信运输的进步和国家之间不平等的增长等。[②] 张培刚认为工业化是"国民经济中一系列重要的生产函数（或生产要素组合方式）连续发生由低级到高级的突破性变化的过程"[③]。而哈佛大学教授钱纳里在对多国进行比较研究之后进一步揭示了工业化过程中的经济结构转变规律：制造业在国民经济中的比重在工业化阶段随着人均GDP的提高而提高，在进入发达经济阶段之后，其比重又会逐渐降低。与之相类似

---

① 参见魏礼群：《走新型工业化道路》，见《十六大报告辅导读本》，92页，北京，人民出版社，2002。

② 参见［美］西蒙·库兹涅茨：《现代经济增长》，北京，北京经济学院出版社，1989。

③ 张培刚：《发展经济学通论》，第1卷，91页，长沙，湖南出版社，1991。

的，制造业的从业人员在劳动力中的比重同样会呈现出一个类似的发展过程。[①]

从18世纪中叶，英国开始工业革命算起，世界性的工业化历史已经有了200多年的历史。从此世界进入“大趋异时代”，根据安格斯·麦迪森提供的世界人均GDP（1990年国际美元）数据计算，1820年西欧国家相当于亚洲（不包括日本）的2.08倍，1913年为1.39倍，1950年又扩大为7.22倍。[②] 罗斯托认为，西欧主要国家能够进入“起飞”阶段，就在于它们能够开始产业革命（即工业革命）。由这些国家工业化开始的现代经济增长，本质上是由一个“主导部门”带动的。因而在西欧国家处于工业化的产业革命时期，经济增长率都比较高。他推算，英国起飞阶段是1783—1802年，法国是1830—1860年，比利时是1833—1860年，德国是1850—1873年。作为非西欧的日本是1878—1900年，这些国家都属于那些非经济力量在历史上决定了起飞前提条件时间的跨度很短的国家；反过来中国属于时间最长的国家之一，从1840年的鸦片战争起长达110年的时间，直到1952年与印度一同进入起飞阶段。[③]

第二次世界大战之后，几乎所有的发展中国家都先后提出追赶发达工业化国家的目标，都把工业化作为实现这一目标的主要途径和重要手段。没有工业化就没有现代化，成为这些国家的政治共识。但并不意味着这些国家可以自然而然地成功发动工业化。实际上，对发展中国家而言，工业化的成功者只是极少数。这些国家和地区占世界总数不足10%。从国际视角看，中国被视为“工业化的成功者”，考虑到中国的香港和台湾地区，整个中国就是世界上最大“工业化的成功者”。[④]

作为后发工业化国家，与工业化的“先驱者”或“先行者”是大为不同的。那么，它们的工业化有什么重要特征呢？世界经济史专家亚历山大·格申克龙（Alexander Gerschenkron，1962）将工业化发展过程概括为六个简要命题：（1）一国的经济越落后，其工业化就越可能表现为较高的制成品增长率；（2）一国的经济越落后，就越重视企业的大规模化；（3）一国的经济越落后，就越强调生产资料而不是消费品；（4）一国的经济越落后，对人民的消费水平的压制就越严重；（5）一国的经济越落后，特殊的制度因素在增加新生工业部门资本供给中的作用就越大；（6）一国的经济越落后，其农业就越难以为工业

---

① 参见［美］H. 钱纳里等：《工业化和经济增长的比较研究》，上海，上海三联书店、上海人民出版社，1995。

② 参见［英］安格斯·麦迪森：《世界千年经济统计》，270～271页，北京，北京大学出版社，2009。

③ 当时罗斯托认为，断定目前印度或中国起飞努力是否成功，还为时尚早。参见［美］W. W. 罗斯托：《经济增长的阶段：非共产党宣言》，28、38～39页，北京，中国社会科学出版社，2001。

④ Growth Commemission, *The Growth Report*: *Strategies for Sustained Growth and Inclusive Development*, Washington D. C., 2008.

提供有效的市场，从而经济结构就越不平衡。[①] 不过，他还指出，它们不一定就是什么“必然性”的规律。欧洲经济史表明，并不存在那种统一不变的工业化发展模式。

不同的工业化理论，也会形成两种不同的工业化道路，对于后发国家来说，出现了两种不同的工业化发展模式。

一种是“苏联定义”和“苏联标准”。[②] 苏联科学院经济研究所编著的《政治经济学教科书》曾论述，世界上只有两种工业化，一种是一般资本主义国家的工业化，就是先轻工业，再重工业；另一种是苏联为代表的社会主义的工业化，就是重工业优先战略。

另一种就是中国经济学家张培刚于1945年在美国哈佛大学经济学系完成的博士论文《农业国工业化问题初探》中的工业化理论和概念。他把工业化定义为“一系列基要的生产函数连续发生变化的过程，这种基要生产函数的变化，最好是用交通运输、动力工业、机械工业、钢铁工业诸部门来说明”[③]。张培刚把工业化的基本特征概括为以下几点：

第一，工业化首要的和本质的特征是以机器生产代替手工劳动，这是一个机械化过程，是一场生产技术的革命，如果采用电脑等，就是信息化的过程。

第二，工业化的含义较为广泛，它包含了整个国民经济的进步和发展。不仅包括工业本身的机械化、现代化，而且也包括农业的机械化和现代化。从这个意义上看，也可以是国民经济和社会的信息时代。

第三，工业化必然促进农业现代化，尽管农业占国民经济的比例是减少的，但是农业的劳动生产率是不断提高的。

张培刚首次将工业化的模式划分为三种方式或类型：第一是由个人或私人发展的“演进型”工业化，如英国、法国和美国；第二是由政府发动的“革命型”工业化，如苏联；第三是由政府和私人共同发动的混合工业化，如德国、日本等。他认为，由政府发动的工业化比私人发动的工业化速度一定要快。[④]

应当说，第二种工业化模式比第一种模式发展要快得多。例如苏联的第一个和第二个五年计划就是典型的案例，在1945年之后的经济恢复和工业化发

---

① 参见［美］亚历山大·格申克龙：《经济落后的历史透视》，北京，商务印书馆，2009。

② 这主要反映在苏联社会主义政治经济学理论中：1952年斯大林发表的《苏联社会主义经济问题》；1954年，苏联科学院经济研究所根据斯大林的理论编写的《政治经济学教科书》。苏联社会主义政治经济学理论有三个基点：一是生产资料公有制；二是优先发展重工业为特征的社会主义工业化；三是高度集中的计划经济管理体制。这一理论体系对我国政治界、理论界产生了广泛而深远的影响。参见赵晓雷：《中国现代经济理论（1949—2000）》，25～26页，上海，上海人民出版社，2000。

③ 张培刚：《农业与工业化：农业国工业化问题初探》，70～71页，武汉，华中工学院出版社，1984。

④ 参见上书，107页。

展，也再次显示了较快的速度，但也显示了较低的效率效益。第三种工业化模式比较成功，二战之后的日本、德国的工业化和亚洲“四小龙”的工业化都是混合工业化模式，先后取得了成功，被称为“日本奇迹”、“西德奇迹”、“四小龙奇迹”，其中国有企业都扮演了“关键作用”。

显然，张培刚先生关于工业化的定义、内涵和模式是一个经典的理论，远比苏联教科书要丰富得多、准确得多，更加适合于中国这样的农业大国逐步实现工业化。

12.1.2 世界四次工业革命

我们对世界四次工业革命的理论认识是基于张培刚先生的工业化理论，特别是他所提出的基要生产函数组合这一工业化的定义，对我们理解工业化实质、归纳和总结不同时期的工业革命具有理论指导意义，也成为胡鞍钢提出第四次工业革命即绿色工业革命的经济学基础。[①]

根据200多年的现代工业化历史记录和历史轨迹，我们提出“四次工业革命说”（见表12—2）。从1750年以来，由西方国家主导的三次工业革命都属于“黑色工业革命”，虽然也出现了一定的修正和调整，但人与自然间的关系却在不断恶化。将四次工业革命的主要特征进行对比，可以看出，第四次工业革命，在基要生产函数的组合上，与前三次工业革命相比，发生了根本的变化。

首先，从参与国家来看，前三次工业革命只有少数国家参与其中，而第四次工业革命需要全球所有国家和地区的共同参与。

其次，从主导产业和技术创新来看，伴随着基础理论的重大突破，技术层面上不断革新；从基要生产函数来看，关键投入要素的组合也在不断变化。第三次工业革命，信息、知识要素成为关键要素；第四次工业革命，除了信息、知识要素，绿色要素也成为关键要素。

第三，在参与组织方面，将有各种类型的经济组织广泛参与到绿色工业革命之中，除了跨国公司、中小企业等传统经济组织之外，网络企业、虚拟公司等新兴组织形式参与其中，此外，许多非营利性的社会组织，也将在绿色工业革命中发挥重要作用。

第四，从主要能源来看，前三次工业革命中，人类开发了煤炭、石油等“黑色能源”，因此导致了严重的温室气体排放和全球气候变化危机。第四次工业革命则是对这一“挑战”的回应：将从根本上促使能源结构发生重大改变，

① 参见胡鞍钢：《中国：创新绿色发展》，北京，中国人民大学出版社，2012。

非化石能源比重大幅上升，化石能源比重迅速下降，同时，也会带来可再生清洁能源技术的飞速进步和广泛运用。

第五，从资源利用效率来看，随着第四次工业革命的进行，越来越多的新技术得到开发和应用，同时在全球化市场的建立过程中，价格信息对于资源配置的作用日益显著，促进更多资源节约型技术的产生，对资源的利用效率逐渐提高。

第六，从消费方式来看，前三次工业革命中，资本主义的“无节制”消费愈演愈烈，对资源和能源利用效率的提高，远远赶不上人类消费的急速扩张。而第四次工业革命则将从根本上扭转这一趋势，走向“自制”、“自省”的消费方式，实现适度消费、合理消费与绿色消费。

表12—2　　四次工业革命

	第一次工业革命	第二次工业革命	第三次工业革命	第四次工业革命
时间	1750—1850年	1850—1950年	1950—2000年	2000—2050年
世界总人口（亿人）	8～11	11～25	25～61	61～93
世界GDP（万亿美元）	0.5～0.7	0.7～5.3	5.3～36.7	36.7
主导国/地区	英国	美国、英国、苏联	美国、日本、欧洲、苏联	中国、美国、欧盟、日本、印度
跟随国/地区	美国、法国、德国	德国、法国、日本、澳大利亚、俄罗斯	亚洲“四小龙”、中国、印度	其他发展中国家
中国角色	边缘化者	落伍者	追赶者	创新者
南北差距	开始拉大	拉大	迅速拉大	开始趋同
主导产业	农业生产力大幅提高，工业迅速发展	工业，通信、交通产业	信息经济兴起，服务业开始占主导	服务业主导，知识经济、绿色经济兴起
主要技术	蒸汽机、棉纺织品、铁器、瓷器	各种新型产品和消费品	ICT技术、核能技术	绿色能源、绿色技术、绿色建筑、绿色交通
经济组织	商业公司出现	出现“大企业”	世界500强企业、跨国公司及中小企业迅速发展	世界500强企业、世界2 000强企业、跨国公司、中小公司、网络企业、虚拟公司

续前表

	第一次工业革命	第二次工业革命	第三次工业革命	第四次工业革命
主要能源	煤炭	煤炭、石油、天然气	石油、煤炭、天然气、核能	非化石能源比重迅速上升、化石能源消费比重下降
利用资源效率	低下	有所提高	提高	明显提高
消费方式	消费增长	消费增长	高消费、过度消费	适度消费、合理消费
环境质量	开始恶化	持续恶化	严重恶化	开始改善
碳排放	开始增长	持续增长	迅速增长	开始脱钩，甚至下降
人与自然间的差距	开始扩大	不断扩大	急剧扩大	开始缩小

资料来源：(1) 前三次工业革命资料来源于［美］托马斯·K·麦克劳：《现代资本主义：三次工业革命中的成功者》，南京，江苏人民出版社，2006；第四次工业革命系作者整理。

(2) 世界总人口、GDP（1990年国际美元）数据源于 Angus Maddison：*Historical Statistics of the World Economy*：*1—2008AD*，OECD Publishing。

与历史上前三次工业革命不同，21世纪出现的第四次“绿色工业革命”是对资本主义发展模式的一次自觉的超越，其正是要从根本上解决人类发展模式与自然资源、生态环境之间的矛盾，从本质上改变人类从1750年以来工业化发展的模式和路线图，在实现经济增长和碳排放之间“脱钩”的同时，促进经济增长和生态资本消耗间的“全面脱钩”，缩小人与自然之间的差距、人与人之间的差距，以及人与国家之间的差距。

绿色工业革命的“脱钩”目标，就是要从前三次工业革命过程中只重视经济收益、忽视生态环境代价的“盲目创新”转型为“自觉创新”，主动回应当前人与自然之间的严重矛盾和危机，在未来的发展中尽量减少人对自然的依赖性，消除经济发展与自然资产之间的对立性。

绿色工业革命的核心目标，首先是实现碳排放的“脱钩”，这包括三方面的内容：一是促使已有的“黑色”或“褐色”能源“绿化”，即采用能耗更低、更清洁的方式使用化石能源，使单位能耗的污染强度下降；二是促使化石能源的使用与经济产出之间“脱钩”，尽量减少化石能源在经济生产和消费中所占的比重；三是促进非化石能源、可再生能源、绿色能源的大幅上升，并促使这类能源的利用最终占据主导地位。

在碳排放“脱钩”的基础之上，绿色工业革命还需要促使生态资本相关要素的“全面脱钩”，包括土地资源、水资源、生态环境资源等等。要实现这一目标，首先需要在技术、制度、组织和物质资本投入等多方面因素的共同作用之下，提高资源利用效率；第二步则是尽早达到各类资源使用的“峰值”，接着就能促进其出现下降，从而实现生态资本要素的“盈余”。

需要指出的是，从世界范围看，进入21世纪，第三次的信息通信工业革命还远未结束，反倒进入高峰期，与第四次绿色工业革命叠加在一起，它们之间相互作用、相互影响、相互促进。从各国的实践看，越是在信息革命中领先的国家，越有可能成为绿色革命中领先的国家。

在工业文明时代，先后共发生了三次工业革命。近代以来，中国成为由西方主导、西方发动的工业化的边缘化者、落伍者、挨打者，直到第三次工业革命时才成为追赶者。

第一次工业革命，中国对于西方发生的翻天覆地的工业革命，不但不清楚，更是不加理会，从而成为第一次工业革命的边缘化者，也埋下了近代中国百年落伍、百年动荡、百年屈辱的祸根。

第二次工业革命，中国不但是典型的落伍者，还是典型的被掠夺者、被动挨打者、被侵略者。从19世纪60年代清朝政府的洋务运动开始，中国开始了缓慢的工业化进程。一般认为，中国的工业化始于第一次世界大战时期民族工业的发展。[①] 而“在第一次世界大战前的几十年中，中国尚未像日本那样由一个农业国转变为工业国，不过也有一些工业化的成果，但规模有限”[②]。从第一次世界大战到抗日战争爆发以前，中国的工业化经历了一个相对较快的发展阶段，虽然工业总体规模仍然较小，仅占世界比重的3.1%～3.6%[③]，但增长迅速：工业生产指数从1913年的15.6上升到1936年的122.0，增长了近8倍，平均增长率高达9.3%。

中国基本上还属于私人发动类型，政府有计划没能力，同时受到外国资本主义、帝国主义的排挤和侵略，是外国资本主义工业化扩散（主要在沿海地区和内陆城市）的过程[④]，也是日本帝国主义建立侵华的工业化基地（主要是指东北地区）的过程[⑤]，中国的工业和经济命脉控制在西方资本主义和日本帝国主

① 参见张培刚：《农业与工业化：农业国工业化问题初探》，204页，武汉，华中工学院出版社，1984。

② ［美］费维恺：《中国早期工业化——盛宣怀（1844—1916）和官督商办企业》，北京，中国社会科学出版社，1990。

③ Bairoch, P., “International Industrialization Levels from 1750 to 1980,” *Journal of European Economic History*, 1982 (11).

④ 1933年，中国工业增加值中，有67%来自本国公司，其余来自外资控股公司。1936年，外资企业占棉纺织业中48%的纱锭、56%的织布机，占航运业55%的总吨位。1937年，外资企业拥有铁路历程近1/3的总长度，一半左右的煤炭产量。1933年，外国银行占金融业增加值的1/3。在20世纪30年代，大约有46%的外国直接投资集中在上海地区，36%集中在东北地区，剩下的18%分布在其他地区。参见［美］安格斯·麦迪森：《中国经济的长期表现：公元960—2030年》，修订版，53页，上海，上海人民出版社，2011。

⑤ 在20世纪30年代，日本主要在东北的煤炭、金属矿产和制造业领域进行投资。从1929年至1941年，现代制造业的增加值翻了4倍以上，采矿业增加值翻了3倍。据刘和叶（Liu and Yeh，1965）的估计，1933年的满洲地区生产了中国工厂工业总产量的14%，到1941年则可能已经上升到了1/3，而在1945年时可能已占全国制造业产量的一半。参见［美］安格斯·麦迪森：《中国经济的长期表现：公元960—2030年》，修订版，52页，上海，上海人民出版社，2011。

义侵略者手中。官僚资本依附于外国资本，而民族资本无力竞争，十分弱小。

直到1949年，中国工业发展总共才积累了100多亿元（1952年价格）的固定资产，年工业净产值只有45亿元，在国民收入中，工业只占12.6%。[①] 其中，到1949年民族资本主义工业十分弱小，整个资本也只有20.08亿元人民币（1952年价格），约有12.3万户工业企业，有164万名职工。[②]

第三次工业革命，中国仍是落伍者，直到改革开放之后才成为跟随者、积极参与者、追赶者。进入21世纪头十年又成为第三次工业革命的赢家和创新者。

第四次工业革命，中国将首次成为绿色工业革命的创新者、绿色发展的引领者、绿色文明的构建者。21世纪中国的发展就是绿色的发展，中国的崛起就是绿色的崛起，中国的现代化就是绿色的现代化，中华民族的复兴就是绿色的复兴，中国对人类的贡献就是绿色贡献。

12.1.3 中国工业化战略的不同版本

中国的工业化是一个长期的历史过程，作为工业化的落伍者、后来者和追赶者，经历了从量变到部分质变，再到质变的跨越式的发展过程，从"一穷二白"、"一穷二弱"的农业大国转变为世界工业大国，现在超过了美国，成为世界主要工业产品产量第一大国、工业制成品出口第一大国、工业增加值第一大国。从1953年中国开始正式发动国家工业化算起，至今的六十多年也先后经历了不同工业发展时期，相继发动和推进第一次、第二次、第三次工业革命，又率先发动第四次工业革命，从"一化"（工业化）驱动，到"两化"（工业化和信息化）驱动，再到"四化"（工业化、信息化、城镇化和农业现代化）驱动，充分显示了中国特色工业化道路，是先学习、模仿，引进创新、追赶，集成创新、并驾齐驱，自主创新直到超越的历史过程，因此也就先后采取了工业发展战略的不同版本，不断升级换代（见表12—3）。

1953年实行第一个五年计划，标志着中国进入大规模工业化时期，属于国家工业化战略（1.0版本），总体上参照苏联模式，通过国家强制发动工业化，实行重工业优先战略，以发达工业化国家为目标，实施赶超战略，力图跨越式缩小与世界先进水平的差距。实质上是同时发动第一次、第二次工业革命。

改革开放以来，中国开始实施混合工业化战略（2.0版本），打破国有企

① 参见国家统计局编：《新中国五十年：1949—1999》，23页，北京，中国统计出版社，1999。

② 参见沙健孙主编：《中国共产党与新中国的创建（1945—1949）》下册，703页，北京，中央文献出版社，2009。

业、集体企业“一统天下”的局面，在农村乡镇企业异军突起，加速工业化因素向农村地区扩散，也强化了与城镇的国有企业竞争，先是允许个体户发展，后是大力发展私人企业，在沿海地区对外开放，采取优惠政策吸引外资直接投资（FDI），发展外向型经济，充分利用了后发优势和劳动密集型比较优势，形成了特有的混合型工业化局面。实质上是同时实现第一次、第二次工业革命。

进入新世纪以来，党的十六大报告提出实施新型工业化战略（3.0 版本）：“坚持以信息化带动工业化，以工业化促进信息化，走出一条科技含量高、经济效益好、资源消耗低、环境污染少、人力资源优势得到充分发挥的新型工业化路子。”这是“两化”（指工业化与信息化）相融合，实质是第一次、第二次工业革命与第三次工业革命的融合。2012 年党的十八大报告又进一步提出了“四化同步”的思路：“推动信息化和工业化深度融合、工业化和城镇化良性互动、城镇化和农业现代化相互协调，促进工业化、信息化、城镇化、农业现代化同步发展。”这是“四化”相融合，实质是第一次、第二次工业革命与第三次、第四次工业革命的融合、互动和同步发展，不仅走在信息工业革命的前列，还将引领第四次工业革命。从这个角度看，它仍属于中国工业发展战略的 3.0 版本。

表 12—3　　中国工业发展战略的不同版本

	1.0 版 国家工业化	2.0 版 混合工业化	3.0 版 新型工业化	3.0 版 绿色工业化
时期	1953—1977 年	1978—2000 年	2000—	2010—
主要任务	追赶第一次、第二次工业化	实现第一次、第二次工业化，开始第三次工业化	追赶第三次工业化	引领第四次工业化、完成第三次工业化
参照与创新方式	学习复制苏联模式	学习复制东亚模式	鼓励自主创新	自主全面创新
基本国情条件	大陆型、资源丰富，但人均资源不足，工业化起点极低，但具有后发优势	人口多、底子薄、人均 GDP 居世界行列，具有后发优势和劳动密集型比较优势	教育水平提高、人力资源大国，信息、能源、交通基础设施大国	人力、人才资源强国，现代化基础设施强国，世界经济第二大国；主要污染物排放、温室气体排放、化石能源消耗第一大国
重点产业	重工业、国防工业	轻工业、重工业、信息通信产业、高科技产业	大力发展信息通信、高科技产业，改造传统产业，重工业比重持续提高	绿色产业、绿色能源产业、高新技术产业、新兴战略产业比重上升，传统产业绿色化

续前表

	1.0版 国家工业化	2.0版 混合工业化	3.0版 新型工业化	3.0版 绿色工业化
主要驱动力	工业化驱动，城镇化波折	工业化驱动，引入信息化，伴随城镇化	信息化和工业化深度融合，城镇化加速	城镇化最大驱动，与信息化、工业化、绿色化深度融合，与传统不可再生资源要素脱钩
工业化主体	国有化，国家主导、国有企业、集体企业	非国有化，改革国有企业，乡镇企业迅速发展，引入个体户、民营企业，积极吸引外资企业	多元主体，国有企业重新崛起，民营经济高速成长，继续吸引外资	多元主体，国有企业与民营企业、大中型企业与小微型企业，国内企业与外资企业“两条腿走路”
主要目标	1980年前建立独立的比较完整的工业体系，2000年实现工业化现代化	2000年主要工业产品产量居世界前列	2020年基本实现工业化	工业强国，绿色工业化
工业发展战略	重工业优先，农轻重	传统工业化	新型工业化，工业化与信息化深度融合	绿色工业化，工业化、信息化、绿色化融合
国际战略	相对封闭、进口替代	对外开放、出口替代	全面开放、出口导向增长，开始走出去	走出去、全球市场
技术进步来源	引进苏联技术、自主研发	引进西方技术，国内技术创新	引进吸收创新、集成创新、原始创新，出口技术	全面创新，原始创新，出口技术、发明专利和品牌
技术创新主体	国有研发机构	国有研发机构、引进外资企业	大中型国有企业，国有和民营研发机构，跨国公司研发机构	多元主体，以中国跨国公司、全球公司研发机构为主导，无数微型、小型研发机构为主体

注：本表系作者整理。

12.2　国家工业化：建成独立完整的工业体系

中国是一个典型的工业化后来者（latter comer），发动工业化时间晚，进入工业化时代大为滞后。如果从 1750 年算起的话，欧洲和北美陆续开始工业化，而中国发动工业化的时间滞后了 100～200 年，直到 1950 年中国才开始正式发动工业化。中国不仅发动工业化的时间晚，而且工业化水平起点极其低下。①

新中国的工业化基本上是从一个“一穷二白”的基础上起步的。近代以来初步发展的工业很大程度上被战争所摧毁。1949 年中国工业生产能力还远低于抗战之前（1936 年）的水平，工业总产值减少了一半，其中重工业产值减少了 70%，轻工业产值减少了 30%。② 当时党中央就指出：我国虽然已有一定数量的现代工业的发展，但我国旧有工业的基础是十分落后和薄弱的。工业在我国整个国民经济中只占很小的比重：在 1949 年，使用机器的工业的产值约占工农业生产总值的 17%，而农业及其副业、个体手工业和工场手工业的产值约占工农业生产总值的 83%。我国原来的钢铁工业基础极为薄弱，没有真正的机器制造业，没有现代的国防工业。③ 据周恩来介绍：旧中国进行了将近 100 年的现代工业建设，到 1949 年，工业固定资产还不到 130 亿元；旧中国发展电业近 70 年，到 1949 年，发电能力还不到 190 万千瓦，在世界各国中占第 25 位；旧中国建设钢铁工业近 60 年，炼钢能力还不到 100 万吨，在世界各国中占第 26 位。④ 中国许多重要工业产品的人均产量不仅远远落后于美国，而且还落后于印度。毛泽东很感慨地说：“现在我们能造什么？能造桌子椅子，能造茶碗茶壶，能种粮食，还能磨成面粉，还能造纸，但是，一辆汽车、一架飞机、一辆坦克、一辆拖拉机都不能造。”⑤ 1948 年 2 月，美国国务卿马歇尔在申明中曾预言：中国缺乏原料和工业资源，在最近的将来难于成为第一流强国。这极大地刺激了毛泽东等人。⑥ 因此，新中国成立之后，中国共产党最核心的目标就是

---

① 参见胡鞍钢：《中国政治经济史论（1949—1976）》，2 版，北京，清华大学出版社，2008。

② 参见中共中央党史研究室著、胡绳主编：《中国共产党的七十年》，312 页，北京，中共党史出版社，1991。

③ 参见中共中央文献研究室编：《建国以来重要文献选编》，第 4 册，604 页，北京，中央文献出版社，1993。

④ 参见上书，508～510 页。

⑤ 《毛泽东文集》，第 6 卷，329 页，北京，人民出版社，1999。

⑥ 参见中共中央文献研究室编：《建国以来重要文献选编》，第 12 册，509 页，北京，中央文献出版社，1996。

发动国家工业化，建立社会主义社会。[①]

新中国实现了空前的政治统一，拥有一个强有力的、能够充分调动资源的中央政府，这为新中国的工业化奠定了根本的制度基础。[②] 在极其低下的发展起点下，政府没收了占 2/3 全部工业资本的官僚资本为国营经济，一下子掌握了国家经济命脉；直接掌握了全国一半以上的燃料、动力和工业原料以及近一半的棉纱产量；还掌握了全国的铁路、邮政、电信和大部分交通运输业，控制了绝大部分的国内外贸易。[③]

在 1949—1952 年期间，工业生产迅速恢复，工业总产值增长了 1.45 倍，其中重工业增长了 2.30 倍，轻工业增长了 1.15 倍；到 1952 年，12 种主要工业产品产量均超过解放前的最高年产量。[④] 这就为中国工业开始进入起飞阶段奠定了基础。

当时中国领导人也面临一个选择什么样的工业化道路的问题。党中央认为：资本主义国家从发展轻工业开始，一般是花了 50～100 年的时间才能实现工业化，而苏联采用了社会主义工业化的方针，从重工业建设开始，在十多年中（从 1921 年开始到 1932 年第一个五年计划完成）就实现了国家的工业化。苏联过去所走的道路正是我们今天要学习的榜样。我国实现国家的社会主义工业化，正是依据苏联的经验从重工业开始。当然，在集中力量发展重工业的同时，必须相应地、有计划地发展交通运输业、轻工业、农业、商业和文化教育事业。那么如何实现社会主义工业化呢？党中央认为必须实行国有化，即实现社会主义工业化必须首先发展国营工业，并发展国营交通运输业、国营商业和合作社商业。只有在完成了现有的资本主义工业和手工业的社会主义改造以后，我国才有完全的社会主义的工业化。[⑤]

---

① 1949 年 3 月召开的党的七届二中全会指出：我国新民主主义革命胜利以后的任务是“迅速地恢复和发展生产，对付国外的帝国主义，使中国稳步地由农业国转变为工业国，由新民主主义国家转变为社会主义国家”。参见中共中央文献研究室编：《建国以来重要文献选编》，第 4 册，601 页，北京，中央文献出版社，1993。

② 吉尔伯特·罗兹曼等人在《中国的现代化》一书中认为，1949 年以来的中国实现了空前的政治统一，克服了长期阻碍现代化进程的五方面的障碍：中国在国际关系中全面恢复了国家主权，并且表明自己能够很好地使用建国初期在外部（苏联）援助下建立的现代企业；一个强有力的中央政府指导着所有的社会变革，并且持续地重组社会，以不断加强中央的协调和控制；重工业以非常高的速度增长；相对于传统社会而言，很快达到了一个较高的社会整合水平，国家领导人在以往从未达到的规模上，动员了全社会的资源；教育和现代化知识的传播，大体适应了迅速增加工人和管理人员的要求。参见［美］吉尔伯特·罗兹曼主编：《中国的现代化》，650 页，上海，上海人民出版社，1989。

③ 参见马洪等主编：《当代中国经济》，16 页，北京，当代中国出版社，1987。

④ 参见国家统计局编：《中国统计年鉴 1984》，24、249 页，北京，中国统计出版社，1984。

⑤ 参见中共中央文献研究室编：《建国以来重要文献选编》，第 4 册，608 页，北京，中央文献出版社，1993。

在苏联的大力帮助下，中国从1953年开始实行第一个五年计划，成功地发动国家工业化，并成为这一时期中国现代化的主题、核心目标和主要任务，由此中国正式进入了大规模工业化时期。社会主义工业化道路与早期的资本主义工业化道路一个重要的区别，就在于工业化初始资本积累的方式迥然不同。[①] 我们开始大规模工业化建设时，同样面临着一个社会主义工业化的原始资本的来源问题，我们选择了类似于苏联的"原始积累"方式，并建立了一套高度集中的计划经济体制，通过"大推动"的方式实现了工业化资金的原始积累。

1953年12月，毛泽东提出党在过渡时期的总路线和总任务，是要在一个相当长的时期内，逐步实现国家的社会主义工业化，并逐步实现国家对农业、对手工业和对资本主义工商业的社会主义改造。[②] 在苏联的大力帮助下，制定和实施了第一个五年计划（1953—1957年），以156个重点项目为中心，开展了大规模工业化建设，打下了中国社会主义工业化的基础。到1957年，第一个五年计划的主要指标，大都大幅度超额完成。

1952—1957年期间，工业总产值年平均增长率达到了18%，高于原定计划的14.7%的指标。工业占工农业总产值比重大幅度提高，由1952年的43.1%提高至1957年的56.7%，超过了农业比重。[③] 到1956年底，私人工业企业8.79万户变成合营企业，4.8万户手工业户并入了合营工业。40万户私营商业户实行了公私合营，144万户个体户实行了合作社，另有10万余户转入了国营商业和供销社系统。[④] 这标志着从混合工业化变为国家工业化，即国家发动、国家计划、国家投资、国家管理的工业化。

这一时期的中国工业化模式，还是学习和模仿苏联工业化的模式。这在很大程度上与中国领导人对工业化的目标和性质知之不多、知之不深有关，并不晓得张培刚关于工业化的理论和定义，主要是参看了苏联的教科书。1956年9月8日毛泽东在党的八大上构想中国工业化目标时提出，到那时，即到1967年第三个五年计划完成的时候，工业产值（比重）将占（工农业总产值）百分之六十几，农业产值将占百分之三十，这样我国就可以说基本上有了现代工业了，就可以说初步地工业化了。[⑤] 苏联《政治经济学教科书》成为中国领导人和各级党政干部的必读书，对毛泽东等人影响极大。发展策略上，采取了"不

---

① 参见郭庆、胡鞍钢：《中国工业化问题初探》，9页，北京，中国科学技术出版社，1991。

② 参见《毛泽东文集》，第6卷，北京，人民出版社，1999。

③ 参见沙健孙主编：《中国共产党与新中国的创建（1945—1949）》下册，734页，北京，中央文献出版社，2009。

④ 参见上书，716页。

⑤ 参见逄先知、金冲及主编，中共中央文献研究室编：《毛泽东传》上册，北京，中央文献出版社，2003。

平衡增长”发展策略。集中资金与国家优势力量发展一部分工业（主要是重工业），利用产业间的关联效应，带动其他工业的投资和增长。其特征表现为优先发展重工业，轻视发展轻工业，中间产品比重过多，而消费品供给严重不足；重视物质生产，轻视非物质生产特别是服务业。从工业化主体来看，由国家发动工业化，排斥私人（民间资本和个体经济）参与工业化，实行相对集中的计划经济体制，优先发展重工业，人为压低重工业发展的成本，即压低资本、外汇、能源、原材料、农产品和劳动的价格，降低重工业资本形成的门槛。显然当时毛泽东和党中央对工业化的认识和知识是相当有限的，更多地来源于苏联的经验和教科书，更多的是学习苏联重工业化模式。[①] 毛泽东后来讲，解放后，三年恢复时期，对搞建设，我们是懵懵懂懂的。接着搞第一个五年计划，对建设还是懵懵懂懂的，只能基本上照抄苏联的办法，但总觉得不满意，心情不舒畅。[②] 苏联模式的影响还表现为对农业的过度汲取，为工业化发展提供资源积累。根据武力估计，整个计划经济时期剪刀差的总额接近 2 000 亿人民币。[③]

毛泽东等第一代领导人力图突破苏联式的片面重工业优先的工业化战略。1955 年底，毛泽东就提出了要以苏联为借鉴，探索中国自己的工业化道路的任务。1957 年毛泽东在《关于正确处理人民内部矛盾的问题》中首次提出“中国工业化道路”命题。他指出，这里所讲的工业化道路的问题，主要是指重工业、轻工业和农业的发展关系问题。我国的经济建设是以重工业为中心，这一点必须肯定。但是同时必须充分注重发展农业和轻工业。[④] 1962 年毛泽东在党的八届十中全会上明确提出，以农业为基础，以工业为主导是发展国民经济的总方针，还提出了按照农轻重的次序安排国民经济计划的思路。[⑤]

针对中国基本国情即传统与现代、农业与工业、落后与先进同时并存的现状，党中央和毛泽东提出“两条腿走路”、“同时并举”的工业化思路。1958 年 5 月，刘少奇在党的八大二次会议上提出：在重工业优先发展的条件下，工业和农业同时并举；在集中领导、全面规划、分工协作的条件下，中央工业和地

---

① 苏联的工业化模式不只是一个计划经济体制模式，而且还是一个“大推进”赶超型经济发展模式，旨在全面地、大规模地投入资本，迅速实现工业化。其特征就在于实行高积累、低消费政策；重视工业、轻视农业的投资策略，以工农业产品价格剪刀差来索取农业剩余，剥夺农民利益。

② 参见《毛泽东文集》，第 8 卷，北京，人民出版社，1999。

③ 参见武力：《1949—1978 年中国剪刀差差额辨正》，载《中国经济史研究》，2001 (4)。

④ 参见《毛泽东文集》，第 7 卷，北京，人民出版社，1999。

⑤ 党的八届十中全会公报指出：“我国人民当前的迫切任务是：贯彻执行毛泽东同志提出的以农业为基础、以工业为主导的发展国民经济的总方针，把发展农业放在首要地位，正确处理工业和农业的关系，坚决地把工业部门的工作转移到以农业为基础的轨道上来”。参见《中国共产党第八届中央委员会第十次全体会议公报》，http：//cpc.people.com.cn/GB/64162/64168/64560/65353/4442078.html。

方工业同时并举，大型企业和中小企业同时并举。[①] 1959年到1960年，毛泽东在阅读苏联《政治经济学教科书》时指出，我们把生产资料优先增长的公式具体化为：在优先发展重工业的条件下，实行几个同时并举；每一个并举中间，又有主导的方面。例如，中央和地方，以中央为主导；工业和农业，以工业为主导。他还提出洋土（法生产）并举、大中小（企业）并举。[②] 称之为一整套“两条腿走路”的方针。[③]

这是中国工业化道路的一个很有特色的方针，有效地调动了各方面的积极性。对此周恩来曾作了说明：实行这样的“两条腿走路”方针，不但是为了保持各个经济部门间的必要的平衡，而且首先是为了最充分地动员各方面的积极因素，开辟最广大的阵地，使最广大的人民群众的建设队伍能够充分展开，使他们的力量能够最充分地使用到社会主义建设事业中来，从而使多快好省要求的实现得到保证。[④] 十分可惜的是，这一正确的工业化发展原则，在“大跃进”中被滥用了，极大挫伤了各方面的积极性。

毛泽东等前瞻性地指出了中国工业化的战略目标。1956年党的八大明确地提出中国工业化建设方针是“为了把我国由落后的农业国变为先进的社会主义工业国，我们必须在三个五年计划或者再多一点的时间内，建成一个基本上完整的工业体系”。对此，周恩来作了解释，这个方针，把过去的为社会主义工业化而奋斗的提法具体化了。我们这样的大国，就必须建立自己的完整的工业体系，不然一旦风吹草动，没有任何一个国家能够支援我们完全解决问题。但是应该指出，基本上完整并不是说一切都完全自给自足。这一工业化目标和布局是具有前瞻性、全局性和战略性的，为中国工业化奠定了产业体系空间布局以及发展基础。

这一时期采取的过急过快的工业化的赶超战略，使得中国工业化道路的探索遭遇了极大的挫折。1956年毛泽东提出了花50～60年时间在钢产量上追赶美国的强国目标。[⑤] 这是非常宏大的设想，是需要两三代人才能完成的历史任务，毛泽东这代人需要做的就是打好基础，为中国工业化长远发展建立比较独

---

① 参见中共中央文献研究室编：《建国以来重要文献选编》，第11册，308～312页，北京，中央文献出版社，1995。

② 参见《毛泽东文集》，第8卷，北京，人民出版社，1999。

③ 毛泽东提出的这一方针被概括为：“我们党所制定的鼓足干劲、力争上游、多快好省地建设社会主义的总路线，我们正在实行的工业和农业同时并举、重工业和轻工业同时并举、中央工业和地方工业同时并举、大型企业和中小型企业同时并举、洋法生产和土法生产同时并举等一整套‘两条腿走路’的方针”。参见《人民日报》编辑部：《沿着伟大列宁的道路前进》（1960年4月22日），见新华网，2005-01-18。

④ 参见中共中央文献研究室编：《建国以来重要文献选编》，第12册，526页，北京，中央文献出版社，1996。

⑤ 参见《毛泽东文集》，第7卷，北京，人民出版社，1999。

立的完整的工业体系。本来第一个五年计划相当成功，超额完成了工业发展的目标，但同时也暴露出了许多突出问题，需要在第二个五年计划稳步前进中予以解决。但是1957年11月毛泽东访问苏联，受赫鲁晓夫提出用15年时间在主要工业产品产量和人均产量方面赶超美国的强烈影响，毛泽东改变了原来的战略设想，贸然提出15年时间在主要工业产品产量方面赶超英国的“大跃进”目标。当“大跃进”失败之后，1962年毛泽东在“七千人大会”上提出用100多年的时间赶上和超过世界上最先进的资本主义国家（指美国）的设想。[①]

毛泽东等人还对工业化的目标和战略进行了极为重要的探索。1964年12月周恩来在全国三届人大一次会议上，根据毛泽东指示，提出到20世纪末实现“四个现代化”目标，其中也包括工业现代化目标，即位于世界的前列，同时将党的八大所提出的工业化目标又拓展为“第一步，建立一个独立的比较完整的工业体系和国民经济体系”。这就不仅包括工业，还包括农业、建筑业、商业、运输业等现代产业，还涉及统计其他第三产业如科技服务业、教育、卫生、社会保障、社会福利业、文化、体育和娱乐业、水利、环境和公共设施管理业、金融业、房地产业、公共管理和社会组织等，反映了领导人和国家统计局对国民经济体系概念、知识与信息的极大局限性，常常把“工业化”视为工业部门本身。

在1975年1月召开的四届全国人大一次会议上，周恩来根据毛泽东的设想再次重申了“四个现代化”目标，并提出第一步到1980年，建成独立的比较完整的工业体系和国民经济体系。[②]

中国始终实行独立自主的工业化路线。毛泽东指出，自力更生为主，争取外援为辅，破除迷信，独立自主地干工业、干农业、干技术革命和文化革命，打倒奴隶思想，埋葬教条主义，认真学习外国的好经验，也一定研究外国的坏经验——引以为戒，这就是我们的路线。经济战线上如此，军事战线上也完全应当如此。[③]

1964年毛泽东还创意性地提出了跨越式发展工业化的重要思路。他特别提到，我们办工业，必须把眼光放到全世界，不能只看到苏联那一套。[④] 他指出，我们不能走世界各国技术发展的老路，跟在别人后面一步一步地爬行。我们必

---

① 毛泽东指出，中国的人口多、底子薄，经济落后，要使生产力很大地发展起来，要赶上和超过世界上最先进的资本主义国家，没有100多年的时间，我看是不行的。参见《毛泽东文集》，第8卷，北京，人民出版社，1999。

② 参见全国人大财经委员会办公室、国家发展规划委员会发展规划司编：《建国以来国民经济和社会发展五年计划重要文件汇编》，471页，北京，中国民主法制出版社，2008。

③ 参见《毛泽东文集》，第7卷，北京，人民出版社，1999。

④ 参见《建国以来毛泽东文稿》，第11册，北京，中央文献出版社，1996。

须打破常规，尽量采用先进技术，在一个不太长的历史时期内，把我国建设成为一个社会主义的现代化的强国。[①]

中国如期实现了第一代工业化的战略目标。1979 年 9 月 29 日，叶剑英在庆祝中华人民共和国成立三十周年大会上向全世界宣布，“我们在旧中国遗留下来的‘一穷二白’的基础上，建立了独立的比较完整的工业体系和国民经济体系”。“目前，全国工业企业达到三十五万个，全民所有制企业的固定资产达到三千二百亿元，相当于旧中国近百年积累起来的工业固定资产的二十五倍。从我们完成国民经济恢复任务的一九五二年算起，到一九七八年，我国工业发展尽管有过几次起落，平均每年的增长速度仍然达到百分之十一点二。”[②]

根据伍晓鹰对中国工业增加值的估计，1952—1978 年期间工业年平均增长率为 10.1％。[③] 这要低于国家统计局的数据，但是仍然反映了这一时期，中国属于世界上工业发展迅速的大国，也是世界工业大国。1978 年中国主要 7 种工业产品产量在世界居第一位的有 1 种，居第三位的有 2 种，居第四位的有 1 种，居第五位的有 1 种。[④] 从制造业价值量看，根据贝罗奇（1982）估计，中国制造业产出占世界比重从 1953 年的 2.3％提高至 1980 年的 3.5％。这些数据都表明，中国已经是世界工业大国，还是发展中国家最大的工业国。

按不变价格计算，1952—1978 年期间，国有工业资本存量增长了 22.3 倍，年平均增长率为 12.9％；全国资本存量增长了 15.1 倍，年平均增长率为 11.3％；国有工业资本存量占全国资本存量比重从 1952 年的 37.4％上升至 1978 年的 54.1％；其中国有工业资本存量增长对全国总资本存量增长的贡献率达到 55％，超过了一半以上。[⑤] 这说明，中国完成工业化原始积累主要是国有工业资本增长迅速、贡献最大，也体现了国家工业化特征，即国家发动、国家动员、国家投资。这在世界人口大国中是十分少见的。与此同时，中国迅速建立了独立的比较完整的工业体系，在除西藏以外的省份建立了门类比较齐全、能够相互配套的工业体系，国防工业体系从无到有地逐步建立起来，资源勘探事业也有很大发展。[⑥] 从世界大国看，除了美国之外，中国堪称第二个建

---

① 参见《毛泽东文集》，第 8 卷，北京，人民出版社，1999。

② 中共中央文献研究室编：《三中全会以来重要文献选编》上册，212～213 页，北京，人民出版社，1982。

③ 转引自［英］安格斯·麦迪森：《中国经济的长期表现：公元 960—2030 年》，修订版，163 页，上海，上海人民出版社，2011。

④ 参见国家统计局编：《中国统计摘要 2013》，191 页，北京，中国统计出版社，2013。

⑤ 参见胡鞍钢：《中国政治经济史论（1949—1976）》，2 版，525 页，北京，清华大学出版社，2008。

⑥ 参见中共中央文献研究室编：《三中全会以来重要文献选编》下册，795、808 页，北京，人民出版社，1982。

成了门类齐全、独立完整的工业体系和国民经济体系，这就成为中国在 20 世纪 80 年代后经济起飞的重要基础，也成为中国能够有效地吸引外国直接投资、在 20 世纪 90 年代成为世界制成品加工基地的基础，是一个十分典型的“前人种树、后人乘凉”的工业化案例。

特别需要指出的是，当 20 世纪下半叶，世界进入信息革命时代，中国领导人注意到了这一端倪，却丧失了成为世界领先者的机遇。1964 年 9 月 16 日，时任中共中央政治研究室主任、中国科学院副院长陈伯达就发展电子工业问题谈了重要观点，他提出“以发展电子技术为中心，开展新的工业革命”的意见。同年 10 月 23 日，毛泽东批阅、修改了该讲话，特别指出：我们办工业，必须把眼光放到全世界，不能只看到苏联的那一套。毛泽东并批送国务院总理、副总理参阅。[①] 陈伯达本人也曾提出搞一个发展电子工业的十年规划和二十年规划。十分可惜的是，毛泽东没有能够发动电子工业革命，却发动了“文化大革命”，中国失去了参与发动第三次工业革命的机会，成为新的追赶者。

12.3　混合工业化：建成世界工业大国

改革开放之后，中国进入第二个黄金发展时期，突出表现为中国工业化全面加速，成为带动整个经济起飞的火车头。1978—2000 年期间，按不变价格计算，工业增加值增长了 10.2 倍，年平均增长率为 11.6%；GDP 增长了 7.6 倍，年平均增长率为 9.7%；工业增加值增长对 GDP 增长的贡献率高达 68.0%。[②]

从国际比较看，这一时期中国的工业产出增长率，大大超过美国经济起飞（1870—1913 年，5.4%）、也超过日本（1955—1970 年，11%）经济起飞时期的工业增长速度。[③]

这一时期的工业化与第一代工业化大为不同，发生了四个方面的转变。第一个转变是从“社会主义计划经济体制”到“社会主义市场经济体制”的转变。这先后走了两步：第一步是在计划经济体制的框架下，改革价格体系，打破百分之百的计划价格体系，开辟基于市场价格的“第二轨道”，开始“价格双轨制”，此消彼长。改革初期，我国经济市场化程度相当低下，传统经济体

---

① 参见《建国以来毛泽东文稿》，第 11 册，北京，中央文献出版社，1996。

② 参见国家统计局编：《中国统计摘要 2013》，23 页，北京，中国统计出版社，2013。

③ Mandel，E.，*Long Waves of Capitalist Development*，translated by the International Economics Institute of Nankai University，Commercial Press，1998.

制模式占主导地位。根据作者估计，1979年我国市场化指数只有24.9%，其中价格市场化指数最低，为11.6%。[①] 据调查，1978年之后生产资料出厂价格总额中国家（指令性）定价100%，社会商品零售总额中国家定价97%。[②] 1979年之后，先是调整价格，之后放开价格；先放开非关键性的工农产品价格，控制或调整关系国计民生的农产品的价格；小商品的价格放开为主，大宗商品的价格调整为主；工业产品实行“双轨制”价格，1984年之后又实现了生产资料价格的双轨制，使企业主要是国有企业拥有更大的自主定价权。逐步实现了三种定价机制：指令性计划产品实行定价；指导性计划产品实行浮动价格；计划外商品实行市场价格。到1992年，我国市场化指数已达到63.2%，比1979年提高了38.3个百分点，其中价格市场化程度提高幅度最大，到1992年达到81.8%，比1979年提高了70.2个百分点。[③] 在中国经济市场化过程中，价格改革取得的成就最大，市场调节作用愈来愈明显。

第二步是在建立社会主义市场经济体制框架下，加快建设全国统一市场，促使商品和各种要素在全国范围内自由流动和充分竞争。大力发展资本和其他要素市场，包括劳动力、技术、土地和矿产资源的市场化。在价格形成机制上，由国家定价的商品种类不断减少，放开绝大多数商品价格，只对关系国计民生的重要商品实行指导价。在90年代上半期，中国就已经走出了延续40多年的商品匮乏和短缺的经济困境，到90年代后半期就已经建立各类商品极大丰富、应有尽有的市场经济，甚至还出现了供给大于需要的局面。

第二个转变是国家工业化转变为“混合工业化”。中国的工业化模式开始发生变化，从国家工业化转向混合工业化或全社会工业化，即政府和私人共同发动工业化。一方面改革国有企业一直是中国经济改革的中心环节，先后经过了扩大企业经营自主权，推行企业责任承包制，建立现代企业制度，“抓大放小”、“小规模私有化”、“局部私有化”，国有工业和集体工业继续高增长、大发展，但是占工业总产值的比重不断下降。另一方面大力发展非国有经济，“大规模私有化（民营化、非国有化）”，成为中国经济增长的新来源、新成分、新机制，非国有企业工业比重大幅度上升。

国有企业和民营企业既相互竞争，又互为补充，共同发展壮大，创造了世界企业发展史上的中国奇迹。民营企业从无到有，从小到大，从弱到强，从“国民经济的有益补充”到“国民经济的重要组成部分”。1978年到1999年间，

① 参见卢中原、胡鞍钢：《市场化改革对我国经济运行的影响》，载《经济研究》，1993（3）。

② 参见张卓元：《中国经济理论三步曲：商品经济论、市场取向论，市场经济论》，载《财贸经济》，1992（11）。

③ 参见卢中原、胡鞍钢：《市场化改革对我国经济运行的影响》，载《经济研究》，1993（3）。

国有工业企业比重从 77.6%迅速下降到 28.2%，集体工业企业比重从 22.4%上升到 35.4%，其他所有制工业企业从近乎为零上升到 36.4%（见图 12—1）。国有企业和民营企业成为新型、现代、开放的社会主义市场经济体制的两大主体，我们形象地把它们称为东方巨人的“两条腿”（两大经济支柱），显然中国的“两条腿”走路要比西方国家的“一条腿”走路走得稳，走得快，走得远。国有企业大多属于资源密集型、资本密集型、科技密集型、人才密集型企业，是国民经济的战略支柱和命脉，是行业发展的排头兵，是促进自主创新、尤其是重大关键性技术创新的领头羊，对维护市场稳定、贯彻国家宏观调控政策、增加公共财政收入和提供公共服务做出了巨大贡献，是我国发挥集中力量办大事优势的经济基础。民营企业灵活性强、创新力强，是中国经济高速增长的重要力量，是中国经济保持充分活力的源泉，是促进市场化改革的推动者，是促进自主创新、产业优化升级的重要力量，是活跃消费市场的供应主体。民营企业在创造就业、履行社会责任方面也做出了重要贡献。国有企业和民营企业携手共进，形成合力，共同实施中国“走出去”战略，共同提高中国企业的全球竞争力，打造一批世界级跨国企业集团。国有企业与民营企业要共同成长起来，共同强大起来。为此，两者都需要根据国内市场与国际市场竞争的特点，确定不同的定位，扮演不同的角色，发挥不同的功能，既相互竞争，更相互合作；既相互分工，更相互融合；既各具优势，更相互补充。

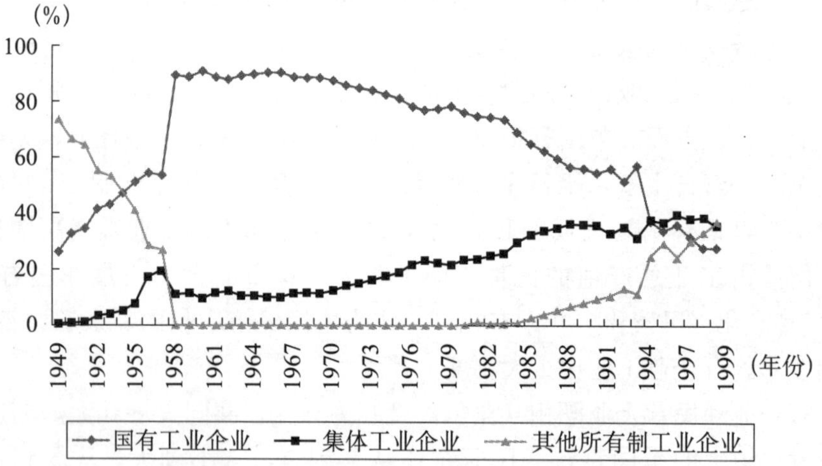

图 12—1　中国工业所有制结构变化（1949—1999 年）

资料来源：国家统计局：《中国统计年鉴 2000》，北京，中国统计出版社，2000。

第三个转变是从城市工业化转变为城乡共同驱动的工业化。中国的国家工业化主要是城市工业化，在“大跃进”时期曾经发动了农村工业化，但是因“大跃进”的失败而失败；第二次是 1970 年以后，毛泽东发动第二次农村工业化，应该算是比较成功的，也为改革开放第三次发动农村工业化提供了基础；第三次也是最大规模的农村工业化就是 1978 年之后乡镇企业的迅速发展。农民不再被排斥在工业化的大门之外，而是积极地参与到中国的工业化进程中来。从就业角度看，1978 年乡镇企业从业人员占全国就业总数只有 7%，到 1995 年达到 18.9%；从增加值角度看，1978 年乡镇 GDP 占全国 GDP 只有 5.8%，到 1995 年达到 24.0%。

第四个转变是从封闭条件下的工业化转向开放条件下的工业化。中国的工业化从封闭条件走向开放条件，从而加入全球的经济发展进程。从贸易的角度看，中国的工业化也经历了从初级产品为主转向制造业为主，1980 年初级产品占出口货物总额的比重为 50.3%，工业制成品的比重不足 50%；到 2000 年，工业制成品的比重上升到 80.8%，其中机械及设备的比重达到 33.1%，而 1980 年只有 4.7%；从进口替代转向出口导向，进一步转向扩大内需与出口双轮驱动，并以国内需求为主。

到 2000 年，中国主要工业产品已居世界前列。与 1978 年相比，中国煤炭产量由世界第三位上升到世界第一位，钢产量由世界第五位上升到世界第一位，水泥产量由世界第四位上升到世界第一位，发电量由世界第七位上升到世界第二位。按工业增加值计算，中国居世界第四位，排在美国、德国和日本之后。

12.4　新型工业化：建成世界第一大工业国

信息化与工业化的深度融合成为新世纪以来中国工业化的重要特征。进入 20 世纪 90 年代，信息化成为再次推动产业革命的一次技术创新，由此带来的将是新一轮工业化的机遇与挑战。高技术产业化将成为经济增长的核心，根据 2010 年联合国工业发展组织的统计，全世界国民生产总值中有 65%与微电子有关。

中国也成为信息化产品的积极采用国和信息化的积极参与国。中国领导人不失时机地提出了中国的高科技发展战略和信息化战略，推动了中国信息化进程。中国领导人认为通过信息化，中国可以实现跨越式发展：推进国民经济和社会信息化，可以带动工业化，提高国民经济效率、降低能耗，发挥后发优势，实现跨越式发展。要以信息化带动工业化，以工业化促进信息化，走新型工业化道路。2000年10月，中共十五届五中全会提出加快国民经济和社会信息化："信息化是当今世界经济和社会发展的大趋势，也是我国产业优化升级和实现工业化、现代化的关键环节。要把推进国民经济和社会信息化放在优先位置。顺应世界信息技术的发展，面向市场需求，推进体制创新，努力实现我国信息产业的跨越式发展。"

进入新世纪以来，中国充分利用发达国家进入"后工业化时代"，并向新兴工业化国家转移的历史机遇，进一步加速了对发达国家的工业化追赶，并迅速超越了发达国家，成为世界工业化的领跑者，成为最大的"世界工厂"。2006年，在联合国工业发展组织统计的616种工业产品产量中，中国已经有172种产品的产量位居世界第一。在中国2010年占据主导的工业产品中，除了传统的中低技术的纺织、化学和金属产品，还包括了大量的高科技产品。例如中国个人电脑产量占世界比重从2000年的19.2%上升到2010年的68%；手机产量占世界比重从2005年的40%上升到2010年的70%。此外，中国在家电产品上也已经占据主导地位，彩色电视、电冰箱和洗衣机的产量占世界比重也分别从2000年的30%、18%和25%上升到2010年的50%、65%和44%。

此外，中国在机械与交通设施产品产量的排名上升也非常迅速。2010年中国的造船完成量和新增订单量双双超过韩国成为世界第一，其中新增订单量已经接近世界的一半，为48.5%。而中国乘用车产量占世界产量比重从2004年的5.57%达到2010年的23.9%，其销售量在2009年成为世界第一之后，2010年又增长32.4%达到1 806万辆，超过美国年度汽车销售量的历史记录1 750万辆。

OECD定义的高技术产业，包括航空航天、制药、两大ICT产业部门和医疗、精密光学仪器制造五个行业类别，中国高技术产业增加值占世界比重在加入WTO之后也在迅速提升，即2007年超过日本达到12.5%之后，到2010年仅比欧盟的高技术产业增加值占世界比重低0.7个百分点，2011年已经超过欧盟。

在国际标准产业分类的23个大类当中，中国从加入世贸组织时仅有纺织业总产出世界第一，到2010年已经有17个大类成为世界第一。其他4个大类——食品饮料制造、造纸与纸制品、炼焦与炼油和医疗、精密光学仪器制造——都已经列于世界第二位，而印刷出版业和其他交通装备（含航空航天）两个行业大类则位列第三（见表12—4）。

表 12—4　　中国主要工业产品产量与排名（2010，ISIC Rev 3 分类）

	产量	占世界产量比重（%）	世界排名
17 纺织品			
棉纱	27.2 百万吨	46	1
24，25 化学产品（包括橡胶和塑料制品）			
乙烯	14.2 百万吨		2
塑料制品	55.5 百万吨	20	
化纤	30.9 百万吨	42.6	1
26 非金属矿产品			
水泥	1 868 百万吨	60	1
化肥	67.4 百万吨	35	1
玻璃	630 百万标准箱	50	1
27，28 金属和冶金制品			
粗钢	627 百万吨	44.3	1
精炼铜	4.57 百万吨	24	
铝	15.65 百万吨	65	1
28，29，34，25 机械与交通设施			
新传订单量	75.2 百万吨	48.5	1
造船完工量	65.6 百万吨	41.9	1
汽车	18.3 百万辆	23.5	1
建筑机械	—	43	1
31 电子产品			
彩色电视	118 百万台	50	1
电冰箱	73 百万台	65	1
空调	109 百万台	80	1
洗衣机	61 百万台	44	1
微波炉	68 百万台	70	1
30，32，33 ICT 产品			
数字电视机顶盒	150 百万台	73	1
数码相机	82 百万台	65	1
移动电话	998 百万部	>70	1
计算机	246 百万台	68	1

资料来源：由清华大学国情研究院高宇宁助理教授根据不同来源资料整理。

中国已经成为世界第一大工业国。近十年来，中国工业产值占世界产出的比重迅速提高，2000 年只占世界的 11.2%，而到 2010 年占世界的比重达到 23.96%，大大高于美国，接近欧盟和日本的总和（见表 12—5）。如果以制造业口径计算，中国的比重更高，2009 年已经占 25.9%。中国不但成为世界制造业产出第一大国，而且相当于美、日、德三大制造业强国的总和。这意味着结束了美国100多年的世界第一工业大国的历史；也意味着开启了中国为世界第一工业大国的新未来，也许将会延续下一个25年、50年甚至100年，除非中国的工业创新能力和生产能力被下一个未知的竞争者所取代。

表12—5 四大经济体工业增加值（PPP）占世界比重（1970—2010年）（%）

	1970	1980	1990	2000	2010
中国	4.94	2.56	4.36	11.19	23.96
美国	20.78	20.10	18.76	18.92	14.67
日本	8.45	8.41	10.38	8.25	6.08
欧盟	28.13	29.53	27.24	24.30	20.02
美国/中国（倍）	4.21	7.85	4.30	1.69	0.61

注：按购买力平价法计算。

资料来源：1970年GDP数据来自Maddison世界经济数据库。其他来源于世界银行数据库（World Bank，WDI 2013），http：//data.worldbank.org。

进入新世纪以来，中国的出口进入高速增长期。在这之前的20年，中国出口占世界比重从1980年的0.9%逐渐上升到2000年的3.9%。从2001年起，超过20%的年均增长率使得中国出口占世界比重到2010年达到10.4%。中国在2007年超过美国，在2009年超过德国，从而成为世界最大的商品出口国。

与此同时，中国的出口产品结构也发生了重要的转变，工业制成品所占的比重从1980年的48.3%上升到2000年的88.4%。加入WTO之后，中国的工业制成品出口占商品出口比重也进一步提高到2010年的93.6%。

这样的高速增长使得中国的制成品出口占世界比重迅速提高，从2000年的4.6%增加到2010年的14.0%，先后在2004年超过日本，2005年超过美国，而后又在2007年超过德国。这一比重已经达到日本在1986年最高峰时期的水平，也仅比德国1987年最高峰时期低1%（见图12—2）。

中国不但迅速成长为制造业的世界工厂，也迅速成为高技术产品的世界工厂。

中国开始迅速成为高技术产品出口，特别是ICT产品出口大国。中国从2004年起已经成为世界第一高技术产品出口大国，同时也是世界第一ICT产品出口大国，到2010年中国的高技术产品出口已经占到世界总量的22.2%。在九大类高技术产品中，中国的办公与电信设备出口占世界市场的份额从2000年的4.49%迅速增加到2010年的28.04%。其中电子数据处理与办公设备2010年占世界市场的份额更是高达37.92%，超过了服装的市场份额（为36.94%），成为中国最具显示比较优势（RCA，即产品占世界出口市场份额与一国出口总量占世界份额之比）的产品类别（见图12—3）。

中国工业化伴随着中国企业的快速崛起，中国工业化对发达国家的赶超也是中国企业的集体性赶超，中国已经是世界注册企业数最多的国家，根据国家

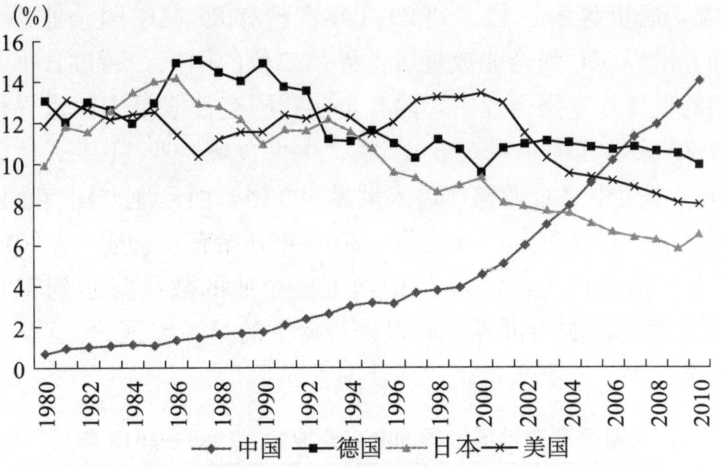

图 12—2 制成品出口占世界比重（1980—2010 年）

资料来源：World Bank，World Development Indicators 2012。

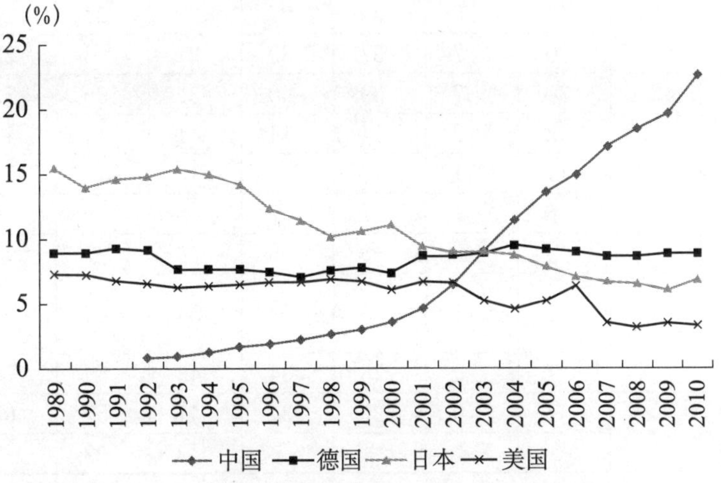

图 12—3 高技术产品出口占世界比重（1989—2010 年）

资料来源：World Bank，World Development Indicators 2012。

工商总局的数据，截至 2012 年底，全国实有企业 1 366.6 万户，比 2007 年增长了 49.1%。最重要的标志就是企业迅速进入财富世界 500 强，这是真正的世界企业奥运会。① 在财富世界 500 强企业的分布中（见表 12—6），美国从 1975 年占世界近一半，到 2000 年下降至 179 家，到 2013 年又进一步减少至 132 家；日本企业在 1995 年也曾经占据 147 席与美国基本持平，到 2013 年也下降到 62 家。中国大陆企业在 2000 年还仅有 9 家能够列入 500 强，到 2010 年总数已经

① 财富世界 500 强排行榜一直是衡量全球大型公司最著名、最权威的榜单，被誉为“终极榜单”，由《财富》杂志每年发布一次。2013 年，世界 500 强的入围门槛再次提高 12 亿美元，达到 232 亿美元。

上升到43家，居世界第三位，到2013年，已有86家中国企业进入世界500强，成为拥有世界500强企业数量居世界第二位的国家，超过日本，仅次于美国。在中国的世界500强企业中，国有企业和国有控股是中国世界性企业的生力军，共有79家，其中中央企业44家、中央金融企业11家、地方国有企业23家，显示了不仅中央企业整体进入世界500强，而且地方国有企业相继快速进入。民营企业的迅速崛起引人注目，2010年开始有2家进入，2013年上升到7家。《财富》杂志认为，2014年中国上榜企业的数量将达到100～110家，2015年或将赶超美国成为世界500强排行榜上的第一大国。[①] 这又从企业视角告诉我们：企业兴，国家兴；企业强，国家强。

表12—6　　主要国家和地区世界500强企业数（1980—2013年）

	1980年	1990年	2000年	2008年	2009年	2010年	2011年	2012年	2013年
美国	217	164	179	153	140	140	133	132	132
日本	66	111	108	64	68	71	68	68	62
英国	51	43	38	35	27	30	31	26	26
德国	38	30	37	37	39	37	34	32	29
法国	29	30	37	39	40	39	35	32	31
加拿大	20	12	12	14	14	11	11	11	9
韩国	6	11	11	15	14	10	14	13	14
印度	2	6	1	7	7	8	8	8	8
俄罗斯			2	5	5	6	7	7	7
中国（含港澳台）		1	11	35	43	54	69	79	95
中国大陆		1	9	26	34	43	59	70	86
国企		1	9	26	34	41	57	65	79
民企						2	2	5	7

资料来源：Fortune Global 500数据库。

回顾世界现代历史，就是一部工业化史，工业始终是世界各强国竞相角逐的世界大舞台，不仅有主导国、跟随国，还有边缘化国、落伍国，总是会出现不同的领先者、追赶者和超越者。从世界经济发展的演进历史来看，现代化的历史过程中许多国家或地区实现了工业化追赶或超过现代化先行国，先后出现了4次后进国追赶现代化先行国的成功案例。[②] 它们的特点都是在工业化作为主导产业不断加速的过程推动了整个经济的起飞，成为这一时期的第一大发动机。

美国是第一个工业化成功追赶的典范。1870—1913年期间，美国经济起

① 参见《2013年世界500强企业名单》，见美国《财富》杂志中文网站，2013-07-08。

② 参见胡鞍钢：《中国发展前景》，杭州，浙江人民出版社，1999。

飞，GDP年平均增长率达到3.9%，大大高于同期的英国，不仅追赶上英国，还超过了英国，第一次世界大战加速了美国崛起和欧洲衰弱。日本是第二个工业化成功追赶的典范。1955—1970年期间，日本经济起飞，GDP年平均增长率达到9.6%，这是日本的“黄金时期”。亚洲“四小龙”是第三个成功追赶的典范。20世纪60年代以来，亚洲“四小龙”花了30年的时间追赶上西欧国家，堪称“东亚奇迹”。[①] 当然，不论是日本还是亚洲“四小龙”都没能超越先行的美国和西欧。

中国是第四个成功追赶的典范。[②] 从1978年改革开放以来，中国进入经济起飞阶段，加速追赶美国、日本、西欧等发达国家/地区和亚洲“四小龙”，逐步缩小与这些国家及地区之间的发展差距。中国的工业发展出现了空前的高增长，以1978年为起点，已经出现了持续34年、年平均速度高达11.0%的工业高增长，若以1949年为起点，中国的工业高增长实际上已经长达60多年，虽然中间经历过短暂的负增长，可以说，中国的工业发展不论从速度上、规模上以及持续时间上，都已经创造了人类历史上的新纪录，成为追赶并超越先行国家“后来居上”的成功典范（见表12—7）。所不同的是，中国总人口规模更大，工业发展速度更快，持续的时间更长，还没有全面完成工业化，因而未来发展的潜力更大，发展的空间更大，发展的回旋余地更大，这就需要超越以往的发展模式，创建新型的绿色的工业化道路。

表12—7　　主要大国经济起飞的GDP和工业产出增长比较

国家	GDP			工业总产出		
	时期	增长倍数	年平均增长率（%）	时期	增长倍数	年平均增长率（%）
英国（43年）	1870—1913年	2.24	1.90	1876—1913年	1.85	1.7
美国（43年）	1870—1913年	5.26	3.94	1874—1913年	7.37	5.4
德国（43年）	1870—1913年	3.32	2.83	1875—1913年	3.53	3.5
日本（15年）	1955—1970年	3.97	9.63	1947—1975年	4.80	11.0
日本（50年）	1955—2005年	11.27	4.96	1955—2005年	8.23	4.3
中国（34年）	1978—2012年	24.25	9.83	1978—2012年	38.78	11.00
中国（42年）	1978—2020年	48	9.65			

资料来源：［英］安格斯·麦迪森：《世界经济千年史》，北京，北京大学出版社，2003. Mandel，E.，*Long Waves of Capitalist Development*，translated by the International Economics Institute of Nankai University，Commercial Press，1998；国家统计局编：《中国统计摘要2013》，北京，中国统计出版社，2013。2020年数据系作者估计。

---

① World Bank，*The East Asian Miracle*：*Economic Growth and Public Policy*，Oxford University Press，1993.

② 参见胡鞍钢：《知识与发展：中国新的追赶策略》，载《中国国情分析研究报告》，1999（71）。

12.5 绿色工业化：建成绿色工业强国

新中国成立以来，中国的工业实现了从一穷二弱到最大的“世界工厂”的历史性转变，与此同时，中国的工业发展仍然面临着“大而不强、大而不优、大而不绿”的问题。2013 年中国的制成品出口仍然有超过一半是加工贸易出口，同样 2/3 的出口也是来自外资企业；特别是高科技产品出口，90%仍然是加工贸易出口，90%的出口来自外资企业。如果从全球分工体系的价值链分布来看，中国仍然处于附加值比较低的中段——制造阶段，而目前的发达国家和大型跨国公司则处在全球价值链附加价值较高的研发和营销两端。

中国工业企业的创新能力还不强。英国政府商业创新与技能部（Department of Business Innovation and Skills）的研发记分表（R&D scoreboard）显示，全球研发经费 1 000 强企业中，中国大陆到 2010 年仍然只占 16 家，与美国的 339 家、日本的 199 家、德国的 75 家差距相当大，还不到台湾地区 35 家的一半。即使是高技术产业，中国企业的研发经费占增加值的比重也仅有6%～7%的水平，远低于美国、日本等工业强国接近 30%的水平。这也是中国还未能成为工业强国的最大的限制性因素，研发投入的缺乏使得中国工业缺乏足够创新力，因而无法获得与其总量第一相匹配的竞争力与影响力。

中国工业具有明显的“重工业”特征，重工业产值占工业比重长期过高。新中国成立以来，中国出现了两轮明显的重工业比重快速上升的过程，第一次是“大跃进”时期，重工业产值占工业产值比重急速上升，达到了 66.6%；第二次是进入新世纪以来的高速增长，主要是由第二产业高增长、重工业高增长驱动的，重工业产值占工业产值比重持续上升，由 1999 年的 50.8%迅速上升，2008 年达到 71.3%，2012 年进一步上升到 71.8%，达到历史最高点，大幅度超过“大跃进”时期的最高值（见图 12—4）。与过度工业化和重工业化相伴随的是资本高投入，加速了资本深化，人为地排斥劳动就业，这也成为新一轮工业化面临的挑战。

此外，中国已经是世界上最大的二氧化碳排放国、有机废水排放国，同时还是世界上每年自然资产损失最大的国家，成为一只名副其实的“黑猫”。中国 2002 年的工业能源消费就已经超过美国，比能源消费总量超过美国的时间提前了 8 年。当年中国总的 CO_2 排放为 83.3 亿吨，仍然只相当于 OECD 国家

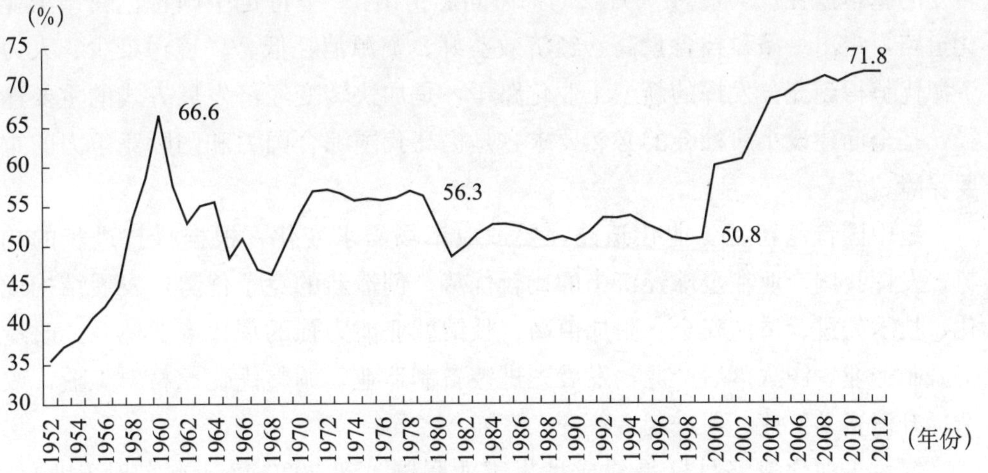

图 12—4 中国重工业产值比重（1952—2012 年）

资料来源：作者根据不同来源数据计算绘制。重工业产值比重数据来源于《中国工业经济统计年鉴 2007》，其中 1953—1956 年、1958—1962 年据《中国金融统计（1952—1996）》补齐；2008—2011 年数据根据《中国统计摘要 2010》计算，2012 年根据国家统计局公报数据计算。

的 59%，但是中国制造业的排放在 2008 年达到 21.2 亿吨，相当于当年 OECD 国家制造业全部排放量 3.5 亿吨的 6 倍。

进入 21 世纪，迎来世界性的第四次工业革命，即所谓绿色工业革命。它的本质就是大幅度地提高资源生产率，大幅度地降低污染排放，实现经济增长与碳排放脱钩甚至下降。这一革命正处在黎明期、发动期和机遇期，是中国的战略机遇，中国第一次有机会与美国等西方发达国家站在同一起跑线上，同时也和发展中国家处在同一阵营中，成为世界近现代史的第四次工业革命——绿色工业革命的发动者、创新者、领导者。

在这样的背景下，中国如何进行自身的工业化、进行什么样的工业化就成为一个重要的问题。作为发展中国家的中国，一方面既不能违背传统工业化的一般规律，逾越工业化的发展阶段，又要跟上发达国家现代化的步伐，就必须走出一条新型工业化的道路，并不断与时俱进，不断调整。

为了迎接第四次工业革命，需前瞻性地构想和实施第四代工业发展战略，我们称之为绿色工业化战略。这一战略根本上是工业化、信息化、绿色化、城镇化相互驱动，深度融合，而这又都基于并促进中国工业发展的国际化和全球化。工业化是基础，城镇化是驱动力，信息化是主要途径，绿色化是竞争力，全球化是大舞台。

绿色工业化就是新型工业化，也是中国要从工业大国向（世界）工业强国转变的基本途径。2012年5月，胡锦涛同志指出："坚持走中国特色新型工业化道路，走出一条科技含量高、经济效益好、资源消耗低、环境污染少、人力资源优势得到充分发挥的新型工业化路子，是加快转变经济发展方式的重要途径，是全面建设小康社会的必然要求，是提高我国综合国力和国际竞争力的重要保障。"①

走中国特色新型工业化道路，要适应市场需求变化，根据科技进步的趋势，发挥我国产业在全球经济中的比较优势，创造新的竞争优势，发展结构优化、技术先进、清洁安全、附加值高、吸纳就业能力强的现代产业体系。改造提升制造业，淘汰落后产业，发展先进装备制造业，调整优化原材料工业，改造提升消费品工业，促进制造业变大变强。②

绿色工业化战略目标是建成世界工业强国。到2020年基本实现工业化，成为世界工业第一大国（占世界工业产出1/5以上），创新（发明专利）第二大国；基本实现新型信息化，成为世界信息化第一大国；战略新兴产业成为先导性、支柱性产业，增加值比重占GDP比重达到10%以上。这些产业包括节能环保型产业、新一代信息技术产业、生物产业、高端装备制造产业、新能源产业、新材料产业、新能源汽车产业。③

这需要我们进一步做大、做强、做优、做高（高附加值）、做绿中国工业。这还需要进一步的研究和专业化的设计。但是需要强调的是，最重要的标志就是实现工业增长和资源消耗、化石能源消耗、温室气体排放、主要污染物排放全面脱钩（见表12—8）。

表12—8 中国工业资源消费量、污染物排放量及脱钩年份（2000—2020年）

指标	2000年	2005年	2010年	2015年	2020年	脱钩年份
工业二氧化硫排放量（万吨）	1 612.5	1 980.5	1 864.4	1 731.6	1 530	2006年
工业化学需氧量排放量（万吨）	704.5	554.7	434.8	352.6	315	1997年
工业废水排放总量（亿吨）	194.2	243.1	237.5	229.9	222.7	2007年

① 《胡锦涛强调：着力提高我国工业发展质量效益　努力从工业大国向工业强国转变》，见新华网，2012-05-29。

② 参见《中华人民共和国国民经济和社会发展第十二个五年规划纲要》，第九章"改造提升制造业"，2011年3月。

③ 参见《中华人民共和国国民经济和社会发展第十二个五年规划纲要》，第七章"培育发展战略性新兴产业"，2011年3月。

续前表

指标	2000 年	2005 年	2010 年	2015 年	2020 年	脱钩年份
工业用水总量（亿立方米）	1 139.1	1 285.2	1 447.3	1 524	1 608	2020 年
工业能源消费量（亿吨标准煤）	10.38	16.87	21.92	24.92	27.88	2030 年之前

注：脱钩年份指随着经济增长，资源消耗量和污染物排放量开始下降的年份。

资料来源：环境保护部：历年《环境统计年报》，http：//zls.mep.gov.cn/hjtj/nb/；国家统计局编：《中国统计摘要 2011》，141、183 页，北京，中国统计出版社，2011；2020 年系作者估算。

鼓励“绿色技术”创新，树立行业“绿色标杆”，实施“绿色标准”。鼓励企业创新和开发低碳、环保的“绿色技术”，鼓励引进和使用世界上先进的绿色技术，通过原始创新、引进吸收再创新、集成创新来发展各类绿色技术，包括农业技术、工业技术、建筑技术、节水技术、保护生态环境技术等。推动最能使用“绿色技术”、提高节能减排能力、减少生态环境损害的企业成为行业“绿色标杆”，在此基础上制定相应的行业标准。

建立和完善能源生产消费、温室气体排放统计核算制度。逐步强制执行各类绿色、低碳、节能、减排、环保技术标准和标识制度，实现行业内以及行业间的“优胜劣汰”。

未来中国工业化的核心任务之一就是提升中国在全球分工体系中的位置，使得中国从“世界工厂”向“世界制造”转变，从“国内品牌”向“国际品牌”转变。在这一过程中，最重要的就是要实施“走出去”战略，注重培育工业企业的核心竞争力，发挥成本优势，通过技术创新和管理创新加强和提升本土品牌的管理能力，努力打造具有国际影响力的品牌产品和品牌公司，最终提升中国的“国家竞争优势”。

12.6　小结：从世界工业化落伍国到世界工业强国

中国一直是世界传统手工业大国，但是到了近代，成为世界性工业化的边缘化者、落伍者和挨打者。从洋务运动模仿西方工业化，到孙中山《建国方略》中资产阶级共和国设想和工业化蓝图①，再到国民党政府资源委员会发展

① 其中实业计划由六大计划共 33 个部分组成。在这个庞大的总体构思中，发展交通和通信是孙中山关注的重点。他提出：修建 10 万英里的铁路，以五大铁路系统把中国的沿海、内地和边疆连接起来；修建遍布全国的公路网，修建 100 万英里的公路；开凿、整修全国的水道和运河，大力发展内河交通和水利、电力事业；在中国北部、中部及南部沿海各修建一个“如纽约港”那样的世界水平的大海港。

重工业的五年计划[①]，都没有能够改变中国制造业产值占世界总量比重持续下降的趋势。

1949年新中国成立之后，中国开始大规模发动国家工业化，才成为工业化的后来者，同时进行第一次、第二次工业革命，在“一穷二白”、“一穷二弱”的基础上，完成了工业化的原始积累，建立了比较独立完整的工业体系和国民经济体系，成长为世界工业大国。

1978年之后，中国进入经济起飞阶段，工业化加速，成为最大的发动机。中国成为工业化国家的成功追赶者，在第一次和第二次工业革命方面取得了重大进展，到2000年已经成为世界第四大工业国。

进入21世纪，中国还成为第一次和第二次工业革命的超越者，充分利用了信息时代的战略机遇，强化了工业化与信息化的深度融合，成为第三次工业革命（信息革命）的最大用户和生产者，也成为世界第一大工业国。这促进了中国迅速崛起，成为世界第二大经济体。这就证明了工业或制造业是中国经济繁荣的必经之路，也是中国从极低收入到中等收入的必由之路，还是中国迈向高收入的必由之路。[②] 与此同时，面对资源环境气候变化的重大挑战，中国率先发动第四次工业革命（绿色革命），成为创新者、引领者。

从工业发展战略看，中国领导人的发展思路与战略，与时俱进，不断调整，不断创新，从第一代的国家工业化战略，到第二代的混合工业化战略，再到第三代的工业化战略，即新型工业化与绿色工业化。

从工业发展驱动力看，中国工业发展拥有不竭的强大动力，从20世纪50年代以来的“一化驱动”（指工业化驱动），到21世纪以来的“两化驱动、相互融合”（指工业化与信息化共同驱动，相互融合），再到未来时期工业化、信息化、绿色化与城镇化的共同驱动，深度融合。

中国特色的新型工业化道路就是：一条自主选择、自主创新的工业化道路，既不是依附型，也不是“照抄照搬”型，还不是跟在别人后面“亦步亦趋”爬行；一条与信息化相融合，能够实现跨越式发展的工业化道路（充分利用第三次工业革命的机遇）；一条坚持生态文明，能够促进集约型增长和可持续发展的工业化道路（积极开拓第四次工业革命的机遇）；一条以人为本，能

---

① 1936年7月，国民党政府批准了资源委员会制定的发展重工业计划。该计划要求5年内投资2.7亿元，兴建钢铁、有色冶金、机械、电力、电器、化工、燃料等工业的30余座大、中型厂矿。该计划提出要尽量利用外国资本，引进国外工业技术。

② 亚洲开发银行发布的《2013年亚太地区关键指标》报告指出，亚洲国家要实现繁荣并避免步入中等收入陷阱，工业化是实现经济增长必不可少的要素。历史上没有任何经济体能够在制造业产值和从业人数总体占比持续低于18%的情况下，迈入高收入国家之列。参见《亚行报告：制造业是亚洲繁荣必经之路》，载《经济日报》，2013-08-23。

够充分发挥我国人力资源优势的工业化道路（积极扩大就业规模）；一条统筹兼顾，能够加快二元经济结构转换的工业化道路（从二元结构到三元结构或四元结构）；一条坚持社会主义市场经济、发挥社会主义制度优越性，能够充分利用“两只手”（“无形（市场）之手”和“有形（规划）之手”）、相得益彰的工业化道路；一条毫不动摇坚持公有经济和非公有经济相互合作的“两条腿走路”（指国家、私人混合工业化）的工业化道路；一条坚持扩大国内需求，对外走出去相结合的“两种资源、两个市场”的工业化道路。

【思考与讨论】

1. 什么是工业化？为什么说张培刚的定义是最经典的？
2. 在世界现代历史上四次工业化中中国都扮演了什么角色？有什么历史的经验与教训？
3. “一五”时期中国如何实现快速的工业化？
4. 中国工业化战略经过哪几次转型？
5. 什么是中国特色工业化道路？
6. 如何实现“中国制造”向“中国创造”转型？

【扩展阅读】

张培刚．农业与工业化：农业国工业化问题初探．武汉：华中工学院出版社，1984.

张培刚．新发展经济学．增订版．郑州：河南人民出版社，2001.

［美］西蒙·库兹涅茨．现代经济增长．北京：北京经济学院出版社，1989.

［美］H. 钱纳里，等．工业化和经济增长的比较研究．上海：上海三联书店，上海人民出版社，1995.

郭庆，胡鞍钢．中国工业化问题初探．北京：中国科学技术出版社，1991.

［美］W. W. 罗斯托．经济增长的阶段：非共产党宣言．北京：中国社会科学出版社，2001.

［英］安格斯·麦迪森．中国经济的长期表现：公元 960—2030 年．修订版．上海：上海人民出版社，2011.

胡鞍钢．中国政治经济史论（1949—1976）．2 版．北京：清华大学出版社，2008.

胡鞍钢．中国：创新绿色发展．北京：中国人民大学出版社，2012.

胡鞍钢，高宇宁，鄢一龙．从落伍者、追赶者到超越者：中国工业百年发展之路（1913—2013）. 浙江社会科学，2013（9）.

中华人民共和国国民经济和社会发展第十二个五年规划纲要．第九章“改造提升制造业”，第十章“培育发展战略性新兴产业”.

Growth Commemission. The Growth Report：Strategies for Sustained Growth and Inclusive Development. Washington DC. 2008.

第 13 章 知识与发展

20 世纪 50 年代以来，世界发展进入了服务业主导和以信息化为特征的知识经济时代，成为人类历史上继农业革命与工业革命之后的第三次浪潮。[①] 浪潮所及，知识的运用与创造，代替资本投入成为经济增长的原动力。[②] 诺贝尔经济学奖获得者约瑟夫·斯蒂格利茨写道："今天，知识像一百年前的汽车与钢铁一样被生产着，像比尔·盖茨那样比其他人更好地知道如何生产知识和信息的人成为巨富，就好像一百年以前知道如何生产汽车与钢铁的人成为那个时代的大亨一样。"[③] 据估计，20 世纪前 50 年所取得的研究成果要远远超过 19 世纪，而 20 世纪 60 年代以来，科学技术上的新发现、新发明甚至比过去 2 000 年的总和还要多。

曾几何时，中国还是一个在科技发展上远远落伍的国家，而今天当 13 亿人民一起创新之时，创新爆炸式增长的速度，必将改变世界，也会震惊世界。中国的技术革命已经引起中国最大的竞争对手美国的关注。2011 年 1 月美国奥巴马总统在国情咨文中感叹："就在不久之前，中国已拥有世界上最大的私营太阳能研究机构，世界上运行速度最快的计算机。"[④] 2010 年 11 月 1 日美国工程院发表报告称：中国目前已经拥有一系列令人瞩目的科技成就：世界上最快速度的计算机[⑤]和高速列车、世界最大规模的水利工程，不久还将实施国际空

---

① 阿尔夫·托夫勒在《第三次浪潮》一书中针人类社会划分为三个阶段：第一阶段为农业阶段，从约 1 万年前开始；第二阶段为工业阶段，从 17 世纪末开始；第三阶段为信息化（或者服务业）阶段，从 20 世纪 50 年代后期开始。参见［美］阿尔夫·托夫勒：《第三次浪潮》，北京，中信出版社，2006。

② 美国管理学大师彼得·德鲁克（Peter Drucker）认为"知识社会"本质上是"后资本主义社会"，因为是"知识的运用者与创造者"，而不是传统的"资本家"的投资，才是经济增长的原动力。

③ ［美］约瑟夫·斯蒂格利茨：《知识经济的公共政策》，见胡鞍钢主编：《知识与发展：21 世纪新的追赶战略》，18 页，北京，北京大学出版社，2001。

④ The Text of President Obama's State of the Union Address, as released by the White House, January 25, 2011.

⑤ 2010 年中国制造的"天河一号 A"的运算速度达每秒 2.507 千万亿次，成为世界上运行速度最快的超级计算机，比在美国田纳西州国家实验室目前最快的电脑性能高 1.4 倍，取代美国超级电脑主导地位。参见《中国新研制"天河一号 A"取代美国超级电脑世界最快地位》，载《联合早报》，2010－10－29。

间站和火星探测计划。该院院长查尔斯·维斯特讲，美国在科技领域仍处于全球领先地位，但发展趋势可能是下降的。美国正处在科技的巅峰，但已经失去平衡并开始下滑。

5个世纪前所开始的欧洲复兴（The European Renaissance）是从科学文化传播开始，利用印刷技术交换理念和知识，引起了社会转型，开始了城市化、全球化、技术革命和工业革命。[①] 中国的伟大复兴也伴随着更大规模的人口增长特别是城市人口增长，更为加速地吸收科学知识（主要是从北美、西欧和日本）和自主创新本国知识，更为广泛地利用新的通用性技术（如移动电话、个人电脑、互联网、宽带网等）高效率地传播知识、技术、信息和文化，更为开放地参与经济全球化和国际竞争。毫无疑问，中国不仅进入经济发展的"黄金时代"，而且已经进入了知识发展的"黄金时代"。[②] 中国成为当今世界最大的发展"故事"[③]，而中国的知识发展奇迹也成为新的世界之谜：为什么中国会在相对短的时间内成为世界创新之国？

国际竞争，既体现在经济竞争，更体现在科技竞争。历史已经表明："科技兴则民族兴，科技强则国家强。"[④] 知识资源已经成为21世纪最重要的战略资源，知识发展是21世纪的最大发展机遇，知识发展战略成为21世纪最重要的国家发展战略。[⑤] 这将决定中国长远未来的发展方向，也成为中国知识强国的根本发展途径。

那么知识与发展的关系是什么？后发国家如何实现知识追赶？中国如何从一个文明古国变成一个知识落伍国？又如何从一个知识落伍国变成一个创新的潜在领导国？中国如何缩小与发达国家的知识发展差距？中国未来知识发展趋势是什么？中国知识发展之路的特征是什么？中国的知识发展将对人类发展产生什么重要影响？中国为什么再次成为世界创新强国？

本章回顾了中国从传统的科技领先国，到近代没落为世界科技落伍国，新

---

① 参见世界银行：《东亚复兴：关于经济增长的观点》，北京，中信出版社，2008。

② 实际上这一"黄金时代"始于1978年，直到现在人们才真正看清楚。

③ 1993年世界银行发表的《东亚奇迹》，并没有把中国包括在这个奇迹之中。World Bank，*The East Asian Miracle*：*Economic Growth and Public Policy*，World Bank Policy Research Report，New York：Oxford University Press，1993. 2007年世界银行发表的《东亚复兴：关于经济增长的观点》首次关注整个东亚的经济体，特别是关注这个地区中的中等收入国家，如中国、印度尼西亚、马来西亚、菲律宾和泰国。报告称中国发展奇迹是当今世界上最为引人瞩目的"最大的发展故事"。因为中国占东亚地区GDP总量的一半，占出口总量的1/3，成为该地区一体化的最大驱动力。中国在东亚地区的特殊地位是因为她的绝对规模、开放的大陆型经济，取代了日本成为最大的贸易体，大大地推动了本地区的一体化。Indermit Gill，Homi Kharas，*An East Asian Renaissance*：*Ideas for Economic Growth*，Washington，DC，The World Bank，2007.

④《习近平在中共中央政治局第九次集体学习时强调　敏锐把握世界科技创新发展趋势　切实把创新驱动发展战略实施好》，见新华网，2013-10-01。

⑤ 参见胡鞍钢主编：《知识与发展：21世纪新追赶战略》，北京，北京大学出版社，2001。

中国成立以来重新崛起，加速追赶，实现了从科技空白国到世界创新国的伟大历史转变。在新中国成立之后，经过 60 多年的科学技术发展，中国走出了一条特色自主创新道路，已经成为当今世界具有重要影响力的科技实力第二大国[①]，正在向世界第一大科技强国迈进。

13.1　知识、创新与经济发展

13.1.1　知识的内涵与特征

我们如何从发展经济学的角度来理解知识发展呢？发展本质上是人的能力的发展。知识发展则是人的知识能力的发展，包括知识获取能力、知识吸收能力和知识交流能力的发展。[②] 获取知识的能力包括本国或本地生产知识的能力（即知识创新能力）和利用外国或外地知识的能力（即引进知识的能力）。知识吸收能力决定于人力资本状况，反映一个地区人口利用已有知识的能力，决定于人口在获得知识之后，能否利用这些知识促进发展和发展的效率。知识交流能力反映一个地区的人口传播知识的能力，决定该地区人口在其需要信息时是否有获得信息的途径，以及通过这种途径传播知识的效率。随着以知识为基础的经济发展的进一步深化，决定一个国家或地区知识能力的有以下三个方面：研发投入及产业、教育产业和信息产业（如图 13—1 所示）。

知识是一种最卓越的公共物品（a public good par excellence）。知识之所以是一种耐用商品，是由于同一种知识可以翻来覆去地使用。[③] 知识的消费具有非竞争性，同一个知识产品，越多人消费，效益越大，成本却不增加，这意味着知识可以以零成本的方式复制、扩散与传播，从而形成巨大的溢出效应。知识的消费很大程度上具有非排他性，即知识的消费很难独占，一个新的理论提出后几乎所有使用知识的人或机构都普遍性地受益。罗默（P. Romer）将知识

---

① 2013 年，科技部部长万钢认为，经过多年积累，我国逐步从跟随者变为并行者，一些领域已有领跑能力，成为具有重要影响的科技大国和创新大国。他介绍，截至 2012 年，研发人员总量达到 327.3 万人·年，稳居世界第一；SCI 收录的我国科技论文数快速增长，连续四年居世界第二；发明专利授权量达 21.7 万件，稳居世界第三。全国技术合同交易额年均增长超过 20%，达到 6 400 亿元。全国高新技术产业总产值持续快速增长，达到约 10 万亿元。近年来，我国全社会研发（R&D）支出年均增长 20%以上，已突破 1 万亿元，其中企业占 74%。

② World Bank，*World Development Report 1998/1999*：*Knowledge for Development*，Washingtong，DC：World Bank，1998.

③ 参见［印］Partha Dasgupta：《大众经济学》，93 页，南京，译林出版社，2008。

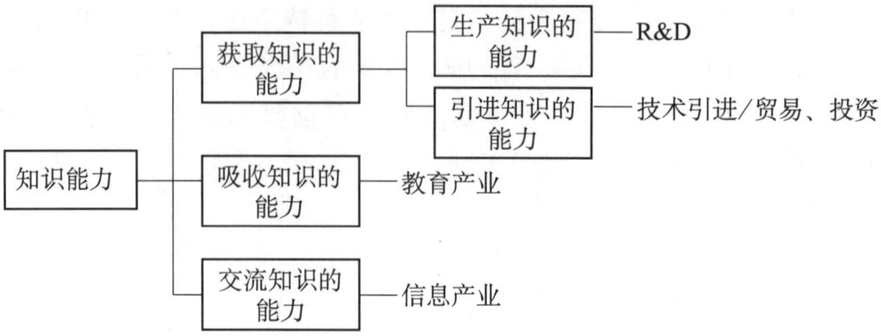

图 13—1 知识发展能力结构简图

资料来源：熊义志：《知识与发展：知识促进发展的模型、经验与战略》，清华大学博士学位论文，2004。

划分为一般知识和专业化知识。前者是指所有经济主体都可以无偿使用的，可以产生外部经济的知识，作者把它们界定为公共知识或非知识产权知识。后者则是应用性很强的科技发明等，也存在一定形式的排他性，例如专利权保护、商业秘密，这就需要专利、版权或商标予以保护。这涉及知识产权，即“权利人对其创作的智力劳动成果所享有的专有权利，通常由国家赋予创造者对其智力成果在一定时期内享有专有权威独占权”。

对知识而言，正的外部性是普遍的，即知识不仅为其生产者和消费者带来收益，而且还会对他人或社会产生收益。例如，新的发明产生之后，其他厂商在发明中会学习和模仿它，更多的厂商在生产当中会应用它。知识所具有的巨大正溢出效应，使其不同于其他地方性公共物品（土地、资源），是一种全国性公共物品，我们称之为国家公共知识。在经济日益全球化的情况下，许多知识还会成为全球性公共物品，我们称之为全球公共知识。

对于中国这样一个人口巨国来说，知识不仅具有正外部性和公共物品特性，还有巨大的知识应用规模效应，任何一项重大科学发明、技术创新所体现出的外溢性和外部性在中国都能形成明显的经济和社会效益。例如袁隆平院士发明的杂交水稻在中国有巨大的应用规模和效益，并已经在 30 多个国家和地区推广、应用，被世界誉为“东方魔稻”，不仅是中国公共知识，也成为世界公共知识，为中国和世界水稻增产做出重要贡献（见专栏 13—1）。这可能是一种高水平知识，即通过历史事件或有目的的政策所获得的知识，经过长期积累的知识和技能。[①] 在中国这类高水平知识有很多，诸如中医、中药、针灸等就是经过几千年来不断实践、积累下来的知识和技能，也是具有低成本干预的医疗技术优势，不仅为中国人民所采用，还传播于全世界各地。

---

① 参见［美］约瑟夫·E·斯蒂格利茨等：《经济学（第三版）》，58 页，北京，中国人民大学出版社，2005。

专栏13—1 中国科技巨国的规模效应——以袁隆平创新杂交水稻为例

中国工程院院士袁隆平，是我国杂交水稻研究领域的开创者和带头人，是国家最高科学技术奖获得者。他从60年代开始致力于杂交水稻的研究，经过12年的努力，成功培育出了“三系杂交稻”。1976—1987年间，他培育的杂交水稻种植面积累计达到11亿亩，增产稻谷1 000亿公斤。1979年，杂交水稻作为我国第一个农业技术专利转让美国。

据统计，到2006年，我国累计推广种植杂交水稻56亿多亩，累计增加亩产520多亿公斤。2013年杂交水稻种植面积2.5亿亩，占全国水稻面积的57%以上，杂交水稻亩产500公斤，比日本水稻的亩产量还高出50公斤，比印度水稻亩产量高300公斤。预计到2015年杂交水稻的试验田亩产量达到1 000公斤。因杂交水稻带来的全中国年增产稻谷可以养活7 000多万人口，其社会收益无法估量。

在国家的支持与指导下，中国杂交水稻走出国门，正为全球特别是发展中国家的缺粮问题发挥作用。至今，已有东南亚、南亚、南美、非洲等30多个国家和地区研究或引种，到2012年，杂交水稻世界种植面积达到了520万公顷。增产效益十分显著，被世界誉为“东方魔稻”、“中国第五大发明”。

资料来源：袁隆平：《发展杂交水稻 保障粮食安全》，见新华网，2014-01-02。

13.1.2 科技实力衡量

一国的科技实力既取决于知识存量大小，也取决于运用知识能力的大小。我们将一国的科技实力（national power of science and technology）定义为：为了追求和实现国家发展战略目标，在全国和全球范围内，利用各种科学技术资源的能力（capacities）。我们把国家科技实力视为该国获取、利用和配置各类科技资源的能力集，作为定性含义，它由五种能力构成；同时作为定量分析，用五个主要科技指标来计算。[①] 这五种能力和五个指标基本涵盖和反映了一个国家科技实力最重要、最关键的信息，但不是全部信息，全部信息很难获取。这里，我们选取国际科技刊物论文数、本国居民发明专利申请量、个人电脑用户数、互联网用户数、研究与开发支出五个具体指标占全世界总量的比重反映各国的科学创新能力、技术创新能力、高科技市场创新能力、获取全球信息能

① 参见胡鞍钢、熊义志：《对中国科技实力的定量评估（1980—2004）》，载《清华大学学报》（哲学社会科学版），2008（2）。

力、研发投资能力，进而按等权重的方式计算主要国家的科技实力。

第一个是科学创新能力。它是指一个国家原创性的科学研究或知识创新活动的总体能力，包括提出新概念、新思想、新理论、新方法、新发现和新架设。本书采用 Web of Science 数据库所提供的 10 000 多种世界权威的、高影响力的学术期刊，内容涵盖自然科学、工程技术、生物医学、社会科学、艺术与人文等领域。Web of Science 收录了论文中所引用的参考文献，并按照被引作者、出处和出版年代编成独特的引文索引。这个引文索引代表该国科学创新实力以及在国际科学界的影响能力。这里暗含的一个假设是，本国科技人员在国际学术刊物发表的论文愈多，对国际科技界的滞后性影响就愈大，两者之间是先发表后被引用和先有数量后有质量的关系。

第二个是技术创新能力。它是指一个国家原创性技术创新活动的总体能力，包括创造和运用新知识和新技术、新工艺，采用新的生产方式和经营管理模式，开发新产品，提高产品质量，降低资源消耗和污染排放，提供新服务等活动。我们采用本国居民申请的发明专利数表示，其含义是本国居民向本国专利机构申请的发明专利的数量。它代表该国技术创新实力以及对世界技术进步的影响能力。这里暗含的一个假设是，技术具有外溢性和外部性，一旦被企业应用，就会提高该国的技术竞争能力。

第三个是高科技市场创新的能力。它是指一个国家技术产品在国际市场上的竞争能力。我们采用高科技产品出口额占国际市场份额来表示。它代表了该国开发和应用新技术，生产和营销高科技产品在国际科技产品市场上份额的变化。这里暗含的一个假设是，在国际市场份额上升，则竞争能力越强；反之则弱。

第四个指标是研究与发展（R&D）投资能力。它是指一个国家动员与运用各种研发投资的总体能力以及未来的研发潜力。这里我们采用研发经费支出（PPP 美元值）表示[①]，其含义是正在系统进行的，旨在提高科技水平的创新活动的资本支出额。它既代表该国研究与发展活动的投资实力，又代表该国未来研究与发展活动的潜力。[②] 这里暗含一个假设：当期研发经费投入愈大，未来期研发活动产出愈大。

第五个指标是获取全球信息能力。它是指一个国家通过各种信息通信手段

---

① 通常有两种计算方法，第一种方法是按官方或名义汇率计算。第二种方法是按购买力平价（PPP）计算。按第一种方法计算会大大低估中国 R&D 经费支出的成本，又会大大地高估发达国家 R&D 经费支出的成本，故本书采用了第二种方法计算。

② Trajtenberg 研究发现，一国 R&D 投资越多，该国的技术潜在能力便越大，也就会产生更多的创新。M. Trajtenberg，*Product Innovations*，*Price Indices and the Measurement of Economic Performance*，NBER Working Paper，No. 3261，2005.

获取全球信息、知识、文化等的总体能力。我们采用互联网用户数表示，代表了该国在全球范围内获取信息、知识和想法的能力。

为了简便，我们采用了等权重的方法计算一个国家的科技实力。它衡量该国的科技相对实力，即该国科技实力占世界总量的比重（见表 13—1）。如果一国比重持续上升至少 25 年以上，我们就称为“崛起型”；如果一国比重持续下降至少 25 年以上，我们就称为“下降型”。此外，我们还可以进行国与国之间相对差距的比较，如中国与美国的相对差距。

表 13—1　　衡量科技实力的五个指标

含义	指标	时期	权重	数据来源
科学创新能力	国际科技刊物论文数	1980—2010 年	0.20	Web of Science
技术创新能力	本国居民发明专利申请量	1980—2010 年	0.20	WIPO 2011
高科技市场创新能力	高科技产品出口额	1990—2010 年	0.20	WDI 2013
研发投资能力	研究与开发支出	1981—2010 年	0.20	OECD 2011 WDI 2013
获取全球信息能力	互联网用户数	1990—2010 年	0.20	WDI 2013

注：此表为作者设计。其中，WDI 系指 World Development Indicators，data. worldbank. org/data-catalog/world-development-indicators。WIPO 系指 World Intellectual Property Organization，World Intellectual Property Indicators 2010，http：//www. wipo. int/ipstats/en/statistics/patents/。OECD 系指经济合作组织，http：//stats. oecd. org/Index. aspx。

需要特别说明的是，一国的科技实力不同于科技发展水平，前者是指科技指标总量（国家指标），后者是指科技指标个量（人均指标）；前者是指该国对全球科技实力的竞争程度，后者是指该国科技发展水平。科技发展水平高的国家在世界科技格局中不一定具有较大的影响力；科技发展水平较低的大国则可能对世界科技实力格局产生较大的影响，中国是最典型的国家。

13.1.3　知识与经济发展

什么是知识经济？世界银行（1998）认为，知识经济首先是企业、组织、个人和社会为了经济与社会更好地发展而更有效地生产、获取、传播与应用知识（包括编码知识与隐含知识）的经济。[①] 相应地，知识在经济中的份额越来越大（包括知识部门就业比重、知识产品比重），那么，我们可以认为经济增

① World Bank，*World Development Report 1998/1999*：*Knowledge for Development*，Washingtong，DC：World Bank，1998.

长越来越以知识为基础。这种现象被概括为“以知识为基础的经济”①。

“知识经济”将人的创造力的发挥看作经济增长的根本源泉。在知识经济时代，任何一个社会的经济核心问题都是：如何运用世界各国的科学技术来提高本国人民的生活水平。世界现代历史经验表明，经济增长的主要来源并不是资本的积累，而是技术进步。② 美国的经济增长有大约80%来自技术创新，仅20%左右源于资本积累。③

知识还是促进人类生产力发展，以及经济社会质的飞跃的动力。恩格斯评价马克思说：“在马克思看来，科学是一种在历史上起推动作用的、革命的力量。”④ 1978年3月邓小平在全国科学大会上提出“科学技术是生产力”⑤。1988年9月他又进一步提出了“科学技术是第一生产力”⑥ 的著名论断。

技术变革与经济全球化共同创造了新的网络时代，使技术创新和技术进步能够服务于人类发展，促进人类发展，这包括改善人类健康及营养状况、提供信息、刺激经济增长、扩大人们社会活动参与程度。知识与技术因素对经济增长起长期性决定性作用，包括大规模的技术引进（通常包含在资本设备中），不断提高劳动力素质、人力资本投资，大力发展信息与通信，大规模吸收外部知识，强化对R&D投入，提高本地创新能力等。

知识可以通过促进经济增长并进而间接提高社会福利，同时，知识发展可以直接促进社会福利的提高。首先，知识发展同教育发展有着密切的关系。其次，知识极大地改善生活质量，提高人类发展水平。再次，知识也会推动社会转型。知识提高社会福利的最有代表性的例子是，由于知识的进步，人类的医疗卫生条件大大改观，极大地提高了人类生存的机会，表现为婴儿死亡率的下降和预期寿命的提高。第一，20世纪30年代以来抗菌药物和疫苗的发明，以及随后在药物、疫苗和流行病知识方面取得的持续进展，使得大多数传染性疾病得以控制；第二，由于教育水平的提高，特别是母亲受教育水平的提高，改善了人们采纳和有效利用医疗卫生知识的能力；第三，信息技术的发展，加速了医疗卫生知识的传播。

与此同时，经济社会建设的需求也会极大地刺激知识发展，恩格斯曾经说

---

① 经济合作与发展组织、世界银行：《韩国与知识经济：促进转型》，见胡鞍钢主编：《知识与发展：21世纪新追赶战略》，119页，北京，北京大学出版社，2001。

② 参见［美］杰佛里·萨克斯于2001年的北大演讲“技术变革与国际竞争力”。

③ Solow, “Technical Change and the Aggregate Production Function,” *The Review of Economics and Statistics*, 1957 (111).

④ 《马克思恩格斯文集》，第3卷，602页，北京，人民出版社，2009。

⑤ 《邓小平文选》，2版，第2卷，88页，北京，人民出版社，1994。

⑥ 《邓小平文选》，1版，第3卷，274页，北京，人民出版社，1993。

过："社会一旦有技术上的需要，这种需要就会比十所大学更能把科学推向前进。"[①] 这也要求我们在知识发展上要强调面向经济社会建设的需求，将知识转化为生产能力。

政府在国家创新知识方面发挥核心作用。1830—1945 年期间，美国在研发方面投入巨资，成为世界最大的创新国。布罗克（Block，2008）认为，美国政府通过在社会各界与来自政府机关、企业、大学和研究机构的高水平技术专家之间取得合作，努力将尖端科技研究发现转化为商业成果。美国政府通过向研发活动提供公共资金和为国防与卫生部门进行政府采购，在许多行业建立起国际竞争力。事实上，布罗克将美国政府称为"隐形发展型政府"。美国研发活动支出占世界总量比重的 1/4～1/3，其投资规模最大，其中政府支出比重占 2/5左右，也是世界各国政府投资规模最大的。

13.1.4　后发国家的知识追赶

为什么工业化的后来者能够追赶工业化的先行者？它们实现追赶目标的途径是什么？根据新经济增长理论，穷国要追上富国的决定性因素之一就是技术扩散的速度。这是由于模仿与使用先行国的技术发明成本比自我创新成本低得多，如对美国化工、医药、电子与机械等行业的 48 种产品创新的调查与研究发现，模仿成本平均为创新成本的 65%，但不同产品的差异较大，模仿成本与创新成本的比率在 60%～90%之间的只占一半。[②] 工业化后来者的增长可能超过技术领先国，如果技术领先国和技术引进国之间的技术水平差异越大，那么新技术引进和被模仿的产品项目收益率就越高，从而显示了追赶效应。如果技术引进国的经济规模愈大，那么所引进的技术产品的收益或外溢效应也显示了大国规模效益。

技术差距和产品生命周期模型也说明了技术模仿国有可能追赶上技术发明国。弗农（Vemon，1966）提出了产品生命周期模型（product cycle model）。[③] 该模型从技术发明国和模仿国的角度把一种产品的生命周期划分为五个阶段：在第一阶段，该产品只在发明国生产和消费；在第二阶段，该产品的生产在发明国得到了改进，为适应国内外迅速增长的需求，产量大幅度上升，并大量出口；在第三阶段，该产品已标准化，模仿国开始生产供应国内消费；在第四阶段，由于劳动力成本和其他成本相对低于发明国，故模仿国产品开始出口，而发明国产量

---

① 《马克思恩格斯选集》，2 版，第 4 卷，732 页，北京，人民出版社，1995。

② 参见舒元：《现代经济增长模型》，上海，复旦大学出版社，1998。

③ R. Vemon, "International Investment and International Trade and in the Product Cycle," *Quarterly Journal of Economics*, May, 1966.

开始下降，品牌竞争让位于价格竞争；在第五阶段，模仿国在发明国市场上低价销售，发明国产量大幅度下降或停止生产。由于技术扩散、标准化以及较低的国外生产成本使一种产品的生命周期走向结束，发明国又会致力于新的技术创新，引入新的产品。20 世纪 80 年代以来，新技术的扩散时间大大缩短，即从新产品在发明国投入生产开始，到模仿国在第三国市场上完全代替发明国为止，这一时间越来越短。高技术模仿国越追越快，技术发明国必须越跑越快。[①]

后进国最主要的知识追赶战略就是充分利用技术扩散带来的趋同效应，进一步提高技术再创新能力，提高技术自主创新能力。发展中国家获得和使用技术有三种机制：一是依靠技术引进；二是依靠技术再创新，三是自主创新。引进技术的主要途径是：进口高科技产品和资本货物（包含了技术），购买专利和版权，吸收外国直接投资（FDI），加入全球生产链等。开放成为引进技术的前提条件。开放就是市场开放，实行贸易自由化、投资自由化。技术模仿也是技术消化能力，包括引进创新、模仿创新、集成创新的能力。自主创新是创新自身技术的能力。这三个能力具有互补性，提高三个能力，加快三种技术积累速度，是实现“经济追赶”和“技术追赶”的主要途径。

当技术后进国引进技术扩散率（T_1）低于技术领先国技术创新速度（T^b）时，两者发展趋异；当技术后进国技术扩散率（T_1）明显高于技术领先国技术创新速度（T^b）时，显示出后进国对先进国的追赶，两者发展趋同。当后进国有模仿创新（T_2）时，就可以加快技术追赶步伐。当后进国还能够自主技术创新（T_3）时，就可以大大加快技术追赶步伐，技术追赶提高了劳动生产率，促进了经济追赶，缩小与发达国家的经济差距。由此我们可以把后进国技术追赶条件表述为如下公式。

后进国家的技术能力 T^a 是三种能力的总和：

$$T^a = T_1 + T_2 + T_3$$

式中，T_1 为技术引进能力；T_2 为技术再创新（包括引进创新、模仿创新、集成创新）能力；T_3 为技术的自主创新能力。

从速度角度看，后进国家的技术能力变化量有如下公式：

$$\frac{(dT_1{}^a + dT_2{}^a + dT_3{}^a)}{dt} \gg \frac{dT^b}{dt}$$

该公式反映了后进国的知识追赶的基本途径：一是要充分利用技术引进（T_1）和技术再创新（T_2），这是因为技术创新成本高于技术引进成本、技术再创新成本，技术创新应用于商业化的时间多于引进技术商业化的时间，虽然发展中国家技术落后，但是引进技术可以降低创新成本，节约新产品进入市场的

① 参见［美］多米尼克·萨尔瓦多：《国际经济学（第五版）》，129～131 页，北京，清华大学出版社，1978。

时间，技术创新主要为新产品、新市场方面的创新。二是指当后进国有自主技术创新（T_3）时，就可以加快技术追赶步伐。正是在这两种条件下，后进国才能实现技术追赶，进而提高劳动生产率，促进经济追赶，缩小与发达国家的经济差距。从世界经济发展历史上看，日本和亚洲“四小龙”就是比较成功的例子，中国、印度和东南亚国家正在成为第二代新兴工业化国家的成功范例。

拥有十几亿人口的中国还有一个更为特殊的优势，即巨国规模效益优势（T_4），即任何一类技术创新，享有巨大市场规模效应，不仅极大地降低了技术创新的经济成本，还极大地降低了技术创新扩散和应用的交易成本，特别是那些投入极大的重大工程技术、国防科学技术。这是中国成为唯一可以与美国和欧盟（27国）媲美的超大规模的高度完整的科技创新体系和庞大科技人才资源的主要原因。

这就成为解释并说明中国作为后进国实现技术追赶的理论分析框架。1949—1959年，中国对东方世界开放，主要从苏联引进技术（T_1），出现了技术追赶，同时开始发展自主创新能力（T_3）；1960—1965年，苏联中断了对中国的技术援助和出口，中国在封闭的条件下强化发展自主创新能力（T_3），还是表现出了技术追赶；1966—1976年，“文化大革命”极大地冲击和影响了中国的自主创新能力（T_3），尽管在1972年之后引进西方国家技术（T_1），但是从总体上看出现了与技术先进国差距拉大的情形；1977年之后，中国实行“拿来主义”，大规模持续引进外国技术（T_1），开始了一个持续的技术追赶过程，也促进了经济追赶，但是本国的自主创新能力（T_3）相对受到一定程度的影响，特别是研发支出占GDP比重不断下降；从1995年之后，研发支出比重开始上升，进入21世纪之后，因为进入世界贸易组织（WTO），中国极大地提高了引进技术的能力（T_1），还充分地利用了技术再创新（包括引进创新、模仿创新、集成创新）能力（T_2），最重要的是大大地强化了技术自主创新能力（T_3），出现了快速的技术追赶，甚至在很多领域与世界先进技术“并驾齐驱”。

从世界现代经济发展历史上看，日本和亚洲“四小龙”就是比较成功的科技追赶例子，不过它们的规模和实力都无法与美国、欧盟（27国）相比，而中国正在成为更加成功的追赶案例，并有望在不久后超越美国与欧盟。

后进国的知识追赶路径就是要在全球知识竞争中不断地上台阶。首先避免被边缘化，成为新技术的积极采用者。接着要逐步成为技术的潜在领导者，并进而在某些领域成为领导者，最终成为技术领导者，完成对先进国的追赶。① 知识追赶要经历四个发展阶段：第一阶段是边缘化阶段，这一阶段的战略是在封闭的条件下，通过自力更生的方式来实现知识发展，与发达国家的知识差距

① UNDP2001年发展报告根据技术成就指标（TAI）将各国分为：（1）技术领导者（leaders）；（2）潜在领导者（potential leaders）；（3）积极采纳者（dynamic adopters）；（4）边缘化者（marginalized）。

不可能缩小反而可能进一步扩大，这是因为后进国家自主创新能力不如发达国家。第二阶段是积极引进和采用先发国家技术阶段，主要通过技术扩散效应来实现知识追赶，这一效应要高于先发国家的知识创新速度，与先发国家的知识差距不断缩小。第三阶段是潜在领导者阶段，这一阶段技术扩散效应速度变慢，后发国家通过采用积极引进和技术模仿相结合的战略来实现知识追赶，进一步缩小差距。第四阶段是领导者阶段，这一阶段由于与发达国家的知识差距已经较小，并开始接近技术前沿，知识扩散效应很小，主要通过自主创新来实现与发达国家的知识发展趋同，最终会成为世界技术的领先者与领导者。

知识发展的四个阶段是由知识本身的特性决定的，知识具有全球公共性，后发国家可以利用扩散效应实现知识追赶。知识的扩散具有滞后性，它的边际效用随着知识差距缩小而不断衰减，后发国家要逐步转向自主创新为主的战略来实现知识追赶。可以说，中国是一个非常成功的知识追赶者或技术追赶者，不仅先后提高了技术引进能力、技术模仿能力、技术创新能力，而且还会使三种能力相互作用，从而形成总的技术追赶能力。

这表明，对于发展中国家而言，引进技术、技术再创新与自主创新并不是对立的、相互排斥的，而是互补的、相得益彰的。由于经济增长的主要来源是技术进步，国家不应排斥任何来源的技术，而是实行对技术友好的政策，更加积极地鼓励企业采用各种技术，不管它来自何方；由于任何技术不同程度都具有外部性和外溢性，国家既要鼓励引进国外技术，也要鼓励国内技术创新。

中国作为世界性科技革命的追赶者，是实行自主创新政策的极少数发展中国家之一。它先后实行了"科技立国"战略、"科技兴国"战略，现在又实行"创新驱动发展"战略，即"科技强国"战略；从科技政策看，先后实行了"自力更生为主，争取外援为辅"的方针、"对外开放，拿来主义"的方针、"鼓励自主创新"的方针，再到"原始创新、集成创新和引进消化吸收再创新"和"协同创新"的方针；从科技体制看，从中央计划科技体制、单一的政府科技投入、以国有科技单位为技术创新主体，到国家科学创新体系和以企业为主体、市场为导向、产学研相结合的技术创新体系，从限制科技人才流动到鼓励自由流动；从利用科技资源看，从主要利用国内科技资源到充分利用两种资源特别是全球创新资源，包括吸引外国直接投资、鼓励建立外资研发机构①、引进国际人才②、吸引海外创新人才等。

---

① 根据 2013 年 6 月 4 日商务部召开的"提高和利用外资质量和水平"新闻发布会提供的数据，2013 年已经有 1 800 多家外资研发中心在中国运营。

② 根据国家外国专家局局长张建国提供的信息，改革开放以来，来中国工作的外国专家从最初的每年不足 1 万人次，上升到 2011 年的近 53 万人次。参见《国家外国专家局：去年近 53 万人次外国专家来华工作》，见新华网，http：//news. xinhuanet. com/local/2012-12/10/c _ 113973418. htm。

13.2 “李约瑟之谜”

中国曾经创造了光辉灿烂的中华文明，在许多重要科技发明（如古代四大发明）上长期领先于世界其他国家。[①] 英国哲学家弗朗西斯·培根（1561—1626）认为，印刷术、火药和指南针使世界产生了不计其数的变革，以至于没有任何帝国、教派、个人对人类事务产生如此重大的影响力。[②] 马克思说过：火药、指南针、印刷术——这是预告资产阶级社会到来的三大发明。火药把骑士阶层炸得粉碎，指南针打开了世界市场并建立了殖民地，而印刷术则变成新教的工具，总的来说变成科学复兴的手段，变成对精神发展创造必要前提。[③] 根据李约瑟的研究，中国解高次方程的数学方法，比西方早 572 年；发现黑子，比西方早 1 500 多年；发现磁极性和磁感应比西方早 110 年；火药比西方早 400 年；预防天花比西方早 1 400 年。可以说不管在数学、天文学、物理、化学、医学，中国都曾取得了西方遥不可及的成就，在 15、16 世纪以前，中国是世界的科技领先国与输出国，东西方科学技术的交流是中国的技术传向西方。[④]

令人困惑的是，古代中国科技上的遥遥领先，并没有转化成现代意义的科技革命，工业革命也没有在中国发生，而是在西方发生，这就是所谓的李约瑟之谜。近代以后，西方国家知识迅猛发展，中国的科技水平一落千丈，成为世界知识的落伍国，在世界的经济地位也一落千丈，成为经济落后国。

---

① 李约瑟（Joseph Needham）曾经列举出在公元 1 世纪至 18 世纪，中国人先于西方人在科学技术方面取得的大量的成就。其中有：龙骨车、石碾和水力在石碾上的应用；水排；风扇车和簸扬机；活塞风箱；平放织机和提花机；缫丝和纺丝及调丝机；独轮车、加帆手推车、磨车、拖重牲口用的两种高效马具（即胸带和套包子）；弓弩；风筝、竹蜻蜓和走马灯；深钻技术；铸铁的使用；游动常平悬吊器、弧形拱桥、铁索吊桥、河渠闸门、造船和航运方面的无数发明包括防水隔舱；高效率空气动力帆和前后索具；船尾的方向舵；火药以及和它有关的一些技术；罗盘针先用于看风水，后来又用于航海；纸印刷术和活字印刷术、瓷器等。参见［英］李约瑟：《中国科学技术史》，第二分册，574 页，北京，科学出版社，1975。转引自白寿彝总主编：《中国通史》，第 1 卷，导论，上海，上海人民出版社，1989。

② 弗兰西斯·培根认为，我们应该观察各种发明的威力、效能和后果。最显著的例子便是印刷术、火药和指南针；它们的起源虽然是在近期，但却不为人所知，默默无闻。这三种东西曾改变了整个世界事物的面貌和状态，第一种在文学方面，第二种在战争上，第三种在航海上；由此又产生了无数的变化，这种变化是这样的大，以致没有一个帝国、没有一个教派、没有一个赫赫有名的人物，能比这三种机械发明在人类的事业中产生更大的力量和影响。参见弗兰西斯·培根：《新工具》，第 1 卷，第 129 节。转引自白寿彝总主编：《中国通史》，第 1 卷，导论，上海，上海人民出版社，1989。

③ 转引自白寿彝总主编：《中国通史》，第 1 卷，导论，上海，上海人民出版社，1989。

④ 参见林毅夫：《中国经济专题》，33 页，北京，北京大学出版社，2008。

对李约瑟之谜有各种不同的回答。[①] 白寿彝等人对中国科技总结了三条：第一，重视实用，不重视理论的探索；第二，在生产实践上，重视精耕细作，工艺精巧、恪守成规，而科学技术上的新成就不易推广；第三，官府对于科学技术的发展所起的作用，有积极的一面，也有消极的一面。[②] 林毅夫提出了技术供求不足假说。[③] 美国历史学家斯塔夫里阿诺斯对中国为什么不能产生科学进行了解释。[④]

---

① 姚洋梳理了七类对于李约瑟之谜的不同解释，第一是思维方式说，第二是中央集权说，第三是制度说，第四是“英雄理论”，第五是资源约束说，第六是人口约束说，第七是地理环境说。参见姚洋：《发展经济学》，北京，北京大学出版社，2013。

② 白寿彝等人认为：第一，重视实用，不重视理论的探索。在科学技术上，理论和实用，本来是密切相关的，科学技术上的实用性可以解决生产中的具体问题，但如果能不断地在理论上进行探索，就可以使它在生产上发挥更大作用，也可以促进科学技术自身的发展。例如中国医药学对很多疾病的治疗有明显的疗效，对近代西方医学所难以治疗的病症也往往有相当的疗效，但这基本上都是根据经验来治病，缺乏系统的理论。这就限制了它的提高和推广。第二，在生产实践上，重视精耕细作，工艺精巧、恪守成规，而科学技术上的新成就不易推广。例如植棉，到了元代，才有全国性的推广。但最晚在战国时期已有棉花从南海输入，《尚书·禹贡》称之为“织贝”。在唐代，新疆已经以产棉著名。从这两个历史时期至元代，植棉的推广已经历了几百年以至一千几百年之久。第三，官府对于科学技术的发展所起的作用，有积极的一面，也有消极的一面。例如，历代对天象的观测、历法的制定，主要是由官府来组织，个人是很难办到的。在医药学方面，历代官修本草书，一直是药物学方面的重要文献。后来李时珍著《本草纲目》这一部杰出的著作，也不能不取材于官书。元代《农桑辑要》，清代的《授时通考》、《数理精蕴》，在农学和数学上都有一定的贡献。其他，如历史上的各种重大工程，还是由官府组织的。军器制造一向由官府垄断，在军用工艺中，往往可以出现先进的技术。另一方面，官府利用政治上的权力，垄断盐铁等重要生产部门，滥用科学技术力量，以满足其封建统治上的需要和奢侈的贪欲，从而破坏了社会生产力。它们控制优秀技术人才，限制其自由，妨碍他们对技术的传播。另外它们还利用历书和颁布历书的形式散布宗教迷信、神化皇权等，所有这些都阻碍以至破坏科学技术的发展。参见白寿彝总主编：《中国通史》，第1卷，导论，177～179页，上海，上海人民出版社，1989。

③ 林毅夫认为，在前现代时期，大多数技术发明源自于工匠和农夫的经验，科学发现则是由少数天生敏锐的天才在观察自然时偶然获得的。到了现代，技术发明主要是在科学知识的指导下通过实验的方法而得到的。在前现代时期的科学发现和技术发明模式中，一个社会中人口愈多，经验丰富的工匠和农夫就愈多，拥有的天才人物也愈多，因此发现新的科学与技术的概率也愈大。中国人口众多，因而在前现代社会的科学发现与技术发明上占有优势。中国在现代时期落后于西方世界，是因为中国的技术发明仍然依靠经验，而欧洲在17世纪科学革命的时候，就已经把技术发明转移到依靠科学和实验上来了。而中国没有发生科学革命的原因，大概在于科举制度，它使知识分子无心去进行现代科学研究所必需的智力投资，从而使原始科学跃升为现代科学的概率就大大减低了。林毅夫认为，阻碍中国知识分子发起一场科学革命的是科举考试的课程设置和其激励结构，如科举考试所需阅读的基本读物是儒家学说的“四书五经”，它们长达43万字，而且所有这些读物，学生都必须熟记于心。如果以每天200字的速度背诵，背完这些著作恰好需要6年。在背完儒家著作之后，学生们还要阅读有关注解，其篇幅数倍于正文。一旦他们通过了这些苛刻的考试，他们又会忙于官场应酬，醉心于沿权力阶梯往上爬。做了官之后，他们中的大多数既没有时间也没有兴趣再去积累科学研究所需的知识。参见林毅夫：《李约瑟之谜：工业革命为什么没有发源于中国》，见林毅夫：《制度技术与中国农业发展》，上海，上海人民出版社，1994。

④ 斯塔夫里阿诺斯认为，在中国，儒教继续在社会中居支配地位。儒教尊崇老年人，轻视年轻人；尊重过去，轻视现在；尊崇已确认的权威，轻视变革。从而，它成为保持各方面现状的极好工具。最终导致了处处顺从、事事以正统观念为依据的气氛，排除了思想继续发展的可能。这一点有助于说明为什么中国尽管最初在发明造纸、印刷、火药和指南针方面取得了辉煌成就，但后来却在技术上落后于西方。中国人在做出这些早期发明之后，在科学上很少再有建树。参见［美］斯塔夫里阿诺斯：《全球通史：1500年以后的世界》，66～71页，上海，上海社会科学院出版社，1992。

从知识能力来看，中国古代具备知识生产能力，但是却缺乏知识转化与应用能力，中国古代的大部分知识是非生产性的，中国的各项重要发明都用于娱乐与猎奇。算术用于娱乐心智，天文学用于占卜，火药用于制造美丽的烟花，航海技术用于宣传天朝的威严。中国的儒、释、道文化都是排斥与轻视技术的，同时也缺乏文化与制度的激励来将知识转化为生产力，古代中国知识分子的主要工作不是创造科技知识，而是“学而优则仕”，强调基于“道德权威”进行治理，这牢牢地束缚了中国科技创新的萌芽。在西方工业革命带来近代日新月异的知识革命之时，中国的知识分子还在沉湎于理学意义上的伦理学探讨。

当近代中国国门被“船坚炮利”的西方列强强行轰开时，中国人就沉痛地感受到中国与西方发展的巨大的落差①，以及科学技术对于国家强盛的重要性。② 知识发展的落后成为中国近代急剧衰落的一个重要原因。毛泽东（1963年）曾总结鸦片战争以来中国发展的历史教训：“一是社会制度腐败，二是经济技术落后”，“如果不在今后几十年内，争取彻底改变我国经济和技术远远落后于帝国主义国家的状态，挨打是不可能避免的”。③

这表明，中国挨打是因为经济落后；经济落后是因为科技落后；而科技落后又是因为社会制度失败。反过来讲，只有政治革命（如1911年辛亥革命、1949年新民主主义革命的胜利）才能变革社会制度；有了先进的社会制度，才能发动科技革命；有了科技革命，才能实现知识赶超；有了知识赶超，才能实现经济赶超。

13.3　从现代科技空白国到知识追赶国

中华人民共和国成立之初，中国的科技发展也是“一穷二白”，正如毛泽东（1956年）所言：“穷”，就是没有多少工业，农业也不发达。“白”，就是一

---

①　第一次鸦片战争时，参战的英国战舰主要为五、六等级及等外级战舰和少量的三级战舰，具有高大、航速快、抗腐性强、机动性优、抗沉性好、操纵方便、稳定适航和火力猛烈的优点。诞生于19世纪30年代的蒸汽动力铁壳明轮船，在实战中投入使用，其优点被发挥得淋漓尽致。这是所谓英军的“船坚”。英舰炮发射的筒形霰弹、葡萄弹、榴霰弹、新式爆炸弹、燃烧弹和火箭弹等，这就是英军的“炮利”。对此，林则徐认为：“此次士密等前来寻衅……无非恃其船坚炮利，以悍济贪。”（参见林则徐：《会奏穿鼻尖沙嘴迭次轰击夷船情形折》）

②　1894年6月，孙中山《上李鸿章书》：“欧洲富强之本，不尽在于船坚炮利、垒固兵强，而在于人能尽其才，地能尽其利……”

③　这是毛泽东审阅《关于工业发展问题（初稿）》时加写的一段文字。参见《毛泽东文集》，第8卷，340页，北京，人民出版社，1999。

张白纸，文化水平、科学水平都不高。[①] 建国初的中国仅有 30 多个专门研究机构，全国的科学技术人员不超过 5 万人。[②] 知识基础设施也十分落后，是一个信息相当封闭的社会，全国的公共图书馆只有 55 个，博物馆只有 21 个，邮政所 2.6 万个。[③] 周恩来曾指出，我们所接受的旧中国满目疮痍，是一个破烂摊子。在科学技术方面，我们从国民党反动派手中接受了什么遗产呢？他们留给我们什么科学器材、设备和资料呢？太少了。[④] 显然当时的中国现代科学技术人力资源十分匮乏、设施基础十分落后，几乎就是"一片空白"。

经过国民经济迅速恢复，到 1952 年底，全国科技人员达到 42.5 万人，其中工程技术人员 16.4 万人，农业科技人员 1.5 万人，卫生技术人员 12.6 万人，教学人员 11.2 万人，科学研究人员 8 000 人。[⑤]

1953 年中国转入大规模经济建设时，发展科技和培养经济建设的科技人才就成为一项重要的任务。这一时期科学发展的方针是"自力更生为主，争取外援为辅"，积极学习苏联的先进技术，加快了科学技术的发展，1957 年全国科研机构共有 580 多个，科学研究人员 2.8 万人，比 1952 年增长了 2 倍多。[⑥] 与此同时，海外留学人员也纷纷归国参加建设，到 1957 年，海外归国人员已经有3 000多人，占新中国成立前海外留学生和学者的一半以上。

1956 年初，"一五"计划预计提前或超额完成，社会主义改造的速度也大大出乎人们的意料，毛泽东在最高国务会议第六次会议上提出："我国人民应该有一个远大的规划，要在几十年内，努力改变我国在经济上和科学文化上的落后状况，迅速达到世界上的先进水平"[⑦]。中共中央（1956 年）正式提出"争取最急需的科学部门在十二年内接近世界先进水平的方针"[⑧]。随后中国政府组织几百个中国科学家和近百个苏联专家经过半年多的时间制定了《1956 年至 1967 年科学技术发展远景规划（修正案）》，提出了"重点发展，迎头赶上"的科技追赶方针，拟定了 13 个方面 57 项重大任务。其中一个重要思路就是"集中力量办大事"，即"发展我国科学技术事业必须实行全面规划，便于国家更有效地加强对科学技术战线的领导，把全国各部门分散作战的力量组织起来，把一切潜在的和仍被闲置的力量发动起来，组成一个全国性的相互协调的有组

① 参见《毛泽东文集》，第 7 卷，北京，人民出版社，1999。

② 参见科技部：《科技历程》，见中国科学技术部网站，http：//www.most.gov.cn/kjfz/kjlc。

③ 参见李小军编：《数读中国 60 年（1949—2009）》，6 页，北京，社会科学文献出版社，2009。

④ 参见《周恩来选集》下卷，北京，人民出版社，1984。

⑤ 参见国家统计局编：《中国统计年鉴 1984》，497 页，北京，中国统计出版社，1984。

⑥ 参见刘国光主编：《中国十个五年计划研究报告》，108 页，北京，人民出版社，2006。

⑦ 《毛泽东文集》，第 7 卷，2 页，北京，人民出版社，1999。

⑧ 中共中央文献研究室编：《建国以来重要文献选编》，第 8 册，120～121 页，北京，中央文献出版社，1994。

织的科学研究力量，来完成巨大的任务”。这是新中国为实现改变科技落后面貌、追赶先进国家梦想的一个蓝图，为新中国的科技发展奠定了重要的基础。不过当时追赶的目标还不是美国，而是苏联。周恩来（1956 年）指出：做出全面规划，分清缓急本末，有系统地利用苏联科学的最新成果，尽可能迅速赶上苏联的水平。他曾设想，制定这个远景计划，使 12 年后，我国这些门类的科学和技术水平可以接近苏联和其他大国。①

1960 年 7 月，苏联领导人赫鲁晓夫单方撕毁了中苏合作协定，停止帮助中国，撤走了全部援华技术专家，这使得中国的科技发展面临着西方和苏联双重封锁的外部的环境，反而激发了中国科技界走自主发展之路，发扬自力更生精神，实行自主创新，开展科技攻关。诚如毛泽东（1963 年）所说：“苏联把专家撤走，撕毁了合同，这对我们有好处。我们没办法，就靠自己，靠自己两只手。”“有先生有好处，也有坏处。不要先生，自己读书，自己写字，自己想问题。这是一条真理。”② 在此期间，中国科技事业取得了若干重大的成就。1960 年，物理学家王淦昌等人发现反西格玛负超子；1960 年，我国成功发射了第一枚探空火箭和近程导弹；1964 年 10 月 16 日，我国成功爆炸第一颗原子弹；同年还成功发射中近程导弹；1967 年，中国第一颗氢弹空爆成功。后来谈及苏联撤走专家事情时，毛泽东幽默地说：“应该给赫鲁晓夫发一个一吨重的大勋章。”应当说，没有苏联撤走专家给中国带来的压力，中国也很难独立自主地创新、发展“两弹一星”。毛泽东将“坏事”变成“好事”，从这个意义上来看，这是赫鲁晓夫的“功劳”。

在此过程中，中国形成了一批学科较齐全、设备较好的研究所，培养了一支水平较高、力量较强的科研队伍，许多科学技术领域接近或达到了国际先进水平。到 1965 年底，全国自然科学技术人员共有 245.8 万人，其中研究生毕业 1.6 万人，大学毕业生 113 万人。全国专门科学研究机构已达到 1 714 个，专门从事科学研究的人员达到 12 万人。中国成功开发建设了大庆油田，实现了原油和石油产品全部自给；制造了万吨水压机和大型立式车床，达到了当时世界先进水平；世界上第一个人工合成牛胰岛素，这是当时世界一流的科技成果；世界最早育成并大面积推广种植矮秆水稻，使中国水稻亩产增加了一二百斤。③ 1964 年，周恩来向毛泽东报送政府工作报告稿称：“我们已经有一批第一流的科学家和工程师，有些研究成果已经可以认为是先进水平的了。”④ 这反映了中

---

① 参见中共中央文献研究室编：《建国以来重要文献选编》，第 8 册，31、33 页，北京，中央文献出版社，1994。

② 《毛泽东文集》，第 8 卷，338 页，北京，人民出版社，1999。

③ 参见中共中央党史研究室：《中国共产党历史》，第 2 卷，下册，684～689 页，北京，中共党史出版社，2011。

④ 中共中央文献研究室编：《建国以来毛泽东文稿》，第 11 册，287 页，北京，中央文献出版社，1996。

国与发达国家的科学技术差距在迅速缩小，《1956—1967年科学技术发展远景规划》的若干追赶目标得到了实现，这是中国科技发展的黄金时期。毛泽东还创意性地提出反对爬行主义，实现科技跨越式发展。他说："我们不能走世界各国技术发展的老路，跟在别人后面一步一步地爬行。我们必须打破常规，尽量采用先进技术，在一个不太长的历史时期内，把我国建设成为一个社会主义的现代化的强国。"[①] 这充分显示了走中国特色自主创新的发展道路的原创思路，既可以利用后发优势，又可以利用社会主义制度优势，即集中全国的科技力量办全国的重大科技工程，实现跨越式发展。毛泽东还提出，向60年代和将来70年代赶上去，用几个五年计划的时间超过世界先进水平。根据这一设想，国家计划委员会在《关于第三个五年计划安排情况的汇报提纲（草案）》提出，在安排第三个五年计划的时候，要把赶上和超过世界先进水平作为一个重要的战略方向。还设想在第五个五年计划时，使我国在科学技术的许多领域内赶上和超过世界先进水平。[②]

从1966年开始的长达10年的"文化大革命"，是一个自我封闭的时代，中国的进出口贸易占世界比重极低，且不断下降，到1973年时只有不足0.7%，对外进口技术十分有限，在1972年之后开始引进西方国家技术，但受到江青等人的政治攻击而受阻。持续不断的政治运动对科技活动造成强烈冲击，对全国科技进步造成了消极影响，中国与发达国家的科学技术差距重新拉大。许多知识分子更是成为打倒对象，科技管理陷入瘫痪，研究机构被肢解，广大科学技术工作者被迫停止科研工作，下放到农村或厂矿劳动。[③] 中国的科学技术发展受到严重的摧残与破坏，中国自主创新能力（T_3）受到严重影响，不过中国科学技术工作者还是在极为困难的条件下取得了一系列的重要成就。1973年我国在世界上首次培育成功籼型杂交水稻，自行研制了第三代计算机、激光红外技术，研制和生产半导体、集成电路；1967年6月17日我国第一颗氢弹空爆试验成功；1969年6月成功进行了地下核试验；1970年4月24日我国第一颗人造卫星发射成功；1971年9月第一艘核潜艇建成并试航成功；1971年洲际火箭首次飞行试验基本成功；1975年11月第一颗返回式遥感人造地球卫星发射成功。[④] 此外还有牛胰岛素的人工合成。这都集中地标志着我国科学技术的成就。[⑤]

到1978年，全国全民所有制单位的科技人员达到434.5万人，相当于

---

① 《毛泽东文集》，第8卷，341页，北京，人民出版社，1999。

② 参见中共中央文献研究室编：《建国以来重要文献选编》，第20册，364、389页，北京，中央文献出版社，1998。

③ 参见科技部：《科技历程》，见中国科学技术部网站，http://www.most.gov.cn/kjfz/kjlc。

④ 参见中共中央党史研究室：《中国共产党历史》，第2卷，下册，974页，北京，中共党史出版社，2011。

⑤ 参见叶剑英：《在庆祝中华人民共和国成立三十周年大会上的讲话》，1979年9月29日。

1952 年 42.5 万人的 10.2 倍，其中工程技术人员达到 157.1 万人，卫生技术人员达到 127.6 万人，教学人员 89.4 万人，农业技术人员 29.4 万人，科学研究人员 31.0 万人。[①] 这是新中国近 30 年培养和发展起来的一支科技人员队伍，同时也初步建立了一系列新兴科学技术部门[②]，这都成为改革开放之后的重要科技人才力量和科技基础。

在整个计划经济时期，中国依靠社会主义集中力量办大事的优势，有所为、有所不为，自主实现了科技发展的重点突破。不过这还是在中央计划经济体制框架下的做法，存在诸多缺陷，只有政府支持之手，缺少市场竞争之手，如同只有一只手工作；只有国有单位的科技力量，缺少非国有单位的科技力量，如同只有一条腿走路。中国大部分时间不得不在封闭和半封闭的条件下进行自主模仿、自主研制、自主创新，这不利于后发国家充分利用后发优势。实际上"文化大革命"时期，无论是技术引进能力（T_1）和技术再创新能力（T_2），还是自主创新能力（T_3），可能是新中国最低的水平，因而中国与西方发达国家的科技水平差距不是缩小了，而是拉大了。这也成为后来邓小平决定改革开放的重要原因。

13.4　加速追赶与信息革命

改革开放之初的中国是典型的"落伍者"，又是"新加入者"，很快又成为"快速追赶者"，若干指标先后赶超了英国和德国。从历史与国际比较看，中国的表现的确是令人难以想象的，在 1978 年时是无法预言的。

邓小平认为，十年"文化大革命"正是世界科技迅速发展的时期，中国却自我封闭，与西方工业化国家之间的科技差距由新中国成立后的迅速缩小转而迅速拉大。1977 年 5 月 12 日，邓小平一针见血地指出，"中国在清朝时搞闭关自守，四人帮也是搞闭关自守"[③]。

邓小平非常务实地、前瞻性地提出"拿来主义"[④]。同年 9 月 29 日，邓小平讲，世界上最先进的成果都要学习，引进作为基础，他主张对外国先进技术

---

① 参见国家统计局编：《中国统计年鉴 1984》，497 页，北京，中国统计出版社，1984。

② 参见叶剑英：《在庆祝中华人民共和国成立三十周年大会上的讲话》，1979 年 9 月 29 日。

③ 中共中央文献研究室编：《邓小平年谱（1975—1997）》上册，158 页，北京，中央文献出版社，2004。

④ "拿来主义"是由鲁迅先生提出来的。1934 年 6 月 4 日，他写了题为《拿来主义》的杂文，在文中他批判了国民党反动派的卖国主义政策和一些人对待文化遗产的错误态度，阐明了应该批判继承和借鉴文化遗产及外来文化。这里邓小平借用了鲁迅的"拿来主义"。

采取“拿来主义”的做法。[①] 同年11月3日，邓小平在同美国洛克菲勒大学数理逻辑学家王文先教授谈话时说，科技成果是人类共同的财富。中国要向日本学习，实行“拿来主义”的做法，才能加快科学发展。[②] 这一政策就是积极进口并采用外国先进技术，实际上就是充分利用后进国的后发优势，开始技术追赶的第一阶段，即技术后进国技术引进能力（T_1）明显高于技术领先国技术创新速度（T^b）。

1978年3月召开的全国科学大会是一个拨乱反正的重要会议。时任副总理的邓小平在全国科学大会开幕式上作了极为重要的讲话。他提出，要实现“四个现代化，关键是科学技术的现代化。没有现代科学技术，就不可能建设现代农业、现代工业、现代国防。没有科学技术的高速度发展，也就不可能有国民经济的高速度发展”。他还强调科学技术是生产力。[③] 闭幕式上当时的中国科学院主席郭沫若发表热情洋溢的讲话：“这是革命的春天，这是人民的春天，这是科学的春天！让我们张开双臂，热烈地拥抱这个春天吧！”[④]

同年10月，邓小平同志就指出，中国在历史上对世界有过贡献，但是长期停滞，发展很慢。现在是我们向世界先进国家学习的时候了。他告诉外宾，我们要实行开放政策。他说要引进国际上的先进技术、先进装备，作为我们发展的起点。[⑤] 改变以往封闭状态下的科技发展，强调通过引进吸收国外的先进技术来加速科技的发展。1985年中共中央要求：“技术开发工作要有一个转变，把引进技术放在发展生产技术、改造现有企业的重要位置上来。”[⑥]

随后，中国不断推进体制改革，逐步建立了“稳住一头，放开一片”的新型科技体制。1985年中共中央发布了《关于科学技术体制改革的决定》，开始了科学技术体制改革，要求改变单纯依靠行政手段管理科学技术工作，去除国家包得过多、统得过死的弊病，引入经济激励机制。中央还要求：“技术开发工作要有一个转变，把引进技术放在发展生产技术、改造现有企业的重要位置上来。”[⑦] 1988年9月5日，邓小平会见捷克斯洛伐克总统古斯塔夫·胡萨克，谈到科学技术发展时说：“马克思说过，科学技术是生产力，事实证明这话讲得很对。依我看，科学技术是第一生产力。”同年9月12日，他在听取中央领

---

① 参见中央文献研究室编：《邓小平年谱（1975—1997）》上册，211页，北京，中央文献出版社，2004。

② 邓小平讲，现在我们学习外国先进的东西，实行“拿来主义”。日本科学发展得快，就是实行“拿来主义”。参见中央文献研究室编：《邓小平年谱（1975—1997）》上册，236页，北京，中央文献出版社，2004。

③ 参见《邓小平文选》，2版，第2卷，北京，人民出版社，1994。

④ 郭沫若：《科学的春天——在全国科学大会闭幕式上的讲话》，载《人民日报》，1978-04-01。

⑤ 参见《邓小平文选》，2版，第2卷，北京，人民出版社，1994。

⑥⑦ 《中共中央关于科学技术体制改革的决定》，载《人民日报》，1985-03-30。

导同志工作汇报中，再次谈到科技问题。他强调要"注意教育和科学技术"，"马克思讲过科学技术是生产力，这是非常正确的，现在看来这样说可能不够，恐怕是第一生产力。……对科学技术的重要性要充分认识。……科学技术是第一生产力嘛，知识分子是工人阶级一部分嘛"[①]。

中国政府先后批准建立了国家高新技术产业开发区，先后制定了"星火计划"、"863 计划"、"火炬计划"、"攀登计划"、重大项目攻关计划、重点成果推广计划等一系列重要计划，并建立中国自然科学基金制，形成了新时期中国科技工作的大格局。[②]

中国正是利用开放条件下的技术的扩散效应（从发达国家向发展中国家扩散）来实现快速追赶。通过加强国际技术交流与合作，积极引进国外的先进科学技术，来促进科技的跨越式发展，来迅速缩小与发达国家的知识差距，这一时期中国成功地实现了技术边缘化者向技术积极采用角色的转变。通过引进技术来促进经济增长可以表现为两个方面：一是通过国际贸易，直接引进新技术，或者是进口含有新技术的资本品。高技术产品进口额占 GDP 的比重，1980 年不足 1%，1990 年上升到 2%，到 1995 年进一步上升到 4.4%，2000 年为 4.16%，2008 年为 16.3%，2012 年上升到 27.9%。二是通过外国直接投资，直接获取技术和形成对国内企业的溢出效应。中国成为世界最大的吸引 FDI 的国家之一，FDI 占 GDP 的比重，1990 年为 0.9%，1995 年为 5.2%，2000 年为 3.4%，2002 年为 3.2%，随后有所下降，2012 年为 1.4%。

1995 年 5 月，江泽民在全国科学技术大会上指出："创新是一个民族进步的灵魂，是一个国家兴旺发达的不竭动力。如果自主创新能力上不去，一味靠技术引进，就永远难以摆脱技术落后的局面。一个没有创新能力的民族，难以屹立于世界先进民族之林。作为一个独立自主的社会主义大国，我们必须在科技方面掌握自己的命运。我国已经具有一定的科技实力和基础，具备相当的自主创新能力。我们必须在学习、引进国外先进技术的同时，坚持不懈地着力提高国家的自主研究开发能力。"[③] 这相当于 T_1+T_3 模式。为此，同年 9 月，党的十四届五中全会明确提出科教兴国战略，要求将科技发展摆在经济社会发展的重要位置，成为促进经济建设的重要动力。[④]

---

① 《邓小平文选》，1 版，第 3 卷，274～275 页，北京，人民出版社，1993。

② 参见科技部：《科技历程》，见中国科学技术部网站，http：//www.most.gov.cn/kjfz/kjlc。

③ 《江泽民文选》，第 1 卷，432 页，北京，人民出版社，2006。

④ 1995 年，江泽民指出："转变经济增长方式，要重视科技和教育，认真实施科教兴国战略，实现科技、教育与经济的紧密结合。科学技术是第一生产力，经济建设必须依靠科学技术，科学技术工作必须面向经济建设，始终把经济建设作为主战场，把攻克国民经济发展中迫切需要解决的关键问题作为主要任务，努力攀登科学技术高峰，提高科技创新能力。"参见《江泽民文选》，第 1 卷，462～463 页，北京，人民出版社，2006。

1999年8月，江泽民指出："我国是一个发展中的社会主义大国，在一些战略性、基础性的重大科技项目上，必须依靠自己，必须拥有自主创新能力和自主知识产权。""现在，我们已具备在一些领域实现技术跨越式发展的基础和条件。关键是要在学习、消化、吸收国外先进技术的同时，加强自主创新，加强人才培育，加强创新基地建设，提高企业创新能力，掌握科技发展的主动权，在更高水平上实现技术发展的跨越。"① 这种 T_1+T_3 模式有可能实现技术"蛙跳"（leapfrogging），在中国则称为技术跨越式发展。后来，江泽民提出以信息化带动工业化，发挥后发优势，争取实现社会生产力的跨越式发展。② 这反映了在发展信息化方面，不仅实现技术跨越式发展，还要实现信息产业跨越式发展，进而实现整个社会生产力的跨越式发展。这已经超越了经济学"技术蛙跳"的狭隘概念，也为后来的实践所证明。

2002年11月，党的十六大报告提出：大力实施科教兴国战略，必须发挥科学技术作为第一生产力的重要作用。鼓励科技创新，在关键领域和若干科技发展前沿掌握核心技术和拥有一批自主知识产权。报告还提出制定科学和技术长远发展规划。

2006年1月胡锦涛同志更加明确表示中国要走中国特色自主创新道路。这条道路就是指"自主创新，就是从增强国家创新能力出发，加强原始创新、集成创新和引进消化吸收再创新"。"一个国家只有拥有强大的自主创新能力，才能在激烈的国际竞争中把握先机、赢得主动。"③

为此，国务院制定了《国家中长期科学和技术发展规划纲要（2006—2020)》，提出了到2020年创建创新型国家的目标，给出了十分清晰的路线图。④ 即从"世界科技大国"到"世界科技强国"，其最终目的是增强中国的综合国力和国际竞争力。该纲要制定了"自主创新、重点跨越、支撑发展、引领未来"的方针，大力推进自主创新，要增强原始创新能力、集成创新能力、引进消化吸收再创新能力，到2020年中国建成创新型国家。还提出了量化的科技指标："到2020年，全社会研究开发投入占国内生产总值的比重提高到2.5%以上，力争科技进步贡献率达到60%以上，对外技术依存度降低到30%以下，本国人发明专利年度授权量和国际科学论文被引用数均进入世界前5位。"

---

① 《江泽民文选》，第2卷，396页，北京，人民出版社，2006。

② 参见《江泽民文选》，第3卷，121页，北京，人民出版社，2006。

③ 《坚持走中国特色自主创新道路 为建设创新型国家而努力奋斗——胡锦涛在全国科学技术大会上的讲话》，见新华网，2006-01-09。

④ 到2020年，中国科学技术发展的总体目标是：自主创新能力显著增强，科技促进经济社会发展和保障国家安全的能力显著增强，为全面建设小康社会提供强有力的支撑；基础科学和前沿技术研究综合实力显著增强，取得一批在世界具有重大影响的科学技术成果，进入创新型国家行列，为在本世纪中叶成为世界科技强国奠定基础。参见国务院：《国家中长期科学和技术发展规划纲要（2006—2020)》，2006年2月9日。

知识创新逐渐替代知识引进成为知识发展的最大贡献因素。中国转变为创新型国家，企业转变为创新型企业，企业是技术创新的主体，企业的转变是技术创新的前提。从大中型企业技术支出结构来看，80年代与90年代企业的引进技术支出是主体，1987年引进国外技术支出为82.53亿元，占总支出的80.8%，1995年达到峰值，为361亿元，占总支出的66.7%，随后所占比重持续下降，2011年所占比重只有6.8%。1987年大中型企业的R&D支出只有16.85亿元，占总支出的16.5%。1999年R&D支出占总支出的51%，首次超过引进国外技术支出、使用国内技术支出、消化吸收支出之和，成为企业的最大技术支出，到2011年研发经费占总支出的比重已经达到87%（见表13—2）。这表明，进入新世纪以来，大中型企业的创新从引进吸收国外技术为主，向自主创新为主转变。目前，自主创新的投入已经成为这些企业的主体投入。

表13—2　中国大中型企业创新投入支出结构变迁（1991—2011年）（%）

	1991年	1995年	2000年	2005年	2010年	2011年
R&D经费支出	37.4	26.2	54.9	73.6	83.9	87.1
引进国外技术经费支出	57.6	66.7	38.1	17.5	8.1	6.8
消化吸收经费支出	2.6	2.4	2.8	4.1	3.5	2.9
购买国内技术经费支出	2.4	4.7	4.1	4.9	4.6	3.3

资料来源：中国科技指标数据库（2013），见科技部网站。

与此同时，企业的创新主体尚未确立，我国企业研发投入占销售收入不足1%，远低于发达国家2.5%～4%的水平。我国的自主创新能力仍然较弱，我国的科技对外依存度在50%以上，远高于发达国家。①

当世界在进行以蒸汽机应用为核心的第一次科技革命和以电力应用为核心的第二次科技革命之时，中国基本上是一个落伍者和边缘化者。20世纪80年代以来，世界出现了第三次科技革命浪潮，即ICT革命浪潮，中国领导人不失时机地提出了中国的高科技发展战略和信息化战略，推动了中国信息化。中国领导人认为通过信息化，中国可以实现跨越式发展：推进国民经济和社会信息化，可以带动工业化，提高国民经济效率、降低能耗，发挥后发优势，实现跨越式发展。要以信息化带动工业化，以工业化促进信息化，走新型工业化道路。②

20世纪80年代，中国还是一个典型的信息化边缘化国家，到90年代中国就成为信息化产品的积极采用国和信息化的积极参与国，当时中国主要ICT用户指标与美国的相对差距相当大，例如移动电话用户数，1990年美国是中国的

① 参见王保安：《中国经济升级版如何打造》，载《求是》，2014（1）。

② 参见《江泽民文选》，第3卷，北京，人民出版社，2006。

288.4 倍，互联网用户数是中国的 1 515 倍（见表 13—3）。进入新世纪以来中国与美国的信息用户差距迅速缩小，不仅实现了快速追赶，还实现了大幅度超越，已经快速成长为全球信息化技术的生产大国、消费大国和出口大国。

固定电话用户从 1978 年的 193 万户起步，1992 年超过了 1 000 万户，1996 年突破 5 000 万户，1999 年突破 1 亿户，2003 年已经达到 2.6 亿户，规模跃居世界第一位。1990 年电话普及率仅为 0.2%，2005 年达到了 57.3%，2009 年已经达到了 79.9%。中国移动电话用户数在 2004 年就超过了美国，2009 年相当于美国的 2.6 倍，到 2012 年中国移动电话用户数已经达到了 11.1 亿，是美国的 3.8 倍。

中国在 80 年代个人电脑用户占世界总比重几乎为零，1988 年美国是中国的 180 倍，到 2004 年时中国已经超过了英国和德国，居世界第三位，排在美国和日本之后。中国与美国的相对差距在明显缩小，到 2007 年美国是中国的 3.24 倍。2000 年中国生产电脑 672 万部，到 2009 年达到 18 215.1 万部，增长了 26 倍。[①] 2000 年中国电脑生产量占世界总量比重为 19.2%，到 2005 年已经达到了 83.5%，稳居世界第一大国。

上世纪 90 年代，我国开始从国外引进和应用互联网，1997 年我国的上网用户数只有 62 万，而且其中 3/4 是通过拨号方式上网[②]，但是到 2007 年中国互联网用户就已经超过美国，成为世界网民数第一大国，到 2011 年 12 月已经达 5.13 亿，其中手机网民规模达 3.56 亿，均居世界第一位。[③] 到 2012 年中国的网民总数已经达到 5.6 亿[④]，已经是美国的 2 倍多。

表 13—3　中国和美国主要信息化指标及占世界总量比重（1990—2012 年）

	1990 年	1995 年	2000 年	2005 年	2007 年	2008 年	2009 年	2012 年
移动电话数占世界总量比重								
中国（%）	0.16		11.40	17.80	16.30	15.90	15.96	18.5
美国（%）	46.14	9.31	14.59	9.61	7.82	6.68	6.10	4.8
美国/中国（倍）	288.4		1.28	0.54	0.48	0.42	0.38	0.26
个人电脑用户占世界总量比重								
中国（%）	0.37	1.14	4.24	6.42 (2004年)	7.43			

① 参见国家统计局编：《中国统计摘要 2010》，143 页，北京，中国统计出版社，2010。

② 参见中国互联网络信息中心（CNNIC）：《第一次中国互联网络发展状况统计报告》，见中国互联网络信息中心网站，1997-10-31。

③ 参见中国互联网络信息中心（CNNIC）：《第 27 次中国互联网络发展状况统计报告》，见中国互联网络信息中心网站，2012-01-29。

④ UN，The Millennium Development Goals Reports 2012.

续前表

	1990 年	1995 年	2000 年	2005 年	2007 年	2008 年	2009 年	2012 年
美国（%）	40.67	35.91	34.77	26.643（2004年）	24.04			
美国/中国（倍）	109.9	31.5	8.2	4.15	3.24			
互联网用户数占世界总量比重								
中国（%）	0.05	0.15	5.76	11.00	15.70	18.80	18.5	26.4
美国（%）	75.75	61.83	31.74	20.24	13.82	14.48	11.7	11.6
美国/中国（倍）	1 515	412.2	5.51	1.84	0.88	0.77	0.63	0.44

资料来源：移动电话数的世界数据来自 World Bank，Information and Communication for Development 2006，The World Bank，2006；中国数据来自国家统计局编：《中国统计摘要 2010》，160 页，北京，中国统计出版社，2010。个人电脑用户数据来自矢野恒太纪念会编：《日本国情（2006/07）》，233 页；World Bank，World Development Indicators 2009。中国互联网用户数、移动电话数来自国家统计局编：《中国统计摘要 2010》，160 页，北京，中国统计出版社，2010；国家统计局编：《中国统计摘要 2013》，150、151 页，北京，中国统计出版社，2013。美国和世界互联网用户数、移动电话数来自 CIA，The World Factbook，2013。

13.5　走向世界科技实力大国

改革开放以来，中国迅速从一个引进创新与模仿创新为主的知识大国迅速向自主创新大国转变。毛泽东早在 1964 年曾经预言：“中国大革命家，我们的先辈孙中山先生，在本世纪初期就说过，中国将要出现一个大跃进。他的这种预见，必将在几十年的时间内实现。这是一种必然趋势，是任何反动势力所阻挡不了的。”① 毛泽东没有明确说到底是哪一年会实现他的预言，但是到 21 世纪前十年中国确实进入了全面创新的时代，目前中国正处在从技术积极采用者向创新者转变的过程中，大体在 2020 年成为世界技术创新者和领导者。这种转变极大地促进了中国科技发展，也加速了中国的科技追赶步伐，大大提高了科技实力，突出表现为以下几个方面：

13.5.1　科学创新能力

改革开放以来，中国科学创新能力与美国的差距不断缩小，表现为在科技论文发表数量上中国与美国的差距不断缩小，1980 年中国与美国的相对差距高

① 《毛泽东文集》，第 8 卷，341～342 页，北京，人民出版社，1999。

达 198.5 倍，到 1990 年还在 26.8 倍，而后这一相对差距迅速下降，到 2000 年又减少为 7.7 倍，到 2011 年已经缩小为 2.1 倍（见表 13—4）。

中国科技论文发表的增长率是惊人的，远胜于世界上其他任何一个国家。汤姆森·路透（Thomson Reuters）集团利用 Web of Science 数据库研究表明，自从大约 20 世纪 90 年代中期开始，中国的科技论文产出数开始直线激增。从 1998 年的 2 万多篇增加到了 2008 年的 11.2 万篇。从 2006 年起，中国的论文数量先后超过了日本、英国和德国，仅次于美国，位列世界第二。该报告认为，按照这样的发展趋势，中国将在下一个十年内超过美国，成为世界科技论文发表第一大国。

表 13—4　　国际科技论文发表数占世界比重（1980—2011 年）（%）

国家	1980 年	1985 年	1990 年	1995 年	2000 年	2005 年	2009 年	2010 年	2011 年
中国	0.2	0.6	1.3	1.7	3.7	7.2	10.9	12.3	14.1
美国	39.7	33.5	34.9	31.4	28.6	28.8	29.0	25.8	30.1
欧盟*	32.2	28.1	29.6	31.6	34.2	33.1	36.5		
日本	7.2	7.0	7.6	8.0	9.6	8.6	6.7	6.4	6.0
苏联（俄罗斯）**	5.7	6.3	6.2	3.3	3.3	2.6	2.6	2.1	2.0
美国/中国	198.5	55.8	26.8	18.5	7.7	4.0	2.7	2.1	2.1

*欧盟系 27 国；**苏联为 1980—1985 年，俄罗斯为 1990—2008 年。

资料来源：本表系作者根据 Web of Science 及科技部公布的《科技统计数据 2011》、《科技统计数据 2012》计算。

从科技论文的质量来看，中国也在不断改进，在世界的位次不断上升。通常衡量一个国家的科技论文质量主要依据于一段时期内（指 10 年段）被引用的次数及在世界的排位变化。根据 SCI 数据库统计，1994—2004 年 10 年段，中国在世界的排位为第 18 位。2001—2011 年（截至 2011 年 11 月 1 日）10 年间中国科技人员共发表国际论文 83.6 万篇，排在世界第 2 位；论文共被引用 519.1 万次，排在世界第 7 位；平均每篇论文被引用 6.21 次。① 我国有 12 个学科的论文被引用次数排在世界前 10 位以内，其中化学、材料科学、工程技术、数学等 4 个领域论文的被引用次数排名世界第 2 位。② 在 2013 年，中国已进入世界前 5 位（见表 13—5），平均每篇论文被引用 6.92 次，提前 7 年实现《国家中长期科学和技术发展规划纲要（2006—2020）》所提出的“国际科学论文被引用数进入世界前 5 位”的目标。③

---

① 参见中国科技信息所：《中国科技论文统计结果（2011）》，2011 年 12 月 2 日。

② 中国在 2001—2011 年 10 年段被引用次数在各学科前 1%的高被引论文数量已经排在世界第 6 位；被引用次数在各学科前 1‰的热点论文排在世界第 5 位；2010 年中国发表在 *Cell*，*Nature*，*Science* 等享有较高学术声誉的科技期刊上论文数量排在世界第 9 位；2010 年中国在世界各学科顶尖期刊上发表论文数量居世界第 2 位。参见中国科技信息所：《中国科技论文统计结果（2011）》，2011 年 12 月 2 日。

③ 参见国务院：《国家中长期科学和技术发展规划纲要（2006—2020）》，2006 年 2 月 9 日。

表 13—5　中国 10 年段科技论文被引用次数世界排位变化（1994—2013 年）

时间段	世界排位	平均每篇论文被引用次数
1994—2004 年	18	
1995—2005 年		
1996—2006 年	13	
1997—2007 年	13	
1998—2008 年	10	4.6
1999—2009 年	9	4.6
2000—2010 年	8	5.2
2001—2011 年	7	6.2
2002—2012 年	6	6.5
2003—2013 年	5	6.92

注：以 SCI 数据库统计。

资料来源：中国科技信息所：2009 年、2010 年、2011 年、2012 年、2013 年《中国科技论文统计结果》。

改革开放以来，进入全民各类知识生产与传播的黄金时代，中国迅速成为世界图书、报刊大国。从历史上看，中国一直就是农业文明时代的知识大国，也是图书大国，但是进入西方文艺复兴时代之后，中国却成为现代文明的知识小国、图书小国。据郑也夫研究，到 1600 年，西方拥有的图书是 125 万种，中国拥有的图书是 1.4 万种，前者是后者的 89 倍。而到了 1900 年，西方的图书种类达到 1 125 万种，中国的图书种类则是 12.6 万种，同样是 89 倍。据文献学家统计，从古代到辛亥革命，我国一共出版了 20 万种图书。此后 100 年的时间，中国重登世界知识文化最大国。2012 年全国出版图书高达 37 万种，仅一年的出版量就大大超过了古代到辛亥革命 2 000 年的出版量的总和。[①] 1996—2010 年期间，全国累计出版图书 298 万种，其中新出版 172 万种，占出版总数的 57.7%。全国图书期刊报纸出版情况见表 13—6。此外，中国电子及录音出版物也有极大增长，2010 年，全国共出版录音制品 10 639 种，出版数量为 2.39 亿盒（张），出版电子出版物 11 175 种、25 911.86 万张。中国数字出版产业与数字阅读人口呈现“双增长”态势，2012 年，中国数字出版产业总产出达 1 935.49 亿元，数字出版产业累计用户规模达到 11.82 亿人。[②] 中国正在进入一个知识大爆炸、知识大传播、知识大分享的知识时代。中国已经成为世界知识文化生产大国、传播大国，正在成为出口大国，显示了中国的崛起是一个古老文明文化的伟大复兴。

① 参见张贺：《每年出书 37 万种，意味着什么》，载《人民日报》，2013-04-22。

② 参见中国新闻出版研究院：《2012—2013 中国数字出版产业年度报告》，2013 年 7 月。

表 13—6　　　　全国图书期刊报纸出版情况

时期	图书种数	新出版图书种数	总印数（亿册）	期刊种数	期刊总印数（亿册）	报纸种数	报纸总印数（亿份）
九五	648 739	372 281	352	8 725（2000 年）	130	2 007（2000 年）	1 509
十五	946 646	553 096	327	9 468（2005 年）	143	1 931（2005 年）	1 917
十一五	1 386 483	803 552	342	9 884（2010 年）	153	1 939（2010 年）	2 192
2011—2014 年	1 676 386	961 363	321	9 966（2014 年）	130	1 912（2014 年）	1 896

资料来源：历年《中国统计年鉴》。

13.5.2　技术创新能力

中国迅速地从科技发明专利空白国成为专利产出国，进而成为世界最大的知识产权申请国和授权国。从国家知识产权授权量来看，中国 1985 年只有 44 件，远低于 100 年前的美国、英国水平，也低于 100 年前的德、印、日的水平，与美国的相对差距为 1 629 倍，与日本的相对差距为 1 139 倍。而后中国知识产权授权量迅速提高，到 2000 年达到 1.3 万件，与美国的相对差距缩小为 12.1 倍，与日本的相对差距缩小为 9.6 倍。进入新世纪以来，中国的专利申请量与授权量也呈现出爆炸式增长，“十一五”时期，中国共受理发明专利申请累计 145.1 万件，共授权发明专利累计 44.3 万件，分别相当于中国累计受理发明专利申请总量（232.5 万件）的 62.4%，累计授权发明专利总量（72.2 万件）的 61.4%。

到 2011 年，我国知识产权授权量进一步提高到 17.2 万件，占世界总量比重的 21.7%，居世界第三位，排在日本和美国之后。与美国的相对差距缩小为 1.30 倍，与日本的相对差距缩小为 1.38 倍（见表 13—7）。

表 13—7　　　　七大国国家知识产权授权量（1885—2011 年）　　　　单位：件

	1885 年	1900 年	1950 年	1985 年	1995 年	2000 年	2005 年	2010 年	2011 年
中国				44	3 393	13 058	53 305	135 110	172 113
德国	4 018	8 784	2 383	19 500	16 000	14 707	17 063	13 678	11 719
印度	174	410		1 814	1 613	1 263	4 320	7 138	5 168
日本	99	586	4 272	50 100	109 100	125 880	122 944	222 693	238 323
俄罗斯					25 633	17 592	23 390	30 322	29 999

续前表

	1885 年	1900 年	1950 年	1985 年	1995 年	2000 年	2005 年	2010 年	2011 年
英国	8 775	13 170	13 509	20 880	9 473	8 253	10 159	5 594	7 173
美国	23 285	24 644	43 129	71 661	101 419	157 496	143 806	219 614	224 505
美国/中国（倍）				1 629	29.89	12.06	2.70	1.63	1.30
日本/中国（倍）				1 139	32.15	9.64	2.31	1.65	1.38

资料来源：WIPO Statistics Database，2012。

根据世界知识产权组织《2013 年世界知识产权指标》报告，2012 年，中国国家知识产权局受理来自国内外的发明专利申请 65.3 万件，占世界总数比重的 27.8%，超过美国的比重（为 23.1%），其中中国居民专利申请量达到 56.1 万件，超过日本和美国，首次成为世界第一，为世界所瞩目。①

知识产权已经成为中国新兴的产业。2013 年，中国版权产业在 GDP 中的比重已达 6.5%。在重点城市，比如上海、北京等城市，该比例已超过 10%，对中国就业的贡献在 6.8%，明显超过 5.6%和 5.8%的世界平均水平。

中国在知识产权管理方面，已经拥有全球数个“之最”：根据世界知识产权组织《2012 年世界知识产权指标》报告，中国年商标注册申请量高速增长，连续十年居世界首位，截至 2012 年 6 月，中国累计商标注册量已近 700 万件，有效商标注册量近 600 万件，均居世界首位。② 中国的国际商标注册量，在 2012 年居世界第七位，国际商标注册指定领土延伸至中国的申请量，数年来一直名列全球之首。中国被誉为发展中国家保护知识产权的典范。③

中国授权发明专利呈现三个主要特点。一是以企业为主体的专利技术创新体系正加快建立。企业、高校以及科研院所已经成为中国技术创新的主要力量，授权发明专利从 2001 年的 3.8 万件提高到 2011 年的 9.5 万件，所占授权发明专利总数的比例从 40%提高到 85%。二是授权发明专利主要分布在高新技术、现代工业、生活、医药等领域。三是发明专利支撑国家经济发展的作用日益显现。

从申请国际发明专利（PCT）数看，1985 年中国占世界的比重只有 0.01%，中国与美国相对差距高达 3 570 倍，到 1995 年中国占世界比重提高到 0.3%，中美相对差距迅速缩小为 142.6 倍，到 2000 年进一步缩小为 51 倍，到

① 世界知识产权组织副总干事克里斯蒂安·维夏德曾评价道，“创新活动的区域重点发生了转移，中国正以一种超乎寻常的程度发展。特别是在创新技术的专利申请中，以中国为代表的新兴经济体令世界瞩目”。

② 参见《我国商标注册申请量连续十年居世界首位》，见新华网，2012－06－20。

③ 世界知识产权组织副总干事王彬颖认为，21 世纪是知识经济的时代，对知识产权的拥有、使用和保护，是促进和保护知识经济、发展创新型国家的一个重要战略举措。在这一点上，中国已被誉为发展中国家的典范。作为世界上有影响的知识产权大国，在当前世界经济持续低迷、复苏缓慢的情况下，如何使知识产权保护制度在经济发展中发挥更有效的平衡和促进作用，将是中国迈向知识产权强国过程中的关键。参见《创造力是财富的源泉》，载《人民日报》，2013－04－26。

2011 年中国占世界的比重已经达到 9.0%，中美相对差距缩小为 3.0 倍（见表 13—8）。根据世界知识产权组织（WIPO）2012 年 3 月 6 日公布的《2011 年国际专利申请情况报告》，2011 年中国 PCT 申请量达到了 16 406 件，占世界总量比重为 10.2%，居世界第四位，国际专利申请量最高的企业也来自中国；2007—2011 年期间，中国 PCT 申请量年平均增长率为 31.7%，为世界最高。与此相反，美国和英国都呈下降趋势。

表 13—8　五大经济体申请国际发明专利占世界比重（1985—2011 年）（%）

	1985 年	1990 年	1995 年	2000 年	2005 年	2010 年	2011 年
中国	0.01		0.3	0.8	1.8	7.5	9.0
美国	35.7	39.0	42.8	40.8	34.3	27.4	26.7
欧盟*	41.9	41.5	39.9	35.8	31.4	29.0	
日本	10.1	8.8	6.9	10.3	18.2	19.6	21.4
苏联（俄罗斯）**			0.7	0.6	0.5	0.4	
美国/中国（倍）	3 570		142.6	51	19.06	3.65	2.97

*欧盟系 27 国；**苏联为 1980—1985 年，俄罗斯为 1990—2008 年。

资料来源：本表系作者根据 World Intellectual Property Organization, *Intellectual Property Statistics 2010 Edition*；WIPO, *International Patent Filings Set New Record in 2011*, Mar 7，2012 计算。

中国不仅不断地提高了引进技术能力、模仿技术能力，更重要的是大大提高了自主创新能力，技术对外依存度明显降低，由 2005 年的 50%以上降至 2010 年的 30%以下①，提前 10 年实现了到 2020 年对外技术依存度降低到 30%以下的目标②。

未来中国将成为世界重要的创新中心与创新领导国③，中国将在生命科学、空间海洋、地球科学、纳米科技等领域抢占未来科技竞争制高点。在高铁等现代基础设施、信息技术、绿色技术等方面成为全球创新的引领国。

此外，中国已经形成了技术市场，一方面反映了技术创新如何转化为生产力，另一方面也反映了知识产权交易或买卖所产生的市场价值对中国经济增长的贡献。据统计，1990 年中国技术市场成交额为 45 亿元，相当于 GDP 比例的 0.51%，到 2000 年分别为 651 亿元和 0.65%，到 2010 年分别为 6 437 亿元和 1.24%。④ 随着中国知识产权的创新、应用与保护，将会逐步发展成为新的高

① 参见张平主编：《〈中华人民共和国国民经济和社会发展第十二个五年规划纲要〉辅导读本》，298 页，北京，人民出版社，2011。

② 参见国务院：《国家中长期科学和技术发展规划纲要（2006—2020）》，2006 年 2 月 9 日。

③ 美国通用电气（GE）2011 年 1 月 27 日在达沃斯发布《GE 全球创新趋势调查报告》显示，最有创新能力的国家分别是美国、德国、日本和中国。该项报告由 GE 公司发起，对来自 12 个国家的 1 000 位企业高管进行了调查，所有受访者都是公司创新项目的直接参与者，其中有 30%担任 CEO、CIO、CTO 等级别的职务。美国获得 67%的票数，名列榜首，其次是德国（44%），第三名是日本（43%），接着是中国（35%）。

④ 参见国家统计局编：《中国统计摘要 2013》，167 页，北京，中国统计出版社，2013。

附加值的服务产业，即知识产权产业，提供专利、商标、版权等知识产权服务，不仅直接或间接创造知识价值，还创造人才密集的就业岗位。

13.5.3　高科技市场创新能力

中国科技的竞争能力迅速转化为国际市场竞争能力。高技术产品的生产和出口集中体现了一个国家将技术转化为实际应用，以及占领世界市场的能力。1980 年中国高技术产品出口额占世界总量的比重为 0.03%，中国与美国相对差距为 870 倍；1990 年，中国的比重为 0.6%，美国为 22.0%，中国与美国的相对差距为 36.7 倍；2000 年，中国的比重为 3.7%，美国为 19.6%，中国与美国的相对差距缩小为 5.3 倍；2002 年，中国超过了日本；2005 年接近了美国；2006 年超过了美国和欧盟（27 国），成为世界第一。2010 年，中国占世界总量的比重达到 20.4%，相当于欧盟的 1.30 倍，相当于美国的 1.42 倍，相当于日本的 3.40 倍（见表 13—9）。

表 13—9　五大经济体高技术产品出口额占世界比重（1980—2010 年）（%）

	1980 年	1985 年	1990 年	1995 年	2000 年	2005 年	2008 年	2010 年
中国	0.03	0.2	0.6	1.8	3.7	13.5	19.7	20.4
美国	26.1	27.5	22.0	19.0	19.6	13.6	13.4	14.4
欧盟*	24.7	22.6	20.2	17.2	16.9	17.3	17.0	15.7
日本	15.2	21.4	15.0	15.0	11.5	7.8	6.4	6.0
苏联（俄罗斯）**	3.3	2.4	0.3	0.3	0.4	0.2	0.3	0.3
美国/中国	870	137.5	36.7	10.6	5.3	1.01	0.68	0.71

* 欧盟系 27 国；** 苏联为 1980—1985 年，俄罗斯为 1990—2008 年。

资料来源：本表系作者根据 IHS Global Insight，World Industry Service Database；National Science Foundation (NSF)，Science and Engineering Indicators 2010，2012 计算。

13.5.4　科技资金投入能力

从国际比较看，中国是世界上 R&D 总经费增长率最快的国家。2000—2012 年期间，中国 R&D 经费支出从 896 亿元上升至 10 240 亿元，增长了 11.4 倍，年平均增长率为 22.5%，相当于名义 GDP 年平均增长率（16.1%）的 1.40 倍，也反映了 R&D 经费支出增长速度大大高于经济增长速度，属于高增长弹性类型，这意味着 GDP 支出中的研发强度明显提高。

根据国家科技部提供的数据，2011 年全社会研究开发资金的支出，其中有 74%是由中国的各类企业开展研发活动所支出的，这已经明显高于美国企业投资比重。2011年，美国研发经费为4 140亿美元，其中企业研发经费占60%，联邦政府占32%，高等院校占3%，其他非营利组织占4%。[1] 这显示了中国研发支出的增长主要以企业为主、政府为辅的双轮驱动，构成开放式的国家创新主体，包括政府、各类企业、高等院校、科研研究机构四大主体，它们各具特色、各具优势，又相互联系、相互竞争、相互合作、相互促进，形成了独具中国特色的国家创新体系，创建新型产学研战略联盟，创办协同创新中心（见专栏13—2），使中国成为研发投入增长最快的国家。如前文所言，对知识的投资，无论是企业还是国家，都会大大提高各自的其他生产要素的生产率，如劳动生产率、资本生产率、资源生产率。

专栏13—2 产学研战略联盟与协同创新中心

这是一种新型的产学研合作方式，是企业与高校、科研机构之间，以提升企业和产业技术创新能力为主要战略目标而形成的优势互补、强强联合、风险共担、利益共享、共同发展的合作模式，重点是建立新的长效合作机制和战略合作关系。这是科技资源与产业资本相结合，加快科技向现实生产力转化，形成科技创新与经济社会发展紧密结合的有效途径之一。

协同创新是一项复杂的创新组织。教育部从2012年启动实施建立一批“2011协同创新中心”，大力推进高校与高校、科研院所、行业企业、地方政府以及国外科研机构的深度合作，探索适应不同需求的协同创新模式，分为面向科学前沿、面向文化传承前沿、面向行业产业和面向区域发展四种类型。

中国R&D经费支出占GDP比重不断提高，意味着对国民经济和社会发展的知识投资强度在不断增强，也意味着知识、技能的溢出效应在不断扩大。从国际比较看，也充分显示了中国从高人类发展水平组向极高人类发展水平组迅速趋同。根据联合国开发计划署提供的数据，在2005—2010年期间，极高人类发展水平组R&D经费支出占GDP比重为2.5%，高人类发展水平组仅为0.8%。中国在2000年时为0.90%，属于高人类发展水平组，但是到2012年达到1.98%，比2000年提高了1.08个百分点，平均每年提高0.09个百分点。到2020年，中国这一比重若能如期达到2.5%，就意味着中国已经属于极高人类发展水平组研发投入强度。

进入90年代以来，中国与美国研发投入的相对差距大幅度缩小，按购买

---

① 参见韩毅、张兵主编：《美国经济数字地图2012—2013》，143～144页，北京，科学出版社，2013。

力平价法计算，中国已经成为世界第二大研发投入国。1990 年，中国 R&D 经费支出占世界总量比重仅为 1.7%，美国为 36.1%，美国相当于中国的 21.2 倍；到 2000 年，中国这一比重提高至 2.9%，美国降至 29.4%，其相对差距缩小了一半，为 10.1 倍；到 2009 年，中国已经超过日本成为世界研发投入第二大国①；2011 年，中国研发支出比重提高至 13.1%，而美国受到金融危机的重大影响，研发投入增速明显下降②，以至于占世界总量比重下降至 26.0%，中国与美国的相对差距又进一步缩小为 2.0 倍（见表 13—10）。如果考虑到中国和美国从事研发的实际成本，特别是前者的人力资本成本大大小于后者的人力资本成本，实际中国与美国研发投入相对差距还会更小。

表 13—10　五大经济体 R&D 经费支出（PPP）占世界比重（1981—2011 年）（%）

	1981 年	1985 年	1990 年	1995 年	2000 年	2005 年	2009 年	2011 年
中国	1.3	1.6	1.7	2.0	2.9	6.0	12.1	13.1
美国	26.6	30.3	36.1	35.2	29.4	27.6	29.8	26.0
欧盟*	24.8	25.9	35.0	28.4	21.5	20.6	23.6	24.5
日本	8.6	11.4	15.7	15.8	10.7	11.0	11.8	11.4
苏联/俄罗斯**	8.6	8.0	6.8	1.5	1.3	1.6	1.9	1.9
美国/中国（倍）	20.5	18.9	21.2	17.6	10.1	4.6	2.5	2.0

*欧盟系 27 国；**苏联为 1980—1985 年，俄罗斯为 1990—2008 年。

注：研发经费支出按购买力平价（PPP）计算。

资料来源：National Science Foundation (NSF), Science and Engineering Indicators 2010；Battelle, Global R&D Funding Forecast 2012。

13.5.5　科技综合实力

改革以来，中国的科技实力不断上升，与美国和欧盟的相对差距迅速缩小。1980 年中国科技实力占世界的比重为 2.3%，与美国的相对差距为 10.7 倍；到 1990 年提高到 2.9%，中美相对差距缩小为 8.62 倍；到 2000 年提高到 5.4%，中美相对差距缩小为 4.42 倍；到 2010 年中国占世界比重为 16.1%，科技实力已经超过日本，仅次于美国，且中美差距进一步缩小为 1.4 倍（见表 13—11）。

① 2012 年 1 月 17 日美国国家科学委员会发布的报告《2012 科学与工程指标》称，中国成为仅次于美国的全球第二大研发（R&D）支出国，2009 年其研发支出占全球研发支出的 12%，超过了日本的 11.8%，美国则占 30%。包括中国在内的亚洲 10 个国家和地区作为整体，其研发支出达 32%，超过美国。

② 参见韩毅、张兵主编：《美国经济数字地图 2012—2013》，71 页，北京，科学出版社，2013。

表 13—11　　五大经济体科技实力占世界比重（1980—2010 年）（%）

	1980 年	1990 年	2000 年	2010 年
中国	2.3	2.9	5.4	16.1
美国	24.6	25.0	22.8	22.7
欧盟	24.2	22.6	20.4	20.8
日本	16.5	20.5	18.1	14.1
苏联/俄罗斯	12.2	7.5	2.7	2.8
美国/中国（倍）	10.7	8.62	4.42	1.41
欧盟/中国（倍）	10.5	7.79	3.78	1.29

资料来源：清华大学国情研究中心，胡鞍钢、鄢一龙、魏星执笔：《2030 中国：迈向共同富裕》，北京，中国人民大学出版社，2011。

如何衡量中国的创新能力？如何反映中国创新产出效率？国家统计局设计了中国创新指数，包括 4 个分指数：创新环境指数、创新投入指数、创新产出指数、创新成效指数。以 2000 年为 100，2011 年中国创新指数为 139.6，年均增长 5.7%。[①] 这表明中国创新能力明显提高，进步速度也相当快。这与我们的科技实力指标计算有大致相同的结论。

中国正在成为世界新兴的科技创新大国。正如联合国教科文组织《2010 年科学报告》所评价的，世界的创新格局已经悄然变化，以中国为代表的发展中国家已经迎头赶上，实现知识密集型的增长已经不是发达国家的特权。[②] 科技部党组书记王志刚认为，总体上看，我国探索出了一条中国特色自主创新道路，创新型国家建设取得重要进展，综合科技实力和创新能力处于发展中国家前列，一些领域正由“跟跑者”变为“同行者”甚至“领跑者”，成为具有重要影响的（世界）科技大国和创新大国。[③]

13.6　迈向世界创新强国

知识发展的本质是创新，特别是随着中国与发达国家的知识发展差距缩

---

① 从分指标来看，创新环境不断优化，以 2005 年为 100，2011 年我国创新环境指数为 138.1，年均增长 5.5%；创新投入力度持续加大，以 2005 年为 100，2011 年我国创新投入指数为 140.7，年均增长 5.9%；创新产出能力显著提高，以 2005 年为 100，2011 年我国创新产出指数为 150.0，年均增长 7.0%。参见《创新指数显示我国创新能力稳步提高》，见新华网，2013-04-19。

② 参见联合国教科文组织：《2010 年科学报告——全世界科学发展现状（摘要）》。

③ 参见《科技是国家强盛之基》，载《人民日报》，2013-09-08。

小，自主创新更成为推动经济发展的重要力量。对此，诺贝尔经济学奖获得者菲尔普斯教授有个比喻，他说："在经济增长的初始阶段，我们可以看到，如果西方是果树的话，有长在低处的果实可以采摘，你随手就可以摘到'西方'的果实，而且摘的哪一个果实问题也不大。它们都长得不错，且回报也相当不错。但随着中国进入一个高级的发展阶段，它在和西方的技术使用方面的差距被减少，中国广泛应用但西方也还尚未过时，这就很难做出抉择，该发展哪种产业，该采用哪种技术。"①

2006 年中国政府做出重大战略决策，建设创新型国家。为此，中国政府制定了《国家中长期科学和技术发展规划纲要（2006—2020)》，提出到 2020 年创建创新型国家的目标，并给出十分清晰的路线图。即从"世界科技大国"到"世界科技强国"，其最终目的是增强中国的综合国力和国际竞争力。

党的十八大做出了实施创新驱动发展战略的重大部署，强调科技创新是提高社会生产力和综合国力的战略支撑，必须摆在国家发展全局的核心位置。这是党中央综合分析国内外大势、立足国家发展全局做出的重大战略抉择，具有十分重大的意义。这意味着中国进入全面创新时代、全民创新时代。诚如习近平同志所言："要坚定不移走中国特色自主创新道路，深化科技体制改革，不断开创国家创新发展新局面，加快从经济大国走向经济强国。"② 可以预见，到 2020 年中国将成为真正意义上的世界科技创新强国。

未来中国还要按照"自主创新、重点跨越、支撑发展、引领未来"的方针③，大力推进自主创新，增强原始创新能力、集成创新能力、引进消化吸收再创新能力，到 2020 年中国建成创新型国家。《国家中长期科学和技术发展规划纲要（2006—2020)》还提出了量化的科技指标："到 2020 年，全社会研究开发投入占国内生产总值的比重提高到 2.5%以上，力争科技进步贡献率达到 60%以上，对外技术依存度降低到 30%以下，本国人发明专利年度授权量和国际科学论文被引用数均进入世界前 5 位。"

我们估计，上述指标大部分可以提前实现，如本国人发明专利年度授权量进入世界前 5 位，对外技术依存度降低到 30%以下已于 2010 年提前实现，国际科学论文被引用数进入世界前 5 位，也可能提前实现。只有其中两项目前未实现：科技进步贡献率在 2010 年达到 55%，全社会研究开发投入占国内生产总值比重在 2012 年达到 1.97%，预计到 2020 年均可以如期实现。到 2020 年

① 参见北京市政府外事办公室主编：《诺奖大师纵论中国经济》，123 页，北京，经济日报出版社，2006。

② 《习近平：实施创新驱动不能等待观望懈怠》，见新华网，2013-10-01。

③ 参见国务院：《国家中长期科学和技术发展规划纲要（2006—2020)》，2006 年 2 月 9 日。

中国主要科技指标占世界比重及在世界排名如表13—12所示，中国将进入世界创新型国家，率先实现科技现代化，成为世界最大的科技强国。与此同时，率先实现信息现代化，建成世界上最大的普遍应用技术的技术社会，最大的信息网络全覆盖的信息社会，最大的全民吸收利用创新的知识社会，为2050年中国实现社会主义现代化奠定知识资本基础。

表13—12　　中国主要科技指标占世界比重与排名（2003—2020年）

	2003年	2007年	2008年	2009年	2010年	2011年	2020年
R&D经费支出（汇率法）占世界比重（%）	2.5	4.9	5.8	7.1	8.6	8.7	
R&D经费（汇率法）世界排名	6	4	4	4	3	3	2
R&D经费支出（PPP）占世界比重（%）	4.7	8.4	8.9	12.1	12.0	13.1	
R&D经费（PPP）世界排名			3	2	2	2	
发明专利授权量占世界的比重（%）	6.3	9.6	12.9	17.0	15.5	21.7	
发明专利授权量世界排名	4	4	3	3	3	3	1
国际发明专利申请量占世界的比重（%）				7.5	7.6	9.0	
国际发明专利申请量世界排名				5	4	4	
SCI/EI/ISTP收录中国论文占世界比重（%）	5.1	9.8	11.5	11.6		14	
SCI收录中国论文占世界比重（%）	4.48	7.5	8.1	8.3	8.6	9.5	
SCI/EI/ISTP收录中国论文数世界排名	5	2	2	2	2	2	1
EI收录中国论文数世界排名	3	1	1	1	1	1	1
SCI收录中国论文数世界排名	6	3	2	2	2	2	1

资料来源：2003—2008年数据来源于科技部发展规划司：《科技统计资料汇编》，4页，2009；2009—2011年数据来源于科技部网站及WIPO Statistics Datatase 2012；2020年数据系作者估计。

13.7　小结：从科技空白国到世界创新强国

与世界大国的地位相称的是，中国在历史上就是一个知识大国。在经历了近代急剧的衰落之后，中国开始迅速地崛起。中国科技实力持续迅速上升，改变了世界科技格局。1978年之前的中国是世界科技革命和科技全球化的“边缘化者”，也是“落伍者”；而后中国不仅发生了一场大规模的经济革命，而且也发生了一场持续的科技革命，成为世界科技革命的“新加入者”；到20世纪90年代中国成为“科技新兴国家”，发动了更大规模的科技创新活动，迅速成为

“世界科技大国”。中国实现了从过去信息化的落伍国，到现在的信息化大国再到未来的信息化强国；从过去的高技术产品小国，到高技术产品进口大国，再到高技术产品出口大国的转变。

与世界性的科技革命 200 多年的历史相比，中国在短短的 60 多年时间内，从一个“一穷二白”的科技空白国转变成为世界知识创新大国，走出了一条独特的知识发展之路和自主创新之路。这里我们概括为如下重要经验：

一是中国充分发挥社会主义制度优势，强化政府在国家创新方面的领导作用，国家制定十分明确的科技现代化目标和国家中长期科技发展规划，集中各种资源和力量进行重点科技攻关，突破重大技术瓶颈，强化基础研究、前沿技术研究、社会公益技术研究等公共知识的资助强度，实施知识产权战略，加强知识产权保护。

二是充分发挥全体人民的创新积极性，深化科技体制改革，推动科技和经济紧密结合，建设国家创新体系，构建以企业为主体、市场为导向、产学研相结合的技术创新体系，积极鼓励十多亿人共同参与创新，有效发挥中国特有的巨大的规模效应与乘数效应。

三是充分利用后发国家的优势，通过对外开放，积极吸引外资，鼓励跨国公司来华设立研发机构，充分发挥技术的外溢效应；通过直接引进技术、进口技术资本，有效地利用发达国家的先进技术；通过技术学习、技术模仿、技术消化、技术扩散与转移来实现快速的知识追赶。

四是中国比较自觉地鼓励自主创新道路方式，提高了原始创新能力、集成创新能力和引进消化吸收再创新能力，不仅加速了知识追赶，而且在追赶中显示了超越与领先。为什么中国在科技实力方面追赶美国的速度越来越快？我们的理论解释就是中国的科技能力的提高有一个过程，先是实行“拿来主义”方针，主要是引进国外先进技术，积极吸引外国直接投资，提高了 T_1能力，充分利用了后发优势；后是本国鼓励技术再创新，包括引进创新、模仿创新、集成创新，提高了 T_2能力；再是提出技术自主创新，提高了 T_3能力。实际上在一个十分多样化、差异化的中国，这一时期同时具有这三种能力，只是从决策层所强调的科技政策的侧重点不同而已，基本上符合提高一个国家科技创新能力的演变过程。特别是任何一种科技创新能力与中国所特有规模效益所形成的能力（T_4），会大大降低创新成本，大大提高创新收益，这些因素都会加速实现对发达国家的技术追赶。当然最根本的原因还是在于中国的改革与开放，释放了科技机构和人员的创新潜力，扩大了充分利用全球创新资源的能力。应当说，中国是成功的跨越式科技创新的典范。

世界的未来在于中国，中国的未来在于创新，创新在于知识贡献。中国最重要的目标是在 21 世纪对人类做出知识贡献，如同在历史上中国对人类做出了“四大发明”的贡献一样，中国将成为全球创新的领导国，这包括绿色创新、知识创新、信息创新和文化创新，成为21世纪全球科技革命的引领者。

【思考与讨论】

1. 如何理解“李约瑟之谜”?
2. 什么是后发优势? 中国是如何利用后发优势后来居上的?
3. 从历史经验的角度，中国科技发展战略是如何演变的? 我们如何理解“自主创新、重点跨越、支撑发展、引领未来”?
4. 中国特色自主创新道路的特点是什么?
5. 为什么中国要实施创新驱动发展战略? 对未来中国和世界将产生什么影响?

【扩展阅读】

一九五六—一九六七年科学技术发展远景规划纲要（修正草案）//中共中央文献研究室．建国以来重要文献选编．第9册．北京：中央文献出版社，1994.

邓小平．在全国科学大会开幕式上的讲话．1978年3月18日．

江泽民．加强技术创新//江泽民文选．第2卷．北京：人民出版社，2006.

国务院．国家中长期科学和技术发展规划纲要（2006—2020）．2006年2月9日．

坚持走中国特色自主创新道路　为建设创新型国家而努力奋斗——胡锦涛在全国科学技术大会上的讲话．新华网，2006-01-09.

世界银行．1998/1999世界发展报告：知识与发展．北京：中国财政经济出版社，1999.

[英] 李约瑟．中国科技史．第1卷．北京：科学出版社，1990.

胡鞍钢．知识与发展：21世纪新追赶战略．北京：北京大学出版社，2001.

胡鞍钢．中国：新发展观．杭州：浙江人民出版社，2004.

胡鞍钢，熊义志．对中国科技实力的定量评估（1980—2004）．清华大学学报：哲学社会科学版，2008（2）．

清华大学国情研究中心，胡鞍钢，鄢一龙，魏星．2030中国：迈向共同富裕．北京：中国人民大学出版社，2011.

胡鞍钢．中国特色自主创新道路（1949—2012）．中国科学院院刊，2014（1）．

第四篇　公平与发展

减贫与发展
城乡与发展
地区与发展

公平是人类的共同追求，共同富裕是社会主义的基本方向。中国作为一个人口众多、国土辽阔、发展不平衡的大国，长期面临着三大差距问题，即地区差距、城乡差距、不同人群的差距，如何缩小三大差距、实现共同富裕成为中国最大的发展挑战。

新中国成立以来，公平就成为中国的最高追求。1949—1978 年间，中国在极低收入条件下，达到了相对较高的人类发展水平，建成了一个比较公平的社会主义社会，奠定了中国改革开放的物质基础、社会基础和根本政治制度基础，也保证了中国走向共同富裕的社会主义道路。

改革开放以来，中国追求效率的同时也追求公平。1978—2001 年期间以"先富论"为主题，效率优先、兼顾公平，"让一部分人先富起来"，地区差距、城乡差距、人群差距有所扩大。2002 年之后以"共同富裕论"为主题，"先富带动后富，最终达到共同富裕"。2004 年以来，地区差距开始缩小；2008 年以来，不同人群的收入差距缩小；2010 年以来，城乡收入差距开始缩小。未来 20 年，中国将进一步建成共同建设、共同分享、共同富裕的社会主义社会。

追求公平首先是要强调共享发展，人民共享发展成果，同步实现小康。追求公平也要强调发展的协调性与整体性，避免出现"一条腿长，一条腿短"的问题。解决发展中积累的"木桶效应"，通过"补短板"推动城乡、区域协调发展。

本篇共三章。第 14 章减贫与发展，回顾了中国从世界最大贫困人口国到世界最大人类发展国的历史新成就。中国作为占世界 1/5 人口的大国，占世界近 1/2 贫困人口的穷国，不仅大幅度减少了绝对贫困人口，而且到 2020 年还将全面建成小康社会。这相当于中国用 70 年（指 1949—2020 年）的时间，就使得十几亿人口根本摆脱了各类贫困，进入高人类发展水平阶段，成为人类消除贫困的最大奇迹。

第 15 章城乡与发展，回顾了中国城乡从二元结构向三元结构转变，再向四元结构转变，未来进一步转向城乡一元结构的过程。中国花短短几十年时间完成西方发达国家上百年的历程，又避免了其他主要发展中国家出现的严重社会分化和大规模贫民窟问题，走上一条不以牺牲农业和粮食、生态和环境为代价，着眼农民，涵盖农村，通过促进经济社会一体化，由全体人民共享改革和发展成果、能够通向共同富裕的城镇化道路。

第 16 章地区与发展，回顾了从"一个中国、四个世界"到各个地区全面建成小康社会的历史过程。统筹协调地区发展、缩小地区发展差距既要发挥市场机制对资源配置的基础性作用，又要充分利用政府宏观调控（财政转移支付等）协调地区发展；既要发挥各地方的比较优势创建特色经济，又要鼓励各地方分工合作，促进区域经济一体化；既要促进优质要素向经济集中区聚集，实现经济效益，又要实施人口基本公共服务均等化、基础设施网络化，促进社会公平；既要鼓励劳动力地区之间流动，促进人均收入水平趋同，更要强化人力资本投资，促进人类发展水平趋同。

第14章 减贫与发展

对发展中国家而言，贫困是最大的挑战，这不仅是指简单的收入贫困挑战，也包括人类贫困、知识贫困和生态贫困在内的多维度、全方位的发展挑战。根据世界银行估计，按国际贫困线每人每日支出不足1.25美元计算，1990年全世界约有18亿绝对贫困人口，2005年减少至14亿人，2010年仍然有13亿人，绝对贫困发生率达到了21%。根据联合国开发计划署的评估，旨在2015年以前将全世界绝对贫困人口比例减少一半的目标已经提前三年实现，主要是因为中国、印度、巴西贫困人口的大为减少。其中1990—2008年期间，中国便有惊人的5.1亿人口摆脱贫困。[①]

根据联合国发布的“多维贫困指数”，全球目前仍有17.5亿贫困人口，估计占世界总人口（70亿人）的1/4，他们的健康、教育和生活状况极其恶劣。这种经济不平等不具有可持续性，必将产生社会影响。消除贫困成为全世界最优先的千年发展目标（millennium development goals，MDG）[②] ——建立一个没有贫困，没有因贫困带来痛苦的世界。[③] 世界银行提出了到2030年基本消除贫困的目标，绝对贫困发生率下降到3%。[④]

根据联合国2012年MDG评估报告，按照每人每日生活费低于1.25美元国际贫困线计算的中国贫困发生率大幅度下降，超额完成到2015年贫困人口减半的MDG目标，对发展中国家实现千年目标也做出了最大贡献，到2008年发展中国家贫困发生率达到24%，已经接近减半目标值（23.5%）；如果不计中国，2008年发展中国家贫困发生率为28%，离减半目标值（20.5%）还有很

---

① 参见联合国开发计划署：《2013年人类发展报告——南方的崛起：多元化世界中的人类进步》，27页，UNDP，2013。

② 2000年9月，189个国家在联合国峰会上达成了历史性的《千年发展宣言》，确立了八个千年发展目标（MDG）。MDG是全世界普通人民的发展宣言，是消除人类贫困的全球公约。联合国开发计划署：《2003年人类发展报告》，前言，北京，中国财政经济出版社，2003。

③ 参见世界银行：《2000/2001年世界发展报告：与贫困作斗争》，5页，北京，中国财政经济出版社，2001。

④ http://www.worldbank.org/en/news/press-release/2013/04/20/historic-goals-to-end-extreme-poverty-endorsed-by-world-bank-governors.

大的距离。[①]

1949年的中国，不仅是世界上人口最多的国家，总人口占世界人口总量比重的21.66%[②]，更是世界上贫困人口最多的国家，当时中国人均GDP只有448美元（1990年国际美元）[③]，我们估计中国贫困人口占世界总数的40%以上。即使是到1978年，中国仍然是世界绝对贫困人口最大的国家，根据世界银行所提出的按每人每日支出1美元的国际贫困线估计，中国的国际贫困人口可能高达8.6亿人，国际贫困发生率为90%左右[④]，仍然占世界总数的1/2左右[⑤]，直到2002年，印度超过中国，成为世界贫困人口第一大国。[⑥]

过去30多年，大规模减少贫困人口是中国改革开放的最大发展成就，也是中国对人类发展所做出的最大贡献。以每人每日消费支出1美元、1.25美元两种国际贫困线计算，1981—2005年期间中国对全球的减贫贡献率分别达到95.1%、122%。大规模减少贫困人口是中国改革开放创造的最大奇迹。这一奇迹尚未完结，还在延续。世界银行《2006年全球经济展望》预测，到2015年中国国际贫困线人口约1 100万人，我们估计到2020年，中国完全有能力实现胡锦涛同志在党的十七大报告中提出的“绝对贫困现象基本消除”的目标，不但消除国内贫困线人口（2010年还有2 688万人）[⑦]，也将基本消除国际贫困线人口（2005年还有10 610万人）。[⑧]

中国作为占世界上1/5人口的大国，占世界上近1/2贫困人口的穷国，不仅大幅度减少了绝对贫困人口，而且到2020年还将全面建成小康社会。这

---

① UN，The Millennium Development Goals Reports 2012，p6.

② Angus Maddison，*Historical Statistics of the World Economy*：*1—2008 AD*，OECD Publishing.

③ 据Francois Bourguignom和Christian Morrisso估计，1950年全球每日支出不足1美元的极端贫困人口（extreme poverty）为13.8亿人（Francois Bourguignom，Christian Morrisso，“Inequality among World Citizens：1820—1992，”*The American Economic Review*，2002（9）.），我们估计当时中国的总人口为5.5亿人，基本上处于极端贫困状况，故中国占世界总数的比重至少达40%以上。

④ 贫困发生率也称贫困人口比重，指低于贫困线的人口数占总人口数的比重。

⑤ 作者是按照世界银行数据推算。世界银行估计，以1美元国际贫困线计算，1981年中国贫困人口为7.30亿人，中国绝对贫困人口占世界总数的47.6%；以1.25美元国际贫困线计算，1981年中国贫困人口为8.35亿人，中国绝对贫困人口占世界总数的43.6%。Chen，Shaohua，Ravallion，Martin，“The Developing World is Poorer than We Thought，but No Less Successful in the Fight Against Poverty，”*Policy Research Working Paper Series 4703*，The World Bank，http：//econ.worldbank.org/ povcalnet，2008.

⑥ 以1美元国际贫困线计算，世界银行估计，2002年中国贫困人口绝对数为2.4亿人，而印度成为贫困人口第一大国，其贫困人口为2.76亿人。Chen，Shaohua，Ravallion，Martin，“The Developing World is Poorer than We Thought，but No Less Successful in the Fight Against Poverty，”*Policy Research Working Paper Series 4703*，The World Bank，http：//econ.worldbank.org/ povcalnet，2008.

⑦ 参见国家统计局编：《中国统计摘要2011》，北京，中国统计出版社，2011。

⑧ Chen，Shaohua，Ravallion，Martin，“The Developing World is Poorer than We Thought，but No Less Successful in the Fight Against Poverty，”*Policy Research Working Paper Series 4703*，The World Bank，http：//econ.worldbank.org/ povcalnet，2008.

相当于中国用70年（指1949—2020年）的时间，就使得十几亿人口根本摆脱了各类贫困，进入高人类发展水平阶段，成为人类消除贫困的最大奇迹。

中国为什么会取得减贫的成功？如何保证未来继续成功地减贫？中国60多年特别是改革开放30多年减贫的经验是什么？如何认识21世纪的多维贫困？四类贫困的关系是怎样的？中国如何消除四类贫困？中国如何为实现国际社会减贫目标（MDG）做出更多的贡献？中国减贫之路的特征是什么？

中国减贫的几十年实践表明，发展中国家的“减贫之路”没有什么“放之四海皆准”的普适模式，必须要探索适合本国国情的独特道路。中国的减贫之路本身就是中国特色的社会主义现代化取得巨大成功，并对世界减贫做出巨大贡献的真实故事。

14.1　四类贫困与综合减贫

如何理解贫困这个概念？它应当包含哪些内容？实际上人类对这一概念的认识是不断演变、不断深化、不断丰富的。通常将贫困视为一种社会物质生活贫乏的现象，即因为贫穷而生活窘困。朗特里和布思认为：“一定数量的货物和服务对于个人和家庭的生存和福利是必需的；缺乏获得这些物品和服务的经济资源或经济能力的人和家庭的生活状况，即为贫困。”

诺贝尔经济学奖获得者阿马蒂亚·森认为，传统的收入和效用的方法不能衡量贫困。他认为应该从“功能的可行能力”（capacity to function）来衡量贫困，应该从概念上将贫困定义为能力不足而不是收入低下。① 贫困的核心概念是能力、权利和福利的被剥夺，贫困不只是收入的贫困，它是一个多维度的现象。世界银行《2000/2001年世界发展报告》认为，贫困不仅指物质的匮乏（以适当的收入和消费概念来测量），而且还包括低水平的教育和健康，风险和面临风险时的脆弱性，以及不能表达自身的需求和缺乏影响力。② 联合国开发计划署设计了多维贫困指数（MPI），从教育、健康、生活标准三个方面来衡量贫困，这就将贫困的概念从收入贫困，拓展到了人类贫困。贫困是一个含义更广的概念，我们从四个维度来定义贫困类型：收入贫困、人类贫困、知识贫困和生态贫困。③

---

① Amartya，Sen，*Development as Freedom*，New York：Knopf，1999.

② 参见世界银行：《2000/2001年世界发展报告：与贫困作斗争》，15页，北京，中国财政经济出版社，2001。

③ 收入贫困状况还可以用特定之比的方法加以衡量，恩格尔系数是指食物支出占比，我们可以将恩格尔系数达到60%以上作为贫困人口的标准，其中极端贫困家庭会达到80%以上。

收入贫困（income poverty）是指物质条件贫困，缺乏最低水平的、足够的收入或支出。贫困标准由食物贫困标准和非食物贫困标准两部分构成，指可以满足一个家庭在食品、住房、衣着等方面最低需求的生活水平标准值。[①] 世界银行提出用国际贫困线标准来定义绝对贫困（absolute poverty），是指按照购买力平价计算，每人每天支出不足1美元，第二个标准是1.25美元，这两个标准都是针对低收入国家的贫困线，第三个标准是2美元的贫困线，通常用来代表中等收入国家的贫困线[②]，用它来比较不同类型国家的贫困程度。中国农村贫困线，并不是一成不变的，而是分阶段不断提高的，到2011年已提高至2 300元（2010年价格）[③]，已经接近1.25美元国际贫困线。

人类贫困（human poverty）是指生存状况的贫困，缺乏基本的生存能力，如营养不良、缺乏卫生条件、平均寿命短等。[④] 联合国开发计划署（UNDP）《1998年人类发展报告》提出了人类贫困的概念，除了缺乏物质福利的必需品外，贫困还意味着被排斥——不能得到对于人类发展所必需的最基本的机会和选择权，如过上长寿、健康、有创造性的生活，达到体面的生活标准，有尊严、满足自尊、受到他人尊重以及得到人们在生活中普遍看重的东西。为此，联合国开发计划署首次提出了人类贫困指数（HPI），用来衡量一个社会中被排除在人类进步之外者的比例，在实际计算中这一指数包括5方面的指标[⑤]，显然比仅使用贫困线人口比例这一收入贫困指标提供了更多的人类贫困信息。如1998年中国人类贫困指数为19.0%，在发展中国家排第30位；2003年为12.3%，在发展中国家居第27位。[⑥]

知识贫困（knowledge poverty）是基本发展能力与机会的贫困，是21世纪全球进入知识经济、知识社会时代的新贫困。我们定义为人们普遍缺乏获

---

① 中国的食物标准是根据农村住户调查低收入组的食品消费清单，按每人每天必需2 100大卡营养摄入的食品消费标准量，乘以其相应的价格计算而得。参见国家统计局编：《中国统计摘要2008》，218页，北京，中国统计出版社，2008。

② Chen，Shaohua，Ravallion，Martin，“The Developing World is Poorer than We Thought，but No Less Successful in the Fight Against Poverty，” *Policy Research Working Paper Series 4703*，The World Bank，http：//econ. worldbank. org/ povcalnet，2008.

③ 如1978年贫困标准每人每年收入为100元，1984年为200元，1990年为300元，2007年为785元，相当于1978年的近8倍。参见国家统计局编：《中国统计摘要2008》，103页，北京，中国统计出版社，2008。

④ UNDP（1998）：所谓人类贫困（human poverty）是指缺乏基本的人的能力，如不识字、营养不良、缺乏卫生条件、平均寿命短等（参见联合国开发计划署：《1998年人类发展报告》，22页，北京，中国财政经济出版社，2000）。我们的定义和指标与之略有不同。

⑤ 计算发展中国家的人类贫困指数（HPI）包括：不能活到40岁人口比例；成人文盲率；无法获得安全饮用水人口比例；无法获得卫生服务人口比例；5岁以下儿童中等或严重体重不足的比例。联合国开发计划署：《1997年人类发展报告》，北京，中国财政经济出版社，1998。

⑥ 参见联合国开发计划署：《1998年人类发展报告》，168页，北京，中国财政经济出版社，2000年；UNDP，*Human Development Report* 2005，UNDP，2005。

取、交流、应用和创造知识与信息的能力，或者缺乏权利、机会与途径获得这一能力。① 在许多情况下，即使消除了收入贫困或人类贫困，仍将存在着大量的知识贫困人口，其规模远远超过前两种贫困人口的总和，成为 21 世纪知识经济、知识社会的“边缘化人群”。如果普及中小学教育和现代信息通信技术，知识贫困人口是可以大幅度减少，甚至是可以根本性消除的。

生态贫困（ecological poverty），是基本生存环境的贫困。我们定义为由于生态环境不断恶化，超过其承载能力而造成不能满足生活在这一区域的人们基本生存需要与再生产活动，或因自然条件恶化、自然灾害频发而造成人们基本生活与生产条件被剥夺的贫困现象。生态贫困具有负外部性，生态环境恶化不仅可以导致当地的贫困，还会波及和影响周边地区，甚至影响全球环境和气候变化。这类贫困通常难以识别和统计，常常最为人们所忽视，又是解决难度极大的贫困。

上述四类贫困构成全球贫困人口多维的特征，突破了原有的单一的收入贫困的概念，由此我们可以构建出一个比较完整的贫困的多维度分析框架（见图 14—1）。这四类贫困相互叠加，相互作用，互为因果，成为发展中国家面临的最大发展挑战。收入贫困人口可能导致自身及下一代的人类贫困与知识贫困，而人类贫困与知识贫困则反过来又导致收入水平难以提高，成为收入贫困的根源，生态贫困实质上是人类发展基础自然条件的贫困，它可能成为其他三类贫困的根源，同时也因其他贫困人口过度向自然索取，而加剧了生态贫困。

21 世纪的综合减贫战略就是一种同时全面减少四类贫困的战略，不但要提高贫困人口的收入，还要赋予他们发展的权利、增强其发展能力、扩大其发展机会，并且要帮助他们学会吸收知识、运用知识，改善当地的生态环境，增加自然资产，提高生产效率。不但要创造良好的制度环境，也要有良好的治理，形成政府、企业、私人以及国际社会共同参与、互相合作的减贫机制。

中国的贫困问题主要发生在广大农村地区，农村的多维贫困是本章研究的主要对象。当然城镇也不同程度地存在这四类贫困问题，有无保障人口、极低收入人口，同样也有缺乏能力与机会的边缘化人群，另外，城镇快速发展特别是资源枯竭城市也面临着迫切的生态贫困问题。②

阿马蒂亚·森指出，“贫困的度量可以分为两个步骤，即贫困的识别和把贫困人口的特征加总为一个总度量。当然，贫困的‘识别’要先于‘加总’”③。

---

① 详细讨论参见胡鞍钢主编：《全球化挑战中国》，134～136 页，北京，北京大学出版社，2002。

② 例如 2008 年 3 月 17 日，国家正式确定甘肃白银、河南焦作、江西萍乡、湖北大冶、吉林白山、云南个旧、辽宁阜新、黑龙江伊春、吉林辽源、辽宁盘锦、宁夏石嘴山和黑龙江大兴安岭地区等 12 个城市为全国首批资源枯竭型城市。这些城市面临着迫切的生态贫困问题。参见《全国首批 12 个资源枯竭型城市聚集研讨可持续发展》，见新华网，2008-09-19。

③ ［印］阿马蒂亚·森：《贫困与饥荒——论权利的剥夺》，北京，商务印书馆，1997。

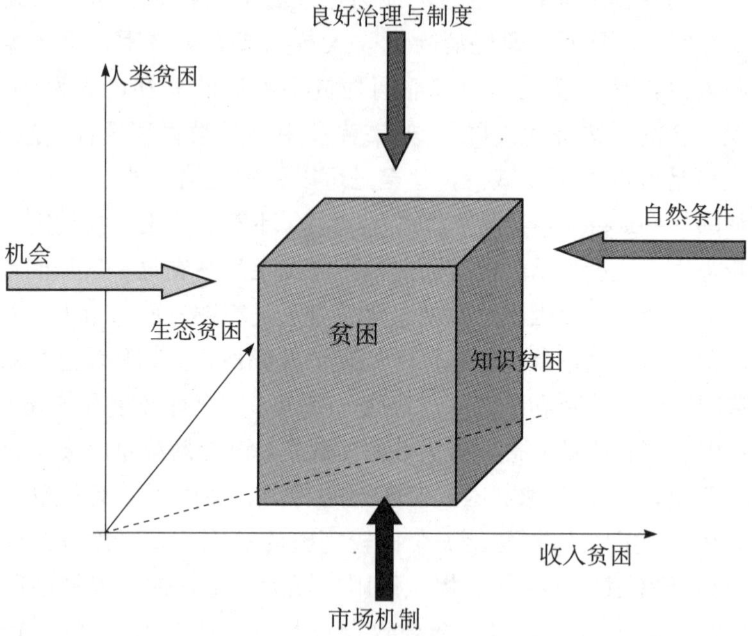

图 14—1　贫困的多维度分析框架

如何加总呢？这就需要进一步的衡量，我们是将四类贫困整合入贫困的多维度分析框架内，包括 4 个一级指标，16 个二级指标，使之能够实际测算及衡量（见表 14—1）。我们以国际贫困线与国内贫困线两个标准来衡量收入贫困；对人类贫困以人口健康和卫生指标加以衡量；对知识贫困人口的测量，不仅使用了成人文盲率，还加上小学文化程度人口比例，即未达到九年义务教育程度人口的比例，以及基本信息产品，如广播、电视、移动电话和互联网未覆盖人口比率等指标；对生态贫困用生态贫困人口比例、气候变化受影响贫困人口比例来衡量。

表 14—1　　四类贫困主要衡量指标

一级指标	收入贫困	人类贫困	知识贫困	生态贫困
二级指标	国内贫困线以下人口及贫困发生率 国际贫困线以下人口及贫困发生率	小学人口比例 婴儿死亡率 产妇死亡率 新农合未覆盖率 安全饮用水未覆盖率	成人文盲率 电视未普及率 广播未普及率 固定电话未普及率 移动电话未普及率 互联网用户未普及率 未达到九年义务教育程度人口的比例	生态贫困人口比例 气候变化受影响贫困人口比例

14.2　为消除贫困奠定基础

1949 年的中国是世界人口最多的国家（为 5.4 亿人），确切地讲，也是贫困人口最多的国家，不仅全体人口几乎处于极端收入贫困状况，约占世界总人口（13.8 亿人）的 40%[①]，而且也处于极端人类贫困状况，人类发展指数仅为 0.225，被视为“东亚病夫”。

自 1949 年新中国成立之后，中国开始进入现代经济增长时期[②]，与此同时也在消除人类贫困方面取得了举世瞩目的成就，为 1978 年之后进一步消除四类贫困奠定了重要的人类发展基础。

第一，城乡人口健康水平大大提高，从东亚病夫到东方巨人。近代中国曾被视为“老大帝国”，“东亚病夫”，经济落后，文化也落后，又不讲卫生。正如毛泽东所说，经过（新中国）这六年的改革，我们把中国的面貌改变了。[③] 1949 年之前中国人口平均预期寿命为 35 岁左右[④]，低于世界人口平均预期寿命（1950 年为 49 岁），还低于 1820 年法国人口平均预期寿命（为 37 岁）[⑤]，到 1980 年提高至 66.8 岁，提高了 32 岁，高于世界人口平均预期寿命（为 62.6 岁），也高于中等收入国家平均预期寿命（为 65.6 岁）。

1950 年中国婴儿死亡率为 200‰[⑥]，这也高于欠发达国家的平均水平（为 175‰）[⑦]，到 1982 年下降至 37.6‰；中国孕产妇死亡率在 1950 年为十万分之 1 500[⑧]，到 1982 年下降至十万分之 100。全国传染病报告发病率由 50 年代的十万分之 3 000 左右下降至 1980 年的十万分之 872，死亡率由十万分之 20 下降至

---

① 1950—1980 年数据引自：Francois Bourguignom，Christian Morrisso，“Inequality among World Citizens：1820—1992，” *The American Economic Review*，2002（9）。

② 现代经济增长指人均 GDP 年平均增长率持续超过 1%以上，根据中国国家统计局的数据，1952 年到 1978 年，中国 26 年间人均 GDP 平均年增长率为 4.05%；根据麦迪森的数据计算，1950 年到 1978 年，中国 28 年间人均 GDP 平均年增长率为 2.83%。（Angus Maddison，*Historical Statistics of the World Economy：1—2008 AD*，OECD Publishing.）

③ 参见《毛泽东文集》，第 7 卷，北京，人民出版社，1999。

④ 参见国家统计局编：《新中国五十年：1949—1999》，86 页，北京，中国统计出版社，1999。如 1935 年南京市男性人口平均预期寿命为 29.8 岁，女性人口平均预期寿命为 38.2 岁。参见国家统计局社会统计司编：《中国社会统计资料 1990》，33 页，北京，中国统计出版社，1990。

⑤ Angus Maddision，*The World Economy：A Millennial Perspective*，Table 1—5a，Paris，OECD，2001.

⑥ 参见国家统计局编：《新中国五十年：1949—1999》，85～86 页，北京，中国统计出版社，1999。

⑦ UNESCO Database，www.uis.unesco.org/en/stats/statistics/database/DBIndex.htm.

⑧ 参见国家统计局编：《新中国五十年：1949—1999》，86 页，北京，中国统计出版社，1999。

1980 年的十万分之 2。

从 18 世纪之后，中国就成为鸦片的受害者，还是“鸦片之国”。鸦片战争之后的 100 多年中，烟毒愈演愈烈。到建国初期，全国吸毒者达 2 000 万人左右，占全国总人口的 3.7%，西南几省尤为严重，云南、贵州几乎有 1/4 的人吸毒。1950 年 2 月 24 日中央政府开始严禁鸦片烟毒，到 1952 年底，为害一个多世纪的烟毒，基本被禁绝。[①]

第二，城乡人民受教育水平大大提高，从文盲充斥大国到普及基础教育。1949 年，中国还是一个文盲充斥的国家，全国人口中 80%以上是文盲，学龄儿童入学率只有 20%左右，全国各级各类学校学生仅占全国人口的 5%左右。[②]从 1952 年到 1978 年，中国的学龄儿童入学率由 49.20%上升为 95.90%，文盲人口由 4.32 亿人减少至 1982 年的 2.38 亿人；成人文盲率由 1949 年的 80%迅速下降为 25%（1982 年为 22.8%），是世界上文盲率减少最快的国家之一；我们估计，1950 年中国 15 岁以上人口人均受教育年限只有 1.0 年，到 1982 年全国第三次人口普查时达到 4.56 年，低于世界平均水平（1980 年为 5.92 年）。[③]总人力资本由 1949 年的 5.24 亿人年上升至 1982 年的 28.82 亿人年，增长了近 5.5 倍，成为世界上总人力资本最大的国家，也为中国改革开放奠定了重要的人力资本基础。

第三，人类发展指数取得明显进展，从低人类发展国到下中等人类发展国。1950 年中国是世界上人类发展指数（HDI）最低的国家，仅为 0.225，低于印度（0.247），大大低于发达国家（美国为 0.866）[④]；到 1982 年提高到 0.456，而印度为 0.345。[⑤] 这反映了在 1950—1980 年期间，中国的人类发展水平进程明显快于印度。

从中国现代历史比较角度看，中国消除人类贫困方面取得上述令人瞩目的成绩是在中国经济增长率相对较低的情况下实现的，按麦迪森的数据计算 1950—1978 年中国人均 GDP 增长率为 2.83%，而人类发展指数及教育、健康指标年增长率却均创下了历史上的最快纪录（见表 14—2）。

---

① 参见何沁主编：《中华人民共和国史》，39～40 页，北京，高等教育出版社，1997。

② 参见国家统计局编：《新中国五十年：1949—1999》，63 页，北京，中国统计出版社，1999。

③ Robert J. Barro，Jong-Wha Lee，“International Data on Educational Attainment：Updates and Implications，” Working Papers，CID Working Paper No. 42，April，2000.

④ Crafts N.，“The Human Development Index，1870—1999：Some Revised Estimate，” *European Review Economic History*，2002（6）.

⑤ UNDP，*Human Development Report 2013*，http：//www. undp. org/hdr2013/indicator.

表 14—2　　中国主要人类发展指数（1950—2020 年）

指标	1950 年	1982 年	2010 年	2020 年 a	年增长率（%） 1950—1982 年	1982—2010 年	2010—2020 年 a
人均 GDP（1990 年国际美元）	448e	1 186e	7 822f	14 883f	3.1	7.0	6.6
人均受教育年限（年）	1.0a	4.56g	9.9g	11.7g	4.9	2.6	1.7
人口平均预期寿命（岁）	35b	67.77d	74.83d	77.0g	2.1	0.35	0.29
婴儿死亡率(‰)	200b		13.1d	10			−2.66
孕产妇死亡率（每 10 万人）	1 500	100d	30.0d	20			−4.0
人类发展指数	0.225c	0.456g	0.703g	0.760g		1.56	0.78

资料来源：a 系作者估算。b 国家统计局编：《新中国五十年：1949—1999》，北京，中国统计出版社，1999；c Crafts N.，"The Human Development Index，1870—1999：Some Revised Estimate，" *European Review Economic History*，2002（6）；d 国家统计局编：《中国统计年鉴 2012》，北京，中国统计出版社，2012；e Angus Maddision，*Historical Statistics of the World Economy*：*1—2008AD* ，OECD Publishing；Angus Maddision，*Chinese Economic Performance in the Long Run 960—2030AD*，Second Edition，Paris，OECD，2003；f 清华大学国情研究中心，胡鞍钢、鄢一龙、魏星执笔：《2030 中国：迈向共同富裕》，北京，中国人民大学出版社，2011；g 胡鞍钢：《2020 中国：全面建成小康社会》，北京，清华大学出版社，2012。

毛泽东时代，中国的社会结构发生了翻天覆地的变化。50 年代中期开始确立了社会主义制度，尽管先后发生了"大跃进"引起的"大饥荒"，"文化大革命"引起的"天下大乱"，但是并没有能够改变中国现代化的历史进程，总的来说创造了一个极为平等的社会，有效地消除了极端人类贫困现象。①

第一是农业集体化（指合作社、人民公社）防止了赤贫无地农民阶层的产生，国家保证了最低限度的粮食需要。

第二是建立了一个高度覆盖、广泛可及的基本社会保障体系，绝大多数人都可享受基本医疗卫生服务和计划生育服务。以农村合作医疗为例，全国行政村（生产大队）举办合作医疗的比重，1958 年为 10%，1960 年为 32%，1962 年上升到 46%，1962 年后中央对人民公社制度和与之相关的农村医疗卫生体系进行了调整。1964 年，全国农村只有不到 30%的社队还维持合作医疗。在全国范围，1972 年实行合作医疗的比例从前两年的高峰跌至 62%，1973 年年底更降至 54%。到 70 年代中国基本消灭了建国初期十分流行的鼠疫、霍乱、天花、回归热、黑热病等传染病，有效地控制了白喉、麻疹、伤寒、血吸虫病和

① 详细分析参见胡鞍钢：《中国政治经济史论（1949—1976）》，2 版，北京，清华大学出版社，2008。

布鲁氏菌病等多种传染病和寄生虫病的流行。[①]

第三是集中力量消灭或基本消灭了几种在旧中国流行猖獗、严重危害人民的急性传染病，有效控制了一些通过人工免疫可以预防的传染病。[②]

从国际比较角度看，这一时期中国人类发展与社会进步是十分显著的，远比低收入国家水平高得多。世界银行80年代初的评估报告认为，其他国家中极端贫苦人口所遭受的苦难如饥饿、疾病、高出生率和高婴儿死亡率、文盲普遍以及时刻担心沦为赤贫和成为饿殍等，在中国已差不多消除了。最能说明实际贫困严重程度的一个现象是人均预期寿命，因为其长短取决于很多其他经济和社会变量，而中国作为一个低收入国家，平均预期寿命却突出地高（1980年为67.77岁）。即使在最贫困的省份，其人均预期寿命也不比中等收入国家低多少。[③]

14.3 明显减少四类贫困人口

14.3.1 减少收入贫困人口最大贡献国

中国经济改革取得巨大成功，最突出的是大幅度减少绝对贫困人口。这里采用多种贫困线标准来说明。

一是按国家贫困线标准，根据国家统计局提供的数据，1978年我国农村贫困人口为2.5亿人，到1985年减少为1.25亿人，平均每年减少1 786万人；与此同时，贫困发生率由30.7%下降为14.8%。而后贫困减少速度趋缓，到1995年减少至6 540万人，平均每年减少596万人，贫困发生率降至7.1%；到2007年，我国贫困人口已减至1 479万人，贫困发生率为1.6%，这一时期（指1995—2007年）平均每年减少422万人。2008年农村贫困人口收入标准提

① 参见王绍光：《中国如何摸着石头过河？——学习机制与适应能力》，载《国情报告》，专刊6，2008-08-08。1970年全国乡村医生和卫生人员达到121.8万人，1978年上升为166.6万人，其中农村卫生员74.3万人。参见国家统计局社会统计司编：《中国社会统计资料1990》，224页，北京，中国统计出版社，1990。

② 参见国家统计局编：《新中国五十年：1949—1999》，85页，北京，中国统计出版社，1999。

③ 世界银行1984年经济考察团：《中国：长期发展的问题和方案（主报告）》，42页，北京，中国财政经济出版社，1985。马克·薛尔顿也有类似的评价，毛泽东时代取得的重要发展成果是消灭了所有重要的以财产为基础的不平等，同时将农村内部以及城市内部的不平等大大消弥。工人阶级取得了终身职业安全、优厚的津贴和福利，社会地位提高，人均家庭收入略为提高。就全国来说，营养、平均寿命以及教育与健康水平都大为提高。参见［美］马克·薛尔顿：《中国社会主义的政治经济学》，载《台湾社会研究丛刊》，1991(1)。

高了 52.4%，2010 年下降至 2 688 万人[①]，2010 年贫困发生率为 2.8%，比 2008 年下降了 1.4 个百分点。2011 年 11 月中央扶贫开发工作会议召开，中央决定将农民人均纯收入 2 300 元（2010 年不变价）作为新的国家扶贫标准，这个标准比 2009 年提高了 92%。[②] 按照当年汇率计算这一标准已经接近人均每日 1 美元，按照购买力平价估算，已经达到人均每日 1.7 美元，这一标准已经接近或超过每日人均支出 1.25 美元的国际标准，经过几十年不断提高国家贫困线标准，中国已经实现了国家标准和国际标准的并轨。按照新标准计算，2011 年中国贫困人口为 12 238 万人，到 2012 年已经下降到 9 899 万人，减少了 2 339万人（见表 14—3）。

表 14—3　　中国农村居民贫困线人口（1978—2012 年）

年份	贫困线（元/人）	贫困人口（万人）	贫困发生率（%）
1978	100	25 000	30.7
1985	206	12 500	14.8
1990	300	8 500	9.4
1995	530	6 540	7.1
2000	625	3 209	3.5
2005	683	2 365	2.5
2007	785	1 479	1.6
2008a	1 196	4 007	4.2
2009	1 196	3 597	3.8
2010	1 274	2 688	2.8
2011	2 300（2010 年不变价）	12 238	
2012	2 300（2010 年不变价）	9 899	

注：贫困发生率也称贫困人口比重，指低于贫困线的人口数占总人口数的比重。
资料来源：国家统计局编：《中国统计摘要 2012》，105 页，北京，中国统计出版社，2012。

二是按国际贫困线标准，据世界银行估计，1981 年中国人均每日消费支出不足 1 美元的贫困人口为 7.30 亿人，贫困发生率为 73.5%，占世界发展中国家贫困人口总量的 47.6%；1987 年中国贫困人口减少为 4.12 亿人，贫困发生率降至 38.0%，中国占世界总量比重下降为 33.5%；但是在 1990 年中国贫困人口比 1987 年增加了 8 670 万人，贫困发生率上升至 44.0%[③]，反映了这一时期减贫出现了逆转趋势，而后贫困人口数和贫困发生率又都出现了下降趋势，

① 参见张平主编：《〈中华人民共和国国民经济和社会发展第十二个五年规划纲要〉辅导读本》，359 页，北京，人民出版社，2011。

② 参见《我国将农民扶贫标准提高至人均纯收入 2 300 元/年》，见新华网，2011 - 11 - 29。

③ Chen，Shaohua，Ravallion，Martin，"The Developing World is Poorer than We Thought，but No Less Successful in the Fight Against Poverty，" *Policy Research Working Paper Series 4703*，The World Bank，http：//econ. worldbank. org/ povcalnet，2008.

到2010年分别下降至8 640万人和6.5%。

按人均每日消费支出不足1.25美元的国际贫困线计算，1981年中国约有8.351亿贫困人口，贫困发生率为84.0%，到2010年，分别降至1.571亿人和11.8%，分别减少了6.780亿人和72.2个百分点，同期印度的绝对贫困人口数还有所上升，只有贫困发生率下降了不足10个百分点。[①] 到2010年，印度仍然为32.7%（见表14—4和表14—5）。

表14—4　　中国、印度和世界国际贫困线人口数（1981—2010年） 单位：百万人

年份	低于1美元			低于1.25美元		
	中国	印度	世界	中国	印度	世界
1981	730.4	296.1	1 535.3	835.1	420.5	1 913.4
1987	412.4	285.3	1 228.3	585.7	428	1 718.2
1990	499.1	282.5	1 303.2	683.2	435.5	1 817.5
1996	288.7	271.3	1 132.8	442.8	441.8	1 672
1999	302.4	270.1	1 146	446.7	447.2	1 694.8
2002	244.7	276.1	1 090.2	363.2	460.5	1 629.4
2005	106.1	266.5	879	207.7	455.8	1 373.5
2008	97.4		805.1	173.0		1 289.0
2010	86.4	208.2	750.3	157.1	400.5	1 215.0
2010年比1981年减少	−644.0	−87.9	−785.0	−678.0	−20.0	−698.4
贡献率（%）	82.0	11.2	100	97.1	2.9	100

资料来源：Chen，Shaohua，Ravallion，Martin，"The Developing World is Poorer than We Thought，but No Less Successful in the Fight Against Poverty，" *Policy Research Working Paper Series 4703*，The World Bank，http：//econ. worldbank. org/ povcalnet，2008；World Bank，IMF，*Global Monitoring Report 2001：Improving the Olds of Achieving the MDGs*，The World Bank，http：//econ. worldbank. org/ povcalNet。

表14—5　　中国、印度和世界国际贫困发生率（1981—2015年）（%）

年份	低于1美元			低于1.25美元		
	中国	印度	世界	中国	印度	世界
1981	73.5	42.1	41.9	84.0	59.8	52.2
1987	38.0	35.7	29.9	54.0	53.6	41.8
1990	44.0	33.3	29.9	60.2	51.3	41.7
1996	23.7	28.6	23.5	36.4	46.6	34.7
1999	24.1	27.0	22.8	35.6	44.8	33.7
2002	19.1	26.3	20.8	28.4	43.9	31.1

① World Bank，IMF，*Global Monitoring Report 2001：Improving the Olds of Achieving the MDGs*，The World Bank，http：//econ. worldbank. org/ povcalNet.

续前表

年份	低于 1 美元			低于 1.25 美元		
	中国	印度	世界	中国	印度	世界
2005	8.1	24.3	16.1	15.9	41.6	25.2
2008	7.4		14.0	13.1		22.7
2010	6.5	17.0	12.7	11.8	32.7	20.6
2015				4.8	22.4	14.4

资料来源：同表 14—4。

14.3.2　减少人类贫困取得重大进展

中国迅速完成了第一次卫生革命，基本控制与消除严重的传染病和寄生虫病；孕产妇死亡率、婴儿死亡率均大幅度下降；人口平均预期寿命继续延长，2010 年达到了 74.8 岁。突出表现为以下两个指标的显著改善：

1. 饮用水不安全人口迅速减少

中国通过兴修农村水利工程、开展“八七”扶贫攻坚计划、实施“母亲水窖”等多种方式，不断减少饮用水不安全人口。[①] 90 年代初，我们保守估计中国农村饮用水不安全人口约有 4.5 亿人，到 2000 年还有 3.79 亿人，约占世界总数的 1/3。自中国政府提出分阶段解决农村饮水困难目标之后，至 2004 年的 5 年间，解决了 6 000 多万农村人口的饮水困难。到 2004 年底，全国农村饮水不安全人口为 32 280 万人，占农村总人口的 34%。其中，水质不安全人口为 22 722 万人，占饮水不安全总人口的 70%；水量、方便程度或保证率不达标人口为 9 558 万人，占饮水不安全总人口的 30%。饮用水水质超标，已成为我国农村饮水安全面临的主要问题。[②]

我国政府制定了《全国农村饮水安全工程“十一五”规划》，提出在“十一五”期间解决 1.6 亿农村人口的饮水安全问题，到 2015 年基本解决中国农村饮水安全问题。自 2001 年至 2009 年，中国共安排农村饮水安全工程总投资

① 饮水未达到安全标准是指高氟水、高坤水、苦咸水、污染水和血吸虫病区、微生物超标等水质不达标以及局部严重缺水的地区。

② 2004 年 11 月—2005 年 6 月，水利部、国家发改委、卫生部在全国组织开展了以县为单元的农村饮水安全现状调查和逐级复核评估，编制了《全国农村饮水安全现状调查评估报告》，提供了中国农村饮用水不安全状况较为全面与准确的信息。参见《全国农村饮水安全工程“十一五”规划》，12 页。

924亿元，解决了2.2亿农村人口饮水安全问题，占2000年统计饮水不安全人口的58%。[①] 提前6年实现了联合国千年宣言提出的到2015年将饮用水不安全人口比例降低一半的目标。[②] 2004年到2010年底累计减少了2.21亿，全国农村集中式供水人口比例提高到58%，剩余1.02亿人仍存在饮水不安全问题。此外，由于部分地区水源变化、水质污染、生活饮用水卫生标准提高、早期建设工程老化报废、移民搬迁等问题新增饮水不安全人口达1.96亿人，2010年农村不安全饮用水人口仍然有2.98亿人（见图14—2）。《全国农村饮水安全工程"十二五"规划》提出在"十二五"期间全面解决这部分人口的不安全饮用水问题，农村集中供水的比例提高到80%左右。这标志着中国在消除健康贫困方面，继基本消灭与控制传染病之后又将取得一个重大成就。

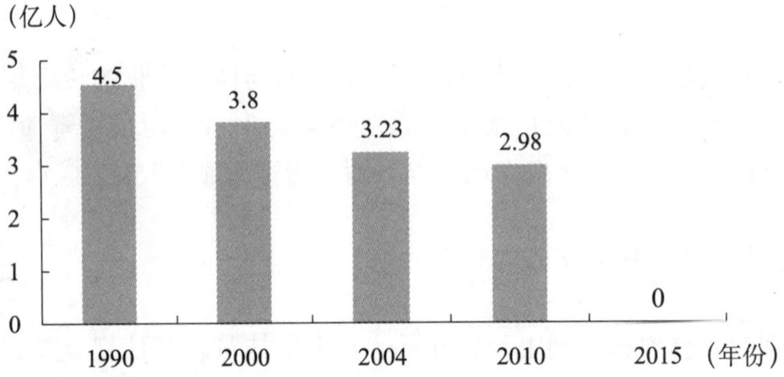

图14—2 中国农村不安全饮用水人口（1990—2015年）

资料来源：1990年数据为作者估算；2004年数据为全国农村饮水安全现状调查评估结果，来源于《全国农村饮水安全工程"十一五"规划》，2010年数据来源于《国务院关于保障饮用水安全工作情况的报告》。

2. 农村合作医疗制度全面覆盖

改革开放以来在我国农村地区收入贫困大幅度减少，随着人民公社解体，农村合作医疗体系也随之急剧瓦解，到80年代只有不到10%的行政村仍保留了合作医疗。中央和地方政府在提供公共卫生及基本医疗服务方面严重缺位。1990年以来，中国政府提出的2000年人人享有卫生保健的最低标准，很多指标没有限期达到。城乡健康贫困人口日益增加，且规模庞大。其中全国农村未

① 参见中华人民共和国、联合国驻华系统：《中国实施千年发展目标进展情况报告》，2010。

② 参见陈雷：《加快解决饮水安全问题着力保障和改善民生——在中国水与卫生高级圆桌会议上的主旨发言》，http：//www.cws.net.cn/CWSNews_View.asp?CWSNewsID=28882。

获得社会医疗保险人数达到 80 394 万人，到 2003 年仍有 74 469 万人[①]，健康不安全成为中国人类不安全的最大挑战。[②]

党中央、国务院于 2002 年 10 月下发《关于进一步加强农村卫生工作的决定》，确定 2003 年开展新农合试点，到 2010 年在全国农村基本建立农村卫生服务体系和农村合作医疗制度。仅用五年的时间，新型农村合作医疗就提前实现了基本覆盖全国农村的目标。2003 年至 2007 年，全国农民累计有 9.2 亿人次享受到新农合补偿。截至 2006 年 6 月底，开展新型农村合作医疗的县（市、区）有 2 859 个，实现县（市、区）百分百覆盖（见图 14—3），到 2010 年，以人口覆盖率计算，新农合参合率达到了 96.3%，大幅超额实现了"十一五"规划目标。[③] 到 2012 年末，2 566 个县（市、区）开展了新型农村合作医疗工作，新型农村合作医疗参合率达 98.1%[④]，总体上实现了新农合的全覆盖。这充分反映了领导人不仅有强烈的政治意愿（"病有所医"的政治理念）和明确的政治目标，而且还有有效的实施能力和充裕的财政能力。

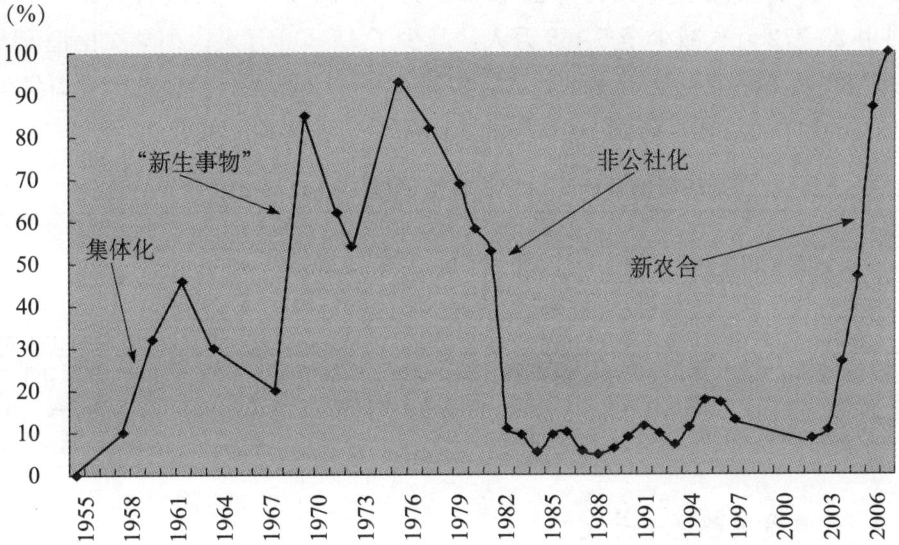

图 14—3　全国开展合作医疗的村占村的比重（1955—2006 年）

资料来源：王绍光：《中国如何摸着石头过河？——学习机制与适应能力》，载《国情报告》，专刊 6，2008-08-08。

---

① 作者根据卫生部统计信息中心第一次（1993 年）、第二次（1998 年）、第三次（2003 年）《国家卫生服务调查主要结果》推算。

② 参见胡鞍钢、胡琳琳：《中国人类不安全的最大挑战：健康不安全》，载《国情报告》，2004（85）。

③ 《中华人民共和国国民经济和社会发展第十一个五年规划纲要》将新型农村合作医疗覆盖率作为"十一五"时期经济社会发展二十二个主要指标之一，提出到 2010 年覆盖率要大于 80%。

④ 参见国家统计局：《中华人民共和国 2012 年国民经济和社会发展统计公报》，2013 年 2 月 22 日。

14.3.3 知识贫困程度大大减轻

1. 教育贫困人口及比重大幅度减少

减少教育贫困就是减少长远性贫困，使教育贫困人口成为经济发展的人力资源。改革开放以来，中国教育贫困程度大大减轻，受教育机会日益成为普遍可得的公共产品，“让所有孩子都能上得起学”，已经变为现实，义务教育进一步普及与巩固，两基覆盖率已达到 99%，初中三年保留率达到 94.7%。

教育贫困人口及比重大幅度下降。1982 年成人文盲率达到 22.8%，2010 年降至 4.08%。教育贫困人口（指文盲人口加上小学文化程度人口），由 1982 年的 59 758 万人减少至 2010 年的 41 342 万人，减少了 18 416 万人；其中文盲人口由 23 772 万人减少至 5 466 万人，减少了 18 306 万人；小学文化程度人口由 35 986 万人略减少至 35 876 万人，仅减少了 110 万人。教育贫困人口发生率由 1982 年的 58.2%下降到 2010 年的 30.86%（见表 14—6）。

表 14—6　　全国教育贫困人口文化程度构成（1949—2010 年）（%）

	1949 年	1964 年	1982 年	1990 年	2000 年	2010 年
文盲人口比重	80.0	38.1	22.8	15.9	6.72	4.08
小学文化程度人口比重	13.0	35.4	35.4	37.2	35.70	26.78
教育贫困人口比重	93.0	73.5	58.2	53.1	42.42	30.86

资料来源：国家统计局社会统计司编：《中国社会统计资料 1990》，141 页，北京，中国统计出版社，1990；国家统计局编：《中国统计摘要 2010》，39 页，北京，中国统计出版社，2010；国家统计局：《第六次全国人口普查主要数据公报（第 1 号）》，2011 年 4 月 28 日。

2. 信息贫困程度大大减轻

信息贫困是获取、传播、使用知识的贫困，消除信息贫困的直接表现就是提高各类信息技术产品的普及程度。通过“村村通工程”等方式，中国已经基本消除了传统信息产品的贫困，表现为广播未覆盖人口比例、电视未覆盖人口比例从 1980 年的 46.3%、50.5%，分别下降到 2012 年的 2.5%、1.8%；有线电视未入户比率由 1995 年的 100%下降到 2012 年的 50.5%。中国也在加速消除新兴信息产品贫困。1995 年移动电话未普及率、互联网未普及率都高达 99%以上，到 2012 年分别降至 17.1%和 58%（见表 14—7）。

表 14—7 主要信息化指标未覆盖人口比例（1980—2012 年）（%）

	1980 年	1985 年	1990 年	1995 年	2000 年	2005 年	2010 年	2012 年
电视未覆盖率	50.5	31.6	20.6	15.46	6.3	4.2	2.4	1.8
广播未覆盖率	46.3	31.7	25.3	21.3	7.5	5.5	3.2	2.5
有线电视未入户比率				100	78.40	66.25	56.33	50.5
移动电话未普及率			99.998	99.70	93.28	69.74	43.72	17.1
互联网未普及率				99.30	98.22	91.51	66.4	58

资料来源：作者根据以下数据来源计算：国家统计局编：《中国统计摘要 2012》，155～156、174 页，北京，中国统计出版社，2012；2012 年数据来源于国家统计局：《中华人民共和国 2012 年国民经济和社会发展统计公报》，2013 年 2 月 22 日。

现代信息产品的快速扩散、普及，使得中国与世界发达国家的差距迅速缩小。中国移动电话普及率 1990 年远低于发展中国家平均水平（2.7%），是一个典型的信息化“边缘国家”，到 2009 年提高到 56.3%，高于发展中国家 25.8%（2005 年）的平均水平；互联网普及率 1990 年只有 0.05%，2010 年，中国网民数量达到了 4.5 亿，居世界第一位，互联网普及率为 33.6%[①]，超过全球平均水平（30.3%）[②]。到 2012 年中国的网民总数已经达到 5.6 亿人，互联网普及率达到了 42%，大大高于世界 35.4%（2010 年）的平均水平。[③]

14.3.4 消除生态贫困面临重大挑战

消除生态贫困成为 21 世纪初期中国减贫的最大挑战和重大任务。中国绝大多数收入贫困人口、人类贫困人口主要生活在自然条件十分恶劣、自然资源承载能力不足的生态脆弱地区，他们许多人本身就是生态贫困人口。目前国家统计局和国务院扶贫办公室并没有给出生态贫困人口的准确定义和统计数据，这里作者仅从主体功能区角度，按生态恶劣与生态退化地区人口规模进行分类与估计。[④]

贫困人口分布地区也是生态恶劣地区，中国 18 片贫困地区大致可以分为 6 种不同类型：东西部接壤地带贫困类型、西南喀斯特山区贫困类型、内蒙古旱地贫困类型、东部丘陵山区贫困类型、黄土高原丘陵沟壑贫困类型、西藏高寒山区贫困类型。[⑤]

2005 年中国重度生态贫困人口大约有 800 万人，这些人生存所在的地区自

① 参见中国互联网络信息中心（CNNIC）：《第 27 次中国互联网络发展状况统计报告》，2011 年 1 月。

② CIA World Factbook，2011.

③ UN，The Millennium Development Goals Reports 2012.

④ 这一估计是保守的，主要考虑了生态退化地区人口规模，没有考虑环境严重污染、资源枯竭等其他类型的生态贫困。

⑤ 参见叶兴庆：《中国的反贫困政策》，载《经济研究参考》，1996（1）。

然环境极度恶劣，各类灾害频发，生态基础极度脆弱，开发活动会带来严重的生态后果。中度生态贫困人口大约有 6 000 万人，这些人生存在荒漠化、石漠化防治区，过度开发会造成生态退化面积进一步扩大。轻度生态贫困人口为 1.38 亿人，这些人生活在水土严重流失区，生态环境破坏相当严重。① 我们保守估计，全国生态贫困人口约 2 亿，相当于国际贫困线人口的两倍，所在地区占全国国土面积比重的 44%，占全国总人口的 15.4%（见表 14—8）；这些地区是国家主体功能区划分的开发区和限制开发区，其主要功能是保护生态环境，投资生态资本，减少总人口规模，转移人口和劳动力。

总的来说，对于重度生态贫困人口主要应实施就地生态保护，积极推动生态移民；对于中度生态贫困人口与轻度生态贫困人口要实施生态补偿、教育扶贫和教育移民、就业扶贫和劳动力转移。

表 14—8　　中国主要生态贫困类型与人口数（2005 年）

生态贫困程度	生态贫困人口（万人）	生态贫困地区面积（万平方公里）	类型	生态贫困特征	主要分布地区
重度生态贫困	800 （0.61%）a	166.2 （17.3%）b	沙漠、戈壁、海拔 4 500 米以上地区 a	自然条件恶劣，生态极度脆弱，自然灾害频发，生态破坏会形成巨大外部性 a	青藏高原牧区、沙漠地区、石漠化地区 a
中度生态贫困	6 107 （4.67%）	187.5 （19.5%）	荒漠化、石漠化防治区	荒漠化边缘地区，生态脆弱，过载开发会造成荒漠化扩大	西北五省区和内蒙古的沙漠边缘区，西南喀斯特石漠化防治区
轻度生态贫困	13 798 （10.70%）	69.3 （7.2%）	水土严重流失区	水土流失严重，对当地土地资源、生态环境造成很大的破坏，生态破坏会形成外部性	黄河中上游、长江上游、南方土地侵蚀地区、南方石漠化地区
总计	20 705 （15.4%）	423 （44%）			

注：括号内数据分别为占全国总人口和国土面积总量比重。

资料来源：a 为作者估算与设计；b 为中国科学院生态环境研究中心欧阳志云研究员提供；其他来源于国家发改委宏观经济研究院课题组：《我国主体功能区及其分类政策初步研究》，载《宏观经济研究》，2007（4）。

① 水利部、中国科学院和中国工程院联合形成的“中国水土流失与生态安全综合科学考察”最新报告显示，水土流失恶化了生存环境，加剧了贫困。专家综合判定，我国现有严重水土流失县 646 个（占全国县总数 39.5%——引者注），76%的贫困县和 74%的贫困人口生活在水土流失区。参见《水土流失现状摸清》，载《人民日报》，2008－11－21。

中国的贫困地区与生态及环境脆弱地带具有高度的相关性，在生态敏感地带的人口中，74%生活在贫困县内，约占总人口的81%；国家环境保护部2005年的统计资料显示，全国95%的绝对贫困人口生活在生态环境极度脆弱的老少边穷地区。[①] 贫困人口分布与生态环境脆弱区地理空间分布高度一致，贫困地区正是全球气候变化的高度敏感区，也是全球气候变化的重要影响区。这部分地区对气候变化更为敏感。中国贫困人口受气候变化影响的趋势越来越明显。而生态脆弱区因处于不同生态区的边缘交替地带，生态系统的稳定性差，各要素的相互作用强烈，抗干扰能力弱，人们不合理开发利用更容易造成生态与环境的恶化。[②] 如青藏高原在全球气候变化中处于特殊地位，是全球气候变化的敏感区，50多年来，青藏高原气温显著上升，直接影响青海、西藏等区域强对流过程明显增多，雪灾、冰雹等气象灾害明显增加，贫困人口返贫率升高；间接使得整个亚洲和北半球亚洲季风区域变化，甚至可能形成愈来愈严重的“南涝北旱”，影响人们的基本生产和生活。气候变化对贫困人口的影响是21世纪人类与贫困斗争的新现象、新挑战。对此我们还知之不多、经验不足，更没有现成的可资借鉴的国际经验，这就需要中国政府和人民勇于创新、发现减少气候贫困人口的新模式，总结新经验，形成新知识，这也将成为中国在21世纪为世界适应和应对全球气候变化做出的新的重大贡献之一。

14.4　消除贫困的做法与经验

中国在减少贫困特别是实现国际社会千年发展目标方面取得重大进展，正如联合国驻中国协调员罗黛琳所评价的：通过将千年发展目标与自身的发展规划相结合，并投入大量的努力和资源，中国在实现千年发展目标方面取得了举世瞩目的成绩，特别在减贫领域。另外，中国的发展经验及它对其他发展中国家的支持，为全球实现千年发展目标的努力做出了巨大的贡献。在此方面，中国已成为千年发展目标所倡导的全球发展伙伴关系的重要践行者。[③]

从国际减贫实践来看，国际援助是十分必要的，特别是在贫困面广、贫困程度深、反贫困能力不足的情况下，国际援助就如同“雪中送炭”。1981—2002年，中国累计接受国际金融组织贷款620亿美元，成为世界银行、亚洲开

① 参见香港乐施会、绿色和平（中国）、中国农业科学院农业环境与可持续发展研究所：《气候变化与贫困——中国案例研究》，2009。

② 参见香港乐施会：《气候贫困在中国》，http：//www.oxfam.org.cn/ido/climatepenury2.php。

③ 参见中华人民共和国外交部、联合国驻华系统：《中国实施千年发展目标进展情况报告》（2010年版）。

发银行最主要的借款国之一，其中到 2002 年累计接受世界银行贷款 366 亿美元，占世界银行成立以来向发展中国家提供贷款累计额 4 870 亿美元的 7.5%。国际金融组织贷款大部分用于投资周期长，社会效益显著，对中国经济具有战略性、长期性影响的部门和领域，如农业与农村发展、基础设施建设与改革、教育卫生、环境保护、扶贫开发等公共服务和公共投资领域，此外，还向中国提供各类技术援助、政策咨询、项目咨询、人员培训、国际经验借鉴。我们对其贷款项目绩效后期评估给予高度的评价。[①]

从国际比较来看，中国接受国际援助贷款额和人均贷款额都是发展中国家最低的，但是中国的发展效果和减贫效果是最好的。根据美国全球发展中心统计（2000 年），74 个符合 IDA 要求且人均 GNI（指人均总国民收入）小于 1 435 美元的国家接受的国际援助贷款占 GDP 比重为 10.8%，28 个人均 GNI 在1 435～2 975美元的国家接受的国际援助贷款占 GDP 比重为 1.4%。[②] 而中国获得的国际援助贷款占 GDP 比重只有 0.02%（见表 14—9）。

表 14—9　三个 MCA 国家组发展指标、资本流入与金融资源（平均值）与中国的对比（2000 年）

对比项目	符合 IDA 要求且人均 GNI 小于 1 435 美元的国家	人均 GNI 小于 1 435 美元的国家	人均 GNI 在 1 435～2 975 美元的国家	中国
发展指标				
人均 GNI（美元）	380	460	1 965	890
成人识字率（%）	36	33	14	16
人均预期寿命（年）	54	56	70	70
婴儿死亡率（‰）	75	69	27	32
资本流动与金融				
官方发展援助/GNI（%）	10.8	8.5	1.4	0.02
总私人资本流入/GDP(%)	6.9	8.7	10.3	12.7
税收/GDP（%）	11.7	12.6	21.8	6.8
总国内储蓄/GDP（%）	7.3	8.4	16.2	39.9
国家数（个）	74	87	28	1

注：GNI 为国民总收入，IDA（international development agency），MCA（millennium challenge account）。

资料来源：Steven Radelet，*Challenging Foreign Aid*，*Center for Global Development*，Washington，DC，Table 2.1，2003。

---

① 参见胡鞍钢、胡光宇等：《援助与发展——国际金融组织对中国贷款绩效评价（1981—2002）》，北京，清华大学出版社，2005。

② Steven Radelet，*Challenging Foreign Aid*，*Center for Global Development*，Washington，DC，Table 2.1，2003.

这表明一个国家是否能减贫，国际援助只是问题的一方面，或者说只是个外因。诚如毛泽东同志所言："外因是变化的条件，内因是变化的根据，外因通过内因而起作用。"[①] 也如 20 世纪 80 年代初邓小平对世界银行行长所言，有没有世界银行的帮助我们都能干，但是有了你们的帮助，我们就能够发展得快一些。我们的研究表明：中国接受国际金融组织贷款援助最重要的意义就在于使中国能够从一个十分闭关自守的社会顺利地实现对外开放，结束了长期以来的孤立主义状况，走向国际、走向世界。[②] 中国减贫的主要经验是：

第一，减贫作为国家重要发展目标，正式列入国家发展规划。1986 年起中国开始实施有计划、有组织、大规模的扶贫开发，设立了扶贫开发专门机构，划定国定贫困县和省定贫困县，制定与中国国情和发展阶段相适应的扶贫开发方针。国家先后三次制定了扶贫开发纲要：第一次是 1994 年正式颁布实施的《国家八七扶贫攻坚计划（1994—2000）》专项规划，首次明确用七年时间（指 1994—2000 年），使剩下的 8 000 万人摆脱绝对贫困，但是减贫的难度愈来愈大，减贫的速度愈来愈慢。到 2000 年中国农村绝对贫困人口下降至 3 200 万人左右，没有如期实现上述目标。第二次是 2001 年颁布并实施了《中国农村扶贫开发纲要（2001—2010 年）》，明确提出：到 2010 年尽快解决剩余贫困人口的温饱问题，进一步改善贫困地区的生产生活条件，巩固扶贫成果。"十一五"时期国家扶贫工作目标是：基本解决农村贫困人口的温饱问题，并逐步增加他们的收入，基本完成 14.8 万个贫困村的整体推进扶贫规划；提高对农村贫困地区基础设施和基本社会服务等公共物品的供给能力。这一时期农村贫困人口大幅减少，收入水平稳步提高，贫困地区基础设施明显改善，社会事业不断进步，最低生活保障制度全面建立，农村居民生存和温饱问题基本解决。第三次是 2011 年 12 月中共中央、国务院印发了《中国农村扶贫开发纲要（2011—2020 年）》，再次提出了 2020 年减贫总体目标：稳定实现扶贫对象不愁吃、不愁穿，保障其义务教育、基本医疗和住房。贫困地区农民人均纯收入增长幅度高于全国平均水平，基本公共服务主要领域指标接近全国平均水平，扭转发展差距扩大趋势。还提出了 12 项具体目标和主要任务（见专栏 14—1）。

---

① 《毛泽东选集》，2 版，第 1 卷，302 页，北京，人民出版社，1991。

② 参见胡鞍钢、胡光宇等：《援助与发展——国际金融组织对中国贷款绩效评价（1981—2002）》，北京，清华大学出版社，2005。

专栏 14—1 农村扶贫开发主要目标和任务（2011—2020 年）

——基本农田和农田水利。到 2015 年，贫困地区基本农田和农田水利设施有较大改善，保障人均基本口粮田。到 2020 年，农田基础设施建设水平明显提高。

——特色优势产业。到 2015 年，力争实现 1 户 1 项增收项目。到 2020 年，初步构建特色支柱产业体系。

——饮水安全。到 2015 年，贫困地区农村饮水安全问题基本得到解决。到 2020 年，农村饮水安全保障程度和自来水普及率进一步提高。

——生产生活用电。到 2015 年，全面解决贫困地区无电行政村用电问题，大幅度减少西部偏远地区和民族地区无电人口数量。到 2020 年，全面解决无电人口用电问题。

——交通。到 2015 年，提高贫困地区县城通二级及以上高等级公路比例，除西藏外，西部地区 80%的建制村通沥青（水泥）路，稳步提高贫困地区农村客运班车通达率。到 2020 年，实现具备条件的建制村通沥青（水泥）路，推进村庄内道路硬化，实现村村通班车，全面提高农村公路服务水平和防灾抗灾能力。

——农村危房改造。到 2015 年，完成农村困难家庭危房改造 800 万户。到 2020 年，贫困地区群众的居住条件得到显著改善。

——教育。到 2015 年，贫困地区学前三年教育毛入园率有较大提高；巩固提高九年义务教育水平；高中阶段教育毛入学率达到 80%；保持普通高中和中等职业学校招生规模大体相当；提高农村实用技术和劳动力转移培训水平；扫除青壮年文盲。到 2020 年，基本普及学前教育，义务教育水平进一步提高，普及高中阶段教育，加快发展远程继续教育和社区教育。

——医疗卫生。到 2015 年，贫困地区县、乡、村三级医疗卫生服务网基本健全，县级医院的能力和水平明显提高，每个乡镇有 1 所政府举办的卫生院，每个行政村有卫生室；新型农村合作医疗参合率稳定在 90%以上，门诊统筹全覆盖基本实现；逐步提高儿童重大疾病的保障水平，重大传染病和地方病得到有效控制；每个乡镇卫生院有 1 名全科医生。到 2020 年，贫困地区群众获得公共卫生和基本医疗服务更加均等。

——公共文化。到 2015 年，基本建立广播影视公共服务体系，实现已通电 20 户以下自然村广播电视全覆盖，基本实现广播电视户户通，力争实现每个县拥有 1 家数字电影院，每个行政村每月放映 1 场数字电影；行政村基本通宽带，自然村和交通沿线通信信号基本覆盖。到 2020 年，健全完善广播影视公共服务体系，全面实现广播电视户户通；自然村基本实现通宽带；健全农村公共文化服务体系，基本实现每个国家扶贫开发工作重点县（以下简称重点县）有图书馆、文化馆，乡镇有综合文化站，行政村有文化活动室。以公共文化建设促进农村廉政文化建设。

——社会保障。到 2015 年，农村最低生活保障制度、五保供养制度和临时救助制度进一步完善，实现新型农村社会养老保险制度全覆盖。到 2020 年，农村社会保障和服务水平进一步提升。

——人口和计划生育。到 2015 年，力争重点县人口自然增长率控制在 8‰以内，妇女总和生育率在 1.8 左右。到 2020 年，重点县低生育水平持续稳定，逐步实现人口均衡发展。

——林业和生态。到 2015 年，贫困地区森林覆盖率比 2010 年底增加 1.5 个百分点。到 2020 年，森林覆盖率比 2010 年底增加 3.5 个百分点。

资料来源：《中国农村扶贫开发纲要（2011—2020 年）》，2011 年 12 月。

第二，经济持续高增长，成为大幅度减少贫困人口的决定性因素。1979—2011 年中国 GDP 年平均增长率高达 9.9%，其中农业增加值年平均增长率为 4.6%，在世界上属于农业高增长国家，为中国减少农村贫困人口创造了必要条件。与经济增长相伴随的城乡社会大转型也为中国减贫创造了有利条件。与此同时，在农村地区出现了前所未有的“四化”，是大幅度减少农村贫困人口的根本原因。一是农业现代化，不断提高农业劳动生产率，不断提高农民家庭农业经营性收入；二是农村工业化，不断提高非农业增加值占农村 GDP 比重；三是农民非农化，不断提高非农业就业人数占农村就业人数比重，不断提高农民非农业收入特别是工资性收入比重；四是农民工城镇化，不断提高家庭内部转移性收入比重。

第三，中国减贫战略的核心是对贫困人口进行人力资本投资、提高发展能力、扩大发展机会。中国减贫不但是一种输血机制，更重要的是一种造血机制，不但包括资金支持，更重要的是知识、技术的支持，核心是对贫困人口进行人力资本投资，减少人类贫困、知识贫困，通过知识扶贫、就业扶贫、创业扶贫等方式，提高贫困人口发展能力，扩大发展机会（包括就业机会），增加参与全国一体化、全球化的机会，最终实现长远减贫、根本性减贫。

第四，创新中国特色的反贫困机制。经过长期的不断实践、不断探索、不断总结、不断创新，中国已经形成了中国特色的公共机构与私人合作伙伴（PPP）反贫困机制。这一模式由七个主体共同参与，形成了相互补充的七个机制：(1) 自力更生，即激励贫困地区贫困人口（他们既是反贫困的行动主体，更是反贫困的受益主体）发扬自力更生、艰苦奋斗的精神，自救、自助、自力，改善生产生活条件和农村基础设施，增加人均收入，扩大收入来源，实现脱贫致富。(2) 地方为主，即省级政府对减贫总负责，市、县级政府作为实施主体，工作到村，扶贫到户。将反贫困纳入地方发展规划之中，直接为贫困人口提供基本公共物品与基本公共服务。(3) 国家支持，建国以来，中国历届政府都十分重视反贫困事业，特别是从 1978 年实行改革开放以来，强化了对扶贫行动的领导与支持，首先国务院成立扶贫领导小组，制定国家反贫困行动规划，进行战略指导以及政策扶持；其次进行具体的扶持，包括财政支持、税收优惠、金融扶持、人力资源支持等。[①] (4) 社会捐赠，非政府组织参与。(5) 对口支援，指较为发达地区对贫困地区的支持，包括各省份之间的对口支援和省内的对口支援。(6) 市场驱动，发挥市场机制，国家鼓励各类企业，包括外资企业，积极参与减贫工作，给予必要的优惠政策。(7) 国际援助，积极争取多方援助，吸引国际机构、国际组织对减贫事业进行支援。以上七个机制就是政府主导、多元投资、相互补充、激励相容、广泛参与的具有中国特色的 PPP 模式。

《中国农村扶贫开发纲要（2011—2020 年）》还特别提出扶贫开发的主要途径是：专项扶贫，易地扶贫搬迁，整村推进，以工代赈，产业扶贫，就业促进，扶贫试点，革命老区建设；行业扶贫，发展特色产业，开展科技扶贫，完善基础设施，发展教育文化事业，改善公共卫生和人口服务管理，完善社会保障制度，重视能源和生态环境建设；社会扶贫，加强定点扶贫，加强东西部扶贫协作，发挥军队和武警部队的作用，动员企业和社会各界参与扶贫；开展国际交流合作，加强国际反贫困领域交流，借鉴国际社会减贫理论和实践，开展减贫项目合作，共享减贫经验。

14.5 未来全面消除各类贫困

中国的发展历程表明，贫困并非不可战胜，到 2020 年全面建成小康社会的重要标志就是基本消除各类贫困。这包括以下四个方面目标：

第一，消除收入贫困人口。国内贫困线人口实现全部脱贫；国际 1 美元贫困线人口要减少到 500 万人以下，仅占世界 1/80 左右；农村人口总体从小康阶

---

① 从 1985 年到 2006 年，中央政府累计扶贫投资达到 3 500 多亿元。参见《中国积极落实联合国千年发展目标　扶贫事业取得飞速发展》，见国际在线，2008－09－15。

段进入比较富裕阶段，农村居民家庭恩格尔系数小于 35%。

第二，消除各类人类贫困人口。婴儿死亡率小于 5‰；农村儿童实现 100% 免疫接种；农村新型医疗覆盖率达到 100%，并不断提高保障水平；全部解决农村饮用水不安全问题；农村卫生厕所普及率达到 90%以上。

第三，消除知识贫困人口。青壮年全部扫盲；十二年基础教育完全免学费；高中阶段教育毛入学率达到 95%；农民工培训比例大幅度提高；农村广播、电视普及率达到 100%；全国移动电话普及率进一步提高，互联网普及率达到 60%。

第四，基本消除生态贫困人口。基本消除重度生态贫困人口；生态贫困总人口减少到 5 000 万人以下；生态退化面积持续下降；鼓励生态脆弱地区劳动力转移，国家实行教育移民和生态移民重大工程。

总之，2020 年中国全面建设小康社会的重要目标之一就是大幅度减少四类贫困人口，建设惠及十几亿全体人民特别是四类贫困人口共有共享、生活充裕、健康安全、知识发达、生态良好、生命尊严的全面小康社会。

从国际视角看，中国已经提前实现国际社会提出的 MDG 贫困人口比例比 1990 年减少一半的目标。中国也提前实现了其他目标，如确保到 2015 年所有男、女童都完成全部小学教育课程，在降低 5 岁以下儿童死亡率和改善孕产妇保健目标方面也进展顺利。诚如联合国秘书长潘基文所言，中国对实现国际社会 MDG 目标至关重要。小康社会就是国际社会千年发展目标的中国化目标，中国实现小康社会将会促进实现国际千年发展目标。①

实际全面消除各类贫困的目标核心是要把消除贫困作为公共产品向全民提供，完善减贫投入的公共财政制度，建立健全基本公共服务体系，逐步缩小不同人群的人民生活水平和公共服务差距。建立健全健康、教育、医疗基本公共服务体系，完善社会保障体系，全面推进收入减贫、人类减贫、知识减贫、生态减贫的综合减贫战略。

14.6　小结：从世界最大贫困人口国到世界最大人类发展国

1949 年新中国成立时，作为进入现代经济增长时期的起始点，中国是一个文盲比重较高的国家，也是世界各类贫困人口最多的国家。1949—2020 年中国

① 参见胡鞍钢：《2020 中国：全面建设小康社会》，36 页，北京，清华大学出版社，2007。

消除四类贫困经历三个阶段，同时也促使中国人类发展迈上三个大台阶。

毛泽东时代实现了低人类发展阶段到下中等人类发展阶段的跨越，1950年中国的人类发展指数（HDI）为0.225，比当时的印度水平还低，为低人类发展水平，1982年为0.456。这为中国减少四类贫困奠定了重要的社会发展基础，这一时期是中国人类发展指数增长最快的时期，使得中国在较低收入水平条件下，避免了其他地区极端贫困人口所遭受的饥饿、传染病猖獗、高婴儿死亡率、高孕产妇死亡率等苦难。

改革开放30多年实现了下中等人类发展阶段到上中等人类发展阶段的跨越，根据联合国开发计划署提出的人类发展指数新计算方法，1990年中国的HDI为0.534，进入世界中等人类发展水平（HDI大于0.500），2010年中国的HDI为0.703，开始进入世界高人类发展水平（HDI大于0.700）。在182个国家中，中国是过去30多年中世界HDI排名上升最快的两个国家之一。中国取得了光辉的、历史性的、世界性的减贫成就，大大减少了收入贫困人口，成为全球减贫贡献第一大国。就居民恩格尔系数而言，城市已进入富裕阶段，农村已进入小康阶段，基本摆脱绝对贫困，同时大大减少了人类贫困人口与知识贫困人口。但是中国仍面临着巨大的生态贫困挑战，我们保守估计，生态贫困人口约2亿人，相当于国际贫困线人口（1亿）的两倍，其绝对规模仍然很大，贫困程度仍然很深，生态脆弱性十分显著，扶贫减贫难度愈来愈大。

从现在到2020年是中国全面建设小康社会的关键时期，其重要标志之一就是基本消除四类贫困，这包括根本消除国际贫困线人口，使农村总体进入小康社会（恩格尔系数在35%以下），大幅度减少教育贫困人口（指初中及以下文化程度的人口，2007年为49 416万人），还要基本消除生态贫困人口。2020年，中国的人类发展指数为0.760，进入世界较高人类发展水平，我们估计，全国31个省（区、市），95.6%的人口处在高人类发展水平组，还有4.4%的人口进入世界极高人类发展水平组（HDI大于0.800）。① 这意味着，中国不仅人类发展水平达到新的阶段，最重要的是朝着共同富裕的方向迈进了一大步。这也意味着，中国成为十几亿人民共有共享、生活充裕、健康安全、知识发达、生态良好、生命尊严的小康社会。这是人类发展的宏伟目标，也是人类社会的伟大创举。

从1760年工业革命爆发之后，至今已有250年的时间，2012年世界总人口已达到70.52亿，其中进入高人类发展水平的人口为10.39亿人，占世界总人口的14.7%；进入极高人类发展组的为11.34亿人，占世界总人口的

① 参见胡鞍钢：《2020中国：全面建成小康社会》，95页，北京，清华大学出版社，2012。

16.1%；两者合计 21.73 亿人，占世界总人口的 30.8%。[①] 而中国从 1950 年算起到现在，只有 60 多年的时间，已经使 63.3%的人口进入中等人类发展水平组，32.5%的人口进入高人类发展水平组，4.2%的人口进入极高人类发展水平组。[②] 再用 20 年时间，中国将使 14 亿多人口进入极高人类发展水平和高人类发展水平，极大增加世界极高人类发展水平和高人类发展水平的总人口数，会创下新的世界纪录。

【思考与讨论】

1. 什么是贫困陷阱？
2. 如何突破贫困陷阱？
3. 如何衡量不同类型的贫困？
4. 毛泽东时代解决了哪些贫困问题？
5. 改革以来中国是如何大规模减少贫困的？
6. 未来中国如何应对生态贫困的挑战？

【扩展阅读】

胡鞍钢．全球化挑战中国．北京：北京大学出版社，2002.

胡鞍钢，胡光宇，等．援助与发展——国际金融组织对中国贷款绩效评价（1981—2002）．北京：清华大学出版社，2005.

胡鞍钢．2020 中国：全面建成小康社会．北京：清华大学出版社，2012.

［印］阿马蒂亚·森．贫困与饥荒——论权利的剥夺．北京：商务印书馆，1997.

［印］阿马蒂亚·森，让·德雷兹．印度：经济发展与社会机会．北京：社会科学文献出版社，2006.

［美］杰弗里·萨克斯．贫穷的终结．上海：上海人民出版社，2007.

联合国开发计划署．2013 年人类发展报告——南方的崛起：多元化世界中的人类进步．联合国计划开发署网站，2013.

Chen，Shaohua，Ravallion，Martin. The Developing World is Poorer than We Thought，but No Less Successful in the Fight Against Poverty. Policy Research Working Paper Series 4703，The World Bank. http：//econ. worldbank. org/ povcalnet，2008.

---

① UNDP，*Human Development Report 2013*，2013.

② 参见胡鞍钢：《2020 中国：全面建成小康社会》，95 页，北京，清华大学出版社，2012。

第15章　城乡与发展

亚里士多德曾经说过："人们为了活着，聚集于城市；为了活得更好，居留于城市"。1978年的中国城乡差距很像19世纪90年代美国的城乡差距。美国这一时代被历史学家亨利·亚当斯视为美国历史上的一个分水岭。在这个分水岭的那一边，主要是一个农业国家，是一个涣散的社会，遵循着17、18世纪承袭下来的政治、经济和道德原则；而在分水岭的这一边，则是一个都市化的工业国家，一个高度一体化的国家。[①]

1978年以后，中国经济实力迅速增长，工业占国民收入比重仍保持较高水平，乡镇企业崛起，市场机制作用增强，各种生产要素流动活跃，带动了城镇化发展。改革以来的中国社会发生了千年以来所未有的大变革，这是一场发生在960万平方公里广阔土地上，十多亿人共同参与的大变革。这一大变革始于近代，横亘两个世纪，中间经历了战争、动乱等波折，在改革开放以后开始大大加速，一直要持续到本世纪中叶。这一变革的最重要结果就是中国从一个落后的、农村型的传统社会转变为一个发达的、城市型的现代社会。这一变革根本性地改变了中国大地的面貌，也极大提高了中国人口的福利水平。

目前中国的城镇化进程仍处于这一过程的中间阶段，即加速阶段，未来这一过程将不仅大大改变中国，也将大大改变全世界。可以说，城镇化加速是中国未来发展的最大动力。根据麦肯锡全球研究院《2025年全球最具活力城市排行榜》的预测，到2025年世界GDP总量最大的20个城市中，中国将占6个，分别是上海（居第三）、北京（居第五）、深圳（居第十）、天津（居第十一）、重庆（第十七）、广州（居第十九）。[②]

那么，中国如何从农村社会转变为城市社会？如何从二元结构向一元结构转型？经历了哪些阶段？中国城乡的转型之路是什么？有什么特色？城乡发展差距发生了哪些变化？中国已经走出了一条独特的城乡转型道路，从城乡二元

---

① 参见何顺果：《美国史通论》，190页，上海，学林出版社，2001。

② Mckinsey Global Institute，Urban World：Mapping the Economic Power of Cities，http：//www.Mckinsey.com/insights/urbanization/urban _ world.

结构转变为城乡三元结构，再转变为城乡四元结构，未来还要通过四化同步破解四元结构，进一步转变为城乡一元结构。

15.1　城乡转型

15.1.1　发展中国家城市化

一个国家从传统农业社会向现代工业社会转变的过程，也即该国的工业化和城市化的历史进程。所谓城市化是指居住在城镇地区的人口占总人口比例增长的过程，更明确地说，是农业人口向非农业人口转变并在城市集中的过程。城市化是工业化过程中的重要现象，这是由于在工业化过程中从事工业生产活动的企业在地理上趋于集中，并由此获得"聚集经济"（agglomeration economics）的效益。工业化是城市化的主要推动力，即伴随着工业化的过程，城市数量增多，城市人口在总人口中的比重越来越大。城市化又反作用于工业化，即伴随着城市化过程，工业产值占国民生产总值的比重越来越大。根据钱纳里模型，我们可以绘制出发展中国家制造业比例和城市化比例，两者呈现同步上升的关系（见图 15—1）。

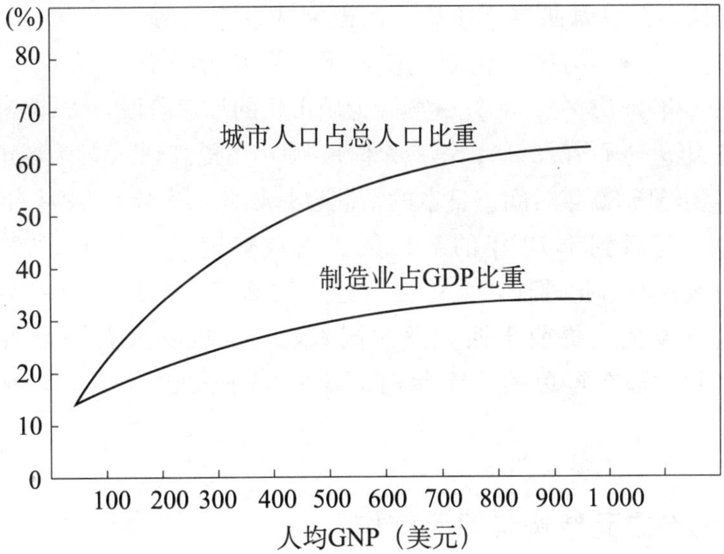

图 15—1　发展中国家城市化率与工业化率比较

资料来源：胡鞍钢：《人口与发展——中国人口经济问题的系统研究》，杭州，浙江人民出版社，1989。

尽管各国国情不同，实现工业化和城市化的方式道路不同，但是任何一个国家的工业化过程都伴随着农业劳动力在就业人口中所占比重不断下降、农村人口在总人口比重中不断下降的过程。而农业劳动力人口的下降主要是通过两个过程，一个是农村工业化，还有一个是农村剩余劳动力向城市的转移。

农业现代化就是在机械化等技术条件以及一定规模经济的基础上，大幅度地提高农业劳动生产率。从这个意义看，农业现代化就是要大量排斥农村剩余劳动力。根据拉格纳·纳克斯（Ragnar Nurkse）的定义，农业剩余劳动力是指那部分可以从农业部门抽走，而不至于影响农业总产量的农业劳动人口。在这个意义上说，发展中国家存在着大量的剩余劳动力人口。农业劳动力人口下降的最重要的机制是剩余劳动力向城市的转移，向第二、第三产业的转移。劳动力从农业部门转移到非农业部门、人口从乡村转移到城市，是各国工业化进程的基本趋势。发展中国家工业化初期，各产业部门的经济增长率的差异和变化决定了农业劳动力转移的方向，即向工业部门的转移和向城市地区的流动。并且，劳动力从农业部门向工业部门的转移往往与农村人口向城市的流动同步。在农村劳动力向城市转移的过程中，城市人口急剧增长。那么如何从定量上衡量农村人口或劳动力向城市转移？

农村人口向城市的转移速度（S_p）＝城市人口增长率（R_u）
－城市人口自然增长率（R_n）

从西方发达国家的城市化进程来看，大体上表现出S形历史轨迹，即分为起步期、加速期、成熟期三个阶段。西欧完成这个过程大体经历了200年时间，即从10%～30%为城市化的起步期，大体经历了70年时间（1820年为12.3%，1890年为31%）；30%～70%为城市化的加速阶段，大体经历了85年时间（1975年达到了72.3%）；第三个阶段从70%提高到90%为城市化的成熟期，大体将要经历80年时间。日本的情况也是如此，大体在1947年的33.1%进入加速期，随后到1972年的72.2%进入成熟期，一直到2000年也只有78.1%。中国的城市化过程，大体也要经历这么三个阶段，与之不同的是中国进入加速期要大大提前于西方发达国家，速度也要大大快于西方发达国家，这也使得中国在短短的几十年时间里走完了发达国家200多年完成的历程。

15.1.2 城乡二元结构与四元结构

在发展中国家工业化的初始阶段，现代工业只能在少数部门或地区率先出现，而其他部门或地区则停留于传统状态，由此形成了现代部门与传统部门同时并存的二元结构。二元经济是发展中国家工业化过程中必然出现的经济现象。[①]

大卫・李嘉图在 1817 年出版的《政治经济学及赋税原理》一书就提出了传统农业的收益递减（diminishing returns），由于土地数量是有限的，农民将不得不转向更加贫瘠的土地，导致生产成本越来越高，他还提出了今天被称为劳动力剩余（labor surplus）的概念，他认为工业部门可以从农村部门吸收剩余劳动力，而不会造成城市和农村地区工资的上涨。[②]

伯克（J. H. Boeck）最先通过考察荷兰殖民地印度尼西亚的社会经济，提出了“社会二元结构”理论。刘易斯（William A. Lewis）将二元结构分析与工业化生产和发展的条件相联系，并认为传统农村农业部门边际生产率为零时，就会产生隐蔽失业或剩余劳动力，从而使得现代城市工业部门能够以不变的低工资得到源源不断的劳动无限供给。刘易斯的二元经济模型及后续学者们的补充和发展，如古斯塔夫（Gustav Rains）和费景汉（John C. H. Fei）、戴尔・乔根斯（Dale W. Jorgenson），构成了早期发展经济学的重要理论基石之一。

但是近几十年来中国等发展中国家发展的历程表明，农业人口从城市的迁移很难通过两部门模型来解释。托达罗等人认为农业人口向城市的迁移，是人们在不同的劳动力市场机会的选择，取决于预期收入（expected income）的差距，而并非真实的城乡差距。[③]

发展中国家的工业化，最初产生于传统经济中的若干产业部门，由此形成了现代工业部门与传统农业部门同时并存的二元经济结构。早期的工业化国家大都没有形成明显的二元经济结构。在它们工业化初期，农业生产率稳步提高，工业发展本身也表现为渐进的过程，且获得农业的稳定支持。与此同时，农业劳动力下降和农村人口减少表现为一个长期的渐进趋势。但是对于大多数较晚开始工业化的不发达国家来说，情形则迥然不同。其工业化的起点并没有得到农业革命后稳定增长的现代农业对工业化的支持，而是在少数沿海城市或“飞地”上从外部输入现代工业。这就与广大腹地农村中保留下来的传统农业相互并存，从而形成了尖锐对立的“二元经济结构”格局。

库茨涅兹认为，不发达国家的农业容留着大量过剩的劳动力，而这些过剩劳动力又缺乏可由第二、三次产业吸收的可能性。如果仍实行传统的单一

① 参见张培刚主编：《新发展经济学》，增订版，269～270 页，郑州，河南人民出版社，2001。

② 转引自［美］帕金斯等：《发展经济学（第五版）》，72 页，北京，中国人民大学出版社，2005。

③ 参见［美］迈克尔・P・托达罗、斯蒂芬・C・史密斯：《发展经济学（第 9 版）》，217～219 页，北京，机械工业出版社，2012。

城市工业化战略，则无法解决日益严重的就业问题。这就需要“农村工业化”，就是通过就地发展各种非农部门，使以单一传统农业为主体的农村经济转变为以多个产业为主体的农村经济，并不断实现农村产业结构的高度化，从这个意义上看，农村工业化就是要大量吸收农村剩余劳动力。只有这两个过程同时发生，相互推进和演化，才能减少在农村发展中所遇到的各种阵痛和代价。

同时，城市经济内部的二元结构也是发展中国家的普遍现象，二元经济分析已经被运用于城市经济分析中，城市经济被划分为两个部门，正式部门（formal sector）和非正式部门（informal sector）。在发展中国家中新增的大量就业并没有在正式统计中体现出来，大量的城市劳动力是自谋职业或者为小规模家庭企业工作。大多数城市的非正式部门雇佣比例一般都在 30%～70%，印度孟买的非正规部门就业比例达到了 49.5%，新德里的比例达到了 61.4%。[①]

张培刚等认为，由二元经济向更多层次的一元经济转化，可能要经历一个相当长的历史过程。在现实生活中，由二元经济向一元经济过渡存在着种种困难和障碍。其中，最为突出的障碍是发展中国家的人口负担越来越重。人口和劳动力供给的增加，必然会降低劳动边际生产力和人均收入水平。前者会抵消部分技术进步的成果，后者则会削弱资本积累能力。相比之下，发展中大国的这种转换可能要比中小国家更为困难。[②]

事实上，发展中国家，由二元经济向一元经济过渡不仅是一个相当长的历史过程，可能需要花费上百年的时间，而且过渡的路径也是大不相同的。在当代其他发展中国家，其劳动力人口迁移路径往往是从农村直接迁往城市，有的从事非正规部门就业，更多的是失业或者半失业，也普遍形成规模大小不同的贫民窟（slumdog）。这一名词曾被视为“最恶劣的住房条件、最不卫生的环境、犯罪和吸毒盛行的穷人避难所”。今日被视为“安全用水不足、卫生设施和其他基本公共服务不足、住房建筑结构差、人口过密、居住权没有保障的地方”。这是发展中国家最普遍的现象。

而中国的转变路径不仅更为复杂，也更为独特。一是避免了城市中出现大量的、普遍的贫民窟；二是加速了这一转变过程。先是离村不离乡、从农村农业大规模就地转移到乡镇企业，接着从乡村迁往城镇地区，甚至跨地区迁往其

① 参见［美］迈克尔·P·托达罗、斯蒂芬·C·史密斯：《发展经济学（第 9 版）》，210～211 页，北京，机械工业出版社，2012。

② 参见张培刚主编：《新发展经济学》，增订版，280～281 页，郑州，河南人民出版社，2001。

他地区主要从事非正规就业。中国农业剩余劳动力的转移路径与众不同。中国走出了一条独特的经济社会转型之路，即从二元结构（1949—1977 年）、到三元结构（1978—1991 年）、再到四元结构（1992 年至今）的轨迹。这包括：一是 1840—1948 年，伴随着资本主义的入侵，几千年的传统农业社会开始解体，逐渐形成了初步的城乡二元结构；二是 1949—1977 年，新中国政府在极低水平条件下发动国家工业化，建立了计划经济体制，采取了限制人口流动的户籍等政策，城乡二元经济社会结构得到强化；三是 1978—1991 年，伴随着农村改革而崛起的农村工业（乡镇企业），有力地打破了城乡二元结构的基本格局，农业剩余劳动力离土不离乡、就地转移至乡镇企业，在农村地区迅速形成了农业和乡镇企业并存的二元结构，加上城镇部门就构成了中国特有的三元结构，即农村农业部门、农村乡镇企业部门和城镇正规部门；四是 1992 年至今，伴随着户籍制度改革和社会主义市场经济的提出、建立和完善，私营、个体经济迅速兴起，大量农村劳动力大规模从乡村迁往城镇地区，甚至跨地区迁往其他地区主要从事非正规就业，导致城镇非正规经济和就业出现爆炸性增长，迅速形成了正规就业和非正规就业并存的城镇二元结构，与农村二元结构一起构成了中国特有的四元结构，即农村农业部门、农村乡镇企业部门、城镇正规部门和城镇非正规部门。[①] 四元经济结构具体体现为四种社会、四类国民、四项服务。换句话说，这四元结构下的国民在收入、就业类型、人力资本、社会保障、教育卫生等公共服务诸多方面都存在着明显的差距（见表 15—1）。如果中国要实现"共同富裕"、实现经济社会一体化就必须推动这四元结构一体化，包括四种社会一体化、四类国民一体化、四项服务一体化，尤其是政府公共服务一体化。

表 15—1　　城乡四元经济社会特征

主要内容	特征	农村二元结构		城镇二元结构	
		农业社会	农村工业	城镇非正规经济	城镇正规经济
四种社会	经济主体	传统农业	乡镇企业、个体、私营	个体、私营、农民工	国有、股份、外资等
	就业主体	农民	农民工	农民工	城镇居民
	户籍状况	农村户口	农村户口	以农村户口为主	城市户口
	居住地点	农村	农村	城镇	城镇

① 徐庆认为，中国目前存在的四元结构为传统农业、乡镇企业、城市现代部门（股份制、外商、港澳台投资企业）、城市传统部门（城镇国有经济单位）。该划分方式没有包括非正规部门。参见徐庆：《论中国经济的四元结构》，载《经济研究》，1996（11）。

续前表

主要内容	特征	农村二元结构		城镇二元结构	
		农业社会	农村工业	城镇非正规经济	城镇正规经济
四类国民	收入水平	低	中等	中等	较高
	就业质量	低端就业	中低端就业	中低端就业	中高端就业
	职业类别	自我就业	非正规就业	非正规就业	正规就业为主
	人力资本	较低	中等	中等	较高
四项服务	社会保障	覆盖率极低	覆盖率较低	覆盖率较低	基本覆盖
	公共卫生	较差	中等	中等	较好
	教育提供	有待改善	有待改善	有待改善	较好
	就业服务	接近空白	有待改善	有待改善	逐步发展

说明：城镇正规经济就业者是指：单位就业人员，即在本单位中工作并取得工资或其他形式劳动报酬的人员，单位主要包括国有单位、城镇集体单位、规模以上的私营企业单位、股份合作单位、联营单位、有限责任公司、股份有限公司、外商投资单位、港澳台商投资单位等。城镇非正规经济就业者主要包括：私营企业投资者和雇工、个体经营者和雇工、未被统计的农民工和自由职业人员等。

为了从定量的角度分析四元经济结构的特征及其演变，我们引入了四元结构比率概念，它包括城镇与农村二元结构比率、农村内部二元（乡镇企业与农业）结构比率、城镇内部二元（正规与非正规）结构比率[①]；为了反映原有传统农业劳动力与转移后劳动力的经济效率，我们引入城镇非正规部门劳动生产率与农业劳动生产率比率。

城乡结构比率＝城镇劳动生产率/农村劳动生产率

农村结构比率＝乡镇企业劳动生产率/农业劳动生产率

城镇结构比率＝正规部门劳动生产率/非正规部门劳动生产率

转移经济效率＝城镇非正规部门劳动生产率/农业劳动生产率

城镇与农村二元结构比率的经济学含义是，当比率大于1时，存在城镇与农村二元结构；指数越大，城乡二元结构就愈明显；反之，该二元结构愈不明显。农村二元结构比率是指存在于农村的传统农业与现代乡镇企业之间的比较劳动生产率；该比值越大，农村内部二元结构愈明显。类似，当城镇内部二元结构比率大于1时，说明城镇存在二元结构；比值愈大，结构愈明显。而转移经济效率反映的是城镇非正规经济部门与农业部门的劳动生产率比值；由于目前非正规经济以进城务工的农民为主，还包括部分私营、个体经济，该比值愈大，说明转移农业劳动力得到的经济效率越大。

从经济学上看，城乡结构的转换是“几个比重”持续下降：农村产值占GDP比重明显下降，农村劳动生产率与城市劳动生产率的比值下降，农民人均

① 参见陈宗胜：《经济发展中的收入分配》，332～344页，上海，上海三联书店、上海人民出版社，1994。

收入与城市人均收入比重不断下降，农民的农业收入占总收入的比重不断下降，农村总人口比重、农村就业比重、农业就业人口比重下降。

15.2　从二元结构到四元结构

15.2.1　城镇化起步与城乡二元结构的初步形成

根据赵冈、陈钟毅的研究，战国时期，城市人口为 430 万人，占总人口的比重达到了 14.3%，大城市有 36 个，10 万以上人口的城市有 9 个，其中最大的城市临淄人口达到了 30 万人。[①] 战国谋士苏秦形容当时临淄的繁华景象是“车毂击，人肩摩，连衽成帷，举袂成幕，挥汗成雨”（《战国策·齐策》）。

战国到南宋期间，中国的城市人口比重呈现出缓慢上升的趋势，到南宋期间城市人口比重已经达到了 22%，这也反映了农业劳动力的缓慢上升，使得非农业人口供养能力增强。[②] 从国际比较的角度来看，中国的城市化水平是长期领先于世界上其他国家的，在如此辽阔的地域上形成数量众多的城市和大都市，是其他文明体所不能比拟的。根据麦迪森的研究，他用不同的口径计算了城市人口比重：公元 1000 年时，中国的城市化率为 3.0%，而西欧接近 0。

南宋之后，中国的城市发展出现了一个大的转折，表现为城市人口比重下降，到清代已经下降为 7%左右，这主要由于人口的快速增长，使得农民提供的余粮比例大幅度下降，农民能够供养的非农业人口比重下降（见表 15—2）。统治者进一步采取重农抑末，将劳动力固定在土地上，限制城市化的政策，顾炎武就指出：“人聚于乡而治，聚于城而乱。聚于乡则土地辟，田野治，欲人无恒心而不可得也。聚于城则徭役繁，狱讼多，欲民之有恒心不可得也”[③]。

表 15—2　　　　中国城市人口及比率（公元前 300—1893 年）

年代	城市人口（万人）	总人口（万人）	城市人口比重（%）
战国（公元前 300 年）	430	3 000	14.3

① 参见赵冈、陈钟毅：《中国经济制度史论》，332～333 页，北京，新星出版社，2006。

② 参见上书，335 页。

③ 顾炎武：《日知录》卷十二《人聚》。

续前表

年代	城市人口（万人）	总人口（万人）	城市人口比重（%）
汉（公元2年）	1 043	5 960	17.5
唐（745年）	1 099	5 290	20.8
南宋（1200年左右）	1 590	7 100	22.4
金（1207年）	885.9	4 580	19.3
清（1820年）	2 420	35 300	6.9
清（1893年）	3 266.2	42 600	7.7

资料来源：赵冈、陈钟毅：《中国经济制度史论》，332～333页，北京，新星出版社，2006。

从国际比较来看，中国的城市化率开始低于世界发展水平。根据麦迪森的数据，1500年的中国，正处明朝中叶，城市化率只有3.8%；此时的西欧国家，进入了文艺复兴时期，城市化率已经达到了6.1%。

18世纪工业革命以来，西方国家的城市化率迅速上升，欧洲大陆1820年这一比重已达到12%，1890年更是上升到31.0%，日本也迅速赶上，到1890年达到了16%。相比之下，中国进一步落伍，城市化发展缓慢，到1820年仍然为3.8%（见表15—3）。

表15—3　　中国、日本和西欧城市化率的比较（1000—1949年）（%）

年份	中国	日本	西欧
1000	3.0		0.0
1500	3.8	2.9	6.1
1820	3.8	12.3	12.3
1890	4.4	16.0	31.0
1949	10.7（5.1）	33（1950年）	

注：1949年中国数据系为城镇人口比重，括号内为城市人口比重，参见国家统计局国民经济综合统计司编：《新中国六十年统计资料汇编》，6页，北京，中国统计出版社，2010。

1000—1890年数据引自：Angus Maddison，The World Economy：A Millennial Perspective，OECD，Table 1—5a，2001；

1950年日本数据引自：矢野恒太纪念会编：《日本的100年》，日文版，东京，国势社，1991。

1840年鸦片战争后，中国逐步沦为半殖民地半封建社会，国际资本入侵，对中国传统农业社会起了很大的解体作用，1900—1938年中国的城市化水平有一个较快的发展，城乡居民基本上是自由迁移的。城市人口增长率是总人口增长率的两倍。到1938年中国5万以上人口的城市总人口为2 730万人，约占全国总人口（5亿人）的5%～6%。[①] 一方面造成广大农村日益衰落，形成典型

① 参见杨小凯：《百年中国经济史笔记（从晚清到1949）》，载《经济管理文摘》，2004（15）。

的农村贫穷经济；另一方面在少数沿海城市或“飞地”建立了现代化经济部门，从而逐步形成了中国经济社会的二元结构。

到1949年新中国成立时，城市化水平极其低下。全国总人口为5.42亿，农村人口为4.84亿，占总人口比重的89.3%，而城市人口比重仅为10.7%，当时全国仅有132个城市，若按城市非农业人口计算，实际城市人口比例只有5.1%。[①] 不但明显低于当时印度的城市化率（17%），也低于1820年西欧和日本的城市化水平，大大低于世界平均水平（1950年为29.1%）。尽管当时中国占世界总人口超过1/5，但中国城市人口占世界总量比重仅为8.5%，这就是中国城市化的起点。

1950年后，中国开始大规模的国家工业化，同时也进入了中国城市化第一次快速成长时期，1958年城镇人口首次突破1亿人，1960年又达到了1.3亿人，年平均增长率为7.8%，大大高于总人口增长率（为1.8%），城市化率达到了19.7%，比1950年提高了8.5个百分点，而印度只提高了0.7个百分点。中国城市人口占世界的比重由8.5%，迅速提高到13.05%，中国城市化率与世界城市化率的相对差距由18个百分点缩小为13.2个百分点。这是一个城市化快速追赶时期，又是一个城市化的“大跃进”。

60年代中国的城市化进入相对缓慢期，到1970年时城镇总人口只增加了1 351万人，年平均增长率为1.0%，明显低于同期全国总人口增长率（为2.3%），城市化率下降了2.3个百分点[②]，由于城市供给能力不足，出现了逆城市化的过程，城市人口占世界的比重也下降了2.2个百分点，到1970年中国城市化率从原来高于印度变为低于印度（19.8%），与世界城市化率的差距进一步拉大，上升为18.6个百分点，高于1949年的差距。

70年代中国的城市化进入相对增长时期，增加了4 716万人，年平均增长率为2.9%，高于总人口增长率（1.7%），城市化率提高的幅度非常小，只有2.0个百分点，不仅中国与世界城市化率的相对差距进一步拉大（相差19.8个百分点），而且与印度城市化率差距也在拉大（相差3.7个百分点）。这一时期世界的城市化在加速，而中国城市化仍然相对缓慢（见表15—4）。

---

① 参见国家统计局编：《新中国五十年：1949—1999》，31页，北京，中国统计出版社，1999。

② 需要说明的是，这一时期城市化率下降一定程度上是由于统计口径的变化，1963年，中共中央、国务院《关于调整市镇建制、缩小城市郊区的指示》提高了建镇标准，使原来属于城镇的人口和地区被划入农村范围，使城镇人口的比例下降。

表 15—4　　中印城市化国际比较（1950—2010 年）(%)

年份	城市化率			城市人口占世界比重			
	中国	印度	世界	中国	印度	中印合计	发达国家
1950	11.2	17.3	29.1	8.50	8.42	16.92	58.23
1960	19.7	18.0	32.9	13.05	8.00	21.05	54.01
1970	17.4	19.8	36.0	10.87	8.24	19.11	49.06
1980	19.4	23.1	39.2	11.18	9.15	20.33	43.13
1990	26.4	25.5	43.2	13.42	9.51	22.93	36.30
2000	36.2	27.7	47.1	16.15	9.84	25.99	30.89
2010	49.6	30.3	51.3	17.93	10.13	28.06	26.49

注：中国 1950—2005 年数据引自历年《中国统计年鉴》。

资料来源：UN Department of Economic and Social Affairs，World Urbanization Prospects：The 2003 Revision。

总体来看，新中国前三十年城市化进入起步期，城镇人口增长较快，1952—1978 年城镇人口由 7 163 万人，提高到 17 245 万人，年平均增长率达到了 3.4%；同时，由于总人口增长特别是农村人口增长较快，城市化率提高较慢，低于世界城市化提高的速度。1952—1978 年间，中国的工业增加值占 GDP 比重由 17.6%上升至 44.1%，提高了 26.5 个百分点，但是城市化率却只有 17.9%，比 1952 年仅上升了 5.4 个百分点，城市化大大滞后于工业化。

这是由于中国走了一条资金密集、资源密集的国家工业化、城市化道路，对广大农村人口参与工业化产生了排斥效应，不但大大阻碍了中国城市化的进程，更大大强化了原已形成的二元经济结构。第一，从 1957 年全国耕地面积达到历史最高峰之后，人口增长、耕地减少的逆向发展，激化了人口与资源的矛盾，人均耕地面积由 1957 年的 2.59 亩下降至 1978 年的 1.55 亩，每个农业劳动力耕地面积由 8.69 亩下降至 5.26 亩。第二，由于资本量主要投入于工业，工、农业部门的劳动生产率差距不断扩大，按第二产业（工业和建筑业）与农业生产率的相对差距计算，由 1952 年的 4.6 倍扩大至 1978 年的 9.8 倍。第三，对现代经济部门工人以及城市居民提供良好的社会福利和保障制度，形成典型的“一国两制”。第四，人为限制农业劳动力向非农产业转移以及农村人口向城市迁移。①

城乡人口及劳动力隔绝的制度障碍造成了巨大的机会成本。我国在城乡间采取的“一个国家，两种制度”的制度安排导致城乡劳动力不能自由流动，造成了巨大的制度性机会成本。在乡村，40%以上的农业劳动力处于闲置状态。

① 1964 年，国务院批转了公安部《关于户口迁移政策的规定》，要求对人口城镇化进行严加控制，除了极少数招工、升学和解决两地分居、照顾生活等特殊情况外，农民进城和人口流动被严格控制。

这种制度性障碍构成三类机会成本：从供给的角度讲，是产出的机会成本，这是指剩余农业劳动力的存在对农业总产出没有贡献，如果这部分劳动力转移到非农业将对全国总产出（GDP）有贡献，工业农业两个部门的效率都被人为压低，由于大量剩余劳动力的存在，压低了农业部门的劳动效率，而在资本密集的工业部门，由于劳动力不足，资本利用低，压低了工业部门的劳动效率；从需求的角度讲，是消费的机会成本，如果这部分劳动力转移到城镇对全国总需求会有贡献；更为重要的是巨大的社会成本，由于政府对农村劳动力采取了严格限制流动的措施，对城乡采取了不同的社会福利政策，造成农村存在大量的剩余农村劳动力，扩大了城乡生活差距，强化了城镇与乡村相互分割的二元经济与社会结构。

15.2.2　从二元结构到三元结构

改革开放之后，中国的城乡结构开始从二元结构转变为三元结构，这也带动了中国城镇化的高速发展。促进这一转变的第一个因素就是乡镇企业的兴起。正是乡镇企业的出现，使得中国社会在原有的城乡二元结构的基础上出现了第三个经济结构——农村工业成分，为中国农村人口城镇化、生产非农业化提供了一条新的渠道。

如果说中国农村改革第一大发明是家庭联产承包制的话，那么第二大发明则是乡镇企业的异军突起。① 如前所述，50 年代以来中国的工业化是国家工业化，即国家发动、国家主导、国家投资、以国有经济为主体的工业化，排斥了民间参与、非国有经济参与。同时中国的工业化也是城市工业化，即以城市为主导、为主体，又排斥了农村工业化和农民的参与。改革开放以来，乡镇企业异军突起，使中国农民找到了一条参与工业化的现实途径，从而彻底改变了中国工业化的发展模式。② 邓小平把乡镇企业和家庭联产承包责任制视为广大农民的发明，是群众的智慧、集体的智慧。③

可以说中国农村的工业化是毛泽东时代播的种，邓小平时代种的树，我们今天开始收获。

1958 年毛泽东强调人民公社也要搞工业，发动了农村工业化。1958 年 12

---

① 邓小平讲，农村改革中，我们完全没有预料到的最大的收获，就是乡镇企业发展起来了，突然冒出搞多种行业，搞商品经济，搞各种小型企业，异军突起。参见《邓小平文选》，1 版，第 3 卷，北京，人民出版社，1993。

② 参见董辅礽主编：《中华人民共和国经济史》下卷，207 页，北京，经济科学出版社，1999。

③ 参见中央文献研究室编：《邓小平年谱（1975—1997）》下册，北京，中央文献出版社，2004。

月，《中共中央关于人民公社若干问题的决议》提出人民公社大办工业，逐步把适当数量的劳动力从农业方面转到工业方面。[①] 但是随着“大跃进”的失败，第一次农村工业化也随之失败。

70年代初，乡镇企业的前身——社队企业就有了一定的发展。1970年全国社队企业的工业产值为67.6亿元，到1974年增长至151亿元，到1978年达到385亿元。[②] 这是第二次农村工业化，也为第三次农村工业化奠定了重要基础。

1979年之后，社队企业才进入高速增长期，形成了第三次农村工业化高潮。1980年社队企业工业总产值为528亿元，为1970年的7.8倍。1984年人民公社解体后，中共中央1号文件将社队企业改称乡镇企业，包括乡镇办、村（民小组）办、联户（合作）办、（个体私营）户办四类企业。称“乡镇企业已成为国民经济的一支重要力量”，是“农业生产的重要支柱”，是“国家财政税收新的重要来源”，是“广大农民群众走向共同富裕的重要途径”。由此中国从国家工业化转向国家与私人共同发动工业化，由城市工业化转向城乡共同发动工业化。

80年代乡镇企业的特点是：市场化程度提高，自主经营，自负盈亏，以市场为导向；企业规模小，以劳动密集型为主，有效地创造就业和吸纳农村劳动力；生产成本低，经营灵活，具有较强的市场竞争力；技术手段相对落后；资源消耗高，污染问题十分突出；产权所属相对模糊，受到当地政府（主要是乡镇政府）人为控制，“政企不分”。尽管如此，乡镇企业有着较强的生命力，在市场竞争中迅速发展。

乡镇企业吸引了大量的农村劳动力，农业劳动力“离土不离乡”，就地转化为产业劳动力，引发农村社会出现了新的经济活力，为国民经济发展和创造就业做出了巨大贡献。从长期看，乡镇企业也成为中国劳动力的一个大蓄水池。1978年乡镇企业就业人数为2 826.56万；1985年为6 979.03万，占乡村就业人数比重的18.8%，占全社会就业人数的14.0%；到1988年更是达到9 545.46万，占农村劳动力总数的19.51%。

乡镇企业继续蓬勃发展，在国民经济中的地位越来越重要。1978年，乡镇企业增加值为209.39亿元，并于1989年超过农业增加值，到1990年达到2 504.42亿元，超过农业增加值的50%，占全国GDP的近13.5%。

乡镇企业迅速参与到全球化之中，1986年出口交货值占出口额的比重达到

---

① 参见中共中央文献研究室编：《建国以来重要文献选编》，第11册，529～530页，北京，中央文献出版社，1995。

② 参见何康主编：《中国的乡镇企业》，28～31页，北京，中国农业出版社，2004。

了9.2%，到1990年达到了16.3%，1995达到43.3%，2001年达到43.6%，随后有所下降，到2004年仍然为34.5%（见表15—5），这也解释了中国为什么能够成为劳动密集型出口产品第一大国。中国是世界上南方国家参与全球化中的少数成功者，先是从全球化的边缘化者到参与者，第二步是成为竞争者。中国有大量的农民工加入全球化，成为中国竞争力的重要来源，同样他们也成为中国改革开放的受益者。

表15—5　　乡镇企业在国民经济中的地位变化（1978—2009年）（%）

年份	占全社会就业人数比重	占乡村就业人数比重	乡镇企业增加值占GDP比重	出口交货值占出口额比重
1978	7.0	9.2	5.8	
1985	14.0	18.8	8.6	9.2（1986年）
1990	14.3	19.4	13.5	16.3
1995	18.9	26.2	24.0	43.3
2000	17.8	26.2	27.4	43.0
2005	18.8	29.4	27.3	34.5（2004年）
2009	20.0	33.3	26.7（2008年）	

资料来源：农业部编：《新中国农业60年统计资料》，北京，中国农业出版社，2009；国家统计局编：《中国统计年鉴2007》，北京，中国统计出版社，2007；何康主编：《中国的乡镇企业》，218页，北京，中国农业出版社，2004；国家统计局国民经济综合统计司编：《新中国五十五年统计资料汇编》，6页，北京，中国统计出版社，2005；国家统计局：《中国统计摘要2010》，46页，北京，中国统计出版社，2010。

发展乡镇企业的重要历史意义是：在"一国两制"城乡分割条件下，在农村地区发动工业化、推动工业化，通过加入区域性、全国性乃至国际性市场分工与竞争，提高了农村经济的分工水平，促进了专业化和商品化，加速了农村劳动力从农业部门向非农业产业转移，在改造传统农业、促进农村与城市经济联系、提高非农经济收入等方面，起着积极的作用。

同时乡镇企业本身也在不断发展和升级，从原先的低附加值、高污染不断发展为更高附加值、更加绿色的企业，并融入民营企业的大集体，成为中国民营企业迅速发展的一个重要来源，这也表明四元结构中重要一元的乡镇企业，已经逐步融入城乡一体化的一元结构之中。

15.2.3　从三元结构到四元结构

改革开放之初，城乡分割的劳动力市场和就业体制就已经松动，出现了农村劳动力自发地开始向城市流动。1984年，政府允许务工、经商等从事服务业的农民自带口粮在城镇落户，意味着计划经济长期构建的城乡分割开始打破。

但从总体上来看，在整个 80 年代，城乡分割的政策虽有所松动，但对于农村剩余劳动力的流动仍然采取严格控制的政策。已有农民进城务工，但数量有限，城镇的主要就业仍为正规就业，主要经济成分为以国有、集体企业以及新兴正规企业（外资、股份制、港澳台资投资企业）为主的正规经济部门。

直到 90 年代，农民工政策开始由允许转为鼓励，这促进了农村剩余劳动力快速向城镇转移，使得城市在发展过程中获得了源源不断的廉价劳动力，同时也形成了城镇经济和城镇就业的非正规部门。可以说，农村劳动力转移成为城乡转型的一支“用脚投票”的日益壮大的生力军。中国这一大规模的“农民工进城现象”，不仅是中国也是人类历史上具有特殊意义的重大事件。农民向城市流动、迁移和农业劳动力向非农业转移是中国工业化、城市化和现代化的基本途径，是历史发展的必然趋势。

农民工成为城镇建设的生力军。2012 年农民工总数达到 2.6 亿，其中外出农民工比例为 62.2%，已经成为中国制造业、建筑业、服务业等行业的主要劳动大军。同时，这一劳动大军已经具有中等的人力资本积累，平均文化程度达到初中毕业水平，为 9.3 年左右，特别是 30 岁以下的青年农民工平均受教育年限已经达到 10.3 年左右（见表 15—6），不但明显高于农村人口中非农民工平均受教育年限（为 7.6 年），也明显高于全国人口平均受教育年限（2010 年为 9.0 年）。此外，相当比例的农民工接受过职业培训，2012 年接受过农业技术培训的占 10.7%，接受过非农职业技能培训的占 25.6%。

表 15—6　　农民人口的文化程度构成（2012 年）（%）

	非农民工	全部农民工	本地农民工	外出农民工	30 岁以下青年农民工
不识字或识字很少	8.3	1.5	2.0	1.0	0.3
小学	33.8	14.3	18.4	10.5	5.5
初中	47.0	60.5	58.9	62.0	57.8
高中	8.0	13.3	13.8	12.8	14.7
中专	1.5	4.7	3.3	5.9	9.1
大专及以上	1.4	5.7	3.6	7.8	12.6
平均受教育年限	7.6	9.3	9.0	9.6	10.3

资料来源：国家统计局：《2012 年全国农民工监测调查报告》，其中平均受教育年限系作者根据报告中不同受教育程度人群所占比例估算（小学学历按 6 年计算，初中学历按 9 年计算，高中、中专学历按 12 年计算，大专及以上学历按 15 年计算）。

农民工收入快速增长，2008 年农民工收入为 1 340 元/月，到 2012 年已经达到 2 290 元/月，这也促进了农村居民工资性收入的快速增长，到 2012 年占总收入的比重已经达到31.4%。大多数农民工已具有较长的城市务工经历，平均已接近9年，其中90年代开始进城务工者达74%。农民工在劳动力市场具有较强的流动性和竞争性，平均劳动工作次数超过2次。农民工既是有活力的劳动大军，也是城镇人口的重要组成部分，但是“名实不符”，他们中的相当多数人没有包括在城市登记人口统计中，也被排斥在享有公共服务之外（见表15—7）。

表15—7　　农民工基本情况（2008—2012年）

项目	2008年	2009年	2010年	2011年	2012年
农民工总数（万人）	22 542	22 978	24 223	25 278	26 261
外出农民工比例（%）	62.3	63.2	63.3	62.8	62.2
青年职工（16～30岁）比例（%）	46.0	44.3	42.4	39.0	36.8
平均受教育年限（年）		9.39	9.43	9.28	9.32
接受非农职业技能培训的比例（%）				26.2	25.6
参加工伤保险比例（%）	24.1	21.8	24.1	23.6	24.0
农民工收入（元/月）	1 340	1 417	1 690	2 049	2 290
农村居民工资性收入占总收入比重（%）		29.0	29.9	30.1	31.4

资料来源：国家统计局：《2012年全国农民工监测调查报告》。

中国经济从二元结构向四元结构转变共经历了两个阶段：一是农村的工业化，体现为农村社会总产值和GDP中非农产业比重上升，农村劳动力中非农产业劳动力比重上升；二是农村劳动力和农村人口向城市迁移，反映出城镇以农民工为主的非正规经济增加值比重和就业比重上升。这两个效应叠加在一起，就使得城乡“二元结构”发展为“三元结构”，进而又发展为“四元结构”。即在原有的农村农业社会和城市工业社会基础上，增加了由农村工业化带来的农村工业部门，以及由农村剩余劳动力向城市转移而造成的城市非正规经济部门。

改革开放之初，中国总体上是一个城镇正规经济和农村农业经济二元对立的经济结构。城镇正规经济的比重达到66%，农村农业经济的比重达到28%，二者总和达到了94%；改革开放之后，农村非农业经济和城镇非正规经济迅速发展，成为四元并存的结构，到2011年城镇非正规经济和城镇正规经济增加值占GDP比重已经旗鼓相当，比重都为36.5%，农村非农业增加值比重占GDP比重为18.9%，远超过农村农业10.0%的比重（见图15—2）。

由此可知，中国经济社会发展和转型的道路大大地超越了发展经济学的二元经济理论预期：从发展中国家并存的二元结构，即农村中的传统生产方式为

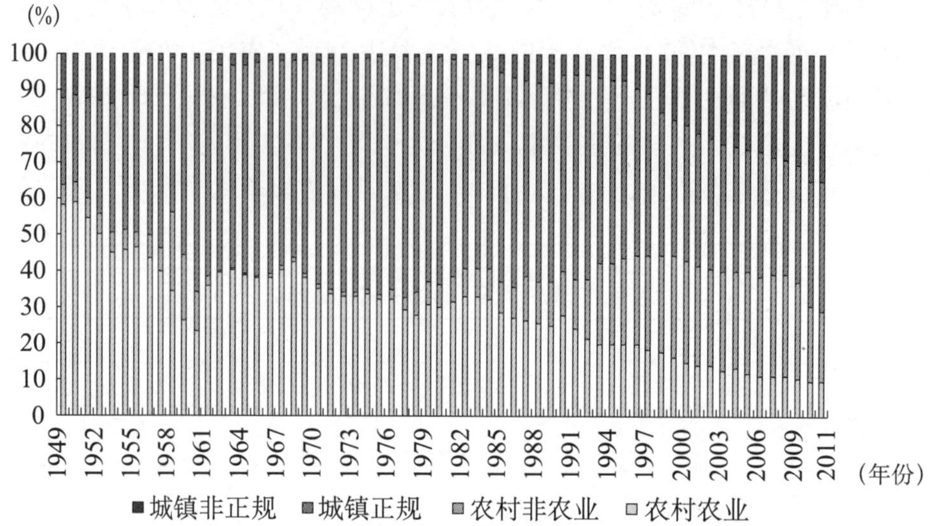

图 15—2　GDP 结构：从二元结构到四元结构（1949—2011 年）

注：按当年价格计算。

主的农业和城市中以制造业为主的现代部门，随着农业剩余劳动力的非农化转移（自发地）促使二元结构逐步消减。中国却独辟蹊径，从城乡二元结构，走向"三元结构"，进而又走向"四元结构"，最终通过"四化同步"才能实现城乡乃至全社会一体化，使中国社会及全体人民更加现代化。

15.3　中国超大规模城镇化

从世界城市化的历史发展过程来看，中国城市化发展至少有几大特点：中国不仅是工业化的后来者，也是城市化的后来者；不仅是工业化的追赶者，也是城市化的追赶者；中国不仅在实现工业化方面具有后发优势（也就是所谓的"新型工业化"），也在城市化方面具有后发优势（也就是所谓的"新型城市化"）。所谓新型城市化就是构建以人为本的社会主义"和谐城市"，而不能像许多发展中国家特别是人口众多的国家，在少数城市中形成大量的贫民窟。①

中国的城镇化是人类历史上最大规模、最快速度的人口迁移过程和经济社

① 据联合国最新统计数字显示，印度的贫民窟人口达到了 1.7 亿，其中孟买最多，为 1 100 万，占到该城市总人口的 2/3。另据巴西人口研究部门统计，约有 650 万巴西人生活在近 4 000 个贫民窟中。参见张川杜等：《在发达国家成动荡祸根　贫民窟困扰世界各国》，载《环球时报》，2006 - 08 - 19。

会变迁过程，中国不但顺利推进了这一过程，同时也成功避免了剧烈的社会动荡和发展中国家普遍出现的大规模贫民窟的问题，走出了一条有中国特色的城镇化新路。

15.3.1　人类历史上最为迅速的城镇化过程

改革开放以来，中国进入一个快速城镇化时期。随着经济的快速发展和人口流动限制的逐步取消，中国城镇化率迅速提高，1978 年中国城镇化率仅为 17.9%，到 2000 年就达到了 36%，到 2011 年城市人口超过农村人口，城镇化率达到 51.3%，2012 年城镇化率达到了 52.6%，已经超过了“十二五”规划的 51.5%目标值，1978—2012 年间城镇化率提高了 34.7 个百分点，平均每年提高 1 个百分点，同期世界城市化水平每年只提高 0.4 个百分点。

印度人口国情与中国类似，都是发展中的大国、人口规模巨大的国家，城市化进程复杂，农业剩余劳动力规模巨大，城市吸纳就业压力巨大，同样面临着大多数国家所不可能面临的城市化问题和难题，中印两国的城市发展更具有可比性。印度城市化率在 1950 年为 17%，高于中国的 11%；到 1980 年增长至 23.1%，同样高于中国（为 19.4%）。但之后，印度的城市化进展仍然比较缓慢，到 2010 年仅为 30%，而中国则已接近 50%。可见，改革开放以前，印度与中国的城市化进程缓慢；改革开放之后，中国的城镇化加速，印度的城市化速度远远低于中国。

与发达国家的城市化历史相比，中国进入城镇化加速期要早得多，也要快得多，进入加速期的起点远低于西欧的水平（30%），同时加速期的城镇化速度远高于西欧国家，每年提高 1%，西欧每年提高 0.48%。中国大体上花 80 年左右的时间就可以完成这一过程，1949—1980 处于起步期，到 1980 年以后就开始进入快速增长期，大体在 2030 年左右城镇化水平就达到 70%以上，开始进入成熟期。西欧的城市化从起步到演变成一个成熟的都市化社会大体花了 160 多年，起步期，大体经历了 70 年时间（1820 年为 12.3%，1890 年为 31%），加速阶段，大体经历了 85 年时间（1975 年达到了 72.3%）。中国从 20%到 50%、进而到 70%，则仅使用或者将使用 30 年和 19 年。英国、美国、法国的城市化，在从 20%左右增长至 50%的水平分别大致经历了 100 年、60 年和 65 年，从 50%到 70%的阶段分别大致经历了 40 年、40 年和 38 年（见表 15—8）。

表 15—8　主要国家城市化进程

	10%左右	20%左右	50%左右	70%左右
英国	1600 年（10.8%）	1750 年（21%）	1851 年（51%）	1891 年（72%）
		约 150 年	约 100 年	约 40 年
美国	1830 年（8.8%）	1860 年（19.8%）	1920 年（51.2%）	1960 年（70%）
		约 30 年	约 60 年	约 40 年
德国	1600 年（8.5%）	1871 年（36.1%）	1900 年（54.4%）	1960 年（71%）
			约 29 年	约 60 年
法国	1600 年（10.8%）	1866 年(17.37%)	1931 年(50.84%)	1969 年（70%）
			约 65 年	约 38 年
日本	1898 年（12%）	1918 年（19%）	1950 年（53.4%）	1968 年（70%）
		20 年以上	约 30 年	约 18 年
韩国	1940 年（10.1%）	1950 年（21.4%）	1976 年（50%）	1988 年（70%）
		10 年	26 年	12 年
巴西		1950 年（36.2%）	1964 年（50%）	1985 年（70%）
			14 年以上	21 年
印度	1901 年（11%）	1969 年（20%）	2050 年（51.7%）	
		约 68 年	81 年	
中国	1949 年（10.6%）	1981 年（20%）	2011 年（51.3%）	2030 年（70%）
		32 年	30 年	19 年

注：各国城市化率，1950—2030 年来自 World Urbanization Prospects：The 2011 Revision（1950－2050）和世行数据库 databank. worldbank. org；1950 年以前来自作者的收集整理。

15.3.2　人类历史上最大规模的城镇化

中国的城镇化是人类历史上最大规模的人口从乡村向城市转移的过程。据世界银行估计，世界农村人口在 2020 年左右达到最高峰，而后下降，从不同的国家来看，东亚国家在 90 年代初期开始下降。[①] 中国是世界发展中国家中率先出现农村人口、农业劳动力绝对数大幅度下降的国家之一。1995 年农村人口达到最高（85 947 万人），随后开始下降，2002 年为 78 241 万人，年均下降 1 100万人，2002 年以后进一步下降，2002—2006 年间下降 4 500 万人，年均下降 1 125 万人。农业劳动力 1991 年达到最高（39 098 万人），随后持续下降，2002 年为 36 870 万人，年均下降 203 万人，2002 年以后大幅度下降，2006 年为 32 561 万人，2002—2006 年间下降 4 309 万人，年均下降 1 077 万人。

① 参见世界银行：《2008 年世界发展报告：以农业促进发展》，29 页，北京，清华大学出版社，2008。

按照世界银行的数据①，印度农村人口还在持续增加，并于2004年超过中国，成为世界农村人口第一大国，2004年印度农村人口数为7.72亿，占总人口比重的71.3%；中国为7.57亿，占总人口比重的53.0%。我们估计中国农村人口会继续下降，到2020年将减少到5.88亿左右，印度的农村人口还将持续上升，两者差距进一步扩大。

中国城镇人口1960年以来就持续上升，1975年达到1.6亿，超过美国成为城镇人口第一大国，2005年中国城镇人口达到5.62亿，比位居第二的印度多2.13亿，2007年中国城镇人口达到了5.94亿，2012年中国城镇人口达到了7.1亿，是美国总人口的两倍多，这对中国的基本国情产生了重大且深远的影响。尽管目前中国仍然是世界总人口最多的国家，也是城镇人口最多的国家(是印度的1.68倍)，但农村人口已居世界第二位，排在印度之后。到2030年中国的城镇人口预计将达到9亿多，占世界的比重达到22.9%，相当于3倍的美国总人口。同时，中国城镇化过程，也是和美国相对差距不断缩小的过程，1950年为53.0个百分点，1980年进一步扩大为54.3个百分点，到2012年已经缩小为30.4个百分点（见表15—9）。

表15—9　　中美城镇化指标比较（1950—2012年）

年份	城镇人口（百万）			城镇化率（%）			占世界城镇人口比重（%）	
	中国	美国	中国/美国	中国	美国	两者之差	中国	美国
1950	61.7	101.2	0.61	11.2	64.2	53.0	8.37	13.74
1960	130.7	130.3	1.00	19.7	70.0	50.3	13.12	13.08
1970	144.2	154.6	0.93	17.4	73.6	56.2	10.83	11.61
1980	191.4	170.3	1.12	19.4	73.7	54.3	11.00	9.78
1990	302.0	192.8	1.57	26.4	75.3	48.9	13.28	8.48
2000	459.1	225.3	2.04	36.2	79.1	42.9	16.09	7.90
2010	665.6	259.0	2.57	49.7	82.3	32.6	19.05	7.41
2012	711.8	263	2.71	52.6	83	30.4	19.7	7.3

资料来源：国家统计局编：《中国统计年鉴2010》，北京，中国统计出版社，2010；国家统计局：《第四次人口普查公报》；UN Department of Economic and Social Affairs，World Urbanization Prospects：The 2008 Revision；2012年中国数据来自国家统计局编：《中国统计摘要2013》，北京，中国统计出版社，2013；美国和世界数据系作者根据CIA factbook 2013年数据估算。

中国的城镇化也是人类历史上最大规模的大型城镇化。改革开放之前的城镇化主要是小城镇化和大城市同步推进的过程，1950年100万以上人口城

① 中国数据系《中国统计摘要》与《中国人口统计年鉴》数据。

市共8个，人口比重只有23.6%，没有500万以上人口城市；到1980年100万以上人口城市发展为20个，其中100万到500万的18个，500万至1 000万的2个，没有1 000万以上人口城市，人口比重仍然只有23.5%。改革开放以后，出现了明显的向大型城市聚集趋势，到2010年100万以上人口城市已经达到了94个，其中100万到500万的80个，500万至1 000万的10个，1 000万的4个，人口比重已经上升到41.8%，预计到2020年将占总城镇人口的一半。

从国际比较来看，2010年，中国1 000万人口以上的城市人口占世界比重为15.7%，500万至1 000万人口的城市人口占世界比重为25.8%，100万至500万人口的城市人口占世界比重为20.0%。2010年，中国1 000万人口以上的城市人口比重为8.4%，接近世界的平均水平（为9.9%）；500万至1 000万人口的城市人口比重为10.4%，明显高于世界平均水平（为7.5%）；100万至500万人口的城市人口比重为23.0%，也明显高于世界平均水平（为21.4%）。这表明虽然中国的城镇化水平大体上刚达到世界平均水平，但是大型城市的聚集程度却明显高于世界平均水平（见表15—10）。

中国处于城市群化加速期。城镇化不但表现为城镇人口比重上升，还表现为人口向大城市群集中，这称为集聚效应，但是集聚到一定程度会出现分散效应，美国居住在75万以上人口大城市人口的比重在1950—1970年处于一个加速上升的阶段，1970年以后就开始进入缓慢上升阶段，现在已经处于平台期，未来将开始缓慢下降。

表15—10　　中国不同数量级城市人口（1950—2020年）

	人口数量级	1950年	1960年	1970年	1980年	1990年	2000年	2010年	2020年
占城镇总人口比重（%）	1 000万及以上	—	—	—	—	—	5.3	8.4	13.0
	500万至1 000万	—	6.4	4.3	6.0	4.8	7.6	10.4	9.3
	100万至500万	23.6	19.8	19.7	17.5	19.8	24.5	23.0	27.9
	50万至100万	10.9	9.6	12.6	12.1	8.8	13.2	14.6	16.4
	50万以下	65.6	64.2	63.5	64.4	66.5	49.4	43.6	33.3
占世界比重（%）	1 000万及以上	0.0	0.0	0.0	0.0	0.0	9.9	15.7	19.7
	500万至1 000万	0.0	10.5	5.6	8.0	10.3	18.4	25.8	24.3
	100万至500万	11.9	12.2	11.4	10.0	13.2	18.7	20.0	23.6
	50万至100万	10.3	11.4	14.0	13.7	13.0	22.3	27.2	30.9
	50万以下	8.5	10.4	10.8	11.8	15.1	14.4	15.8	14.4

续前表

	人口数量级	1950年	1960年	1970年	1980年	1990年	2000年	2010年	2020年
城镇数目(个)	1 000 万及以上	—	—	—	—	—	2	4	7
	500 万至 1 000 万	—	1	1	2	2	5	10	11
	100 万至 500 万	8	11	14	18	32	57	80	121
	50 万至 100 万	11	14	27	32	38	90	141	198

资料来源：Population Division of the Department of Economic and Social Affairs of the United Nations Secretariat，World Urbanization Prospects：The 2011 Revision。

15.3.3 成功避免了大规模的贫民窟

城市地区存在的“一个城市、两个世界”的二元结构是发展中国家普遍存在的一个社会现象。联合国人类居住署将贫民窟定义为：以低标准和贫穷为基本特征的高密度人口聚居区。当大量人口从农村聚集到城市时，他们占据了无人的空地，在上面盖住宅，并配套建起简易的市政基础设施，包括马路、下水道、供水供电线路等。[①]

贫民窟被称为“城市的伤疤”，是城市化的一个副产品。在历史上，一批最早实现工业化的发达国家也同样存在失地农民流入城市，城市存在较多贫民人口。不过，随着工业化和城市化的进一步发展，最终能够实现经济与社会转型。与中国类似存在农村工业的国家，例如英国的原始工业化（proto-industrialization）[②] 和日本的农村工业[③]，剩余劳动力转移经历从乡村工业向城市转移的转型。在当代其他发展中国家，由于在农村没有工业化（仅有少量的非农就业），无法为失去土地的农民或农业劳动力提供非农就业岗位，因而涌入城市，成为无业人员，集聚在大量的贫民窟里。在当代发展中国家，贫民窟现象普遍存在，在印度和拉美国家尤为突出。

印度虽然城市化水平不高，但大城市病却十分严重，一方面孟买、加尔各答和新德里等城市人口早就超过千万，成为世界超大城市，另一方面这些城市

---

① 贫民窟在不同国家称谓不同，例如“非法棚户区”（squatter）、“失控的城市外围聚落”（uncontrolled peripheral settlement）。在拉丁美洲，称为城郊棚户区（favelas）、单层简易房（ranchos）、殖民无产者聚居地（coloniasproletarias）；在北美，称为简陋棚户区（bidonvilles 或者 gourbivilles）；在印度，被称为棚户区（bustees）；等等。参见［美］布莱恩·贝利：《比较城市化——20 世纪的不同道路》，87 页，北京，商务印书馆，2008。

② Franklin F. Mendels，“Proto-industrialization：The First Phase of the Industrialization Process，” *The Journal of Economic History*，1972，32（1）.

③ 参见周维宏：《农村工业化论：从日本看中国》，北京，中国社会科学出版社，2007。

过分拥挤、房价畸高，导致贫民窟不断蔓延。据估计，各大城市贫民窟人口规模都十分巨大，新德里达 326 万、孟买达 585 万、加尔各答达 431 万。[①] 总体上，印度 1990 年贫民窟人口达 1.3 亿，到 2001 年升至 1.58 亿，在 2005 年降至 1.1 亿，但规模已经非常巨大。[②] 这些贫民窟缺水、缺电、卫生条件极差。破烂的贫民窟与现代化的高楼大厦毗邻，有如这些现代城市的满脸“疮疤”，几乎分布在整个城市的各个角落。

拉美国家城市化水平过高，平均水平达到 80%，甚至高于发达国家平均水平，其城市贫民窟问题也非常严重。根据联合国（UN-Habitat）数据显示，拉美和加勒比地区城市贫民窟人口规模虽然有所下降，但依然较大。1990 年巴西、墨西哥和阿根廷三国城市贫民窟人口比重分别达到 45%、23%和 30%，到 2005 年下降至 28.9%、14.4%和 26.2%。一些小国的贫民窟人口占城市人口比重依然超过 50%，例如玻利维亚（50.4%）、海地（70.1%）、牙买加（60.5%）。[③] 到了 2007 年，巴西、墨西哥和阿根廷的贫民窟居民占城市人口比重，依然高达 28%、14.4%和 23.5%。[④]

与绝大多数发展中人口大国城市化所不同的是，中国城镇化没有出现大规模的贫民窟。在现代化的过程中，中国形成了更为复杂、更为独特的经济社会结构，即由农村农业、农村非农业、城镇正规与非正规四大部门组成的四元结构。面临着新的经济社会分化的四元结构，虽然中国的确也存在一定规模的贫民窟，即不能得到饮水、卫生、保障、住房等条件的城市居民比例达 31%（2007 年）。但是，中国城市中非正规就业人群的居住条件和环境，与印度、巴西等国的“棚户”还是有较大的不同。中国在农村地区发动工业化、创造大量的乡镇企业，成为非农产业的蓄水池，为剩余农业劳动力的转移提供了重要就业渠道，分解了农村剩余劳动力向城市的直接涌入，避免了大规模贫民窟的形成。另外，正在进行的城乡基本公共服务均等化将进一步消除贫民窟的形成因素。例如，农民参加全国基本养老保险比重，在过去 5 年内得到了迅速的发展，参保比例从 2006 年 7.6%提高到 2011 年的 14.6%；2011 年，农民工参加医疗保险人数达到 4 641 万。因此，中国在迅速城镇化的过程中，虽然也面临城市内部的社会分化和二元结构，但并没有出现大规模的贫民窟问题。综合来看，中国的城镇化之路不仅不同于欧美发达国家，也不同于当代拉美、印度等发展中国家；相比而言，中国走出了一条工业化与城市化相对协调发展之路。

---

① 参见徐和平：《经济发展中的大国城市化模式比较研究》，202 页，北京，人民出版社，2011。

②③ UN-Habitat, Database Urban Indicators, http: //www. unhabitat. org/stats/Default. aspx.

④ 根据联合国 2011 年《全球人类居住报告》数据，2007 年中国的贫民窟人口占城市人口比重为 31%。我们认为这高估了中国的贫民窟人口比重。

15.4　四化同步破解四元结构

15.4.1　从两化到四化同步破解四元结构

如何破解当今中国经济社会的四元结构？如何促进四元结构进一步转化为现代社会的一体化？经过60多年新中国的社会主义现代化建设实践，特别是改革开放30多年的探索，我们已经找到破解这一发展难题的“中国道路”，即“四化同步”的基本思路。2012年党的十八大报告指出，坚持走中国特色新型工业化、信息化、城镇化、农业现代化道路，推动信息化和工业化深度融合、工业化和城镇化良性互动、城镇化和农业现代化相互协调，促进工业化、信息化、城镇化、农业现代化同步发展。未来的发展方向和政策议程就是经济社会一体化、城乡一体化、城市内部一体化，这是四元结构的发展方向和基本趋势，也是破解四元结构的政策途径。这就要求形成以工促农、以城带乡、工农互惠、城乡一体的新型工业化和城镇化，并在工业化和城镇化良性互动的基础上，推动信息化和工业化深度融合，推动农业现代化和城镇化相互协调发展。

继续推进工业化就是要使工业化继续成为城镇化的核心推动力，使工业化能够“武装”农业生产、促进农村发展，使工业和农业相互协调、共赢发展。这既包括提高农业机械化水平，提高农业劳动生产率；也包括发展农村乡镇企业，将乡镇企业导向规范的工业园镇，走上产业集群化道路，从而化解乡镇企业资本缺乏与技术不足、分布过散与配套设施不全等问题，形成产业集群效应。

推动信息化就是要以信息化带动工业化，以工业化促进信息化，使信息化成为推动工业化升级的核心力量，并为城镇化中城乡治理和社会管理提供信息平台。特别是，除了建设信息技术、信息基础设施等促进工业、农业、服务业外，还需充分利用信息化改造经济与社会、城镇与乡村各个方面，在引领工业化的同时，也要促进城乡治理和社会管理信息化，加速提高人们的生活设施、生活质量，充分发挥后发优势，尽早实现跨越式发展。

农业现代化就是要通过工业化和信息化改造传统农业，促进农业的现代化转型，使农业劳动生产率大幅度提高，进一步“挤出”农业剩余劳动力，为工业、服务业和城镇化提供充足的劳动力“蓄水池”。

四化同步破解四元结构，就是要形成以工促农、以城带乡、工农互惠、城乡一体的新型工业化和城镇化，并在工业化和城镇化良性互动的基础上，推动信息化和工业化深度融合，推动农业现代化和城镇化相互协调发展。四化同步破解四元结构落实在城镇化相关政策上，就是要进一步推进农业现代化、农村工业化、农民工市民化和基本公共服务均等化。

农业现代化主要是指现代农业要素的增加和集聚，农业劳动生产率的大幅度提高。这将进一步促进农业劳动力转移，使得农业劳动力比重进一步下降。届时，资本要素取代农业要素。这要求，一是保证主要农产品生产能力，二是提高单位农业资源产出量，三是提高农业生产率，四是进一步减少劳动力。从与中等收入平均水平和世界平均水平的劳动生产率追赶指数来看①，1990 年追赶指数分别为 0.34 和 0.54，到 2010 年上升至 0.51 和 0.68。

农村工业化就是要继续发展乡镇企业，支持返乡农民工创业，提高农民家庭的非农收入。1990 年农村居民家庭总收入中，家庭经营收入、工资性收入、财产性收入和转移性收入分别占 82.3%、14.0%、3.6%和 0.0%，到 2012 年分别占 58.8%、31.4%、2.3%和 7.6%。可见，工资性收入和转移性收入有较大提高。鼓励农民从事其他非农活动，就是要提高农村家庭工资收入或者其他非传统农业收入比重，率先实现农民“脱农”，并将农民纳入到现代生产生活体系中。当然，农村家庭非农收入不仅包括乡镇企业打工收入，也包括进城甚至跨地区务工收入。

农民工市民化就是使城镇进城务工的农民工能够真正“乐业”又“安居”，平等享有公共服务，在劳动报酬、劳动时间、节假日安排和工作条件等方面享有同等权利，努力实现城镇基本公共服务常住人口全覆盖。2011 年，我国城镇化率已达到 51%；与此同时，户籍人口的城镇化率却只有 35%。稳步推进农民工市民化，就需要加快改革户籍制度，有序推进农业转移人口市民化，把符合落户条件的农业转移人口逐步转为城镇居民作为推进城镇化的重要任务，避免大规模贫民窟的出现，逐步改变城镇内部的二元结构。因此要把符合落户条件的农业转移人口逐步转变为城镇居民，对农民工提供就业援助、技能培训等公共服务，提高养老保险、医疗保险、工伤保险和失业保险等社会保障的覆盖率。

向城乡人民提供公共服务是各级政府的基本职能（见专栏 15—1）。基本公共服务均等化就需要继续推进城乡经济社会发展一体化，逐步完善符合国情、比较完整、覆盖国情的基本公共服务体系，加快形成政府主导、覆盖城乡、可持续的基本公共服务体系。城乡居民在收入、社会保障、公共服务等方面的差距依然巨大。大力推进城乡基本公共服务均等化，就需要加大统筹城乡发展力

---

① 与中等收入平均水平的劳动生产率追赶指数等于中国的劳动生产率除以中等收入平均水平的劳动生产率（China/middle income）；同理，与世界平均水平的劳动生产率追赶指数等于中国的劳动生产率除以世界平均水平的劳动生产率（China/world）。本章追赶指数使用世界银行数据库相关数据计算。

度、加强社会建设、加大社会投入、改善社会管理，在教育、就业、收入、社保、健康等方面，使城乡居民能够真正平等享受基本公共服务，加快城乡生活水平和公共服务水平趋同。

专栏 15—1　公共服务与公共服务模式创新

公共服务包括基本公共服务与非基本公共服务。

基本公共服务是那些必须由政府提供给公众并靠公共财政保证的、不具有排他性的公共产品和服务，一般很难通过市场调节其供需或达到最佳效用，如公共教育、公共就业服务、社会保障、基本医疗卫生、基本住房保障、公共文化及残疾人服务等。

非基本公共服务是指那些可以由市场配置资源、按照产业化运作、由企业或生产者个人提供的公共服务。

目前世界各国在划分上没有完全一致的标准，我国在不同的发展阶段对于基本公共服务领域的划分也会有一些变化。

2013 年 9 月 26 日，国务院办公厅公布了《关于政府向社会力量购买服务的指导意见》，就是通过发挥市场机制作用，把政府直接向社会公众提供的一部分公共服务事项，按照一定的方式和程序，交由具备条件的社会力量承担，并由政府根据服务数量和质量向其支付费用。政府购买内容包括基本公共服务和非基本公共服务。由于我国区域间发展很不平衡，各地需求及社会力量承接服务的能力不尽相同，故不对全国统一的购买服务项目范围作规定。

今后仍需要政府进一步强化公共服务职能，创新公共服务供给模式，有效动员社会力量，构建多层次、多方式、多元化的公共服务供给体系，提供更加方便、快捷、优质、高效的公共服务。

15.4.2　城乡发展趋同

农业现代化、农村工业化、农民工市民化和基本公共服务均等化是城乡发展一体化的巨大驱动力，是四化同步发展的政策落实，也是破解四元结构的根本路径。城乡一体化是全方位的，既包括城镇乡村一体化，也包括城市内部一体化和农村内部一体化，即经济社会一体化、趋同化和现代化。十八大报告提出，要加大统筹城乡发展力度，逐步缩小城乡差距，促进城乡共同繁荣。因此，促进城乡发展趋同，需要缩小城乡收入差距、生活水平差距。

城乡居民收入差距趋同。由于城市和乡村在价格水平上存在较大差异，按照现价计算的城乡收入差距要明显高于按不变价计算的差距，按照不变价计算，改革开放以来，城乡居民收入差距最大的年份是 2009 年，达到 2.68 倍，低于按照现价计算的 3.3 倍。2010 年，农村人均纯收入增长速度在近年来首次超过城镇居民可支配收入，两者之比开始出现明显下降，到 2012 年以当年价计算已经缩小为 3.1 倍。在 2010—2030 年间，农村居民的收入增长速度将总体上高于城镇居民，城乡居民收入差距将继续呈下降趋势，按不变价计算的城乡收入差距在 2010 年为 2.67 倍，到 2012 年下降为 2.57 倍，2015 年下降到 2.5 倍，2020 年下降到 2.4 倍，2030 年有望降低到 2.2 倍左右，略低于改革之初的差异水平，届时，按现价计算，城镇居民可支配收入将接近 9 万元，农村居民纯收入接近 4 万元（见图 15—3）。

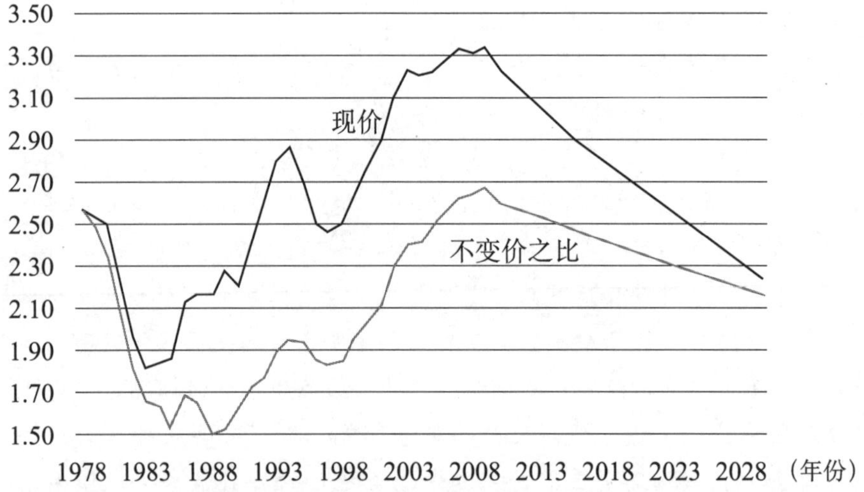

图 15—3 城镇居民可支配收入与农村居民纯收入之比（1978—2030 年）

资料来源：清华大学国情研究中心，胡鞍钢、鄢一龙、魏星执笔：《2030 中国：迈向共同富裕》，134 页，北京，中国人民大学出版社，2011。

城乡居民生活水平差异趋同。由于城乡地区价格水平不同，真正反映城乡差距的最好指标是恩格尔系数，它明显地小于城乡居民收入差距，从 1978 年以来，城乡居民恩格尔系数持续下降，且两者之间的差距不断缩小。城镇居民恩格尔系数在 2000 年首次下降到 40%以下，达到富裕的生活水平，农村居民恩格尔系数 2012 年为 39.3%，同样达到了富裕的生活水平，总体上从小康类型的消费结构进入到富裕类型的消费结构，城乡居民的生活品质有了明显的改善（见图 15—4）。

2012 年，城乡恩格尔系数的差距大约为 12 年，即农村恩格尔系数相当于

2000 年城镇恩格尔系数的水平，2020 年缩小为 7 年，2030 年缩小为 3 年。从具体的消费结构上看，城乡居民的食品、服装和家电等耐用消费品占总支出的比例不断下降，住房、医疗、教育、文化与娱乐领域的支出比重不断上升。

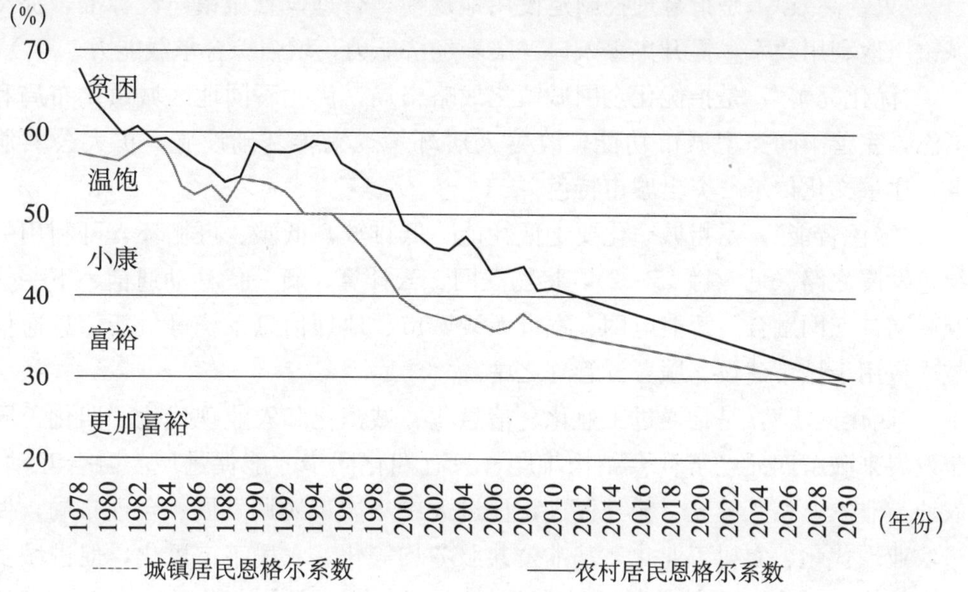

图 15—4　城乡居民恩格尔系数（1978—2030 年）

资料来源：清华大学国情研究中心，胡鞍钢、鄢一龙、魏星执笔：《2030 中国：迈向共同富裕》，135 页，北京，中国人民大学出版社，2011。

15. 4. 3　走新型城镇化之路

2007 年党的十七大报告首次提出："走中国特色城镇化道路，按照统筹城乡、布局合理、节约土地、功能完善、以大带小的原则，促进大中小城市和小城镇协调发展。以增强综合承载能力为重点，以特大城市为依托，形成辐射作用大的城市群，培育新的经济增长极。"这就明确了今后我国城镇化的基本方向、根本方针和主要任务。

新型城镇化道路就是破解城乡二元结构的过程，还是促进四元结构转向一元结构的必由之路。那么，什么是中国特色的城镇化道路呢？它的基本内涵是什么？这就是"以人为本、集约高效、优化完善、绿色智能、四化同步"的新型城镇化道路。

"以人为本"，是指在"尊重人民主体地位，发挥人民首创精神，保障人民各项权益，促进人的全面发展"，明确城镇化的实质是人的城镇化的要求下，在城镇化过程中切实保障人民群众的经济、政治和文化权益，让城镇化的成果惠及全体人民，即城镇化的最终目的是造福包括户籍人口和非户籍人口在内的人民大众。

“集约高效”，是指合理控制建设用地规模，合理设置城镇建设标准，提高城镇用地利用效率，提升集聚人口、集聚经济能力，增强综合承载能力。

“优化完善”，是指优化全国城镇化战略格局，优化不同地区城镇化布局和形态，完善不同类型城市功能，改善人居环境，完善基础设施，扩大公共服务，注重文化传承，突出城市特色。

“绿色智能”，是指城镇化要走低耗能、低排放、低碳、可循环、可利用的绿色发展之路（见专栏 15—2），将物联网、云计算、新一代移动通信、下一代互联网、三网融合、智能电网、宽带无线城市、地理信息系统等最新信息通信技术应用于城市建设、服务和管理之中。

“四化同步”，是指通过工业化、信息化、城镇化和农业现代化“四化”同步发展来破解四元经济社会结构难题，只有四化同步才能促进城乡融合互动，农业与非农业相互补充、相互促进，促进大中小城市协调发展、合理布局，促进农业现代化、农村工业化、基本公共服务均等化、农民工市民化，促进城乡四元结构向城乡一元结构转变，实现城乡一体化。这样才能不断缩小贫富差距、加强社会阶层流动，才能全面建成小康社会，真正实现“共同富裕”的社会主义现代化目标。

专栏 15—2 绿色城市建设

绿色能源：推进新能源示范城市建设和微电网示范工程建设，依托新能源示范城市建设分布式光伏发电示范区。加强绿色能源县建设。

绿色建筑：推进既有建筑供热计量和节能改造。新建筑设计阶段全部达到节能标准、施工阶段节能标准执行率不低于 95%。政府投资的公益建设和保障性住房全面执行绿色建筑标准。

绿色交通：加快发展新能源、小排量等环保型汽车，加快充电桩等配套设施建设，推进城市公共交通零排放。继续严格实行运营车辆燃料消耗量准入制度，加快淘汰黄标车。

绿色生活：在衣食住行游等方面，加快向简约适度、绿色低碳、文明节约方式转变。培育生态文化，引导绿色消费，推广节能环保型汽车、节能省地住宅。健全城市废旧商品回收体系和餐厨废弃物资源化利用体系，减少使用一次性产品，抑制商品过度包装。

15.5　小结：从城乡二元结构到城乡一体化

中国特色的城镇化是前无古人的伟大壮举。它既是人类历史上最大规模的农村人口向城市人口的迁移，又是人类前所未有的传统产业向现代产业的转型，更是空前伟大的传统生活方式向现代生活方式的转变。中国已经开创出一条别人没有走过的城镇化新路，未来中国的经济社会结构转型还将沿着中国特有的历史逻辑演变。未来数十年，中国的工业化、城镇化、信息化、农业现代化将更加协调、更加同步，经济社会一体化将基本实现，这为 2020 年全面建成小康社会，2050 年建成社会主义现代化国家的目标实现奠定决定性的基础。

中国的城镇化之路是非常独特的，它大大地不同于其他国家的城市化过程。在城镇化过程中，它先后经历了“二元”结构转向“三元”结构，“三元”结构转向“四元”结构，并最终由“四元”结构转向“一元”结构。中国花短短几十年时间完成了西方发达国家一二百年的历程，又避免了其他主要发展中国家出现的严重社会分化和大规模贫民窟问题，走上一条不以牺牲农业和粮食、生态和环境为代价，着眼农民，涵盖农村，通过促进经济社会一体化，由全体人民共享改革和发展成果、能够通向共同富裕的城镇化道路。

促进城乡一体化就要创新城乡发展，既发挥政府和市场两只手的作用，也发挥中央和地方两条腿的作用，既需要中央的政策引导、政策支持，也需要各个地方的不断创新、不断试验。加快完善城乡发展一体化体制机制，着力在城乡规划、基础设施、公共服务等方面推进一体化，促进城乡要素平等交换和公共资源均衡配置，形成以工促农、以城带乡、工农互惠、城乡一体的新型工农、城乡关系。通过农业现代化、农村工业化、农民工市民化和基本公共服务均等化来推进城乡一体化、经济社会一体化。

【思考与讨论】

1. 中国与世界城市化之路各有什么特点？
2. 中国如何从二元结构到三元结构，再到四元结构，最终实现城乡一体化？
3. 中国最大规模的城乡人口迁移为何能避免贫民窟的出现？
4. 什么是中国特色的城镇化道路？
5. 中国实现城乡一体化的基本思路及主要途径是什么？

【扩展阅读】

张培刚．农业与工业化——农业国工业化问题初探．武汉：华中工学院出版社，1984.

郭庆，胡鞍钢．中国工业化问题初探．北京：中国科学技术出版社，1991.

李克强．论我国经济的三元结构．中国社会科学，1991（3）．

张培刚．新发展经济学．增订版．郑州：河南人民出版社，2001.

陈吉元，胡必亮．我国的三元结构与农业剩余劳动力活动．经济研究，1994（4）．

赵勇．城镇化：中国经济三元结构发展与转换的战略选择．经济研究，1996（3）．

胡鞍钢，马伟．现代中国经济社会转型：从二元结构到四元结构（1949—2009）．清华大学学报：哲学与社会科学版，2012（1）．

中华人民共和国国民经济和社会发展第十二个五年规划纲要．第二十章“积极稳妥推进城镇化”，2011年3月．

第16章　地区与发展

中国已经达到上中等收入水平、上中等人类发展水平，消费结构发生重大变化，贫困人口比例大幅度减少（明显低于发展中国家的平均水平），但是中国并不是一个均质的、单一的、无差异的国家，而是一个异质的、多样的、差异甚大的特殊国家，是世界上自然地理、人口资源、经济发展和社会发展差距最大的国家。

中国是超级人口国家、超级大陆型国家、超级内部不平衡国家。一是中国人口最多，相当于美国4～5倍的人口；二是地域广大，尽管与美国国土面积相当，但是各地发展极不平衡，无论是地区差距还是城乡差距都大于美国历史上最高的时期；三是中国有56个民族，各民族之间的差异很大，美国是一个"大熔炉"，没有少数民族之说，只有族裔之分。如何处理和协调不同地区之间的关系，是民族团结、政治统一、国家治理的核心问题之一。

中国的31个省（区、市）（未包括港、澳、台地区）就相当于世界上31个人口大国和国土面积大国，我曾经将中国的地区发展不平衡性概括为"一个中国、四个世界"①，不论从经济发展水平、基础设施、人类发展等方面来看，31个省级行政区都像处于四个不同发展水平的世界。

同时，中国又是共同快速发展的国家，每隔几年，各地区都迅速地登上新的发展阶梯，进入新的发展世界，过去30多年里，中国由一个"第四世界"、"第三世界"为主的国家，先是迅速转变为"第三世界"、"第二世界"为主的国家，接着迅速转变为"第二世界"、"第一世界"为主的国家，在不久的将来，还将全部进入"第一世界"，实现共同富裕。

那么，我们如何认识地区与发展的关系？如何衡量地区差距？地区发展如

---

① 所谓第一世界是指高于上中等收入国家平均水平的上海和北京；第二世界是指高于下中等收入国家平均水平，但低于上中等收入国家平均水平的天津、广东、浙江、江苏、福建和辽宁；第三世界是指高于低收入国家平均水平，但低于下中等收入国家平均水平的河北，以及东北和华北中部地区；第四世界是指低于低收入国家平均水平的中西部贫困地区、少数民族地区、农村地区、边远地区。参见胡鞍钢主编：《地区与发展：西部开发新战略》，北京，中国计划出版社，2001。

何趋同？又如何趋异？市场的作用是什么？政府的作用是什么？中国地区发展之路是什么？中国领导人是如何认识地区与发展的？本章从经济发展、公共服务、人类发展等不同维度来总结地区发展之路，回顾了中国从“第三、第四世界”为主向“第一、第二世界”为主的历史性转变。

16.1 地区差距

16.1.1 多维地区差距衡量

地区发展差距是一个多维度的变量，不仅仅是指经济发展差距，而是包括不同方面，可以通过不同的指标来衡量，主要有以下三个相互关联的方面：

一是基本公共服务差距。包括财政投入、基础设施状况、贫困状况的差距。基础教育、卫生保健是最重要的基本公共服务。基本公共服务差距是各地区最为基础的差距，实现基本公共服务均等化是缩小地区差距的前提，也是政府必须履行的职责。基本公共服务主要由政府提供，并且中央政府要发挥调节功能，基本公共服务均等化可以促进贫困地区的发展，提高这些地区人民的生活品质，提高劳动者素质，改善当地发展条件。

二是人类发展差距。人类发展差距是以人类发展指数①衡量的地区差距，它反映了地区之间人发展的差距，地区之间综合的发展差距，其中人均 GDP 差距与经济发展差距相重合，而健康、教育的发展差距体现了地区间更为深刻的差距。

三是经济发展水平差距。(1) 人均 GDP 差距，为地区差距提供最为直观的度量；(2) 人均可支配收入差距，包括城镇居民人均可支配收入差距和农村居民人均纯收入差距；(3) 生活水平差距，包括城乡居民恩格尔系数的差距（见表 16—1)。

表 16—1　　多维度地区差距的含义与衡量

	维度	指标	分配机制
公共服务	财政投入	人均财政支出	政府
	基础设施	基础设施保有量	政府
	贫困	贫困发生率	政府

---

① 1991 年联合国开发计划署提出的人类发展指数（HDI）是按 PPP 计算的人均 GDP 、人均预期寿命、成人识字率和总入学率四个指标加权之后得出的，用来衡量一个国家或地区的人类发展状况。

续前表

	维度	指标	分配机制
人类发展	教育	人均受教育年限	政府为主
	健康	人均预期寿命	政府为主
经济发展	经济水平	人均 GDP	市场为主
	收入水平	人均可支配（纯）收入	市场为主
	生活水平	恩格尔系数	市场为主

我们以不同指标的相对差异系数来衡量地区差距，相对差异系数是指标准差与平均数的比值，相对差异系数越大，则地区差距就越大，相对差异系数越小，则地区差距就越小；相对差异系数扩大，则地区发展趋异，相对差异系数缩小，则地区发展趋同。

16. 1. 2　地区差距演变的不同模式

不同地区的发展与竞争不但改变了自身的发展状况，也改变了不同地区之间的相对差距。一方面，我们关注地区之间相对差距及变化情况。另一方面，我们也关注各地区的发展速度，特别是落后地区的发展速度。

由此，我们可以区分四种模式，最好的为共同富裕（Ⅰ），各地区快速发展且趋同，结果就是实现共同富裕；其次为先富模式（Ⅱ），各地区都快速发展，但是发展水平高的地区发展更快，这导致发展水平趋异，发展速度一定程度上抵消了发展不平等带来的问题，但是当不平等程度突破一定限度之后，就会带来严重的社会问题；再次是共同贫困（Ⅲ），这同样会引发社会普遍的不满；最差的是两极分化（Ⅳ），落后地区普遍贫困，并与发达地区差距越来越大，这一模式的结果就是地区冲突乃至影响国家稳定（见图 16—1）。

		不同地区发展差距 趋同	不同地区发展差距 趋异
落后地区发展速度	快	共同富裕 （Ⅰ）	先富模式 （Ⅱ）
	慢或停滞	共同贫困 （Ⅲ）	两极分化 （Ⅳ）

图 16—1　地区发展的四种模式

我们用不同水平分组的方式来同时衡量发展速度和发展差距，包括人均 GDP、恩格尔系数、人口平均受教育年限、人口平均预期寿命、人类发展指数的不同水平分组，共同富裕的模式就意味着，各地区快速地由低水平组，到中等水平组，再到高水平组，从“第四、第三世界”共同进入“第二、第一世界”。

16.1.3 地区发展趋同

为什么不同的地区增长速度不同？为什么地区发展水平会趋同与趋异？地区差距会扩大与缩小？

地区发展有趋同因素。增长中心对落后地区存在扩散（spread）效应或称滴入（trickling down）效应。扩散效应有助于刺激落后地区的增长。比如经济中心的扩张会增加对萧条地区农产品和原材料的需求，增加萧条地区的就业率乃至资本流入。如果这类地区劳动就业比较充分，消费品工业也会得到好处。如果新的投资带来新的技术，那么，扩张节点周边地区也会从技术扩散中受益，增长中心可吸纳落后地区的部分隐性失业者，从而提高该地区的边际劳动生产率和人均消费水平。如果扩散效应很强，增长的势头就会一点一点地“滴入”落后地区，使它们成为新的自我扩张的增长中心。

地区发展也存在趋异因素。增长中心对其他地区也产生极化（polarization）效应与倒流（blackwash）效应。由于增长中心有较高的收入水平和较多的就业机会，因此会吸引其他地区的劳动力。由于迁徙的选择性，它会剥夺落后地区的熟练劳动者、技术人员、管理人员。这种高人力资本的输入会使增长中心受益。然而，这从落后地区乃至全国的角度来说却造成地区差距扩大。同样，资本流动也会扩大不平等。增长中心的扩张会增加那里的收入和需求，从而刺激投资。投资反过来又会进一步刺激收入和需求的增加，形成新一轮投资。商品和服务贸易也会对发达地区有利。扩张中心的各个行业在回报按比例增加的条件下比落后地区的产业更具有竞争优势。倒流效应可能加强地区趋异和两极分化。

扩散和倒流效应同时存在，因此会出现下列三种情况：第一，如果两种效应同样大，那么原有收入分配的空间模式将继续下去。这一状态是不稳定的。第二，如果扩散效应比倒流效应大，累积因果关系的形成会导致新经济中心的发展，从而发生趋同。第三，如果倒流效应比扩散效应大，市场力量将导致两极分化或趋异。

地区发展的趋同与趋异，在很大程度上是劳动力（包括人力资源）、资本、技术等生产要素的流动与分布、集中与扩散问题。如果生产要素按新古典派理论所设想的方向流动，就会出现趋同，否则，则相反。但是，政府干预也是一个关键因素。事实上，没有任何一个国家的生产要素流动受市场力量的自由支配。世界上每个国家的政府都在指导生产要素的流动。政府干预既可以加强倒流效应，也可以加强扩散效应。这完全取决于政府的意愿和能力。

政府的干预是否有效，有以下几种类别。在第一种情况下，政府代表贫困地区进行干预的愿望和能力很弱，地区差距不可能缩小。在第二种情况下，政府虽有愿望但是能力有限，地区差距还会继续存在。第三种情况是政府有能力，但是没有意愿。只有在第四种情况下，政府具有缩小地区差距的强烈愿望，并且有能力，经济发展才可能趋向平衡。①

当市场和政府双失灵时，地区差距将快速拉大；当政府失灵时，地区差距的缩小是一个缓慢的过程；只有政府和市场形成合力，才会加速地区趋同，加速地区差距的缩小（见图 16—2）。要遵循经济发展规律，既要发挥市场机制对资源配置的基础性作用，又要充分利用政府宏观调控（例如财政转移支付）、协调地区发展；既要发挥各地方的比较优势创建特色经济，又要鼓励各地方分工合作，促进区域经济一体化；既要促进优质要素向经济集中区聚集，实现经济效益，又要实施人口基本公共服务均等化、基础设施网络化，促进社会公平；既要鼓励人口流动，促进人均收入水平趋同，更要强化人力资本投资，促进人类发展水平趋同。

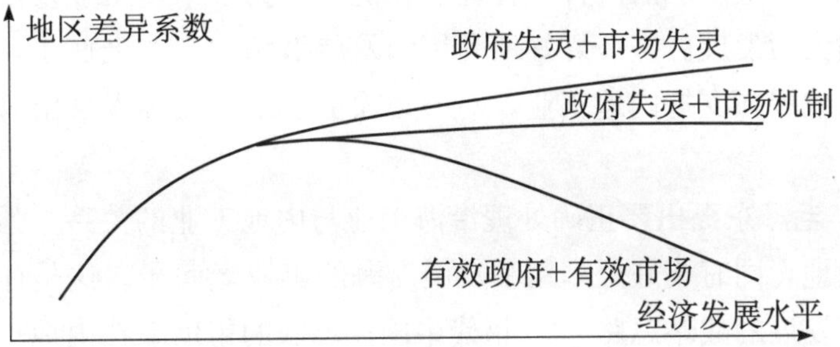

图 16—2　地区发展趋异与趋同的动因

世界银行《2009 年世界发展报告》指出，世界的发展经验表明，经济密集区和非密集区的生活水平先趋异而后趋同，总体上呈现倒 U 字形变化，同时不同维度之趋同次序不同，即随着收入增加，呈现出如下趋势和特点：首先家庭基本消费领域最早出现趋同现象；其次基本公共服务出现趋同；最后工资和收

① 参见王绍光、胡鞍钢：《地区发展不平衡的政治经济学》，北京，中国计划出版社，1999。

入出现趋同。①

中国的地区发展差距的趋势有所不同，先是基本公共服务趋同，接着是人类发展趋同，随后是消费与生活水平趋同，最后才是人均 GDP 趋同，最终实现共同富裕。这是由于中央政府对落后地区进行基本公共服务的转移支付，进行基础设施和人力资本投资，使得它们率先趋同，并为经济发展趋同创造了条件，而随着发展要素快速流动，不断均质化，这就形成政府与市场合力效应，推动“大趋同”提前实现，加速实现。

16.2　中国地区发展战略的变化及影响

早在 1936 年，毛泽东就指出，中国是一个政治经济发展不平衡的半殖民地的大国，他认为这是中国革命战争的一个特点。② 实际上这也是中国基本国情和社会主义经济建设的一个特点。新中国成立以来，中国的区域战略并不是一成不变的，先后经历了三代的版本（见表 16—2）。

第一代是均衡发展战略，这也是 1.0 版本。1956 年毛泽东在《论十大关系》中指出，有 70%的中国工业位于沿海，而只有 30%的工业位于内陆。他认为，这是历史上形成的一种不合理的状况……为了平衡工业发展的布局，内地工业必须大力发展。……好好地利用和发展沿海的工业老底子，可以使我们更有力量来发展和支持内地工业。……必须更多地利用和发展沿海工业，特别是轻工业。③

1956 年毛泽东提出要正确处理沿海工业与内地工业的关系，强调要把新的工业摆在内地，同时要好好利用和发展沿海的工业老底子。这是计划经济体制下地区均衡发展的战略思路。50 年代中国在苏联的帮助下在内地迅速建立了若干个工业基地。1957 年毛泽东访问苏联回国后，就形成了对中国经济地理布局的完整设想，当年底，他在对经济计划发出指示中要求：要采取协作、联省的办法，逐步过渡到经济中心。是否考虑按过去的大区，以一个大城市为经济中心，结合周围省市考虑通盘的协作规划。如以沈阳为中心的东北地区；以西安、兰州为中心的西北地区；以天津为中心的华北地区；以武汉为中心的中南

① 参见世界银行：《2009 年世界发展报告：重塑世界经济地理》，10～11 页，北京，清华大学出版社，2009。

② 参见《毛泽东选集》，2 版，第 1 卷，北京，人民出版社，1991。

③ 参见《毛泽东文集》，第 7 卷，北京，人民出版社，1999。

地区；以广州为中心的华南地区；以重庆为中心的西南地区等协作区域。在此基础上逐渐形成经济区。[①] 毛泽东在考虑“三五”计划时明确提出，加快内地建设“此时不为，后悔莫及”。[②] 为此60、70年代先后建立了大小“三线”，为内地奠定了工业化基础。通过对区域增长级的均衡布局，促进了区域经济的协调发展，特别是通过政府有效的计划配置，使得基础设施、卫生等基本公共服务均等化程度提高，区域差距缩小。

改革开放以来，中国开始实施先富论，即以先富带动后富的区域发展战略，这是2.0版本。1978年12月，邓小平同志指出：“要允许一部分地区、一部分企业、一部分工人农民，由于辛勤努力成绩大而收入先多一些，生活先好起来。一部分人生活先好起来，就必然产生极大的示范力量，影响左邻右舍，带动其他地区、其他单位的人们向他们学习。这样，就会使整个国民经济不断地波浪式地向前发展”[③]。

1988年，邓小平提出“两个大局”的设想。他指出：“沿海地区要加快对外开放，使这个拥有两亿人口的广大地带较快地先发展起来，从而带动内地更好地发展，这是一个事关大局的问题。内地要顾全这个大局。反过来，发展到一定的时候，又要求沿海拿出更多力量来帮助内地发展，这也是个大局。那时沿海也要服从这个大局。”[④]

1992年，邓小平再次指出：“走社会主义道路，就是要逐步实现共同富裕。共同富裕的构想是这样提出的：一部分地区有条件先发展起来，一部分地区发展慢点，先发展起来的地区带动后发展的地区，最终达到共同富裕。”[⑤]

这一时期，实施了沿海地区率先发展的战略，鼓励生产要素的自由流动，先是促进了区域经济的趋同，同时由于不均衡的发展，使得区域发展差距随后迅速扩大，与此同时，各个地区都进入了快速发展时期。

进入新的世纪，中国提出了3.0版本的区域协调发展战略。1999年，江泽民提出了“西部大开发”战略：“必须不失时机地加快中西部地区发展，特别是要抓紧研究实施西部地区大开发。……这要作为党和国家一项重大战略任务，摆到更加突出的位置。”[⑥]

2000年，江泽民同志指出：“现在，西部地区人口约占全国的百分之二十

---

① 参见《当代中国的计划工作》办公室编：《中华人民共和国国民经济与社会发展计划大事辑要》，北京，红旗出版社，1985。

② 参见房维中：《我们所经历的六个五年计划》，载《计划经济研究》，1983（5）。

③ 《邓小平文选》，2版，第2卷，152页，北京，人民出版社，1994。

④ 《邓小平文选》，1版，第3卷，277～278页，北京，人民出版社，1993。

⑤ 《邓小平文选》，1版，第3卷，373～374页，北京，人民出版社，1993。

⑥ 《江泽民文选》，第2卷，341页，北京，人民出版社，2006。

三，国土面积约占全国的百分之五十七。有五十个少数民族聚居在西部地区，占我国少数民族总人口的百分之五十。我国的陆地边界，西部地区占了百分之五十七点三。因此，加快西部地区发展，对于我国未来的繁荣昌盛和长治久安，具有极其重大的意义。全党同志和全国人民都要从实现社会主义现代化的战略目标、维护国家统一和稳定、逐步达到社会主义共同富裕和实现中华民族伟大复兴的高度，深刻认识西部大开发确系战略之举，确系百年大计、千秋功业。”①

国家“十二五”规划纲要第十八章为实施区域发展总体战略。这包括五个方面：推进新一轮西部大开发（2011—2020）；全面振兴东北地区等老工业基地；大力促进中部地区崛起；积极支持东部地区率先发展；加大对革命老区、民族地区、边疆地区和贫困地区的扶持力度。这一总体战略更加强调：充分发挥不同地区比较优势，促进生产要素合理流动，深化区域合作，推进区域良性互动发展，逐步缩小区域发展差距。②

2007年2月，胡锦涛同志指出：“我国区域发展总体战略，强调要继续推进西部大开发，振兴东北地区等老工业基地，促进中部地区崛起，鼓励东部地区率先发展，形成合理的区域发展格局”，“逐步形成主体功能定位清晰、东中西良性互动、基本公共服务和人民生活水平差距趋向缩小的区域协调发展格局”③。

在此基础上，2012年11月，胡锦涛同志在党的十八大报告中提出：“采取对口支援等多种形式，加大对革命老区、民族地区、边疆地区、贫困地区扶持力度。”④

这一时期，实施了区域发展总体战略、主体功能区战略，加快建设覆盖全国的快速铁路网、高速公路网的综合交通体系，加快建设主要油气战略通道和现代电网体系，极大地促进了中西部的经济发展，促进了区域发展差距的缩小，促进了基本公共服务均等化，促进了区域生态环境的保护，地区发展开始进入大趋同时代，逐步走向共同富裕的时代。

表16—2　　中国三代版本的区域发展战略

	1.0版本	2.0版本	3.0版本
区域发展战略	均衡发展 （1949—1978年）	先富论 （1979—1999年）	协调发展 （2000年—）

① 《江泽民文选》，第3卷，58页，北京，人民出版社，2006。

② 参见《中华人民共和国国民经济和社会发展第十二个五年规划纲要》，2011年3月。

③ 《胡锦涛强调把区域协调发展摆在更加重要位置》，见新华网，2007-02-16。

④ 胡锦涛：《坚定不移沿着中国特色社会主义道路前进　为全面建成小康社会而奋斗——在中国共产党第十八次全国代表大会上的报告》，载《人民日报》，2012-11-18。

续前表

	1.0版本	2.0版本	3.0版本
区域划分	沿海、内地；一线、二线、三线	东部、中部、西部	东部、中部、西部、东北
指导思想	均衡布局、各自为战	先富带动后富	协调发展共同富裕
主要战略	大小三线建设	经济特区（1979年）、加快沿海地区发展（1988年）	西部大开发（1999年）、中部崛起（2004年）、东北等老工业基地振兴（2003年）、主体功能区战略（2010年）
生产要素流动	主要依靠计划配置，从允许人口流动到限制人口流动	逐步实现自由流动 允许人口流动	加快自由流动 鼓励人口流动
区域差距	经济差距拉大，公共服务差距有所缩小	经济差距先趋同、后趋异 公共服务差距有所缩小	经济差距开始大趋同 公共服务差距明显缩小
区域发展	建立比较均衡的工业布局	从“第四、第三世界”到“第三、第二世界”	从“第三、第二世界”到“第二、第一世界”

16.3　计划经济时期的地区差距变迁

中国作为一个大国，发展不平衡问题并不是现在才出现的，它是在一个历史发展过程中逐步形成的。按照巴若同（Barry Naughton）的分析，1912—1937年是中国近代工业化的起点。这一时期中国有两种工业化模式，一种是口岸地区工业化（treaty port industrialization），另一种是满洲工业化。前一种是以纺织品为主的轻工业化模式，后一种是矿产品为主的重工业化模式，这两种模式实际上都是在极少数地区发生的。工业主要集中在东北和几个主要沿海城市，据1933年中国工业普查的数据，中国的工业化实际上集中在少数城市，70%的纺织品是由上海、天津、青岛三个城市生产的，上海一个城市的产量就占了当年全国工业品的40%。

这一时期，虽然在中国的少数地区出现了初步工业化，但是广大中国的绝大部分地区仍然沿袭着传统的农业和手工业的落后生产方式，中国还是一个四分五裂、一盘散沙、任人宰割的东亚病夫，从而使得这一时期的工业化是一种畸形的工业化。到新中国成立时，占国土面积 11.3%的沿海地区创造了 77.6%的工业总产值。[①] 占国土面积 45%的西北和内蒙古工业产值仅占全国的 3%，面积占 23%的四川、云南、贵州和西藏工业产值仅占全国的 6%。

计划经济条件下，区域均衡发展战略的主要表现就是固定资产投资向内地倾斜。中西部的全社会固定资产投资明显高于沿海地区，与改革开放之后相比，东部比重明显偏低，中西部，特别是西部比重明显偏高，“一五”至“五五”时期，东部为 36.6%，中部占 32.2%，西部占 28.5%，而“六五”至“十一五”，东部为 55%，中部占 24%，西部占 19%。特别是“三五”大三线建设时期，强调备战和建设大后方的需要，基本建设投资大幅度向西部倾斜，“三五”期间，东部占 28.4%，中部占 31.0%，西部占 39.6%（见表 16—3）。这使得中、西部一些基本没有现代工业的地区，较快地形成了一批重工业基地，特别是四川、陕西的国防工业的总规模分别跃居全国第一、第二位，很大程度上缓解了旧中国长期以来存在的区域经济发展极端不平衡现象，改变了我国工业布局畸形化特征，同时，三线建设也为加强国防创造了有利条件。

表 16—3　东部、中部、西部全社会固定资产投资占全国的比重（“一五”至“十一五”）

（%）

时期	东部	中部	西部
一五	36.15	34.40	23.90
二五	36.38	33.21	27.05
过渡时期	36.56	32.89	28.25
三五	28.42	30.99	39.56
四五	37.10	32.40	29.08
五五	45.27	29.29	23.15
六五	49.64	28.74	19.42
七五	53.44	25.89	18.57
八五	59.63	21.21	17.43
九五	57.51	22.27	18.30
十五	56.46	21.89	19.88
十一五	53.22	23.13	21.41
2011—2012 年	51.92	23.14	23.42
“一五”至“五五”	36.6	32.2	28.5
“六五”至“十一五”	54.98	23.86	19.17

资料来源：本表系作者计算，计算数据来源于国家统计局国民经济综合统计司编：《新中国六十年统计资料汇编》，北京，中国统计出版社，2010；国家统计局：2006—2012 年《国民经济和社会发展统计公报》。

① 参见王绍光、胡鞍钢：《地区发展不平衡的政治经济学》，1 页，北京，中国计划出版社，1999。

同时，也造成一些负面影响，对内地工业、农业建设要求过急，投入了过多的力量，强调规模和速度，忽视经济效益，忽视了经济效率的提高，加上选厂定点的失误，导致了严重的浪费和损失，另外也造成了比较严重的生态环境破坏。

虽然这一时期我国实行了均衡发展战略，但是我国的地区经济发展差距是扩大了而不是缩小了。真实人均GDP相对差距呈先上升后下降又再次上升的过程。1960年上升为92.8%，而后有所下降，到1967年降为66.3%，1978年达到最高峰，为94.5%（见图16—3）。这表明，尽管在计划经济时期我国实行地区均衡发展战略，包括在60年代和70年代建设三线，促进内地特别是少数民族地区发展，但是并没有缩小各地区人均GDP相对差距，反而扩大了这一差距。这主要是由于工农业之间、地区之间劳动力要素流动程度很低，既大大限制了劳动力从农业部门向非农业部门转移，也大大限制了劳动力从欠发达地区向发达地区流动。

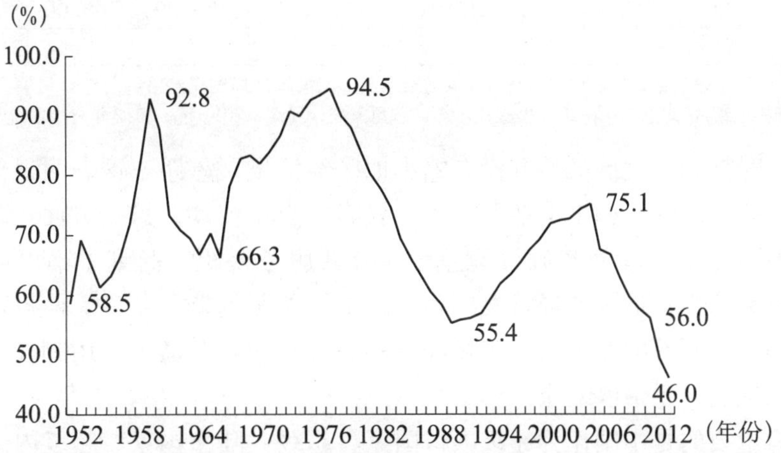

图16—3　各地区人均GDP相对差异系数（1952—2012年）

说明：本图系作者计算后所绘。人均GDP按不变价折算，进行了地区间的价格调整。计算数据来源于国家统计局国民经济综合统计司编：《新中国六十年统计资料汇编》，地区篇，北京，中国统计出版社，2010；国家统计局编：2011、2012、2013年《中国统计摘要》。

与此同时，公共服务和基础设施率先开始趋同。1952—1978年间，每万人口在校大学生数相对差异系数由134.4%下降到84.8%；每万人口拥有床位数相对差异系数由112%下降到35.9%；每百人电话普及率相对差异系数由306%下降到137%；人均全社会固定资产投资相对差异系数由117%下降到81%；人均铁路里程相对差异系数由185%下降到84%。这很大程度上是由于中央政府实施了促进地区公平的再分配政策，1952—1978年间，人均一般预算收入相对差异系数由101%上升到196%，而人均一般预算支出相对差异系数虽有波动，但总体维持了稳定（见表16—4）。

表16—4　各省（区、市）不同维度主要指标相对差异系数（1952—2011年）（%）

年份	财政与投资			基础设施			公共服务	
	人均一般预算收入	人均一般预算支出	人均全社会固定资产投资	人均铁路里程	人均公路里程	每百人电话普及率	每万人口在校大学生数	每万人口拥有床位数
1952	100.76	75.49	116.51	184.90	96.43	306.28	134.40	112.00
1957	102.35	86.75	92.10	157.00	128.58	239.23	110.27	82.31
1962	167.31	68.18	63.02	114.60	161.36	188.23	95.18	50.84
1966	185.84	68.22	63.72	112.50	158.14	207.11	112.45	46.64
1976	214.87	82.41	85.21	98.19	128.20	238.78	89.20	41.31
1978	196.36	74.68	80.77	83.62	114.19	136.87	84.79	35.94
1990	116.78	57.39	81.55	91.01	122.32	122.67	80.42	40.23
2000	117.35	80.62	84.57	90.53	94.86	77.87	128.70	40.55
2008	123.11	72.53	52.28	99.38	87.52	39.99	58.00	32.21
2011	76.78	88.21	36.19	72.26	51.64		67.44	27.84

资料来源：本表数据系作者计算所得。计算数据来源于国家统计局国民经济综合统计司编：《新中国六十年统计资料汇编》，北京，中国统计出版社，2010。国家统计局编：2011年、2012年《中国统计年鉴》。

这一时期均衡发展战略并没有缩小地区经济发展差距，这表明仅仅依靠政府之手具有局限性，根本上还要靠生产要素的自由流动。另一方面，政府之手在缩小不同地区之间的基础设施差距、公共服务差距上起到了不可或缺的作用，这也为缩小各地区的经济发展和收入水平差距创造了条件，使得落后地区及其居民具有同等的能力参与市场经济的平等竞争，并通过“用脚投票”使得各地区的发展差距最终缩小。

更为重要的是中国作为超级人口国家、超级大陆型国家、超级内部不平衡国家，随着新中国的成立，才结束了长期以来各自为政、一盘散沙、四分五裂、相互隔绝的状态，同时通过一系列重要的制度安排，强化了中央权威、中央集中统一的能力，这既包括中央政府对于地方政府的权威，也包括中国共产党中央委员会对于地方委员会的权威，从而终结了地方封闭、地方割据和地方各自为政，为地区差距的缩小奠定了根本的制度基础。

16.4　改革开放时期地区发展差距变迁

中国是一个人口巨国，它的内部差异性在世界上是极为特殊的。如果我们将31个省（区、市）看作31个国家，无论用哪一个指标来衡量，中国都是典型的“一个中国、四个世界”；从动态变化的角度看，不同分布组又持续发生重大变化，不断地从“第四世界”、“第三世界”向“第二世界”甚至“第一世界”转变。

16.4.1　经济发展水平变迁

改革开放以来，各地区均进入经济起飞阶段，尽管增长率差异大，但是均超过中国之外的其他国家。这里我们将“经济高增长”定义为在至少一代人时间内人均收入或人均 GDP 持续年平均增长率超过 3%。我们根据世界银行数据库的数据计算，1980—2005 年期间，在世界可统计的 128 个国家中，只有 17 个国家的人均 GDP 年平均增长率超过 3%；其中中国为 8.55%，居世界第一位；韩国为 5.81%，居世界第二位。我们根据全国 31 个省（区、市）的统计数据计算，同期全国所有 31 个省（区、市）人均 GDP 年平均增长率都高于韩国，即表明如果将全国的 31 个省（区、市）放入世界各国比较的话，前 31 名都在中国，其中前 6 名都在沿海地区，后 5 名都在中西部，无论是年平均降雨量还是其他气候地理条件，它们都不同程度地不及韩国，但是它们的经济增长率都不同程度地高于韩国。

改革开放后我国各地区人均 GDP 相对差异系数变化呈现先缩小、后上升、再缩小的轨迹。上世纪 80 年代我国的地区经济差距不断缩小。1978—1990 年期间我国各地区人均 GDP 相对差距缩小，从 1978 年的 95%缩小到 1990 年的 55%，出现“趋同”（convergence）现象。农村改革、商品经济的发展以及对外开放，促进了劳动力流动、资本流动和技术扩散，这些因素都促进地区经济发展差距的缩小。

上世纪 90 年代至本世纪初，我国的地区经济差距不断扩大，出现“趋异”（divergence）现象。1991 年后人均 GDP 相对差异系数不断扩大，到 2004 年为 75%，达到最高值，东部与西部、东部与中部的省区发展差距持续拉大。这一时期走的是部分地区先富的发展路径，沿海地区经济增长率迅速提高，而内陆地区经济增长率相对较低，中国的经济地理中心表现出向东与向南移动的趋势，根据世界银行 1997 年的报告，各地区之间的差异对人均收入不平等性（指基尼系数）的贡献率 1995 年比 1985 年增加了 50%。

2004 年之后，我国的地区经济差距不断缩小，再次出现趋同现象，各地区人均 GDP 相对差异系数持续缩小，到 2010 年已经降至 56%，到 2012 年已经下降到 46%，处于新中国成立以来的最低点（见图 16—3）。

从国际比较来看，2004 年中国 31 个省（区、市）人均 GDP 相对差异系数为 75%，远高于欧盟 27 国的人均 GDP 差异系数（为 46%），随后，中国快速下降，到2012年已经下降到46%，这一期间，欧盟只有轻微幅度的下降，2012年仍然为45%。中国与欧盟的地区差距已经出现了趋同，我们预计很快中国的地区差距就要小于欧盟。这也表明，不论从生产要素的自由流动，还是从对落后地区的开发上，中国作为一个统一的、集中力量办大事的社会主义国家都更为有效。

在改革开放初期，中国人均GDP居世界后列，中国是一个“第四世界”国家。只有上海居世界上中等收入组，其余占全国总人口比重90.34%的地区都处在世界低收入水平组，有8个地区还不及世界最后一位，是世界最贫穷的地区。

到2012年，中国人均GDP已经达到了6 039美元，按照世界银行的分类，大于4 086美元就已经进入世界上中等收入组。天津、北京、上海的人均GDP已经超过12 616美元的下限，进入高收入组，占全国总人口比重的4.3%；只有贵州、甘肃、西藏、云南四个省区仍然低于4 086美元，属于下中等收入组，占总人口的8.1%；其他的24个地区全部为上中等收入组。

这表明，中国经过一代人时间，已经摆脱了绝对贫困的状况，根本上改变了“人均国民生产总值居于世界后列”的情况，使绝大多数人口进入小康式的上中等收入组水平。从1980—2000年中国用了20年时间从一个“第四世界”国家（低收入人口占90%），转变成“第三世界”国家（下中等收入人口占51%）；再用12年时间，到2012年成为“第二世界”国家（上中等收入人口占88%），我们可以预期到2020年左右中国将成为一个高收入人口为主的国家。中国仅仅用了40年的时间，就从一个低收入的国家跻身高收入国家，这是人类历史上所未曾经历过的（表16—5）。

表16—5　　按各地区收入水平分组人口比重（1980—2012年）（%）

分组	1980年	2000年	2012年	1980—2012年变化量
高收入水平	0	0	4.3	4.3
上中等收入水平	1.17	1.33	87.6	86.4
下中等收入水平	8.49	50.86	8.1	−0.4
低收入水平	90.34	47.81	0	−90.34

资料来源：本表系作者计算，数据来源于历年《中国统计年鉴》。

16.4.2　生活水平变迁

以收入水平衡量，我们同样发现了先趋异后趋同的趋势。地区之间的农村收入差距要明显大于地区之间的城镇收入差距，但两者的变动趋势基本一致。改革开放之初，地区之间的收入差距就开始扩大，到上世纪90年代中叶达到顶峰，随后处于平缓波动状态，近年来开始趋同。

以不变价计算的农村居民纯收入相对差异系数，1981年为0.25，随后就不断上升，到1993年达到0.48，随后都在0.40以上波动，到2006年为0.47，随后开始下降，到2010年降为0.43，到2012年进一步下降为0.39。

以不变价计算的城镇居民可支配收入相对差异系数，1981年为0.13，随后就不断上升，到1995年达到0.29，随后都在0.30左右波动，到2006年为0.31，随后开始缓慢地下降，到2010年为0.30，2012年进一步下降为0.29（见图16—4）。

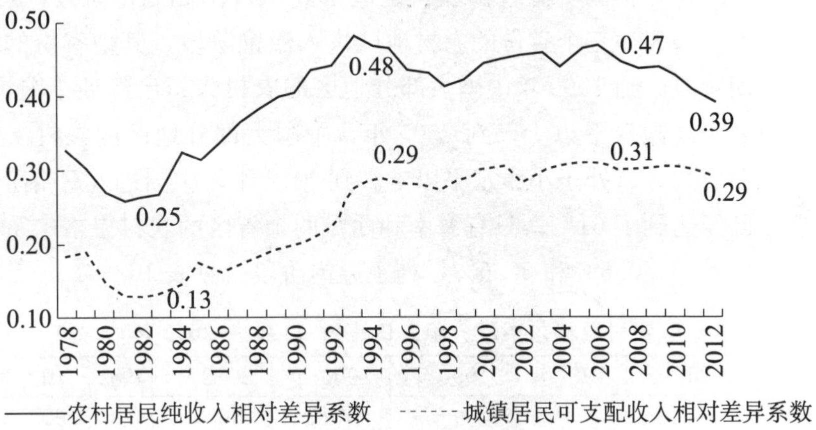

图16—4 各省（区、市）城乡收入相对差异系数（1978—2012年）

注：作者按不变价格计算。

随着人均GDP从低收入为主转变为上中等收入为主，不同地区的人民生活水平也从共同贫困模式逐步向共同富裕模式转变。以恩格尔系数来界定生活水平，分为四个阶段，即富裕阶段（恩格尔系数在30%～40%之间）、小康阶段（恩格尔系数在40%～50%之间）、勉强度日或温饱阶段（恩格尔系数在50%～60%之间）、绝对贫困阶段（恩格尔系数高于60%）。

从城镇恩格尔系数来看，1978年中国所有省份城镇地区都处于贫困和温饱阶段。1980年，全国有21个省份城镇地区处于温饱阶段，有8个省份城镇地区处于贫困阶段。其中，温饱水平人口占全国总人口的79.6%，贫困水平人口占全国总人口的20.4%。到2011年，中国已有86.8%的城镇人口进入富裕阶段，只有13.2%的城镇人口处于小康水平，城镇人口全面进入小康阶段（见表16—6）。

表 16—6　按各地区城镇恩格尔系数分组的人口比重（1980—2011 年）（%）

恩格尔系数组	1980 年	1990 年	2000 年	2011 年
更富裕阶段（小于 30%）				
富裕阶段（30%～40%）			58.9	86.8
小康阶段（40%～50%）		7.0	38.2	13.2
温饱阶段（50%～60%）	79.6	87.7	2.9	
绝对贫困阶段（大于 60%）	20.4	5.3		

注：人口比重即处于同一阶段的地区人口之和占全国总人口的比例。

资料来源：国务院人口普查办公室、国家统计局人口统计司编：《中国 1982 年人口普查资料》，北京，中国统计出版社，1985。国务院人口普查办公室、国家统计局人口统计司编：《2000 年第五次全国人口普查数据》、《2010 年第六次全国人口普查主要数据》。2020 年数据系作者估计。

改革开放之初，中国所有省份农村地区都处于贫困和温饱阶段，1982 年，只有陕西、浙江、天津三个省份的农村地区进入温饱阶段，其他省份的农村地区都处于贫困阶段。到 1990 年中国大部分地区的农村人口已经处于温饱水平，70%的人口处于温饱水平以上。到 2000 年，中国大部分地区的农村人口进入小康水平，72%的人口处于小康水平以上。到 2012 年，中国进入富裕阶段的农村人口比重已经达到了 61%，只有海南和西藏两个省区的农村恩格尔系数仍然高于 50%，分别为 50.5%和 53.6%，处于温饱阶段（见表 16—7）。

表 16—7　按各地区农村恩格尔系数分组人口比重（1982—2012 年）（%）

恩格尔系数组	1982 年	1990 年	2000 年	2012 年	1982—2012 年变化量
富裕阶段（30%～40%）			1.86	60.75	60.75
小康阶段（40%～50%）		10.21	70.04	38.36	38.36
温饱阶段（50%～60%）	7.53	58.86	24.93	0.89	−6.64
绝对贫困阶段（>60%）	92.47	30.93	3.17		−92.47

资料来源：作者根据以下资料整理与计算：国家统计局国民经济综合统计司编：《新中国五十五年统计资料汇编》，北京，中国统计出版社，2005。国家统计局编：《中国统计摘要 2008》，114 页，北京，中国统计出版社，2008。国家统计局编：《中国统计摘要 2010》，115 页，北京，中国统计出版社，2010。

16.4.3　公共服务水平变迁

人的全面发展，既取决于经济发展水平，也取决于公共服务的供给水平和均等化程度。人类发展进程中，教育是人类福祉之本，是地区经济繁荣、社会进步的最好途径。2020 年中国将成为一个新型超级大国。[①] 同时，中国将从世界人力资源大国向人力资源强国迈进。各地区人力资本将不断跃升，进入教育

① 参见胡鞍钢：《2020 中国：一个新型超级大国》，杭州，浙江人民出版社。2012。

现代化的黄金时期。这有赖于各地区教育事业的共同发展。实现本地区人口的现代化，是地区现代化的最大发展。缩小各地区教育和人力资本差距，是缩小地区差距的最大成就。

人均受教育年限可以反映各地区不同层次教育人口的平均文化水平。各地区人均受教育年限呈现出明显的"台阶式"发展趋势。以 4 年、6 年、8 年作为界点，将各地区划分为中上及以上受教育程度（高于 8 年）、中下受教育程度(6～8 年)、低受教育程度（4～6 年）和极低受教育程度（低于 4 年）4 个组别。

上世纪 80 年代到上世纪末，中国完成了从低教育和极低教育为主向中等教育以上水平的转变，进入新世纪以来，中国又完成了从中下教育水平为主向中上及以上教育为主的转变。

1982 年，绝大部分省份属于低或极低受教育程度组别。有 7 个省（区、市）人均受教育年限低于 4 年，占全国总人口的 13.9%，20 个省（区、市）处于 4～6 年之间，人口数占全国总人口的 82.8%，只有北京、上海、天津三个直辖市在 6～8 年之间，人口数仅占全国总人口的 2.8%。1990 年，22 个省（区、市）集中于低受教育程度组别，7 个省（区、市）处于 6～8 年之间；到 2000 年，北京、上海等 8 个省份的人均受教育年限超过 8.0 年，而江苏等 22 个省份的人均受教育年限达到 6～8 年。

2006 年，人均受教育年限超过 8 年的省（区、市）数量达到 20 个，人口数占全国总人口的 71.14%，除西藏外，人均受教育程度最低的贵州省也达到 6.59 年，进入中下受教育程度组别。2010 年，人均受教育年限在 10 年及以上的人口占全部人口的 27.6%。2011 年，全国国民平均受教育年限为 9.9 年，高于世界平均水平（7.76 年）。人均受教育年限超过 8 年的人口比重已经达到了 93%，只有 7%的人口仍然属于中下和低受教育水平（见表 16—8）。

各地区人均受教育年限的相对差距不断缩小。以人均受教育年限的差异系数来衡量，1982 年为 24.6%，1990 年为 20.3%，2000 年为 16.0%，2006 年为 14.9%，2011 年进一步缩小为 11%，2011 年比 1982 年下降了 13.6 个百分点。

表 16—8　按各地区人均受教育年限分组人口比重（1982—2011 年）（%）

人均受教育年限	1982 年	1990 年	2000 年	2006 年	2011 年	1982—2011 年变化量
中上及以上（8 年及以上）	0.00	0.00	20.57	71.14	93.31	93.31
中下（6～8 年）	2.83	14.17	79.21	28.64	6.47	3.64
低（4～6 年）	82.84	85.35	0.00	0.22	0.23	−82.61
极低（4 年及以下）	13.91	0.19	0.22	0.00	0.00	−13.91
全国合计	100.00	100.00	100.00	100.00	100.00	

资料来源：本表系作者计算，计算数据来源于历年《中国统计年鉴》。

健康是人类永恒的追求，正如阿马蒂亚·森所说："健康（与教育一样）是使人类生活体现价值的基本潜能之一"[①]。改革开放之初，各省区的人均预期寿命就普遍高于收入水平。1982 年，72%的省区人口已经处于 65～70 岁之间，相当于 2006 年下中等收入经济体的平均水平（为 68.5 岁）；18%的省区人口在 70 岁以上，相当于 2006 年上中等收入经济体的平均水平（为 70.5 岁）。

到 2000 年，中国各省区人均预期寿命已经超过上中等收入经济体，82.05%的省区人口进入 70～75 岁组，2.42%的人口已经进入 75～80 岁组，接近高收入发达国家的平均水平（见表 16—9）。

到 2010 年，中国用了 30 年时间将人均预期寿命从 67.77 岁提高到 74.83 岁。实际上，上海、北京、杭州等发达城市人均预期寿命已经超过 80 岁，也超过了高收入发达国家的平均水平（2006 年为 79 岁）[②]，进入了极高人类发展组（2008 年为 80.2 岁）[③]。辽宁、吉林、江苏、浙江、山东、广东、海南 7 个省的人均预期寿命在 70～75 岁之间，超过上中等收入经济体。即便是人均预期寿命最低的西藏也超过了 65 岁，高于海拔、气候条件要好得多的印度。

各地区人均预期寿命差距不断缩小，各地区间人口平均预期寿命最高与最低的差距从 1980 年的 16.9 岁下降到 2010 年的 13.7 岁；相应地，各地区间人口平均预期寿命的差异系数从 1980 年的 0.22 下降到 2010 年 0.10。

表 16—9　　按各地区人均预期寿命分组人口比重（1980—2010 年）（%）

	1982 年	1990 年	2000 年	2010 年	1982—2010 年变化量
80 岁以上	0	0	0	4.17	4.17
75～80 岁	0	0	2.42	30.99	30.99
70～75 岁	18.11	39.75	82.05	54.58	36.47
65～70 岁	72.05	52.17	15.32	10.26	−61.79
65 岁以下	9.84	8.08	0.21	0.00	−9.84

资料来源：历年《中国统计年鉴》。

16.4.4　人类发展指数变迁

人类发展指数是一个衡量地区发展差距的综合指标，它所包含的发展信息

① ［印］阿马蒂亚·森：《作为能力剥夺的贫困》，见《视界》（第 4 辑），石家庄，河北教育出版社，2001。

② 参见世界银行：《2009 年世界发展报告》，北京，清华大学出版社，2009。

③ 参见联合国开发计划署：《2010 年人类发展报告》，2010 年。

量，明显优于其他单一的指标，不仅反映了一个地区的经济发展水平，也反映了社会发展水平（见专栏 16—1）。

根据 UNDP2010 年的新算法计算。改革开放初期，中国是一个低人类发展水平为主的国家，人类发展指数只有 0.407，各地区人类发展水平指数相当低下，有 97.1%的人口处于低人类发展水平，只有上海、北京、天津已经进入中人类发展水平，人口比例仅为 2.9%。到 1990 年，中国仍然是低人类发展水平人口为主的国家，人类发展指数为 0.495，有 73.3%的人口仍然处于低人类发展水平，与此同时，有 26.7%的地区人口进入中人类发展水平。

专栏 16—1　人类发展指数衡量与分组

1990 年联合国开发计划署（UNDP）提出的人类发展指数（human development index，HDI），被广泛用于测度和比较各国的相对人类发展水平。作为综合指数，HDI 用于衡量一个国家在人类发展的三个基本方面所取得的成就：健康长寿的生活，用出生时的预期寿命来衡量；知识的获取，用成人识字率和初等、中等及高等学校的综合毛入学率来衡量；体面的生活水平，用人均 GDP（PPP 美元）来衡量。由于人类发展指数包含了人均 GDP 指标，因而优于单纯的人均 GDP 指标，该指数含义丰富，意义明确，获得了社会各界的高度认同和广泛接受。

2010 年，UNDP 引入了新的算法，在不改变人类发展指数含义的同时，更加考虑公平的因素，因此，我们可以根据 HDI 将各国家和地区的人类发展水平划分为四个等级，分别为极高人类发展水平（HDI>0.80），高人类发展水平（0.80≥HDI>0.71），中人类发展水平（0.71≥HDI≥0.535）和低人类发展水平（HDI<0.535）。

到 2000 年，中国跻身中人类发展国家行列，人类发展指数为 0.590，从各地区来看，中人类发展人口已经达到 87.5%，北京和上海步入了高人类发展水平国家行列，只有青海、甘肃、云南、贵州、西藏五个省区仍然处于低人类发展水平。

目前，中国仍然处于中人类发展国家水平，2010 年 HDI 为 0.689，2012 年为 0.699，已经接近高人类发展水平的门槛（0.710）。2010 年，63.6%的人口处于中人类发展水平，上海、北京、天津、辽宁、浙江、江苏、广东、吉林、山东、内蒙古等 10 个省市区进入高人类发展水平。预计到 2015 年中国将成为高人类发展国家，大部分人口进入高人类发展水平（见表 16—10、表 16—11）。

表 16—10　　　按各地区 HDI 分组人口比重（1980—2010 年）（%）

HDI 组	1980 年	1990 年	2000 年	2010 年
极高人类发展水平	0	0	0	0
高人类发展水平	0	0	5.6	36.4
中人类发展水平	2.9	26.7	87.5	63.6
低人类发展水平	97.1	73.3	6.9	0.0
全国合计	100	100	100	100

注：不同 HDI 组人口占全国人口比重即处于同一人类发展水平区间的省区人口之和占全国总人口的比例。

资料来源：UNDP，Human Development Report（2010）and Human Development Database。国务院人口普查办公室、国家统计局人口统计司编：《中国 1982 年人口普查资料》，北京，中国统计出版社，1985；国务院人口普查办公室编：《中国第四次人口普查的主要数据》，北京，中国统计出版社，1991；国务院人口普查办公室、国家统计局人口统计司编：《2000 年第五次全国人口普查主要数据》，北京，中国统计出版社，2001；国务院人口普查办公室、国家统计局人口统计司编：《2010 年第六次全国人口普查主要数据》，北京，中国统计出版社，2011；国家统计局编：《中国统计年鉴 2012》，北京，中国统计出版社，2012。

表 16—11　　　按各地区人类发展指数分组及变化（1980—2010 年）

年份	低人类发展水平	中人类发展水平	高人类发展水平	极高人类发展水平
1980	辽、粤、苏、黑、浙、吉、鲁、晋、闽、琼、冀、鄂、蒙、新、湘、秦、豫、宁、桂、川、赣、皖、渝、青、甘、滇、黔、藏	沪、京、津		
2000	青、甘、滇、黔、藏	津、辽、粤、浙、苏、黑、闽、鲁、吉、冀、琼、鄂、蒙、晋、新、渝、豫、湘、秦、桂、赣、川、宁、皖	沪、京	
2010		冀、黑、闽、晋、渝、鄂、秦、豫、湘、琼、新、宁、桂、赣、皖、川、青、甘、滇、黔、藏	沪、京、津、辽、浙、苏、粤、吉、鲁、蒙	

注：在各组中，地区排列按 HDI 高低排序。

资料来源：UNDP，Human Development Report（2010）and Human Development Database；历次全国人口普查数据，相关年份的教育部教育统计公报数据。

改革开放以来，中国各地区HDI趋同，相对差异系数由1980年的0.25缩小到2010年的0.09。三大分项指标均发挥作用，首先是各地区的健康指标和教育指标的差异持续缩小，各地区的人均GDP相对差异系数先缩小、后扩大、再缩小。目前，我国区域经济发展差距缩小趋势已经不可逆转，我们继续增加健康投资和教育投资，就有可能实现健康指标、教育指标差距的加快缩小，从而加速人类发展水平差距的缩小。

16.4.5 地区发展差距的总体变迁

改革开放以来，地区发展差距变迁分为三个阶段，20世纪80年代，各发展指标趋同；20世纪90年代，各发展指标局部趋异；进入21世纪，大部分指标又开始趋同（见表16—12）。

改革开放之初，各地区的经济发展差距相对较大，这表现为人均GDP的相对差异系数为0.90，人均财政收入的相对差异系数为2.04；但是实际生活水平和人类发展差距并不大，相对差异系数相对而言小得多。从不同维度来看，改革开放以来，人类发展差距持续趋同，生活水平差距总体上呈现出缓慢缩小的趋势，经济水平和人均财政支出都出现了先缩小、再扩大、再缩小的历史轨迹。中国的多维度地区差距表现为先是公共服务和人类发展趋同，接着经济发展水平趋同的全面趋同的发展轨迹。

表16—12 各地区主要发展指标的差异系数（1980—2012年）

维度	指标	1980年	1990年	2000年	2010年	2012年
经济水平差距	人均GDP	0.90	0.60	0.70	0.56	0.46
生活水平差距	城镇居民恩格尔系数	0.15	0.12	0.10	0.11	0.11
	农村居民恩格尔系数	0.16	0.15	0.16	0.14	0.15
人类发展差距	人口平均预期寿命	0.22	0.18	0.13	0.10	—
	国民平均受教育年限	0.25	0.20	0.16	0.12	0.11*
	人类发展指数	0.25	0.16	0.10	0.09	
财政收支差距	人均财政收入	2.04	1.11	1.05	1.09	0.78*
	人均财政支出	0.91	0.61	0.76	0.60	0.48*

*为2011年数据。

资料来源：《新中国六十年统计资料汇编》、《中国统计年鉴1981》、《中国统计摘要2011》。

地区经济发展差距从大趋异到大趋同，是市场之手和政府之手的共同作用，两者相互补充、相互促进，共同推动中国地区发展的共同富裕。从政府之手来看，区域协调发展战略、区域间的转移支付都促进了地区的趋同。从2001年开始正式实施的西部大开发战略，2004年开始实行的振兴东北老工业基地战略，2006年开始实行的中部崛起战略，逐步形成包括沿海地区在内的四大区域协调发展战略，加速了区域一体化和国内大市场的整合，有利于逐步缩小地区发展差距。

自1994年分税制改革以来，中央对西部地区的财政转移支付力度不断提升。1994年西部省区占全国转移支付比重为40.6%，2010年已经超过全国转移支付总量的一半，达到52.5%，2011年国家加大了对中部地区的投入，中国的财政转移支付规模迅速扩大。这体现出中央利用地方财政转移支付强化再分配，是调节地区差距的重要成果。此外，还要推动省直管县，特别是省内转移支付，实现财政支出与公共服务产出挂钩（见表16—13）。

表16—13　　四大区域财政转移支付规模（1994—2011年）　　单位：亿元

年份	东部	中部	西部	东北	西部占全国总量比重（%）
1994	582.46	56.05	559.85	180.96	40.6
2000	1 099.00	152.13	1 466.34	575.88	44.5
2005	2 607.03	412.60	3 703.51	1 422.65	45.5
2010	7 176.82	1 409.36	13 764.88	3 873.51	52.5
2011	8 508.47	10 689.60	16 577.65	4 410.87	41.3

注：财政转移支付＝财政支出－财政收入。

资料来源：《新中国六十年统计资料汇编》中各地区的财政收支数据，2010年数据来自《中国统计年鉴2011》。

从市场之手来看，生产要素的跨区域流动越来越便利，越来越迅速，促进了区域的趋同。特别是全国大范围的人口流动迁移的规模越来越大，从相对落后地区向比较发达地区转移并不断聚集，表现为沿海地区人口不同程度的增长。1985—1995年间，每五年迁出人口规模为1 000万人左右；到1995年以后，每五年人口迁移的规模迅速增加到3 400万人；进入新世纪以来，人口迁移的规模进一步加大，每五年人口迁移的规模达到5 000万人。2000—2010年，北京、上海、天津、广东、浙江等省份人口增长率都超过了10%；而重庆、湖北、四川、安徽、甘肃等地出现人口负增长。2010年“流动人口”规模达2.6亿人，比2000年增加1.1亿人，增长率达42%，人口和劳动力流动开始产生各地区人均GDP“趋同”作用。

从流动的区域看，东部地区成为人口的净迁入地区。跨省人口迁移主要是从中西部省份、尤其是中部地区向东部沿海发达地区迁移（新疆也是净迁入地区）；最大规模的人口迁移是四川、河南等人口大省向北京、上海、广东等三大经济中心迁移（见表16—14）。

表 16—14　　四大区域省际人口迁移数量（1982—2010年）　　单位：万人

地区	1982—1987年	1985—1990年	1990—1995年	1995—2000年	2000—2005年	2005—2010年
东部	119.1	214.0	389.9	1 929.5	2 944.2	3 115.9
中部	−29.4	−46.6	−202.8	−1 191.1	−1 784.9	−1 964.9
西部	−63.6	−149.5	−157.1	−679.6	−1 042.4	−1 034.0
东北	−24.8	−11.8	−29.6	−56.6	−116.9	−117.0
各省迁出人口总数	624.7	1 108.4	1 066.1	3 400.3	5 040.5	5 499.4

资料来源：作者根据历次人口普查和1%人口抽样调查数据计算。

16.5　促进区域协调发展，逐步实现共同富裕

中国地区发展的目标是，在960万平方公里国土空间上，到2020年以及到2030年分步实现现代化区域协调发展的宏伟目标。

到2020年，整个中国全面建成小康社会，各地区的人民生活水平（主要指恩格尔系数）均达到富裕和更富裕阶段；26个地区约13亿人口，均达到世界高人类发展水平和极高人类发展水平，使世界高人类发展水平人口总数翻一番。5个地区（青海、甘肃、云南、贵州、西藏）约1.2亿人达到世界中人类发展水平组的前列。公共服务均等化水平显著提高，各级政府职能提高，向更高质量、更高水平的公共服务转变。“两屏三带”的生态安全大战略基本形成，国土空间格局更清晰，生态系统更稳定。公共财政更多地惠及民生，有效地解决地区、城乡发展不平衡、不平等、不协调。

到2030年，地区间公共服务和人类发展水平的差距最小，基本能够实现不同地区、城乡间和不同人群间的人类发展水平的一致化及基本公共服务均等化，中国各地区将共同达到高收入水平、富裕水平、高教育发展水平、高预期寿命、高人类发展水平。将完成从“一个中国，不平等的四个世界”到“一个中国，一个共同富裕的世界”的历史性转变。

为了实现上述目标，需要形成区域协调发展的格局，统筹协调地区发展、缩小地区发展差距，这既是一个十分紧迫的发展任务，又是一个长期的历史过程。我们要遵循经济发展规律，发挥市场机制对资源配置的基础性作用，进一步促进生产要素的流动，发挥各地方的比较优势创建特色经济，鼓励各地方分工合作，促进区域经济一体化；促进优质要素向经济集中区聚集，实现经济效益，鼓励人口流动，促进人均收入水平趋同，为各地区创造参与发

展繁荣的平等机会和条件。

需要遵循自然规律，根据资源环境承载能力、现有开发密度和发展潜力，统筹考虑未来我国人口分布、经济布局、国土利用和城镇化格局，将国土空间划分为优化开发、重点开发、限制开发和禁止开发四类主体功能区，按照主体功能区功能定位调整完善区域政策和绩效评价，规范空间开发秩序，形成合理的空间开发结构。高效率地使用建设用地，增加单位土地的总人口承载能力、总产出增长；保障农业安全和粮食安全、足够的可耕地；对一些生态极度脆弱和敏感地区限制和禁止大规模的经济开发，为子孙后代留下更大的绿色生态空间①。

需要进一步推进基本公共服务均等化。基本公共服务的质量与均等化水平表现为相辅相成的关系，在未来 20 年，基本公共服务体系将逐步从低水平、广覆盖的模式过渡到高质量、同质化的模式。同时，基本公共服务均等化已从关注城乡或地区维度，逐步过渡到关注不同类型的群体，实现对全部人民的覆盖，不再因存在城乡或地区的身份差别，而影响接受公共服务的数量和质量。推动基本公共服务均等化，需要政府规划引导，加大公共财政投入，创新基本公共服务均等化的机制。

为了保障少数民族地区能够到 2020 年基本公共服务水平达到全国平均水平，国务院出台专项文件，帮扶少数民族地区改善基本公共服务。② 根据目标，到 2020 年，西部地区基础设施更加完善，现代产业体系基本形成，建成国家重要的能源基地、资源深加工基地、装备制造业基地和战略性新兴产业基地，综合经济实力进一步增强；生态环境恶化趋势得到遏制，基本公共服务能力与东部地区差距明显缩小；人民生活水平和质量大幅提升，全面建成小康社会。③

16.6 小结：从大发展大趋异到共同发展大趋同

中国国情的基本特点之一就是地区发展的不平衡性，是世界上自然地理、

① 绿色生态空间是指森林、草地、湿地和水面面积。

② 到 2020 年，适应经济社会发展的现代综合交通运输体系和水利工程体系基本建成；现代产业体系基本形成，经济发展质量和效益明显提高，综合竞争力显著增强，城镇化水平大幅提高，科技创新能力明显提升；石漠化扩展势头得到根本遏制，森林覆盖率达到 50%，环境质量良好；基本公共服务达到全国平均水平，城乡居民收入显著提高，实现全面建设小康社会奋斗目标。参见《国务院关于进一步促进贵州经济社会又好又快发展的若干意见》（国发〔2012〕2 号）。

③ 参见《中共中央国务院关于深入实施西部大开发战略的若干意见》，2011 年 7 月。

人口资源、经济发展和社会发展差距最大的国家。如何处理和协调不同地区之间的关系，是民族团结、政治统一、国家治理的核心问题之一。

统筹协调地区发展、缩小地区发展差距，既是一个十分紧迫的发展任务，又是一个长期的历史过程。我们要遵循经济发展规律，既要发挥市场机制对资源配置的基础性作用，又要充分利用政府宏观调控（财政转移支付等）协调地区发展；既要发挥各地方的比较优势创建特色经济，又要鼓励各地方分工合作，促进区域经济一体化；既要促进优质要素向经济集中区聚集，实现经济效益，又要实施人口基本公共服务均等化、基础设施网络化，促进社会公平；既要鼓励人口劳动力地区之间流动，促进人均收入水平趋同，更要强化人力资本投资，促进人类发展水平趋同。

人民，只有人民，才是创造世界历史的动力。① 中国的社会主义现代化道路如同万里长征，至少要花100年的时间，需要几代全体中国人民在中国共产党的正确领导下付出艰苦卓绝的努力。1949年后，中国的5.4亿人民一起站立起来，共同建立了新民主主义社会、社会主义社会；1978年后，10亿人民一起改革开放，共同建立了社会主义市场经济体制；2000年后，12亿人一起富裕，共同全面建设小康社会。我们相信，到2020年，可以如期全面建成小康社会，为14亿人民共同分享；到2030年，14亿人民一起富裕，构建共同富裕社会；到2050年，14亿人民一起全面现代化，中华民族走向伟大复兴。

【思考与讨论】

1. 中国地区发展之路的特征是什么？
2. 区域发展战略有哪些类型？
3. 不同区域发展战略对地区差距发展的影响是什么？
4. 为什么中国地区发展是公共服务先趋同，最后是人均GDP趋同？
5. 各地区能否走向共同富裕？各地区如何走向共同富裕？
6. 地区发展中政府的作用是什么？市场的作用是什么？

【扩展阅读】

江泽民．不失时机地实施西部大开发战略//《江泽民文选》．第2卷．北京：人民出版社，2006.

胡鞍钢，王绍光，康晓光．中国地区差距报告．沈阳：辽宁人民出版社，1995.

---

① 参见《毛泽东选集》，2版，第3卷，北京，人民出版社，1991。

胡鞍钢．地区与发展：西部开发新战略．北京：中国计划出版社，2001.

王绍光，胡鞍钢．地区发展不平衡的政治经济学．北京：中国计划出版社，1999.

胡鞍钢．2020 中国：全面建成小康社会．北京：清华大学出版社，2012.

中华人民共和国国民经济和社会发展第十一个五年规划纲要．第十九章“实施区域发展总体战略”，2006 年 3 月．

中华人民共和国国民经济和社会发展第十二个五年规划纲要．第十八章“实施区域发展总体战略”，2011 年 3 月．

第五篇　中国与世界

中国与世界

从世界历史看，全球化和现代化是相伴生的现象。人类历史上曾经出现了三次全球化浪潮，第一次全球化浪潮是从 1870 年到 1914 年，中国在这一浪潮中成为全球化的落伍国和受害国。第二次全球化浪潮是从 1950 年到 1990 年，中国先是这一浪潮的边缘化国，后成为积极参与国和最大的受益国。第三次全球化浪潮是 1990 年以来，全球联系更趋紧密，中国成为全球化浪潮的积极参与国和重要领导国。

中国作为现代化的后发国家成功地追赶先行国家，大体需要经历四个阶段：第一个阶段是跟随阶段，主要学习先行者，模仿先行者。第二个阶段是追赶阶段，最重要的特征是从模仿者变为集成创新者，不仅追赶先行者，而且不断缩小与先行者的差距。第三个阶段是超过阶段，最重要的特征是从集成创新者转变为自主创新者，这是超过先行者的必由之路。第四个阶段是超越阶段，最重要的特征是成为全面创新者，这包括开放创新、综合创新、集成创新、自主创新。

从 500 多年来世界历史发展的角度看，国与国之间的联系日益紧密，出现了前所未有的全球化，引发了世界的大变局、大发展、大进步，但是也先后经历了殖民主义（Colonialism）时代、帝国主义（Imperialism）时代和霸权主义（Hegemonism）时代，直到进入 21 世纪才有可能进入共赢主义（Win-winism）时代，中国将成为共赢主义的旗手。倡导的是公正性，而不是不公正性；倡导的是包容性，而不是排他性；倡导的是和谐性，而不是冲突性。这是非零和博弈，而不是零和博弈。

中国始终秉承开放发展的理念，坚决维护全球自由贸易体系，带动建设开放型世界经济。一个日益开放、全面开放的中国，将会在多方面为 21 世纪世界发展和人类进步做出越来越大的贡献。这包括对世界经济增长的最大贡献、世界贸易增长的最大贡献、世界对外投资（特别是基础设施投资）的最大贡献、世界减少各类贫困人口的最大贡献、世界创造就业的最大贡献、世界发明专利增长的最大贡献；从更长远的角度看，还包括为人类做出更多科学发明、基础研究、技术创新的重大贡献，为人类文明与文化更具多样性做出巨大而独特的“中国贡献”。从这个意义上看，世界告别了霸权主义时代，将进入“共赢主义时代”。

第17章　中国与世界

“上下数千年，一脉延，文明莫与肩。纵横数万里，膏腴地，独享天然利。国是世界最古国，民是亚洲大国民。”① 中国自古就是世界上最为强盛的国家，是雄立世界东方的巨人，根据麦迪森世界经济数据库，1820年中国的GDP占世界的32.9%，比西欧30国的总和还要大得多（为23.6%）。②

马克思、恩格斯在《共产党宣言》（1848年）中就谈到了世界已经进入资本主义时代和全球化时代。他们指出：美洲的发现、绕过非洲的航行，给新兴的资产阶级开辟了新天地。大工业建立了由美洲的发现所准备好的世界市场。世界市场使商业、航海业和陆路交通得到了巨大的发展。资产阶级，由于开拓了世界市场，使一切国家的生产和消费都成为世界性的了。过去那种地方的和民族的自给自足和闭关自守状态，被各民族的各方面的互相往来和各方面的互相依赖所代替了。资产阶级，它按照自己的面貌为自己创造出一个世界。③即用战争与侵略、大炮与战舰，开拓疆土，建立殖民地，创造出一个资本主义的世界与时代。由此各国与世界的关系就发生了根本性的变化，作为世界人口最多、经济发展最大的中国也不例外。

近代的中国遭逢“千年未有之大变局”，传统的中华农业文明遭受西方工业文明前所未有的挑战，1840年时，英国人口只有2 674万人，中国人口是4.12亿人，相当于英国的15.4倍，第一次鸦片战争的失败意味着传统农业文明、传统封建国家的失败。在而后短短的百年时间里，中国急剧衰落，沦为任由列强欺凌、任由列强瓜分的“东亚病夫”。

20世纪下半叶，中国迎来历史性崛起，为民富国强、民族复兴奠定了重要的基础。1978年至今，中国进入了经济社会全面发展的快车道，主动开启了融入国际体系的进程，在国际社会中积极作为，对国际社会的贡献有目共睹、越

① 李叔同：《祖国歌》，见李叔同：《心与禅》，175页，西安，陕西师范出版社，2010。

② Angus Maddison，*Historical Statistics of the World Economy*：*1—2008 AD*，OECD Publishing.

③ 参见《马克思恩格斯选集》，2版，第1卷，北京，人民出版社，1995。

来越大。尤其是，2001年12月中国成为WTO正式成员以来，经济发展速度屡创新高，创造了进出口贸易增长最快的世界纪录，超过德国，成为世界第一大出口商品贸易国，并成为仅次于美国的世界第二大进口商品贸易国，也迅速成长为高技术产品贸易大国，显示出显著的比较优势和新的竞争优势。2010年，中国GDP（市场汇率）又超过了日本，成为世界第二大经济体。我们估计到2020年，按汇率法（现价）计算的中国GDP相当于美国的1.04倍；按购买力平价法（现价）计算的中国GDP相当于美国的1.34倍[①]，从而打破美国自1890年到2020年130年世界第一的霸主地位。

世界改变了中国，中国也改变了世界。那么，如何在全球化背景下认识发展变化的中国？如何理解中国与世界之间的关系？全球化对中国意味着什么？外部世界与中国是如何"挑战—应战"的？中国在世界中的地位发生了什么样的变化？在过去的几十年中国为世界做出了怎样的贡献？

本章以中国与世界为主题，介绍两者之间的互动关系。回顾了新中国成立以来中国与世界关系的变迁过程，中国从全球化的边缘化国、落伍国转变为积极参与国、追赶国，并进一步转变为领导国和做出巨大贡献的国家。

17.1　全球化与中国

17.1.1　三次全球化与全球大趋同

自从15—16世纪的地理大发现以来，人类的历史就进入了一个彼此联系日益紧密的全球共同体时代，工业革命以来交通、通信、信息技术的迅猛发展进一步加速了人类的全球化进程。我们将全球化定义为：

全球之间相互联系、相互影响，全世界各国相互依赖网络，通过资本流、贸易流、信息流、人流以及全球生态环境变化和影响日益紧密地联结在一起。

全球化意味着全球各国之间相互联系、相互依赖程度增强，相应也增加了脆弱性。全球化是多个维度相互交织、相互促进的过程。

首先是经济全球化，即各民族国家的政府消除对商品、资本和劳动力等要素在国际间自由流动的限制，从而在全球范围内实现贸易自由化、投资自由

① 参见清华大学国情研究中心，胡鞍钢、鄢一龙、魏星执笔：《2030中国：迈向共同富裕》，62页，北京，中国人民大学出版社，2011。

化、劳动力自由跨境流动以及生产要素价格的均等化。

其次是科技全球化，它指科学技术在全球范围内研发、传播与使用，成为全球性公共物品，也产生全球性的正外部性。

第三是环境全球化，它指的是污染物质在大气层或海洋中的长距离运送，或者影响人类健康、福祉的病原体或基因物等生物实体的长距离运送，也包括气候变化等全球性环境危机。

第四是社会和文化全球化，它指的是观念、信息和人员的流动，人与人之间联系日益紧密，不同文化之间相互交流、相互借鉴、相互融合。

全球化对发展中国家而言是双刃剑，发展中国家既有可能在全球化中获益，成为全球化大赢家，也有可能受全球化之害，成为全球化大输家。

首先，全球化可以影响一个国家或地区的现代化、工业化，直接影响其经济增长的速度、稳定性及其波动。全球化为国家经济发展创造了更大的市场，刺激了创新。正如亚当·斯密在《国富论》中所说：分工受市场范围大小的限制。市场越大，从贸易和劳动分工获得的收益就越多。而且，对创新的激励也就越有效，因为潜在的收益会更大。发展中国家的经济落后性要求它们必须加快工业化和现代化进程，尽快提高国民经济的整体发展水平和民众的生活及福利水平。经济落后性既是发展中国家经济发展的一个重要制约因素，同时也是一个极其难得的发展机会，经济学中称为条件趋同效应。

其次，全球化的进程也就是各国吸取国际经验、吸引国际资金、利用国际技术、不断扩大国际市场、参与国际分工、实现资源最佳配置的动态调整过程。由于国内资源禀赋和自身发展阶段的制约，发展中国家单纯依靠内部资源和市场无法完全满足高速经济增长的要求，为了维持高经济增长，就必须按照比较优势的基本原则，通过开放国内市场，吸引外国资金和技术，提高本国的产业竞争力，通过参与全球市场，更多地利用国外资源，从而在全球范围内实现资源的有效配置。

第三，全球化是一个不公平、不对称的发展过程，一直是以西方国家为主导。西方国家既是先导者，又是领导者，既制定了国际游戏规则，又长期独占国际竞争优势。越是贫困的国家，在全球化大潮中，抵御外来冲击的能力就越脆弱，可能被进一步边缘化，或者成为依附型国家，成为不平等的国际秩序的受害者。

第四，全球化可能加剧各国或内部发展的不平衡性。经济快速增长过程中由于增长型态和质量的不同会导致增长过程中的不平衡性，其中包括地区性不平衡及不同社会成员之间的群体性不平衡。不平衡性的实质是增长过程中的效率和公平的协调问题，亦即不同社会群体和不同区域能否公平地分享经济增长的收益。一般认为城市比农村更有条件实现平衡，沿海地区又比内陆地区更有条件实现平衡。对于经济增长质量，作为后发国家在初期大多是低质量的数量扩张，经过一个阶段以后开始向高质量增长。一开始可能是不平衡增长，社会矛盾显现，收入差距扩大，此后逐渐发展到平衡增长。这种不平衡性对于发展中国家就表现为各产业发展不平衡、各地区发展不平衡、各类人群收入不平衡，在中国还有城乡发展不平衡。

第五，全球化也可能导致发展的不稳定性。国际上各种不平衡性的日益累积会导致国际上的不稳定性和冲突性。如宏观经济不稳定，最典型的就是亚洲金融危机、国际金融危机，一旦发生，迅速传播、蔓延，冲击强烈，影响深远。又如世界不少地区动荡频繁发生，不同国家之间、国家内部之间、不同民族间冲突不断。还如非传统安全、粮食安全、能源安全、资源安全、网络安全等全球性问题更加突出。

一个国家的兴衰，取决于能否成功响应外部世界的挑战。英国历史学家汤因比（1889—1975）提出了文明社会的“挑战—应战”说，他说：“通常，挑战是各种各样的。挑战既可以来自外部，也可以来自内部。应战也是有各种各样，可能是主动应战，也可能是被动应战；可能是及时应战，也可能是滞后应战；可能是创造性的应战，也可能是机械性的应战。由于应战方式的不同，有的社会成长，有的社会停滞，有的社会倒退。对于同一个社会，也因为应战方式不同，有时成长，有时停滞，有时倒退。”任何一种全球化总是有利有弊，关键是能否准确把握机遇，积极应对挑战，善于趋利避害，化危机为机遇。

世界现代经济发展历史上曾经出现过三次大规模的全球化浪潮：第一次是从 1870 年到 1914 年的全球化浪潮，被安格斯·麦迪森称为“这是一个相对和平和繁荣的时代，它结束于第一次世界大战的爆发”①。反映经济一体化或经济全球化发展趋势的重要指标是世界出口额占世界 GDP 的比重，从 1870 年的 5.0%提高至 1913 年的 8.4%，国际贸易增长快于世界总产出增长，还出现了持续的大规模的国际移民，从欧洲向欧洲衍生国（主要是美国）迁移 1 700 万人，殖民主义达到顶峰。这是帝国主义时代的全球化，是不可能持续下去的，各个列强激烈地争夺各类资源，瓜分殖民地，确立其势力范围，中断了这次全球化。首先爆发了第一次世界大战，出现资本主义大危机、大萧条，又爆发了第二次世界大战，世界贸易总额下降了 1/4 以上，直到 1950 年才达到 1929 年的顶峰。1950 年世界出口额占世界 GDP 的比重降至 5.5%，仅比 1870 年高出 0.5 个百分点。这是经济全球化大倒退的时代。

① ［英］安格斯·麦迪森：《世界经济二百年回顾》，33 页，北京，改革出版社，1997。

第二次全球化浪潮是从1950年到1990年，世界贸易增长大大超过经济增长，世界出口额占GDP比重持续上升，达到13.5%。这是世界技术进步加速、经济全球化加速的时代，也是冷战时代，经济全球化由美国、西欧、日本主导，先后建立了联合国组织、世界银行、国际货币基金组织、关贸总协定(GATT)，大部分南方国家都属于边缘化者，可以称之为"半全球化"或"北方全球化"，加剧了南方国家与北方国家之间的"大趋异"。

第三次全球化浪潮是从1990年开始，进入后冷战时代，中国、印度等发展中大国先后改革开放，融入世界，率先经济起飞，迅速崛起，特别是中国加入世界贸易组织（WTO）之后，从第八大贸易体迅速成长为第二大贸易体，大大地推动了全球化。一批最不发达国家跟进高速成长，发展中国家的力量明显上升，从而开始改变南北不平衡、不对称、不公平的经济和贸易格局。越来越多的南方国家加入世界贸易组织，该组织现有159个成员，成员贸易总额达到全球的97%。南方国家开始享受后冷战时代的世界和平红利，经济全球化或区域一体化红利，传播和分享的知识红利，信息通信技术的迅速普及、广泛应用的技术红利，这些都促进了南方国家的集体崛起。到2010年，世界出口额占GDP比重达到31%，比1990年提高了17.5个百分点。南方国家出口额占世界总量比重达到了62%，反映了全球化格局从"北方全球化"转变为"南北方全球化"，从北方国家主导转变为以南方国家为主导（见表17—1、图17—1）。

表17—1　　　　三次全球化及特征

	第一次全球化	第二次全球化	第三次全球化（上）	第三次全球化（下）
时间	1870—1914年	1950—1990年	1990—2010年	2010—2030年
领导国与主导国	英国等西欧国家	美国等北方国家	美国等北方国家、中国	美国、欧盟与中国等南方国家
工业革命	第二次工业革命	第三次工业革命（上）	第三次工业革命（下）	第四次工业革命
基本特征	帝国主义时代、全球资源掠夺、殖民主义	冷战时代、南北大趋异	后冷战时代、中印等国兴起、南北趋异趋缓	南方国家兴起时代、南北大趋同
世界组织		联合国、世界银行、国际货币基金组织、关贸总协定(GATT)	联合国、世界银行、国际货币基金组织、关贸总协定(GATT)、世界贸易组织（WTO，1994年）、G7(1976年)	联合国、世界银行、国际货币基金组织、关贸总协定(GATT)、世界贸易组织（WTO）、G8（1998年）、G20(2008年)

续前表

	第一次全球化	第二次全球化	第三次全球化（上）	第三次全球化（下）
中国在世界的角色	中国沦为半殖民地	从边缘化者到积极参与者	积极参与者	重要领导者
中国对外政策	闭关锁国、弱国外交	一边倒、独立自主、对外开放	对外开放、大国外交、和平发展	大国外交、和平发展、互利共赢、经济外交

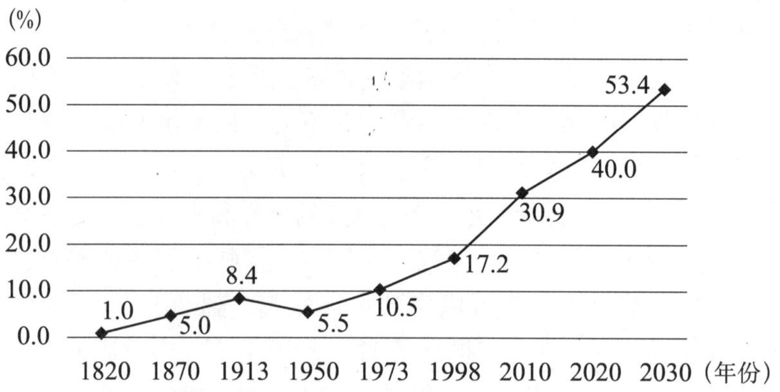

图 17—1　全球出口占 GDP 比重（1820—2030 年）

注：2010 年后的数据系作者估算，2010—2030 年年均出口增长率为 6.2%；出口包括货物出口和服务出口，出口和 GDP 数据均为 1990 年国际美元。

资料来源：［英］安格斯·麦迪森：《世界经济二百年回顾》，16 页，北京，改革出版社，1997；清华大学国情研究中心，胡鞍钢、鄢一龙、魏星执笔：《2030 中国：迈向共同富裕》，33 页，北京，中国人民大学出版社，2011。

未来时期的全球化还会进一步加速，我们预计到 2030 年世界出口额占世界 GDP 比重将达到 53.4%（见图 17—1），这是一个更高水平的全球化。到 2030 年，南方国家出口额占世界总量比重将达到 72%，反映了全球化促进了南北一体化、南南一体化、北北一体化，从不公平、不公正全球化向着更加均衡、更加协调方向发展。

在 200 多年的时间里，“南方国家”与“北方国家”（指富裕国家）的经济总量的对比经历了一个倒 U 字形的历史轨迹，第一个百年是大趋异，第二个百年是大趋同。1820 年南北国家的 GDP 比重是七三开，大体和人口比重相同，随后的一百多年里，南方国家的比重迅速下降，北方国家迅速上升，经历了一个大趋同过程，到 1950 年变为四六开，随后南方国家开始追赶，出现初步趋同，到 2000 年南方国家比重上升到 43.0%。

国际金融危机重创了美欧日等发达国家，加速了它们经济实力相对衰落的进程，出现了前所未有的世界财富大转移（shifting wealth），全球经济版图将发生重大变化，南方国家和北方国家的经济实力将出现大逆转，不仅中国、印度在 2030 年将回到 1820 年的水平，整个南方国家也将回到 1820 年的水平。南方国家迅速上升，2010 年就已经超过 50%（达到 52.4%），北方国家降至 47.6%，从而彻底打破北方国家长期主导世界经济格局的局面，到 2030 年，南方国家比重能够达到 66.9%，北方国家将至 33.1%（见表 17—2），从而由南方国家主导世界经济格局。因此，到 2030 年世界的经济版图将是“南方国家”大大高于“北方国家”，形成新的世界经济格局、贸易格局和投资格局。

表 17—2　　南北国家 GDP（PPP）占世界总量比重（1820—2030 年）（%）

	1820年	1870年	1913年	1950年	1973年	2000年	2010年	2020年	2030年
南方国家	70.3	53.1	42.1	39.5	39.9	43.0	52.4	60.5	66.9
亚洲发展中国家/地区	56.5	36.1	22.2	15.3	15.8	29.2	40.9	49.1	58.2
中国	33.0	17.1	8.8	4.6	4.6	11.8	20.7	28.9	33.4
印度	16.1	12.2	7.5	4.2	3.1	5.2	8.0	12.2	18.6
俄罗斯	5.4	7.5	8.5	9.6	9.4	2.1	2.4	2.7	3.0
巴西	0.4	0.6	0.7	1.7	2.5	2.7	2.6	3.6	5.1
北方国家	29.7	46.9	57.9	60.5	60.1	57.0	47.6	39.5	33.1
美国	1.8	8.9	18.9	27.3	22.1	21.9	18.4	16.7	15.1
欧盟	23.3	32.0	35.8	27.1	27.1	21.5	18.1	15.7	13.1
日本	3.0	2.3	2.6	3.0	7.8	7.2	5.4	4.4	3.2
中国/美国（倍）	18.3	1.9	0.47	0.17	0.2	0.5	1.1	1.7	2.2

注：北方国家指国际货币基金组织 2010 年定义的发达经济体（advanced economies），包括 34 个经济体；欧盟包括 27 个国家；南方国家指北方国家以外的其他经济体；亚洲发展中国家/地区指日本、韩国、新加坡、中国香港和以色列以外的其他亚洲国家/地区；GDP（PPP）系 1990 年国际美元。

资料来源：1820—2000 年数据引自 Angus Maddison，*Statistics on World Population，GDP and Per Capita GDP，1—2008 AD*，http：//www.ggdc.net/MADDISON/orindex.htm；2010—2030 年世界及主要经济体经济增长率数据系作者根据麦迪森的数据估算。

17.1.2　后发国家的追赶路径

世界的现代化发展从来都是极不平衡的，有现代化的先行者，也有后来者；有现代化的成功者，也有失败者。即使是成功者，也不能自动保证总是成功，失败者并不一定意味着总是失败。因而，世界的现代化就成为一个纷繁复杂的历史画卷。由此，我们需要了解现代化的落伍者、后来者，也曾是全球化的边缘化者，如何成功地追赶先行者，如何成功地超越先行者。这是一个现代化的“万里长征”，不仅道路漫长，目标遥远，还要“爬雪山”、“过草地”，没有伟大的长征精神[①]，是不可能完成“万里长征”的。

从世界各国发展的历史经验看，一个后发国家成功地追赶先行国家，大体需要经历四个阶段：第一个阶段是跟随阶段，主要学习先行者、模仿先行者，甚至照搬先行者，只有开放学习，并无开放创新，大多数情况下还是“言必称希腊”，缺少自信、缺乏自觉。跟随者可能不会与先行者差距拉大，但也没有与先行者缩小差距。通常跟随者不仅不挑战先行者，而且依附于先行者，也被迫出让主权于先行者。第二个阶段是追赶阶段，最重要的特征是从模仿者变为集成创新者，不仅赶上先行者，而且不断缩小与先行者的差距，从定量的视角来看，以先行者的指标为100%所计算的“追赶系数”，提高越快，说明开放创新、集成创新能力就越强，反过来讲，开放创新、集成创新能力越强，追赶系数提高就越快，反映了比较强的自觉与自信。第三个阶段是超过阶段，最重要的特征是从集成创新者转变为自主创新者，这是超过先行者的必由之路。从定量的视角来看，“追赶系数”接近或达到100%，更加充满自觉与自信。第四个阶段是超越阶段，最重要的特征是成为全面创新者，这包括开放创新、综合创新、集成创新、自主创新，的确比先行者“高人一筹”、“先行一步”。

不过，在实际的追赶超越过程中，远比这一理论模型要复杂得多，在大多数情况下，不仅在各个阶段，而且在整个发展过程中常常会出现因各种内外部危机或者冲击而中断，甚至倒退。例如苏联在1950—1977年期间相对美国GDP的追赶系数先是不断上升的，而后缓慢下降，但是到苏联解体之后，就出现了历史的“大倒退”，1990—1998年期间追赶系数明显下降，之后才开始有所上升。又如日本在1950—1990年期间相对美国GDP的追赶系数也是不断上升的，而后就经历了“失去的20年”，追赶系数持续下降（见图17—2）。

中国的现代化就是一个不断追赶美国并超越美国的“万里长征”。早在1956年毛泽东在党的八大预备会议上首次提出用50年或60年的时间赶上并超过美国的战略设想。我们把毛泽东的这一构想称为“中国梦”或“强国梦”。当时毛泽东并不晓得GDP等经济指标，也不晓得中国与美国之间的实际差距，他采用了当时普遍衡量一个国家实力的钢产量指标，1955年中国只有400多万吨钢，而美国已经达到了1亿吨，相当于中国的20多倍。毛泽东介绍，美国在60多年前钢产量也只有400万吨，因此他设想中国花50年

---

① 长征精神：是指不怕牺牲、前赴后继的精神，勇往直前、坚韧不拔的精神，众志成城、团结互助的精神，百折不挠、克服困难的精神。

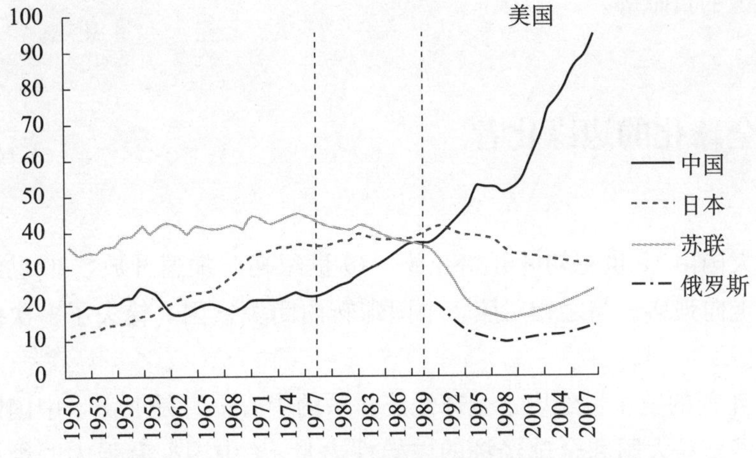

图 17—2　中、日、苏联与俄罗斯追赶美国 GDP 趋势图

（指 2006 年）、60 年（指 2016 年）赶上并超过美国的钢产量目标，而不是经济总量指标和其他指标。当时（指 1955 年），中国总人口已经突破 6 亿人，美国只有 1.9 亿人，中国比美国多出 4 亿多人，而美国的 GDP 相当于中国的 5.8 倍。[①]

那么，中国赶超美国具备哪些条件呢？当时的毛泽东又是如何认识的？对此，毛泽东提出中国追赶并超过美国有三个基本条件[②]：一是中国国土面积与美国大致相当，这就意味着主要资源总量与美国比较接近，如果能够高效率地开发利用，就会成为追赶和超越美国的自然资源基础；二是中国比美国人口多得多，这就意味着一旦中国人民人力资本水平大幅度上升，就会成为追赶和超越美国的人力资源基础；三是社会主义制度的优越性，这就意味着美国的制度是资本主义国家最优越的制度，而中国的制度又比美国更优越，如果充分利用这一优势，就会成为追赶和超越美国的制度基础。这里最关键的因素是社会主义制度的优越性，它是保证中国追赶和超越美国的根本条件。放弃社会主义道路，转向资本主义道路，不仅导致苏联解体，即使是强大的俄罗斯也会成为二流国家。

随着一个国家的快速发展，它与其他强国之间的相对发展差距就会缩小，这是一个很明显的事实。不过这并不意味着其他国家就衰落了。在全球化的条件下，不同国家之间的相互依赖性越来越强，因此，其他国家应该把中国的崛起看作是一种机遇，而不是挑战。事实也是如此，中国正在对世界做出自己的贡献，这包括经济增长贡献、贸易增长贡献、中国市场贡献、减少贫困贡献以

① Angus Maddison，*Historical Statistics of the World Economy*：*1—2008 AD*，OECD Publishing.

② 参见《毛泽东文集》，第 7 卷，北京，人民出版社，1999。

及发展知识的贡献等。

17.2 全球化的边缘化者

世界大国由 15 世纪初叶开始开放，19 世纪初叶加速开放，20 世纪中叶全面开放，走向强盛。与之相对照，中国却转向闭关锁国，错失了多次的重要战略机遇期。

1800 年前的三个世纪内，全球经济体系的中心一直是亚洲，中国则是不容挑战的经济贸易大国和全球经济的主导性力量。① 中国拥有强大的经济、贸易乃至航海优势，但统治者故步自封，限制乃至放弃海上活动，错失了第一波全球化的浪潮。

1820 年之后，西方资本主义国家开始启动工业化进程，随着西方资本主义的入侵，中国在丧权辱国的条件下被迫开放，逐步沦为半殖民地，外国资本控制了重要经济命脉，民族工业发展受到极大的限制，与西方国家趋异。

1870—1914 年世界经济进入第一个黄金时期（人均 GDP 年增长率为 1.30%），中国则困于内忧外患，与这一波工业化和全球化浪潮无缘，是典型的边缘化者和落伍者。中国商品出口占世界的比重由 1870 年的 2.5%下降到 1950 年的 1.7%。以购买力评价为基础数据，1870 年，中国出口额占 GDP 比重为 0.7%，低于印度（2.5%），也远低于全世界的平均水平（5.0%）。② 邓小平同志指出，如果从明朝中叶算起，到鸦片战争，有三百多年的闭关自守，如果从康熙算起，也有近二百年。长期闭关自守，把中国搞得贫穷落后，愚昧无知。③

第二次世界大战之后，世界经济进入第二个黄金时期，1950—1973 年世界人均 GDP 年增长率为 2.93%；世界进入第二次全球化，由美国等北方国家主导，世界出口额占 GDP 比重翻了一番，从 5.5%达到 10.5%。④ 但是中国因抗美援朝受到美国等西方世界的长期经济封锁和制裁，没有机会利用这次全球化，仍属于边缘化者。

新中国成立之初，与世界各国的贸易往来非常少。1950 年，中国的进出口

---

① Frank，Reorient，Global Economy in the Asian Age，University of California Press，1998.

② 参见［英］安格斯·麦迪森：《世界经济二百年回顾》，16 页，北京，改革出版社，1997。

③ 参见《邓小平文选》，1 版，第 3 卷，北京，人民出版社，1993。

④ 参见［英］安格斯·麦迪森：《世界经济千年史》，263 页，北京，北京大学出版社，2003。

贸易总额为 11 亿美元，占世界贸易总额的比重为 0.9%，居世界的第 28 位。1950 年，中国货物贸易进出口额只相当于美国的 5.5%，相当于联邦德国的 23.4%。1950—1977 年，中国货物贸易进出口额年均增长 10%，货物进出口贸易额累计为 1 606 亿美元。1978 年，中国货物贸易进出口额占世界贸易总额的比重为 0.8%，居世界的第 29 位，只相当于美国的 6.4%，相当于联邦德国的 8%。[①] 从进出口总额占 GDP 比重看，1952 年为 9.5%，1959 年达到 10.4%，而后因中苏关系恶化，这一比重下降，1965 年降至 6.8%，1970 年又进一步下降至 5.0%，到 1977 年时才达到 8.5%[②]，还是低于 1952 年的水平。这一时期是一个相对封闭的经济时代。

1950—1978 年期间，中国走内源型追赶、封闭型追赶之路，采取的基本方针就是“自力更生”、“自给自足”，建立比较完整、配套齐全的工业体系和国民经济体系，但迟迟未能打开国门。从国际环境看，二战之后出现冷战格局，中国实行“一边倒”的外交方针，其最大代价就是不能从西方世界获得资金和技术，也不能对西方世界开放；其后与苏联交恶又使中国与东方世界经济联系萎缩；“文化大革命”期间，中国进一步走向自我封闭。这一期间则是中国经历衰败后真正的经济追赶过程，但是一个典型的“孤立主义时代”，基本上还是一个“封闭经济”与“封闭社会”，中国占世界出口额比重不断下降，到 1973 年达到历史最低点，为 0.6%（见图 17—3）。

毛泽东时代的中国经济发展和社会进步取得了重大成就和进展[③]，但是在“大跃进”时期和“文化大革命”时期，相对周边的日本等国家和与大陆竞争的台湾、香港等地区而言，还是要封闭得多，也落伍得多。

不过，1972 年毛泽东与美国总统尼克松的会谈，为后来中国对外开放打开了战略机遇窗口。因为中国对外开放实质是对西方开放，最大的障碍是中国与美国之间的长期对峙、隔绝。消除了这一障碍，也就为中国对外开放打开了战略窗口，铺平了发展道路。[④] 这之后，在周恩来、李先念、陈云、邓小平的推动下，中国政府批准了建国以来引进国外先进技术设备规模最大的进口计划。但是很快就受到江青等人的反对，实际完成进口计划的 66.5%。

---

① 参见《庆祝新中国成立六十周年系列报告之十八：国际地位明显提高 国际影响力显著增强》，见国家统计局网站，2009-09-29。

② 参见国家统计局国民经济综合统计司编：《新中国六十年统计资料汇编》，9、60 页，北京，中国统计出版社，2010。

③ 参见胡鞍钢：《中国政治经济史论（1949—1976）》，北京，清华大学出版社，2007。

④ 参见胡鞍钢：《邓小平与中国对外开放》，见吴敬琏等主编：《中国经济 50 人看三十年——回顾与分析》，141～164 页，北京，中国经济出版社，2008。

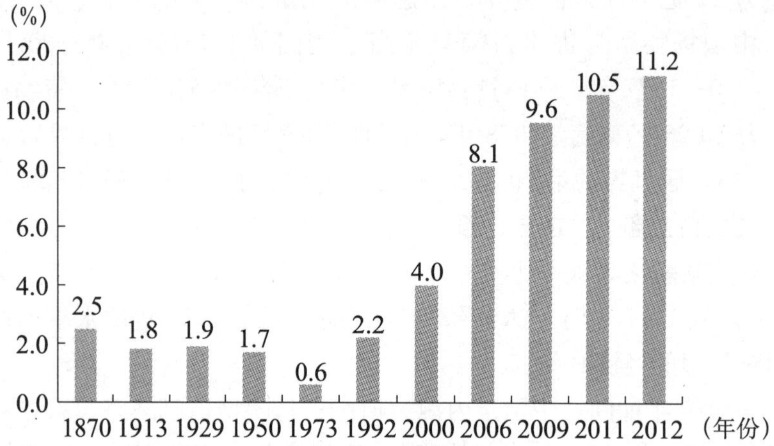

图 17—3　中国出口额占世界比重（1870—2012 年）

资料来源：World Bank，WDI 2013；CIA，World Factbook（2013）。

17.3　全球化的参与者和受益者

1978 年改革开放以来，中国成为世界两次全球化的参与者和受益者，并逐步成为第三次全球化的积极参与者和重要领导者。这与领导人在开放环境下“走出去”重新认识西方世界是极其相关的。仅邓小平在 1978—1979 年期间就出国访问八次，包括美国、日本（两次）。在他的积极推动下，到 1980 年 1 月，副总理差不多都出去过，副委员长好多也都出去过。中国迅速扩大与世界各国的经济贸易关系，到 1981 年中国就与世界上 174 个国家和地区发展了贸易关系。

进行经济建设，并逐渐地融入世界经济和地区一体化发展之中。1978—2000 年，中国抓住新一波经济全球化浪潮，革故鼎新锐意改革，从突破观念障碍和体制约束起步，从一个近于封闭的国家转变为全球市场的积极参与者，迅速建立起了世界上最为成功的开放型经济体，加深与世界经济关系之迅捷在诸大国中史无前例。中国根据国内外形势变化适时采取扩大对外开放的战略步骤，正如诺贝尔经济学奖得主、美国哥伦比亚大学经济学教授约瑟夫·斯蒂格利茨指出的，“中国将对外开放置于发展战略的核心地位，获益良多”。在短短 30 多年间，中国充分利用了“天时”，主动打开国门，改变自己，影响世界，进而塑造世界；中国充分利用了“地利”，主动参与地区一体化浪潮，成为东亚合作最强大的推动力，对外开放也随之成为中国正在开创的和平发展道路的本质特征。

加入 WTO 是中国改革开放的重要里程碑，中国对外开放取得重大进展[①]，形成了全方位、多层次、宽领域的对外开放格局[②]，成为中国进入“全面开放”时代的重要标志。中国加入 WTO 更是进一步推动了中国参与经济全球化、地区一体化，实现贸易自由化的进程。随着中国全方位、多层次、宽领域对外开放格局的逐步形成，随着中国贸易和经济的高速发展、外汇储备的增多，人民币日渐成为硬币，“走出去”步伐加快，中国在经济、政治、科技、文化、安全等方面同 WTO 成员形成了前所未有的密切联系，中国经贸发展的内外关联度进一步增强，中国发展对全世界传递的正效应越来越明显。

根据我们对中国加入 WTO 之后发展的两次评估[③]，中国并没有出现很多人预期的重大外部冲击和痛苦调整，而是产生了多方面的积极的效应，显示了巨大的对外开放红利，取得了中国与世界“互利共赢”的重大成果，中国成为世界性开放大国之一，也是最竞争、最有潜力的大市场之一。中国的成长引人注目，成为加入 WTO 的发展中国家中最成功的典范之一（见专栏 17—1）。

专栏 17—1　习近平谈中国加入世界贸易组织（2011 年）

2010 年是中国加入世界贸易组织第十个年头。这是中国全面兑现入世承诺，严格遵循国际通行的市场规则，致力于完善公开、公平、透明的贸易和投资环境，全方位扩大对外开放的 10 年。10 年来，中国清理、修订了 3 000 多部法律法规和部门规章，开放了 100 多个服务贸易领域，平均关税从 2001 年的 15.3%降到了 2010 年的 9.8%；中国出口和进口规模分别增长 4.9 倍和 4.7 倍，2010 年中国成为世界第二大进口国，货物贸易进口总额 1.4 万亿美元，占世界贸易总额的 9.1%；出口 1.6 万亿美元，占世界贸易总额的 10.4%。10 年来，中国平均每年进口价值 6 870 亿美元的商品，为相关国家和地区创造了 1 400 多万个就业机会。10 年来，中国共吸

---

① 2007 年 3 月 20 日，胡锦涛同志在接受俄罗斯记者的联合采访时指出：中国实行对外开放政策 29 年来，已累计批准外商投资企业超过 59 万家，累计实际吸收外资超过 7 000 亿美元，世界 500 强企业已有 480 家同中国建立了合作关系。加入世贸组织以来，中国信守承诺，不断扩大市场开放。中国制造业已全部对外开放；在世贸组织分类的 160 个服务贸易部门中，中国已开放了 100 多个，开放比例已接近发达国家；银行、保险、证券、分销等领域的开放步伐正按预定的时间表顺利推进。目前，外商投资企业已遍布中国国民经济各行业。参见《胡锦涛主席接受俄罗斯媒体联合采访答问（全文）》，见新华网，2007-03-25。

② 参见《中央外事工作会议在北京举行》，见新华网，2006-08-23。

③ 参见胡鞍钢：《对中国加入 WTO 的初步评价：中国如何影响世界贸易增长格局（2000—2004）》，载《国情报告》，2006（6）；胡鞍钢、门洪华：《对中国加入 WTO 的再评价：中国如何全面开放、全面参与、全面合作、全面提升》，载《国情报告》，2006（29）。

引 7 000 多亿美元外资，世界 500 强企业中已有 480 多家在华开展业务。

资料来源：习近平：《开拓创新互利合作　抓住机遇共同发展——在中意工商晚宴上的讲话》，见新华网，2011-06-03。

2008 年的国际金融危机就是最典型的世界大考，世界各国特别是大国应对得如何是可以进行国际比较的。从经济增长角度看，中国和印度在危机中保持了正增长，而欧盟、美国、日本都先后出现了负增长。过去五年中国是大踏步前进的五年，而欧、美、日则是“失去的五年”。这也改变了世界贸易格局，世界五大经济体经济进出口额占世界总量的比重也发生了重大变化，所呈现的基本趋势是：中国出口额占世界总量比重迅速上升，印度、俄罗斯的比重也略有上升，而美国的比重明显下降（见表 17—3）。中国不仅成为世界最大的货物出口国，也成为居美国之后的世界第二大货物进口国。中国崛起被视为事实，中国已经是真正意义上的世界性贸易大国。对外开放的中国不仅积极地接受全球化，也积极地参与全球化、推动全球化。

表 17—3　　七大国出口占世界比重变化（1820—2012 年）（%）

国家＼年份	1820	1870	1913	1929	1950	1973	2001	2009	2012
英国	15.5	21.8	16.7	9.6	10.5	5.3	4.8	2.8	2.6
德国	—	12.0	16.2	10.5	3.5	10.8	9.8	9.0	8.1
美国	3.5	4.4	8.1	9.1	11.5	9.7	12.8	8.5	8.8
苏联/俄罗斯	—	—	2.8	1.0	1.7	3.2	2.1	2.4	2.9
日本	—	0.1	0.7	1.3	0.9	5.3	6.0	4.6	4.3
中国	—	2.5	1.8	1.9	1.7	0.6	3.3	9.6	11.2
印度	—	6.2	4.0	2.5	1.5	0.5	0.7	1.3	1.7

资料来源：1820—1973 年数据：Madisson（2003）；2001—2009 年数据：世界银行网站，http://data.worldbank.org；2012 年数据：CIA World Factbook（2013）。

17.4　从全球化的受益国到贡献国

中国在世界的作用和角色是什么呢？就是毛泽东同志早在 1956 年 11 月率

先提出的“中国贡献论”，即进入 21 世纪，中国应当对人类做出较大的贡献。[①] 1978 年 5 月，邓小平同志也重申将来“我们对人类特别是对第三世界的贡献可能会多一点”这一梦想。[②] 2007 年党的十七大报告正式提出这一伟大梦想，即到 2020 年中国“成为对外更加开放、更加具有亲和力、为人类文明作出更大贡献的国家”[③]。从毛泽东同志的“较大贡献”到胡锦涛同志的“更大贡献”，充分反映了中国在世界的定位的变化，这是与中国综合国力及在世界的地位变化相联的适应性、理性的变化。

那么，中国对世界的贡献有哪些呢？胡鞍钢在 1995 年把中国对世界的贡献归纳为“三大贡献”，分别是：第一，对全球经济增长的贡献；第二，对全球贸易增长的贡献；第三，对全球发展的贡献，具体而言是对全球人类发展的贡献。[④] 现在看来，这三大贡献的正外部性已经十分明显，并得到全世界的认可。

第一，从过去 30 年看，中国创造了世界现代经济增长的历史纪录，成为世界经济增长的最大引擎。世界上 200 多个国家和地区中，任何一个国家或地区的增长都会对世界经济带来外溢性。但是不同的经济增长会有不同的外溢性。一个国家经济总量越大，它对世界 GDP 的外溢性就越强；一个国家经济增长速度越快，它对世界新增 GDP 的贡献就越大。

通过对 1978—2012 年数据的计算，中国对全球增长的贡献大幅度地增加。按购买力平价计算，在 1993 年至 2007 年间，全球经济增长的 19.50％来源于中国，远高于美国的 15.71％；按汇率法计算，全球经济增长的 9.90％来源于中国，低于美国的 23.93％。2007—2012 年间，不论是按照购买力平价法，还是汇率法，中国对于世界经济增长的贡献都显著超过了美国，成为世界经济增长的最大引擎（见表 17—4）。这不仅被这次国际金融危机所证明，而且也将在未来十年中再次被证明。

① 毛泽东 1956 年在《纪念孙中山先生》一文中指出：“一九一一年的革命，即辛亥革命，到今年，不过四十五年，中国的面目完全变了。再过四十五年，就是二千零一年，也就是进到二十一世纪的时候，中国的面目更要大变。中国将变为一个强大的社会主义工业国。中国应当这样。因为中国是一个具有九百六十万平方公里土地和六万万人口的国家，中国应当对于人类有较大的贡献。而这种贡献，在过去一个长时期内，则是太少了。这使我们感到惭愧。”参见《毛泽东文集》，第 7 卷，156～157 页，北京，人民出版社，1999。

② 1978 年 5 月邓小平在会见外宾时讲，“我们现在还很穷，在无产阶级国际主义义务方面，还不可能做得很多，贡献还很小。到实现了四个现代化，国民经济发展了，我们对人类特别是对第三世界的贡献可能会多一点”。参见《邓小平文选》，2 版，第 2 卷，112 页，北京，人民出版社，1994。

③ 胡锦涛：《高举中国特色社会主义伟大旗帜　为夺取全面建设小康社会新胜利而奋斗——在中国共产党第十七次全国代表大会上的报告》，载《人民日报》，2007－10－25。

④ 参见胡鞍钢：《胡鞍钢集：中国走向二十一世纪的十大关系》，哈尔滨，黑龙江教育出版社，1995。

表 17—4　　　　中美对全球经济增长的贡献（1978—2012 年）（%）

	1978—1993 年	1993—2007 年	2007—2012 年
GDP（购买力平价法）			
美国	21.12	15.71	13.32
中国	18.37	19.50	26.46
世界	100	100	100
GDP（汇率法）			
美国	28.34	23.93	10.20
中国	5.40	9.90	31.73
世界	100	100	100

资料来源：1978—2007 年数据来自 World Bank，World Development Indicators 2013；2007—2012 年数据使用 IMF 数据。

第二，中国成为世界第二大贸易体，高速贸易增长带动了全球贸易增长。1978 年，中国货物进出口总额只有 206 亿美元，在世界货物贸易中排名第 29 位，所占比重不足 1%。2012 年，中国货物进出口总额达到 38 667 亿美元，是 1978 年的 187.7 倍，年均增长 16.6%。其中，出口总额 20 489 亿美元，年均增长 17.0%；进口总额 18 178 亿美元，年均增长 16.2%。中国出口总额和进口总额占世界货物出口和进口的比重分别提高到 11.2%和 9.8%，是世界货物贸易第一出口大国和第二进口大国。中国在全球贸易增长中的相对贡献不断增强，进入 21 世纪之后一度超过了美国的贡献率（见表 17—5）。中国已经成为世界出口第一大国，使得世界几乎所有的国家都享有质量相对较高、价格相对较低的“中国制造”的收益；又由于中国已经成为世界第二进口大国，使得世界几乎所有的国家都能以中国为最大的出口目的国之一，从而带动本国的产业发展、就业创造和税收贡献。这也解释了为什么奥巴马总统希望今后五年美国出口翻一番，就必须依赖中国市场。实际上中国正在实现从“世界工厂”向“世界市场”转变的过程之中，在未来一个阶段中，中国的国内需求将带动进口大幅增长，它会为世界带来更大的发展空间，创造更大的发展机遇。

表 17—5　　　　中美对全球贸易增长的贡献（1978—2011 年）（%）

	1978—1993 年	1993—2000 年	2000—2007 年	2007—2011 年
对全球出口的贡献				
美国	12.71	13.40	6.07	8.62
中国	1.45	2.92	11.34	19.01
世界	100	100	100	100
对全球进口的贡献				
美国	14.67	16.06	9.98	5.96

续前表

	1978—1993 年	1993—2000 年	2000—2007 年	2007—2011 年
中国	1.43	2.55	8.70	19.97
世界	100	100	100	100
对全球进出口的贡献				
美国	13.69	14.72	7.99	19.48
中国	1.44	2.73	10.05	7.31
世界	100	100	100	100

资料来源：World Bank，World Development Indicators 2013。

第三，中国也是世界上减贫贡献最大的国家，我们在本书第 14 章专门作了讨论。

17.5　中国在世界地位和作用的跃迁

进入 21 世纪的前十年，中国依然保持了经济高增长，在加入世界贸易组织之后，又出现了对外贸易高增长，加速了与世界经济的融合和一体化，在应对国际金融危机中率先实现“中国新政”、率先经济复苏、率先贸易复苏，加速缩小了与美国各方面的差距，中国充分利用了这一战略机遇期，拥有了更加有利的国际地位，获得了更加广大的国际空间。

第一，中国主要的指标居世界位次不断跃升。经济总量（指按汇率法的 GDP 计算）由 2000 年的世界第六位上升至 2010 年的第二位，占世界总量比重从 3.75%上升至超过 9%（2009 年为 8.56%）；中国与美国 GDP 的相对差距由 8.26 倍缩小至 2009 年的 2.83 倍①；根据安格斯·麦迪森提供的按 1990 年国际美元值计算的 GDP 数据，2008 年美国 GDP（PPP）为中国的 1.065 倍②，2009 年美国经济负增长，中国正增长，则超过美国；根据世界银行提供的数据，中国与美国 GDP（PPP）的相对差距由 2000 年的 3.34 倍缩小为 2009 年的 1.55 倍（见表 17—6）。③

---

① World Bank，World Development Indicators 2010.

② Angus Maddison，*Historical Statistics of the World Economy*：*1—2008 AD*，OECD Publishing.

③ World Bank，World Development Indicators 2010.

表 17—6　　中国主要指标居世界位次及比重（1978—2020 年）

	1978年	1990年	2000年	2005年	2010年	2012年	2015年	2020年
国内生产总值（汇率法）	10 (1.75)	11 (1.64)	6 (3.75)	4 (4.94)	2 (9.5)	2 (10.46)	2 (12)	1 (19)
国内生产总值（PPP）	4 (4.9)	3 (7.8)	2 (11.8)	2 (16.2)	2 (18)	2 (14.31)	1 (20)	1 (24)
货物出口总额	31 (0.76)	14 (1.80)	7 (3.86)	3 (7.26)	1 (10.4)	1 (11.2)	1 (13)	1 (20)
货物进口总额	29	17	8 (3.35)	3	2 (9.0)	2 (9.8)	1	1
外商直接投资	60(0.11) [1980 年]	12 (1.68)	9 (2.95)	4(4.98) [2006 年]	3(6.38) [2008 年]	2(8.27) [2011 年]		
外汇储备	38	7	2	2	1	1	1	1
科技实力		5	5	3	3	2	2	2
综合国力	5 (4.5)	3 (5.60)	2 (7.60)	2 (11.51)	2 (14.39)	2	2	

注：圆括号内为中国占世界总量比重，方括号内为年份。

资料来源：国家统计局编：《中国统计年鉴 2010》，3 页，北京，中国统计出版社，2010；国家统计局编：《中国统计摘要 2013》，191 页，北京，中国统计出版社，2013；综合国力数据系作者计算。

第二，中国已经成为世界第一大制造业生产国。全世界约有 500 种工业产品，220 种产品中国的产量居世界第一位①，其中，2010 年中国钢产量是美国的 3.6 倍；中国高技术制造业规模位居世界第二。②

第三，货物贸易出口总额由 2000 年世界的第七位上升至 2010 年的第一位，占世界总量的比重从 3.86%提高至突破 10%（2009 年为 9.6%）；外商直接投资由 2000 年的第九位上升至 2010 年的第三位；外汇储备在 2007 年上升至第一位（见表 17—6）。

第四，中国从事研究与试验发展活动的科学家和工程师数量由世界第四位先后超过日本、欧盟（27 国）、美国③，成为世界第一大研发人才国家；2008 年居美国之后，中国成为世界第二大科技论文发表数国家④；2009 年居日本和美国之后，中国成为世界第三大专利与基础专利申请国家。⑤

第五，从基础设施的角度看，中国主要通信基础设施拥有量已经超过美

---

① 参见《我国 220 种工业产品产量居世界第一》，载《人民日报》，2010－10－09。

② 参见国家统计局网站，2010－12－06。

③ National Science Foundation (NSF), Science and Engineering Indicators 2010.

④ 参见汤姆森·路透（Thomson Reuters）集团出版的《世界研究报告》系列报告之一，2009 年 12 月。

⑤ Thomson Reuters, *Patented in China: The Present and Future State of Innovation in China*, 2010.

国；中国沿海港口货物吞吐量已居世界首位；2012 年中国高速公路里程已达 9.62 万公里，超过了美国（9.2 万公里）；2010 年中国高速铁路里程达到6 920 公里，是全世界高铁运营里程最长、在建规模最大的国家。

第六，从综合国力的角度看，中国与美国的相对差距明显缩小，过去 20 年，中国属于综合国力上升国，即“走上坡路”，而美国属于综合国力下降国，即“走下坡路”。中国综合国力占世界比重已经从 1990 年的 5.60%上升到 2010 年的 14.39%，上升了 8.79 个百分点；而同期美国则从占世界 24.17%下降到 2010 年的 17.52%，下降了 6.65 个百分点。1990 年，美国综合国力相当于中国的 4.32 倍，到 2000 年缩小为 2.75 倍，到 2010 年进一步缩小为 1.22 倍（见表 17—7），过去十年美国出现明显的衰落①，特别是中国大大地缩小了与美国的经济资源差距、资本资源、知识技术资源、政府资源、国际资源差距。这表明，中国与美国在过去 20 年间，特别是过去 10 年间，综合国力发生了根本性的改变，这是建立中美新型大国关系的实力基础。②

表 17—7　　中国和美国综合国力占世界总量比重（1990—2010 年）（%）

国家战略资源	1990 年			2000 年			2010 年		
	中国	美国	美国/中国(倍)	中国	美国	美国/中国(倍)	中国	美国	美国/中国(倍)
经济资源	3.54	22.56	6.37	7.04	23.32	3.31	13.23	18.88	1.43
人力资源	24.49	10.21	0.42	24.92	8.85	0.36	24.82	7.72	0.31
自然资源	9.30	16.42	1.77	9.74	15.82	1.62	13.26	13.72	1.03
资本资源	2.63	23.26	8.85	5.96	27.42	4.60	18.74	21.14	1.13
知识技术资源	0.90	39.76	44.18	3.68	27.21	7.40	16.55	21.19	1.28
政府资源	0.74	20.54	27.76	1.64	17.35	10.58	8.33	18.26	2.19
军事资源	8.50	22.24	2.62	8.94	22.40	2.51	10.41	23.27	2.24
国际资源	1.41	13.45	9.54	3.33	16.12	4.84	8.76	10.91	1.25
综合国力	5.60	24.17	4.32	7.60	20.90	2.75	14.39	17.52	1.22

由此可知，中国每隔五年上一个台阶（指五年计划），即经济总量、贸易总量以及综合国力上一个新台阶；每两个五年（指两个五年计划）迈出一大步，即经济总量、贸易总量以及综合国力在世界的位次明显跃迁。中国花了十年时间，在主要总量指标方面大大缩小了与美国之间的相对差距，其中有相当部分的指标已经超过了美国。与此同时，中国与世界的关系发生了重大变化，

① 参见胡鞍钢：《美国为何衰落》，载《国情报告》，2013（21）。

② 参见胡鞍钢、高宇宁：《中美关系实力基础的根本变化：对中美综合国力的评估（1990—2010）》，载《国情报告》，2013（24）。

中国在国际社会中的地位和影响力显著提高。中国等新兴经济体以平等的身份参与全球经济治理，从而打破了长期以来由发达国家主导世界经济治理的格局。在中国等国的压力下，世界银行、国际货币基金组织（IMF）不得不增加中国等新兴经济体的投票权，使中国上升至第三位，居美国、日本之后，这是发展中国家首次参与并成为世界宏观经济治理的重要领导者。①

随着中国经济实力和综合国力的迅速提高，她在世界中的位置、作用和角色也发生了相应的变化：从国际事务（特别是全球经济事务）的被领导者转变为领导者，从国际规则（特别是全球应对气候变化规则）的被动接受者转变为规则的参与制定者，从国际舆论（特别是全球电视新闻网）的被动挨打者转变为主动竞争者，从西方文化的被动接收者转变为世界多元文化特别是非西方文化的创新者。

尽管国际环境的不确定性、不稳定性进一步增加，但中国面临对外开放的外部环境和有利条件没有发生根本转变，经济、科技、政治、安全等国际环境处于建国以来最好的时期，中国面临着和平发展的历史性契机。和平、发展、合作仍然是当今世界的主流，经济全球化、贸易投资自由化的大趋势不可逆转。全球性科学技术飞速进步、更为普及，各国之间的创新竞争日益凸显，区域合作、全球合作将更为紧密，形式更为多元，各国共同应对全球挑战的要求更为迫切，气候变化、生态环境、区域安全、反恐等全球性公共产品更为稀缺。这就需要我们更好地“统筹国内国际两个大局”，既要了解当今世界发展大势和世界格局，又要准确地定位中国在世界的角色、作用和地位，谋划全局，谋划长远，与世界“共同分享发展机遇，共同应对各种挑战”②（见专栏 17—2）。

专栏 17—2　胡锦涛：中国与世界（2007）

我们主张，各国人民携手努力，推动建设持久和平、共同繁荣的和谐世界。为此，应该遵循联合国宪章宗旨和原则，恪守国际法和公认的国际关系准则，在国际关系中弘扬民主、和睦、协作、共赢精神。政治上相互尊重、

---

① 2009 年 4 月 26 日中国财政部副部长李勇在世界银行呼吁发达国家展现政治意愿，大幅度提高发展中国家和转轨国家在世界银行决策过程中的地位，加快世界银行发言权和代表性改革进程。2010 年 4 月 27 日世界银行发展委员会春季会议在美国华盛顿通过了决定，将中国在世界银行的投票权从 2.77%提高到 4.42%，从第六位上升至第三位。中国人民银行行长周小川 2010 年 4 月 24 日在华盛顿敦促国际货币基金组织（IMF）加快改革，增加新兴市场和发展中国家的配额和发言权。2010 年 10 月 23 日，G20（20 国集团）财长和央行行长会议就国际货币基金组织（IMF）的份额改革问题达成共识，会议商定将在 2012 年之前向包括新兴国家在内代表性不足的国家转移 6%以上的份额，而中国所占份额将从第六位升至第三位。

② 胡锦涛：《高举中国特色社会主义伟大旗帜　为夺取全面建设小康社会新胜利而奋斗——在中国共产党第十七次全国代表大会上的报告》，载《人民日报》，2007－10－25。

平等协商，共同推进国际关系民主化；经济上相互合作、优势互补，共同推动经济全球化朝着均衡、普惠、共赢方向发展；文化上相互借鉴、求同存异，尊重世界多样性，共同促进人类文明繁荣进步；安全上相互信任、加强合作，坚持用和平方式而不是战争手段解决国际争端，共同维护世界和平稳定；环保上相互帮助、协力推进，共同呵护人类赖以生存的地球家园。

资料来源：胡锦涛：《高举中国特色社会主义伟大旗帜　为夺取全面建设小康社会新胜利而奋斗——在中国共产党第十七次全国代表大会上的报告》，载《人民日报》，2007－10－25。

总之，今后是中国在世界的地位、作用和影响变化愈来愈大、愈来愈明显的大国崛起时期。我们要清醒地意识到并准确地定位，从配置国内资源转变为配置国内国际两种资源，充分运用我国综合国力和国际影响力，积极拓展我国在世界范围内的发展空间，不断提高发展潜力，不断增强发展竞争力。“不当头”①、少担不该担的责任，仍是当前中国领导人的主流意识。② 但是如果不能与时俱进，就可能成为新的“两个凡是”，这正是与邓小平的思想（而不是邓小平的语言）背道而驰的。这不仅需克服自我设置的心理障碍，更应当实事求是，解放思想，与时俱进，准确定位。从历史上看，没有任何一个时期像今天这样，世界需要中国，“世界繁荣稳定也离不开中国”③。世界已经把中国推向历史舞台和中心地位。无论中国是“当头”，还是“出头”，不但是占据道义制高点，也更是“真实的政治考虑”，是化挑战为机遇的至关重要战略抉择。

17.6　小结：从全球化边缘化者到最大贡献者

全球化对发展中国家具有双刃剑效应，中国要善于把握机遇，积极应对挑战，充分利用有利条件，主动化解不利因素，避免成为全球化的受害者与边缘化者，力争成为全球化的受益者与积极参与者，乃至成为全球化的大赢家与新的领导者。历史告诉我们，只要自我封闭，就会大大落伍；只要对外开放，就

① 邓小平 1982 年提出“不当头”，他说：“很多朋友说，中国是第三世界的头头。我们说，头头可不能当，头头一当就坏了。搞霸权主义的名誉很坏，当第三世界的头头名誉也不好。这不是客气话，这是一种真实的政治考虑。”参见《邓小平文选》，1 版，第 2 卷，416 页，北京，人民出版社，1994。

② 2010 年中央经济工作会议指出：要高度警惕国际上出现的过高估计我国实力、过分夸大我国作用、过度渲染我国影响的倾向。

③ 胡锦涛：《高举中国特色社会主义伟大旗帜　为夺取全面建设小康社会新胜利而奋斗——在中国共产党第十七次全国代表大会上的报告》，载《人民日报》，2007－10－25。

会迎头赶上。开放的结果是，中国市场是世界市场的重要组成部分，中国经济占据世界经济的重要地位。世界影响了中国，中国也影响了世界；世界改变了中国，中国也改变了世界；世界成就了中国，中国也成就了世界。

随着中国迅速崛起，不但改变了世界力量对比格局，也改变了中国在国际体系中的角色，这也为中国带来了前所未有的历史性机遇：积极参与和领导经济全球化、经济一体化、贸易自由化、投资自由化，进一步扩展中国的国际空间，获取中国发展所必需的国际资源；促进全球治理体系的改革和重新调整，打破美国的独家垄断格局，为发展中国家争取更大的发言权和话语权。中国在世界银行和国际货币基金组织中的投票权近年来不断提高，同时积极参与了非洲开发银行和美洲开发银行等区域性多边机构的发展援助工作，充分体现了中国在国际治理体系中重塑地位的努力。中国在国际政治经济治理体系中的重新定位将打破长期以来西方文化的独占性和排他性，主动倡导更加多元化的国际文化和价值观；带头发动“第四次工业革命”（指绿色工业革命），创新绿色发展模式，发展低碳经济，参与应对气候变化国际谈判和国际规则制定，这也将是中国第一次以主动和积极的身份参与涉及世界发展新格局的国际规则的制定。总而言之，我们有理由相信，未来相当长的一个阶段，将是中国继续为世界做出贡献的时期，也将是中国承担国际责任、积极参与全球治理的时期，是中国与世界关系发生重大转变的时期。

中国大战略反映了中国的核心国家利益、根本利益、长远利益，是大胆的、极富远见的战略构想。中国与世界已成为利益共同体、命运共同体。中国对外开放的外部环境越来越有利，融入世界经济的规模与空间越来越多，利用世界各类要素资源的能力越来越强，在国际上的作用越来越突出，影响力越来越显著，使现代中国有史以来第一次获得了极其难得的“天时”和“地利”，与中国改革的“人和”相得益彰，互为因果。中国发展已经同整个人类的进步与发展联系在一起，中国的成功就是世界的成功，“中国梦”的实现需要充分把握经济全球化、文化多样性、全球科技进步的战略机遇，统筹国内国际两个大局，抓住天时，利用地利，实现人和，开创未来。

【思考与讨论】

1. 如何认识全球化与发展中国家发展？
2. 为什么中国会失去两次全球化机遇？
3. 中国是如何利用第三次全球化机遇的？
4. 中国为全球化做出了哪些贡献？
5. 中国与世界的关系发生了什么变化？

6. 中国在世界中扮演什么角色?

【扩展阅读】

马克思，恩格斯．共产党宣言．

毛泽东．纪念孙中山先生，1956年11月12日．

邓小平．维护世界和平，搞好国内建设，1984年5月29日．

胡鞍钢．全球化挑战中国．北京：北京大学出版社，2002.

胡鞍钢．中国崛起之路．北京：北京大学出版社，2006.

胡锦涛．高举中国特色社会主义伟大旗帜　为夺取全面建设小康社会新胜利而奋斗——在中国共产党第十七次全国代表大会上的报告．人民日报，2007-10-25.

国务院新闻办公室．中国的和平发展道路，2005年12月．

Hu Angang. China in 2020：A New Type of Superpower. Brookings Institution Press，2011.

第六篇　总结

中国之路回顾与展望

“真知来源于实践”。它是指认识和理论是“从实践中来”，再“到实践中去”。我们置身于一个伟大的国家，也正处于一个伟大的时代。我们需要了解中国奇迹背后的特殊经济社会背景和独创性的中国发展道路。它是怎样创造奇迹的？奇迹的根本动因是什么？为什么中国会不断地创造奇迹？如果能够回答这些问题，我们就可以称开辟了“中国特色”的“中国之路”，自主创新了中国的发展理论和中国发展经济学。

中国之路的成功之道在于其在把握普遍性和特殊性相结合的基础上，更加强调独特论。国家的发展道路既有普遍性也有特殊性，把握普遍性的基础上，特殊性对于一个国家的成功更为重要。还在于其在把握对立统一的辨证关系的基础上，更加注重“和合论”。事物的发展既具有阴阳对立、相互冲突的一面，又具有相互结合、相互依存的一面，中国强调矛盾双方的同一与融合。

“一阴一阳之谓道，继之者善也，成之者性也”（《易经·系辞上传》)。我们把这一东方巨人的特点和内在机制简要地概括为：两个大脑（一个大脑是党中央国务院，一个外脑是思想库)、两只手（政府与市场)、两条腿（国有经济与民营经济等)、两个积极性（中央与地方)、两个大局（国内与国际)。[①]

一切经济社会发展的指导规律，都不是一成不变的规律，而是依照历史的发展而发展，依照历史的变化而变化。党的十八届五中全会首次提出“五大发展”新理念，创新、协调、绿色、开放、共享五大发展理念总结了中国发展的最佳实践，是中国原创性的发展新理念。它是对中国基本国情、中国发展道路，以及发展规律的总结。以人民为中心，促进人的全面发展的执政理念已经成为中国共产党的政治共识、政治纲领，成为指导全党、全军和全国发展的重要指导方针和重大战略思想。

中国不仅是世界发展最成功的国家之一，也是创新发展新理念的国度，不仅解决了中国的发展道路，也为21世纪南方国家的发展道路提供了重要的知识和理念。五大发展既是中国版的发展经济学最新理论成果，更是当代世界发展经济学的最佳实践。

---

① 参见胡鞍钢：《中国发展奇迹之“道”既不复杂也不神秘》，载《人民日报》(海外版)，2011-04-25。

第 18 章　中国之路回顾与展望

“周虽旧邦，其命维新”（《诗经·大雅·文王》）。中华文明是一个历史悠久的古老文明，同时又是一个生机勃勃的崭新文明。中华民族是一个历史巨人，无论她是站立还是躺下，无论她是兴盛还是衰落，她始终是一个世界巨人。在过去 2 000 多年间，中国是一个统一的多民族国家，令人惊异地保持着历史与文明的连续性，并长期是世界上最为强盛的国家。但是到了近代她落伍了，急剧衰落，到 1949 年时已经跌落到历史的最低点，经济总量（指 GDP）占世界总量的比重从 1820 年的 1/3 降至不足 1/20。[①]

中国之路就是“万里长征”之路。1935 年毛泽东同志谈到，“革命的道路，同世界上一切事物活动的道路一样，总是曲折的，不是笔直的”[②]。在 1949 年新中国成立之前，毛泽东同志就指出：“夺取全国胜利，这只是万里长征走完了第一步。”“中国的革命是伟大的，但革命以后的路程更长，工作更伟大，更艰苦。”[③] 这个“万里长征”就是他所开辟的这条“中国之路”，是几代中国人民在中国共产党的正确领导下，历尽艰辛，艰苦努力，勇于探索，不断创新的发展之路，是走向未来的伟大复兴之路。回顾历史，展望未来，我们清晰地看到：1949 年，成立了新中国，5.4 亿人民一起站立起来；1978 年，中国成为世界第十大经济体，10 亿人民一起改革开放；2000 年，成为世界第六大经济体，12 亿人一起建设小康社会；2020 年，成为世界最大的经济体，14 亿人民一起全面建成小康社会；2030 年，14 亿人一起富裕起来；2050 年，14 亿人民一起全面现代化，实现中华民族伟大复兴的中国梦。

中国之路，无论是从历史比较看，还是从国际比较看，都是独一无二的。诺贝尔经济学奖获得者斯彭斯教授指出，世界上只有 13 个国家和地区在连续 25 年或更长的时间里保持了 7%以上的 GDP 增长率。在所有实现高增长的案例中，中

---

① Angus Maddison, *Statistics on World Population, GDP and Per Capita GDP, 1—2008 AD*, http://www.ggdc.net/MADDISON/orindex.htm.

② 《毛泽东选集》，2 版，第 1 卷，155 页，北京，人民出版社，1991。

③ 《毛泽东选集》，2 版，第 4 卷，1438 页，北京，人民出版社，1991。

国是增长幅度最大、增长速度最快的。这种速度和规模的增长史无前例。[①]

回顾新中国六十多年的发展之路，我们提出“中国之路”这样的历史命题，包括三个问题：一是是否真有“中国之路”这条道路？二是如果有“中国之路”，它的含义到底是什么？它是从哪里来的？历史的发展轨迹是什么？真正的历史动因是什么？三是未来的“中国之路”走向何方？如何继续走出这一崭新之路？

本章作为全书的总结，围绕着上述问题给予简要的明确回答。分为以下六节：第一节说明“中国之路”的历史命题和历史主线；第二节概括和总结“中国之路”的历史发展轨迹；第三节总结中国发展战略创新；第四节总结中国的成功之道；第五节对未来的“中国之路”进行展望，进一步说明中国对世界和人类发展的巨大贡献；第六节作为全书的结语，中国之路是万里长征之路，它总是“雄关漫道真如铁，而今迈步从头越”[②]。

18.1 中国之路的命题

伟大的中国人民有伟大的梦想，就是更加幸福、更加美好地生活；伟大的中华人民共和国有伟大的目标，就是中国特色社会主义现代化；伟大的中国共产党肩负伟大的历史使命，就是实现中华民族伟大复兴的“中国梦”。

实现中国梦的命题就是：对于一个历史悠久、有着灿烂文明的古国，一个人口众多的东方大国，一个曾经世界上最为强盛的国家，在经历了近代的落伍和衰弱之后，如何实现社会主义现代化宏伟蓝图，如何实现民族伟大复兴，如何在人类历史舞台上恢复其所固有的光荣地位，并为人类的长远发展做出巨大的贡献。

“中国之路”这个历史命题是由毛泽东同志最先提出来的，以1956年《论十大关系》讲话为重要标志，力图突破苏联模式，总结新中国成立七年来中国自己的经济发展的经验，走出自己的道路。[③] 这是毛泽东对“中国之路”的初

---

① 斯彭斯指出，30年前，如果有人预测中国将会在未来30年中保持9%左右的增长率，就会被认为是不现实的乐观主义者。自1978年以来，分析家们每年都观察到中国面临的重大挑战，而且对其增长过程的稳定性在不断产生质疑。但我们都错了。参见［美］迈克尔·斯彭斯：《中国经济改革开放的成功经验与新挑战》，见吴敬琏等主编：《中国经济50人看三十年——回顾与分析》，43～44页，北京，中国经济出版社，2008。

② 毛泽东：《忆秦娥·娄山关》。

③《论十大关系》(1956年4月25日）一文注指出：毛泽东同志这篇讲话，以苏联的经验为鉴戒，总结了中国的经验，提出了调动一切积极因素为社会主义事业服务的基本方针，对适合中国情况的社会主义建设道路进行了初步的探索。参见《毛泽东文集》，第7卷，北京，人民出版社，1999。

步探索。当时毛泽东就自觉地意识到："照抄别国的经验是要吃亏的，照抄是一定会上当的。这是一条重要的国际经验。"① 这是毛泽东对长期以来的历史经验和国际经验的总结。同年，邓小平在《马列主义要与中国的实际情况相结合》的讲话中指出："在普遍真理与具体实际相结合这个问题上，我们党过去吃过许多亏"，特别是"教条主义，就是只知道马克思列宁主义的词句，不从具体情况出发来运用，它使我国的革命遭受过失败和挫折"②。事实上，无论是新民主主义革命还是社会主义现代化建设，本本主义、教条主义都是僵化的表现，是犯错误的根源。

提出最经典的"中国之路"的还是中国改革开放的总设计师邓小平。在 1982 年党的十二大开幕式上，他说："我们的现代化建设，必须从中国的实际出发。无论是革命还是建设，都要注意学习和借鉴外国经验。但是，照抄照搬别国经验、别国模式，从来不能得到成功。这方面我们有过不少教训。把马克思主义的普遍真理同我国的具体实际结合起来，走自己的道路，建设有中国特色的社会主义，这就是我们总结长期历史经验得出的基本结论。"③ 邓小平这个结论很清楚：照抄照搬别国的经验，从来都不能够成功。这句话既说明过去我们照搬苏联计划经济体制模式不能成功，也意味着而后的中国改革开放如果照搬西方政治模式也是不能成功的，而自主创新发展之路才是成功之路。这里邓小平首先继承了毛泽东延安时期"实事求是"这个基本原则④，其次也创新地提出"解放思想"的基本思路⑤，之后江泽民提出了"与时俱进"，胡锦涛提出了"求真务实"⑥，从而就形成了务实主义与创新主义相结合的改革开放思想路线以及方法论。后来的实践证明，这是十分智慧性的思维，也是十分清楚地反映"中国之路"的基本经验。

---

① 《毛泽东文集》，第 7 卷，64 页，北京，人民出版社，1999。

② 《邓小平文选》，2 版，第 1 卷，259～260 页，北京，人民出版社，1994。

③ 《邓小平文选》，1 版，第 3 卷，2～3 页，北京，人民出版社，1993。

④ "实事求是"出自于《汉书·河间献王刘德传》："修学好古，实事求是。"延安时期，毛泽东在总结中国共产党的历史经验教训时，借用这个中国古典，提出了"实事求是"的口号。毛泽东解释："'实事'就是客观存在着的一切事物，'是'就是客观事物的内部联系，即规律性，'求'就是我们去研究。"参见《毛泽东选集》，2 版，第 3 卷，801 页，北京，人民出版社，1991。1977 年邓小平指出："毛泽东同志在延安为中央党校题词，就是'实事求是'四个大字，这是毛泽东哲学思想的精髓。"参见《邓小平文选》，2 版，第 2 卷，67 页，北京，人民出版社，1994。

⑤ 1978 年邓小平在中共中央工作会议闭幕式上指出："一个党，一个国家，一个民族，如果一切从本本出发，思想僵化，迷信盛行，那它就不能前进，它的生机就停止了，就要亡党亡国"。"只有解放思想，坚持实事求是，一切从实际出发，理论联系实际，我们的社会主义现代化建设才能顺利进行，我们党的马列主义、毛泽东思想的理论也才能顺利发展。"参见《邓小平文选》，2 版，第 2 卷，143 页，北京，人民出版社，1994。

⑥ 2012 年党的十八大通过的《中国共产党章程（修正案）》完整的表述是："坚持解放思想，实事求是，与时俱进，求真务实。"

到底什么是“中国之路”呢？2012年党的十八大报告把中国道路高度概括为：“中国特色社会主义道路，就是在中国共产党领导下，立足基本国情，以经济建设为中心，坚持四项基本原则，坚持改革开放，解放和发展社会生产力，建设社会主义市场经济、社会主义民主政治、社会主义先进文化、社会主义和谐社会、社会主义生态文明，促进人的全面发展，逐步实现全体人民共同富裕，建设富强民主文明和谐的社会主义现代化国家。”

回溯近代以来的100多年历史，新中国成立以来的60多年历史。波澜壮阔的历史画卷围绕三大历史主线展开：第一，中国作为现代化的落伍者和后来者，追赶发达国家，实现工业化、城市化和现代化是基本主线和历史任务。从这个意义上看，新中国的历史就是一部中国不断现代化的历史。第二，中国作为中国共产党领导的发展中国家，建立了社会主义制度，探索和创新中国特色的社会主义道路是历史必然选择和基本制度保障。从这个意义上看，新中国的历史就是一部中国不断创新社会主义的历史。第三，中国作为具有5 000年文化、文明历史传统的国家，从1840年之后的急剧衰落、被动挨打的百年历史，转变到1949年之后实现中华民族伟大复兴的新百年历史①，面貌焕然一新，这就是基本历史趋势和最重要的历史使命。② 从这个意义上看，新中国的历史就是一部不断走向中华民族伟大复兴的历史。

基于这三大主线，我们把“中国之路”的基本含义和基本要素定义为“中国特色社会主义的现代化之路”。③ 这包括三个基本因素：

第一个因素是不断增加现代化因素，最大限度扩大生产、创造财富，最大限度利用现代知识、科技、教育和信息要素。本质上来看，中国作为现代化的后来者、落后者，她的现代化过程是一个不断追赶发达国家的过程，包括经济追赶、教育追赶、科技追赶、信息通信技术（ICT）追赶等，在现代化方面取得重大进展，并在世界范围内迅速达到中等或更高程度的现代化。凡是发达国家具有的现代化因素，中国都要拥有；凡是发达国家正在创新的现代化因素，中国都要创新；凡是发达国家不具有的现代化因素，中国都要率先创新。在追赶中超越，在超越中创新，尽快使中国成为一个日益现代化、高度现代化和全

① 胡锦涛同志指出，这三件大事，从根本上改变了中国人民和中华民族的前途命运，不可逆转地结束了近代以后中国内忧外患、积贫积弱的悲惨命运，不可逆转地开启了中华民族不断发展壮大、走向伟大复兴的历史进军，使具有5 000多年文明历史的中国面貌焕然一新，中华民族伟大复兴展现出前所未有的光明前景。参见《胡锦涛：在庆祝中国共产党成立90周年大会上的讲话》，见新华网，2011-07-01。

② 历史表明，只有中国共产党才能够担当起这一历史使命，诚如胡锦涛同志所言：“中国共产党自诞生之日起就勇敢担当起团结带领人民实现中华民族伟大复兴的历史使命”。参见《胡锦涛：在庆祝中国共产党成立90周年大会上的讲话》，见新华网，2011-07-01。

③ 参见胡鞍钢：《2020中国：全面建设小康社会》，北京，清华大学出版社，2007；胡鞍钢：《2020中国：全面建成小康社会》，北京，清华大学出版社，2012。

面现代化的强国。

第二个因素是不断增加社会主义因素，使十几亿全体人民共同发展、共同分享、共同富裕，要发挥社会主义制度和政治优势，这是毛泽东留下来的最重要的历史遗产。只有不断增加社会主义因素，才能凝聚十几亿人民，动员社会各种力量，办国家大事和民生大事；只有坚持社会主义基本政治制度，才能在政治上实现民族团结，多元一体，国家统一强大，社会长治久安。在建设社会主义社会方面获得重大成就，并达到中等发达或更高发达程度的社会主义。

第三个因素是不断增加中国文化因素。它渊源于中华民族五千年文明史，又植根于有中国特色社会主义的实践，还反映中国社会主义经济和政治的基本特征。① 它对构建中国特色的小康社会有重大创新，概括为“八个社会、一条道路”②：共同发展社会和共同富裕社会、全民学习型社会、全民健康社会和全民健身社会、安居乐业社会、资源节约型社会和环境友好型社会、开放创新型社会和知识社会、和谐社会和稳定社会、民主社会和法治社会、走和平发展道路。中国共产党既是中华优秀传统文化的忠实传承者和弘扬者，又是中国先进文化的积极倡导者和发展者。③ 中国正迎来前所未有的中华文化的大发展、大繁荣的时代，并对世界和平、发展、合作产生前所未有的影响和贡献。

这三大因素相互关联、相互作用、相互促进，共同构成了“中国之路”。与此同时，这三大因素有机结合形成了三大优势：

一是“后发优势”。从国际比较看，无论是发达国家，还是发展中国家，都经历了不断工业化、城市化和现代化过程，从这个意义上看，中国与这些国家有许多相似之处或共同之处。作为后发国家的中国具有诸多的“后发优势”(late starters' advantage)④，大大地加快了与发达国家现代化水平的趋同，同

① 1997年9月12日，江泽民指出：有中国特色社会主义的文化，是凝聚和激励全国各族人民的重要力量，是综合国力的重要标志。它渊源于中华民族五千年文明史，又植根于有中国特色社会主义的实践，具有鲜明的时代特点；它反映我国社会主义经济和政治的基本特征，又对经济和政治的发展起巨大促进作用。参见《江泽民文选》，第2卷，北京，人民出版社，2006。

② 胡鞍钢：《2020中国：全面建设小康社会》，北京，清华大学出版社，2007；胡鞍钢：《2020中国：全面建成小康社会》，北京，清华大学出版社，2012。

③ 参见《中共中央关于深化文化体制改革 推动社会主义文化大发展大繁荣若干重大问题的决定》，2011年10月18日。

④ 1991年胡鞍钢在分析中国现代化的优势时指出：中国作为一个后起的现代化国家，她具有诸多的后发优势：在工业化初期和中期，可以直接引进适宜的技术、工艺、管理经验、企业组织制度，吸引外资，借鉴其他国家现代化的经验与教训，少走弯路，避免前车之覆，防止现代化过程的某些副作用和剧烈阵痛，实现跳跃式发展，可以缩短工业化与现代化时间；在当前世界经济一体化趋势日益增强，和平和发展成为世界主流的情况下，通过全方位的开放，参与国际竞争，有助于优化国内产业结构，促使经济结构向现代化转变。此外，劳动力资源丰富、成本相对廉价是中国最大的现实的潜在资源，只要组织得好，运用得当，成为经济增长的重要源泉——人力资本，可创造巨大的社会财富。参见胡鞍钢：《中国：走向二十一世纪》，140页，北京，中国环境出版社，1991。

时还可以超越发达国家现代化模式，吸取它们的教训，避免它们的劣势，在更高、更新、更绿色的起点上创新绿色工业化、城镇化和现代化。

二是“社会主义优势”。中国的现代化之路，不是资本主义道路而是社会主义道路，这是与所有发达国家最大的不同之处。事实已经证明，资本主义比前资本主义发展速度要快得多①；同样的事实也证明，中国的社会主义比所有的资本主义国家发展速度更要快得多②，作为社会主义国家的中国具有“社会主义优势”，可以用几十年时间，赶上和超过资本主义国家用几百年时间才能达到的水平。③ 同时，中国又是世界上城乡区域发展差距最大的国家，在现代化过程中不可避免地呈现扩大趋势，这就更需要采用社会主义制度④，诚如邓小平所讲：“只有社会主义，才能有凝聚力，才能解决大家的困难，才能避免两极分化，逐步实现共同富裕。”⑤ 这本身就超越了西方国家的现代化和自由市场经济。

三是“中国文化优势”。在5 000多年文明发展历程中，中国各族人民以自己的勤劳智慧，创造了璀璨的中华文明，缔造了统一的多民族国家。中华文明具有独特的延续性、包容性、开放性。在长期对外交往中，中华民族努力学习借鉴其他民族的长处，自强不息，为人类文明进步做出了重大贡献。⑥ 中国的现代化之路，是一个5 000年来一脉相承、从未中断的中华文明的伟大复兴⑦，与世界上200多个国家和地区的现代化相比，她有着更为丰富的历史资源和文化资源，一旦与世界其他文化相互学习、借鉴、交流、融合，就会成为加速中国现代化、创新中国特色“小康社会”的巨大资源和文化优势。

从以上三大优势看，中国充分利用“后发优势”这一重要的经济优势，学

---

① 在相当长的时期内，比如在18世纪之前的几千年里，西欧国家的人均收入每630年才翻一番。在现代资本主义广泛普及之后，西欧国家的人均收入每50年或60年就能翻一番，在美国需要40年，在日本只需25年。参见［美］托马斯·麦克劳：《创新的先知：约瑟夫·熊彼特传》，北京，中信出版社，2010。

② 1978—2010年期间，中国人均GDP年平均增长率为8.8%，相当于每8年翻一番。参见国家统计局编：《中国统计摘要2011》，25页，北京，中国统计出版社，2011。

③ 1964年毛泽东指出，后来居上，理所当然。我国具有很多优越条件，我们应当更有信心用比较不太长的时间，赶上和超过科学技术先进国家的水平。简单地说，我们必须用几十年时间，赶上和超过西方资产阶级用几百年时间才能达到的水平。参见《建国以来毛泽东文稿》，第11册，北京，中央文献出版社，1996。

④ 这就包括健全城乡发展一体化体制机制，完善城镇化健康发展体制机制，实施区域发展总体战略，形成合理有序的收入分配格局，建立更加公平可持续的社会保障制度等。参见党的十八大报告（2012）、党的十八届三中全会《关于全面深化改革若干重大问题的决定》（2013）。

⑤ 《邓小平文选》，1版，第3卷，357页，北京，人民出版社，1993。

⑥ 参见国务院新闻办公室：《中国的和平发展》白皮书，2011年9月。

⑦ 习近平同志指出，古老的中华文明早已闻名于世，它与古代埃及文明、两河文明、印度文明并称为历史最悠久的世界四大文明。但埃及、两河、印度三个地方的古代文明后来都中断了，唯有中华文明五千年来一脉相承、从未中断，一直延续到今天。参见习近平：《领导干部要读点历史——在中央党校2011年秋季学期开学典礼上的讲话》，载《学习时报》，2011-09-05。

习和借鉴西方现代化，会不断缩小与西方国家现代化发展差距①；充分利用“社会主义优势”这一最大的政治优势，不仅会加速缩小与西方国家现代化发展差距，还会创新“共同富裕”的社会主义现代化；充分利用“中国文化优势”这一长期的中国优势，还会超越西方现代化，创新中国特色“世界大同”现代化道路。

18.2 中国之路的历程

本书从以下几个方面介绍和说明了 1949 年之后新中国的伟大历史变迁和前所未有的巨变：她经历了从传统农业经济到现代经济的转变，从传统农村社会到现代城乡社会的转变，是一个典型的现代化发展过程，又是一个不断追赶最发达资本主义国家（主要是指美国）的过程，还是一个社会主义发展过程，一个社会主义制度不断完善、各种体制不断改革的变迁过程，更是一个中华民族伟大复兴的历史过程。这条中国总道路由各个具体道路所构成、所体现、所反映，而各个具体道路又汇集成总道路。对此，下面作一简要的历史总结。

从“一盘散沙”、“四分五裂”到国家的高度统一、各民族的空前团结、具有强大的社会凝聚力的世界政治大国。与 1840 年以来的情形形成了鲜明的对照，新中国根本摆脱了帝国主义欺负、控制和依附的半殖民地局面，维护了中国的国家安全、主权独立和领土完整，没有任何一个大国或霸权敢于侵犯中国领土；根本结束了长期内部分裂、相互争斗的局面，实现了国家长期政治稳定，国家高度统一，各民族多元一体空前团结；中国已经是真正意义上的世界政治大国，在国际舞台上发挥愈来愈大的作用，是联合国安理会常任理事国，在世界银行和国际货币组织拥有第三大发言权，是 G20 高峰会议和全球治理的重要领导者之一。

从世界的“饥荒之国”到世界第一大农业生产国。中国人口多、底子薄，用世界 7.9%的耕地和 6.5%的淡水资源养活着世界 20%～22%的人口是世界难题。饥饿始终是半殖民地、半封建的旧中国的一大难题。旧中国的农业发展水平极为低下，有 80%的人口长期处于饥饿半饥饿状态，遇有自然灾害，更是

① 这里我们采用中国发电量相当于美国水平来衡量：1912 年中国仅为美国的 0.26%，直到 1949 年才达到 1.17%。这表明 20 世纪上半叶中国的现代化进展相当缓慢，现代化程度相当低下，是典型的“一穷二白”。新中国成立之后，不仅结束了长期停滞状态，也成功地发动了工业化和现代化，到 1980 年中国发电量相当于美国的追赶系数提高至 12.15%。这就为改革开放下的经济起飞奠定了工业化与现代化基础。到 2012 年为 116%，已经超过美国，居世界首位。

饿殍遍地。1949年新中国成立时，全国每公顷耕地粮食产量只有1 035公斤，人均粮食占有量仅为210公斤。[①] 经过了土地革命和农村改革之后，中国在耕地总量和人均耕地持续不断下降的情况下，解决了日益增长的高达十几亿人口的吃饭问题，中国能够依靠自己的力量实现粮食基本自给[②]，还成为世界粮食生产总量、主要经济作物、农畜产品、农业增加值最大的国家，在19种主要农产品中，中国产量居世界第一位的有12种，居第二位的有2种，居第三位的有4种。

从世界工业落后国到世界第一工业生产大国。从1861年洋务运动开办现代工业，到1949年的88年间，中国的全部工业累计固定资产只有100多亿元（1952年价格），人均固定资产仅为20多元，工业净产值只有45亿元，占国民收入的12.6%，工业基础十分薄弱；从工业产品总产量看，与美国、苏联相差极大，以工业产量最高的年份（1936年）相比，钢产量，苏联是中国的39倍，美国是中国的117倍，发电量，苏联是中国的近10倍，美国是中国的39倍[③]；中国不仅工业产品产量低，而且工业部门残缺不全，只有采矿业、纺织业和简单的加工业，许多工业产品不能自己生产，完全依赖进口。60多年来，新中国在"一穷二白"的基础上，建立起独立的、比较完整的、大规模和较高技术水平的现代工业体系，实现了由工业化起步阶段到工业化初级阶段、再到工业化中期阶段的历史大跨越，成为名副其实的世界工业大国、全球最大的制造基地和制成品出口基地。2009年中国已经建立了世界上行业齐全的强大的工业体系，拥有39个工业大类、191个中类、525个小类；根据联合国工业发展组织的资料，按照国际标准工业分类，如今在22个大类中，我国制造业占世界比重在7个大类中名列第一，15个大类名列前三位。2007年中国制造业有172类产品产量居世界第一位。[④] 2010年中国成为世界第一大制造业生产国，占世界制造业产出的比重达到19.8%，超过了美国（占世界比重为19.4%）。[⑤]

---

① 参见国务院新闻办公室：《中国的粮食问题》，http：//news.xinhuanet.com/zhengfu/2002-11/15/content_630934.htm。

② 从新中国建立至60年代之前，中国是粮食净出口国。60年代以后，粮食有进有出，进大于出。70年代末实行改革开放以来，中国净进口粮食占国内粮食生产的比重呈减少趋势，1978—1984年为3.2%，1985—1990年为1.2%，1991—1995年为0.4%。中国立足国内资源，实现粮食基本自给，是中国解决粮食供需问题的基本方针。中国将努力促进国内粮食增产，在正常情况下，粮食自给率不低于95%，净进口量不超过国内消费量的5%。参见国务院新闻办公室：《中国的粮食问题》，http：//news.xinhuanet.com/zhengfu/2002-11/15/content_630934.htm。

③ 参见国家统计局编：《我国的国民经济建设和人民生活》，5页，北京，中国统计出版社，1958。

④ http：//www.stats.gov.cn/tjfx/ztfx/qzxzgcl60zn/t20090921_402588674.htm。

⑤ 参见《美国经济咨询机构调查报告显示：中国成为全球最大制造商》，见商务部网站，2011-03-14。

从基础设施落后国到世界现代化基础设施大国。1949 年新中国成立以前，旧中国交通运输业非常落后，而且发展十分缓慢，装备破旧，民间运输工具主要以畜力车和木帆船等为主，广大内地普遍处于十分封闭的状态。1949 年全国仅有 8.07 万公里的公路，其中铺有路面的仅占 40%；铁路营业里程仅 2.18 万公里，全部是蒸汽机车；仅有 12 架小型飞机、12 条短程航线和 30 多个只能起降小型飞机的简易机场。[①] 铁路里程在 2012 年达 9.8 万公里，超过了俄罗斯（为 8.72 万公里），居世界第二位，排在美国（为 22.48 万公里）之后[②]；时速 160 公里及以上的线路延展里程达到 1.6 万公里，覆盖了全国大部分地区和主要城市；高铁运营里程达 9 356 公里，居世界第一位；公路里程从 127.80 万公里增加到 423.75 万公里，居世界第二位，排在美国（为 650.6 公里）之后[③]；1988 年开始有第一条高速公路，到 2012 年高速公路里程达到 9.62 万公里，已超过美国（为 9.2 万公里），居世界第一位；中国内河航道里程已达 12.50 万公里，居世界第一位。中国港口集装箱吞吐量已连续六年蝉联世界第一，有 8 个港口吞吐量进入世界前 20 强，16 个港口进入世界前 100 名，上海港成为世界第一大港。中国已经成为世界上三大现代化综合交通运输体系之一，并加速超越其他两个即美国和欧盟的规模和现代化程度。建国初期，中国通信设备、通信方式和通信手段十分落后。经过 60 多年特别是改革开放 30 多年的大规模投资建设，综合通信能力迅速增强，网络规模容量、技术层次、服务水平都实现了跨越式发展，形成了沟通城乡、覆盖全国、连通世界的现代邮政网络，已经成为世界规模最大的邮政网络之一；电信业已建成包括光纤、数字微波、卫星、程控交换、移动通信、数据通信等覆盖全国、通达世界的公用电信网。电话网络规模跃升世界第一，电话、互联网用户数跃居全球之首。[④]中国成为世界最大规模的信息化社会，是世界最大 ICT 技术的生产国、消费国和出口国。

从“一穷二白”国家到“世界第二大经济体”。1952 年，我国国内生产总值（GDP）为 300 亿美元，只相当于美国的 0.6%；1960 年达到 614 亿美元，相当美国的 1.5%；1972 年突破 1 000 亿美元；1982 年达到 2 021 亿美元，居世界第 11 位；2000 年中国上升为世界第 6 位，相当于美国的 12.3%[⑤]；到

---

① http：//www.stats.gov.cn/tjfx/ztfx/qzxzgcl60zn/t20090923_402589513.htm.

② CIA，The World Factbook 2011，https：//www.cia.gov/library/publications/the-world-factbook/rankorder/2121rank.html.

③ CIA，The World Factbook 2011，https：//www.cia.gov/library/publications/the-world-factbook/rankorder/2085rank.html.

④ http：//www.stats.gov.cn/tjfx/ztfx/qzxzgcl60zn/t20090924_402589934.htm.

⑤ http：//www.stats.gov.cn/tjfx/ztfx/qzxzgcl60zn/t20090929_402591155.htm.

2012 年，按汇率法（美元现价）计算，中国 GDP 达到 8.27 万亿美元，相当于美国 GDP（15.68 万亿美元）的 52.7%[①]，成为世界第二大经济体，占世界总量比重从 1978 年的 1.8%增加到 2012 年的 11.47%。[②] 按照购买力平价（1990 年国际美元）计算[③]，1950 年我国 GDP 占世界总量比重为 4.6%，到 2010 年已上升至 18%。1952 年，我国外汇储备只有 8 万美元；1978 年也只有 16 亿美元，居世界第 38 位，只相当于当时世界第 1 位联邦德国的 3.7%；2000 年为第 2 位；2006 年上升为世界首位[④]；2012 年达到 3.31 万亿美元，超过世界总量的 1/3。

从“文盲充斥”“人才匮乏”大国到世界人力资源大国。1949 年大学在校生为 11.65 万人，普通中等学校在校生为 127 万人，80%的人口为文盲和半文盲人口，1912—1948 年累计大学毕业生数只有 21 万人[⑤]，国民平均受教育年限只有 1.0 年。[⑥] 1949 年具有大学文化程度的人口累计仅有 18.5 万人，只占总人口的 0.034%。到 2010 年，全国成人识字率超过 96%；15 岁以上人口平均受教育年限为 9.9 年，是 1950 年的 9.9 倍，明显超过了世界平均水平（为 7.76 年）；2012 年，普通高等教育本专科在校生为 2 391.3 万人，已居世界首位，高等教育（18～22 周岁）毛入学率达到 30.0%；2010 年，具有大专以上的高等教育文化程度的人口达到 1.19 亿人，是 1949 年的 430 倍。

从“东亚病夫”之国到“健康中国”。建国前中国不仅是世界上经济发展最贫穷、最落后的国家，也是世界上卫生健康发展最落后的国家，被视为“东亚病夫”、“鸦片之国”。1949 年之前中国人口平均预期寿命为 35 岁左右，低于世界平均期望寿命（1950 年为 49 岁），还低于 1820 年法国平均预期寿命（为 37 岁）。1950 年中国婴儿死亡率为 200‰，高于欠发达国家的平均水平（为 175‰）。建国初期，全国吸毒者达 2 000 万人左右，占全国总人口的 3.7%，西南几省尤为严重，云南、贵州几乎有 1/4 的人吸毒。新中国成立之后，迅速完成了第一次卫生革命，基本上控制并消除严重的传染病和寄生虫病，建立一个面向广大城乡人民的基本医疗体系，把医疗服务作为一个普遍可得的公共产品向人民群众提供。到 2010 年，人口出生时预期寿命提高至 74.83 岁，2012 年，婴儿死亡率下降到 10.3‰，5 岁以下儿童死亡率降至 13.2‰。中国的主要传染病发病率要低于世界和大多数发展中国家的水平，中国人民的卫生健康风险相

---

①② IMF WEO 数据库，2013.

③ Angus Maddison：*Historical Statistics of the World Economy*：*1—2008 AD*，OECD Publishing.

④ http：//www.stats.gov.cn/tjfx/ztfx/qzxzgcl60zn/t20090929_402591155.htm.

⑤ 参见国家统计局编：《新中国五十年：1949—1999》，9 页，北京，中国统计出版社，1999。

⑥ 参见胡鞍钢：《中国政治经济史论（1949—1976）》，118 页，北京，清华大学出版社，2007。

对较低，生存环境相对比较安全。这些指标已居发展中国家前列，与发达国家（包括美国）差距不大。这反映了中国在与发达国家人均 GDP 或人均收入水平相对差距很大的条件下，通过实行社会主义制度，充分地保障全体人民享有公共卫生服务，实现了较高水平的健康指标，更加公平，更加实惠，人民更加受益。

从贫穷人口大国到“全面小康社会”。1949 年新中国成立时，中国是世界贫困人口最多的国家，城市居民人均可支配收入不足 100 元，农村居民人均纯收入为 44 元，我们估计城市居民家庭恩格尔系数在 70%以上，农村居民家庭恩格尔系数在 80%以上。[①] 中国取得了光辉的、历史性的、世界性的减贫成就，不但大大减少了收入贫困人口，成为全球减贫贡献第一大国；人民生活实现从温饱不足到总体小康的历史跨越，2011 年人均国内生产总值约为 5 444 美元，居世界 100 位左右，相当于世界平均水平比例的 54.2%；从恩格尔系数下降趋势看，城市居民从 2000 年之后下降至 40%以下，已进入富裕阶段；2012 年，农村居民已降至 40%以下，开始进入富裕阶段，城乡居民人均住房建筑面积都超过了 30 平方米[②]；同时大大减少了人类贫困人口与知识贫困人口。但是中国仍面临着巨大的生态贫困挑战，我们保守估计，生态贫困人口约 2 亿人，其绝对规模仍然很大。人类发展指数（HDI）从 0.225（1950 年）的极低水平，相当于美国水平的 26.0%；到 1982 年提高至 0.456，相当于美国的 54.1%；2010 年提高至 0.703，相当于美国的 75.3%，进入世界高人类发展水平，成为过去 40 年世界各国中提高幅度最快的国家。中国人类财富（指总人口与 HDI 的乘积）相对美国水平，由 1950 年的 90.9%，提高至 1980 年的 2.32 倍，到 2010 年又提高至 3.23 倍，成为世界人类财富最大的国家。这比中国 GDP 超过美国，对中国人民来说更有意义。

从科学技术“空白之国”到“世界创新国”。建国初，国内仅有 30 多个专门研究机构，全国科学技术人员不超过 5 万人，相当于就业总数的 0.028%，专门从事科学研究工作的人员不足 500 人。从整体而言，现代科学技术几乎一片空白。[③] 2011 年全国科技人员达 5 800 万人，相当于 1949 年的 1 160 倍，其中大学本科及以上学历约为 2 000 万人，已经超过美国（为 1 700 万人）；2012 年全国研究与试验发展活动人员全时当量为 327 万人·年，大大高于美国

① 根据国家统计局数据，1957 年城市居民家庭恩格尔系数为 58.4%，1954 年农村居民家庭恩格尔系数为 68.6%。参见《经济日报》，2011-10-04。

② 参见国家统计局编：《中国统计摘要 2011》，105 页，北京，中国统计出版社，2011。

③ 参见武衡、杨凌主编：《当代中国的科学技术》，4 页，北京，当代中国出版社，1992。

(140 万人·年，2000—2006 年数据)、欧盟（129.81 万人·年，2000—2006 年数据)，以及日本（78.05 万人·年，2000—2006 年数据)。2009 年全国各类人才资源总量 1.14 亿人，这相当于世界第 11 人口大国墨西哥的规模（为 1.137 亿人)，居世界首位。中国已经成为世界第二大知识生产国[①]，世界发明专利申请量第一大国，世界国际发明专利申请量第四大国，高技术产品出口第一大国。

从世界最大传统农村社会到世界最大现代城市社会。1949 年全国仅有城市 132 个，城市市区人口 3 949 万人，城市市区人口占全国总人口的比重为 7.3%。2012 年城镇化率达到 52.6%，全国城镇总人口达到 7.12 亿人，超过了美国、欧盟城镇的总人口。全国城市基础设施明显改善，2011 年用水普及率为 97%，燃气普及率为 92.4%，城市污水处理率为 83.6%。中国正在加速构建以路桥通道、沿长江通道为两横轴，以沿海、（北）京哈（尔滨）（北）京广（州)、包（头）昆（明）为三条纵轴，以轴线上若干城市群为依托、其他城市化地区和城市为重要组成部分的城市化战略格局。将环渤海、珠三角、长三角三大城市群逐步打造成世界级城市群，成为我国经济发展、对外开放的核心地带。

从封闭社会到全面开放社会。1950 年，我国货物贸易进出口额为 11 亿美元，占世界贸易总额的比重为 0.9%，只相当于美国的 5.5%，相当于联邦德国的 23.4%。1978 年，我国货物贸易进出口额为 211 亿美元，占世界贸易总额的 0.8%，只相当于美国的 6.4%，相当于联邦德国的 8%。[②] 2012 年中国已经成为货物出口第一大国，占世界总量比重的 11.2%，货物进口第二大国，占世界总量比重的 9.8%，是世界第二大货物进出口国（1978 年为第 29 位)、服务贸易出口第四大国、服务贸易进口第三大国，国际旅游外汇收入居世界第五位，2013 年中国公民出境游客超过 9 700 万人次，居世界第二位；1979 年至 2012 年，累计使用外商直接投资超过 12 761 亿美元，累计实际使用外资居世界第二位[③]；2003—2012 年，累积对外直接投资 5 319 亿美元。[④] 这是中国最开放的时代，也是中国影响世界最显著的时代，还是中国对人类和平与发展贡献最大的时代。

---

① 汤姆森·路透（Thomson Reuters）集团根据对世界 1.05 万个科学权威期刊的数据库的研究表明，到 2006 年，中国已经先后超过了日本、英国和德国，仅次于美国。

② http://www.stats.gov.cn/tjfx/ztfx/qzxzgcl60zn/t20090929_402591155.htm.

③ 参见国家统计局编：《中国统计摘要 2013》，69 页，北京，中国统计出版社，2013。

④ 参见上书，250 页。

从封闭落后的文化之国到开放、先进的中华文化软实力大国。中国一直是文化大国，汉字已有6 000年左右的历史，成为汉民族共同使用的文字，同时又是全国各少数民族通行的文字。王选发明了汉字激光照排技术，使得中国文字能够电子化、信息化、网络化，进而国际化、全球化，实现了古代文字发明与现代激光照排发明相结合。这是人类文明史上的古代奇迹与现代奇迹，从而使汉语成为世界上使用人数最多的语言。从文化的盲目自卑到文化自觉，再到文化自信和文化自强，中国特色社会主义文化建设已经进入到大发展、大开放、大繁荣的时代。2012年全国出版图书高达37万种，仅一年的出版量就大大超过了古代到辛亥革命2 000年的出版量的总和（20万种）。[①] 中国文化产业增加值占GDP的比重达到2.8%，进入了世界文化产业大国前列，进入了历史上中国文化建设的最好时期。在国内，坚持“百花齐放、百家争鸣”的基本方针，积极鼓励中国特色的文化创新；既要发扬中国优良的传统文化，也要创新出反映时代特征，具有中国特色、中国风格、中国气派的文化成果。在国际上，坚持“对外开放、以我为主”的基本方针，积极吸收世界各国文化发展的有益成果，取其精华、弃其糟粕，“以我为主，为我所用”。

从“一大二弱”之国到世界第二大综合国力国。从近代到现代，中国一直被视为“老大帝国”[②]，60多年新中国的历史就是从被挨打的弱国成长为世界大国，再到世界综合实力第二大强国。根据我们计算，1990年中国的综合国力占世界总量比重的5.60%，到2010年达到14.39%。中国与美国的综合国力差距进一步缩小，从1990年的4.32倍，到2010年缩小为1.22倍。不久，中国将超过美国成为世界综合国力第一大强国。中国已经成为屹立于世界东方的巨人，加速推动了整个中华民族的伟大复兴。

中国作为现代化的落伍者、后来者，正如毛泽东（1956年、1964年）所预见的，后来居上，仅用了几十年的时间，赶上和超过最发达资本主义国家（指美国）用几百年时间才能达到的工业化、城镇化、信息化、现代化程度与成就。这是人类历史上绝无仅有的，其根本原因是创新了中国之路。

中国之路就是中国社会发生天翻地覆的巨变之路，是世界上人口最多、经济最落后的欠发达国家实现工业化、城镇化、信息化和现代化的发展转型之

① 参见张贺：《每年出书37万种，意味着什么》，载《人民日报》，2013-04-22。

② 毛泽东曾指出，过去说中国是“老大帝国”，“东亚病夫”，经济落后，文化也落后，又不讲卫生，打球也不行，游水也不行，女人是小脚，男人留辫子，还有太监，中国的月亮也不那么很好，外国的月亮总是比较清爽一点，总而言之，坏事不少。但是，经过这六年（指1949—1956年）的改革，我们把中国的面貌改变了。我们的成绩是谁也否认不了的。参见《毛泽东文集》，1版，第7卷，87页，北京，人民出版社，1999。

路，是世界极少数社会主义国家继续探索和实践社会主义建设和革命（包括改革）的创新之路，还是由十几亿人民、56个民族、31个省（区、市）、港澳台地区、海外侨胞共同组成和共同推动的中华民族伟大复兴之路，是中国迅速崛起走向世界强国的和平发展之路[①]，其政治影响和社会意义，在人类发展史上都是十分罕见的。[②]

18.3 中国发展战略创新

中国社会主义现代化之路是前所未有之路，需要探索，就存在多种可能性，即多种成功或多种失败。人们自然要问：中国是怎样走上社会主义现代化道路的？为什么有时会成功，而有时会失败？在什么条件下成功的可能性就大，失败的可能性就小？

发展如同战争，总是有规律的。发展战略就是研究发展全局规律的东西。发展的成败不仅取决于一国的自然、经济、社会、政治、文化等国情条件，如有利条件与不利条件、发动因素与限制因素，而且还取决于领导人如何正确全面认识国情，制定适宜的发展战略。因此，研究发展的人不能不研究国情，不能不深入了解发展战略问题。我们不但要研究一般的发展规律，还要研究更加特殊的中国发展规律。

1949年新中国成立以来的历史告诉我们，发展战略决策的成功就是最大的成功，发展战略决策的失败是最大的失败。[③] 一个国家的国家能力，即实现国家战略目标的能力。首先是国家领导人能不能提出明确的国家长远战略及目标，既要符合中国国情，又要适合发展阶段的总目标和具体目标，还要提出实现这些目标的途径和重大举措；其次是国家的执行能力，能不能如期实现这些阶段性目标，又为长远目标提供新的历史起点。

1999年建国50周年时胡鞍钢曾提出21世纪中国新的追赶战略。2005年胡鞍钢和王亚华总结中国发展道路的选择，提出从建国以来发展历史看，大约25

① 中国和平发展打破了“国强必霸”的大国崛起传统模式。建立殖民体系、争夺势力范围、对外武力扩张，是近代历史上一些大国崛起的老路。参见 http：//www.gov.cn/jrzg/2011-09/06/content_1941204.htm。

② 参见《胡锦涛：在庆祝中国共产党成立90周年大会上的讲话》，见新华网，2011-07-01。

③ 建国以来中国发展战略的本质是追赶战略。先后实施了两种不同类型的追赶战略：一是计划经济时期的传统赶超战略；二是转轨期的追赶战略。应确立21世纪初期中国新的追赶战略，其发展目标是“以人为本”，“以人为中心”，促进人类发展，实现可持续发展。其中知识发展战略是最重要的战略之一。参见胡鞍钢：《知识与发展：中国新的追赶战略——写于建国50周年》，载《管理世界》，1999（11）。

年、30 年有一次比较重大的转型。我们把中国发展战略分为三代。每一代战略既有相同点，又有不同点，它们并不是截然不同的发展战略。相同点表现为发展战略的继承性，不同点表现为发展战略的创新性。每一代发展战略都是承上启下、相互衔接，与时俱进、不断创新，反映了不同时期中国领导人对现代化与全球化挑战的响应。当然，每一代发展战略都有历史的合理性与历史的局限性。①

的确，中国的社会主义现代化发展历史轨迹并不是一条笔直的大道，也不是预先就设计好的大道，而是不断探索、不断总结、不断开拓、不断变化的道路。因此中国发展战略不是一成不变的，它的历史演进与历史实践是相互验证、相互试错、相互调整的。没有人能够先知先觉，总是要从“必然王国”到“自由王国”；也没有人能够一直“无比正确”，总是要从“历史学习”，从“实践学习”，从“人民学习”。

从建国以来的历史看，至少经历了三代发展观：毛泽东时代；邓小平、江泽民时代；胡锦涛及以后时代。我们称之为中国特色的社会主义现代化“软件版本”的升级换代。由于在开发和设计这一“软件版本”时，总会存在信息和知识的不确定性、不完全性以及与实际情况的某种不适应性、不协调性，因此在实践中不断地改进、不断地增补、又不断地创新，就形成了既相互联系、又不断升级的“软件版本”。换言之，前一个版本是后一个版本的基础，后一个版本是对前一个版本的补丁、修正和升级，由此形成了中国特色的社会主义现代化“软件版本”的 1.0 版，到 2.0 版，再到 3.0 版。② 毛泽东的伟大功绩在于开创了 1.0 版；邓小平的伟大功绩在于升级了 2.0 版，江泽民的伟大功绩在于丰富了 2.0 版；胡锦涛的伟大功绩在于升级了 3.0 版（见表 18—1）。可以预期，今后的领导人都在这三个版本的基础上不断地升级换代，从而走出一条真正属于中国的“中国之路”。

表 18—1　　中国发展战略的演进

	第一代发展战略(1.0 版)	第二代发展战略(2.0 版)	第三代发展战略(3.0 版)
发展目标	“一化三改”、“赶英超美”、“四化”	“小康水平”、“GDP 翻两番”	全面建成小康社会，基本实现现代化，伟大复兴

① 参见清华大学国情研究中心，胡鞍钢、王亚华执笔：《国情与发展》，163～164 页，北京，清华大学出版社，2005。

② 这是由王绍光教授提出来的概念。参见王绍光：《中国·治道》，247 页，北京，中国人民大学出版社，2014。

续前表

	第一代发展战略(1.0版)	第二代发展战略(2.0版)	第三代发展战略(3.0版)
战略步骤	“两步走”(1980年,2000年)	“两步走”(1990年,2000年),“三步走”(1990年,2000年,2050年)	“两个100年” (2020年,2050年)
发展观	政治挂帅,抓革命、促生产	增长优先,发展是硬道理	以人为本,科学发展是硬道理
工业化道路	国家工业化、排斥私人资本参与,计划经济体制	混合工业化,国有企业、集体企业、乡镇企业、外资企业、个体户和私营企业多主体参与	国有与民营、大中与小微、内资与外资企业共同推动工业化
城乡发展策略	偏向城市,差距扩大	偏向城市,差距先缩小,后扩大	以城促乡,城乡一体,差距扩大,再缩小
地区发展策略	地区均衡发展,差距扩大	不均衡发展,差距先缩小,后扩大	均衡发展、统筹兼顾,差距缩小
参照模式与创新	苏联模式	东亚模式(混合经济模式、外向经济模式)	中国之路
体制改革目标	行政分权改革	改革计划体制,建立社会主义市场经济体制	完善社会主义市场经济体制,全面深化改革
经济与社会关系	注重社会发展	经济发展优先论	经济与社会协调发展
发展与资源关系	大力开发资源,资源使用低效率	节约与开源,资源使用效率不断提高,资源消耗高	高效率利用资源,建立资源节约型社会
发展与环境关系	黑色发展,破坏环境	黑色发展,环境总体恶化,局部改善	环境恶化趋势遏制,局部明显改善,建立环境友好型社会,绿色发展,人与自然和谐
公平与效率关系	平均主义、公平优先	效率优先、兼顾公平,基尼系数扩大	公共服务、社会分配公平优先,提高市场机制效率,基尼系数先扩大、后开始缩小
政府职能与类型	全能型政府	以经济建设为主要职能,经济发展型政府	以制度建设为主要职能公共服务型、监管型政府
对外关系	“一边倒”,“反帝反修”,独立自主,进口替代,自给自足	对外开放、出口导向、贸易自由化	全面对外开放、出口导向、贸易自由化、投资自由化

续前表

	第一代发展战略(1.0 版)	第二代发展战略(2.0 版)	第三代发展战略(3.0 版)
政治共识	以阶级斗争为纲	以经济建设为中心，先富论	和谐社会，共同富裕论
理论基础	无产阶级专政下继续革命理论	社会主义初级阶段论	社会主义初级阶段论

资料来源：本表系作者根据以下资料重新整理：胡鞍钢：《知识与发展：中国新的追赶战略——写于建国 50 周年》，载《管理世界》，1999 (11)；清华大学国情研究中心，胡鞍钢、王亚华执笔：《国情与发展》，163～164 页，北京，清华大学出版社，2005；胡鞍钢：《"中国之路"(1949—2009)》，载《国情报告》，2010 (33)。

从新中国的历史演进来看，中国之路就是中国特色的社会主义现代化之路。但它不是一次性完成的，而是花了 60 年时间经历了至少三代发展战略逐步演变而来，如用"中国之路"的 1.0 版、2.0 版和 3.0 版表示。正如党的十七大报告所说的，改革开放以来所取得的一切成绩和进步的根本原因归根结底是开辟了中国特色的社会主义道路。从理论的角度来看，就是形成了中国特色的社会主义理论体系。这也是"中国之路"最大的创新实践、最大的创新理论，它来自中国社会实践，又指导了中国社会实践。

18.4　东方巨人的成功之道

在半个多世纪的时间里，一个曾经辉煌，却又历尽沧桑的古老文明，开始了史诗般的伟大转型、史诗般的伟大复兴。中国所从事的是一个前人没有经历过，极其光荣的伟大事业；是一个没有现成理论可循，极其惊心动魄的伟大探险。那么，什么是中国这个东方巨人的成功之道？

中国的成功之道在于其在把握普遍性和特殊性相结合的基础上，更加强调独特论。国家的发展道路既有普遍性也有特殊性，把握普遍性的基础上，特殊性对于一个国家的成功更为重要。不同国家具有不同特点。中国是一个人口众多、地域辽阔、各地极不平衡、城乡差距甚大的社会主义国家，与发达资本主义国家有着根本不同的国情条件，又处在不同的发展阶段，具有不同的政治文化背景。中国的成功从来都不是对发达国家工业化、城市化和现代化的简单模仿和复制。正如邓小平所言，照抄照搬别国经验、别国模式，从来不能得到成功。[1] 正是因为此，中国就必须探索和创新"中国之路"。这就需要深入了解

① 参见《邓小平文选》，1 版，第 3 卷，北京，人民出版社，1993。

"中国之路"的基本要素、主要特征与机制，从而才能深刻地理解其成功的奥秘。[①]

中国的成功之道在于其在把握对立统一的辩证关系的基础上，更加注重"和合论"。事物的发展具有阴阳对立、相互冲突的一面，我们可以不断促进统一和结合，使两者相互结合、相互依存，强调矛盾双方的统一与融合。西方斗争哲学强调矛盾双方的斗争和破裂在造成事物新质中的意义。与之不同，中国传统的和合哲学的独特价值在于它所提倡的"和而不同"，是统一之中的差异、和谐之中的多样，是在寻求一致的同时包容个别。和合思想始终从一个统一的整体出发，这一整体常常用"一"、"道"、"理"、"性"、"太极"、"太和"等概念来表征。和合哲学是以矛盾双方的融合解决事物矛盾的哲学，是"一生二"的整体性的哲学。

"一阴一阳之谓道，继之者善也，成之者性也"（《易经·系辞上传》）。我们把这一东方巨人的特点和内在机制简要地概括为：两个大脑（一个大脑是党中央国务院，一个外脑是思想库）、两只手（政府与市场）、两条腿（国有经济与民营经济等）、两个积极性（中央与地方）、两个大局（国内与国际）。[②]

第一，这个东方巨人既有"大脑"，又有"外脑"。决策本质是一个信息、知识的问题。信息知识是投入，决策是产出，没有投入就没有产出。即使最聪明的决策者也始终面临一个投入不足的问题，这包括投入数量不足、投入质量不高，还有一个信息和知识的沟通问题。形象地讲，党中央、国务院就是决策的"内脑"，他们作为决策的"大脑"，不仅在各种危机时能够及时做出重大决策，还能为中国长远发展做出前瞻性的战略部署。中国决策机制发生了重大转变，重大决策不断民主化、科学化和制度化，自觉集中全党（拥有 8 600 万名党员）的政治智慧，主动问计于人民（拥有13 亿人）的社会需求，不仅防止了重大决策失误，也及时纠正了较小的决策失误，使各项公共政策决策更具有代表性、包容性、灵活性和适应性，宏观经济基本稳定，经济保持持续增长。中国正在形成各种"外脑"或"智库"，尤其是近年来中国政府积极鼓励科学界（如中国社会科学院、中国科学院、中国工程院等）、高水平大学等要"深入开展政策研究，积极发挥思想库和智囊团作用，努力为党和国家科学决策、民主

---

① 美国哈佛大学社会学教授怀默霆（Martin King Whyte）认为：中国发展成功的案例表明，国家的发展不能按照某一种标准的菜单式的做法来取得成功，而是必须根据自己独特的历史、潜力和各种约束选择适合自身发展的政策和制度。Martin King Whyte，"Paradoxes of China's Economic Boom，" *The Annual Review of Sociology*，2009 (35) .

② 参见胡鞍钢：《中国发展奇迹之"道"既不复杂也不神秘》，载《人民日报》（海外版），2011-04-25。

决策作出积极贡献”[①]。这就需要“外脑”辅助“内脑”，为决策层提供科学知识、决策知识；还需要“内脑”依靠“外脑”，主动问计于科学界、学术界及社会公众。中国的发展已经证明，这样一个拥有两个大脑的巨人就比只拥有少数决策者的大脑更加发达、更加聪明、更加智慧，这样才能够在全球性的国际竞争中以弱胜强，以小胜大，立于不败之地。

第二，这个东方巨人既有“看不见之手”，又有“看得见之手”。一个经济体就如同一个人体，有“两只手”总比只有“一只手”要好得多，无论这只手是政府的有形之手，还是市场的无形之手，它们之间不是相互割裂、相互对立、相互排斥，而是共同并用、相互补充、相互配合，使得这个巨人可以充分利用两大优势，能够积极发挥两大作用。在从计划经济体制向社会主义市场经济体制转型的过程中，既有效释放了市场机制的作用，充分发挥其基础配置作用，同时也保留了计划手段，并不断转型，发挥重要的导向功能。坚持政府之手与市场之手“两手都要抓”，两手并用、形成合力，“两手都要硬”，硬而不僵，“两手都要活”，活而不乱，使中国经济始终保持着活力和创造力，保持着宏观经济基本稳定，无论出现什么样的内外部冲击，诸如亚洲金融危机、国际金融危机，都能够做到“我自岿然不动”、“风景这边独好”。中国的发展实践已经证明，中国创新并不断完善的社会主义市场经济体制，不仅大大优于社会主义计划经济体制，而且也明显优于资本主义市场经济体制。

第三，这个东方巨人既有“左腿”，又有“右腿”。中国是一个多元、多样、差异甚大、规模庞大的巨型国家与社会，传统与现代并存，落后与先进保存。为此，1958 年党中央务实性、创新性地制定了社会主义建设用一整套“两条腿走路”的方针。在改革开放以来的 30 多年，中国又进一步发展了“两条腿走路”的改革开放发展方针，集中表现为农业与非农产业、工业化与信息化、国有经济与非国有经济、大中型企业与小微型企业、内资企业与外资企业、劳动密集型产业与技术密集型产业、沿海地区与内陆地区、经济建设与社会建设、“引进来”与“走出去”等“两条腿走路”的方针。我们形象地称之为东方巨人的“两条腿”，而不是“一条腿”，需要彼此共存，彼此协调，这也解释了为什么中国发展得快。例如国有企业和民营企业是新型、现代、开放的社会主义市场经济体制的两大主体、两大经济支柱。这就需要国有企业与民营企业共同成长起来，共同强大起来。为此，两者都需要根据国内市场与国际市场竞争的特点，确定不同的定位，扮演不同的角色，发挥不同的功能，既相互竞争，更相互合作；既相互分工，更相互融合；既各具优势，更相互互补。国有企业和民营企业，如同东方巨人的“两条腿”，需要更加合作，更加协调，更加匹配，

---

① 《胡锦涛：在庆祝清华大学建校 100 周年大会上的讲话》，见新华网，2011－04－24。

才会赶上并超过世界最发达、最具竞争力的用一条腿走路的美国私人垄断资本企业。中国的发展实践已经证明，这是符合中国国情、适合发展阶段的十分务实的方针。这也解释了为什么中国快速追赶并超过除美国之外的所有发达国家，进入世界500强的企业数成为第二，也预言了为什么不久的将来中国超过美国成为世界第一。[①] 这也说明无论是国有企业还是民营企业都是创造财富的主体，也证明“企业兴，国家兴；企业强，国家强”。

第四，这个东方巨人是靠“两个积极性”治理国家和地方。中国是实行单一制的13亿人口大国，基本行政架构为“条”“块”并存、以“块”为主。这就使得中央与地方关系面临着信息不对称和权力不对称。解决“两个不对称”要不断改革，建立现代国家制度，大幅度降低国家治理与地方治理“两个成本”；解决“两个不对称性”要建立激励相容机制，充分发挥中央、地方的“两个积极性”[②]。发挥中央与地方两个积极性的实质是实行“激励相容”原则，有效地解决全国利益与地方利益之间的矛盾冲突，使得两者的目标函数具有一致性并最大化。明确中央与地方的职能分工，总体上形成中央决策、国家规划、部门指导、省级政府负总责、地市级和县市级政府实施的分工合作体系和激励相容机制。既可以发挥集中力量办大事的社会主义优越性，做到“一方有难、八方支援”；又可以发挥地方的创造性，中央要相信地方，依靠地方办事，支持地方创新，帮助地方纠错，指导地方发展。

第五，这个东方巨人是靠统筹“两个大局”处理中国与世界的关系。中国大战略的核心思想在于如何利用“天时”与“地利”，统筹国内和国际“两个大局”进行战略谋划，实现“人和”。中国大战略是对内与对外相结合的顶层设计、长远战略构想与战略布局。国内战略就是国家发展战略，也称中国国民经济与社会发展战略，既体现在中国共产党历次全国代表大会的报告中，又体现在历次国家五年规划纲要中。国际战略就是国家对外战略，也称为中国和平发展战略。中国大战略是在一定国内外背景、发展阶段，对国内国外的战略定位，对未来发展目标的战略选择。这一大战略的最大意义就在于：抓住天时，利用地利，实现人和，开创未来。这是孟子思想与智慧的当代化、国际化，真正成为我们实现中华民族伟大复兴的“大战略”。[③]

---

① 美国《财富》杂志预计，明年（指2014年）中国上榜企业的数量将达到100～110家，2015年或将赶超美国成为世界500强排行榜上的第一大国。参见《2013年世界500强企业名单》，见美国《财富》杂志中文网站，2013-07-08。

② 毛泽东在1956年在《论十大关系》中提出，我们的国家这样大，人口这样多，情况这样复杂，有中央和地方两个积极性，比只有一个积极性好得多。参见《毛泽东文集》，第7卷，31页，北京，人民出版社，1999。

③ 参见胡鞍钢、鄢一龙：《中国大战略：统筹两个大局与天时地利人和》，载《国家行政学院学报》，2013（2）。

中国这个东方巨人之所以不断地迈向新的发展阶段、不断地取得重大的发展结果、不断地创造发展奇迹，绝非出于偶然和幸运，而是因为创新性地探索和开辟了中国独特的社会主义制度。

世界上的 200 多个国家和地区，从来就没有最好的体制模式，也不可能有唯一的体制模式，只有最适宜本国自己的体制。世界各国都采取了不同的政治经济体制，它们同时并存、相互吸收、相互借鉴，又相互竞争、此消彼长。①

对一个日益开放、更加包容的中国而言，我们学习各国的体制，但不照抄；借鉴它们的经验，但不照搬；汲取它们的教训，但不重蹈。我们要创新符合中国国情、适宜发展阶段，源于中国文化、汲取中国智慧，又能够顺应世界潮流、适应国际竞争、更具亲和力的“中国体制”，并在实践中不断探索、不断试错、不断改进、不断创新。

从新中国历史演进来看，中国之路就是中国特色的社会主义现代化之路。正如胡锦涛同志所言：开辟了中国特色社会主义道路，形成了中国特色社会主义理论体系，确立了中国特色社会主义制度。②

18.5　未来中国走向③

什么是 21 世纪中国的大趋势？它对世界的影响是什么？21 世纪的中国将实现伟大的“中国梦”，实现社会主义现代化，实现中华民族的伟大复兴，最终回答这一伟大的历史命题和中国命题。

中国的未来发展方向，仍然是不断强化现代化因素、社会主义因素、中国文化因素，仍然是不断发挥后发经济优势、社会主义政治优势、中国文化优势，中国之路仍然需要不断实践、不断创新、不断升级。2002 年党的十六大和 2007 年党的十七大提出全面建设惠及十几亿人口的更高水平的小康社会是中国发展的中长期目标。到 2020 年，中国将全面建成惠及十几亿人口的更高水平的小康社会。党的十八大报告提出 2020 年实现全面建成小康社会、2050 年实现社会主义现代化的两个百年目标。如同习近平同志指出：“我们的奋斗目标

---

① 参见胡鞍钢：《从政治制度看中国为什么总会成功》，载《人民论坛》，2011 (6)。

② 参见《胡锦涛：在庆祝中国共产党成立 90 周年大会上的讲话》，见新华网，2011-07-01；胡鞍钢：《2020 中国：全面建成小康社会》，北京，清华大学出版社，2012。

③ 详细分析参见胡鞍钢：《2020 中国：全面建成小康社会》，北京，清华大学出版社，2012；清华大学国情研究中心，胡鞍钢、鄢一龙、魏星执笔：《2030 中国：迈向共同富裕》，北京，中国人民大学出版社，2011。

是，到2020年国内生产总值和城乡居民人均收入在2010年的基础上翻一番，全面建成小康社会；到本世纪中叶建成富强民主文明和谐的社会主义现代化国家，实现中华民族伟大复兴的中国梦。”[①] 它由彼此衔接的三个“乐章”构成。

第一乐章，到中国共产党成立100年时，全面建成小康社会。到建党100年时建成共同发展社会和共同分享社会、全民学习型社会、全民健康社会和全民健身型社会、安居乐业型安康社会、生态文明型社会、开放创新型社会和知识社会、和谐社会和稳定社会、民主社会和法治社会、中华文明文化道德社会。[②]

第二乐章，到新中国成立100周年时，全面建成中国特色社会主义现代化，实现中华民族伟大复兴的“中国梦”。将中国建成现代化要素极大丰富、社会主义要素充分体现（发展成果全民共享）、生态文明高度发达（人与自然关系高度和谐）的全面现代化之国。

第三乐章，在整个21世纪下半叶，不断巩固和发展中华民族的伟大复兴。中国经济实力、政治活力、文化魅力进一步增强，国民人类发展水平进一步提高，人、社会与自然之间关系更加和谐，建成引领世界发展潮流、维护世界公平正义、享有广泛国际认同、拥有国际示范作用的人类“大同世界”。

进入21世纪，是中国全面建设社会主义现代化的伟大时代，也是中国对人类做出巨大贡献的伟大时代。这一现代化的蓝图就是党的十八大报告提出的经济建设、政治建设、文化建设、社会建设和生态文明建设“五位一体”的总布局。这表明中国的经济国情、自然资源国情、人力资源国情发生重大的变化，中国与世界更加协调。

全面建成高度物质文明的经济强国。中国将成为真正意义上的世界经济强国。在2020年之前，中国GDP总量将超过美国，相当于美国的1.0～1.7倍，将终结美国100多年来居世界首位的地位；到2030年中国GDP总量将相当于美国的2.0～2.2倍。[③] 建成世界最大的消费市场和进口市场，国内市场总体规模位居世界首位，到2030年将相当于美国的1.7～1.9倍。[④] 建成世界最大的现代产业体系，成为世界现代化服务业大国，由物质要素（资源、劳动力、资本）投入驱动为主的经济体转变为信息、知识、创新驱动为主的经济体。建成

① 习近平：《共同创造亚洲和世界的美好未来——在博鳌亚洲论坛2013年年会上的主旨演讲》，见新华网，2013-04-07。

② 参见胡鞍钢：《2020中国：全面建成小康社会》，51～64页，北京，清华大学出版社，2012。

③ 参见清华大学国情研究中心，胡鞍钢、鄢一龙、魏星执笔：《2030中国：迈向共同富裕》，62页，北京，中国人民大学出版社，2011。

④ 参见上书，65页。

世界最强大的科技创新国，到 2030 年，中国科技实力占世界的比重将达到 30%。[①]

全面建成高度生态文明的生态强国。中国将进入全面生态盈余期。人与自然共生共荣，建成世界最大的绿色能源之国，这包括世界最大的绿色能源投资国、绿色能源生产国、绿色能源消费国、绿色能源出口国。全国生态安全屏障体系基本建立，中华民族大家园将呈现生产空间集约高效，同等致灾强度的因灾死亡人口大幅度下降，灾害直接损失占 GDP 比重大幅度下降，达到发达国家水平。

全面建成世界人力资源强国。中国具有极其丰富的人力资源优势，从教育大国发展为教育强国。中国成为人口规模适度、人口结构合理、人口素质比较高的人口强国。最大限度地开发和利用中国丰富的劳动力资源，有效地开发和利用人力资源，实现充分就业目标。成为高教育水平之国，到 2030 年中国的预期受教育年限将接近 18 年，超过美国[②]，率先实现中国特色社会主义教育现代化。成为健康之国，人口平均预期寿命将提高到 80 岁，与美国的相对差距缩小为 1.4 岁[③]，相当多的省、区、市赶上和超过美国（81.3 岁）[④]。

各地区的发展差距全面缩小，主要人均发展指标差异系数明显下降。城乡发展差距全面缩小，主要人均发展指标明显趋同。各地区与城乡公共服务水平进一步趋同。人人享有社会保障。建成全世界最大规模的，覆盖城乡、区域、不同人群的高水平的社会保障体系。大幅度减少四类贫困人口，建成惠及十几亿全体人民共有共享、生活充裕、健康安全、知识发达、生态良好、生命尊严的社会主义现代化社会。

从世界现代经济发展历史看，对中国而言，她正处在战略机遇期，即迅速崛起期；对世界而言，她创造和展示一个新的巨大的发展机遇，而不是一个致命的威胁。中国的崛起，不仅深刻改造中国，而且还将重新塑造世界。21 世纪，不仅中国更加现代化、全面现代化和全体中国人民福祉更加改善、更加公平，而且中国对人类发展将做出巨大贡献，这至少包括三大新贡献：知识贡献、文化贡献、绿色贡献。这三大贡献使中国再现辉煌，不只具有中国意义，更具有世界性意义。其中最大的贡献将是绿色贡献。因为中国已经成为世界最大的污染排放国，形象地讲，是世界最大的“黑猫”。这需要我们转变发展的

---

① 参见清华大学国情研究中心，胡鞍钢、鄢一龙、魏星执笔：《2030 中国：迈向共同富裕》，99 页，北京，中国人民大学出版社，2011。

② 参见上书，117 页。

③ 参见上书，121 页。

④ 2010 年，上海、北京、天津、杭州等地人口的平均预期寿命已超过 80 岁。

方式，实行绿色发展，变成世界最大的“绿猫”，对世界做出最大的绿色贡献。中国在世界舞台的角色和定位就是：“大同世界”的主动倡导国，“大同世界”的积极参与构建国，“大同世界”的最大贡献国。

长远来看，现代中国的成功崛起，根本上是一个文明的成功转型。中国崛起不只是物质力量的崛起，而是文明的崛起，中国的伟大复兴是有文化之根的、有文明之源的复兴，是一场全新的、全球的、全面的复兴！是和谐的、绿色的、创新的复兴！

18.6 结语：而今迈步从头越

历史告诉我们，以往的失败是自己折腾自己导致的，很少因别人、别国折腾我们而导致失败的。中国发展模式是一个崭新的发展模式，也是一个不断被创新的新模式。迄今为止，我们对它的认识仅仅是刚刚开始，还没有真正认识和理解它，需要认真思考和总结。

世界上没有一个最好的现代化模式，没有一个尽善尽美的体制，只有最适合自己的道路，最适宜自己的体制。世界上没有一条笔直的现代化大道，它总是要经过曲折之路，但总会“柳岸花明又一村”。领导人的治国理念由肯定—自我否定—再肯定—再创新，以十一届三中全会为标志，中国的现代化过程也是成功—失败—再成功—再创新。中国没有一成不变的固定发展模式，是一个不断被创新、被超越的新模式。中国发展之路是一个崭新的发展。

概括而言，中国发展之路是一个不断探索之路、学习之路、创新之路，是一个没有完结、没有尽头之路。诚如毛泽东所说：“人类总得不断地总结经验，有所发现，有所发明，有所创造，有所前进。停止的论点，悲观的论点，无所作为和骄傲自满的论点，都是错误的。”①

中国道路是社会主义现代化的万里长征之路，它总是“雄关漫道真如铁，而今迈步从头越”②。

【思考与讨论】

1. 是否有中国道路？
2. 中国如何从东亚病夫变成东方巨人？

---

① 《建国以来毛泽东文稿》，第11册，270～271页，北京，中央文献出版社，1996。

② 毛泽东：《忆秦娥·娄山关》。

3. 中国之路的特征和特点是什么？

4. 中国具有哪些制度优势？

5. 如何全面认识和系统总结中国道路？

【扩展阅读】

毛泽东．论十大关系，1956 年 4 月 25 日．

邓小平．在中国共产党第十二次全国代表大会开幕式上的讲话，1982 年 9 月 1 日．

中共中央文献研究室．江泽民论有中国特色社会主义（专题摘编）．北京：中央文献出版社，2002.

胡锦涛．在庆祝中国共产党成立 90 周年大会上的讲话．新华网，2011－07－01.

胡锦涛．坚定不移沿着中国特色社会主义道路前进　为全面建成小康社会而奋斗——在中国共产党第十八次全国代表大会上的报告．人民日报，2012－11－18.

中共中央文献研究室．习近平关于实现中华民族伟大复兴的中国梦论述摘编．北京：中央文献出版社，2013.

清华大学国情研究中心，胡鞍钢，王亚华．国情与发展．北京：清华大学出版社，2005.

胡鞍钢，王绍光，周建明，韩毓海．人间正道．北京：中国人民大学出版社，2011.

清华大学国情研究中心，胡鞍钢，鄢一龙，魏星．2030 中国：迈向共同富裕．北京：中国人民大学出版社，2011.

胡鞍钢．2020 中国：全面建成小康社会．北京：清华大学出版社，2012.

胡鞍钢．中国道路与中国梦想．杭州：浙江人民出版社，2013.

胡鞍钢，鄢一龙．中国大战略：统筹两个大局与天时地利人和．国家行政学院学报，2013（2）．

附录1　主要名词解释

B

北方国家：即发达国家。

比较优势（comparative advantage）：如果一个国家在本国生产一种产品的机会成本（用其他产品来衡量）低于在其他国家生产该产品的机会成本，则这个国家在生产该种产品上就拥有比较优势。

C

产业关联度：是指产业与产业之间通过产品供需而形成的互相关联、互为存在前提条件的内在联系。

产学研战略联盟：是指一种新型的产学研合作方式，是企业与高校、科研机构之间，以提升企业和产业技术创新能力为主要战略目标而形成的优势互补、强强联合、风险共担、利益共享、共同发展的合作模式。

财政转移支付：是以各级政府之间所存在的财政能力差异为基础，以实现各地公共服务水平的均等化为主旨，而实行的一种财政资金转移或财政平衡制度。

城市化：是指居住在城镇地区的人口占总人口比例增长的过程，更明确地说，是农业人口向非农业人口转变并在城市集中的过程。

城市伤疤：是指贫民窟，是城市化的一个副产品（见贫民窟定义）。

城乡二元结构：指发展中国家经济发展过程中，农村相对落后的生产方式、生活水平、公共服务水平与城市现代生产方式、较高的生活水平、公共服务水平二元对立的现象。

城乡一体化：指城乡各种要素相互融合、相互促进，逐步实现城乡经济、社会、生态、公共服务等一体化协调发展的过程。

D

地理决定论：以德国地理学家拉采尔（F. Ratzel）为代表，深受达尔文进化论影响，认为人是地理环境的产物，但同时又认为存在人类因素，环境控制是有限的，把位置、空间和界限作为支配人类分布与迁移的三组地理因素。

地理虚无主义论：即完全否定自然地理对人类生产、生活的影响的观点。

地理大发现：是指从15世纪到17世纪时期，欧洲船队在远洋探险中发现了许多当时欧洲人所不知的国家和地区，极大地扩展了已知世界的范围。在这一时期欧洲快速发展，与世界各大洲的贸易、文化交流大量增加。这对欧洲新生资本主义乃至世界数百年的发展产生了长久的影响。

多维贫困指数（multidimensional poverty index，MPI）：是一种衡量贫困的新方式，是由联合国授权和支持的“牛津贫困与人类发展项目”小组2010年发布的一个界定绝对贫困人口的新指数。多维贫困指数涵盖了单位家庭的关键因素，包括教育、健康、财产、服务、是否享有良好的烹饪材料、学校教育、电力、营养和卫生系统等10个主要变量来测算贫困水平。这些因素整合起来，将比简单地提供收入的数据更全面地展现出贫困现实，可以形象地反映出贫困家庭面临的挑战。

第四次工业革命：即绿色工业革命，是指一系列基要生产函数发生从自然要素投入为特征到以绿色要素为特征的跃迁过程，绿色生产函数逐步占据支配地位，并普及到整个社会。这一过程的后果是经济发展逐步和自然要素投入脱钩。

对口援助：即由中央政府主导，地方政府为主体实施的经济发达或实力较强的地区对经济不发达或实力较弱的地区实施援助的一种政策性行为。包括经济援助、医疗援助、教育援助、灾难援助等类型，它不但是对落后地区的外部援助，同时也增强了落后地区的自我发展能力。

E

恩格尔系数（Engel's coefficient）：是指食品支出总额占个人消费支出总额的比重。19世纪德国统计学家恩格尔根据统计资料，对消费结构的变化得出一个规律：一个家庭收入越少，家庭收入中（或总支出中）用来购买食物的支出所占的比例就越大，随着家庭收入的增加，家庭收入中（或总支出中）用来购买食物的支出比例则会下降。推而广之，一个国家越穷，每个国民的平均收入中（或平均支出中）用于购买食物的支出所占比例就越大，随着国家的富裕，这个比例呈下降趋势。

F

发展：发展是指一个国家从不发达状态向发达状态转变的过程，既包括收入水平的提高，也包括人类发展、社会公平和生态环境的改善。

发展经济学：是一门研究发展中国家经济发展规律的综合性经济学分支学科，主要研究贫困落后的农业国家或发展中国家如何实现工业化、城市化和现代化，消除贫困、摆脱落后、走向富裕的经济学。

妇女总和生育率：是指假设妇女按照某一年的年龄别生育率度过育龄期，平均每个妇女在育龄期（15～49岁）生育的孩子数。

非基本公共服务：是指那些可以由市场配置资源、按照产业化运作、由企业或生产者个人提供的公共服务。

非正规就业：指非正规经济部门或非正规组织形式的就业，中国的大量农民工就业就是非正规就业。

G

赶超战略：是指以先行发达国家为赶超对象，通过国家动员，计划机制对资源进行集中配置，突破初始产业发展的资金制约，从而使得某些工业化指标达到先行发达国家水平的发展战略。

国情：是指一国相对稳定的总体的客观实际情况，或那些对经济发展起决定性作用的最基本的、最主要的发动因素和限制因素，它（们）常常决定着一国长远发展的基本特点和大致轮廓。

国内生产总值（GDP）：是指按市场价格计算的一个国家所有常住单位在一定时期内生产活动的最终成果。在实际核算中，国内生产总值有三种计算方法，即生产法（总产出减中间投入）、收入法（由劳动者报酬、生产税净额、固定资产折旧、营业盈余组成）和支出法（由最终消费、资本形成总额、货物和服务净出口组成）。

工业化：张培刚认为工业化是国民经济中一系列重要的生产函数（或生产要素组合方式）连续发生由低级到高级的突破性变化的过程。

工业化的发动因素：是指在工业化进程中能够启动国民经济中一系列基要生产函数组合方式发生连续变化的基要因素，或战略性因素。

工业化的限制因素：是指那些从根本上阻碍或制约工业化过程的发动和演进的因素。

共同市场（common market）或称（single market）：是指两个或两个以上的国家之间通过达成某种协议，不仅要实现共同市场的目标，还要在共同市场的基础上，实现成员国经济政策的协调。

国际贫困线：世界银行提出用贫困线标准来定义绝对贫困（absolute poverty），是指按照购买力平价计算，第一个标准是每人每天支出不足1国际美元，第二个标准是 1.25 国际美元，这两个标准都是针对低收入国家的贫困线；第三个标准是 2 国际美元的贫困线，通常用来代表中等收入国家的贫困线，用它来比较不同类型国家的贫困程度。

公共产品（此处指纯公共产品）：是指那些为整个社会共同消费的产品。严格地讲，它是在消费过程中具有非竞争性和非排他性的产品，任何一个人对产品的消费都不减少别人对它进行同样的消费。

国家基本公共卫生服务项目：主要包括建立居民健康档案，健康教育，预防接种，传染病防治，高血压、糖尿病等慢性病和精神疾病管理，儿童保健，孕产妇保健，老年人保健等。随着经济社会发展，公共卫生服务需要和财政承受能力适时调整。

国家基本药物制度：是指对基本药物的遴选、生产、疏通、使用、定价、报销、监测评价等环节实施有效管理的制度，旨在保证群众基本用药的可及性、安全性和有效性，减轻群众基本用药费用负担。

公共健康：是指健康的人口，即大多数人口处在健康状况。公共健康有两个重要的特点：一是更好的健康状况；二是更公正的健康分配。

公私合作伙伴关系（public-private partnerships，PPP）：公私伙伴关系（或公用事业市场化），公共基础设施项目的一种资助模式。

购买力平价（PPP）方法：所谓按购买力平价计算是指 1 美元对于国内的 GNP 具有与 1 美元对美国的 GNP 或 GDP 相同的购买力。

国民总收入（GNI）：指一个国家（或地区）所有常住单位在一定时期内收入初次分配的最终结果。与国内生产总值不同，国民总收入是个收入概念，而国内生产总值是个生产概念。

高中阶段教育毛入学率：是指普通高中、职业高中、成人高中、普通中专、成人中专和技工学校在校生总数与该学龄段（15～17 周岁）人口总数的百分比。

高校毕业生初次就业率：指高校毕业生就业人数占总人数的比例。

G20（20 国集团）：是一个国际经济合作论坛，于 1999 年 9 月 25 日由八国集团的财长在华盛顿宣布成立，属于布雷顿森林体系框架内非正式对话的一种机制，由原八国集团以及其余十二个重要经济体组成。包括：美国、英国、日本、法国、加拿大、意大利、俄罗斯、澳大利亚、德国、巴西、印度、韩国、中国、南非、阿根廷、土耳其、墨西哥、印度尼西亚、沙特阿拉伯及欧盟。

H

环境容量：是指某区域一定时期内在确保资源合理开发利用的条件下，资源能够承载的人口数量及相应的经济社会活动总量的能力和容量。

环境开放性：很多资源诸如黄河、长江、草原，它们都是我们所说的开放的资源（open resources），很难界定它们产权或产权缺失，产权交易也难以进行，会导致掠夺性的开发和利用。

环境全球化：指污染物质在大气层或海洋中的长距离运送，或者影响人类健康、福祉的病原体或基因物等生物实体的长距离运送，也包括气候变化等全球性环境危机。

环境友好型社会：是一种人与自然和谐共生的社会形态，其核心内涵是人类的生产和消费活动与自然生态系统协调可持续发展。

海洋经济：包括海洋渔业、海洋交通运输业、海洋船舶工业、海盐业、海洋油气业、滨海旅游业等。

胡焕庸线：从黑龙江瑷珲向西南做一直线到云南腾冲，将全国分为东南部与西北部，东南部面积占全国总面积36%，人口占96%；而西北部面积占全国的64%，人口占4%。

后发优势：发展中国家的经济增长具有后发优势，经济增长潜力大。经济发展水平低下意味着一国比先进国家的技术水平落后，因此从先进国家引进技术的可能性就越大。但是，后进国家利用的相对后进性是有条件的，这需要具备引进技术的社会能力和开放能力。

黑色发展模式：其资源消耗强度持续上升，峰值出现晚且数值很大，直到成熟期才开始下降，下降速度慢。它的特点是"三高"：高生活消费水平、高资源消耗、高污染排放。

化学需氧量（又称化学耗氧量）：是利用化学氧化剂（如高锰酸钾）将废水中可氧化物质（如有机物、亚硝酸盐、亚铁盐、硫化物等）氧化分解，然后根据残留的氧化剂的量计算出氧的消耗量，以粗略地表示废水中有机物的含量，反映水体有机物污染程度。

J

集成创新：是指对各个创新要素和创新内容进行选择、集成和优化，形成优势互补的有机整体的创新过程。

经济一体化（economic integration）：是将有关阻碍经济最有效运行的人为因素加以消除，通过相互协调和统一，创造最适宜的国际经济结构。

经济发展方式转变：指经济发展要素投入、经济结构、需求结构等从粗放型向集约型的转变。

禁止开发区域：是指依法设立的各类自然保护区域。要依据法律法规规定和相关规划实行强制性保护，控制人为因素对自然生态的干扰，严禁不符合主体功能定位的开发活动。

教育先导功能：指后发国家通过教育发展和人力资本先导的模式，优先在教育发展和人力资本积累上缩小同先行国家的差距，进而再缩小在经济上同先行国家的差距，最终实现对先行国家的经济追赶。

就业创造：指发展中国家在经济结构和经济体制的大规模转型中，通过经济发展和实施积极就业政策对大量的新增劳动力和转移劳动力提供就业岗位。

健康：健康不仅仅是不生病，而是在躯体、心理和社会方面的完满状态。健康实际上是一种能力，它既是发展的目标，又是发展的手段，而得到基本的卫生保健是保证获得这种能力的"权利"。

健康不安全：就是指健康处于危险状态、健康相关危险因素得不到有效控制，或者健康权利受到剥夺的情况，人群不能同时满足心理、社会与躯体的全部健康状态。

健康预期寿命（healthy life expectancy）：是以生活自理能力丧失为健康判定终点，依寿命表原理计算能够维持良好的日常生活活动功能的年限。

健康中国：是指建立覆盖城乡居民的基本医疗卫生制度，使全体居民人人享有基本医疗保障、人人享有基本公共卫生服务，医疗卫生服务可及性、服务质量、服务效率和群众满意度显著提高，个人就医费用负担明显减轻，地区间卫生资源配置和人群间健康状况差异不断缩小，基本实现全体人民病有所医。

集聚经济：是指经济活动向特定区域空间集中所产生的效益。

教育：从广义上可以定义为人类各种形式的学习活动；从狭义上可以定义为学校等特殊机构中所发生的过程。

基本公共服务：是那些必须由政府提供给公众并靠公共财政保证的、不具有排他性的公共产品和服务，一般很难通过市场调节其供需或达到最佳效用，如公共教育、公共就业服务、社会保障、基本医疗卫生、基本住房保障、公共文化及残疾人服务等。

基本公共服务均等化：指政府根据经济发展水平，为社会所有成员提供的大致均等的基本公共服务，它是人们生存和发展基本条件的均等化。

极化效应：指由于增长中心有较高的收入水平会吸引更多的人力资本、知识、投资等生产要素集中，从而进一步扩大与落后地区的差距。

技术创新能力：是指一个国家原创性技术创新活动的总体能力，这包括创造和运用新知识和新技术、新工艺，采用新的生产方式和经营管理模式，开发新产品，提高产品质量，降低资源消耗和污染排放，提供新服务等活动。

计划生育：指政府对人口发展进行政策干预，进行有计划的调节，使人口的增长同社会和经济的发展相适应。

激励相容：哈维茨（Hurwiez）创立的机制设计理论中的“激励相容”是指：在市场经济中，每个理性经济人都会有自利的一面，其个人行为会按自利的规则行为行动；如果能有一种制度安排，使行为人追求个人利益的行为，正好与企业实现集体价值最大化的目标相吻合，这一制度安排，就是“激励相容”。

俱乐部产品：是指具有对外排他性，仅仅由其全体成员共同消费；同时具有非竞争性。它既和私人产品相区别，又不完全等于公共产品。

经济全球化：即各民族国家的政府消除对商品、资本和劳动力等要素在国际间自由流动的限制，从而在全球范围内实现贸易自由化、投资自由化、劳动力自由跨境流动以及生产要素价格的均等化。

K

可再生能源：是指可连续再生、永续利用的一次能源，包括水能、生物质能、风能、太阳能、地热能、波浪能以及海洋表面与深层之间的热循环等。

快速铁路网：是指根据区域经济社会发展水平、路网地位和作用以及客运需求等因素，统筹布局的运营速度较快、服务水平较高、覆盖范围较广的现代化铁路客运网络，包括时速 250 公里以上的新建客运专线、城市群城际轨道交通线路、时速 160 公里以上客货共线铁路。

科技实力（national power of science and technology）：是指为了追求和实现国家发展战略目标，在全国和全球范围内，利用各种科学技术资源的能力（capacities）。国家科技实力视为该国获取、利用和配置各类科技资源的能力集，作为定性含义，它由五种能力构成，同时作为定量分析，用五个主要科技指标来计算。

科学创新能力：指一个国家原创性的科学研究或知识创新活动的总体能力，包括提出新概念、新思想、新理论、新方法、新发现和新架设的能力。

科技全球化：指科学技术在全球范围内研发、传播与使用，成为全球性公共物品，也产生全球性的正外部性。

科教兴国战略：指中国实施的把科技和教育摆在经济、社会发展的重要位置的发展战略，同时增强国家的科技实力及向现实生产力转化的能力，提高全民族的科技文化素质，把经济建设转移到依靠科技进步和提高劳动者素质的轨道上来，加速实现国家的繁荣昌盛。

扩散效应：也称涓滴效应（trickling down），指经济中心的发展会带动落后地区的发展，如果扩散效应很强，增长会逐步“滴入”落后地区，使得它们成为新的增长中心。

L

流动人口：是指人户分离人口中不包括市辖区内人户分离的人口。市辖区内人户分离的人口是指一个直辖市或地级市所辖区内和区与区之间，居住地与户口登记地不在同一乡镇街道的人口。

离心力：是指聚集经济也存在负面效应：交通拥挤、环境污染、生态退化、高租金等，同时企业集中到一个中心地带也会增加竞争，带来利润的下降。

两屏三带：是指我国构筑的生态安全战略，包括“青藏高原生态屏障”、“黄土高原—川滇生态屏障”和“东北森林带”、“北方防沙带”、“南方丘陵山地带”，从而形成一个整体绿色发展生态轮廓。这一战略把国家生态安全作为国土空间开发的重要战略任务和发展内涵，充分体现了尊重自然、顺应自然的开发理念，对于在现代化建设中保持必要的“净土”、实现可持续发展具有十分重要的战略意义。

“两横三纵”城市化战略格局：“两横三纵”即以陆桥通道、沿长江通道为两条横轴，以沿海、京哈京广、包昆通道为三条纵轴，以主要的城市群地区为支撑，以轴线上其他城市化地区和城市为重要组成的“两横三纵”城市化战略格局。“两横三纵”的城市格局建设完成后，中国城市布局将形成完善的城市网络群。

绿色发展：是对可持续发展的拓展与升级，指以合理消费、低消耗、低排放、生态资本不断增加为特征，以绿色创新为基本途径，以增加绿色财富和绿色福利为目标，经济、社会、生态三位一体协调发展。

绿色发展模式：其资源消耗强度上升达到的峰值小且出现时间早、下降快。它的特点是“两低一适度”：低资源消耗、低污染排放、适度消费（又称合理消费、理性消费）水平。

绿色储蓄率：是指在扣除自然灾害、自然资源损失，加入人力资本、知识资本、绿色投资以及外部自然资本净输入部分之后的一个国家或地区的储蓄率。

绿色现代化道路：即要实现“两低一适度两高”：即人均资源消耗低、人均污染排放量低，人均适度消费（理性消费、合理消费、健康消费），生活质量高、人力资本水平高。

老年（人口）抚养比例：是指65岁及以上的老年人口与15～64岁间的劳动力人口的比例。

老龄化社会：是指 65 岁及以上人口占总人口的比例大于 7%；当这个比例大于 14%叫作严重的老龄化；如果大于 20%或者是 25%，叫作超老龄化。

绿色建筑：是指在建筑的全寿命周期内，最大限度地节约资源（节能、节水、节地、节材），推广使用可再生能源，保护环境和减少污染，为人们提供舒适、健康、实用和高效的使用空间，与自然和谐共生的建筑。

李约瑟之谜：李约瑟提出了两个疑问：其一，为什么中国科技水平和经济发展在历史上一直遥遥领先于其他文明？其二，为什么中国科技和经济现在不再领先于世界水平？

M

牧场悖论：是在一个有限的牧场，所有人都追求自身利益最大化，会导致草场（公共产品）的退化；牧场本身就是公共物品，当资源的消耗速度快于人造资本能够补充或替代的程度，这样的发展就不可持续了。

N

农业现代化：是指一系列农业基要函数连续发生变化的过程，即现代农业要素不断增加、不断扩散、不断广泛应用的连续的长期的过程。具体地讲，农业占国民经济的比重和农业占全社会就业比重持续下降，居民恩格尔系数持续下降，在农业部门中现代农业要素不断投入和强化，农业科技进步作用不断提高，从事农业生产的劳动力人力资本水平不断提高，农业劳动生产率、土地生产率和农产品商品率都不断提高等。

农业剩余劳动力：指可以从农业部门抽走，而不至于影响农业总产量的农业劳动人口。

南方国家：即发展中国家。

P

贫困陷阱：是指纳克斯归纳的贫困循环：从供给角度看，低收入—低储蓄率水平—低资本形成—低生产率—低产出—低收入的恶性循环；从需求角度看，低收入—投资引诱不足—低资本形成—低生产率—低收入的恶性循环。

排他性：是指某个消费者在购买并得到一种商品的消费权之后，就可以把其他消费者排斥在获得该商品的利益之外，私人产品在使用上具有排他性。

贫民窟：联合国人类居住署将贫民窟定义为：以低标准和贫穷为基本特征之高密度人口聚居区。

Q

“七区二十三带”农业战略格局：构建以东北平原、黄淮海平原、长江流域、汾渭平原、河套灌区、华南和甘肃新疆等农产品主产区为主体，以基本农田为基础，以其他农业地区为重要组成的农业战略格局。涉及水稻、小麦、玉米、棉花、大豆、油菜、甘蔗、畜产和水产等农产品。

气候变化：是指除在类似时期内所观测到气候的自然变异之外，由于直接或间接的人类活动改变了地球大气的组成而造成的气候异常。

千年发展目标（MDG）：指 2000 年全球领袖们在联合国达成的一项新千年宣言的历史性协议，承诺到 2015 年之前全球的贫困状况减少一半，并用 8 项目标和 48 项指标来监测进展。

区域协调发展：指中国进入新世纪后实施的区域协调发展总体战略。包括推进西部大开发、振兴东北地区等老工业基地，促进中部地区崛起，鼓励东部地区率先发展的区域发展总体战略，健全区域协调互动机制，形成合理的区域发展格局。

全民健身型社会：旨在全面提高国民体质和健康水平，倡导“人人体育锻炼，日日体育锻炼”。

全球化：全球之间存在相互联系，相互影响，相互依赖网络，全世界各国通过资本流、贸易流、信息流、人流以及全球生态环境变化和影响日益紧密地联结在一起。

全要素生产率（TFP）：是指全部生产要素（包括资本、劳动、土地）的投入量都不变时，而生产量仍能增加的部分。

R

人口红利：是指一个国家的劳动年龄人口占总人口比重较大，抚养率比较低，为经济发展创造了有利的人口条件，整个国家的经济呈高储蓄、高投资和高增长的局面。

人口红利期：是指随着人口出生率的下降，劳动年龄人口（15～64 岁）比例上升到 60%，就进入了人口红利期。

人口平均预期寿命（life expectancy）：是指假若当前的分年龄死亡率保持不变，同一时期出生的人预期能继续生存的平均年数。是以当前分年龄死亡率为基础计算，但实际上，死亡率是不断变化的，因此，平均预期寿命是一个假定的指标。

人力资本：是指凝聚在劳动者身上的知识、技能及其所表现出来的能力。

这种能力是经济增长和生产发展的主要因素，是一种收益率很高的资本。

人才：是指具有一定的专业知识或者专门技能，进行创造性劳动并对社会做出贡献的人，是人力资源中能力素质较高的劳动者。

人力资本红利：主要是指由教育、人才培养水平的提高，带来新的附加值，是一种收益更高的红利形式。

人力资源红利期：指由人力资源开发形成的经济发展红利期，包括人力资本红利、就业总量、就业结构红利，它比人口红利期持续时间更长，并对人口红利期的消失起到替代作用。

人才贡献率：是指人才资本对经济增长的贡献率，是人才资本作为经济运行中的核心投入要素，通过其自身形成的递增收益和产生的外部溢出效应，从而对经济增长所做出的贡献份额。

人类贫困（human poverty）：是指生存状况的贫困，缺乏基本的生存能力，如营养不良、缺乏卫生条件、平均寿命短等。

人类发展指数（human development index，HDI）：1990 年由联合国开发计划署（UNDP）提出，被广泛用于测度和比较各国的相对人类发展水平。

人口平均受教育年限：是指主要劳动年龄人口平均受教育年限，本书是按 15 岁及以上人口平均受教育年限计算。该指标体现人口受教育的总体水平和国民总体素质。

S

设施农业：运用现代工业技术成果和方法进行农产品生产，提供可以人为进行控制和调节的环境条件，使天然水、土、气、肥等资源得到充分利用，使植物或动物处于最佳生长状态，有效保证农产品产量，提高农产品质量、生产规模和经济效益。

实施区域发展总体战略：是指充分发挥不同地区比较优势，促进生产要素合理流动，深化区域合作，推进区域良性互动发展，逐步缩小区域发展差距。这一战略包括五大支柱：推进新一轮西部大开发；全面振兴东北地区等老工业基地；大力促进中部地区崛起；积极支持东部地区率先发展；加大对革命老区、民族地区、边疆地区和贫困地区扶持力度。

生态产品：指维系生态安全、保障生态调节功能、提供良好人居环境的自然要素，包括清新的空气、清洁的水源、绿色空间和宜人的气候等。

生态环境：是指与人类密切相关的、影响人类生活和生产活动的各种自然（包括人工干预下形成的第二自然）力量（物质和能量）或作用的总和。它不仅包括自然资源要素的组合，还包括人类与自然要素间相互形成的各种生态关系的组合。构成生态环境的基本要素有：光、热、水、土、气、动植物，以及这些自然要素与人类长期共处所产生的各种依存关系。

市场失效（或者市场失灵）：是指当市场价格偏离了稀缺性物资的价值时，私人机构会依此做出决策，使它们的利润最大化，从而给他人和整个社会造成无法得到赔偿的损失。

生态赤字期：人类的生产、生活活动会形成环境负荷，当这一负荷大于生态环境的自我更新能力的时候，就处于生态赤字期。

生态盈余期：人类的生产、生活活动会形成环境负荷，当环境负荷小于环境的自净能力，并通过生态保护与生态修改，产生正的生态效益，就处在生态盈余期。

生态补偿机制：是指以保护生态环境、促进人与自然和谐发展为目的，综合考虑生态保护成本、发展机会成本、生态系统服务的价值，运用政府和市场手段，调节生态环境相关者之间利益关系的公共制度安排。

生态贫困（ecological poverty）：指基本生存环境的贫困。本书定义为由于生态环境不断恶化，超过其承载能力而造成不能满足生活在这一区域的人们基本生存需要与再生产活动，或因自然条件恶化、自然灾害频发而造成人们基本生活与生产条件被剥夺的贫困现象。

少儿抚养比例（youth dependency radio）：是指 15 岁以下的少儿人口与15～64岁间的劳动力人口的比例。

少子化：指随着妇女总和生育率下降，造成幼年人口逐渐减少的现象，并导致未来人口的负增长，对于社会结构、经济发展等各方面都会产生重大影响。

四化同步：是指通过工业化、信息化、城镇化和农业现代化“四化”同步发展，旨在破解四元经济社会结构难题。

社会和文化全球化：指的是观念、信息和人员的流动，人与人之间联系日益紧密，不同文化之间相互交流、相互借鉴、相互融合。

世界贸易组织（WTO）：是当代最重要的国际经济组织之一，于 1994 年 4 月 25 日成立，取代了 1947 年成立的关贸总协定（GATT）。现拥有 159 个成员，成员贸易总额达到全球的 97%，有“经济联合国”之称。

T

碳汇：森林通过光合作用吸收二氧化碳，放出氧气，把大气中的二氧化碳固定在植被和土壤中，这个过程称为碳汇。

条件趋同：是指如果不同的地区都具备一些相同的发展条件，如人力资本水平、基础设施条件等，那些较不发达的地区就会以更快的速度发展。

投资驱动型经济：指主要通过大规模投资驱动经济增长，低消费率、高储蓄率和高投资率并存的经济发展模式。

脱钩（decoupling）：最早是物理学术语，表示两个物理量之间不同的变化趋势。经济学上主要用以表明经济发展与环境污染、物资消耗、生态环境压力之间关联性的消失。

W

外部规模经济：是指产业规模经济，即某一产业大量的企业集中在一个小的国家或者集中在一个国家的一个地区，出现较大的产业规模，能提高效率、降低成本、增加收入。

外部性（又称溢出效应、外部影响）：是指一方的行动和决策使另一方受损或受益的情况。

温室气体：是指大气中吸收和重新放出红外辐射的气体。直接受人类活动影响的温室气体主要有二氧化碳、甲烷、氧化亚氮、氢氟碳化物、全氟化碳、六氟化硫等，对气候变化影响最大的是二氧化碳。这类气体可以使地球表面升温，这一作用与"温室"的作用类似，故被称为"温室效应"，二氧化碳等气体则被称为"温室气体"。

蛙跳模型：是指后起国可以通过学习迅速赶上原来的领先国。领先国在旧技术上有学习效应，旧技术的生产率比新技术初始时高，因此会选择继续沿用旧技术。而后起国由于劳动力成本较低，会选择新技术，从而在未来取得技术优势。后起国家很可能在获得这样的技术优势后，像青蛙跳跃一样超过领先国。

微笑曲线（smiling curve）：由 1992 年台湾宏基集团创办人施振荣提出，越靠近曲线上扬的两端，即左侧的零部件制造、研发，以及右侧的品牌营销与服务等，能够创造的附加值越高，而微笑曲线的中间地带，则代表了组装、加工、制造等附加值低的产业。

X

现代化：是指在全社会范围内，一系列现代要素以及组合方式连续发生的由低级到高级的突破性变化或变革的过程。

现代经济增长：指一个国家或地区生产的物质产品和服务持续增加，它意味着经济规模和生产能力的扩大，可以反映一个国家或地区经济实力的增长。一个国家或地区进入现代经济增长阶段的标志是人均收入或人均 GDP 增长速度持续等于或超过 1%。

现代人口转变：是指随着社会经济的现代化，各种人口现象处于同一相互联系的体系中，呈有规律地阶段性递进、转变的现象。

信息不对称（asymmetric information）：指交易中的各人拥有的信息不同。在社会政治、经济等活动中，一些成员拥有其他成员无法拥有的信息，由此造成信息的不对称。

向心力：包括以下三个效应：第一是知识溢出效应，企业彼此接近、相互集中可以形成技术的正外部性；第二是劳动力市场的蓄水池效应，越是劳动力丰富、价格相对便宜、劳动生产率提高比较快的地区，越容易吸引到企业投资；第三是产业关联效应，不同类型的企业存在后向（需求）关联和前向（供给）关联，集聚可以为投入品供应商创造更大的市场，也有利于供应商提供更专业化的服务。

限制开发区域：是指资源环境承载能力较弱、大规模集聚经济和人口条件不够好并关系到全国或较大区域范围生态安全的区域。要逐步成为全国或区域性的重要生态功能区。

新型城镇化：指以人为本、集约高效、优化完善、绿色职能、四化同步的新型城镇化发展道路。

新型工业化道路：坚持以信息化带动工业化，以工业化促进信息化，走出一条科技含量高、经济效益好、资源消耗低、环境污染少、人力资源优势得到充分发挥的新型工业化路子。

新型农村合作医疗：简称“新农合”，是指以大病统筹为主的农民医疗互助合作制度，它由政府组织引导，农民自愿参加，采取个人缴费、集体扶持和政府资助的方式筹集资金。

协同创新中心：旨在大力推进高校与高校、科研院所、行业企业、地方政府以及国外科研机构的深度合作，探索适应不同需求的协同创新模式，分为面向科学前沿、面向文化传承前沿、面向行业产业和面向区域发展四种类型。

Y

优化开发区域：是指国土开发密度已经较高、资源环境承载能力开始减弱的区域。要成为带动全国经济社会发展的龙头和我国参与经济全球化的主体区域。

预防灾害：是指采取措施降低民众暴露在自然灾害之下的概率和本身的脆弱性。

预期受教育年限：如果目前与年龄相关的入学率的主要模式保持不变，一名学龄儿童预计将接受教育的年限。

预期性指标：是指国家期望的发展目标，主要依靠市场主体的自主行为实现。政府要创造良好的宏观环境、制度环境和市场环境，并适时调整宏观调控方向和力度，综合运用各种政策引导社会资源配置，努力争取实现。

约束性指标：是指在预期性指标基础上进一步明确并强化了政府责任的指标，是中央政府在公共服务和涉及公众利益领域对地方政府及中央政府有关部门提出的工作要求。政府要通过合理配置公共资源和有效运用行政力量，确保实现。

优秀人才：即那些能够创造重要的、更多新增的社会价值，并且产生更大的正外部性与规模效应的人。

溢出效应：除了对工作持有者的福利产生直接影响外，工作可以对社会目标产生额外影响。工作可能对他人的生活水平、生产率或者集体决策的方式产生影响。来自工作的溢出效应可能是正面的，也可能是负面的。

研究与发展（R&D）活动：是指为增加知识总量（其中包括增加人类、文化和社会方面的知识），以及运用这些知识去创造新的应用而进行的系统的、创造性的工作。

饮用水不安全人口：是指饮水未达到安全标准，生活在高氟水、高坤水、苦咸水、污染水和血吸虫病区、微生物超标等水质不达标以及局部严重缺水的地区的人口。

一般知识：是指所有经济主体都可以无偿使用的，可以产生外部经济的知识。

Z

自主创新：是指通过拥有自主知识产权的独特的核心技术以及在此基础上实现新产品的价值的过程。

自然地理环境：是指地表所有自然地理要素，包括由气候、地貌、水文、土壤、植被、动物等组成的自然综合体。

自由贸易区（free trade zone）：是指两个或两个以上的国家或地区往往为了维护共同的经济和政治利益，建立协调机制，通过制定规划或缔结条约实施共同政策，取消相互之间的关税和与关税具有同等效力的其他措施，实现互惠互利，从而达到共同利益最大化。

主体功能区：基于不同区域的资源环境承载能力、现有开发强度和发展潜力等，将特定区域确定为特定主体功能定位类型的一定空间单位。

重点开发区域：是指资源环境承载能力较强、经济和人口集聚条件较好的区域。要逐步成为支撑全国经济发展和人口集聚的重要载体。

自然资源：是指能够进入人类劳动生产过程，并被加工成生产资料和生活资料的自然要素，包括土地（耕地、草地、牧地、林地等）、能源（煤炭、石油、天然气等）、矿藏（铁矿、铜矿、铝矿、锌矿、镍矿、锰矿、石灰石、磷矿、硫铁矿等）、水（地表水、地下水等）、大气、野生生物等。自然资源是人类生存之本，是人类经济活动的前提，被称作“工业的粮食”，根据其属性不同，自然资源又可以分为不同的类型。

自然资本：自然资源是一个国家或地区的国民财富的重要组成部分，当人们用价值量来表示时，自然资源就成为自然资本。

资源生产率：即一定时期单位资源消耗的经济产出（如 GDP）；也可以用资源消耗强度来表示，即一定时期单位产出（如单位 GDP）的资源消耗量。两者互为倒数关系。

资源消耗增加型技术：是指资源消耗量增长指数超过 GDP 增长指数的情形。

资源消耗减少型技术：是指资源消耗量增长指数低于 GDP 增长指数的情形。

资源产出率：是指主要资源单位消耗量所产出的经济总量（GDP），其内涵是经济活动使用自然资源的效率。

资源承载力：是指一个国家或一个地区资源的数量和质量，对该空间内人口的生存和发展的支撑能力。

真实储蓄率（genuine savings）：是指在扣除了自然资源（特别是不可再生资源）的枯竭以及环境污染损失之后的一个国家真实的储蓄率。

追赶系数：指后发国家主要发展指标相对先行国家的水平，以此作为发展是否成功追赶的客观标准，追赶系数上升就视为成功，追赶系数下降就视为失败，追赶系数变化不大就视为不太成功。

知识贫困（knowledge poverty）：是基本发展能力与机会的贫困，是 21 世纪全球进入知识经济、知识社会时代的新贫困。

灾害损失：由自然灾害造成的人员伤亡损失与经济损失。

灾害强度：是指灾害对经济社会的冲击程度。

灾害脆弱性：是指灾害冲击面前人类社会的易受影响程度，包括经济脆弱性、政治脆弱性、基础设施脆弱性、社会脆弱性、生态环境脆弱性。这反映了人类社会对灾害的适应性能力，是人类社会能加以调节的关键性和长期性因素。

准公共产品：这类产品通常只具备非竞争性和非排他性两个特性中的一

个，而另一个则表现为不充分。

专利产品：是指专有的利益和权力，如专利权、专利财产权、专有许可权。

总人力资本：是指一个国家或地区总的人力资本存量，该指标是按平均受教育年限和劳动力总量的乘积计算。

总量生产函数：指一个国家劳动力数量、资本存量和该国国民生产总值水平之间的关系。

知识：是一种最卓越的公共物品（a public good par excellence）。知识之所以是一种耐用商品，是由于同一种知识可以翻来覆去地使用。

知识发展：是人的知识能力的发展，包括知识获取能力、知识吸收能力和知识交流能力的发展。

知识经济：是指企业、组织、个人和社会为了经济与社会更好地发展而更有效地生产、获取、传播与应用知识（包括编码知识与隐含知识）的经济。

综合国力（national power）：是衡量一个国家的经济、政治、军事、技术实力的综合性指标，从经济资源、资本资源、知识技术资源、政府资源、国际资源等方面综合衡量。

中国特有的三元结构：即农村农业部门、农村乡镇企业部门和城镇正规部门。

中国特有的四元结构：即农村农业部门、农村乡镇企业部门、城镇正规部门和城镇非正规部门。

专业化知识：指应用性很强的科技发明等，也存在一定形式的排他性，例如专利权保护、商业秘密，需要专利、版权或商标予以保护。

中国道路：是由党的十八大报告所经典概括的：中国特色社会主义道路，就是在中国共产党领导下，立足基本国情，以经济建设为中心，坚持四项基本原则，坚持改革开放，解放和发展社会生产力，建设社会主义市场经济、社会主义民主政治、社会主义先进文化、社会主义和谐社会、社会主义生态文明，促进人的全面发展，逐步实现全体人民共同富裕，建设富强民主文明和谐的社会主义现代化国家。

资源节约型社会：是指在生产、流通、消费等领域，通过采取法律、经济和行政等综合性措施，提高资源利用效率，以最少的资源消耗获得最大的经济和社会收益，保障经济社会可持续发展的社会。

附录 2　数据库索引

一、综合类数据库

1. 国家统计局数据库

国家统计局数据库包含月度、季度、年度数据，以及地区数据、普查数据、国际数据六类统计数据，近 800 万条数据。

国家统计局编：《中国统计年鉴》、《中国统计摘要》，查询地址：http：//data. stats. gov. cn/。

2. 世界银行公开数据库

世界银行公开数据库列出了 8 000 多个指标，所有用户都可以免费使用和分享数据。可以按照国家、指标、专题和数据目录浏览数据。

其中世界银行所提供的世界发展指标（WDI）可用来衡量国家发展的程度，每年定期更新，收录了超过 1 200 个指标。

查询地址：http：//data. worldbank. org/或 http：//databank. worldbank. org/。

3. 美国中央情报局数据库

美国中央情报局数据库（CIA，World Factbook）包含了各个国家和地区的信息，包括地图、人口数量和军事能力等覆盖全球 200 多个国家或地区的统计数据，该数据实时更新到最近年度。

查询地址：https：//www. cia. gov/library/publications/the-world-factbook/。

4. 联合国统计数据库

联合国统计司负责经济和社会事务的部门为全球用户推出了一个新的基于互联网的数据服务。以往各类统计数据通常存储在不同的私人数据库，因此用户经常不知道完整的一系列统计信息，现在联合国统计数据库通过单一的入口（http：//data. un. org）为用户提供统一的综合类数据库索引。此数据库是全球数据库的门户。

查询地址：http：//data. un. org。

5. Gapminder 数据库

Gapminder 是一个促进全球可持续发展和实现联合国千年发展目标的非营利性企业。Gapminder 提供以时间为发展序列的数据库及促进基于事实的世界观的“事实库”。它能够帮助我们增加对地方、国家和全球层面的社会、经济与环境发展统计数据和其他信息的使用和理解。

查询地址：http：//www. gapminder. org/data/。

二、经济类数据库

1. 国家财政部统计数据

国家财政部的统计数据包括财政收入、财政支出、国有及国有控股企业主要经济效益指标等，是中国官方的经济统计数据来源。

查询地址：http：//www. mof. gov. cn/zhengwuxinxi/caizhengshuju/。

2. 麦迪森（Maddison）数据库

安格斯·麦迪森（Angus Maddison）的数据覆盖了 1820—2013 年（具体覆盖区间取决于各国具体情况）全世界的主要经济数据，并且由格罗宁根增长和发展中心的全面经济数据库更新，在 2010 年 3 月后麦迪森数据库开始由其合作的学者继续麦迪森的工作，持续更新。

查询地址：http：//www. ggdc. net/maddison/maddison-project/data. htm。

3. 国际金融统计数据库

国际金融统计（IFS）数据库是一个标准的国际统计数据库，由国际货币基金组织统计国际和国内所有金融方面的数据。本数据库在汇率、国际流动性、国际银行、货币银行学、利率、价格、生产、国际事务、政府账户和国家账户方面都收集有大量数据。

查询地址：http：//www. imf. org/external/data. htm。

4. 经济合作发展组织数据库

OECD即经济合作发展组织，是由30个市场经济国家组成的政府间国际经济组织。经合组织的数据库拥有跨越地域的数据，包括国家账目、经济指标、劳动力、贸易、就业、移民、教育、能源、健康、工业、税收和环境。

查询地址：http：//www. oecd. org/dac/stats/idsonline. htm。

三、教育类数据库

1. 国家教育部统计数据库

国家教育部统计数据是教育管理和科学决策的重要依据，准确、及时、可靠、全面的统计数据，对于正确分析我国教育事业的发展状况，保障教育事业的科学发展具有十分重要的意义。该数据库包含了我国教育类的大量指标。

查询地址：http：//www. moe. edu. cn/publicfiles/business/htmlfiles/moe/s7567/list. html。

2. 联合国教科文组织统计司数据库

联合国教科文组织统计司数据库提供了超过1 000个教育类研究的指标，数据库包含了教育、文学、科学、文化和交流方面的指标和原始数据。联合国从200多个国家和国际组织收集这些数据，并在出版物和数据库上定期公开。

查询地址：http：//stats. uis. unesco. org/unesco/tableviewer/document. aspx?ReportId=143。

四、自然资源类数据库

1. 国家环境保护部统计数据

国家环境保护部统计数据包括废水排放总量、废气排放总量、废水中主要污染物排放量、废气中主要污染物排放量、固体废物利用情况、空气质量指标、生活垃圾清运和处理情况、环境污染治理投资等。

查询地址：http：//www.mep.gov.cn/zwgk/hjtj/。

2. 联合国能源统计数据库

联合国能源统计数据库包含了全面的能源统计数据，包括能源的生产、贸易、转换和主要与次级最终消费方面的数据，以及常规和非常规能源、新能源和可再生能源方面的数据。

查询地址：http：//unstats.un.org/unsd/energy/edbase.htm。

3. 联合国环境统计数据库

联合国环境统计数据库包含按国家统计的水资源和水污染的数据情况。水资源和水污染的数据是基于官方统计，通常由各国的统计机构或环境部门针对联合国环境规划署两年一次的环境调查问卷得出结果。环境统计数据在许多国家仍处于开发的早期阶段，数据通常是稀疏的，该数据库补充了欧盟和经合组织成员的数据。这里的统计数据选择的是质量相对好、地理范围包含广的。在线数据库目前涵盖1990年、1995—2009年的数据。

查询地址：http：//unstats.un.org/unsd/environment/qindicators.htm。

4. 世界气象组织数据库

世界气象组织的数据为更好地理解恶劣天气和极端事件的气候学含义提供了基础，如热带气旋、厄尔尼诺现象、洪水、热浪、寒潮、干旱等自然灾害。

查询地址：http：//unstats.un.org/unsd/environment/qindicators.htm。

5. 世界能源数据库

世界能源数据库数据来自世界能源组织和英国BP（英国石油公司）的统

计数据，每年度更新。指标主要包括：石油、天然气、煤炭的探明储量、产量、消费量、储产比、价格，石油炼厂的产能和产量，以及部分新能源的产量、装机容量、消费量等。

查询地址：http：//www. bp. com/en/global/corporate/about-bp/statistical-review-of-world-energy-2013/。

五、工农业类数据库

1. 联合国粮农组织统计数据库

联合国粮农组织统计数据库（FAOSTAT）提供超过 300 万个关于粮食和农业的时间序列和横截面数据。FAOSTAT 的数据包含 200 个国家和核心数据集的超过 200 个指标。

查询地址：http：//faostat. fao. org/。

2. 联合国工业发展组织数据库

联合国工业发展组织（UNIDO）成立于 1966 年，系联合国系统中的专门机构，其拥有 150 余种制造业的时间序列数据。

查询地址：http：//www. unido. org/resources/statistics/statistical-country-briefs. html。

3. 联合国工业商品统计数据库

联合国工业商品统计数据库提供按国家分类的主要工业大宗商品生产的年度统计数据。统计数据不仅提供了商品的物理量，还有其货币价值。在线数据库涵盖了 1995 年到 2009 年的全部数据，额外的历史数据根据要求可以提供 1950—2003 年的数据。

查询地址：http：//unstats. un. org/unsd/industry/。

六、科技类数据库

1. 国家科技部统计数据库

国家科技部统计数据包括研究与试验发展经费支出、财政科技支出、规模以上工业企业研究和试验经费支出等。

查询地址：http：//www. most. gov. cn/kjtj/tjbg/。

2. 信息通信技术指标数据库

国际电信联合会的信息通信技术指标数据库是全球具有国际可比性的信息通信技术统计指标的主要来源。它包括了世界上大约200个经济体的超过100个时间序列指标。数据库通过年度的调查问卷直接从各国的电信监管机构或国家统计局收集数据，随后经过国际电信联合会证实并补充完全。

查询地址：http：//www. itu. int/en/ITU-D/Statistics/Pages/default. aspx。

七、人类发展数据库

人类发展指数数据库

人类发展指数为探讨全球人类发展的关键问题提供了一个可靠的来源和另一视角，包含了经济、健康、教育和公平多维度的测量。人类发展指数数据库除了收录各国历年的人类发展指数，还包括与人类发展密切相关的人口、健康、教育、环境、公平等方面的各国历年指标。

查询地址：http：//hdr. undp. org/en/statistics/data。

八、人口与就业数据库

1. 国家人力资源和社会保障部统计数据库

国家人力资源和社会保障部统计数据包括城镇新增就业、城镇登记失业率，社会保险基金收支情况，参加城镇企业职工基本养老保险情况，城镇基本医疗保险、失业保险、工伤保险、生育保险情况等。

查询地址：http：//www. mohrss. gov. cn/SYrlzyhshbzb/zwgk/szrs/。

2. 国际劳工组织统计数据库

国际劳工组织统计数据库是由国际劳工组织统计部门提供的超过200个国家或地区的统计数据和元数据组成。数据库涵盖家庭收入和支出统计、经济活动人口、就业、失业等多方面数据。从人口普查或劳动力调查来看，涉及公共部门就业、工时、工资、劳动成本、可比的消费价格，就业和失业的估计等。

查询地址：http：//laborsta. ilo. org/。

3. 联合国人口数据库

联合国人口数据是由联合国统计司收集、编辑的官方统计人口数据，并进行了大范围的社会统计。数据自 1948 年开始收集，每年通过超过 200 个国家或地区的统计办公室填写一系列的调查问卷获取，统计了人口规模和组成、出生率、死亡率、结婚率、离婚率等每年的指标。

查询地址：http：//unstats. un. org/unsd/demographic/products/dyb/dyb2. htm。

九、贸易类数据库

1. 国家商务部统计数据库

国家商务部统计数据包括外商直接投资、对外直接投资、对外承包工程、对外劳务合作、服务贸易数据等。

查询地址：http：//www. mofcom. gov. cn/article/tongjiziliao/？1265212605＝3357678634。

2. 联合国商品贸易统计数据库

联合国商品贸易统计数据库包含了自 1962 年以来的超过 10 亿条贸易数据记录。每年超过 200 个国家或地区给联合国提供官方年度国际贸易数据，反映国际商品流动趋势。

查询地址：http：//comtrade. un. org/db/。

后　记

1996年以来，我被清华大学21世纪发展研究院聘为双聘教授，专门面向全校本科生开设“中国国情与发展”选修课。1999年教育部在全国32所大学开设“文化素质教育课程”，目的在于提高大学生的人文素质。2000年清华大学正式成立公共管理学院，又聘请我为教授。我的课正式列入清华大学通选课。选课的本科生来自不同的院系、从大一到大四的都有，由于选课的学生多，就采取了大课讲授。十几年来已经有几千名本科生选修了此课，通过课程学习他们不仅比较全面地了解和认识了中国国情，也提高了观察和研究中国的能力。该课程已经成为清华大学“文化素质教育课程”的精品课。

作为一所大学，本科生培养是各类人才培养的基础和重中之重。作为一名大学教授，给本科生授课是最重要的教学任务。更何况清华大学的本科生不仅是中国最好的学生，也是世界上最好的学生，他们从世界最大规模的考试中脱颖而出，未来还会成长为“学术大师、治国之才、兴业之士”。在他们的黄金年龄，就是要系统地给他们传授关于当代中国的基本知识，要教会他们研究中国的基本能力。我曾形象地对他们讲，你们正处在黄金年龄，考进黄金大学，需要掌握黄金知识，未来做出黄金贡献。

这部书就是为年轻的清华学子而讲授和写作的。我也是边写边讲、边讲边写，讲了十几年，也写了十几年，这已经与十几年前的讲课大纲大为不同。

我开设的“中国国情与发展”课程，在全国高等学校是首创的本科生课程。它不同于专业性知识，是关于当代中国国情的基本知识和系统知识，是基于我长期以来关于国情研究的最新成果，又集成了几十部专著、合著的重要知识，每一章可能就是一部书或几部书的研究成果，并及时反映了最近的研究进展。“中国国情与发展”课程既是首创的，又是原创的。

我把“中国国情与发展”课程定位为大学生人生之途的入门之课，又是与中国同成长的终身必修课，需要终身学习、终身实践、终身受益。从教书育人的角度看，这是满足学生全面发展的需要、素质教育的需要，也是培养未来中国社会主义现代化事业“接班人”和“领导人”的长远需要。

当然，写作这部书的最大动力还是来自中国社会的巨大变化和巨大需求。一方面我必须把正在发生的巨大变化和发展背景充分反映在本书之中，“社会存在决定社会意识”；另一方面我还必须基于中国的实践不断创新中国发展理论，使理论源于实践、高于实践、指导实践，满足中国社会发展的巨大需求。这个需求就是关于当代中国变迁的系统知识、成熟理论的需求。

谁来认识中国？怎样认识中国？1962年1月，毛泽东在“七千人大会”上讲过：“中国这个客观世界，整个地来说，是由中国人认识的，不是在共产国际管中国问题的同志们认识的。”[①] 半个世纪过去了，我们仍然可以这样说，对于中国这个客观世界，主要是由中国人认识的，既包括几代中国领导人，也包括极其众多的中国学者。这不仅需要深入地了解中国历史、中国社会、中国发展、中国挑战，还需要正确地认识中国建设社会主义的客观规律。就像毛泽东在这次大会上所说的：“对于建设社会主义的规律的认识，必须有一个过程。必须从实践出发，从没有经验到有经验，从有较少的经验，到有较多的经验，从建设社会主义这个未被认识的必然王国，到逐步地克服盲目性、认识客观规律、从而获得自由，在认识上出现一个飞跃，达到自由王国”[②]。

这也正是本书的目的。六十多年中国社会主义现代化实践是世界上最大的社会实践，也是最复杂的社会实践，不管是成功的宝贵经验，还是失败的深刻教训，都是我们了解中国国情、认识中国规律、总结中国道路、指导中国实践最宝贵的财富。从这个意义上看，历史是最好的教科书[③]，历史是最好的老师。

如何在学理上不断创新、丰富中国发展理论呢？本书采取了以下做法：一是学习和借鉴当代发展经济学理论；二是根据中国的发展实践超越现有的发展经济学理论，从历史视角和国际视角概括和总结中国经验、中国案例、中国道路，从而形成中国发展经济学理论，并作为指导中国发展战略的理论基础和基本思路。

本书的主题就是“中国道路”。我们是将经济理论、经济统计、经济史三者有机结合，融为一体，来历史地描述、系统地分析和详细地说明本书的主题。回答现代中国从哪里来，又是怎么样走过来的，已经走到哪里，将来走向何处，更加坚定走符合中国国情的社会主义现代化道路的实践自觉和理论

---

① 《毛泽东文集》，第8卷，299页，北京，人民出版社，1999。

② 同上书，300页。

③ 2013年6月26日，中共中央总书记习近平在主持中央政治局第七次集体学习时强调，历史是最好的教科书。学习党史、国史，是坚持和发展中国特色社会主义、把党和国家各项事业继续推向前进的必修课。这门功课不仅必修，而且必须修好。要继续加强对党史、国史的学习，在对历史的深入思考中做好现实工作、更好走向未来，不断交出坚持和发展中国特色社会主义的合格答卷。参见《习近平主持中共中央政治局第七次集体学习》，见新华网，2013-06-26。

自觉。

本书基于和源于“中国原创”，又反映和总结“中国原创”。前者是客观原创，后者是主观原创。那么，什么是中国原创呢？就是中国道路的原创，它既不是对经典社会主义苏联道路的复制，也不是对经典资本主义美国道路的模仿。中国道路由“三因素”组成，即“中国特色”、“社会主义”、“现代化”道路，“三位一体”，缺一不可。不仅中国的“总道路”不同于苏联和美国，就是中国的“具体道路”也不同于它们。如中国的教育发展道路、科技发展道路、城镇化道路、农业发展道路，都不同于它们。因此在我们的国情与发展研究中，既借鉴了经济学等社会科学的理论，更有意识地反映和总结“中国原创”，具体到每一章，更加凸显具体的“中国原创”。这已经不同于发展经济学教科书，或者说这些教科书没有能够及时反映“中国原创”，也很难进一步指导中国道路，只能是“借鉴”，因为中国的发展实践早已超过了这些教科书。如教科书上所描述的由“二元经济社会结构”到“一元经济社会结构”，而中国早就先演化为“三元经济社会结构”，又演化为“四元结构”，通过“四化同步”破解“四元结构”，实现城乡一体化和公共服务均等化。我们的任务就是及时地比较准确地反映“中国原创”。我们没有采取复杂的理论，而是在归纳、梳理、概括和总结上大做“文章”，以反映中国社会主义现代化发展的规律性特征。

围绕“中国道路”这一主题，我们从自然国情、人力资源国情、经济国情、国情与世情等方面，专题讨论中国社会主义现代化的具体道路，从而又进一步丰富了我们对中国总道路的整体认识。

教书是一个教学相长、学学相长、再教学相长的过程。首先，在课堂上，我系统地向学生介绍自己是如何研究国情的；怎样观察和分析动态变化的中国；提出了什么样的中国问题；我是怎样看的；随着中国的发展进程，有哪些独到的见解，还有哪些需要重新认识或深化认识。授课之后，将讲稿提纲上传网络学堂，供同学们参考。这是教学相长的过程，是我与学生直接沟通的平台。其次，在课堂外，组织不同年级、不同学科、不同专业的本科生学习小组，由我根据课程进展，提出专题讨论问题，在多名助教的具体指导下，同学们频繁地交流、研讨，形成文字或文章，上传网络学堂共同交流、共同分享，充分体现人人是学生、人人是老师。这是学学相长的过程，是同学们相互沟通、相互学习的途径。最后，同学们也会提出许多问题和难题，使我能了解他们的不同想法和看法，由我和助教进行多种形式的解答。这是再教学相长的过程，是我与学生再沟通的途径。

本书总结和集成了我们长期以来国情研究的原创性成果，每一章都是基于一部或几部著作的成果。这涉及几十名由我指导并获得硕士学位、博士学位，与我合作并完成博士后研究的学生们，集中反映了研究团队的集体成果、集体智慧，不少人还多次参加该课程的助教工作。其中王亚华老师多次参与该课程不同专题的讲座，受到本科生的高度评价。鄢一龙助理教授和我共同讲授中国国情与发展的课程，并共同撰写修改本书。

本书是一部并未“写完”的关于当代中国的著作，因为中国这部“天书”无论是“天天读”，还是“天天写”，无论是长期钻研还是长期写作，总是写不完、写不尽。这就需要每隔一段时间，进行修订再版，与中国发展同步，与中国兴盛同篇。

胡鞍钢

2015 年 2 月

图书在版编目（CIP）数据

中国国情与发展/胡鞍钢，鄢一龙著．—北京：中国人民大学出版社，2016.5
ISBN 978-7-300-20828-2

Ⅰ.①中… Ⅱ.①胡…②鄢… Ⅲ.①国情-研究-中国②社会发展-研究-中国 Ⅳ.①D6

中国版本图书馆 CIP 数据核字（2015）第 034076 号

中国国情与发展
胡鞍钢　鄢一龙　著
Zhongguo Guoqing yu Fazhan

出版发行	中国人民大学出版社		
社　　址	北京中关村大街 31 号	**邮政编码**	100080
电　　话	010－62511242（总编室）		010－62511770（质管部）
	010－82501766（邮购部）		010－62514148（门市部）
	010－62515195（发行公司）		010－62515275（盗版举报）
网　　址	http://www.crup.com.cn		
	http://www.ttrnet.com(人大教研网)		
经　　销	新华书店		
印　　刷	涿州市星河印刷有限公司		
规　　格	185 mm×260 mm　16 开本	**版　　次**	2016 年 5 月第 1 版
印　　张	35 插页 3	**印　　次**	2017 年 5 月第 2 次印刷
字　　数	729 000	**定　　价**	168.00 元

版权所有　侵权必究　　印装差错　负责调换